FINANCE 21世纪高校金融学核心课程系列教材

"十三五"江苏省高等学校重点教材

金融市场学

刘敏楼◎主　编

毛泽盛　尹　雷　丁　慧◎副主编

人民出版社

目　　录

第一章　金融市场概论

在现代经济系统中，有三类重要的市场对经济的运行起着主导作用，分别为要素市场、产品市场和金融市场。要素市场是分配土地、劳动和资本等生产要素的市场；产品市场是进行商品和服务交易的市场；而金融市场是资金进行转移的场所，即资金从资金盈余者流向资金短缺者。金融是现代经济的核心，金融市场也处于现代市场体系的核心地位。金融市场由交易主体、交易客体、中介、组织方式和监管等要素组成，并可按不同标准加以分类。金融市场具有融通资金、优化配置、经济调节和综合反映的功能。现代金融市场在金融全球化的趋势下，表现出创新程度深化、金融监管自由化等新特点。

第一节　金融市场的定义与功能

一、金融市场的含义

金融市场是资金融通或进行金融资产交易的场所，是通过金融资产交易而形成的供求关系及交易机制的总和。这里，金融资产是指一切代表未来收益或资产合法要求权的凭证，亦称为金融工具或金融证券。金融工具又可分为两类：一类是债务性工具（Debt Securities），代表其发行者在某一特定时期中要按约定条件支付一定的回报给持有人的承诺，如债券、存款单等；另一类是权益性工具（Equities），要求发行者在支付债务性证券后按收益对权益性证券的所有者进行支付，其中最典型的是普通股。

金融市场与要素市场和产品市场的差异主要体现在以下三个方面：（1）在金融市场上，市场参与者之间的关系不是一种单纯的买卖关系，而是一种借贷关系或委托代理关系，是以信用为基础的资金使用权和所有权的暂时分离或有条件的让渡。（2）金融市场交易的对象是一种特殊的商品即货币资金。市场参与者之所以愿意将货币资金进行借贷或让渡，是因为当其转化为资本使用时能够带来增加的货币资金余额。（3）金融市场交易在大部分情况下是无形的，通过电信及计算机网络等进行交易的方式是市场交易的主要形式。

金融市场上的资金融通方式一般有两种，即直接融资和间接融资。直接融资是指资金的需求者借助于一定的金融工具直接向资金供应者融通资金的方式。直接融资的主要形式有筹资者直接发行股票、债券、各类票据等，实现资金从盈余者手中向短缺者手中转移。在直接融资活动中，也需要金融机构的参与，但金融机构在融资过程中仅提供中介服务，并不以筹资者或投资者的身份参与融资活动。间接融资是指资金的供应者和需求者通过金融中介实现资金融通的方式。间接融资的主要形式是银行借贷，其中以商业银行的借贷活动为主。商业银行以存款方式集中社会闲散资金，又以贷款方式满足筹资者的不同资金需求，从而分别与存款人、贷款人建立相应的债权债务关系。进行直接融资的市场又称为直接金融市场、公开金融市场。在这个市场上，交易条件和交易价格对任何人或机构都是公开平等的，符合交易最低要求的个人或机构都可以自由进出市场，并按标准化的条件进行金融交易。典型的公开金融市场有股票市场、债券市场等。进行间接融资的市场又称为间接金融市场、协议市场，是指借贷双方协商借贷条件的市场。在该市场上，交易的发生以客户关系为限，每次交易的条件又可以因不同客户而有所差异。常见的协议市场有抵押贷款市场、贴现市场、消费者信贷市场、保险市场等。直接融资与间接融资各有优势和不足，既相互独立，又互为补充，通常共同存在于一国的金融市场中。

金融市场通常又分为广义金融市场和狭义金融市场。广义金融市场包含一切形式的金融交易活动，既包括直接融资，又包括间接融资活动。而狭义金融市场只包括直接融资活动的金融市场，国内金融市场学一般主要研究直接融资活动。

二、金融市场的分类

作为社会经济运行中资金融通的场所，金融市场包含的内容非常广泛，可以被划分为不同的子市场。为了能更充分地理解金融市场，尽可能多角度地反映这个复杂市场，我们将从以下几个方面对金融市场进行分类。

（一）按金融资产的种类划分

按金融资产的种类划分，金融市场可分为货币市场、资本市场、外汇市场、黄金市场、保险市场、金融衍生工具市场等。

1. 货币市场

货币市场是指以期限在 1 年以内的金融资产为交易工具的短期金融市场。货币市场的主要功能是保持金融资产的流动性，以便随时转换成现实的货币。保持流动性是各类经济主体的基本要求，因此，可以认为货币市场是金融市场的基础市场。它的存在一方面满足借款者的短期资金需求，另一方面也为暂时闲置的资金找到了出路。

货币市场经历了从早期小规模市场逐步发展为大规模短期资金交易市场的历程。美国金融业发展初期，货币市场被狭义地定义为对证券经纪商和交易商进行通知放款的市场。后来货币市场的概念又扩大至短期资金市场。目前，货币市场已经发展为国库券、商业票据、银行承兑汇票、可转让定期存单、回购协议、联邦资金等短期信用工具买卖的市场，很多国家将银行短期贷款也归入货币市场的业务范围。一般来说，货币市场资金借贷以 3—6 个月期最为普遍，而债券则以 6—9 个月期为多。由于该类市场信用工具随时可以在发达的二级市场上出售变现，具有很强的流动性，功能近似于货币，故称货币市场。又由于该市场主要经营短期资金的借贷，亦称短期资金市场。

货币市场一般没有正式的组织，所有交易特别是二级市场的交易几乎都是通过电信网络方式联系进行的。市场交易量大是货币市场区别于其他市场的重要特征之一，巨额交易使得货币市场实际上成为一个批发市场。由于货币市场的非人为性及竞争性，它又是一个公开市场，任何人都可以进入市场进行交易，不存在固定不变的顾客关系。

2. 资本市场

资本市场是指以期限在 1 年以上的金融资产为交易工具的中长期资金融通市场。资本市场主要的功能是满足供求双方对中长期资金融通的需求，实现储蓄向投资的转化，优化资源配置。将社会闲散资金转化为对实体经济的投资资金是微观经济主体扩大规模和宏观经济保持持续发展的重要条件，因此，资本市场是金融市场的核心市场。

资本市场可分为中长期信贷市场和证券市场，其中中长期信贷市场属于间接融资市场。证券市场又可分为股票市场、债券市场、基金市场等。大部分研究将资本市场视同证券市场，主要原因在于：一是在世界各主要国家长期资本市场的两大部分中，证券市场最为重要；二是从世界金融市场发展趋势看，融资证券化特别是长期融资证券化已成为一种潮流，构成了当今世界融资活动的主要特征。

一般而言，资本市场主要指债券市场和股票市场。它与货币市场之间的区别为：（1）期限不同。资本市场上交易的金融工具均为 1 年以上，最长者可达数十年，甚至无期限，如股票等；而货币市场上交易的是 1 年以内的金融工具，最短的只有几日甚至几小时。（2）作用不同。货币市场所融通的资金，大多用于工商企业的短期周转资金；而在资本市场上所融通的资金，大多用于企业的创建、更新、扩充设备和储存原料，政府在资本市场上筹集长期资金则主要用于兴办公共事业和保持财政收支平衡，都可以归入资本性投资范畴。（3）风险程度不同。货币市场的金融工具，由于期限短，因此流动性高，价格变化较小，因此风险较小；资本市场的金融工具，由于期限长，流动性较低，价格变动幅度比较大，因而风险也相对较高。

3. 外汇市场

外汇市场有广义和狭义之分。狭义的外汇市场是指银行间的外汇交易，包括同一市场各银行间的交易、中央银行与外汇银行间以及各国中央银行之间的外汇交易活动，通常被称为批发外汇市场（Wholesale Market）。广义的外汇市场是指由各国中央银行、外汇银行、外汇经纪人及客户组成的外汇买卖、经营活动的总和，包括上述的批发市场以及银行与企业、个人间外汇买卖的零售市场（Retail Market）。

外汇交易的基础是外汇的供给和需求，外汇供求产生于各国之间持续不断的经济、贸易以及金融往来。外汇市场的主要功能是进行国际结算与支付、清偿国际债权债务、调剂国际资金余缺、实现国际资本流动，以及规避汇率波动风险等。随着国际经济联系日益密切，目前外汇市场已是金融市场不可或缺的重要组成部分。

4. 黄金市场

黄金市场是专门进行黄金集中买卖的交易中心或场所。黄金市场早在19世纪初就已形成，是最古老的金融市场。尽管各国货币已与黄金脱钩，《牙买加协议》标志着黄金非货币化的法律制度完成，黄金非货币化趋势已不可逆转，但由于黄金的属性及其在货币史中的重要地位，其目前仍是国际储备工具之一，在国际结算中占据着重要的地位，特别是当国际政治经济关系发生动荡时，黄金的地位就会凸显，因此黄金市场仍被看作金融市场的组成部分。目前，世界上已有40多个较为重要的黄金市场，其中伦敦、纽约、苏黎世、芝加哥和香港的黄金市场是世界上最为重要的五个黄金市场。

5. 保险市场

保险市场是指保险商品交换的场所或保险商品供给与需求关系的总和。保险市场有狭义和广义之分。狭义的保险市场是指固定的保险交易场所，如保险交易所；广义的保险市场则是指所有实现保险商品让渡的交换关系的总和。保险市场的主要功能是对因意外灾害事故所造成的财产和人身损失进行赔偿，同时还具有积累资金和投资的功能。正是保险的这种投资功能使保险市场与金融市场的其他子市场发生紧密联系，并成为金融市场的组成部分。但保险市场属于间接融资范畴，保单设立的条件因人、事、时而异，不具备标准化的转让条件，不属于公开的金融市场。

随着保险业的不断发展，承保技术日趋复杂化，承保竞争日趋激烈，保险商品推销的区域化与全球化趋势也日趋明显，仅由买卖双方直接参与的交换关系显然不能满足保险商品交易的需要，这时保险市场的中介机构应运而生，使得保险商品交换关系更加复杂，同时也推动保险市场日臻成熟。随着信息产业和互联网技术的飞速发展，网络保险已进入我们的现实生活，人们足不出户，就可以轻松、便捷地完成保险商品的交易活动。

6. 金融衍生工具市场

金融衍生工具市场是以金融衍生产品为交易对象的市场。金融衍生产品是建立在基础金融工具或基础金融变量之上、价值取决于基础金融工具价格及其变动的衍生产品。金融衍生工具市场的主要功能是转移、分散现货金融资产面临的利率、汇率、股价等基础产品价格变动的风险，实现其为现货金融资产保值的目的。金融衍生工具市场可细分为远期协议市场、期货市场、期权市场和互换市场等。现代金融市场上，风险管理是进行投资的基本前提，因此具有套期保值的功能决定了金融衍生工具市场是现代金融市场中最具发展前景的市场之一。

（二）按中介特征划分

金融市场的形成是直接与资金融通相联系的。在现代经济生活中，总有暂时的资金闲置者及资金短缺者存在，金融市场就为这两者提供互通有无的渠道。根据资金融通中的中介机构特征来划分，可将金融市场分为直接金融市场和间接金融市场。

1. 直接金融市场

直接金融市场是指资金需求者直接从资金供给者那里融通资金的市场，一般指的是通过发行债券和股票的方式在金融市场上筹集资金。

2. 间接金融市场

间接金融市场则是通过银行等信用中介机构作为媒介来进行资金融通的市场。在间接金融市场上，资金所有者将手中的资金存放在银行等信用中介机构，然后再由这些信用中介机构将其转贷给资金最终需求者。在此过程中，不管这笔资金最终归谁使用，资金所有者都将只拥有对信用中介机构的债权而不能对最终使用者具有任何权利要求。

直接金融市场与间接金融市场的差别并不在于是否有金融中介机构的介入，而主要在于中介机构的特征差异。在直接金融市场上也有金融中介机构，只不过这类中介机构不像银行那样，它不是资金的中介，而大多是信息中介和服务中介，通过收取佣金等形式为资金供求双方牵线搭桥。

（三）按金融资产的交易程序划分

按金融资产的交易程序划分，金融市场可分为发行市场和流通市场。

1. 发行市场

发行市场又称为初级市场、一级市场（Primary Market），是筹资者通过发售金融资产募集资金的市场，是新发行的证券从发行者手中转移到投资者手中的市场。发行市场的主要功能是筹资、投资和实现储蓄向投资的转化。在发行市场上，企业、政府、金融机构等资金需求者通过公开发行股票、债券、各类票据等金融资产募集所需要的货币资金；投资者通过认购这些金融资产与发行人建立股权或债权关系，并在承担风险的同时取得必要的收益。发行市场借助金融资产的发行，货币资金实现从盈余部门（储蓄部门）向短缺部门（投资部门）的转移，将社会闲散货币资金转化为对实体经济的投资，促进了社会经济的发展。发行市场交易规模的变动，一方面能够直接代表全社会金融资产数量的变动，另一方面也能够在一定程度反映社会实际资本形成规模的大小。

发行市场是整个金融市场的基础，因为没有证券的发行，就没有证券的流通。同时，发行市场的质量会影响流通市场的发展。如果证券以不合理的价格出售，或者以承诺高收益在特定的对象范围内发售，甚至采用行政摊派的方式发行，最终结果必然是流通市场的畸形发展。

在发行市场上，发行人与投资者是必不可少的交易主体，但是，随着市场发行规模和频率的增加，要求专业性的中介机构，包括证券公司、投资银行以及各种经纪人等参与证券发行业务，充当发行人与投资人的媒介。中介机构的介入，可以极大程度地提高证券发行的效率，节约社会融资成本。因而，一个健全有效的发行市场通常由证券发行人、证券投资人和担任发行中介的各类专业机构构成。

2. 流通市场

流通市场又称为次级市场、二级市场（Secondary Market），是已公开发行的金融资产转让交易的市场。流通市场的主要功能是为金融资产提供良好的流动性，为投资者提供投资机会，为社会提供经济运行状况的灵敏信号。流动性是金融资产的基本特性，流动性的存在是金融资产能够吸引投资者的重要因素，也是保证资金占用的必要条件。流通市场为各种期限不同的金融资产，提供以合理的价格迅速变现的机会。流通市场在赋予金融资产流动性的同时，也为买卖双方创造了获取价差收益的机会，对于价差收益的追逐动机促使投资者积极参与金融市场活动，从而动员社会资本的进入，为筹资者提供更多的资金。

发行市场和流通市场相互依存，是不可分割的整体。一方面，发行市场是流通市场的基础和前提，没有发行市场就没有流通市场；流通市场是发行市场存在与发展的重要条件之一，无论是从流动性上还是从价格的确定上，发行市场都要受到流通市场的影响。另一方面，流通市场能够形成公平合理、较为均衡的金融资产价格，从而为发行市场定价提供参考，并引导资源的有效流动和配置。发行市场的价格往往由发行者与承销机构制定，不一定能够准确地反映市场资金的供求状况。流通市场为证券买卖双方提供了获取各类相关信息和广泛接触、充分竞价的机会，使金融资产价格的形成能够充分地反映收益和风险等信息，体现了价格的合理性和公正性，为社会资金的流动提供了可参照的指标。而且，流通市场上金融资产价格的变化，特别是各类价格指数的变化能够灵敏地揭示利率、汇率、股价等的变动趋势，也是一国宏观经济及国际社会政治经济关系运行态势的重要指示器。

金融市场发达国家还存在着第三市场和第四市场，它们是场外市场的重要组成部分。第三市场是原来在交易所上市的证券移到场外进行交易所形成的市场，又称为店头市场或柜台市场（OTC）。第三市场是非交易所会员在交易所以外从事大笔在交易所上市的股票交易而形成的市场，相对于交易所交易来说，具有限制更少、成本更低的优点。第四市场是指作为机构投资者的买卖双方直接联系成交的市场。第四市场的运行，需要非常发达的科技和通信手段作为基础，以高度发达的商品经济为依托。利用第四市场进行交易，可以大大节省如手续费等中间费用；筹资成本的降低足可弥补利用高科技的花费，而且不为第三者所知，提高了交易的保密程度；也不会因交易量大而影响市场价格，往往能够对日后的继续交易带来意想不到的好处。

（四）按金融市场的市场形态划分

按市场形态划分，金融市场可分为有形市场和无形市场。

1. 有形市场

有形市场是指有固定交易场所，进行金融资产集中交易的市场。证券交易所、期货交易所、票据交换所等有组织的交易市场属于有形市场范畴。在有形市场进行交易，一般首先要开设账户，然后由投资人委托证券商买卖证券，证券商负责按投资者的要求进行操作。有形市场借助交易所配置的交易设施，提供专业化的中介服务，公开各类交易信息，集中反映金融市场的供求关系，并通过公开的竞价机制形成合理的价格，提高市场的公开性、公平性和效率，吸引资金供求双方参与该市场。

2. 无形市场

无形市场是在交易所以外进行金融资产交易的总称。传统的无形市场是在证券公司、商业银行的柜台上完成的，因此又称为柜台市场。随着现代通信技术的发展和信用制度的完善，无形市场出现了网络化的趋势，大量的金融资产交易通过现代化的电信工具在各金融机构、企业、政府及其他投资者之间进行，使金融市场进一步扩大了交易范围，金融资产可以实现快速转移，降低了交易成本，增强了交易的灵活性，也提高了交易的效率和市场的有效性。在现实世界中，大部分的金融资产交易是在无形市场上进行的。但由于无形市场的监管难度较高，自动交易技术的发展还面临诸如安全性等问题，一些高风险金融资产的交易，尤其是金融衍生工具的交易还需要加强专业性的管理。可以预见，一定时期内有形市场和无形市场还会同时存在，但是网络化无论在集中交易的有形市场还是分散的无形市场都是未来重要的发展趋势。

（五）按成交和定价方式划分

按成交和定价方式划分，金融市场可分为公开市场和议价市场。

1. 公开市场

公开市场是指金融资产的交易价格通过众多的买方和卖方公开竞价而形成的市场，即众多的市场主体以拍卖方式定价的市场。金融资产在到期偿付之前可以自由交易，并且只卖给出价最高的买者。这类市场一般以有组织的有形市场形式出现，如证券交易所、期货交易所等。

2. 议价市场

议价市场是金融资产的定价与成交通过私下协商或面对面的讨价还价方式完成的市场。议价市场是没有固定场所、交易相对分散的市场。在发达的市场经济国家，绝大多数债券和中小企业的未上市股票都通过这种方式交易。最初，在议价市场交易的证券流通范围不大，交易也不活跃，但随着现代电信及自动化技术的发展，该市场的交易效率已大大提高。

（六）按交割方式划分

按交割方式划分，金融市场可分为现货市场和衍生市场。

1. 现货市场

现货市场是即期交易市场，交易双方在协议成交后以即时进行交割的方式买卖金融资产的市场。由于技术原因，一般成交后不可能立即交割，在成交与交割之间往往存在一定的时间差，不同的市场对于交割期限有不同规定，常见为1—3天。现货市场的主要特点是成交与交割的时间间隔很短，并且是实物交割，即卖方必须真实向买方转移金融资产，同时，买方向卖方支付实际价款。

2. 衍生市场

衍生市场是各种金融衍生工具进行交易的市场。上文已经介绍了金融衍生工具市场的相关情况，此处不再赘述。

（七）按地域划分

按所在地域范围划分，金融市场可分为国内金融市场和国际金融市场。

1. 国内金融市场

国内金融市场是指以本币计价的金融资产交易市场，反映对以本币计价的货币资金的供应和需求。国内金融市场按作用范围不同，又可分为全国性金融市场、区域性金融市场、地方性金融市场。国内金融市场的交易主体是本国投资者，市场活动受到国界的限制，金融交易行为的直接后果只改变本国国民收入的分配状况，并由此影响资源重新配置。不同国家的国内金融市场保持相对独立性，受到本国政府的严格管理，并受本国货币政策的直接影响，在市场形式、交易制度及市场行情等方面存在显著差异。

2. 国际金融市场

国际金融市场是指金融资产的交易跨越国界进行的市场，反映了资本在国际间的流动。国际金融市场是国际贸易、国际资本流动发展及国际经济联系加强的产物，是由国际性的资金借贷、结算以及证券、黄金和外汇买卖活动所形成的市场。它同国内金融市场最重要的区别在于允许外国投资者参与交易，市场活动较少或不受所在国金融管理当局控制，市场交易活动的后果表现为资金在国际之间的流动，对参与国的外汇收支产生直接影响。

国际金融市场有广义和狭义之分。狭义的国际金融市场又称为外国金融市场，是指某一国的筹资者在本国以外的另一个国家发行以该国货币为面值的金融资产，并以它为交易工具的市场。外国金融市场是传统的国际金融市场，包括货币市场、资本市场、外汇市场、黄金市场、衍生工具市场等。外国金融市场上的交易活动受所在国法律的约束和金融监管当局的监管。广义的国际金融市场包括离岸金融市场，所谓离岸金融市场通常是指在某一货币发行国境外从事该种货币资金融通的市场。该市场的货币资金流动一般是利用与各国国内金融市场相分离的独立市场进行，交易的货币一般不是市场所在国发行的某种自由兑换货币。离岸金融市场的交易主体主要是非居民，资金来源于所在国的非居民或国外的外币资金。离岸金融市场是无形市场，通常没有固定的交易场所，而是通过所在地金融机构之间相互交易而存在于某一城市或某一地区。离岸金融市场基本不受市场所在国和货币发行国的金融管制，资金出入境自由，通常还可享受税收上的优惠待遇，是完全国际化的市场，并已成为国际金融市场的核心之一。

除以上的分类方法以外，金融市场还可根据金融资产期限的长短，分为短期金融市场和中长期金融市场；根据金融资产的职能，分为筹资投资的市场和保值投机的市场；等等。

三、金融市场的功能

金融市场作为金融资产交易的场所，在现代经济体系的运行中发挥着非常重要的作用。从整个经济运行的角度来看，金融市场主要有如下几个经济功能。

（一）融通资金功能

融通资金功能是金融市场最主要、最基本的功能，也可称为聚敛功能，是指金融市场引导众多分散的小额资金汇聚成为可以投入社会再生产的资金集合的功能。

金融市场是由资金供应者和资金需求者组成的。资金供应者就是在一定时间内的资金剩余者，其暂时闲置的资金在使用之前有通过投资谋求保值增值的需要。对资金需求者来说，其资金的需要往往是由于要进行某项经济活动，或为了满足其比较迫切的需要，但手中积累的资金不足，因此，需要寻求更多的资金来源。资金盈余者和不足者均是独立的经济人，有各自的经济利益，只有通过市场机制，在双方利益、风险对等的情况下才能实现资金的融通。同时，由于各经济体对资金的供求，在时间长短、数额大小、收益性、风险性、流动性、融资方式上各不相同，金融市场创造和提供的多种多样的金融工具能满足各方的需求，从而能最大限度地融通资金，实现资金效益最大化。

所以说，金融市场借助于金融工具和货币资金媒介，集合资金供应者与资金需求者，使其可以在这里自由地调剂资金余缺。这种功能的实现可用图1-1来表示。

从储蓄投资的角度来看，金融市场的这项功能也可以认为是将社会储蓄转化为社会投资。

这里储蓄是指推迟现时消费的行为，即收入扣除当前消费后的剩

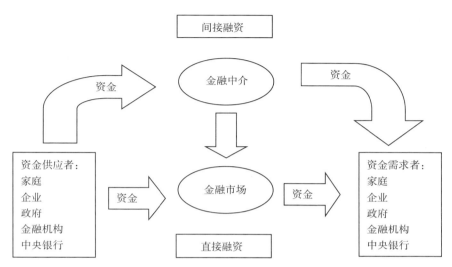

图 1-1 金融市场融通资金功能全景图

余，类似于前面讲到的社会各经济主体的资金盈余。投资则是指经济行为主体以增值和盈利为目的而对资本的投入和运用，通常表现为购置新的生产设备、原材料并从事生产，也包括购置不动产。大多数储蓄是由家庭部门完成的，而选择投资的则多是企业部门。但这并不意味着企业不储蓄，家庭不投资，企业通过保持利润的方式进行储蓄，家庭通过购买住宅和其他金融资产的途径来投资。但总体而言，家庭的储蓄多于投资，企业的投资多于储蓄。从短期看，政府部门也是投资多于储蓄；从长期看，则又在净储蓄与净投资之间不断变动。

正是因为储蓄与投资主体并非同一部门，金融市场在促使储蓄向投资转化时，就必须通过提供多种可供交易者自由选择的金融工具来实现，为交易者创造尽可能多的选择机会，满足交易者的各种偏好和需求。同时，金融市场的建立，冲破了地区和部门的界限，成为资金横向融通和纵向分配的枢纽，在促使各地区、各部门相互联系、相互合作、相互协调，挖掘资金潜力，保障资金流动畅通无阻，加速资金周转，提高资金效益方面发挥了积极作用。

综上，金融市场通过金融工具把储蓄或资金盈余者的货币资金转移给投资者或资金短缺者使用，使盈余的储蓄充分、及时地转化为投资，社会资源得到有效利用。

金融市场之所以具有融通资金功能，一方面是因为金融市场创造了金融资产的流动性。现代金融市场正发展成为功能齐全、法规完善的资金融通场所，资金需求者可以很方便地通过直接或间接的融资方式获取资金，而资金供应者也可通过金融市场为资金找到满意的投资渠道。另一方面是因为金融市场上多样化的融资工具为资金供应者的资金寻求合适的投资手段找到了出路。金融市场根据不同的期限、收益和风险要求，提供了多种多样的供投资者选择的金融工具，资金供应者可以依据自己的收益、风险偏好和流动性要求选择其满意的投资工具，实现资金效益的最大化。

（二）配置功能

金融市场的配置功能表现在三方面：一是资源的配置，二是财富的再分配，三是风险的再分配。

市场体系最重要的经济功能是优化资源配置功能，即借助市场机制将资源从利用效率低的地区或部门转移到效率高的地区和部门，实现资源的合理配置和有效利用。在现代经济条件下，社会资源有效配置的前提条件是货币资金的有效配置。金融市场扩大了资金供给者和资金需求者的投融资途径，降低了双方各自的交易成本，但是市场上闲置资金数量是有限的，为了实现自身利益的最大化，投资者会将资金投向最有利可图的部门和项目，融资者会在实现融资目标的前提下选择成本相对低廉的融资渠道。所以，货币资金总是流向最有发展潜力、能为投资者带来最大利益的地区、部门和企业。而在金融市场中，证券的价格波动实际上反映着证券背后所隐含的相关信息，如整体经济运行情况以及相关行业、企业的发展前景，是引导货币资金流动和配置的理想工具。因此，借助金融市场的市场机制能有效地配置货币资金，实现优化资源配置，使有限的资源得到合理利用。

财富是各经济单位持有的全部资产的总价值。政府、企业及个人通过持有金融资产的方式来持有的财富，在金融市场上的金融资产价格发生波动时，其数量也会发生变化。一部分人随金融资产价格的升高而增加了其财富的拥有量；而另一部分人则由于其持有的金融资产价格下跌，所拥有的财富量也相应减少。这样，就通过金融市场价格的波动实现了财富的再分配。

金融市场同时也是风险再分配的场所。在市场经济中，经济主体面临各种各样的风险，且风险是客观存在的，人们无法消灭风险，但可以通过利用金融市场分散风险、回避风险。金融市场的存在，使投资者可以通过资产组合分散、化解、降低或抵消投资的风险。同时，金融工具的应用使得大额投资分散为小额零散资金投资，从而将较大的投资风险由大量投资者共同承担，既使投资者的利益得到保证，同时又便于筹资者融资目标的实现。如持有股票、债券的投资者，可根据其对市场行情的预测随时抛出以避免风险，或者及时买进以从中获利。另外，金融机构通过远期合约、期货合约、期权合约和互换合约等，可以为客户提供各种套利、投机和套期保值的方式，以管理客户可能面临的利率风险、汇率风险、股价风险和商品价格风险。此外，金融市场作为一种有组织的市场，具有完善的法规、制度和管理机制，从而使交易行为规范、有秩序，这也在一定程度上防止了作弊欺诈行为的产生，从而增强了交易的安全。

（三）经济调节功能

金融市场是联系储蓄者与投资者的沟通纽带，并且通过对二者的影响，来发挥调节宏观经济的作用。

金融市场的直接调节功能，体现在金融市场大量的直接投融资活动中。投资者为了自身利益，一定会谨慎、科学地选择投资的国家、地区、行业、企业、项目及产品。投资者会选择那些符合市场需要、效益高的投资对象，实现投资项目的区域、产业、项目的优化选择。而投资对象在获得资本后，只有保持较高的经济效益和较好的发展势头，才能继续生存并进一步扩张。否则，它的证券价格就会下跌，继续在金融市场上筹资就会面临困难，发展就会受到后续资本供应的抑制。这实际上是金融市场通过其特有的引导资本形成及合理配置的机制首先对微观经济部门产生影响，进而影响到宏观经济活动的一种有效的自发调节机制。

金融市场对宏观经济的间接调控体现如下：货币政策是政府重要

的宏观经济政策之一，货币政策的实施以金融市场的存在、金融部门及企业成为金融市场的主体为前提。金融市场不仅为公开市场操作、利率政策、再贴现政策等货币政策工具的实施提供市场条件，还提供实施货币政策的决策信息，为货币政策的传递提供市场机制。首先，金融市场的波动对有关宏观、微观经济信息的反映，使得政府有关部门可以通过收集及分析金融市场的运行情况来为政策的制定提供依据。其次，中央银行在实施货币政策时，通过金融市场可以调节货币供应量、传递政策信息，最终影响到各经济主体的经济活动，从而达到调节整个宏观经济运行的目的。此外，财政政策的实施也越来越离不开金融市场。政府通过国债的发行及运用等方式对各经济主体的行为加以引导和调节，并通过中央银行进行公开市场操作的手段，对宏观经济活动产生着巨大的影响。

总的来说，金融市场的经济调节功能既表现在借助货币资金供应总量的变化影响经济的发展规模和速度，又表现在借助货币资金的流动和配置影响经济结构和布局，还表现于借助利率、汇率、金融资产价格变动促进社会经济效率的提高。

（四）综合反映功能

金融市场历来被称为经济运行的"晴雨表"和"气象台"，是公认的国民经济信号系统，这实际上就是金融市场综合反映功能的写照。金融市场之所以能灵敏反映社会经济的信息，是因为金融指标比许多实物指标更公开、更灵敏、更具有代表性、更具有全局意义。

金融市场的反映功能主要表现在如下几个方面：

首先，金融市场是反映微观经济运行状况的指示器。因为证券买卖大部分都在证券交易所进行，人们可以随时通过这个有形的市场了解到各种上市证券的交易行情，从价格的涨跌了解企业的经营管理情况及发展前景，并据以判断投资机会。而且对于一个有组织的市场来说，一般也要求上市证券的公司定期或不定期公布其经营信息和财务报表，这也有助于人们了解及推断上市公司及相关行业、企业的发展前景，从而做出相关投资决策。

其次，金融市场能直接反映宏观经济的运行状况。当整个国民经济形势向好时，金融市场从总体上就会趋于活跃和繁荣；而当整个国民经济状况欠佳时，金融市场也必然出现冷清和萧条的局面。而且金融市场的交易直接和间接地反映货币供应量的变动。货币政策实施时，金融市场出现波动传达出紧缩和放松的程度。一般来说，当金融资产价格下降，利率提高时，表明金融市场上的资金供给较为紧张，资金需求过旺，银根紧缩。因此，金融市场所反馈的宏观经济运行方面的信息，有利于政府部门及时制定和调整宏观经济政策。

最后，金融市场具有及时收集和传播信息的作用。金融市场有着能广泛而及时地收集和传播信息的通信网络、中介网络、交易和结算网络，特别是随着各国经济开放程度不断扩大，金融市场具有一体化、国际化、全球化趋势，信息传递四通八达，迅速及时，从而金融市场能及时反映世界各国经济发展变化情况。

第二节　金融市场要素

金融市场的参与者通过进场交易，在市场原则和制度安排下形成竞争机制和制衡机制，实现资金的互通。因此，金融市场要素主要包括交易主体、交易客体、交易中介、组织形式和监管等。

一、金融市场的交易主体

金融市场的交易主体是指金融市场的交易参与者。作为金融市场的交易参与者必须是能够独立作出决策并承担利益和风险的经济主体，包括机构或个人，可以是资金的供应者，或者是资金的需求者，也可以双重身份出现。

从参与交易的动机来看，金融市场的交易主体可以进一步细分为投资者（投机者）、筹资者、套期保值者、套利者、调控和监管者等。金融市场投资者与实际部门的投资者是不同的，它是指为了赚取差价收入或者股息、利息收入而购买各种金融工具的主体，它是金融市场的资金供应者。筹资者则是金融市场上的资金需求者。套期保值者是指利用金融市场转嫁自己所承担风险的主体。套利者则是利用市场定价的低效率来赚取无风险利润的主体。从参与市场交易的具体部门来看，金融市场的交易主体可以分为政府部门、工商企业、居民、金融机构和中央银行五大类。

（一）政府部门

在金融市场上，通常各国的中央政府和地方政府都是资金的需求者，它们主要通过发行政府债券来筹措资金，用于基础设施建设，弥补财政赤字等。根据发行主体不同，又可分为中央政府债券和地方政府债券，中央政府债券又称国债，地方政府债券在某些情况下又称为市政债券（Municipal Securities）。从功能上看，政府债券最初仅仅是弥补财政赤字的工具，但在现代市场经济条件下，政府债券已成为政府筹措资金、扩大公共开支的重要手段。尤为重要的是，在凯恩斯主义的影响下，现代政府基本都会利用债券的金融资产特性，将其作为实施财政政策的重要工具，通过国债发行来影响投资、消费和就业，从而实施对宏观经济的调控。

政府部门在一定时间内也可能是金融市场上的资金供应者。由于财政资金收入和支出时间上的不一致，如政府税收集中收进尚未支出时，政府部门也会出现资金短暂盈余，此时除了以银行存款形式保持盈余外，政府也可持有国债或高级别的金融机构债券、公司债券等，实现资金的融出。有些国家的中央政府长期保持财政盈余或外汇收支顺差，如中东的主要石油出口国就是金融市场上的资金供应者，它们往往是国际金融市场的重要参与者，以持有发达国家的政府债券为主。

（二）工商企业

工商企业是金融市场的重要参与者，它们既是资金的需求者，又是资金的供应者。总体上看，工商企业是金融市场的资金净需求者。

工商企业首先是资金需求者。在现代经济条件下，绝大多数企业需要在金融市场上筹措外源资金。企业筹资的方式灵活多样，可以通过票据市场、信贷市场及回购市场筹集短期资金，以改善财务结构，提高财务杠杆效用和增加盈利；也可以通过发行中长期债券或股票来满足中长期资金的需求，用于扩大经营规模和满足新投资项目。企业在进行筹资决策时，通常会根据自己对资金的需要，从筹资成本的高低、风险大小、筹资的便利程度、股权安排、财务结构的改善等方面进行综合评估，选择合适的筹资方式，实现最优融资安排。

工商企业也是金融市场上重要的资金供应者之一。企业在生产经营活动中会出现短暂的闲置资金，为提高收益，通常会将闲置的资金暂时让渡出去，从而形成短期资金供给。企业在中长期政府债券、金融债券和其他企业债券方面的长期投资，以及为实现参股控股的目的进行的股票投资则属于企业在金融市场的长期资金供给。此外，工商企业还是金融市场的重要套期保值者。

（三）居民

居民既是金融市场的资金供应者，又是金融市场的资金需求者，但总体上，居民是金融市场的资金净供应者。

居民一般是金融市场上主要的资金供应者。居民出于对自己资产保值增值的需求，在金融市场上购买各种有价证券及其组合，从短期政府债券、可转让定期存单到中长期债券、股票、基金、黄金、外汇等，既可以满足日常流动性需求，又可以获得资金的增值。一般来说，居民可以投资任何公开发行的金融资产。居民投资的特点在于资金量较少，获取和处理投资信息的能力有限，承受风险的能力也相对较小。

居民也是金融市场的资金需求者。如大宗耐用消费品的购买以及住房消费中，居民在面临资金不足的情况下，通过消费信贷的方式间接融资或出售持有的金融资产变现，后者只是金融资产形式的改变而不是真正意义的筹资。

（四）金融机构

金融机构是金融市场的主要参与者，也是金融市场上最活跃的主体。金融机构一般分为存款性金融机构和非存款性金融机构。存款性金融机构是指通过吸收各种存款而获得可利用资金，并通过将之贷给需要资金的各经济主体及投资于证券等途径以获取收益的金融机构，一般包括商业银行、储蓄机构、信用合作社等。与存款性金融机构吸收公众存款不同，非存款性金融机构主要是通过发行证券或以其他合约的方式聚集社会闲散资金，包括投资公司（证券公司）、保险公司、财务公司、信托投资公司等。各类金融机构既是资金需求者，又是资金供应者。它们通过各种方式，一方面向社会吸收闲散资金，另一方面又向需要资金的部门、单位和个人提供资金，成为金融市场的核心组成部分，是金融市场资金最终需求者和供应者之间的中介和桥梁。

（五）中央银行

中央银行是金融市场的特殊主体，它既是金融市场的行为主体，又是金融市场上的监管者。作为一国的金融监管当局，中央银行参与金融市场交易的目的是为执行货币政策，调节货币供求，服务国家宏观经济目标；同时中央银行作为政府的银行代表政府对金融机构的行为进行监督和管理，防范金融风险，确保金融市场的平稳运行。从中央银行作为金融市场行为主体的角度来看，中央银行虽然不直接向企业或个人提供资金，但它通过办理资产业务如再贴现业务充当银行金融机构最后贷款人的角色，从而成为金融市场资金的提供者。中央银行以公开市场业务的方式参与金融市场的交易，在货币市场，通过买卖政府债券投放或回笼货币，以影响货币供应和市场利率；在外汇市场，买卖本国或外国货币以维持本国货币汇率的稳定。同时，为调节本国的外汇储备或是为本国的储备资产保值增值，中央银行也会参与国际金融市场的交易，投资于外国政府证券或者进行金融衍生工具交易。

二、金融市场的交易客体

金融市场的交易客体是指金融市场的交易对象，也就是通常所说的金融工具。金融工具既是一种重要的金融资产，也是金融市场上的重要交易对象。公开金融市场上的金融工具，一般采取有价证券或其衍生品的形式。金融工具必须具备规范化的统一格式，广泛的可接受性、可转让性和法律效力。

（一）金融工具的分类

金融工具种类繁多，我们从以下几个方面对其进行分类。

1. 按发行者的性质或融资方式划分

按发行者的性质或融资方式，金融工具可分为直接金融工具和间接金融工具两种。直接金融工具是指工商企业、个人和政府所发行的商业票据、股票、债券等，这些金融工具是用来在金融市场上直接进行借贷或交易的。间接金融工具是指银行等金融机构所发行的银行券、银行本票、可转让定期存单、人寿保单、各种借据和银行票据等，这些金融工具是由融资单位通过银行等金融机构融资而产生的。

2. 按权利的标的物划分

按权利的标的物，金融工具可分为票据和证券。票据着重体现的是持有者对货币的索取权，如汇票、本票、支票等。证券则着重表明投资的事实，体现投资者的权利，如股票和债券等。

3. 按索取权的性质划分

按索取权的性质，金融工具可分为股权凭证和债权凭证。股权凭证即为股票，代表发行者的所有权，投资者以股东身份出现，索取的是股息和红利。股票可以在股票交易市场转让，但是不可赎回。债权凭证即为债券，代表对发行者的债权，投资者以债权人的身份出现，索取的是本金和利息。债券可以在债券市场转让，到期归还本金和利息。按发行者的身份，债券又可进一步分为政府债券、公司债券和金融债券。

4. 按发行期长短划分

按发行期长短，金融工具可分为短期金融工具（不超过1年）、中期金融工具（1年以上至10年）、长期金融工具（10年以上）和永久性金融工具（如股票）。需要指出的是，这里的短期金融工具期限不超过1年已成为金融界约定俗称的标准；但中、长期金融工具之间的界限划分，则是相对变化的。例如，中国相当长时间内将3年以上的银行存贷款定位为长期存贷款（有时还实行保值措施），1—3年称为中期。而后来我国发行了长达20年到30年的国债后，3—5年期的国债都只能划入中期国债的范畴。

5. 按发行者的资信状况划分

按发行者的资信状况，金融工具又可划分为若干级别。例如，美国穆迪投资服务公司划定的债券级别由高到低依次为：Aaa，Aa，A；Baa，Ba，B；Caa，Ca，C；美国标准—普尔公司划定的级别为：AAA，AA，

A；BBB，BB，B；CCC，CC，C；DDD，DD，D。其中，前四个评级属于投资级别。

此外，还可以根据流动性的高低、交易费用的大小、抵押品的有无以及市场竞争条件的优劣等对金融工具做多种划分。

（二）金融工具的特点

金融工具的种类虽然很多，并且各具特点，但它们都有一些共同的基本特征，主要有以下几点。

1. 期限性

金融工具的期限性是指金融工具一般有约定的偿还期。从债权人或投资人的角度来说，他们可按金融工具上所记载的应偿还债务的时间，到期收回投资本金；从发行人角度来说他们届时必须履行还本付息的义务。商业票据或债券等金融工具，一般都注明了发行日期和到期的日期。金融市场上还存在零期和无限期的金融工具，活期存款可视为零期金融工具，而股票、永久债券可视为无期金融工具，但也可通过在二级市场出售以收回流动性。

2. 流动性

金融工具的流动性是指金融工具能否以合理的价格在金融市场上流通转让和迅速变现的能力。衡量金融工具流动性强弱的标准有三个：一是能否及时变现；二是变现成本的大小；三是变现过程中本金的稳定程度。金融工具的期限性约束了投资者的灵活偏好，但它的流动性以变通的方式满足了投资者对现金的需求。金融工具的流动性通过金融工具的买卖交易等实现，影响金融工具流动性的因素主要包括金融工具的期限、发行人的资信水平、金融市场的完善程度等。

3. 风险性

风险性是指金融工具的持有者未来预期收益的不确定性，甚至本金受损的可能性。金融工具风险的大小是决定其价值的主要因素之一。由于金融工具代表着未来的收益，未来的不确定性则决定了金融工具在一定程度上具有风险性。一种金融工具的风险性不仅取决于发行者的资信水平、经营能力和盈利能力等微观要素，还受宏观经济状况、金融市场完善程度等宏观因素的影响。

4. 收益性

收益性是指金融工具能定期或不定期为其持有人带来收益的能力。金融资产的收益表现为股息收入、利息收入和买卖差价收入等。衡量收益水平的指标是收益率，即净收入和本金的比率，一般计算中都以年率表示。影响收益水平的主要因素包括金融工具的票面利率、股息率、市场利率、金融工具的期限和价格水平等。

三、金融市场的交易中介

在广义的金融市场上，充当交易中介的金融机构有很多，包括上述金融市场主体中介绍的各类存款类和非存款类金融机构，如商业银行、储蓄机构、信用合作社、投资公司（证券公司）、保险公司、财务公司、信托投资公司等，它们在市场上既作为交易主体存在，也起到相应的中介作用。

但是在狭义的金融市场，金融市场中介是指为资金融通提供媒介服务的专业性金融机构或取得专业资格的自然人。狭义的金融市场中介也可以理解为直接融资过程中的金融媒介，在此过程中，金融中介并不会与资金供给者或者资金需求者之间形成债权债务关系，它的作用是帮助资金供给者与资金需求者形成债权债务关系。金融市场中介作为融资双方的代理人，可以促进金融市场上的资金流通，满足不同投资者和筹资者的需要，提高金融市场的运作效率，降低交易成本，是金融市场不可缺少的部分。一般来说，可以将其分为两类。

（一）经纪人

经纪人（Broker）是指在金融市场上为交易双方成交撮合并从中收取佣金的金融机构或自然人。一般来说，他们自身并不参与金融工具的交易，只是以代理人的身份进行金融工具交易或是为交易双方提供信息促使双方成交。经纪人对其经手的交易业务具有专业知识，深谙市场行情和交易程序，对交易双方的资信都有深刻了解。因此，许多交易主体都喜欢通过经纪人进行交易，经纪人是金融市场运行中不可缺少的中介体。作为代理人，经纪人对委托人负有信托责任，应尽可能地使委托人的指令以最理想的条件执行。

金融市场作为一个市场体系，包括很多具体的子市场，因此金融市场的经纪人种类也有很多，主要有以下几种。

1. 货币经纪人

货币经纪人又称市场经纪人，是指在货币市场上充当交易双方中介并收取佣金的中间商人，根据经纪业务的不同又可分为同业拆借经纪人、票据经纪人、短期证券经纪人等。货币经纪人获利的途径是收取佣金和赚取利差。

2. 证券经纪人

证券经纪人是指接受客户委托代理买卖有价证券，并收取经纪费或佣金的中间商人。证券经纪人可以帮助投资人选择投资证券并获得"席位"后直接进入证券交易所进行交易，其主要职能包括为证券投资者提供信息咨询、开立账户、提供信用（如果本国法律允许的话）、接受委托、代理买卖、代办证券保管、过户、清算等一整套业务。证券经纪人可以是自然人，也可以是金融机构，根据业务的种类又可以分为佣金经纪人、两元经纪人、专家经纪人、证券自营商、零股经纪人等。佣金经纪人是指接受客户委托，在证券交易所内代理客户买卖有价证券，并按固定比率收取佣金的经纪人，通常在交易大厅里专为顾客买卖证券，证券交易所的大多数证券交易都是通过他们完成的。两元经纪人是专门接受佣金经纪人的委托，代理买卖有价证券的经纪人，因而又被称为交易厅经纪人或居间经纪人。当佣金经纪人同时接受许多委托买卖证券业务时，便将其中的某些业务，尤其是尚未完成或不易完成的委托请两元经纪人代为买卖。专家经纪人又称专业经纪人，既接受佣金经纪人的委托买卖证券，也为自己买卖证券，因而具有经纪人和交易商的双重身份。纽约证券交易所的专家经纪人具有典型代表性。纽约证券交易所上市的每只股票均由一个专家经纪人负责，每个专家经纪人可负责多只股票的专营事务。当专营的股票买卖申报出现严重不均衡时，专家经纪人有责任加入较弱的一方，用自己的账户买入或卖出该股票，以改善市场的流动性，维持价格的稳定。证券自营商是指为自己买卖证券，从中获取差价收益并独立承担风险的证券商。零股经纪人是指专门经营不满一个交易单位（通常100股为一个交易单位）的零股交易的经纪人。

3. 金融衍生工具经纪人

金融衍生工具经纪人指在期货期权交易所接受客户委托买卖金融衍生工具合约，并收取佣金的经纪人。与证券经纪业务不同之处在于，证券经纪人在接受客户委托买卖证券时，以客户名义进行交易，而衍生工具经纪人在接受委托买卖衍生工具时，以自己的名义进行交易。

4. 外汇经纪人

外汇经纪人又称外汇市场经纪人，是指外汇市场上为促成外汇买卖双方的交易成交的中介人。外汇经纪人既可以是个人，也可以是中介组织，如外汇中介行或外汇经纪人公司等。由于外汇市场以一国货币或以该货币表示的金融工具为交易对象，因此有时候也将外汇经纪人统称为货币经纪人。

（二）投资银行

投资银行（Investment Banks）是资本市场的专业参与者。传统的投资银行仅是指在证券一级市场承销证券和在二级市场交易证券的金融机构，而现代广义的投资银行是指经营所有资本市场业务的专业证券经营机构。世界各国对投资银行的称谓及划分不尽相同，美国一般称投资银行，英国则叫商人银行，以德国为代表的一些欧洲大陆国家实行银行业与证券业混业经营，通常由银行设立公司从事证券业务经营，日本和中国一样，将专营证券业务的金融机构称为证券公司。

投资银行目前已成为资本市场上最重要的金融中介机构，无论是在一级市场还是二级市场上都发挥着重要作用。最初的投资银行产生于长期证券的发行及推销要求，随着资本市场的发展，投资银行的业务范围越来越广泛。目前，投资银行除了证券的承销之外，还涉及证券交易、私募发行、兼并收购、基金管理、公司理财和咨询服务、金融衍生工具的创造和交易、受托资产管理、风险投资等业务。

证券承销是投资银行代理证券发行人发行证券的业务，是投资银行最基础的业务活动。投资银行承销证券的范围很广，既包括中央政府、地方政府、政府机构发行的政府债券，企业发行的股票和债券，外国政府和公司发行的证券，也承销国际金融机构发行的证券，如世界银行等。投资银行在承销过程中一般根据承销金额及风险的大小来权衡是否要组团承销和选择承销方式。

证券交易是指投资银行在二级市场中担当做市商、经纪商和交易商的角色。做市商是指投资银行作为特许交易商不断地向投资者报出特定证券的买卖价格，并在该价格上接受投资者的买卖要求，一般买卖价格之间的差价就是投资银行的利润收益。投资银行以自有资金与投资者进行交易，为所做市证券创造流动性较强的二级市场，并维持市场价格的稳定。作为经纪商，投资银行代表买方或卖方，按照客户提出的价格代理客户交易。作为交易商，投资银行以自己的资金和账户进行交易，自营买卖证券，此时投资银行是市场的投资主体，而非中介。

证券的发行方式可以分为公募发行和私募发行两种，上述的证券承销就是属于公募发行。私募发行又称私下发行，就是发行者将证券出售给特定投资者，主要是机构投资者，如保险公司、投资基金、养老基金等，而不是把证券售给社会公众。私募发行不受公开发行的规则限制，可以节约发行时间和发行成本，相对来说可以给投资银行和投资者带来更高的收益率。投资银行在私募发行中，一般充当发行顾问，为发行人设计发行方案，寻找合适的投资者，并努力将证券推销出去。

企业兼并与收购业务已经成为现代投资银行除证券承销与经纪业务外最重要的业务。投资银行以多种方式参与企业的并购活动，既可以为并购方企业服务，如寻找兼并与收购的对象、制定兼并收购方案；帮助收购企业筹集收购必须的资金，进行合理财务规划；与目标公司的董事和大股东联系，协商收购条款；等等。也可以为被收购对象服务，如在面临敌意收购时，可以帮助被收购企业制定反收购计划等；如果是善意收购，可以帮助分析收购条件是否公平合理，代表目标企业与对手进行谈判；等等。此外，投资银行在并购中往往还为企业提供改组和资产结构重组服务、帮助安排资金融通和过桥贷款等。

投资银行与基金有着密切的联系，基金管理是投资银行的重要业务之一。投资银行可以作为基金的发起人，发起设立基金；可以作为基金管理者管理自己发起设立的基金，或者接受其他基金发起人委托代为管理基金；可以作为基金的承销人，帮助基金发行人向投资者发售基金；等等。

公司理财和咨询服务是投资银行作为客户的金融顾问或经营管理顾问，为公司财务方面提供咨询、策划和操作。具体包括：投资银行根据客户的要求，对某个行业、某种市场、某种产品或证券进行深入的研究与分析，为公司提供较为全面的、长期的决策分析资料；投资银行在公司经营面临一定的财务困难时，出谋划策，提出应变措施，诸如制定发展战略、重建财务制度、出售转让子公司方案；等等。习惯上常将投资咨询业务的范畴定位在对参与二级市场投资者提供投资意见和管理服务，投资银行的投资咨询业务是连接一级和二级市场，以及沟通证券市场投资者、经营者和证券发行者的纽带和桥梁。

投资银行是金融衍生工具的主要创造者和交易者。在金融衍生产品市场上，投资银行一方面通过资产证券化等方式创造金融衍生工具；另一方面代理客户进行衍生工具交易，赚取佣金，或是自己采用金融衍生工具交易，进行套利或获取差价等。投资银行的存在极大活跃了金融衍生产品市场。

受托资产管理是指投资银行作为受托财产管理人，与委托人签订受托管理合同，按照委托人约定的投资计划和方式，将委托人委托的资产投资于各类金融工具，努力实现委托人收益最大化的行为。

风险投资是对新兴公司在创业期和拓展期进行的资金融通，一般具有风险大、收益高的特点。由于风险较高，普通投资者往往不愿涉足，但创新创业公司在初创和成长期又特别需要资金的支持，因而为投资银行提供了广阔的市场空间。投资银行的风险投资业务表现在，可以通过私募的方式为这些新兴公司筹集资本，也可以对某些潜力巨大的公司进行直接投资，成为其股东，还可以发起成立风险基金或创业基金，作为专门向新兴创业公司提供创业资本的资金。

四、金融市场的组织形式

金融市场交易主体、金融市场交易客体和金融市场的中介使得金融市场的形成具有了可能性，但是要使金融市场成为现实的市场并正常运转，使交易双方相互联系，在自愿和等价交换的基础上，根据供求关系形成的价格转让金融工具，还需要一种方式把交易双方和交易对象通过金融机构中介结合起来，这种方式就是市场的组织形式。市场组织形式范畴较为广泛，但是核心主要表现为市场形态和价格机制安排，其中市场形态分为有形市场和无形市场，本章第一节已经进行了详细介绍，此处解释金融市场的价格机制安排：拍卖方式和柜台方式。

（一）拍卖方式

拍卖方式也叫指令驱动报价制度，金融交易中的拍卖和其他商品的拍卖是一样的，是指买卖双方通过公开竞价的方式确定买卖成交价格。目前公开竞价的方式有两种：一种是出售人高声呼喊加手势报出金融工具的要价，通过购买人之间的激烈竞争报出买价，最后将金融工具出售给报价最高的购买人；另一种是买卖双方不直接见面，交易者根据自己的交易意愿提交买卖指令，通过计算机配对，在价格优先、时间优先的原则下，实现成交。所谓价格优先是指在同一时间，对购买者而言价格高的优先成交，对出售者而言价格低的优先成交；所谓时间优先是指，在两个以上买方或卖方报价相同的情况下，先报价的优先成交。拍卖方式分为单向拍卖和双向拍卖两种。单向拍卖中的交易双方，一方是交易群体，而另一方只有一个交易单位，由后者提出买入或出售金融工具的出价或要价，前者各个交易单位围绕报出价格展开竞争，或竞相加价以求买进，或竞相压价以求卖出。最后单独的交易单位将要出售的金融工具卖给出价最高的交易对方，或从报价最低的交易对方买进金融工具。双向拍卖中的双方均是交易群体，交易双方在买卖某种金融工具时，以该工具上次成交的价格为基础，分别提出各自的出价和要价。买方希望以较低价格买入，卖方希望以较高价格卖出。针对双方要价和出价的差距，在买卖群体中展开竞争。买方群体中不断有人为了买进而抬高出价，卖方群体中不断有人为了卖出而降低要价，直到双方群体中最高出价与最低要价相等或最高出价高于最低要价时即可成交。

金融市场工具的拍卖是在交易所内进行的。进入交易所的人并不全是实际上要买进或卖出金融工具的市场参与者，还有受人委托代理他们买卖的经纪人或股票交易商。这些经纪人和股票交易商都是由作为交易所会员的经纪人公司和证券公司派出的。这些金融市场的专业机构受实际投资人、筹资人、保值人或投机人的委托，按委托人规定的条件，以尽可能有利的条件进行交易。因此，一般来说，拍卖交易方式适合市场规模比较大、参与者众多、交易工具流动性比较强的市场。同时，要求市场公开透明，对信息披露和监管水平的要求也比较高。

（二）柜台方式

柜台方式又称为报价驱动或做市商制度。柜台方式与拍卖方式不同，它不是通过交易所把众多交易集中起来，以竞价方式确定交易价格，而是通过证券公司作为做市商来买卖证券。金融工具买卖双方都分别和证券公司进行交易，或将出售的金融工具卖给证券公司，或从证券公司那里买进想要购进的金融工具。在以柜台方式组织的金融交易中，买卖价格不是通过交易双方的直接竞争来确定的，而是由证券公司根据市场行情和供求关系对某种证券分别报出买入价格和卖出价格，并愿意以该买入价格买入金融工具，以该卖出价格卖出金融工具，这种挂牌方式称为双价制。证券公司一旦提出双价，在报出新双价之前，不得拒绝以提出的买入价格买入该种工具，也不得拒绝以报出的卖出价格出售该种工具。证券公司提出的双价中，买入价格略低于卖出价格，其中的价差就是其利润。

五、金融市场监管

金融市场关系到国民经济的方方面面以及各参与主体的切身利益。由于金融体系的基本特点，金融市场是存在诸多风险的交易场所，良好的金融市场秩序是保证金融乃至整个经济安全的重要前提。因此，各国都会加强对金融市场监管。广义的金融市场监管不仅包括政府金融管理当局，还有相关自律性机构，它们对金融市场的各类参与者及其融资、交易、中介活动所作的各种规定以及对市场运行的组织、协调和监督措施及方法都是金融市场监管的范畴。金融管理当局进行的统一集中监管为外部监管；自律性机构，如证券交易所、证券业协会、金融机构自身等进行的自律性监管为内部监管。

金融市场监管是为了保证金融市场机制的实现，进而保证整个国民经济秩序的正常运转，保障金融市场各参与主体的权益，从而实现降低系统性风险，保障金融安全的目的。

第三节　金融市场的历史与发展趋势

金融市场是商品经济发展的产物，它是在特定的历史条件下，遵循一定的经济规律而逐步演化形成的。在商品生产和交换的长期发展过程中，货币逐渐担当起一般等价物和商品交换媒介的作用，从而使最初以物易物的商品交易发展成为商品货币经济。后来随着社会化大生产的发展，金融交易主体的需求日益强烈，由货币兑换、货币支付的需求逐渐演变出预付、赊销、借贷等信用活动。加上信用制度不断完善，融资方式和融资工具越来越多样化，这些融资方式和融资工具的频繁运用和流通，使得商品货币经济进一步发展为发达的信用经济。随着信用在经济活动中的广泛介入，以银行业为主导的各种金融机构组织逐渐建立健全，形成了以各类经济单位为主体、以货币资金交易为对象、以各种金融工具为交易载体、以投融资为主要交易目的的层次齐全、形式多样、覆盖面广、规模庞大的金融市场。

一、金融市场的产生

金融市场是历史发展的产物。一般认为，有形的、有组织的金融市场最早形成于17世纪的欧洲大陆，它的产生主要归因于以下几个方面。

（一）生产需求和贸易需求促进以银行为核心的金融体系产生

现代金融市场，始于以商业银行为核心的金融体系的建立和发展，而以商业银行为核心的金融体系与实体经济的发展密切相关，是在生产需求和贸易需求的基础上产生的。在自给自足的小生产小农经济社会，受生产力水平的制约，生产规模和交易范围有限，不需要也不可能出现金融市场。随着生产力水平的提高和社会分工的细化，商品经济范围逐渐扩大。商品经济催生的社会化大生产，一方面产生了对资金的大额需求，各经济体生产所需资金除了依靠自身积累外，还必须通过借贷资本来筹集，而私人借贷往往在数量和期限上是与资金需求难以匹配的，于是产生了对社会筹资机制满足社会经济发展的需求；另一方面社会分工促进了贸易来往，贸易的发展特别是跨国贸易的快速增长产生了对票据、汇兑、结算等一系列金融业务的需求。

欧洲早在古罗马时期就形成了较为发达的商业贸易，商人资本、货币资本和高利贷资本随之活跃起来。地中海沿岸出现的国际贸易活动，推动了意大利票据和货币兑换业务的形成和发展。进入中世纪之后，欧洲的城市手工业不断发展，商业日益繁荣，为满足国际贸易的需求，货币兑换业务应运而生。随着借贷业务、票据业务和汇兑业务规模的不断扩大，经营单一业务的机构逐渐演变为经营多种金融业务的银行，其业务主要集中于与实物经济发展紧密联系的资金借贷、国际结算、货币汇兑和票据贴现等领域。1397 年成立的梅迪西银行和1407 年成立于意大利热那亚的圣乔治银行，标志着新式银行产生，金融业由此发生了根本性的变化。其后，1694 年英国英格兰银行的成立，标志着现代银行信用制度的确立，也意味着以银行为中介的借贷资金市场的形成。1850 年，威尼斯银行诞生，随后意大利米兰、荷兰阿姆斯特丹、德国汉堡等城市相继设立了具有现代意义的银行。银行逐渐成为金融市场的主体和中介，对金融市场的形成起到了巨大的推动作用。

但是，由于早期银行自身风险承担能力较弱，相应的监管制度还没有建立起来，不时出现的银行倒闭进而引发金融危机的情况也时有发生。

（二）股份制的产生和信用制度的发展促进证券市场迅速形成

随着市场经济的发展，生产规模日益扩大，传统企业的自身资本积累已经无法胜任对巨额资金的需求，于是出现了合伙经营的组织，其后又由单纯的合伙组织逐步演变成现代股份公司。股份公司是通过发行股票的方式向社会公众直接募集资金的新型企业组织形式。17 世纪上半叶，欧洲各国先后出现了业务经营较为稳定的股份公司，1602年，荷兰成立了东印度股份公司，随后英、法等国也先后建立了类似的股份公司。股份公司的设立，公司股票和债券的发行，为证券市场的形成提供了现实的基础。

证券市场的形成和发展离不开信用制度的发展。当货币资本与产业资本相分离，货币资本独立出来时，股票和债券等信用工具得以充分运用。信用工具一般具有流通变现的要求，而证券市场为有价证券的流通转让创造了条件。因此，随着信用制度的发展，证券市场的产生成为必然。早在 16 世纪，里昂、安特卫普已经有了证券交易场所雏形，被认为是证券交易活动出现最早的地区，进行国家债券的交易。1602 年，荷兰成立了世界上第一个有形的、有组织的证券交易所——阿姆斯特丹证券交易所，标志着现代金融市场的形成。1698 年，英国已有大量经纪人在伦敦柴思胡同的乔纳森咖啡馆进行证券交易，1733年在该咖啡馆成立了英国第一家证券交易所，即后来世界闻名的伦敦证券交易所。1790 年，美国第一家证券交易所——费城证券交易所成立。1792 年，纽约 24 名证券经纪人在华尔街签订了著名的"梧桐树协定"；1793 年，露天的证券交易移至汤迪咖啡馆进行；1817 年，参与华尔街汤迪咖啡馆证券交易的证券经纪人通过一项正式章程，并成立"纽约证券交易会"；1863 年，改名为纽约证券交易所。

（三）信用形式的多样化促进各类金融市场的形成

经济发展促进了货币资本和产业资本相分离，货币资本本身取得了社会性质，信用制度得以进一步发展。随着信用制度的发展，商业信用、银行信用、国家信用、消费信用、国际信用等信用形式逐步出现，各种信用工具层出不穷。信用工具一般都有流动性需求，而金融市场为信用工具的流通转让创造了必要的条件，因此随着信用制度的发展，金融市场的产生与扩大就成为必然。信用制度的发展促进了金融市场的形成和发展，而信用形式的多样化又促进了各类金融市场的形成。

资本主义社会之前，信用的基本形式是高利贷信用。进入资本主义社会，出现了商业信用和银行信用。商业信用是基于商品而提供的信用，银行信用则是通过银行信贷的形式体现，是最重要的现代信用形式。随着信用制度的发展，证券信用即筹资者直接面对社会公众筹集资金的信用形式出现了，股票和债券是两种主要的证券信用工具。17 世纪到 19 世纪，荷、英、美、法等国先后建立的证券交易所有力地促进了信用制度的成熟及金融市场的深入发展。

随着资本主义经济的迅速发展，信用形式的广度和深度都得到了发展。信用形式由单一的商业信用发展为银行信用、证券信用和消费信用等多种信用形式并存，信用形式的范畴也从国内信用逐步拓展为国际信用，由此产生了许多新的金融工具，如汇票、外汇存单、国际票据。信用形式在深度上的发展使原有金融工具不断细化，如股票除普通股外，还有优先股、后配股、无表决权股、转换股等。信用制度在广度和深度上的发展使金融工具多样化，金融市场上的金融工具不断涌现，并且股票、债券和票据的种类不断增多，进一步促进了各类金融市场的形成，丰富了金融市场的功能。

二、国际金融市场的发展历程

国际金融市场的形成至今已有近四百年的历史。随着国际贸易的发展、世界政治格局的变化和各国经济实力的相对改变，国际金融市场的重点发生多次转移；同时，各国金融市场也随着经济金融的发展不断发展和完善。20 世纪 70 年代以来，随着科技的发展，金融市场不断出现新的金融工具，交易手段也日益发达，出现前所未有的繁荣景象，金融市场在经济发展中地位日益凸显。总的来说，国际金融市场经历了萌芽、形成、扩张、创新等系列进化发展过程，并逐步向着全球金融市场一体化的趋势发展。

（一）萌芽和初步形成阶段

17 世纪初到第一次世界大战之前，是国际金融市场萌芽和初步形成阶段。17 世纪初，有着"海上马车夫"之称的荷兰在发达的经济贸易和便利的交通等优势下，成立了荷兰阿姆斯特丹证券交易所。该证券交易所的成立，标志着现代金融市场的初步形成。英国从 17 世纪开始崛起到 18 世纪完成工业革命，使其成为世界上头号强国，它拥有大量股份公司及成熟的公债制度，并依托强大的经济实力和完备的金融体系，取代了荷兰在金融领域的重要地位。1694 年，英国成立了英格兰银行，标志着银行信用制度的确立，也意味着以银行为中介的借贷资金市场的形成。18 世纪初，英国完成工业革命，其自由贸易政策有力地扶持了本国市场经济的发展，促进了证券交易，1773 年成立的伦敦证券交易所很快取代阿姆斯特丹证券交易所，成为当时世界上最大的证券交易所。1816 年，英国首先实行了金本位制，英镑成为最广泛使用的货币，各国商人逐渐通过伦敦进行国际债权债务清算，汇票成为国内外融资的主要工具。后来英国开设了贴现行，发展票据贴现业务，英格兰银行作为贴现行的最后贷款人发挥中央银行的职能，现代货币市场逐步形成。凭借英国强大的经济实力、完善的金融体系以及已经形成的国际性的货币市场和资本市场，伦敦成为国际贸易中心和国际金融中心。

这一阶段的国际金融市场是伴随着国际贸易的发展而产生和初步形成的。本阶段金融市场的交易主要集中于与国际贸易发展紧密结合的国际结算、国际兑换、票据贴现等业务范围，国际金融市场只是国内金融市场的派生和延伸，具有鲜明的附属于实体经济的特点。

（二）两次世界大战的调整阶段

两次世界大战对整个世界经济造成了严重破坏，使各国经济实力和金融发展发生变化，为世界经济格局的变化创造了条件，国际金融中心也发生了调整和转移。英国在两次世界大战中受到较为严重的损失，国内经济破坏严重，金融实力也大为减弱，不但出现资金匮乏问题，伦敦的国际金融业务也向受战争影响较小的美国纽约和瑞士苏黎世市场分流，伦敦金融中心的地位被削弱。美国则是两次战争的受益者，国际性资金借贷和资金筹集活动在战争中大规模向纽约市场转移，使得纽约成为世界最大的国际资本流动市场。战后建立的以美元为中心的布雷顿森林体系，使美元取代英镑成为主要的国际储备货币和结算货币，美国成为世界经济霸主和最大的资金供应国。纽约金融市场迅速崛起，成为世界的金融中心。同时，瑞士的中立国地位，使其在第二次世界大战期间并未像西欧其他国家那样受到战争的严重创伤，其中立的立场和独特的地理位置，使其始终保持着货币的自由兑换，自由外汇市场交易活跃，逐步产生黄金交易，逐渐形成黄金交易中心，增加了对国际资本的吸引，从而使苏黎世金融市场得以快速发展，成为世界的金融中心。因此，经过两次世界大战的调整，国际金融市场发展形成了纽约、苏黎世与伦敦三足鼎立的格局。

（三）欧洲货币市场的产生和发展阶段

欧洲货币市场，又称为"离岸金融市场"，最早于1957年出现在伦敦。第二次世界大战后东西方冷战的升级、美国严格的金融管制及战后欧洲经济的恢复，促成了美元资金向欧洲集聚。20世纪50年代，英国发生英镑危机。为保卫英镑，英格兰银行提高利率，加强外汇管制，防止英镑外流，导致伦敦商业银行大力吸收美元存款，并贷给客户以摆脱业务紧缩的困境，于是出现了在美国境外的美元资金借贷市场。与此同时，由于国际收支长期逆差，黄金储备不断流失，美元信用动摇，美国政府采取了管制措施防止美元外流；有些西欧国家为防止美元流入过多而采取了限制性措施。时值战后欧洲经济的恢复阶段，为逃避这些限制而获取利润，西欧国家的银行纷纷把资金转移到国外，欧洲美元、亚洲美元、欧洲其他货币等市场相继成立并迅速发展起来，资金借贷交易国际化趋势日渐明显，传统的金融市场中心扩散到法兰克福、布鲁塞尔、米兰、巴黎等地。与传统的金融市场相比，离岸金融市场的交易参与者及交易货币均与市场所属国、交易货币所属国无关，实现了真正意义上的国际化。离岸金融市场的出现，使国际金融市场进入一个新阶段。随着20世纪70年代两次石油危机，形成了大量石油美元，在石油输出国较集中的中东和亚洲地区也出现了新加坡、香港等离岸金融市场，这些后起的金融市场与加勒比海地区的簿记型离岸金融市场一起，有力地推动了新型国际金融市场向全球扩散，并促使美国放松金融管制，开放本土的离岸金融市场。战后日本经济发展迅速，东京也凭借经济实力的支持以及良好的地理区位优势，在全球24小时不间断交易中发挥重要作用，从而形成了纽约和伦敦之外新的国际金融中心。

（四）新兴金融市场的崛起与发展阶段

第二次世界大战后，大量发展中国家为了摆脱贫困，推动经济发展，纷纷进行金融改革，实行金融自由化政策以扶持本国或地区的金融市场发展。20世纪70年代后，新兴经济体经济取得了惊人成绩，其金融业对国际金融市场产生越来越大的影响。20世纪80年代，墨西哥等发展中国家发生了债务危机，但这并未影响国际投资，也未阻止这些国或地区的金融发展步伐。这一阶段以亚洲的新加坡、马来西亚、泰国、菲律宾和拉丁美洲的墨西哥、阿根廷、巴西等国为典型代表的新兴国际金融市场崛起。新加坡、韩国、中国台湾和中国香港实现经济腾飞，它们也被称为"亚洲四小龙"，在很大程度上得益于金融市场的迅速发展。新兴金融市场的崛起与内外环境均有关：这一阶段全球金融管制的放松、国际资本流动的增强、技术革新、金融创新、筹资证券化的趋势，是推动新兴金融市场发展的外部条件；新兴工业化国家经济的迅速增长和工业化初期较高的投资回报率，是新兴金融市场发展的内在动因。但是新兴金融市场存在金融体系不健全、国内经济结构不合理等问题，这使得该市场在金融管制放开与国际游资套利的背景下显得十分脆弱。1995年的墨西哥金融危机和1997年的亚洲金融危机以及2002年的阿根廷金融危机都与新兴金融市场有关，这也提示理论界与管理部门，在推动金融市场开放、放松金融管制以促进金融发展的同时，需要结合自身经济社会环境，关注金融风险的控制。

【专栏1-1】

从阿姆斯特丹到伦敦——证券交易所的萌芽与发展

世界上最早买卖股票的市场出现在1602年的荷兰。当时荷兰海上贸易极为发达，极大地刺激了投资的需求，第一个股份有限公司是荷兰的东印度公司。当时没有完备的股票流通市场，更没有独立的股票交易所，所以只能靠当地的商人们作为中介零星地进行股票买卖，股票交易也只能在阿姆斯特丹的综合交易所里与调味品、谷物等商品混合在一起进行交易。

17世纪后半叶，经济中心转移到了英国，在荷兰创立的股份公司在伦敦得到了飞跃发展。在伦敦最古老的交易所——皇家交易所之中，与商品交易混在一起进行买卖交易的有俄罗斯公司（1553年创建）、东印度公司（1600年创建）等公司的股票。由于买卖交易活跃，所以在皇家交易所进行股票买卖的交易商独立出来，到市内的咖啡馆里进行买卖。

1719年，英国政府允许中奖债券与南海公司股票进行转换，随着南美贸易障碍的清除，公众对股价上扬的预期，促进了债券向股票的转换，又带动股价的上升。第二年，南海公司承诺接收全部国债，作为交易条件，政府逐年向公司偿还。为了刺激股票的发行，南海公司允许投资者以分期付款的方式购买新股票。7月份起，南海股价一落千丈，12月份跌至每股124英镑，"南海泡沫"由此破灭。"南海泡沫"事件以及"泡沫法案"，对英国证券市场发展造成了重大影响，之后上百年左右的时间股票发行都受到这个法律的制约，使英国股票市场几乎停滞不前，发展极为迟缓。这种情况一直持续到英国的工业革命。

1773年，在伦敦柴思胡同的乔纳森咖啡馆中，股票经纪商正式组织了第一个证券交易所（现在伦敦交易所的前身），这就是现代证券市场的原型。1802年伦敦交易所新大厦落成开业，当时在交易所内交易的证券主要是英格兰银行、南海公司和东印度公司的股票。

18世纪上半叶，英国工业革命的不断深入，大量的基础产业建设需要大量的资金投入，刺激了公司股票发行与交易，股票市场开始逐渐活跃起来。这期间由于产业革命取得成功，英国成为世界上最早的"世界工厂"。为了促进工业品的输出，英国一边对海外进行资本输出，一边在国内发展纺织等行业，进而在1830—1840年代发展重工业。在这个过程中，为了加强产业基础而进行的国家公共事业投资以及银行、保险等公司的数量开始急剧增加。股票在全国形成了投机热潮，引发了在全国各地开设证券交易所进行股票交易的热潮。进入了 50 年代，伦敦证券市场再次向海外投资急速倾斜。因为被称之为"商人银行"（Merchant Bank）的英国式证券商的活跃，广泛地把美国的铁道债券、印度或澳大利亚的证券等加入了交易对象，从而为确立伦敦作为世界金融中心的地位而迈进了关键性的一步。到 1914 年，在伦敦交易所上市的证券中有 80%是海外证券。因此，伦敦与其说是因为国内产业资本而成长壮大起来的，还不如说是作为海外资本的市场不断扩充而逐渐地壮大起来的。

三、中国金融市场的形成与发展

（一）旧中国金融市场的产生和发展

作为历史悠久的文明古国，我国有着同样悠久的货币信用历史。早在西周时期，我国就出现了金融活动，官办的铸币机构和钱库，铸造和储藏铜币，以适应发行和流通货币所需。据《国语》记载，春秋战国时期就有"假贷居贿"[1]，这是一种还本付息的高利贷行为。到了隋唐时期，由于市场经济的进一步发展，汇兑、商业信用等相当规模的金融活动应运而生，出现兼营银、钱的邸店、质库等。长安的"西市"就是中国早期的金融市场。到了南宋，金银交引铺、金银铺、炒户核兑便铺十分兴旺，吴自牧《梦粱录·铺席》中指出光临安就有"百余家"，官巷南街相当于南宋临安的"金融一条街"。明朝中叶之后，随着资本主义萌芽的出现，商品经济得到较大发展，江南地区出现了市镇兴盛、商业繁华局面，也带来了金融业的快速发展，出现了金融市场的雏形——钱业市场。到了明末清初，商品生产和交换越来越发达，随着商业和商人资本的发展，货币数量的增加和货币使用范

---

[1] 《国语·叔向贺贫》："桓子骄泰奢侈，贪欲无艺，略则行志，假贷（货）居贿。"

围的广泛，出现了各种金融组织。清中叶呈现出加速发展的态势，其中最主要的是从事抵押放款业务的"典当业"，全国约有 2 万家当铺，多为徽商和晋商。还有以经营货币兑换为主，兼营放款业务的"钱庄""票号"等。

1840 年鸦片战争后，中国逐渐成为半殖民地半封建社会，外国资本主义的入侵一方面瓦解了自给自足的自然经济的基础，另一方面也促进了商品经济的发展。外国金融资本也迅速侵入中国，西方各国纷纷来华设立银行和各类金融机构，它们与中国旧有金融机构开始结合在一起，并在中国社会经济中占有一定的优势，中国的金融市场逐渐向近代形式过渡。1891 年，外商中一些专门从事证券买卖的经纪人组成了"上海股份公所"，主营中国和远东各地的外商公司股票、债券和南洋各地的橡皮股票。与此同时，中国民族工业和金融业也有了初步发展，1897 年 5 月 27 日在上海设立了第一家中国人自己办的新式银行——中国通商银行。

商品经济的发展和银行业的兴起对以银行业为主体的新兴金融市场的出现提出了要求，并创造了条件。第一次世界大战期间和稍后几年，中国金融业普遍活跃，银行信用显著扩大，金融市场不论从量上还是质上都有新的开拓。我国的金融市场以上海为中心，由大城市到中等城市，由浙江一带到沿海其他城市，又由沿海城市到内地逐步发展起来。上海自 1843 年对外开放、1845 年开辟租界以后，很快发展成为全国的经济、贸易和金融中心，许多全国性银行的总行设在上海，其余全国性银行的绝大部分在上海设立分行，全国近半数资金在上海集聚，各地的存贷款利率和金融行业利率围绕上海的利率和行市变动。1920 年 7 月，上海证券物品交易所（简称物品所）正式开业，以证券、棉花、纱布为主要交易品种。1921 年 1 月，上海历史上第二家由华人开办的证券交易所，上海华商证券交易所（简称华商所）正式开业，股票市场走上正规道路。1929 年物品所倒闭之后，华商所成为上海证券交易的统一市场，成为远东最大的证券交易所，交易规模盛极一时。上海金业约在清光绪初年已然形成，当时上海已有几十家金号，1921 年 9 月原上海金业公会改组为上海金业交易所，专门买卖矿金、块金、各国金币和标金。20 世纪 30 年代时上海金业交易所成为远东最大的黄金交易中心，也是世界上屈指可数的黄金交易市场，黄金交易量仅次于伦敦和纽约，居世界第三位。

抗日战争爆发，我国大片领土，包括上海、北平、天津、广州、武汉等金融市场比较发达的大城市先后失守，使当时中国金融市场遭受重大打击，连续的战事加上动荡的政局，金融市场无法恢复有效活力。抗日战争胜利，上海等沦陷区收复。1946 年 9 月，资本金为十亿元的上海证券交易所（简称上证所）宣告成立，接着开放外汇市场，逐步恢复金融中心的地位。但很快发生内战，国民政府财政赤字严重，币制信用扫地，经济走向崩溃的边缘。在这种情况下，证券交易十分清淡，市场也一蹶不振。1949 年 5 月，上海迎来解放。面对各种投机买卖、严重扰乱市场的现状，上海市军管会责成中国人民银行按规定比价收兑金圆券、黄金、银元和美钞。同时，于 6 月 10 日下令封闭上证所大楼，上证所正式解体，旧上海的证券市场从此结束。

（二）新中国的金融市场

1948 年 12 月 1 日，中国人民银行在河北省石家庄市成立，开始发行人民币，标志着新中国金融业的建立。1949 年 2 月，中国人民银行由石家庄迁入北平。中华人民共和国成立后，中国人民银行作为国家银行，根据"边接管，边建行"的方针，接收国民党旧政府留下来的官僚资本银行。为了稳定经济和金融，人民政府采取一系列措施整顿金融市场：接收官僚资本主义金融机构，并收归国有；整顿和改造旧中国的私营银行和钱庄，对民营金融机构进行社会主义改造；取消在华外商银行的特权，统一货币发行；禁止金银计价流通和私相买卖，由国家统一购销管理；外汇由国家统一管理，集中经营；遏制通货膨胀；等等。经过一段时间的整顿，金融市场逐步恢复正常秩序。20 世纪 50 年代末到 70 年代末，中国长期实行高度集中统一的计划经济体制，与之相适应的是高度集中的金融体制，在这种体制下，金融市场不起作用，只能逐渐消亡。

1978 年中共十一届三中全会以后，我国进入改革开放的新的历史时期，特别是社会主义市场经济体制的确立，金融市场作为市场经济体系的重要组成部分的地位也得到了确认。同时，随着经济结构的多元化发展和微观经济主体地位和利益的逐步确立，不仅社会经济得到长足发展、社会财富不断增加、经济货币化程度逐步提高，而且国民收入的分配格局和投融资结构也发生了重大变化，金融市场的作用相应加强。

经过40多年的改革和发展，我国金融市场体系已基本形成。我国的货币市场已发展成为包括短期借贷市场、同业拆借市场、回购市场、商业票据市场、票据承兑市场、大额可转让定期存单市场、短期政府债券市场和货币市场共同基金等组成的市场体系。我国债券市场已形成以银行间债券市场为主、证券交易所市场为辅、商业银行柜台市场为补充的多层次债券市场体系，债券的品种包括国债、地方政府债券、中央银行票据、金融债券、企业债、公司债和资产支持证券等。我国的股票市场已逐渐形成由沪深交易所主板市场、创业板市场和全国中小企业股份转让系统构成的多层次资本市场体系，为不同类型的市场主体提供融资和投资的平台。我国基金市场规模日益扩大，品种逐渐增加，基金的种类包括封闭型基金、开放型基金，按投资对象分已有股票基金、指数基金、债券基金、货币市场基金、混合基金、保本基金、伞形基金、交易型开放式指数基金（ETF）、上市开放式基金（LOF）、QDII基金等，基金已成为我国证券市场重要的投资主体。随着人民币汇率改革的不断深入，我国银行间外汇市场不断完善，交易主体和交易品种不断增加，交易机制不断健全。外汇市场的发展进一步推进了人民币汇率的市场化形成机制。我国的黄金市场也取得了长足的进步，除了传统的金饰品、金币、金条市场外，已成立黄金交易所，推出黄金现货交易、远期交易、延期交易和白银、铂金交易，上海期货交易所还推出黄金期货交易，黄金价格已实现市场化。我国的衍生品市场也取得了初步发展，除了商品期货外，已有债券、利率、外汇远期交易、人民币互换交易、可转换证券、权证、期权和资产证券化品种。

与西方发达的金融市场相比，我国金融市场起步晚，虽已形成了上述的规模，但是仍然有很大的发展空间。

四、金融市场的发展趋势

从上述金融市场的发展历史来看，无论发达国家还是新兴发展中国家，金融市场的发展都出现了一些新特点和趋势。20世纪七八十年代以来，信息处理和电子通信领域的科技进步、资本国际间流动限制的取消和宽松、国内资本市场放松监管、不受监管的离岸市场的发展、衍生产品的迅猛增长，以及为在这些市场中为取得更大交易份额而进行的竞争等，引起货币流动速度加快，范围扩大，这使得自由化和全球化成为世界金融市场发展的大趋势。在此潮流下，新兴市场也纷纷建立和发展自己的金融市场，金融创新层出不穷，金融改革浪潮不断涌动。

（一）金融全球化

金融全球化趋势是指国际金融市场之间，以及国内和国外金融市场之间联系日益密切、影响日渐加深，逐步走向统一的全球性金融市场的过程。金融全球化发端于20世纪60年代出现的欧洲货币市场，现已成为国际金融市场不可逆转的发展趋势。

金融全球化意味着各国金融资源可跨越国界在全球范围内进行配置。其内涵一般包括两个层面：一是金融市场要素层面，即各国金融企业基于商业利润目标，在全球范围内设立分支机构，打破国界限制，形成全球经营网络；同时，金融业务能跨国界并跨货币全面展开，金融资源配置在全球范围内顺畅无阻。二是金融市场结构层面，即各国国内金融市场与国际金融市场连为一体，资本流动不受地域限制。同时，金融市场交易规则全球趋同化，即全球范围内形成统一的金融制度体系，资本在各国货币市场、证券市场、外汇市场的流动不存在制度规则障碍。为了便于理解金融全球化的表现形式，我们从微观和宏观两个方面进行分析。

1. 金融全球化的微观形式

从微观层次来看，由于金融活动是投资者和融资者利用金融工具通过特定的金融机构在金融市场进行的资金交易活动，因而，金融全球化可以理解为微观上金融运行的全球化。主要包括以下几个方面。

（1）资本流动全球化

资本流动全球化是指投资者和融资者可以在全球范围内选择最符合自己要求的金融机构和金融工具，实现资本的跨国流动。20世纪80年代以来，国际资本流动呈现出不断加速和扩大的趋势；20世纪90年代全球资本流动总体规模上一直保持稳步增长；进入21世纪之后，受国际金融危机和主权债务危机的影响，资本的跨国流动有所减缓，但是仍然保持一定的增长速度，发达经济体资金流出呈现减少趋势，新兴经济体显现资金外流迹象。

（2）金融机构全球化

金融机构全球化表现为金融机构在国外广设分支机构，进行国际化或全球化的经营。为了应对日益加剧的金融服务业全球竞争，各国大银行及其他金融机构竞相以扩大规模、扩展业务范围和推进国际化经营作为自己的战略选择。进入20世纪90年代后，世界一些国家先后不同程度地放松了对别国金融机构在本国从事金融业务或设立分支机构的限制，从而促进了各国银行向海外的拓展。1997年末，世界贸易组织成员国签署"金融服务协议"，把允许外国在其境内建立金融服务公司并将按竞争原则运行作为加入该组织的重要条件，进一步促进了各国金融业务和机构的跨国发展。此外，金融机构的跨国并购与重组也成为金融机构全球化的一个显著的特点，从而形成了众多的巨型跨国银行。

（3）金融市场全球化

金融市场全球化表现为金融交易的市场超越时空和地域的限制而趋于一体的现象。目前全球主要国际金融中心已连成一片，全球各地以及不同类型的金融市场的依赖性和相关性日益密切。金融市场全球化有两个重要的因素：一是放松或取消对资金流动及金融机构跨地区、跨国经营的限制；二是鼓励新的金融工具、融资方式与服务方式的创造，推动新技术的应用、新的金融市场的开拓、新的金融管理的实施。得益于信息通信技术的高度发达和广泛应用，全球金融市场已经开始走向金融网络化，即全球金融信息系统、交易系统、支付系统和清算系统的网络化。同时，全球外汇市场和黄金市场已经实现了每天24小时连续不间断交易。

2. 金融全球化的宏观形式

（1）金融政策关联化

金融政策关联化即一个国家特别是主要发达国家的金融政策调整，将会引起世界各地金融市场的连锁反应，并可能迫使许多国家在金融政策方面作出相应的调整。与此同时，如果一个国家甚至是一个中小国家的金融出现问题或发生金融危机，也有可能引发一场严重的地区性金融危机，并可能对全球经济发展产生严重影响。

为适应国际金融领域的新变化和新要求，提高本国经济和金融国际竞争力，许多国家都加大对本国金融体制的改革力度，选择逐渐放松或取消原有的金融管制的策略，使各国金融政策呈现出密切关联的趋势。以美国为例，2000年联邦储备委员会数次提高利率，采用紧缩性的货币政策以防止通货膨胀，许多国家为避免由于利差扩大导致汇率的大幅度贬值而随之提高本国货币利率；2001年联邦储备委员会又采用扩张性的货币政策以刺激经济增长，连续11次降低利率，从而对许多国家的货币政策产生了压力，为避免对本国的消极影响，各国也纷纷减息。

（2）金融风险全球化

金融风险全球化即金融全球化对"金融脆弱—金融危机"演化机制的促进，使金融脆弱性向金融危机的转化速度大大加快。金融风险既可发生在微观领域，如某一金融机构破产或某笔金融资产的损失；又可出现在宏观领域，如一种货币制度的解体或货币秩序的崩溃。特别是宏观与微观领域的金融风险还可能交织在一起，例如，因一家银行或多家银行的倒闭在整个银行体系中引发了"多米诺骨牌效应"，形成银行业的系统性风险，导致银行危机出现。伴随着金融全球化的推进，金融风险将会不断加剧。

【专栏1-2】

2008年美国次贷危机

美国次贷危机又称次级房贷危机，是指一场发生在美国，因为次级抵押贷款机构破产、投资基金被迫关闭、股市剧烈震荡引起的金融风暴。2006年下半年开始，美国次级住房抵押贷款市场问题初露端倪，贷款违约率不断上升，到2007年夏天爆发了次贷危机，此次危机致使全球主要金融市场出现流动性不足。

次贷借款人是违约风险非常高的客户群，被称为ninjna，指的是无收入（no income）、无工作（no job）、无财产（no asset）的人，那么为什么银行愿意贷款给他们呢？主要原因有两个：一是由于美联储的低利率政策，作为抵押品的住宅价格一直在上涨，即使出现违约现象，银行可以拍卖抵押品而免受损失；二是证券化使得银行可以把风险转移。次贷是如何证券化的呢？在证券化过程中涉及到发起人（住房抵押贷款金融机构）、特殊目的机构（Special Purpose Vehicle，SPV）、投资者等十多个参与机构，其中SPV发挥了重要作用，SPV购买或者根据某种协议获得次贷的所有权或处置权后进行捆绑，以这些次贷为基础发放债券卖给投资者，这些债券就是住房抵押贷款支持债券（RMBS）。投资者持有RMBS获得固定收益，同时承担债券违约风险，从而使得住房抵押贷款金融机构把发放次贷的风险转移给这些投资者。

然而次贷的证券化过程并未中止，发行RMBS的金融机构希望提高这些资产的收益，以RMBS为基础进行新一轮证券化。比如担保债务权证（Col-lateral Debt Obligation，CDO）、信用违约互换（Credit Default Swap，CDS）两种金融衍生工具。

从2004年6月到2006年6月，美联储连续17次上调联邦基金利率，使得贷款市场利息率上升和房价下跌，致使再融资者无力偿还新贷款，出现"断供"现象，次贷推迟偿还和违约率大幅上升。同时还有一种被称为结构投资机构（Structured Investment Vehicle，

SIV）的金融机构，由大投资银行、大商业银行建立，同 SPV 有些类似，SIV 通过发行资产支持商业票据（Asset-Backed Commercial Paper，ABCP）在货币市场融资用来持有 RMBS 和 CDO，获取差额收益，但是这种操作存在潜在风险，即借短债进行长期投资。2007年 8 月，SIV 突然发现没有投资者愿意购买 ABCP，从而出现融资困难，向大商业银行寻求资金，导致银行间拆借市场也出现流动性短缺，使得银行业陷入此次危机，最终引起这场金融危机的爆发，并向全球扩散。

（3）金融监管全球化

金融监管全球化即建立统一的金融操作规程。采用统一有效的金融规则已是大势所趋，包括：金融规则统一化、监管机制统一化、会计准则统一化、信息披露的透明度标准统一化，从而金融协调和监管的全球化也应运而生。一方面，在金融监管国际合作的深化和发展过程中，巴塞尔银行监管委员会的作用与影响日益显著。另一方面，各金融领域监管的国际合作不断加强。巴塞尔委员会与作为国际证券业和保险业重要监管者的国际证券委员会组织、国际保险者监管协会之间早在 1993 年就建立了协调机制，它们之间的协调与合作日益密切。

（二）金融自由化

金融自由化（Financial Liberalization）主要指 20 世纪 70 年代以来西方发达国家出现的逐渐放松乃至取消对金融活动管制措施的过程。由于金融业处于全社会信用网络中心的特殊地位，其活动具有较大的外部性，加上金融机构高杠杆特征，使得金融具有一定脆弱性。因此，基于安全和稳健考虑，金融业一直是受政府管制最为严厉的部门。但是，自 20 世纪 70 年代以来，全球范围内出现了放松金融管制的趋势。

1. 金融自由化的内容

金融自由化主要内容表现在：第一，减少或取消国与国之间对金融机构活动范围的限制。国家之间相互开放本国金融市场，给予国外金融机构国民待遇，允许国外金融机构与国内金融机构一起经营相同业务。第二，解除或放松外汇管制。允许资本跨国流动，促进金融全球化。如英国于 20 世纪 70 年代末取消了外汇管制，随后法国和日本也逐步取消外汇管制；美国在外汇管制较为宽松的情况下，20 世纪 90 年代又取消了对外资银行账户的某些限制。第三，放宽金融机构业务活动范围限制。20 世纪 80 年代以来，由于金融竞争日趋激烈，金融国际化进程加快，为抢占国际金融市场，提高本国在国家金融竞争中的地位，部分实行严格分业经营的国家开始允许金融机构之间业务适当交叉。如 1999 年 11 月 4 日，美国国会通过了《金融服务现代化法案》，实行了 66 年、对金融业进行严格分业管制的《格拉斯—斯蒂格尔法案》正式退出历史舞台，美国金融业进入了混业经营年代。第四，放宽或取消对银行的利率管制。为了防止恶性竞争所带来的道德风险，早期各国对利率都有一定的管制。如美国经历了 1929 年的经济大萧条后，金融市场随之进入管制时期，美国联邦储备委员会颁布了一系列金融管理条例，其中 Q 条例禁止会员银行向活期储户支付利息，同时规定定期存款支付利息的最高限额。20 世纪 60 年代，美国通货膨胀率提高，市场利率开始明显上升，有时已经超过存款利率的上限，造成"金融脱媒"现象愈演愈烈。从 70 年代起，美国提出了解除利率管制的设想。1970 年 6 月，根据美国经济发展和资金供求的实际情况，美联储首先将 10 万美元以上、3 个月以内的短期定期存款利率市场化；1980 年 3 月，美国政府制定了《存款机构放松管制的货币控制法》，决定自 1980 年 3 月 31 日起，分 6 年逐步取消对定期存款利率的最高限，即取消 Q 条例。1982 年颁布的《加恩—圣杰曼存款机构法》，详细地制定了废除和修正 Q 条例的步骤，为扩大银行业资产负债经营能力，还列明了一些其他与利率市场化相关的改革。1986 年 1 月，取消了所有存款形式对最小余额的要求，同时取消了支付性存款的利率限制。1986 年 4 月，取消了存折储蓄账户的利率上限。对于贷款利率，除住宅贷款、汽车贷款等极少数例外，也一律不加限制。至此，Q 条例完全终结，实现了利率市场化。

2. 金融自由化的原因

金融自由化的主要原因表现在：第一，经济金融形势发展的需要。20 世纪 70 年代之后，西方发达国家经济普遍出现滞涨，高达两位数的通货膨胀率引起市场利率高企；而金融机构由于受到利率管制，无法提供具有吸引力的价格来吸收资金，造成"金融脱媒"，银行经营困难。为了摆脱困境，金融机构不断进行金融创新，如规避 Q 条例的大额定期存单的问世，加上现代通信网络技术的发展，新的金融工具不断被开发出来。这些创新工具有效地绕过了金融监管条例，监管者意识到许多旧条例已经不能够适应形势的变化，开始逐渐放松管制。第二，金融全球化的推动。金融自由化与金融全球化相伴而生，金融全球化将金融机构推入全球竞争，而国内的过度管制束缚了本国金融机构的手脚，影响了其在全球的竞争优势。同时，金融活动全球化和网络信息技术的发展，使金融活动范围扩大，各国监管者认识到国内某些金融活动管制会将金融行为转移到国外，因此观念上的改变也是推动自由化的动力。第三，理论研究的深入。理论研究的深入也为金融自由化提供了动力源泉，美国经济学家麦金农和肖较早提出金融自由化概念，他们发现发展中国家存在较为严重的二元现象，导致金融市场存在较为严重的资源配置问题，如实行信贷管制，实际利率被人为低估；进行严格汇率管制，限制资本自由流动；对银行业实行管制等，这些现象导致发展中国家出现较为严重的金融扭曲和错配。针对这种"金融抑制"现象，他们提出通过金融自由化来解除金融抑制，推动经济增长的政策建议。随着理论的不断丰富和完善，金融自由化的内涵也不断丰富，包括放松信贷管制、实现利率市场化、银行部门自律、降低金融业进入门槛、资本自由流动等，以此促进金融发展，从而推进经济增长。

3. 金融自由化的影响

金融自由化导致金融业竞争加剧，一定程度上促进了金融效率的提高。如国际资本自由流动，有利于资源在全球范围内的合理配置，促进了国际贸易，活跃了全球经济；金融自由化过程中产生的各种新型交易工具和手段，便利了市场参与者的投融资活动，降低了交易成本。但是，金融自由化也面临诸多问题，国际资本的自由流动，既带来了效率与机遇，同时也充满了风险，包括金融危机的传染；管制的放松，既释放了金融机构的活力，同时又对金融机构稳健经营提出了更高的要求，一旦处理不当，就可能会危及金融系统的稳定，导致金融动荡和经济风险；金融自由化也给货币政策的实施和金融监管带来不少困难。

（三）金融创新不断深化

金融创新从一开始就是金融全球化的市场表现。金融创新工具面对的投资者是全球性的，交易的范围是国际性的，而金融创新工具广泛应用的结果使全球资本流动加速，全球资产价格趋同，并使银行业务和证券业务也越来越趋于全球一体化。金融创新的产生，一方面有金融工具自身追求高效率、降低交易成本的因素；另一方面也是出于规避各种金融管制的需要。金融创新主要表现为金融产品的创新，金融产品的创新可以分为基础金融产品的创新和金融衍生产品的创新。基础金融产品的创新中，一类是与活期存款竞争的创新，如可转让提款通知书、证券回购协议、货币市场互助资金，大多流动性强而不受活期存款利息支付的限制，可获得市场利率，因而将收益性和流动性结合起来；另一类是与储蓄和定期存款竞争的创新，如可转让大额存单、货币市场存款单、长期回购协议等，以证券化方式增强金融中介发行的金融工具的流动性，并规避了法律的限制，逐渐打破了原有的金融管制。

20世纪70年代到80年代的金融远期、金融期货、金融期权、金融互换等衍生工具的成功创造，最初以规避市场风险为目的，但它很快吸引了投资者和投机者的双重注意。一方面，它为投资者提供了一种风险防范手段；另一方面，由于其膨胀缺乏有效控制，使得金融活动日益与实体经济相分离，成为金融市场波动的重要原因。

在上述衍生工具的基础上，20世纪90年代金融创新品种层出不穷、不断深化，主要表现在如下几方面。

1. 信用衍生工具迅速崛起

在不改变银行信用资产和客户关系的前提下，将信用风险从其他风险中分离出来，为信用风险管理者提供了一种风险管理手段，是一种新型的管理信用风险的金融衍生工具。21 世纪以来，信用衍生工具的发展速度远高于整个衍生品市场的平均水平。

2. 资产证券化深入金融市场的各个领域

所谓资产证券化（Asset Securitization），是指把流动性较差的资产，如金融机构的一些长期固定利率放款或企业的应收账款等，通过商业银行或投资银行予以集中及重新组合，以这些资产做抵押来发行证券，实现相关债权的流动化。资产证券化最早起源于美国。最初是储蓄银行、储蓄贷款协会等机构的住宅抵押贷款的证券化，接着商业银行也纷纷仿效，对其债权实行证券化，以增强资产的流动性和市场性。当前，不仅传统的银行贷款实现证券化、各个融资活动以有价证券作为载体，而且出现了各种社会资产金融资产化的倾向，从而形成了以证券形式持有的资产占全部金融资产的比率越来越大的现象。资产证券化不仅增加了可供投资者选择的证券种类，改善了金融机构资产的流动性，而且增加金融市场的活力，推动了金融市场的发展。

3. 另类衍生品层出不穷

近年来，国际衍生品市场出现了多种另类衍生品交易的设想和实践，应用范围不仅限于金融领域和商品领域，还应用于社会、政治、经济、文化等各领域。在有组织的金融市场中，结构化票据、交易所交易基金、各类权证、证券化资产混合型金融工具和新兴衍生合约不断上市交易，其中尤以天气衍生金融工具、能源风险管理工具、巨灾衍生产品、政治风险管理工具引人注目。此外还有 GDP 指数期货、房地产指数期货、消费者物价指数期货等另类衍生工具。在场外市场，以各类奇异型期权为代表的非标准品种大量出现，成为风险管理工具。

在当今世界经济格局中，美、日、欧等发达国家和地区始终占据着优势地位，因此它们不仅在金融交易量中占据着世界金融市场的绝大多数份额，而且还实际上主导了世界金融市场规则的制定。金融市场发展的趋势和特点，对全球经济活动有着深远的影响。一方面，金融全球化和金融创新为扩大国际贸易和国际投资创造条件，为企业和金融机构融通资金、经营资产、规避风险提供了多样化的手段，同时促进了资本的流动，提高了金融资源在全球范围内的配置效率，有利于各国经济的发展。但是从另一方面来看的话，金融全球化和金融创新增加了国际资本的流动性，加强了各国金融市场之间的竞争。资本的流动容易加剧金融资产的价格波动，从而引发金融风险。不仅如此，随着各国金融市场的相关度提高，金融风险传播的范围扩大、速度加快，金融动荡或危机因素以前所未有的速度传播，监管难度增加，一国宏观经济政策尤其是货币政策的实施效果以及货币政策的独立性有时会受到严重影响。

本 章 小 结

金融市场是资金融通或进行金融资产交易的场所，是指以金融资产为交易对象而形成的供求关系及其机制的总和。

金融市场分类有很多种，按金融资产的种类划分，可分为货币市场、资本市场、外汇市场、黄金市场、保险市场、衍生工具市场等；按资金融通中的中介机构特征划分，可分为直接金融市场和间接金融市场；按金融资产的交易程序划分，可划分为发行市场和流通市场；按市场形态划分，可分为有形市场和无形市场；按成交和定价方式划分，可分为公开市场和议价市场；按交割方式划分，可分为现货市场和衍生市场；按所在地域范围划分，可分为国内金融市场和国际金融市场。

金融市场具有融通资金、优化配置、经济调节和综合反映的功能。

金融市场要素是指构成金融市场的元素，它们共同构成金融市场，在市场原则和制度安排下形成竞争机制和制衡机制，维持市场正常运行。金融市场要素包括交易主体、交易客体、中介、组织方式和监管。而市场组织方式是保证金融市场正常运行的制度安排。

金融市场交易主体是指金融市场的参与者。从参与市场交易的具体部门来看，金融市场的主体可以分为政府部门、工商企业、居民、金融机构和中央银行五大类。

金融市场交易客体是指金融市场的交易对象（交易标的物），也就是通常所说的金融工具，可以理解为金融工具持有人对发行人的债权或权益。根据金融工具的品种划分为票据、股票和债券。金融工具具有期限性、流动性、风险性和收益性。

金融中介是指为资金融通提供媒介服务的专业性金融机构或取得专业资格的自然人。金融市场上的中介机构种类繁多，一般分为两类：金融市场的商人或经纪人和金融市场中介机构。

市场的组织形式把交易双方和交易对象通过金融中介结合起来使

交易双方相互联系，在自愿和等价交换的基础上，根据供求关系形成的价格转让金融工具，主要有两种：拍卖方式和柜台方式。

金融市场监管是金融管理当局和自律性机构，对金融市场的各类参与者及其融资、交易、中介活动所作的各种规定以及对市场运行的组织、协调和监督措施及方法。

国际金融市场的形成至今已有近四百年的历史。随着国际贸易的发展、世界政治格局的变化和各国经济实力的相对改变，国际金融市场的重点发生多次转移。国际金融市场经历了萌芽、形成、扩张、创新等系列过程，并向着全球金融市场一体化的趋势发展。进入 20 世纪 90 年代以来，呈现金融全球化的趋势和金融创新层出不穷、不断深化的新特点。

重 要 概 念

金融市场　直接融资　间接融资　货币市场　资本市场　金融衍生工具　发行市场　流通市场　国内金融市场　国际金融市场　公开市场　议价市场　金融中介　经纪人　金融市场监管　金融自由化　金融全球化　资产证券化

复习思考题

1. 直接融资与间接融资有哪些区别？

2. 金融市场如何进行分类？主要参与者是谁？

3. 如何理解金融市场的融通资金、优化配置、经济调节和综合反映四大经济功能？

4. 金融市场要素包括哪些内容？

5. 结合实际，谈谈金融市场发展的趋势。

第二章　货币市场

　　货币市场是金融市场的重要组成部分，通过货币市场，经济主体可以有效管理其流动性，一方面可以满足资金需求者的短期资金需求，另一方面可以为资金盈余者闲置资金提供盈利机会。货币市场是融资期限不超过 1 年的短期资金交易市场，它与资本市场一起构成金融市场的核心内容。货币市场就其结构而言，包括同业拆借市场、商业票据贴现市场、银行承兑汇票市场、回购市场、大额可转让定期存单市场、短期政府债券市场等。

第一节　货币市场概述

一、货币市场的含义

（一）货币市场的概念

　　货币市场（Money Market）又称短期资金市场，是指一年期以内的短期金融工具交易所形成的供求关系及其运行机制的总和。由于该市场所容纳的金融工具，主要是政府、银行及工商企业发行的短期信用工具，一般期限较短，最短的只有 1 天，最长不超过 1 年，较为普遍的是 3 到 6 个月；另外这些工具还具有流动性强和风险小的特点，在货币供应量层次划分上被置于货币和存款货币之后，被称为"准货币"，所以该市场被称为"货币市场"。

　　货币市场是各经济主体进行流动性管理的主要场所。各经济主体的资金运用处于动态变化之中，资金盈余和资金短缺情况总是并存，货币市场为资金盈余和短缺的调剂提供了方便灵活的机制。资金盈余者在货币市场上出借流动性，因此盈利；资金短缺者从货币市场上获得流动性，填补资金的暂时缺口。中央银行通过对短期国债和商业票据等货币市场工具的操作，直接作用于货币市场，使货币市场成为中央银行实施货币政策的最佳场所；同时，货币市场与各经济领域联系紧密，中央银行通过货币市场的操作来调控操作目标，进而影响中介目标以最终实现宏观经济最终目标。

（二）货币市场的特征

1. 基本上是一个无形市场

货币市场通常没有固定和统一的集中交易场所，大量的交易是在场外通过交易中介或双方直接接洽方式进行。特别是随着互联网和现代通信技术的发展，借助网络等现代技术进行货币市场交易已经成为市场常态，这有效扩大了货币市场交易范围和降低交易成本，也提高了市场交易的效率。

2. 以批发交易为主

货币市场的参与者以商业银行、非银行金融机构、各类公司、政府机构、专业经纪商等各类机构为主，由于交易者需求与供给量都很大，加之相互之间比较了解，因此机构之间的交易具有单笔交易规模比大、交易频繁、交易成本低等特点。频繁的大额交易使得货币市场实际上成为一个批发市场。

3. 市场流动性强，风险较低

货币市场工具多为银行、政府、大型企业等各类机构发行，信用好、违约率低；同时，货币市场交易的金融工具期限较短，短至隔夜或1天，长的一般不超过1年，以3—6个月者居多；一般有发达的二级交易市场，投资者可以迅速方便实现买卖交易。因此，货币市场流动性强，相对而言风险较低，对应的收益率也较低。

4. 属于债务市场

货币市场是短期资金融通市场，表现为短期资金盈余者和短缺者之间的交易，期限一般不超过1年。换句话说，资金的融通在到期后需要归还，因此属于债权债务交易，与所有权有比较大的区别。

二、货币市场的基本要素

货币市场要素主要包括交易主体、交易客体和交易价格等基本要素。

（一）货币市场主体

货币市场是一个开放的金融市场，但是对交易主体的资信、资本规模、业务经营情况等都一定的要求，因此能够进入货币市场的交易主体一般只限于资金雄厚、信誉卓著的借款人，如政府部门、银行和非银行金融机构以及少数著名的大公司。

1. 商业银行

商业银行是货币市场的主要参与者。商业银行参与货币市场交易的主要目的是准备金管理，亦称"头寸管理"，是在某一时点上银行可以使用的营运资金，一般以"天"计。商业银行以货币为经营对象，每天资金流出流入难以准确测度，因此准备金经常性会有剩余或不足。过多的剩余准备金会导致较高的经营成本，影响盈利水平；而准备金不足又会影响正常经营。货币市场的存在，为商业银行提供了较为合适的交易场所，银行只需要根据日常经营需要，计算应该持有的准备金数量，在资金不足时融入短期资金弥补头寸，资金过剩时在市场上融出，实现多余头寸的盈利。

2. 非银行金融机构

参与货币市场的非银行金融机构主要有保险公司、证券公司、各类基金公司、资产管理公司、财务公司、信托公司等。这些金融机构拥有大量稳定性长期资金，需要通过组合投资实现盈利，分散风险。在它们的投资组合中，既需要持有期限较长、收益率较高，同时风险也比较大的资本市场工具，也需要保持一定比例期限较短、流动性较强的货币市场工具。有时候，此类机构也需要从货币市场融入资金，以满足自身流动性需求。

3. 非金融企业

非金融企业参与货币市场交易的主要目的是调整流动资产比例，

获取短期投资收益。各类非金融企业在经营过程中，一方面会产生经常性的短期资金闲置，在确保流动性前提下，可以将其投资于流动性强、风险较低的货币市场工具，从而成为货币市场资金的供应者；另一方面，非金融企业也是货币市场短期资金的需求者，在短期资金出现缺口的情况下，可以将持有的短期金融工具出售，或者通过中介发行短期融资工具，融入短期资金。一般来说，非金融企业很少直接参与货币市场交易，通常会通过委托各类金融市场中介机构实现交易。

4. 政府和政府机构

政府和政府机构包括中央政府、地方政府、政府机构以及各类国际金融组织等，它们是货币市场的重要参与者。一方面政府和政府机构是金融市场上重要的资金需求者，特别是中央政府为了弥补短期赤字，或实现经济调节目标，会通过发行短期国库券方式筹集短期财政资金。另一方面各级政府部门也是金融市场上短期资金的供应者，在各类预算资金尚未支出之前，这部分资金除了存放银行之外，也可以在符合规定的情况下持有高信用等级的短期工具。

5. 中央银行

中央银行是货币市场的特殊参与者，其特殊性表现在央行参与货币市场的目的不是为了实现盈利，而是为了实施公开市场业务，最终实现货币政策目标。公开市场业务是央行三大货币政策工具之一，当市场出现流动性紧缩，需要向市场注入流动性的情况下，央行会在货币市场买入货币市场工具，主要是短期政府债券，向市场输出基础货币，同时影响利率水平；当市场流动性过剩，央行通过卖出持有的短期金融工具，回笼基础货币。央行以平等的市场主体身份参与货币市场交易，由于交易频繁、交易金额大，对于货币市场工具价格、收益率都有重要影响。

（二）货币市场客体

货币市场客体是货币市场的交易对象，主要指各类短期货币资金。与商品市场上的商品买卖不同，货币市场上的交易大多表现为货币资金使用权的转移。不论采取何种交易形式，不论期限的长短，货币资金作为充当一般等价物的特殊商品，其所有者让渡的只是其使用权。

货币市场的交易工具主要有同业拆借资金即金融机构间短期存款（Short Term Deposit）、商业票据（Commercial Paper，CP）、银行承兑汇票（Bankers Acceptance，BA）、回购协议（Repurchase Agreement，Repo）、大额可转让存单（Negotiable Certificates of Deposits，CDs）等。据此，货币市场也可分为同业拆借市场、商业票据市场、银行承兑汇票市场、回购协议市场、大额可转让存单市场等。

货币市场的工具一般具有如下特点：

1. 货币性

尽管货币市场各种交易工具之间都存在差异，如同业拆借资金、短期国债、短期贷款、银行票据、商业票据、大额可转让存单等，在收益、风险、期限、发售条件等方面都不尽相同；但它们的共同点是期限短、流动性强，发行这类金融类产品的目的是为了解决短期资金周转的问题。因此，在部分国家的货币供应量层次划分上，被置于现金和存款货币之后，被称为"准货币"。

2. 灵活性

货币市场工具的灵活性主要表现为：一是交易方式灵活。如拆借资金可以在拆借交易中心等有形市场交易，也可以在无形市场上交易；定价方式方面，部分市场可以采用竞价方式，另外一些市场则采用议价方式。二是表现为交易品种较多，如期限、利率、偿还方式、发行条件等都具有不同的档次，投资者和筹资者都可以选择不同的品种以满足短期融资的需要。

3. 同质性

货币市场工具的同质性主要表现为各类工具都具有一定程度的短期性、安全性和流动性，因而各种工具之间的利率差异相对较低，变动方向也是相同的。

（三）货币市场交易价格

货币市场的交易价格表现为利率。货币市场利率反映了货币资金的供求状况：当市场利率偏高时，意味着市场上流动性偏少，短期资金供小于求，银根较紧；反之，市场利率走低，表明市场流动性偏多，短期资金供大于求。相比其他利率，货币市场利率具有自己的特征：

一是多种利率并存，各种交易工具均有自己的利率，如同业拆借利率、票据贴现利率等；二是各种利率相关性高，虽然多种利率并存，但是由于市场参与者相似、准入条件相近、各种工具替代性较高，因此各种金融工具之间利率水平相近，利差较小，变动趋势基本一致；三是对经济运行态势和宏观政策变化较为敏感，货币市场为商业银行和各类公司解决短期流动性资金需求的场所，同时是中央银行货币政策实施平台，因此可以及时对宏观政策及经济运行变化做出反应。

三、货币市场的基本功能

（一）提供短期资金融通

货币市场是短期资金的交易场所，为短期资金供给者和需求者提供满足各自需求的交易渠道。一方面，短期资金需求者为弥补头寸不足和短期流动性，希望从市场获得短期资金；另一方面，拥有短期闲置资金的资金供给者为获得一定收益，希望融出自己手中资金。货币市场提供的各种不同短期金融工具可以满足供需双方的需要，实现短期资金的融通。

（二）提供市场"基准利率"参照

货币市场的交易特点决定了其交易价格—市场利率—具有基准利率特征。一方面，货币市场交易者众多，既包括商业银行等各类金融机构，也包括各类著名大公司，还包括中央银行等监管者，其行为特征较为理性；另一方面，货币市场交易工具多样，交易数量庞大，其交易价格具有显著市场化特点。因此货币市场交易所形成的利率也较为稳定，对于其他利率具有引导作用，是其他债务工具和银行贷款利率的参考，具有一定的"基准利率"性质。

（三）为中央银行货币政策实施提供平台

中央银行通过存款准备金率、再贴现率以及公开市场业务等工具实现其货币政策目标。一般来说，中央银行最常用的公开市场业务操作都集中在货币市场进行。一方面，货币市场工具数量大、期限短，可以满足中央银行交易金额大，同时不引起金融工具价格剧烈变动的要求；另一方面，货币市场参与者主要是大型金融机构，中央银行与其交易不仅可以改变基础货币供求，还可以通过这些机构业务活动传递中央银行的政策意图，实现政策效应的放大。当市场流动性偏紧时，中央银行通过买入短期金融工具，或进行逆回购，向市场投放基础货币，缓解流动性不足，同时降低市场利率；当市场流动性过多时，中央银行通过出售短期金融工具，或进行回购操作，回笼基础货币，同时提高市场利率。

第二节　同业拆借市场

一、同业拆借市场的含义

同业拆借市场（Inter-bank Offered Credit）是指各类金融机构之间以货币借贷方式进行短期资金融通形成的市场。金融机构进行同业拆借的主要目的在于调剂头寸、票据清算差额和解决临时性资金需要等。同业拆借又可以称为同业拆放。拆借是金融机构之间为了平衡其业务活动中资金来源与运用而发生的一种短期资金借贷行为。当资金不足时，从资金多余的银行临时拆入款项时，称为拆入；而资金多余的银行向资金不足的银行贷出款项时，则称为拆出。从狭义上讲，同业拆借市场是金融机构间进行临时性"资金头寸"调剂的市场，期限非常短，多为"隔夜融通"或"隔日融通"，即今天拆入，明天偿还。从广义上讲，同业拆借市场是指金融机构之间进行短期资金融通的市场，其所进行的资金融通已不仅仅限于弥补或调剂资金头寸，也不仅仅限于一日或几日的临时性资金调剂，目前已发展成为各金融机构特别是商业银行弥补资金流动性不足和充分有效运用资金、减少资金闲置的市场，成为商业银行协调流动性与盈余性关系的有效市场机制。

二、同业拆借市场的形成

同业拆借市场最早出现于美国，其形成的根本原因在于 1913 年法定准备金制度的实施。为了控制货币流通和银行信用的扩张，美国联邦储备法规定所有接受存款的商业银行都必须按照存款余额计提一定比例的存款准备金，作为不生息的支付准备存入中央银行。现实商业银行经营中，由于清算业务和日常收付金额变化，往往会出现有的银行准备金多余而有的银行不足的情况。因此，存款准备金多余与存款准备金不足的银行之间就客观上存在相互调剂资金的需求。1921年美国纽约货币市场上，首先开始了联邦储备银行会员之间的准备金头寸拆借。其后，逐步形成了以联邦基金拆借为内容的同业拆借市场。英国伦敦的同业拆借市场则是在银行间票据交换的基础上形成的，各家银行在扎平票据交换差额时，有的银行头寸出现不足，需要从多余头寸银行手中拆入资金，逐渐形成了银行之间的经常性资金拆借行为。

20世纪30年代的经济大萧条之后，西方各国大都强化了中央银行的作用，相继引入法定准备金制度，作为控制信用规模的手段。随之同业拆借市场也广泛发展起来，经历了几十年的运作与发展之后，较之当初，如今西方各国的同业拆借市场无论在作用上还是在开放程度和融资规模方面都发生了深刻的变化。过去，同业拆借只是拆入方银行作为弥补准备金头寸不足的一种手段，而现在，同业拆借已成为银行实施有效资产负债管理的重要工具。20世纪80年代以后，外国银行在美国的分支机构和代理机构也参与了该市场的交易活动。市场参与者队伍的扩大，使得市场融资规模也大大增加了。

三、同业拆借市场的特点

相对于其他市场而言，同业拆借市场具有如下特点：

（一）交易主体有限制

同业拆借市场有较为严格的准入限制，即交易双方必须都是金融机构。工商企业、政府部门、居民等不能进入市场，没有获得批准的金融机构也不能参与该市场交易。有些国家或在特定的时期对进入市场的金融机构也有一定的资格限制，如只允许商业银行进入，非银行金融机构不能进入；只允许存款性金融机构进入，不允许证券、信托、保险机构进入等。

（二）融资期限较短

同业拆借融通资金的期限比较短，多为隔夜、1 天、2 天或 7 天，少数有数月至 1 年不等。最初市场主要提供资金的临时调剂，是为了解决头寸临时不足或头寸临时多余所进行的资金融通。发展到今天，拆借市场已成为各金融机构弥补短期资金不足和进行短期资金运用的市场，成为解决或平衡资金流动性与盈利性矛盾的市场，临时调剂市场也就变成了短期融资的市场。

（三）交易手段先进

参与同业拆借交易的金融机构通过电话、网络等现代通信手段进行交易，属于无形市场。洽商达成协议后，就可以通过各自在中央银行的存款账户自动划转清算；或者向资金交易中心提出供求和进行报价，由资金交易中心进行撮合成交，并进行资金交割划账。交易手段比较先进，交易手续比较简便，成交速度快，市场交易成本低，效率比较高。

（四）交易金额较大

参与同业拆借交易的是银行或其他金融机构，单笔交易金额较大，属于批发交易。同时，参与市场交易的都是经过央行批准的金融机构，实力较强，信誉较高，因此拆借过程一般不需要担保或抵押，完全是一种信用资金借贷交易。

（五）利率市场化程度高

同业拆借市场上的利率由供求双方议定，可以随行就市。交易双方经过讨价还价，最后协议成交，不受外界干预。因此，同业市场上的利率是一种市场利率，或者说是市场化程度最高的利率，能够充分灵敏地反映市场资金供求的状况和变化。

四、同业拆借市场的参与者

同业拆借市场的参与者可以大致分为三类：资金需求者、资金供给者和中介机构。

（一）资金需求者

从大多数国家的情况来看，在同业拆借市场拆入资金的多为大商业银行。有的商业银行之所以成为同业拆借市场上的主要需求者或买主，主要有两方面的原因：一方面是因为大商业银行资产和负债的规模比较大，所需缴存的存款准备金较多，同时所需要的资产流动性及支付准备金也较多，为了尽可能减少库存现金占用及在中央银行的超额储备存款，提高资金的利用率和盈利性，同时也能够及时足额地弥补资金头寸或流动性不足，由此就势必要更大程度地依赖于同业拆借市场，经常临时拆入资金。另一方面是因为大商业银行资金实力强，信誉高，因而可以在同业拆借市场上得到资金的融通。

当然，大商业银行也并不总是同业拆借市场上的资金需求者或拆入者，有时也成为资金供给者或拆出者。也就是说，在同业拆借市场，大商业银行的角色是在不断变化的，只是从总体上讲，商业银行多是扮演资金需求者或拆入者的角色。

（二）资金供给者

同业拆借市场上资金供给者主要是地方中小商业银行、非银行金融机构、境外代理银行及境外代理银行在境内的分支机构。另外，外国的中央银行也经常成为拆借市场的资金供给者或拆出者。一方面因为这些机构的资本金及资产负债规模比较小且结构相对单一，不能最大限度地实现多元化，同时，随时拆入资金、弥补流动性不足的能力也比较弱，在经营管理上比较审慎，保持的超额存款准备金较多，资金头寸相对盈余。另一方面向大的商业银行拆出资金，既可以充分有效地运用有限的资金，最大限度地减少资金的闲置，提高资产的盈利能力，又可以增加资产的流动性，降低资产的风险，从而可以实现流动性与盈利性的协调。

（三）中介机构

同业拆借市场上的中介机构大体上分为两类：一类是专门从事拆借市场中介业务的专业性中介机构；另一类是非专业从事拆借市场中介业务的兼营机构。这些中介机构在有的国家称为短期融资公司，有的称为拆借经纪商或经营商。兼营的拆借中介机构，多是大商业银行，因为这些银行在市场上资信较好、信誉较高，不论是作为拆借市场的拆入者或需求者，还是拆借市场的中介人，都是值得信赖的，它可以在直接拆出或拆入资金的同时，代理其他小银行及非银行金融机构拆出或拆入资金。

五、同业拆借利率

（一）同业拆借利率的确定

同业拆借利率即为同业拆借市场上金融机构之间的短期资金借贷利率，是同业拆借市场的资金价格，也是货币市场的核心利率。同业拆借市场按照有无中介机构参与可以分为直接交易和间接交易，并由此形成不同的利率形成方式。直接交易的情况下，拆借利率由交易双方通过直接协商确定；间接交易情况下，拆借利率由交易双方通过中介机构进行公开竞价或撮合成交。

目前国际货币市场上应用较为广泛的同业拆借利率主要有四种：伦敦银行同业拆借利率、美国联邦基金利率、新加坡银行同业拆借利率和香港银行同业拆借利率。

伦敦银行同业拆借利率（London Interbank Offered Rate，LIBOR）是指伦敦欧洲货币市场上各大银行间短期资金拆借所使用的利率。拆借资金包括英镑、欧洲美元以及其他重要的国际货币，由英国银行家协会选定的银行在伦敦市场报出营业当日的拆借利率，并取样后平均计算来确定伦敦金融市场的基准利率。报价银行通常同时报出拆入价和拆出价，差价就是银行的利润。拆借期限有隔夜、7 天、1 个月、3 个月、6 个月和 1 年不等。使用最多的是 3 个月和 6 个月的 LIBOR。目前，LIBOR 已经成为国际金融市场上的一种关键利率，大多数浮动利率工具在发行时都以其为参考利率。

美国联邦基金利率（Federal Funds Rate）是指美国同业拆借市场的利率，是美国商业银行之间的日拆贷款所支付的利率。银行之间拆借资金是其在美联储体系中的存款，拆借利率是市场化利率，能够敏感的反映银行之间的资金余缺。联邦基金利率是美国乃至世界货币市场的重要参照利率，美联储通过调节联邦基金利率，直接影响商业银行资金成本，并将同业拆借市场的资金供求状况传递给市场，进而影响消费、投资以及整个国民经济的运行。美联储的下属联邦公开市场委员会和货币政策委员会通常会根据宏观经济情况设定一个联邦储备目标利率，联邦储备委员会通过公开市场操作影响短期资金的市场供求关系，从而影响实际利率水平，使其接近联储的目标利率。

新加坡同业拆借利率（Singapore Interbank Offered Rate，SIBOR）又称为亚洲美元市场利率，是新加坡亚洲美元市场上金融机构之间短期资金的借贷利率。它以纽约市场和欧洲美元市场前一天的收盘利率作为其当日开盘利率，开盘后的利率水平则由市场供求关系决定。作为亚洲区域性金融中心，新加坡的资金市场由以新加坡元计值和以亚洲美元计值的两部分资金构成。其中亚洲美元市场是新加坡的主要资金市场，以经营美元为主，包括英镑、欧元、日元、加拿大元等货币的国际性金融市场。由于新加坡同业拆借利率具有一定的代表性，通常被用作市场上贷款业务的重要参照利率。

香港银行同业拆借利率（Hongkong Interbank Offered Rate，HIBOR）是香港货币市场上各大银行间短期资金拆放所用的利率。20 世纪 70 年代以来，香港逐渐发展成为远东的国际金融中心，各类国际资金大量流入，使得香港的同业拆借市场交易规模逐渐扩大，交易活跃。其交易与伦敦同业拆借市场相比，除了作用范围不同而外，报价方法、适应币种及拆借期限都相同，因此香港同业拆借利率具有比较大的国际影响力，也成为东南亚地区银团贷款所采用的基础利率。

（二）同业拆借利息的计算

如果以 I 表示利息收入，以 P 表示拆借本金，以 i 表示拆借利率，以 T 表示拆借期限的实际生息天数，以 D 表示 1 年的基础天数（基础天数有两种算法，一种是标准天数，以美国为代表，每月为 30 天，1 年总共 360 天；另一种是实际天数，以英国为代表，大月为 31 天，小月为 30 天，1 年为 365 天），则同业拆借利息计算的基本公式为：

$$I = P \times i \times \frac{T}{D} \tag{2.1}$$

【专栏 2-1】

如何区分同业拆借、同业借款和同业存款？

同业拆借是银行、非银行金融机构之间相互融通短期资金的行为，凡经中国人民银行批准，并在工商行政管理机关登记注册的银行和非银行金融机构均可参加同业拆借。人民银行、保险公司、非金融机构和个人不能参加同业拆借活动。我国银行同业拆借分为7天（含7天）以内的同业头寸拆借和7天以上至1年的同业短期拆借。

同业拆借市场有两个利率，拆进利率表示金融机构愿意借款的利率；拆出利率表示愿意贷款的利率。在直接交易情况下，拆借利率由交易双方通过直接协商确定；在间接交易情况下，拆借利率根据借贷资金的供求关系通过中介机构公开竞价或从中撮合而确定，当拆借利率确定后，拆借交易双方就只能是这一既定利率水平的接受者。

1. 同业借款和同业拆借是什么关系？

同业借款是指商业银行之间开展的4个月至3年的银行间人民币借贷，是外资金融机构筹集人民币资金的一项常用金融工具。同业借款的主要形式是同业拆借，除此之外，还有转抵押借款和转贴现借款。

转抵押借款是商业银行在临时性资金周转困难之际，向银行同业申请抵押贷款。由于抵押物多为银行工商客户向其举借抵押贷款提交的抵押品，故此种借款有"转抵押"之名。

转贴现借款类似于转抵押借款，只不过以银行对客户办理贴现业务而收到的未到期票据转售给银行同业来代替交纳抵押品。

鉴于金融当局对后两类借款的较严管制和银行的股东、客户以及其他社会公众容易由这两类的借款的堆积联想到银行的经营和资信恶化，银行较少运用这两种借款方式。

因此可以说，同业拆借是同业借款最主要的一种形式。

2. 怎么区分银行同业存款和银行同业拆借？

银行同业存款指的是一种存款行为，它是银行自己为了获取利息收益，将多余的流动资金存入同业银行的一种行为。同业存款（Interbank Deposit）是其他银行存在某银行的存款，包括活期和定期，但一般指的是活期。我国银行的同业存款，是另一个银行的存放同业。

而银行同业拆借是银行的流动性资金面临短缺时，向同业银行借入短期款项并支付利息的行为。同业拆借是规定了到期日和利率的，是银行与银行之间短期头寸调拨，不分你我，只分拆入和拆出。

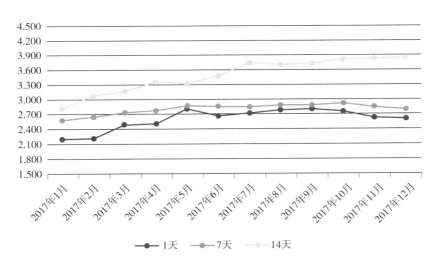

图 2-1 2017 年上海同业拆借市场走势

以 2017 年上海同业拆借市场为例，主要拆借品种年利率在 2.1%—3.0% 之间波动。2017 年下半年，14 天拆借利率整体呈现上升趋势，但在 2017 年 5 月有明显回落；隔夜拆借利率波幅明显；7 天拆借利率波动幅度较小；隔夜和 7 天拆借利率在本年度的下半年较为接近。

第三节　商业票据市场

票据是一种重要的有价证券，它作为金融市场上通行的结算和信用工具，是货币市场上主要的交易工具之一。而以票据为媒介所产生的票据市场也是货币市场的一个重要组成部分，它成为金融市场参与者进行资金融通的重要场所。

一、商业票据的概述

（一）商业票据的概念

商业票据是指由财务状况良好、信用等级高的公司发行的短期无担保融资工具。初期的商业票据是由于商品交易的需要，赊购商品的商人出具本票，承诺在约定日期支付约定金额给商品出售者，出售者则凭借所持有的本票到期取款，也可以在到期前在市场进行贴现。随着金融市场的发展，现代商业票据已经逐渐演变为金融市场融资和投资的工具，即发行者利用发行商业票据的形式在市场筹资，发行的商业票据已经成为单纯的债权债务工具，而不需要有相应的商品交易行为。

商业票据是票据的一种。票据是出票人依法签发的约定自己或委托人在见票时或指定日期向收款人或持票人无条件支付一定金额并可以转让的有价证券。票据的基本形式有三类：汇票、支票和本票。汇票是由出票人签发的，委托付款人在见票时，或者在指定日期无条件支付一定金额给收款人或持票人的一种票据。汇票是典型的票据，其签发必须以合法的商品交易为基础。根据出票人的不同，汇票可以分为银行汇票和商业汇票。银行汇票是指汇款人将款项交存当地银行，由银行签发的汇款人持往异地办理转账结算或收取现金的票据。商业汇票是指银行以外的其他工商企业，事业单位，机关团体签发的汇票。本票是指出票人签发的，承诺自己在见票时无条件支付确定的金额给收款人或持票人的票据。以出票人的不同为依据分为银行本票和商业本票，由企业签发的是商业本票，而由银行签发的是银行本票。但我国目前的相关法律制度规定，本票仅指银行本票，只能由银行签发，不包括商业本票。支票是出票人签发的，委托办理支票存款业务的银行或其他金融机构在见票时无条件支付确定金额给收款人或持票人的票据。支票以银行存款或约定的透支额度签发，主要职能是代替现金作为支付工具。广义的商业票据包括商业汇票和商业本票，而狭义的商业票据仅指商业本票。

（二）商业票据的优点

商业票据之所以能够得到迅速发展，主要是源自不同于其他融资工具的一些特点。无论对发行者还是投资者而言，商业票据都是一种理想的金融工具。对于发行者来说，用商业票据融资主要有以下几个优点：

1. 成本较低

由于商业票据一般由大型企业发行，有些大型企业的信用要比中小型银行更好，因而发行者可以获得成本较低的资金，再加上从市场直接融资，省去了银行从中赚取的一笔利润，因此一般来说，商业票据的融资成本要低于银行的短期贷款成本。

2. 具有灵活性

根据发行机构与经销商的协议，在约定的一段时间内，发行机构可以根据自身资金的需要情况，不定期、不限次数地发行商业票据。

3. 提高发行公司的声誉

由于商业票据的发行者多为信用卓著的大型企业，票据在市场上就像一种信用的标志，公司发行票据的行动本身也是对公司信用和形象的免费宣传，有助于提高公司声誉。

对于投资者来说，选择商业票据既可以获得高于银行利息的收益，又具有比定期存款更好的流动性。虽然面临的风险要稍大一些，但在通常情况下，风险的绝对值还是很小的，因而商业票据不失为一种受欢迎的投资工具。

（三）商业票据的发展

商业票据是一种古老的商业信用工具，早在 18 世纪票据就在真实商品和劳务交易中充当支付凭证，它是最初随商品和劳务交易一同签发的凭证。早期的商业票据可以追溯到 19 世纪，其发展和运用几乎都集中在美国。交易时买方开出凭证，注明交易双方、交易金额、缴款期限等，从而可在未付款的情况下先接受商品和劳务，而卖方持有凭证后，就可在到期日向买方索取账款。

随着世界经济的发展，商业票据在 20 世纪 20 年代开始加速。当时美国的汽车及其他耐用消费品产业获得较快发展，许多大公司为了扩大销售范围抢占市场，纷纷采取了各种优惠政策，允许商品以赊销、分期付款等方式销售。这种政策往往容易导致公司资金周转不灵，再加上公司处于高速发展之际，需要资金，而银行贷款的种种限制无法满足公司的要求，这些大公司就开始发行商业票据，向市场筹集资金。此外，其他的高档耐用消费品的进口也使消费者强烈希望得到短期季节性贷款，商业票据的优点得到显示，从而迅速发展起来。美国通用汽车公司是首家发行商业票据的大消费信贷公司。

不过，商业票据真正作为货币工具开始大量使用是在 1960 年以后，美国仅 1969 年一年就发行了 110 多亿美元的商业票据。主要是由于美国经济持续快速发展，美联储为防止通货膨胀实行了紧缩的货币政策，银行贷款成本上升，于是相当多的企业转向商业票据市场融资。此外，银行为了满足企业的资金需求，也发行了商业票据。自此，商业票据开始与商品、劳务分离，成为一种建立在信用基础上的单纯的债务债权关系。到 20 世纪 70 年代，集中于伦敦的欧洲商业票据市场也开始形成。现在，不仅商业银行，各大公司、保险公司、银行信托部门、地方政府、养老基金等也购买风险低、期限短、收益高的商业票据。而银行则对滚动式发行商业票据的促进很大，人们大多愿意购买有银行信用支持的商业票据，商业票据市场在全球范围内不断扩大。原先的记名票据由于不便在市场上流通，改成只需签上付款人的单名票据，票面金额也从大小不一演变成为没有零碎金额的标准单位，面值多为 10 万美元，期限在 270 天以内。

二、商业票据市场

（一）商业票据市场的要素

1. 发行者

商业票据的发行者包括金融公司、非金融公司及银行控股公司。近年来，商业银行通过提供信贷额度的支持、代理发行商业票据等促进了商业票据的发行，使这一市场得到长足发展。真正能在市场上通过发行大量商业票据筹集大笔资金的公司主要都是实力雄厚，并且经过信用评级公司评级、信誉卓著的大企业。非金融性公司发行的商业票据较金融公司少，所筹得的资金主要解决企业的短期资金需求如发放应付工资、奖金和缴纳税收等。

2. 投资者

商业票据对于投资者限制较少，主要投资者是中央银行、大商业银行、非金融公司、保险公司、政府部门、基金组织和投资公司等。由于商业票据的面值一般较大，通常资金量较小的个人投资者很少参与购买，一般只能通过货币市场基金进行间接投资。

3. 中介机构

中介机构是指为商业票据发行和交易提供服务的投资银行及专门从事商业票据销售的中小经纪商。商业票据的发行分为直接发行和间接发行两种。直接发行不需要中介参与，一般是发行者本身是金融机构，具备相应的发行能力，或者大公司有下设的财务或金融公司，能够很好处理发行实务。当发行者自身无力直接销售商业票据时，一般需要中介为发行提供帮助。投资银行主要是帮助那些规模较大，但是没有能力直接销售的公司发行商业票据，从中获得一定的收益；如果发行规模较大，投资银行也会以承销团的方式承销。专门从事商业票据销售的小经纪商主要是参与小规模销售或大规模销售中的分销等业务。

4. 面额与期限

商业票据一般面额较大，期限较短，发行者可以利用该工具在短期内迅速而低成本地融入大量资金。以美国为例，商业票据的面额大多在 10 万美元以上，只有少量为 25000 美元或 50000 美元。作为短期融资工具，商业票据的期限一般不超过 270 天，如美国市场一般为 1—180 天，多数为 20—40 天之间。

（二）商业票据市场的运行

1. 发行及销售

商业票据的发行渠道通常有两种：一是直接销售，即由发行者直接发售给最终购买者。金融公司的大部分票据都是直接销售的，这种方式降低了发行成本，在经济上是合算的。二是经销商销售，就是商业票据的发行要通过中介，由经销商负责发售。经销商收取议定的佣金后，要先分析、考察和评估发行者的信用情况，以帮助确定商业票据的价格并负责寻找买家，它先以某一价格从发行者手中购得商业票据，然后再以较高的价格卖给其他商业票据的投资者，从中赚取一定利润。

虽然票据市场是一个巨大的融资工具市场，但它的二级市场却并不活跃，交易量很小。这主要是因为：一是大多数商业票据的期限都非常短，直接销售的商业票据的平均偿还期通常为 20—40 天，经销商销售的商业票据的平均偿还期通常为 30—45 天，最长一般不超过 270 天。二是典型的投资者一般都是一直持有票据到期。如果经济形势发生了变化，投资者可以把商业票据卖给经销商，在直接发售的条件下，发行者可以再回购它。三是商业票据是高度异质性的票据，不同经济单位发行的商业票据在期限、面额、利率等方面各不相同，交易中仍然存在诸多不便。

2. 发行成本

商业票据的发行成本包括利息成本和非利息成本两部分。利息成本即为按规定利率所支付的利息，由于商业票据采用贴现方式发行，因此其利息成本就是面值与发行价格之间的差额。非利息成本主要是发行和销售过程中的一些费用，一般有 4 项主要费用：承销费，通常为 0.125%—0.25%；签证费，票据一般由权威中介机构予以签证，证明所载事项的正确性；保证费，通常按商业票据保证金的年利率 1%计，支付给为票据发行提供信用保证的金融机构；评级费，商业票据上市要经过评级，期间也要缴纳议定的费用。

3. 信用评级

商业票据具有一定的风险，投资人可能面临票据发行人到期无法偿还借款的局面，因而货币市场对发行公司的信用等级有严格要求，只有信用等级达到一定程度的公司才有资格在市场上发行商业票据。

国际上主要的商业票据评级机构有三家，分别是穆迪投资服务公司、标准普尔公司和惠誉国际信用评级机构，也是国际投资界公认最具权威的信用评级机构。发行商业票据至少需获得一个评级，大部分都是获得两个。美国证券交易委员会认可两种合格的商业票据：一级票据和二级票据。等级低的票据在发行成本和融资成本上都相对较高，货币市场基金对其投资也会受到限制。

对企业的信用评级包括两方面的内容：一是对企业经营状况主要是财务状况的分析，看它在偿债期间的现金流量是否符合偿债的要求；二是对企业管理阶层管理水平的稳定性作出判断。表 2-1 和 2-2 分别是标准普尔信用评级系统和穆迪信用评级系统对各种债务的基本评价。

表 2-1　标准普尔信用评级标准

信用等级	说明
AAA	最高质量，能力非常强
AA	高质量，能力很强
A	能力强
BBB	能力充足
BB	低投机性
B	投机性
CCC—CC	高投机性
C	有收益但未曾付息
DDD—D	不履行债务

表 2-2　穆迪信用评级标准

信用等级	说明
Aaa	最佳质量
Aa	用所有标准衡量的高质量

续表

信用等级	说明
A	较高的中间等级
Baa	中间等级
Ba	有投机成分
B	一般缺乏合于要求的投资特点
Caa	劣等，可能不履行债务
Ca	高度投机性，经常不履行债务
C	最低等级，非常低劣的前景

从以上两表可以看出，虽然两家公司使用的评级符号略有不同，但对信用等级的描述是基本一致的，对同一种债券评级，结果往往也是相同的。上面两个表中，前四级的证券被称为"投资级"证券，在市场上尤为重要，因为许多金融机构为降低风险限定所持有的证券必须为投资级的证券。一般来说，信用等级较差的证券投资风险较大，因而投资人也会要求更高的收益率以弥补所承担的风险。

4. 商业票据价格的确定

由于商业票据的二级市场并不活跃，商业票据价格主要是指发行价格。商业票据多采用贴现方式发行，影响商业票据价格或贴现率的方法主要包括发行成本、发行人的资信、发行担保情况等因素。确定商业票据价格的公式如下：

$$发行价 = 面额 - 贴现金额 \qquad (2.2)$$

$$贴现金额 = 面额 \times 贴现率 \times 期限 / 360 \qquad (2.3)$$

$$贴现率 = (1 - \frac{发行价格}{面额}) \times \frac{360}{期限} = \frac{贴现金额}{面额} \times \frac{360}{期限} \qquad (2.4)$$

第四节 银行承兑汇票市场

银行承兑汇票市场，是以银行汇票为金融工具，通过汇票的发行、承兑、转让及贴现而实现资金融通的市场。贸易的发展是银行承兑汇票产生的重要条件，与此同时，银行承兑汇票的产生又极大便利了国内和国际贸易的发展。目前，银行承兑汇票市场已经成为各国货币市场的重要组成部分。

一、银行承兑汇票的概述

（一）银行汇票的概念

银行承兑汇票是为了方便商业上的交易活动而产生的一种信用工具，尤其在对外贸易中使用较多。上节介绍了银行汇票的概念，即指汇款人将款项交存当地银行，由银行签发的汇款人持往异地办理转账结算或收取现金的票据。银行承兑汇票与银行汇票不同，是商业汇票和银行信用的结合。在商品交易活动中，商品出售者为了向购买者收取货款而签发汇票，当由付款人在该汇票上注明"承兑"字样并签章后，该汇票就成为承兑汇票。而汇票一经承兑，承兑人即为汇票主债务人，到期后承担无条件支付义务。如果承兑者为参与交易的企业，则汇票称为商业承兑汇票；如果承兑人是商业银行，那么该汇票就称为银行承兑汇票。

银行承兑汇票在国际和国内贸易中都有运用，但总的来说，为国际贸易创造的银行承兑汇票占绝大部分。国际贸易承兑主要包括三个部分：为本国出口商融资的承兑、为本国进口商融资的承兑及为其他国家之间贸易或外国国内货物包装仓储融资的第三国承兑。最常见的汇票期限有 30 天、60 天和 90 天几种，也有 180 天和 270 天的。

银行承兑汇票对于国际贸易促进作用巨大，可以通过提供银行信用担保来有效降低交易风险。由于交易之初，进口商和出口商对对方的信用都缺乏了解，双方没有可以确保信用的凭证，进口商担心货款支付后收不到货物，出口商则担心货物离岸后拿不到货款，这样彼此不信任的情况下，交易就很难再进行下去了。银行承兑汇票的出现解决了这一问题。因为汇票所代表的是银行信用，这要比企业信用更令人信赖，一旦企业出现问题，货款由银行担保支付。交易双方谈判结束达成协议后，进口商首先从本国的银行开立信用证，证明自己的资金实力，作为向外国出口商的保证。出口商银行收到信用证后就通知出口商可以发货了，然后出口商可持发货单据等到本国的指定银行兑取现金，提取货款。出口商银行垫付货款拿到信用证后，就可凭信用证开出汇票，要求进口商银行支付货款。汇票可以是即期的也可以是远期的。即期的汇票要求开证行（进口商银行）见票即付，远期的汇票由开证行签署"承兑"字样，填上到期日并盖章为凭。这样，银行承兑汇票就产生了。

（二）银行承兑汇票的发展

银行承兑汇票最早产生于英国。得益于早期资本主义发展，19 世纪的伦敦已经成为最为重要的国际金融中心，世界各国的资金汇集于此。由于信息不对称，很多外国借款人不能得到当地投资者认可，其签发的汇票很难在市场上转让。此时当地的银行利用自己专业的资信鉴别技术，为国外借款人的汇票进行承兑，对其债务进行担保，一方面促进了汇票市场的发展，另一方面为银行增加了收入。因此，银行承兑汇票得以产生，并随着国际贸易的发展而快速发展。

20 世纪初，美国政府为了建设纽约金融中心和促进对外贸易发展，采取了一系列措施刺激银行承兑汇票市场发展。美联储一方面出台政策，同意接受以银行承兑汇票为担保的再贴现和再贷款，与银行签订以银行承兑汇票为担保的回购协议；另一方面，积极参与二级市场买卖，有时甚至以高出市场价格买入银行承兑汇票以增加需求。1916—1931 年之间，美联储平均持有超过三分之一的银行承兑汇票。美联储的这些措施对美国银行汇票市场的发展产生了积极影响。20 世纪 30 年代的大萧条导致大量银行倒闭，对银行承兑汇票市场形成重大打击。

第二次世界大战之后，随着国际贸易恢复发展，银行承兑汇票市场重现生机。外国央行于 1946 年末重新进入市场。到 1960 年前后，银行承兑汇票市场逐步恢复到大萧条之前水平。20 世纪 70 年代之后，美国银行承兑汇票市场开始进入急速扩张阶段，市场规模快速扩大。1982 年 10 月，美国通过银行出口服务法（Bank Export Services Act），大大放宽了银行承兑汇票业务的限额，加之全球范围内美元银行承兑汇票的使用者大量增加，银行承兑汇票交易额上升。20 世纪 80 年代中期之后，银行承兑汇票增长速度明显下降。1979—1989 年间，美国银行承兑汇票市场余额年均增长速度从 10 年前的 20% 下降到 6% 左右；1989—1998 年，银行承兑汇票市场余额出现了负增长。进入 21 世纪以后，一方面信息技术的进步以及大量跨国公司的建立，使得国际贸易不再主要需要使用汇票进行结算；另一方面金融创新加速，融资成本更低、方式更灵活的短期融资工具不断出现，同时欧洲美元市场的发展对美元银行承兑汇票市场产生了替代，美国银行承兑汇票市场发展也陷入停滞。

二、银行承兑汇票市场的构成

银行承兑汇票市场主要由一级市场和二级市场构成。一级市场相当于发行市场，主要涉及出票和承兑；二级市场相当于流通市场，主要涉及汇票的贴现和再贴现。

（一）一级市场

一级市场又可以称为发行市场，银行承兑汇票的产生过程是由出票和承兑两个环节构成，二者缺一不可。出票是指售货人为向购货人收取货款而出具汇票的行为，开出的汇票既是一种信用凭证又是一种支付命令。出票人有权利命令付款人无条件支付一定数量的金额给持票人，这是出票人的信用支付，出票人将对汇票负全责。如果出票人想要免除自己兑汇票的责任，可在汇票上注明"对出票人无追索权"字样，但是汇票的信用程度也会大大降低，一般不会有人愿意购买，汇票也就失去了它的流动性和投资价值。

承兑是在购货者接到汇票后，将该汇票交给自己的委托银行，由银行在汇票上注明"承兑"字样，并签章确认，从而最终完成银行承兑汇票的产生。银行做出承兑承诺后，就自然成为本笔款项的主债务人。

银行汇票的承兑大致有以下几种：（1）国际进出口贸易的银行汇票承兑，是对国际出口贸易和进口贸易的资金融通，包括信用证项下银行承兑汇票和银行承兑光票；（2）国内货物运输的银行汇票承兑，是出票人将物权单据交给银行，经审核同意，开立银行承兑汇票；（3）国内仓储货物的银行汇票承兑，是出票人将仓库收据交给承兑银行作为质押品，开出汇票，由银行承兑；（4）出口备货融资的银行汇票承兑，是出票人将合同交给承兑银行来证实确有一笔出口交易，在出口前需要一笔融资，银行承兑后，可以持此票据到市场贴现，取得备货资金。

（二）二级市场

银行承兑汇票被创设后，就是一种可转让的金融工具，银行既可以自己持有当作投资，也可以在二级市场上出售。银行承兑汇票的交易既包括简单的买卖转让，也包括对银行承兑汇票的贴现、转贴现和再贴现。如果采用简单的买卖转让方式，主要通过两个途径进行：一是银行利用自己的渠道直接销售给投资者，二是利用市场交易商销售给投资者。如果进行贴现、转贴现和再贴现，在具体交易前，必须经过背书程序，即在票据或单证的背面签名，表示该票据或单证的权利由背书者转让给被背书者。背书后，若汇票持有人最终没有获得上述购货人的付款，可以向背书人追索款项。银行将承兑汇票销售给投资者后，投资者也可以贴现的方式将汇票转让给银行。汇票贴现是指持票人为了取得票款，将未到期的已承兑汇票，以支付自贴现日起至票据到期日止的利息为条件，向银行所做的票据转让。银行扣减贴息，支付给持票人现款，称之为贴现。贴现的条件主要有两个：一是银行的信用好，二是必须提供在途货物或一笔信用证交易来证明汇票的自行偿还性。转贴现是办理贴现的银行或其他贴现机构将其贴现收进的未到期票据，再向其他银行或贴现机构进行贴现的票据转让行为，是金融机构之间的一种资金融通行为。再贴现是商业银行和其他金融机构将其持有的未到期汇票，向中央银行所做的票据转让行为，它是中央银行对商业银行及其他金融机构的一种融资方式，是中央银行的授信业务。这也是中央银行调节货币供给量的重要手段。央行可以根据不同时期的情况，制定不同的货币政策，设定不同的再贴现率，调节融资成本，抑制或刺激货币需求，从而实施紧的或松的货币政策。

（三）银行承兑汇票的综合利率与价格

银行承兑汇票的综合利率是指银行承兑汇票的贴现率与承兑费用率之和。一般而言，商业银行把综合利率作为银行承兑汇票的价格，在承兑贴现时从票面金额中一次性扣除收取。例如，若市场贴现率为

6%（年率），银行承兑手续费率为1%，则银行向客户报出的综合利率为年利率7%。

值得注意的是，综合利率并不等于实际利率。实际利率与综合利率的换算公式为：

$$实际利率 = r \div [1 - (t/360)/r] \times 100\% \qquad (2.5)$$

其中：r 为综合利率，t 为汇票期限天数。

在美国，如果外国银行要向美国银行申请承兑贴现汇票，首先会要求承兑银行报出综合利率，然后再将综合利率折算成实际利率，并将实际利率与伦敦同业拆借利率进行比较。如实际利率低于伦敦同业拆借利率，则外国银行可通过做银行承兑汇票业务获得资金，再将获得的资金用于同业拆借获得利差。

（四）银行承兑汇票的作用

与其他货币市场金融工具相比，银行承兑汇票某些方面的特点非常吸引借款人、银行和投资人，因而也受到人们关注和欢迎。

从借款人的角度看，首先，使用银行承兑汇票的成本要低于使用传统的银行贷款。其次，对于一些没有足够规模和信誉而不能发行商业票据的小企业而言，银行承兑汇票在相当程度上解决了资金困难，即便对于少数能发行商业票据的企业，其发行费用和手续费加上利息成本，总的筹资成本也高于使用银行承兑汇票。

从银行角度看，提供这类服务不用提供任何自己的资金就能获取手续费，从而增加银行的经济效益。并且，银行承兑汇票拥有较大的二级市场，在市场上很容易变现，从而可以提供单靠传统的银行贷款无法实现的多样化投资组合。再者，银行运用承兑汇票可以增加其信用能力。一般各国银行法都规定了银行对单个客户提供信用的最高额度，通过使用银行承兑汇票，银行对单个客户的信用额度可在原有的基础上增加10%。

从投资者的角度看，银行承兑汇票也符合其收益性、安全性和流动性的需求。汇票的投资收益率要高于短期国库券，与货币市场的其他信用工具如商业票据等的收益不相上下。票据的承兑银行对票据的持有者负有不可撤销的第一手责任，票据的出票人又对持有者承担第二手责任，这相当于有两家机构将对票据的兑现负责。因此，投资于银行承兑汇票的安全性非常高。此外，质量好的银行承兑汇票的投资者也较多，在公开市场上随时可以出售，因而流动性也很强。

第五节　回购协议市场

回购协议市场是通过回购协议来进行短期货币资金借贷所形成的市场。从本质上讲，回购协议是一种抵押贷款，其抵押品是证券。

一、回购协议的概述

（一）回购协议的概念

回购协议是指交易双方在进行证券买卖的同时，就未来某一时刻进行一笔方向相反交易达成的协议。因此，一份回购协议实际上包含两笔完全相反的交易：第一步是协议开始日，资金融入者即证券拥有人向资金融出者即证券受让人转让证券以获得资金的交易过程，这就是所谓的正回购。第二步是协议到期时，证券和资金发生相反方向的运动，即资金融入者在到期日再以约定价格将证券如数买回的交易过程，这一过程被称作逆回购。可以看出，回购和逆回购是实际上是同一交易的两个方面，回购协议是从资金需求者即证券出售者角度出发；而逆回购协议从资金供给者即证券买入者视角出发的。如图2-2所示。

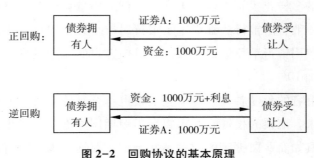

图2-2　回购协议的基本原理

（二）回购协议的分类

1. 按照到期日的性质划分

按照到期日的性质可以将回购协议分为约定日期回购和无固定到期日回购。约定日期回购是指回购协议中所抵押证券必须在约定日期购回，目前大多数回购都属此种类型。无固定到期日回购是指交易双方都可随时结束回购协议，而无须预先通知对方，因此更具灵活性。

2. 按照协议有效期内对证券处置权利的不同划分

根据质押证券所有权是否由正回购方转移给逆回购方进行区分，可以将回购协议分为封闭式回购和开放式回购。在封闭式回购中，正回购方所质押的证券并未真正让渡给逆回购方。证券自受让日起即被冻结，交由交易清算机构，并退出二级市场，证券受让方在协议有效期内无权自由支配证券；协议到期后，正回购方按照约定的回购利率支付本金和利息后，交易清算机构对质押证券予以解冻，质押证券重新进入二级市场流通。

在开放式回购中，正回购方将证券卖给逆回购方之后，逆回购方就拥有买入证券的所有权和处置权，其在协议有效期内有权随意处置证券，只要在到期时能够买回来偿还给正回购方即可。因此开放式回购又可以称为买断式回购，实际上是一种依附于证券买卖的融资行为。

3. 按照交易场所的不同划分

按照交易场所的不同，可以将回购协议划分为场内回购和场外回购。场内回购是指在证券交易所、交易中心、期货交易所以及证券交易报价系统内进行的标准化回购交易。此类交易属于有组织市场，如在上海证券交易所开展的各类回购交易就属于场内交易，对回购品种、期限结构、标的金额、竞价方式以及相关的清算与结算等内容都进行了详尽规定，属于有组织的标准化交易。场外回购是指在证券交易所和交易中心之外，由金融机构之间进行的证券回购交易。目前，大部分金融市场较为发达国家回购协议市场都以场外交易为主。

二、回购市场的运行

（一）回购协议市场的参与者

回购协议市场的参与者包括商业银行、非银行金融机构、政府、企业以及中央银行等。

商业银行是回购市场的主要参与者。回购市场为商业银行提供了一条重要的短期融资渠道，商业银行可以在短期资金不足的情况下，通过回购协议融入资金；也可以在短期资金盈余时，通过逆回购协议融出资金，获取短期收益。商业银行利用回购协议调整储备金头寸有很多益处，首先，回购协议所获取的借款无需提交准备金，降低了回购协议融资的实际成本；其次，回购协议有政府债券等较高品质的金融资产作为担保，资金借贷利率也会略低于同业拆借利率；最后，回购协议的期限有一定的弹性，虽然一般银行的回购期限较短，但也有长达几个月的，并且双方可以签订连续合同，在协议无异议情况下，可以自动展期。

非银行金融机构同样是回购协议市场的重要参与者，主要包括证券公司、保险公司、资产管理公司、基金公司以及各类非银行的储蓄机构等。非银行金融机构参与回购市场与商业银行目的类似，主要是调剂短期资金的余缺。在出现短期资金缺口时，在市场上作为正回购方融入资金；在出现短期资金盈余时，在市场上作为逆回购方融出资金，获得短期资金收益。一般情况下，由于非银行金融机构与商业银行在短期资金余缺的产生原因、方向、期限和数额不尽相同，因此它们与商业银行往往是交易对手，形成互补交易。

企业和政府主要以资金供应者的身份参与回购协议市场。企业在日常生产经营活动中产生的闲置资金，可以通过回购协议的方式借给资金需求者，对于企业而言可以获得高于存款利率的收益，同时相对风险又低于商业票据和大额定期存单。政府或政府机构参与回购协议市场也大多是资金供应者，在法律允许范围，政府或政府机构可以将暂时闲置的资金通过回购协议方式借出，实现资产的保值增值。

中央银行参与回购协议市场的目的主要是调节货币供应和实施货

币政策。不同于以上参与者，中央银行参与市场不是盈利目的，而是通过回购协议市场进行公开市场操作，在市场流动性出现缺口的情况下，作为逆回购方，向市场输入流动性；在市场出现流动性过剩情况下，作为正回购方，收回流动性，稳定物价水平。

（二）回购市场的交易对象

回购协议的交易对象即回购协议的标的证券，主要包括票据、债券、股票和其他有价证券。虽然回购协议的标的证券种类繁多，但是市场上最主要的标的物是政府债券。主要原因是政府债券具有安全性较高、流动性较强以及发行量较大等特点，各类金融机构一般都会持有相对数量的政府债券；同时，政府债券一般都集中托管在同一结算体系中，交易方便，效率较高。在我国回购市场，回购交易的抵押品主要是国债和经中国人民银行批准发行的金融债券，沪深交易所进行回购的主要券种是国债和企业债券，全国银行间同业拆借中心的回购抵押品种主要是国债、短期融资债券和特种金融债券等。

（三）回购市场的利率

回购市场的利率由短期资金的供求状况决定，同时还要考虑标的证券的种类和质地。具体来说，取决于如下几个方面：一是回购期限的长短，一般来说，期限越长，不确定性越高，面临的风险更大，回购的利率往往越高。二是回购标的证券的质地，标的证券的信用等级越高，流动性越强，意味着风险越低，相对来说利率就会较低。三是回购交易中资金融入者的信誉，一般来说，回购交易中资金融入者信誉越高，资金融出者面临的违约风险就越小，利率就会越低。四是其他子市场的利率水平，回购协议市场利率水平不可能脱离货币市场其他子市场利率而单独决定，它通常会参照同业拆借利率来确定，一般来说，在期限相同情况下回购市场利率低于商业票据、银行承兑汇票、大额定期存单、同业拆借等货币市场工具利率，又略高于短期政府债券利率。

（四）回购协议的定价

现实中，单个品种的证券在规模上往往难以满足回购交易的数量要求，为增强回购市场的流动性，证券交易所一般会指定某些债券为标准券，并随时公布市场上各种债券与标准券之间的折算系数，即折算率。有了折算率，就可以根据下列公式计算回购交易中的债券售出价格：

$$P_0 = K \times V \times N \tag{2.6}$$

其中，P_0 表示售出价格，K 表示标准券折算率，V 表示每手标准券的价值，N 表示持有的现券手数。而购回价格的计算公式为：

$$P_t = P_0 \times (1 + i \times \frac{T}{D}) \tag{2.7}$$

其中，P_t 表示购回价格，P_0 表示售出价格，i 表示拆借资金的年利息率（或回购报价），T 表示回购期限，D 表示基础天数。

例如，甲银行持有某种面值为 1000 元的国库券 50 手（每手 100张），折算率为 1.2，由于急需资金，甲银行与交易对手开展回购业务，拆借资金年息为 5%，那么甲银行开始时可借入的资金为：

$$P_0 = K \times V \times N$$
$$= 1.2 \times 1000 \times 50 \times 100 = 6000000 \text{（元）}$$

7 天后，甲银行购回该国库券时需支付的价格为：

$$P_t = P_0 \times (1 + i \times \frac{T}{D})$$
$$= 6000000 \times \left(1 + 5\% \times \frac{7}{360}\right) = 6005833.3 \text{（元）}$$

显然，6000000 元为本金，5833.33 元为支付的回购利息。

（五）回购协议市场的风险

尽管回购协议中的抵押证券都是高质量的证券，但是不代表回购协议市场没有风险。封闭式回购和开放式回购由于交易过程的差异，交易者所承受的风险也有不同。

对于封闭式回购交易来说，由于质押证券所有权没有转移到逆回购方手中，只是专门机构将质押证券冻结，虽然牺牲了质押证券的流动性，但是一定程度上可以控制风险。封闭式回购风险主要表现为：一是信用风险，主要是正回购方在协议到期后，未能如约将所质押证券购回，从而给逆回购方造成的可能损失；如果协议到期，市场利率上升，债券价格下降，正回购方违约给逆回购方造成的损失就会成为现实。二是清算风险，主要是因为回购协议中所交易的证券资产一般不采用实物支付方式，特别是在以标准券折算和回购期限较短的交易中，清算的风险会更明显。

开放式回购除了封闭式回购交易中的信用风险和清算风险而外，还有自身特有的风险。由于开放式回购交易中，逆回购方在回购协议签订后，就拥有了质押证券的所有权，可以在协议到期前对质押证券进行再回购和卖出交易等，因此就可能存在卖空交易带来的一系列风险。

第六节　大额可转让定期存单市场

一、大额可转让定期存单概述

（一）大额可转让定期存单的概念

大额可转让存单是银行和储蓄机构给存款人按一定期限和约定利率计息，到期前可以流通转让的证券化存款凭证。大额可转让存单是在 20 世纪 60 年代金融环境发生巨大变化的基础上产生的。当时美国为了抑制经济持续的过度扩张和不断上升的通货膨胀，美联储采取了抑制活期存款增长的货币政策，在《联邦储备制度》的"Q"条例中禁止活期存款支付利息，定期存款也有利率上限规定，银行在资金来源的竞争中处于不利地位，出现所谓"脱媒"现象。为了解决流动性问题，银行迫切需要创造新的金融工具来规避管制，扩大资金来源。1961 年花旗银行首先推出具有货币市场特征的创新工具——大额定期存单，以吸收大公司、富裕居民及政府闲散资金，取得了良好效果，其后许多银行纷纷效仿，大额定期存单市场也迅速发展起来。20 世纪80 年代之后，Q 条例的利率管制取消，大额定期存单在传统的存单基础上，不断出现创新，目前包括特大额定期存单、分期付款大额可转让定期存单、熊市和牛市可转让定期存单、利率上调大额可转让定期存单、国外指数大额可转让定期存单等，一方面为银行获得稳定资金来源，另一方面也为投资者提供了多种可选择投资产品。

（二）大额可转让存单的种类

按照发行人的不同，大额可转让存单一般可以分为四种，它们具有不同的利率、风险和流动性。

1. 国内存单

国内存单（Domestic CDs）是四种存单中历史最悠久，也是最重要的一种。它由美国国内银行在国内发行的大额定期存单。存单上注明存款金额、到期日、利率及利息期限等。国内存单的期限比较灵活，往往根据投资者的要求安排，一般为 30 天到 12 个月，也有少数超过 12 个月的。流通中未到期的国内存单平均期限在 3 个月左右。国内存单大多数以无记名方式发行，利率分为固定利率和浮动利率两种，如果采用浮动利率形式，一般利率每一个月或每 3 个月调整一次，主要参照同期的二级市场利率水平。

2. 欧洲美元存单

欧洲美元存单（Eurodollar CDs）是由美国境外银行（包括外国银行和美国银行的境外分支机构）在国外发行的以美元为面值的大额可转让定期存单。欧洲美元存单最早出现于 1966 年，其面额以美元计，到期期限 1 个月到 12 个月，多为固定利率。历史上，这些存单中的大多数是在欧洲美元市场中心伦敦发行的，因此称为"欧洲美元"。1982 年以来，日本银行逐渐成为该类存单的主要发行者，而美国银行过去曾是欧洲美元存单的主要发行者。

3. 扬基存单

扬基存单（Yankee CDs）是由外国银行分支机构在美国发行的可转让存单，多数是由著名的国际银行在纽约的分支机构来发行的。扬基存单的期限一般较短，大多在 3 个月以内，由于国内投资者不太了解外国银行，扬基存单支付的利息要高于国内银行存单，但由于扬基存单在准备金上可以获得豁免，这使得发行扬基存单在成本上有较大竞争优势。

4. 储蓄机构存单

储蓄机构存单（Thrift CDs）是由大的储蓄与存款协会发行的一种可转让存单。这是较晚出现的大额定期存单，其中储蓄贷款协会是主要发行者，大约以 10 万美元的面额发行，以便能使用联邦存款保险。有时候，不同机构的 10 万美元储蓄机构存单会捆绑成一个大额存单，其优势在于每个大额存单都能得到充分的保险。

（三）大额可转让存单的特点

大额可转让定期存单是银行定期存款基础上的一种金融创新工具，因此其与定期存款相比，具有以下几点不同：

第一，定期存单是记名的，且不可流通转让；大额可转让存单一般不记名，并且可以流通转让，有专门的大额可转让定期存单二级市场为其转让流通提供便利。

第二，定期存款金额不固定，根据存款人的意愿决定，因此有零有整；大额可转让存单金额固定且较大，在美国一般最低面额为 10 万美元，较为普通的面值多为 100 万美元或更高，在香港一般最低面额为 10 万港元。

第三，定期存款一般期限较长，根据时间长短不同有相对应的固定利率；大额可转让存单一般期限较短，利率既有有固定的，也有浮动的，且一般来说比同期限的存款利率高。

第四，定期存款可以提前支取本金和利息，只是所得利息要损失一部分；大额可转让存单不能提前支取本息，投资者如果想提前兑现，可以在二级市场进行转让。

在二级市场上买卖大额可转让存单的主要是一些证券公司和大银行。这些证券公司和大银行不仅自己买卖大额可转让存单，同时还充当中介人，是大额可转让存单市场的主要交易商。

二、大额可转让定期存单市场的运行

（一）大额可转让存单的发行

在发行市场，大额可转让定期存单的发行主要采取两种方式：批发发行和零售发行。批发发行时，商业银行预先公布存单的发行总额、利率、期限、面额等有关内容，然后等待认购。而零售发行则是银行随时根据购买者需要来发行，利率可由双方协商确定。大额可转让存单发行市场上的参与者主要有存单发行人、投资者及交易商。

大额可转让存单发行人一般是各种规模的商业银行，以大银行为主。据美国 20 世纪 70 年代末的统计，大银行发行的存单占存单发行量的 90%，其次为中小银行发行的存单。不少中小银行是以大银行作为发行代理人借以扩大销路。大额可转让存单创立以来，商业银行的经营思想发生了很大的改变。过去商业银行注重资产管理，注意力主要放在贷款和证券投资的管理上，需要调节流动性时往往依靠减少放款出卖证券。大额可转让存单的发行及二级市场的形成，使商业银行看到调节流动性不一定要靠减少放款卖出证券解决，通过发行大额可转让存单吸收存款也能解决，也就是靠增加负债来扩大资产业务。这样，大额可转让存单市场就成为商业银行特别是大银行调节流动性的手段，也是筹集额外资金以满足优良资产业务的手段。

大额可转让存单的投资者包括大企业、政府机构、金融机构和个人。对于大企业来说，投资于存单是利用闲置资金的一个良好途径。它们把存单到期日与企业现金支付日期（如交税、分红、到期贷款和发工资的日期）衔接起来，以存单本息支付上述开支，减少经营成本。金融机构也是一个大买主，包括货币市场基金、保险公司、信托公司、养老基金等都是大额可转让存单的重要投资者，其中以货币市场基金所占市场份额最为显著。本国政府一般不投资本国银行发行的大额可转让存单，参与投资的一般是外国政府。政府机构在经费下拨未用时其闲置资金的一部分也用来投资存单。个人持有存单数量很小，通常投资于中小银行发行的面额较小的存单，且往往以互助基金的形式投资。发行市场的中介机构主要是投资银行，它们负责承销，并通过向发行人收取承销费用进行盈利。

（二）大额可转让存单定期存单的流通

大额可转让存单流通市场是为了给持有大额定期存单的投资者提供一个可以实现存单流通的市场。在二级市场上买卖大额可转让存单的主要是一些证券公司和大银行。这些证券公司和大银行不仅自己买卖大额可转让存单，同时还充当中介人，是大额可转让存单市场的主要交易商。

大额可转让定期存单在二级市场上主要通过交易商进行转让流通。其转让方式有两种：交付转让和背书转让。前者适用于不记名存单，后者适用于记名存单。存单票面利率和市场利率是决定大额可转让定期存单转让价格的两个最主要因素。一般来说，市场利率一定时，大额可转让定期存单的票面利率越高，其转让价格相应的也越高；相反，票面利率一定时，转让时的市场利率越高，则转让价格越低。

如果以 S 表示大额可转让定期存单的本利和，以 P 表示本金，以 R_1 表示票面利率，以 R_2 表示转让时的市场利率，以 D 代表基础天数，以 T_1 表示到期期限，以 T_2 表示由转让日起到到期日止的天数，以 M 表示大额可转让定期存单在二级市场上的转让价格，则大额可转让定期存单在到期日的本利和为：

$$M = P\left(1 + R_1 \times \frac{T_1}{D}\right) \qquad (2.8)$$

将到期日的本利和贴现到转让日，即为大额定期存单市场价格。其计算公式为：

$$M = \frac{P\left(1 + R_1 \times \dfrac{T_1}{D}\right)}{1 + R_2 \times \dfrac{T_2}{D}} = \frac{P(D + R_1 \times T_1)}{D + R_2 \times T_2} \qquad (2.9)$$

可见，大额定期存单的转让价格理论上与三个因素相关：期值、待偿期限和市场利率。在期值和待偿期限已知情况下，市场利率的变化对转让价格有决定性影响，当市场利率上升时，存单转让价格下跌；反之，市场利率下降时，存单转让价格将会上升。实际市场买卖过程中，大额定期存单价格还会受到政治因素、经济因素、心理因素等诸多要素的影响，因此（2.9）式给出的是大额定期存单的理论转让价格，实际转让价格会围绕这个基准上下波动。

例如，某投资者持有本金为 100 万元的大额可转让定期存单，已知存单票面利率为 8%，到期期限为 270 天，该投资者持有 90 天后即转让，转让时的市场利率为10%，则根据上述公式可计算出该大额可转让定期存单的转让价格应为：

$$M = \frac{P(D + R_1 \times T_1)}{D + R_2 \times T_2} = \frac{1000000(360 + 8\% \times 270)}{360 + 10\% \times 180}$$

$$= 1009523.81(\text{元})$$

（三）大额可转让存单定期存单的风险

大额可转让定期存单的风险主要包括信用风险和市场风险。信用风险是指发行存单的银行在存单期满时无法偿还本息的风险。在美国，一般的会员商业银行必须在联邦存款保险公司进行投保，但是由于存款保险额度上限一般为10万美元，而大额定期存单额度较大，因此存单仍然存在一定的信用风险。信用风险的大小与发行银行的信用等级有关，一般来说，大银行由于资金实力较强，信用等级也比较高，相对来说风险较小。市场风险是指存单持有者在急需资金时，存单不能在二级市场顺利变现或不能够以合理价格变现的风险。尽管大额定期存单存在发达的二级市场，但是由于市场利率的变化，存单变现的价格经常会有波动，对于投资者来说仍然有一定的市场风险。

【专栏2-2】

我国同业存单的推出及其优势

同业存单是存款类金融机构在全国银行间市场上发行的记账式定期存款凭证，其投资和交易主体为全国银行间同业拆借市场成员、基金管理公司及基金类产品。存款类金融机构可以在当年发行备案额度内，自行确定每期同业存单的发行金额、期限，但单期发行金额不得低于5000万元人民币。

2013年12月9日，中国人民银行颁布《同业存单管理暂行办法》，我国停滞多年的同业存单业务重新开闸。短短三年多，同业存单市场日趋活跃，从2014年发行量不足1万亿元发展到2016年的13万亿元，其债券份额比重亦提升至9.98%，远超其他信用类债券。同业存单的迅猛发展与其类同业负债的属性休戚相关。

优势一：银行再添流动性管理工具

同业存单推出前，银行吸纳同业资金依赖于线上同业拆借中心交易系统和线下协议存款。线上同业市场主流拆借和回购期限为隔夜和七天，线下协议存款期限由机构自主设定，两者均不可流通转让。同业存单诞生后，银行可在银行间同业拆借中心发行1个月到3年期不等的同业存单，获得更长期限的稳定负债，满足了银行对线上长期限债务融资工具的需求。

对于股份制银行和城商行等中小型银行而言，受制于网点和成本等因素，揽储能力弱于大型银行，对同业负债的依赖性较强。借道同业存单，中小银行主动负债的能力大为增强，近一年中小银行同业存单发行量已超过11万亿元。

优势二：迎合了银行天生的套息冲动

20世纪50年代末期，负债管理理论兴起。它的核心思想是银行应当以借入资金的方式来保证流动性，以积极创造负债的方式来调整负债结构，从而增加资产和收益。银行作为资金的掮客，利润主要来源于息差，如传统存贷业务收入来自于存贷款利率的剪刀差。同业存单作为类同业负债品种，无需缴准，套息优势更明显。银行通过发行同业存单，拓展资产负债表，增厚机构利润。

据跟同业机构沟通发现，同业存单的套息空间来自于久期错配叠加信用错配。银行将发行同业存单募集到的资金，主要用于三种用途：第一种是购买低评级机构中短久期债券或非标资产，第二种是购买券商或其他金融同业发行的中短久期理财产品，第三种是用于填补长期流动性缺口。银行负债端的同业存单主要期限为3个月，而资金对接的资产期限多为1年以上。仅以对接的理财产品为例，其套息空间在2015年5月曾高达200bps。

优势三：巧遇监管127号文推动

同业存单推出后不足半年，中国人民银行、银监会、证监会、保监会和外汇管理局联合发布《关于规范金融机构同业业务的通知》（简称 127 号文），旨在约束同业负债无序扩张。它对同业负债画了一条生命线，要求其占机构总负债的比重不得超过 33%。尽管同业存单具有类同业负债属性，但当时存量尚不足 5000 亿元，是一个需呵护的新型债务融资品种，因此监管机构并未将此品种纳入到同业负债的范畴。

——节选自成婷：《从发行人角度透视同业存单高溢价之谜》，《债券》2017 年第 3 期

第七节　短期政府债券市场

短期政府债券市场是发行和流通短期政府债券所形成的市场。从广义上说，政府债券不仅包括国家财政部门发行的债券，还包括地方政府及政府代理机构发行的债券。但是，狭义的短期政府债券一般仅指国库券。在美国等债券市场发达的国家，国库券市场是货币市场最重要的组成部分。

一、短期政府债券的概述

（一）短期政府债券的概念

短期政府债是政府以债务人身份承担到期还本付息责任的期限在 1 年以内的债务凭证。由财政部发行的短期政府债券一般称为国库券。政府发行短期债券的主要目的是满足中央政府短期资金周转需要。政府的收支有季节性变动，每一年度的预算即使平衡，期间可能也会有一定时间段出现资金短期的情况，此时通过发行短期政府债券可以很好地满足短期资金的临时需求。短期政府债券的发行除了为政府解决短期资金的短缺问题，还为商业银行提供了理想的储备资产，也是中央银行公开市场操作的重要对象，是连接财政政策和货币政策的重要契合点。

（二）短期政府债券的特征

短期政府债券与其他货币市场工具相比，具有如下显著的特点。

1. 违约风险小

由于短期政府债券的债务人是政府，其偿还以国家的税收权力作为保证，信誉好，安全性高，因而被认为是几乎没有违约风险的，是无风险债券的代表。对应的，即使是信用等级最高的其他货币市场票据，如商业票据、可转让存单等，一定程度上都存在着违约的风险。

2. 流动性强

短期政府债券市场属于一种在高组织性、高效率和竞争市场上交易的短期同质工具，因此它具有较强的流动性。这一特征使得国库券能够在交易成本较低及价格风险较低的情况下可以迅速变现，部分国家将其作为仅次于现金和存款的准货币。

3. 面额小

面额小意味着投资者进入的门槛低。对许多小投资者来说，政府短期债券是其能够直接从货币市场购买的少数金融工具品种。在美国，1970 年以前，国库券的最小面额为 1000 美元。1970 年初，国库券的面额升至 1000—10000 万美元，目前为 1 万美元。相较货币市场的其他工具，如大额定期存单、商业票据等，其面额较小。

4. 利息免税

政府债券的利息收入通常免收所得税，而其他金融工具一般需要按照规定的税率对投资收益上缴所得税。因此，尽管一般情况下短期政府债券的名义收益率低于商业票据等金融工具，但是考虑到税收因素，其实际收益可能并不低。当税率越高时，国库券的吸引力也就越大。当市场利率水平越高时，国库券的吸引力也越大。

（三）短期政府债券的起源与发展

短期政府债券一开始是以国库券形式发行的，最早可以追溯到 19 世纪 70 年代。当时英国政府由于给地方政府机构融资及建设苏伊士运河，经常性需要弥补短期资金的短缺。1877 年英国政府接受经济学家沃尔特·巴佐特（Walter Bazot）的建议，以贴现的方式发行一种与商业汇票类似的短期政府债券。后来许多国家都依照英国的做法，以发行国库券的方式来满足政府对短期资金的需要，美国在第一次世界大战期间，开始发行一种双周、每月或短期的债务凭证，以解决政府资金短缺问题。1929年，胡佛总统（Herbert Hoover）正式签署法令，提议以低于面值发行最长为期一年的零息债券。同年年底，国库券首次发售，财政部发行了价值1亿美元的90天期国库券。从此美国开始规范化发行国库券，国库券市场也逐渐发展成为美国货币市场的中心。目前，美国财政部每周对1个月、3个月及6个月期的国库券进行拍卖，每28天对一年（52周）的国库券进行拍卖。

二、短期政府债券市场的运行

短期政府债券市场由发行市场和流通市场组成。短期政府债券的发行一般采用贴现方式进行，其收益是面值和购买价格之间的差额。

（一）短期政府债券的发行

短期政府债券大多情况下表现为中央政府发行的国库券，由财政部负责发行。新发行的短期政府债券认购者主要是中央银行、大型商业银行、机构投资者和承销商，公司、地方政府、外国政府、各类银行及个人投资者也可以参与认购。

典型的短期政府债券一般通过拍卖方式发行，由财政部公布发行数额，投资者或承销商通过投标方式进行认购。根据投标人报出的认购价格和数量，按照价格由高到低或利率由低到高顺序排列，直到满足需要发行的数额为止。

根据招标竞争的标的物不同，短期政府债券发行可以分为缴款期招标、收益率招标和价格招标三种形式。（1）缴款期招标是指在债券的票面利率和发行价格已经确定的条件下，按照投标人向发行人缴款的先后顺序获得中标权利，直至满足预定发行额为止。交款期招标中，缴款时间是竞争的标的物，很多情况下应用于招标机制并不健全的市场环境。（2）收益率招标是指根据投标人各自报出债券的利率，按照从低到高的顺序来确定债券的最终中标人。收益率招标中，收益率是竞争的标的物，发行人首先公布发行条件和投标规则，投标人报出对发行证券的收益率和认购数量，按照投标人所报的收益率由低到高的顺序配售证券，直到预定发行额度全部售完为止。（3）价格招标是指根据投标人报出的购买价格，按照从高到低顺序确定债券的最终中标人。价格招标中，发行价格是竞争的标的物，贴现债券发行大多采用这种方式。如果附息债券采用价格招标形式，则必须先确定发行的票面利率，当中标价格高于面值时，其实际收益率低于票面利率；当中标价格低于票面利率时，其实际收益率则高于票面利率。

根据中标的方式，短期政府债券又可以分为荷兰式招标和美式招标两类。（1）荷兰式招标又称单一价格招标，以募满发行额为止时的最低中标价格（或最高中标收益率）作为所有投标者的最后中标价格，全体中标者的中标价格是单一的。在市场对债券需求较大的情况下，由于单个投标人即使提高报价，最后也是和其他投标人以相同的最低中标价格购买，为了多认购债券，他们往往会抬高报价。如果所有投标人都抱有这种心理，最终的结果必然引起中标价格上升。在债券市场需求低迷的情况下，荷兰式招标则可能导致最低中标价格很低。（2）美式招标又称多种价格招标，以募满发行额为止中标者各自的投标价格（或收益率）作为各投标人的最终购买价。美式招标中，各中标商由于各自购买价格（或收益率）不同，因此各家的成本和收益也有差异。竞标者报价过高要冒认购价格过高的风险，报价过低又要冒认购不到债券的风险，各投标人会更加认真综合考虑不同价位上的认购能力、中标概率等，因此最能够体现各个投标商的认购能力。

（二）短期政府债券的流通

在金融市场较为发达的国家，短期政府债券一般不进入交易所交易，而是通过场外市场交易。整个流通市场通过电话、网络系统连接，政府交易商作为做市商，交易指令由计算机终端传送，交易速度快、参与者众多，是一个高效、活跃的市场。

短期政府债券的流通市场参与者比较广泛，其中政府债券交易商是主体，在二级市场发挥着重要的作用。这些交易商一方面在发行市场参与短期政府债券的认购，保证短期政府债券的顺利发行；另一方面在流通市场参与买卖，是中央银行公开市场业务的操作对手，通常可以直接与财政部、中央银行进行交易，是连接财政部、中央银行和其他交易对手的纽带。同时，这些交易商作为做市商，不断地向市场提供买价和卖价，并随时以所报价格买卖短期政府债券，保持市场流动性。短期政府债券通常以收益率报价，其中出价是做市商向客户报出的买入价格，要价是做市商向客户出售短期债券的价格，二者之间的差价就是交易商的利润。此外，政府债券交易商还利用自己的市场地位和专业知识，为市场参与者提供市场信息，分析交易行情，对提升市场的效率和透明度起到重要作用。

短期政府债券的买卖一般通过政府证券经纪商进行。在有些国家，政府证券经纪商是专营的，不能同时做自营买卖；而有的国家则允许政府证券经纪商兼营自营业务，经纪商可以利用自有资金进行自主证券买卖。经纪商既为一般交易者提供交易服务，也为政府证券交易商提供经纪服务。

（三）短期政府债券的收益

1. 贴现收益率

短期政府债券一般采用贴现方式发行，其收益是债券面值和实际购买价格之间的差额，称为贴现收益。贴现收益率（Discount Yield）是贴现收益与票面面值之间的比值，其计算公式为：

$$Y_D = \frac{F - P}{F} \times \frac{360}{T} \times 100\% \tag{2.10}$$

其中，Y_D 表示贴现收益率，F 表示短期政府债券面值，P 表示债券价格，T 为到期天数。例如，一张面额为 1000 元人民币，售价为 990 元，到期期限 90 天，其贴现收益率为：

$$Y_D = \frac{1000 - 990}{1000} \times \frac{360}{90} \times 100\% = 4\%$$

2. 等价收益率

等价收益率（Bond Equivalent Yield）是贴现收益与价格之间的比值。该收益率不同于贴现收益率，更能真实反映短期政府债券的收益，其将一年视为 365 天，同时将购买价格视为投资成本，《华尔街日报》在国库券行情表的最后一栏中就使用该收益率。其计算公式为：

$$Y_E = \frac{F - P}{P} \times \frac{365}{T} \times 100\% \tag{2.11}$$

其中，Y_E 表示等价收益率，其余字母含义与（2.10）式相同。上例中的等价收益率为：

$$Y_E = \frac{1000 - 990}{990} \times \frac{365}{90} \times 100\% = 4.10\%$$

3. 有效年收益率

有效年收益率（Effective Annual of Return）是贴现收益与价格之比按照复利法计算的年收益率。其计算公式为：

$$Y_A = \left[\left(1 + \frac{F - P}{P}\right)^{\frac{365}{T}} - 1 \right] \times 100\% \qquad (2.12)$$

其中 Y_A 表示有效年收益率，其余字母含义与（2.8）式相同。上例中的有效年收益率为：

$$Y_A = \left[\left(1 + \frac{1000 - 990}{990}\right)^{\frac{365}{90}} - 1 \right] \times 100\% = 4.16\%$$

三、短期政府债券市场的功能

短期政府债券在市场上之所以受到欢迎，是由它本身的特征所决定的。对于发行人而言，有利于用经济手段弥补国家财政收支差额，发挥国家财政在国家经济建设中的作用；对于投资者来说，是短期资金投资的重要市场；对于中央银行来说，是贯彻其货币政策的首要场所。具体而言，短期政府债券的市场功能表现如下。

（一）满足中央政府的短期资金需求

政府收入主要依靠税收，税收的收入有一定的规律，很多情况下与政府支出时间不一定匹配，如为应付突发事件或季节性需要时，财政经常性出现先支后收情况，中央政府可能出现国库临时性资金不足或财政赤字。在其他渠道受到限制情况下，政府可以在金融市场发行国库券等政府债券筹集资金，以弥补国库临时性资金不足或财政赤字。

（二）为中央银行公开市场业务提供理想的操作场所

短期政府债券信用等级高、流动性强、期限短、税负轻、利率具有灵活性，是理想的短期投资工具，因此是各大金融机构的理想超额储备资产。对于中央银行而言，其市场规模相对较大，又是大型商业银行的重要超额储备资产，因而成为中央银行公开市场业务理想的操作对象。

（三）为广大投资者提供低风险投资工具

短期政府债券的前述特征使之常常被视为无风险的投资工具的代表，受到风险规避的中小投资者欢迎。其利率是货币市场重要的基准利率，其他金融市场工具的利率均在此基础上，根据各自不同的风险状况和流动性强弱程度加上不同的风险补偿而构成。短期政府债券（主要是国库券）成为各金融机构进行资产负债管理的有效工具，是仅次于现金的一级准备，也成为其他投资者进行流动性管理的最佳投资品种。

第八节　中国货币市场

一、我国货币市场的发展概况

自 1978 年改革开放起，我国货币市场发展已经有四十年的历史。1981 年，根据《中华人民共和国国库券条例》，财政部开始每年定期发行国库券。比较美国等发达国家的国库券，我国的国库券偿还期限较长，包括 3 年至 10 年等不同期限，不属于政府短期证券。其后，伴随我国经济体制的改革逐渐取得成效，经济在快速发展过程中趋于平稳化发展，我国货币市场在加快其发展的步伐。各种融资中心的相继建立并形成一定的规模，为我国金融产业发展奠定了资金基础。货币市场产生和发展的初始动力是为了保持资金的流动性，它借助于各种短期资金融通工具将资金需求者和资金供应者联系起来，既满足了资金需求者的短期资金需要，又为资金有余者的暂时闲置资金提供了获取盈利的机会。但这只是货币市场的表面功用，将货币市场置于金融市场以至市场经济的大环境中可以发现，货币市场的功能远不止于此。对于我国来说，正处于金融体制的变革当中，货币市场既从微观上为银行、企业提供灵活的管理手段，使它们在对资金的安全性、流动性、盈利性相统一的管理上更方便灵活，又为中央银行实施货币政策以调控宏观经济提供手段，为保证金融市场的发展发挥巨大作用。因此金融体制改革，建立统一开放，有序竞争，严格管理的金融市场体系，推动货币市场发展就显得尤为重要。从 20 世纪末开始，中国货币市场有了巨大的发展。特别是近年来发展较为活跃，同业拆借市场、债券市场以及商业票据市场均获得了长足的发展（见表 2-3）。从表 2-3 中我们可以看出，2007 — 2017 年间，同业拆借、银行间债券回购交易、现券交易额以及商业汇票交易额每年都有较大的增长。其中，同业拆借金额从 2007 年的 10.7 万亿元，增长到 2017 年的近 79 万亿元，增长近 7 倍以上；银行间债券回购交易从 44.8 万亿增长至 627.4 万亿元，增长 14 倍；银行间现券交易从 15.6 万亿元增长到 131.2 万亿元，增长 8.4 倍；商业汇票交易额从 5.8 万亿元增长到 96.3 万亿元，增长 16 倍。

表 2-3　中国货币市场交易（2007—2017 年）

单位：亿元

年份	同业拆借	银行间债券回购	银行间现券交易	商业汇票	贴现	再贴现
2007	107000	448000	156000	58700	101100	138.2
2008	150000	581000	371000	71000	135000	109.7
2009	194000	703000	365073.5	103000	232000	248.8
2010	279000	876000	640000	260000	122000	1712
2011	334000	995000	636000	250000	151000	—
2012	467000	1417000	752000	316000	179000	—
2013	355000	1582000	416000	457000	203000	—
2014	377000	2244000	403600	607000	221000	—
2015	642000	4578000	867000	1021000	224000	—
2016	959000	6013000	1271000	845000	181000	—
2017	789811	6274000	1312000	963000	198100	—

资料来源：根据中国人民银行公开数据整理。

二、我国货币市场子市场发展

我国的货币市场由多个子市场所构成，包括同业拆借市场、回购市场、短期政府债券市场、票据市场、大额可转让定期存单市场、银行承兑汇票市场等。下面将主要介绍同业拆借市场、债券回购市场、商业票据市场和大额可转让定期存单市场的基本发展状况。

（一）同业拆借市场

同业拆借市场是我国货币市场的核心组成部分。1984年，中国人民银行专门行使央行职能后，鼓励金融机构利用资金的行际差、地区差和时间差进行同业拆借。1985年，作为当年金融改革的一项重要内容，中国人民银行正式允许专业银行间彼此拆借资金，同业拆借市场从此成为中国正规的金融体系的一部分。1993年前后，受当时金融环境的影响，同业拆借市场出现了严重的违规拆借现象。为消除市场混乱现象，1996年1月3日，全国银行间拆借市场网络建立并试运行，全国统一的银行间同业拆借市场正式建立。同年6月，人民银行放开对拆借利率的管制，拆借利率由供求双方根据市场资金状况自行商定，初步形成了全国统一的同业拆借市场利率（CHIBOR）。

为了构建货币市场的基准利率体系，理顺货币政策的利率传导渠道，指导货币市场产品定价，仿效英国的伦敦银行同业拆借利率（LIBOR），中国人民银行于2006年10月开始在银行间市场试运行上海同业拆放利率（Shanghai Interbank Offered Rate，SHIBOR），并于2007年1月4日正式运行。2007年，中国人民银行根据《中华人民共和国中国人民银行法》《中华人民共和国商业银行法》等法律规定，制定并通过了《同业拆借管理办法》，对同业拆借的市场准入、交易清算、风险控制、信息披露、监督管理、法律责任等进行详细规定。自此，上海银行间同业拆放利率取代Chibor，成为我国拆借市场基准利率。Shibor以位于上海的全国银行间同业拆借中心为技术平台计算、发布并命名，是由信用等级较高的银行组成报价团自主报出的人民币同业拆出利率计算确定的算术平均利率，是单利、无担保、批发性利率。目前，对社会公布的Shibor品种包括隔夜、1周、2周、1个月、3个月、6个月、9个月及1年。Shibor报价银行团现由18家商业银行组成。报价银行是公开市场一级交易商或外汇市场做市商，在中国货币市场上人民币交易相对活跃、信息披露比较充分的银行。中国人民银行成立

Shibor 工作小组，依据《上海银行间同业拆放利率（Shibor）实施准则》确定和调整报价银行团成员、监督和管理 Shibor 运行、规范报价行与指定发布人行为。全国银行间同业拆借中心受权 Shibor 的报价计算和信息发布。每个交易日根据各报价行的报价，剔除最高、最低各 4 家报价，对其余报价进行算术平均计算后，得出每一期限品种的Shibor，并于 11:00 对外发布。

从交易量看，近年来拆借市场交易日趋活跃。2007—2017 年 11 年间，同业拆借交易规模由 10.7 万亿元增长到 78.98 万亿元，增长 7.38 倍。其中，2007 — 2012 年是一个增长阶段，增长分别为 40.1%、29.3%、43.8%、19.7% 和 39.8%，平均增速达到 34.5%。2013 年，市场利率定价自律机制成立，由金融机构组成的市场定价自律和协调机制，在符合国家有关利率管理规定的前提下，对金融机构自主确定的货币市场、信贷市场等金融市场利率进行自律管理，维护市场正当竞争秩序，促进市场规范健康发展。同业拆借规模出现一定程度的下滑，2015 年开始恢复快速增长。拆借的期限结构在此期间也发生了很大的变化，超短期交易占比逐渐占据主要地位。2006 年隔夜、7 天、14 天、21 天及 30 天交易分别占比为 29.54%、60.01%、6.83%、1.77% 和 0.89%；到 2017 年，以上天数的交易占比分别为 88.92%、8.58%、1.57%、0.24% 和 0.53%，隔夜占比大幅度上升，7 天占比大幅下降，其余期限也有不同程度下降，表明短期借款是拆借市场最主要形式。

表 2-4　2006—2017 年全国银行间同业拆借的期限结构

单位:%

年份	隔夜	7 天	14 天	21 天	30 天	60 天	90 天	120 天	6 个月	9 个月	1 年
2006	29.54	60.01	6.83	1.77	0.89	0.56	0.24	0.07	0.01	0.01	0.07
2007	75.75	20.55	2.58	0.47	0.32	0.32	0.3	0.07	0.05	0.01	0.01
2008	70.78	23.26	3.15	0.74	0.75	0.3	0.44	0.12	0.19	0.14	0.12
2009	83.55	11.03	3.09	0.53	—	1.06	0.28	—	—	—	—
2010	87.86	8.71	1.82	0.23	—	0.58	0.17	—	—	—	—
2011	81.70	12.68	2.99	0.68	—	0.81	0.33	—	—	—	—

续表

年份	隔夜	7天	14天	21天	30天	60天	90天	120天	6个月	9个月	1年
2012	86.25	8.98	2.58	0.51	—	0.96	0.35	—	—	—	—
2013	81.54	12.39	3.26	0.51	1.43	0.29	0.49	0.02	0.03	0.00	0.02
2014	78.32	16.21	3.12	0.24	1.24	0.33	0.44	0.03	0.03	0.01	0.04
2015	84.09	11.99	2.38	0.21	0.66	0.16	0.38	0.02	0.03	0.00	0.09
2016	87.55	9.67	1.33	0.23	0.47	0.22	0.36	0.03	0.05	0.03	0.05
2017	88.92	8.58	1.57	0.24	0.53	0.21	0.37	0.03	0.05	0.02	0.06

资料来源：根据中国人民银行网站数据整理。

【专栏 2-3】

Shibor 实施准则

第一章　总　则

第一条　为规范中国货币市场基准利率的形成机制、信息发布机制和监督管理机制，特制定本准则。

第二条　上海银行间同业拆放利率（Shanghai Interbank Offered Rate，简称 Shibor）是由信用等级较高的银行自主报出的人民币同业拆出利率计算确定的算术平均利率，是单利、无担保、批发性利率。

第三条　市场利率定价自律机制成立 Shibor 工作组（以下简称工作组），依据本准则确定和调整报价银行团成员、监督和管理 Shibor 运行、规范报价行与指定发布人行为。

第二章　报价银行团构成

第四条　报价银行团由符合条件的商业银行组成。

第五条　报价行原则上应具备以下条件：

（一）是市场利率定价自律机制成员；

（二）具有公开市场一级交易商资格或外汇市场做市商资格；

（三）货币市场交易活跃，即交易量较大、交易连续性较好、价差较小。交易量指报价行在中国货币市场所有交易的总量，包括公开市场交易、同业拆借交易、债券回购交易、现券交易、货币市场衍生品交易等；

（四）信用等级较高；

（五）已建立内部收益率曲线和内部转移定价机制，具有较强的利率定价能力；

（六）通过上海银行间同业拆放利率网（www.shibor.org）等工作组指定的媒体每年披露经注册会计师审计的上年年度报告；

（七）有利于开展报价工作的其他条件。

第六条　符合上述条件、并愿意成为报价行的商业银行应于每年12月1日前向工作组提交申请及相关材料。经审核合格后可成为场外报价行，在场外进行Shibor报价。工作组结合报价等情况，在报价一年以上的场外报价行中，择优选取下一年的Shibor报价行。工作组根据本准则于每年年初公布当年的报价银行团成员名单。

第三章　报价行职责

第七条　提供拆出报价。该报价是基于市场情况的报价，是单利、无担保、批发性利率。报价行当日货币市场交易利率都以其报价利率为基准。报价行应独立报价，当日不得相互参照报价。

第八条　每个交易日（以下简称每日）上午10：55前通过上海银行间同业拆放利率网提供的报价界面完成报价。报价行每日应按时报价，保证质量。

第九条　每日对隔夜、1周、2周、1个月、3个月、6个月、9个月及1年八个品种进行报价。利率品种代码按期限长短排列为O/N、1W、2W、1M、3M、6M、9M、1Y（O/N代表隔夜，W代表周，M代表月，Y代表年）。

第十条　以年利率（%，Act/360，T+0）对各期限品种报价，保留4位小数。

第十一条　报价行应加强内控，建立流程清晰、权责明确的定价机制和报价程序，建立报价记录留存制度。报价行报价要做到专人专岗，并及时向市场利率定价自律机制备案。

第十二条　建立应急机制，确保每日按时报出各期限品种的利率。

第四章　指定发布人及其职责

第十三条　全国银行间同业拆借中心受权为 Shibor 的指定发布人。

第十四条　负责提供报价界面，对接收到的每一期限品种的拆出利率数据，剔除最高、最低各4家报价，对其余报价进行算术平均计算后，得出每一期限品种的 Shibor，于每日上午 11:00 对外公布，同时公布各报价行的拆出报价。

第十五条　在上午 10:55 前鉴别报价行报价的可能差错，及时进行提示。如有报价行未报价，指定发布人根据已报的数据确定 Shibor，同时将此情况以书面形式报告工作组。

第十六条　负责维护上海银行间同业拆放利率系统。

第十七条　建立 Shibor 的备份、应急机制，确保每日 Shibor 的正常运行和历史资料储存。

第十八条　组织 Shibor 场外报价行报价。

第五章　工作组的运行机制

第十九条　根据商业银行的申请，按照本准则确定和调整报价银行团成员和场外报价银行团成员。

第二十条　组织报价行和场外报价行按本准则要求开展报价，对指定发布人发布 Shibor 信息等行为进行日常管理。

第二十一条　按月、季、年评估报价行有关报价行为，通报 Shibor 运行情况，对报价行报价质量进行考评。

第六章　监督管理

第二十二条　对报价行实行淘汰制。工作组建立报价考评指标体系，并定期对报价行的报价质量、定价机制和报价程序等进行现场检查和非现场检查。工作组每年对所有报价银行团成员的报价记录进行考评，确定淘汰更新方案并公布。

第二十三条　工作组负责监督管理指定发布人，每年对指定发布人履行职责的各项情况进行考核。

　　第二十四条　指定发布人根据工作组授权，对报价行报价质量进行现场监督和考核。如果报价行出现违反本准则行为，应及时发出警告，要求其改正，并报告工作组。指定发布人应及时记录、披露报价行违反本准则的行为和改正情况，按月向工作组报告 Shibor 的运行情况。

（二）债券回购市场

　　20 世纪 90 年代初，在国债市场逐渐发展起来的背景下，为了提高债券的流动性，缓解国债发行难的问题，1991 年 7 月，全国证券自动报价系统（STAQ 系统）宣布试办国债回购交易。1992 年之后，除了 STAQ 系统，证券交易所、武汉证券交易中心和天津证券交易中心也先后开办了债券回购业务。债券回购市场发展的初期，由于回购交易中出现各种违规行为，资金逾期和坏账问题十分严重，信用风险突出。1995 年，中国人民银行、财政部、中国证监会联合对债券回购市场进行整顿，关闭了武汉证券交易中心、天津证券交易中心和 STAQ 系统的回购交易业务，回购协议主要集中于上海证券交易所市场。

　　1997 年初，为了防止银行资金流入股票市场，人民银行决定商业银行退出证券交易所的回购交易，并在银行间债券市场开展回购交易。1997 年 6 月起，全国统一同业拆借中心开办国债、政策性金融债和央行融资券回购业务。由于银行间回购业务的开展，使金融机构间能够进行更为安全的短期融资，而不仅仅是依靠拆借；同时，金融机构可利用债券进行流动性管理，因此大大促进了债券发行市场化的进程。

　　2002 年 12 月和 2003 年 1 月，为推动企业债券市场的发展，上海证券交易所和深圳证券交易所分别推出企业债券的回购交易。2004 年 5 月，全国银行间同业拆借中心开办了国债开放式回购业务；同年 12 月，上海证券交易所和深圳证券交易所开办了国债开放式回购业务。至此，我国的回购协议市场包括两类：一是上海和深圳的证券交易所市场，主要进行国债、企业债和公司债的回购业务。如在上海证券交易所，所有上市国债都可以经过入库申报后作为质押券，质押券将被换算成标准券用于质押式回购交易；回购交易可以是买断式，也可以是质押式，但是根据上海证券交易所的规定，只有机构投资者可以从事买断式回购交易，个人投资者只能参与质押式回购交易。二是全国银行间同业拆借中心市场，其证券回购券种主要是国债、中央银行票据、政策性金融债和短期融资券等。

近年来，随着中国货币调控机制改革和金融机构行为逐渐规范，中国债券回购市场的发展也逐步走向正规和成熟，其规模和结构都取得较大成绩。银行间债券市场回购规模从 2007 年的 44.8 万亿元增长到 2017 年的 627.4 万亿元，11 年间增长了 14 倍，平均增长率达到 33.44%；其中，增长最快年份为 2015 年，当年增长率超过 100%，达到 104%，增长最慢年份为 2017 年，增长率为 4.3%。从结构上看，银行间债券回购市场的交易中短期交易占比逐步上升，表现为 1 天期交易从 2007 年的 52.90% 上升到 2017 年的 86.11%，10 年间上升了 30 多个百分点。债券市场的这种积极变化充分说明，市场参与者在债券市场上为了规避信贷规模控制、筹集长期资金的目的逐渐弱化，而是要利用这个市场进行流动性管理、达到收益与风险平衡。

表 2-5　2007—2017 年全国银行间债券市场
回购（买断式）期限结构　　　　　单位：%

年份	1 天	7 天	14 天	30 天	60 天	90 天	120 天及以上
2007	52.90	36.44	8.85	1.13	0.35	0.21	0.12
2008	64.68	26.99	6.54	1.32	0.20	0.19	0.08
2009	78.52	15.51	4.88	0.63	0.15	0.20	0.10
2010	80.48	14.34	3.45	1.04	0.34	0.23	0.13
2011	76.28	16.44	4.59	1.44	0.54	0.47	0.25
2012	81.79	12.69	3.49	0.97	0.60	0.33	0.12
2013	79.82	13.06	4.30	1.64	0.55	0.47	0.15
2014	79.17	14.25	4.56	1.09	0.32	0.47	0.15
2015	85.81	10.70	2.65	0.43	0.12	0.24	0.04
2016	85.87	10.93	2.44	0.42	0.14	0.17	0.04
2017	86.11	11.34	2.58	0.52	0.16	1.28	0.04

（三）票据市场

我国商业票据市场起步于 20 世纪 80 年代，从推广票据结算开始，逐步实现商业信用关系的票据化。但是在开始的 10 多年间，发展一直较为缓慢。从 1988—1997 年间，总共只发行了 1125 亿元；20 世纪 90 年代中期之后，有逐渐下降的趋势。主要原因在于，长期以来，我国习惯于将企业签发的、主要用于结算的票据称为商业票据，将这一票据签发和流通市场视为票据市场。与国际上真正起到短期融资目的的票据发行不同，这类票据的流通市场很不发达。

2005 年 5 月，中国人民银行发布《短期融资券管理办法》，运行符合规定的企业可以在银行间债券市场向合格投资者发行短期融资券，我国票据市场进入快速发展阶段。2006 年，我国企业共发行短期融资券 242 期，发行额度为 2919.5 亿元，2007 年发行短期融资券 263 期，金额 3349.1 亿元。2008 年 4 月，为进一步完善银行间债券市场管理，促进非金融企业直接债务融资发展，人民银行发布《银行间债券市场非金融企业债务融资工具管理办法》，明确了企业发行债务融资工具应在中国银行间市场交易商协会注册，并由中央国债登记结算有限责任公司登记、托管、结算，全国银行间同业拆借中心为债务融资工具在银行间债券市场的交易提供服务。同时终止《短期融资券管理办法》。2012 年对上述管理办法进行修订，进一步明确了承销机构、信用评级机构、会计师事务所、律师事务所、信用增进机构等中介机构在银行间债券市场的职责。

与同业拆借市场和债券回购市场类似，我国票据市场的快速发展和完善也对中国金融结构的调整发挥了积极的作用，为拓宽企业融资渠道，缓解企业间债务拖欠问题，改善商业银行信贷资产质量，加强中央银行间接调控功能都发挥了积极作用。从票据业务发生额上看，2018 年 1 至 11 月份，根据上海票据交易所公布的数据显示，全市场票据累计承兑 16.12 万亿元，商业银行累计办理贴现 8.72 万亿元。根据人行《中国货币政策执行报告》显示，2018 年前三季度，企业累计签发商业汇票 11.8 万亿元，金融机构累计贴现（含转贴）21.8 万亿元。从票据业务余额上看，根据人民银行公布的《金融统计数据报告》显示，截至 2018 年 11 月末，票据融资余额由年初 3.9 万亿元增长至 11 月末 5.4 万亿元，占人民币贷款比例由年初 3.17% 提高到 4%；票据承兑余额延续回升态势。根据上海票据交易所公布的数据显示，9 月末较年初增加 5365 亿元，11 月末承兑余额为 11.33 万元；商业银行票据贴现余额 6.23 万亿元，9 月末票据承兑未到期余额 8.7 万亿元。

中国票据市场在充分实现其作为流通手段的同时，也逐步增加了其作为流动资金贷放和中央银行货币政策操作基础的功能。同时，票据市场可以满足非金融企业和金融机构之外的实体经济部门获得暂时的流动性、调节资金余缺和资金融通功能。

（四）大额定期存单市场

我国大额定期存单市场产生较晚。1986 年交通银行首次发行大额定期存单，1987 年中国银行和工商银行相继发行；1989 年，经人民银行批准，其他银行业相继开展大额定期存单业务。当时对城乡居民个人发行的大额可转让定期存单面额为 1 万元、2 万元、5 万元；对企业发行的大额可转让定期存单的面额为 50 万元、100 万元、500 万元。期限包括 3 个月、6 个月和 1 年，存单不分段计息，不能提前支取，到期后一次性还本付息。由于缺乏统一管理，没有二级市场，一度市场出现混乱，1997 年暂停发行申请。

2010 年 5 月 14 日，中国工商银行纽约分行成功在美市场发行了第一笔大额可转让存单，标志着我国大额可转让定期存单市场重新启动。为规范同业存单业务，拓展银行业存款类金融机构的融资渠道，促进货币市场发展，2013 年 12 月，人民银行发布《同业存单管理暂行办法》，办法规定，同业存单是指由银行业存款类金融机构法人（以下简称存款类金融机构）在全国银行间市场上发行的记账式定期存款凭证，是一种货币市场工具。同业存单的投资和交易主体为全国银行间同业拆借市场成员、基金管理公司及基金类产品；同业存单发行采取电子化的方式，在全国银行间市场上公开发行或定向发行，全国银行间同业拆借中心提供同业存单的发行、交易和信息服务；同业存单的发行利率、发行价格等以市场化方式确定；同业存单在银行间市场清算所股份有限公司登记、托管、结算；公开发行的同业存单可以进行交易流通，并可以作为回购交易的标的物，定向发行的同业存单只能在该只同业存单初始投资人范围内流通转让。2017 年 8 月，人民银行对《同业存单管理暂行办法》进行修订，规定"同业存单期限不超过 1 年，为 1 个月、3 个月、6 个月、9 个月和 1 年，可按固定利率或浮动利率计息，并参考同期限上海银行间同业拆借利率定价"。

2015 年 6 月，人民银行为规范大额存单业务发展，拓宽存款类金融机构负债产品市场化定价范围，有序推进利率市场化改革，制定了《大额存单管理暂行办法》。与同业存单不同，大额定期存单是针对个人、非金融企业、机关团体和中国人民银行认可的其他单位发行。办法规定，大额存单发行采用电子化的方式，可以在发行人的营业网点、电子银行、第三方平台以及经中国人民银行认可的其他渠道发行；大额存单采用标准期限的产品形式，个人投资人认购大额存单起点金额不低于 30 万元，机构投资人认购大额存单起点金额不低于 1000 万元，期限包括 1 个月、3 个月、6 个月、9 个月、1 年、18 个月、2 年、3 年和 5 年共 9 个品种；大额存单发行利率以市场化方式确定，固定利率存单采用票面年化收益率的形式计息，浮动利率存单以上海银行间同业拆借利率（Shibor）为浮动利率基准计息。

总体来说，大额定期存单市场的快速发展，一方面，能够有效地增强商业银行管理负债的主动性，拓宽银行资金的吸纳渠道，优化银行的负债结构，现阶段同业拆借市场中交易期限结构向短期化发展的情况下，大额可转让定期存单可以与同业拆借市场形成互补。另一方面，对于投资者来说，有利于投资者的流动性管理，为资金提供良好的流动渠道，可以有效地促进回购交易，也是中央银行良性操作市场的工具，有助对货币市场的纵深发展起到推动作用。

本章小结

货币市场是期限在 1 年以内的资金融通和短期金融工具交易形成的供求关系及其运行机制的总和。货币市场上流通的都是高质量的短期金融工具，周转速度快，交易额大。货币市场就其结构而言，可分为同业拆借市场、商业票据市场、银行承兑汇票市场、回购协议市场、大额可转让定期存单市场、短期政府债券市场等若干个子市场。

同业拆借市场是除中央银行外的金融机构进行短期资金调剂、融通的场所或机制。同业拆借市场作为一个无形市场，主要包括头寸拆借和同业拆借两种交易。

商业票据是规模巨大、信誉卓越的大公司为了筹措资金，以贴现方式出售给投资者的一种短期无担保承诺凭证，它本质上是一种本票。商业票据市场就是这些大公司所发行的商业票据交易的市场。

银行承兑汇票是为了方便商业交易活动而创造出来的一种信用工具，本质上是一种商业票据，在对外贸易中运用较为普遍，现在也被广泛用于国内贸易中。

回购协议指的是在出售证券等金融资产时签订协议，约定在一定期限后按原定价格或约定价格购回所卖证券，以获得即时可用资金；协议期满时，再以即时可用资金作相反交易。回购协议相对于即时资金供给者的角度又称为"逆回购协议"。

大额可转让存单是商业银行发行的固定面额、固定期限、可以流通转让的大额存款凭证。大额可转让定期存单按发行者的不同可分为国内存单、欧洲美元存单、扬基存单和储蓄机构存单四类。

短期政府债券市场是政府以债务人身份承担到期还本付息责任的期限在 1 年以内的债务凭证。由财政部发行的短期政府债券一般称为国库券。与其他货币市场工具相比，短期政府债券具有违约风险小、流动性强、面额小和利息免税等特点。

货币市场产生和发展的初始动力是为了保持资金的流动性，它借助于各种短期资金融通工具将资金需求者和资金供应者联系起来，既满足了资金需求者的短期资金需要，又为资金有余者的暂时闲置资金提供了获取盈利的机会。但这只是货币市场的表面功用，将货币市场置于金融市场以至市场经济的大环境中可以发现，货币市场的功能远不止此。货币市场既从微观上为银行、企业提供灵活的管理手段，使他们在对资金的安全性、流动性、盈利性相统一的管理上更方便灵活，又为中央银行实施货币政策以调控宏观经济提供手段，为保证金融市场的发展发挥巨大作用。

重要概念

同业拆借市场　资金头寸　短期政府债券　多头寸　少头寸有形市场　无形市场　金融工具　贴现　再贴现　票据　商业票据　银行承兑汇票　回购协议　大额可转让定期存单

复习思考题

1. 简述货币市场的特点。

2. 同业拆借市场是如何进行分类的？

3. 简述商业票据的特点。

4. 如何确定商业票据的利率及价格？

5. 比较银行承兑汇票市场和商业票据市场的区别。

6. 比较大额可转让定期存单和传统的定期存款的区别。

第三章　资本市场

　　资本市场是指期限在 1 年以上的金融工具交易的市场。广义来看，股票市场、债券市场和银行长期信贷市场都属于资本市场的范围，但人们通常将资本市场视同或者侧重于前两种市场。究其原因，一是在世界各主要国家的资本市场中，股票市场和债券市场最为重要；二是从全球金融市场发展的趋势看，融资证券化已成为一种潮流，构成了当今融资活动的主要特征。另外，银行的长期信贷一般放在商业银行研究范畴。

第一节　资本市场概述

一、资本市场的内涵

（一）资本市场的概念

　　资本市场（Capital Market）是指期限在 1 年以上的金融资产为交易工具的中长期资金融通市场。资本市场是政府、企业、个人筹措长期资金的市场，包括长期借贷市场和长期证券市场，其基本功能是实现并优化投资与消费的跨时期选择，提供长期资金的融通。因为在长期金融活动中，涉及资金期限长、风险大、收益高，具有长期较稳定特点，类似于资本投入，故称之为资本市场。基于前面解释过的原因，本书资本市场仅研究长期证券市场。

（二）资本市场的特点

与货币市场相比，资本市场具有如下几个特点：

1. 融资期限长

融资期限至少在 1 年以上，也可以长达几十年，甚至无到期日。比如，中长期债券的期限都在 1 年以上，多为 3 年到 5 年，也有 10 年、30 年期债券；股票属于权益证券，没有到期日。

2. 流动性相对较差

资本市场筹集到的资金多用于解决中长期融资需求，由于融资期限较长，故流动性相对较弱。

3. 风险大而收益较高

由于资本市场工具期限较长，意味着未来的不确定性较大，市场价格容易波动，投资者需承受较大风险。同时，作为对风险的报酬，其收益也较高。

二、资本市场的参与者

资本市场上的参与者主要包括：

（一）资金需求者

资本市场的资金需求者是资金短缺方，即证券发行人，是指为筹措资金而发行股票、债券等证券的政府及其机构、社会团体、金融机构和企业等。

（二）资金供应者

资本市场的资金供应者是资金盈余方，即证券市场的投资者，他们是资金供给者，也是金融工具的购买者。投资者可分为个人投资者和机构投资者，主要包括储蓄银行、保险公司、信托投资公司及各种基金和个人投资者。

（三）金融市场中介

除了资金需求者和资金供应者之外，资本市场的参与者还包括证券市场中介。证券市场上的中介机构主要包括证券商（证券公司）、律师事务所、会计师事务所、资产证券评级机构、证券投资咨询与服务机构等，它们通过为资金需求者和供给者牵线搭桥，达成融资交易，从而获得相应佣金收益；有时它们也会进行自营交易，成为市场的资金供给者和需求者。

（四）金融市场监管者

金融市场上的监管者包括证券监管机构、行业自律性组织和财经媒体等。证券监管机构是国家行政管理机构，由国家或政府组建的对证券市场实施监督管理的主管机构，在发生违法行为时采取行动，如中国证券监督管理委员会是中国证券市场和证券业的监管机构。自律性组织包括证券交易所和各类证券业协会。证券交易所提供证券交易场所，其对在交易所挂牌交易证券拥有监管的义务。证券业协会是证券业的自律性组织，发挥行业管理职能，在世界上各个国家，证券交易所和证券业协会名称各异，自我管理职能发挥程度也各不相同。财经媒体是国家与市场监管之外的重要监管力量，代表着社会对资本市场运行的监督，其独立性和专业性往往能够帮助广大投资者获得及时、客观、公正的上市公司信息，揭露各种违规行为，让法律规定的上市公司信息披露制度真正落到实处，保护中小投资者的利益。因此，有效的财经媒体舆论监督在西方发达市场中起着越来越重要的作用。

三、资本市场的类型

资本市场上资本出让合同期一般在一年以上，这是资本市场与短期的货币市场和衍生市场的重要区别。一般来说通过时间和地点的集中而形成的这种有组织的市场可以提高市场流动性，降低交易成本，并提高资本市场的效率。资本市场按融通资金方式的不同，又可分为银行中长期信贷市场和证券市场。

（一）证券市场

证券市场是指证券发行与流通的场所。广义上的证券市场指的是所有证券发行和交易的场所，狭义的证券市场一般指的是资本证券市场，是为解决资本供求矛盾和流动性而产生的市场。证券市场是金融市场的重要组成部分，在发达的市场经济中，证券市场是完整市场体系的重要组成部分，它不仅反映和调节货币资金的运动，而且对整个经济的运行具有重要影响。发行证券的目的在于筹措长期资本，是长期资本借贷的一种方式。如果从证券交易的方式来考察，可分为初级证券市场和二级证券市场。如果从交易的证券种类来考察，证券市场又可分股票市场和债券市场。证券市场的证券种类主要有：政府债券即由政府发行的中期债券和长期债券，这些债券可在市场上随时交易，但不得要求提前兑现；企业债券即企业发行的、承诺在一定期限向投资者还本付息的债务凭证；公司股票即股份公司为筹措资本而发行的，证明股东按其所持股份享有权利与承担义务的书面凭证，是股票持有者借以获取股息和红利，以及根据规定行使股东权利的有价证券。

（二）银行中长期信贷市场

银行中长期信贷市场是一种商业银行提供中长期信贷资金的场所，为需要中长期资金的政府和企业提供资金便利。市场需求者多为各国政府和工商企业。一般期限在 1 年至 5 年的称为中期信贷，5 年以上的称为长期信贷。资金利率由诸如经济形势、资金供求量、通货膨胀和金融政策等多方面因素决定，一般是在伦敦同业拆放利率基础上加一定的上浮幅度。由于该市场资金贷出期限长，风险较大，因此银行在考虑贷款时除了审核申请贷款者的资金用途外，还会重点分析其偿还债务的能力，评估其风险，对于大额借款往往会采用银团贷款方式。

四、资本市场的功能

资本市场是长期证券发行买卖的场所，其实质是资金的供给方和资金的需求方通过竞争决定证券价格的场所。资本市场的功能主要体现在以下几个方面。

（一）长期资金的融通

资本市场通过其筹资和投资功能实现储蓄向投资转化，实现长期资金的融通，从而积累了经济发展所需的物质资本。资本市场的筹资和投资功能是指资本市场一方面为资金需求者提供了通过发行证券筹集资金的机会，另一方面为资金供给者提供了投资对象。在资本市场上交易的任何证券，既是筹资的工具，也是投资的工具。在经济运行过程中，既有资金盈余者，又有资金短缺者。资金盈余者为使自己的资金价值增值，必须寻找投资对象；而资金短缺者为了发展自己的业务，就要向社会寻找资金。为了筹集资金，资金短缺者可以通过发行各种证券来达到筹资的目的，资金盈余者则可以通过买入证券而实现投资。筹资和投资是资本市场基本功能不可分割的两个方面，忽视其中任何一个方面都会导致市场的严重缺陷。

（二）定价功能

资本市场的第二个基本功能就是为资本定价。证券是资本的表现形式，所以证券的价格实际上是证券所代表的资本的价格。证券的价格是证券市场上供求双方共同作用的结果。证券市场的运行形成了证券需求者和证券供给者的竞争关系，这种竞争的结果能够产生高投资回报的资本，市场的需求就大，相应地，证券价格就高；反之，证券的价格就低。因此，证券市场提供了资本的合理定价机制。

（三）资本配置功能

从宏观上看，资本市场的资本配置功能是指通过证券价格引导资本的流动从而实现资本合理配置的功能。资本市场由于存在强大的评价、选择和监督机制，而投资主体作为理性经济人，始终具有明确的逐利动机，从而促使资金流向高效益部门，表现出资源优化配置的功能。从微观上看，资本配置功能可以理解为对于微观企业资产负债结构的优化。一方面，资本市场为企业优化资产负债结构提供了高效市场机制，企业可以充分利用股权工具和债券工具实现对资产负债结构、资本流动性结构的调整，实现其多方面目的；另一方面，资本市场为企业优化资产负债结构提供了激励机制，如股票市场价值发挥了监督与激励高级管理层努力工作的功能。

（四）宏观调控功能

资本市场由于其参与者众多，是一个公开的流动性市场，集中了社会经济方方面面的信息，作为国民经济的"晴雨表"，可以为政府宏观决策提供大量有用信息。同时，政府可以通过介入资本市场交易，影响各种金融变量，进而影响企业和公众的储蓄、消费和投资行为，最终实现对产出、就业、物价以及国际收支的调控，从而实现对社会经济的调节。

【专栏 3-1】

中国资本市场六大作用

在这 20 年中国经济发展和社会进步的过程中，资本市场起到了不可忽视的重要作用，这种作用正在与日俱增。概括地说，主要有六大作用：

第一，资本市场作为现代金融的核心，推动着中国经济的持续快速增长。到 2010 年底，中国经济总规模将接近 40 万亿，约 6 万亿美元，总规模超过日本。资本市场从资本筹集、公司治理、风险释放、财富增长和信息透明度等方面不仅推动了经济的持续增长，而且大大提升了经济增长的质量。没有资本市场的发展，今天很多看起来很成功、很强大的企业，可能已经破产倒闭了。所以说，资本市场是企业腾飞的翅膀，又是中国经济前行的动力。

第二，资本市场加快了社会财富特别是金融资产的增长。经济的发展需要财富的集聚和优化配置，社会的进步需要财富的大幅度增加为前提。没有社会财富的增加，说社会会进步，我不相信。以资本市场为基础的现代金融体系，不仅是经济成长的发动机，而且还为社会创造了一种与经济增长相匹配的财富成长模式，建立了一种经济增长基础上可自由参与的财富分享机制。这个作用太重要了。以前中国人收入的增加主要靠增量收入，存量财富缺乏成长机制，存量财富带来不了多少新增收入。我们有了钱就存到商业银行，储蓄存款怎么能增长你的存量财富呢？后来发现存款增加不了多少存量财富，就赶紧投资房子。一个社会，如果靠投资房子去成长你的存量财富，只能说明这个社会的金融体系不发达，金融体系没有提供投资者可自由选择的成长性资产。资本市场实际上创造了一种可选择的具有与经济增长相匹配的财富成长机制。

第三，资本市场为中国企业特别是国有企业的改革和机制转型提供了天然的市场化平台，从而极大地提升了中国企业的市场竞争力。没有资本市场，中国企业，特别是国有企业就不可能建立起真正意义上的现代企业制度。资本市场使单个股东或者少数股东组成的企业，成为社会公众公司，对中国企业来说，这就是一种彻底的企业制度变革，是一种观念的革命。这种制度变革，使中国企业从为所欲为、无知无畏的盲流的心态，转变成为既有制约又有激励的现代行为机制。无论是国企，还是民企在没有上市之前，个个都是盲流，目标终无所定；行为无所畏惧，什么都想要，什么都敢做，没有风险概念，没有约束力量，为所欲为。有了资本市场，成了上市公司后，它们在理念和行为机制上都发生了脱胎换骨式的变化，正在成为一个有目标，既有激励、又有约束的理性行为人。很多企业，都说上市意味着企业脱胎换骨的变革，意味着从一个蛮荒时代进入到现代文明社会。所以资本市场使中国的企业，不仅有股东意识和公司治理的概念，不仅有对收益与风险匹配原则的深切理解，而且通过强制性的信息透明度原则使其开始具有经济民主的精神。经济民主精神对中国来说太重要了，就是要尊重股东，信息要透明，一切都要讲真话，要平等沟通和对话，这无不体现了经济民主的精神，一切从投票开始，由投票来决定。

第四，资本市场推动了中国传统金融体系的变革，进而使其逐渐向现代金融体系演变。所谓现代金融体系是指什么呢？是指以资本市场为基础构建的金融体系；所谓传统金融体系，是指以传统商业银行为基础的金融体系，也就是没有资本市场或者说资本市场不发达条件下的商业银行主导的那个金融体系。在现代社会，刚才我谈了，金融体系不仅仅是资源配置的机制，不仅仅是媒介资金供求关系的机制，而且还是一种风险分散机制。以资本市场为基础构建的现代金融体系，已然具有资源配置特别是存量资源调整、分散风险和财富成长与分享三大功能，这就是在中国为什么必须发展资本市场的根本原因。我理解在中国发展资本市场，不是实用主义的，而是具有战略目标的。

第五，资本市场发展培育了数以千万计的具有风险意识的投资者，极大地提高了中国投资者群体的金融意识、民主意识和政策观念。从来没有一所学校，也从来没有一种教育方式，能像资本市场那样，让中国的普通老百姓、普通的投资者那样真切地关心国家大事，那样深入地了解国家政策的变化，那样富有理性地行使经济民主权利。资本市场使投资者富有理性地行使经济民主的权利。投资者通常在研究信息之后如果发现这家企业没有成长性，不值得投资，那就不买你的股票，这种决策是富有理性的。参加股东大会，任何股东都可以民主地表达自己的看法。所以，在中国，资本市场既是投资者的乐园，经济前行的发动机，也是现代社会公民意识孕育的摇篮。而这正是中国社会文明、民主、法制社会的重要基础，资本市场对投资者风险意识的形成，国民素质的提高，公民意识的培育，比任何流于形式的口头教育都要好得多。

第六，资本市场给全社会提供多样化的、收益风险在不同层次匹配的、可以自主选择并具有相当流动性的证券化金融资产。在消费品市场上，我们经常强调，消费者对消费品的自主选择权，这是消费者自主权的核心内容，也是市场经济发达的一个重要标志。与消费者的自主选择权相对应的是，投资者也必须拥有自主选择投资品或资产的权利，这既是一国市场经济发达程度的重要标志，也是金融市场发达与否的重要标志。给投资者提供多样化的、不同收益与风险相匹配的、具有充分流动性且信息透明的金融产品，是一国金融体系和资本市场的基本功能。

——节选自吴晓求：《中国资本市场六大作用》，
《中国证券报》2011 年 2 月 23 日

第二节　债券市场

债券市场是发行和买卖债券的市场，它是金融市场的重要组成部分。债券市场按期限分为短期债券市场和长期债券市场，由于一年期以下的短期债券属于货币市场的范畴，本节主要介绍一年期以上的中长期债券市场。

一、债券的概述

（一）债券的含义

1. 债券的概念

债券（Bonds）是政府、企业、金融机构等为筹集资金，按照法定程序发行并向债权人承诺于指定日期还本付息的有价证券。债券是一种金融契约，合同载明发行者在指定日期支付利息并在到期日偿还本金的承诺，其要素包括期限、面值与利息、税前支付利息、求偿等级、限制性条款、抵押与担保及选择权等。

2. 债券的要素

债券是一种债权债务凭证。主要包含以下基本要素：

（1）债券的名称。债券的票面上应注明债券的名称，债券的名称一般包含发行主体、发行用途、债券种类等信息。

（2）债券的面值。债券在票面上需要注明以何种货币作为债券价值的计算标准，以及票面金额的大小。

（3）债券的偿还期限。债券的偿还期限是指债券从发行之日起到债券还清本息之日为止的时间。到期还本付息是债券与股票的重要区别之一，不同债券的偿还期限相差很大，短的仅几个月，而长的达数十年。

（4）债券的票面利率。债券的票面利率就是债券利息与面值的比率。债券的票面利率主要受通货膨胀率、基准利率、偿还期限、发行者资信、资本市场上资金供求关系等因素影响。

3. 债券的特征

作为一种有价证券，债券有着和其他有价证券共同的特性，即期限性、流动性、风险性和收益性。除此之外，债券还有一些特有的性质。

（1）筹资者可以灵活使用资金。相较于股票，债券反映投资筹资双方的债权债务关系，因此投资者仅仅是债权人，无权参与被投资公司的日常经营决策，所以筹资者可以灵活使用资金。

（2）偿还方式多样。债券发行者可根据事先的协议采取多种多样的方法进行还本付息，既可以到期一次性付清，也可以分期偿还；可转换债券还可以以发行公司股票的方式对投资者进行收益补偿，以免去债务。公司可根据自身财务状况灵活选择（但偿还方式如确定为可以根据形势变化而变化的，应在债务发行前约定，并在券面上加以注明）。

（3）债券还是一种非常重要的宏观调控工具。中央银行凭借买进或卖出债券来调节市场货币供求关系，以达到预期的经济目标。这就是通常所说的中央银行的公开市场业务操作。

（二）债券的分类

债券的种类繁多，按不同的标准可分为不同的类别。

1. 按发行主体不同，可分为政府债券、公司债券和金融债券

（1）政府债券是政府发行并负责还本付息的凭证。它又分为中央政府债券、地方政府债券和政府机构债券。中央政府债券又称为国债，是中央政府以财政部的名义发行的债券，是国家信用的主要形式。由于国债以中央政府信用作为担保，中央政府既有征税权，又有货币发行权，因此国债享有最高的信用等级，被称为"金边债券"；国债享有税收豁免，其利息收入免交所得税。地方政府债券又称为市政债券，是地方政府作为债务人发行的债券，主要目的是筹集资金用于当地经济发展和公共设施建设。地方政府债信用等级仅次于国债，一般也享有利息免税的待遇。政府机构债是除了财政部之外的政府机构发行的债券。在部分国家，一些政府机构可以发行债券，其收支都不列入政府预算，而是由发行单位自行负责。有权发行债券的政府机构有两类：一是政府部门机构和直属企事业单位，如美国联邦住宅和城市发展部下属的政府全国抵押协会（GNMA）；二是虽然由政府主办，事实上属于私营机构的相关单位，如联邦全国抵押贷款协会（FNMA）和联邦住宅抵押贷款公司（FHLMC）。

（2）公司债券是指由公司按照法定程序发行，在约定期限内还本付息的有价证券。公司债券发行主体是股份公司，有些国家也允许非股份制的企业发行债券。公司发行债券是为其筹措运营资本，不管未来公司经营状况如何，都要优先偿还其发行债券的本息支出，由于公司经营状况千差万别，因此其风险比政府债券和金融债券都要高。它按企业产业的分类，又可以进一步分为工业债券、交通运输债券和其他债券等。

（3）金融债券是指由银行或非银行等金融机构为筹集信贷资金发行的债券。在西方国家，金融机构大都属于股份有限公司，因此金融债券属于公司债券的范畴。但是金融机构的特殊性，一般资金实力雄厚，资信度高，其发行的金融工具更容易为公众所接受。与普通公司债券相比，金融债券的发行条件较为宽松，单笔发行额也较大，是金融机构补充附属资本的重要渠道。

2. 按偿还期限不同，可分为短期债券、中期债券和长期债券

（1）短期债券是指偿还期限在 1 年以内的债券，属于货币市场的金融工具。短期债券主要目的是发行主体短期流动性不足，或存在赤字的情况下，用以平衡财务收支。

（2）中期债券和长期债券之间并没有统一的划分标准。有的国家以 3 年为界，有的国家则以 10 年为界。例如，我国曾将期限为 3 年以上的银行存款及国债划分为长期存款、长期国债，允许予以保值；而在美国超过 10 年的就称为长期债券；有时国债与企业债券的期限可长达 100 年之久；还有一种永久债券，它是不规定到期期限，债权人也不能要求清偿但可按期取得利息的一种债券，多为政府发行。中长期债券是资本市场上的重要金融工具。

3. 按信用方式不同，可分为信用债券和担保债权

（1）信用债券又称无担保债券，是指仅依靠发行者的信誉担保，没有任何实物抵押品的债券。信用债券的发行对发行者质量的要求非常高，政府债券就是一种以政府信用作担保发行的信用债券；另外，金融债券和信誉卓著的大公司也可以发行信用债券。

（2）担保债券是指以抵押财产作为担保而发行的债券。按照担保品的不同，担保债券又可以分为抵押债券、质押证券和保证债券。抵押债券是以不动产作为担保发行的债券。债券的担保品为土地、房屋

等不动产，如果公司不能按期偿还本息，债权人有权处理抵押品以资抵偿。质押债券是指以各种动产和有价证券作为担保发行的债券。用作担保的有价证券一般由托管人保管，但是对于股票来说，公司仍然保留股票的表决权以及接受股息的权利。保证债券是指由第三方担保偿还本息的债券。担保人一般为各级政府、金融机构、公司等具有雄厚经济实力和信誉良好的机构。对发行者来讲，发行保证债券，可以提高其信誉，扩大债券的销量，减轻筹资的利息负担；对投资者来讲，购买保证债券，可以降低投资风险，当发行者无力偿还本息时，担保者有义务为发行者还本付息。

4. 按筹集资金的方式不同，可分为公募债券和私募债券

（1）公募债券是以非特定的社会公众投资者为发行对象的债券。公募债券的发行者一般有较高的信誉，除政府机构、地方公共团体外，一般私营企业必须符合规定的条件才能发行公募债券，如国债的发行一般采取公募方式。

（2）私募债券是指以与发行者有特定关系的少数投资者为发行对象募集资金的债券。私募的发行对象一般是相关的专业投资机构，发行手续简单。但其发行和转让均有一定的局限性，一般不能在证券市场上公开交易。

5. 按发行区域的不同，可分为国内债券和国际债券

（1）国内债券是指发行人在本国境内发行，以本币为面值的债券。国内债券的发行人是境内居民，通过发行债券筹集所需资金，其发行和流通都必须符合国内的法律规定。

（2）国际债券是由国际机构、外国政府和外国法人发行的债券。国际债券又可分为外国债券和欧洲债券。所谓外国债券，是指在某国债券市场上，由外国债券发行人发行的，以市场所在国货币为面值的债券，如20世纪80年代中国在日本发行的日元债券，90年代中国在美国发行的美元债券。而欧洲债券是指发行人在外国证券市场发行的、以市场所在国以外的第三国货币为面值的债券。如德国在英国发行的以美元为面额的债券。欧洲债券起源于欧洲，但是现在的市场已经不限于欧洲，一般采用的面值货币有美元、日元、欧元、英镑等。

6. 按债券的利息支付方式的不同，可分为附息债券、贴现债券、累进计息债券、浮动利率债券和一次性还本付息债券等

（1）附息债券是指在券面上附有息票的债券，息票是收取利息的凭证。这类债券每年应计的利息额等于该债券面值和利率的乘积。它是定息债券的一种，是一种票面息率固定的债券。

（2）贴现债券又称贴水债券。这种债券票面不附息票，发行时按照规定的折扣率以低于债券面值的价格发行，到期之前不支付利息，到期后按债券面值支付金额，而面值和债券买入价格之间的差额即为投资者的利息收入。贴现债券一般是短期债券的称谓；有时将贴现形式发行的长期债券称为零息债券，其与短期债券的区别在于，由于零息债券发行期限大于 1 年，其发行价格是债券面值按照票面利率的折现现值，因此隐含的利率是按照复利方式计算的。

（3）累进计息债券是指随着债券发行后的时间推移，债券利率按既定累进利率的档次累进的债券。一般发行后的时间越长，适用的利率就越高，这种债券会使投资者延长持有的时间，但在发行前应予以事先约定。

（4）浮动利率债券的利率不固定，而是随着市场利率的变化而变化。浮动利率债券一般在发行时预先约定利率调整的时间和参照利率。无论对于投资者还是筹资者来说，浮动利率债券都能避免利率风险。

（5）一次还本付息债规定有票面利率，但是不设息票，不分期付款，也不计复利，只是在到期时将本金和多期利息一起支付给投资者。

7. 按债券内含选择权的不同，可以分为可赎回债券、偿还基金债券、可转换债券和附认股权证的债券等

（1）可赎回债券是指公司债券附加提前赎回和以新偿旧条款，允许发行公司选择于到期日之前赎回全部或部分债券。当市场利率下降时，赋予发行人可赎回权利，对于债券持有人而言相当于放弃了部分利息收入，因此一般债券规定发行后至少5年内不允许赎回。

（2）偿还基金债券是指要求发行公司每年从盈利中提取一定比例存入信托基金，定期偿还本金，即从持有人手中购回一定数量的债券。与可赎回债券不同的是，该债券赎回的选择权在持有人一方。

（3）可转换债券是指公司债券附加可转换条款，赋予持有人按照预先约定的条件（转换比率）将持有的债券转换为公司普通股的权利。大部分可转债都是风险较大的小型公司发行，这类公司筹措债务资本能力不够，使用可转债的方式可以增强对投资者的吸引力。

（4）附认股权证的债券是指公司发行的附有认购该公司股票权利的债券。附认股权证的债券把认股权证作为合同的一部分附带发行，允许债券持有人按债券发行时规定的条件购买发行人的普通股。附新股认购权债券是一种把新股认购权和债权结合起来的债券。持有这种债券，可以同时获得公司增发新股的认购权。这种债券和可转换债券也有差别，可转换债券经转换后旧债券不复存在；附新股认购权债券在投资者行使新股认购权后，债券本身依然存在，因而它是一种双重权利。

【专栏 3-2】

中国固定利率债券的发行

债券交易流通要素公告（18 附息国债 17）

根据中国人民银行关于全国银行间债券市场债券上市的有关规定，现将财政部 2018 年记账式附息（十七期）国债交易流通日期，及债券代码等要素公布如下：

重要提示：

1. 债券交易流通终止日如遇国家调整法定节假日安排，则另行公告。

2. 中央国债登记结算有限责任公司根据监管部门的有关规定，安排本债券交易流通，不代表对本债券的价值做出实质性判断。

中央国债登记结算有限责任公司

二〇一八年七月二十四日

二、债券的发行市场

（一）债券的发行条件

债券发行首先要满足基本的发行条件，即前面提到的债券基本要素，包括债券的名称、面值、偿还期限、票面利率等。为防止发行人因举债过多而影响财务安全，保障债权人利益，各国对债券发行都会规定一些具体的准入条件。由于国债和金融债资信较好，一般没有违约风险，因此发行限制较少。对于公司债发行来说，各国都会从额度、担保、偿债能力等方面进行较为详细的规定。如我国《证券法》和《公司债券发行与交易管理办法》规定，公开发行公司债券，应当符合下列条件：股份有限公司的净资产不低于人民币三千万元，有限责任公司的净资产不低于人民币六千万元；累计债券余额不超过公司净资产的百分之四十；最近三年平均可分配利润足以支付公司债券一年的利息；筹集的资金投向符合国家产业政策；债券的利率不超过国务院限定的利率水平；国务院规定的其他条件。

（二）债券的发行方式

按发行方式和认购对象，债券可分为私募发行和公募发行；按有无中介机构协助发行，可分为直接发行与间接发行。

1. 私募发行与公募发行

债券的私募发行是指面向少数特定投资者发行债券。一般来讲，私募发行的对象主要有两类：一类是有所限定的个人投资者，一般情况是限于发行单位内部或有紧密联系的单位内部职工或股东；另一类是指定的机构投资者，如专业性基金（包括养老退休基金、人寿保险基金），或与发行单位有密切业务往来的企业等。

公募发行是指公开向社会非特定投资者发行债券，充分体现公开、公正的原则。相对于私募发行而言，对发行者来讲，其有利之处在于：一是可以提高发行者的知名度和信用度，从而有利于扩大筹资渠道，享受较有利的筹资条件；二是发行的债券可以上市转让流通，从而提高其流动性和吸引力；三是发行范围广泛，因而筹资潜力较大；四是发行者和投资者完全处于平等竞争、公平选择的地位。

2. 直接发行与间接发行

债券不论是私募发行还是公募发行，按其是否需要中介机构予以协助，可区分为直接发行和间接发行两种方式。一般而言，私募发行多采用直接发行方式，而公募多采用间接发行方式。

直接发行是指债券发行人直接向投资者推销债券，而不需要中介机构进行承销。采用直接发行方式，可以节省中介机构的承销、包销费用，节约发行成本。但需要花费大量的人力和时间进行申报登记、资信评估、征募宣传、债券印制、发行收款等繁杂的工作，同时也需要建立一些发行网点和派出众多发售人员。另外，发行人还要完全承担债券不能按时售完的发行风险。因此，一些小公司往往难以承受，选择直接发行方式的一般都是一些信誉好、知名度较高的大公司以及具有众多分支机构的金融机构。

间接发行是指发行人不直接向投资者推销，而是委托中介机构进行承购推销。间接发行可节省人力、时间，减少一定的发行风险，迅速高效地完成发行。因为作为承购推销的中介机构，包括投资银行、证券公司、信托投资公司及专业的承销商都具有丰富的承销经验、知识和专门人才，具有雄厚的资金实力，较高的承销荣誉，较多的承销网点，以及较灵通的承销信息，从而可以使发行推销工作准确、高效、顺利地进行。当然，选择间接发行方式，发行人要支出一笔较大的承销费用，从而增加发行成本。

（三）债券的信用评级

在前面"商业票据"一节中，已谈及各种商业票据是有严格的信用评级的。同样，对企业发行不同的债券也有严格的评级。由于债券的投资存在违约风险，不同的债券信用程度也是不同的，有必要建立一个债券信用评级体系，由专门的信用评级机构对债券的质量、信用和风险进行公正客观的评定，为债券投资者或潜在投资者提供指导。债券的等级揭示了债券的风险，对投资者而言，信用等级可用于迅速判断债券的风险程度，从而降低投资风险，节约信息成本，有利于正确投资；对企业而言，信用等级与筹资成本和筹资效果密切相关，信用等级高，则企业可以较低的利率发行债券，降低融资成本，节约发行费用。此外，债券的信用评级对于市场中介机构与监管机构进行风险控制也有重要意义。

国际上最具影响力的三家信用评级机构分别是标准普尔公司（Standard & Poor's）、穆迪投资者服务公司（Moody's Investors Service）和惠誉国际信用评级公司（Fitch Ratings）。随着 2019 年 1 月中国人民银行批准标普全球公司在北京设立的全资子公司——标普信用评级（北京）有限公司，三家公司都已获准正式进入中国开展信用评级业务。除了这三家国际知名评级公司外，国内市场上比较活跃的本土评级公司包括大公国际信用评级有限公司、国衡信国际信用评级中心有限公司、中诚信国际信用评级有限公司、联合资信评估有限公司等。表 3-1 是中国的证券信用评级标准。一般而言，信用等级较低的债券必须以较高的利率发行，以提高融资成本的代价来吸引人们投资。

表 3-1　中国证券信用评级标准

级别分类	级别分等	级别	级别含义	
			偿付能力	投资风险
投资类	一等	AAA	极高	无
		AA	很高	基本无
		A	较高	较低
	二等	BBB	尚可，但应变力差，可能延期兑付	有一定的风险
		BB	脆弱	较大
		B	低	大
投机类	三等	CCC	很低	很大
		CC	较低	最大
		C	将破产，无	绝对有

【专栏 3-3】

世界三大信用评级机构

标准普尔公司、穆迪投资者服务公司和惠誉国际信用评级公司并称为世界三大评级机构。

1. 标普评级

标普的长期评级主要分为投资级和投机级两大类，投资级的评级具有信誉高和投资价值高的特点，投机级的评级则信用程度较低，违约风险逐级加大。投资级包括 AAA、AA、A 和 BBB，投机级则分为 BB、B、CCC、CC、C 和 D。信用级别由高到低排列，AAA 级具有最高信用等级；D 级最低，视为对条款的违约。

从 AA 至 CCC 级，每个级别都可通过添加"＋"或"－"来显示信用高低程度，例如，在 AA 序列中，信用级别由高到低依次为 AA＋、AA、AA－。

2. 穆迪评级

穆迪长期评级针对一年期以上的债务，评估发债方的偿债能力，预测其发生违约的可能性及财产损失概率。而短期评级一般针对一年期以下的债务。

穆迪长期评级共分九个级别：Aaa、Aa、A、Baa、Ba、B、Caa、Ca 和 C。其中 Aaa 级债务的信用质量最高，信用风险最低；C 级债务为最低债券等级，收回本金及利息的机会微乎其微。

在 Aa 到 Caa 的六个级别中，还可以添加数字 1、2 或 3 进一步显示各类债务在同类评级中的排位，1 为最高，3 则最低。通常认为，从 Aaa 级到 Baa3 级属于投资级，从 Ba1 级以下则为投机级。

3. 惠誉评级

惠誉的规模较其他两家稍小，是唯一一家欧洲控股的评级机构。

惠誉的长期评级用以衡量一个主体偿付外币或本币债务的能力。惠誉的长期信用评级分为投资级和投机级，其中投资级包括

AAA、AA、A 和 BBB，投机级则包括 BB、B、CCC、CC、C、RD 和 D。以上信用级别由高到低排列，AAA 等级最高，表示最低的信贷风险；D 为最低级别，表明一个实体或国家主权已对所有金融债务违约。

惠誉的短期信用评级大多针对到期日在 13 个月以内的债务。短期评级更强调的是发债方定期偿付债务所需的流动性。

——摘自陈树元：《信用评级》，中国金融出版社 2016 年版

（四）债券的承销方式

间接发行是目前公开发行债券的主要方式，特别是国债大部分都是采用间接发行的方式。间接发行又可以分承购包销和招标发行方式。根据招标规则的不同，招标发行可以分为荷兰式招标和美式招标，第二章对此有较为详细的论述。因此，本节仅介绍债券的承销。

1. 债券代销

债券代销方式也叫推销方式，是指债券发行者委托承销商代为向社会推销债券。受托的承销商要按承销协议规定的发行条件，在约定的期限内尽力推销，到销售截止日，如果没有按照原定的发行数额售出，未出售部分仍退还给发行者，承销商不承担任何风险，而是由债券发行者承担发行失败的风险。同时，发行者要按照协议规定支付承销商的承销费用。正是因为这种发行方式发行人要承担一定的发行风险，因此，只有信誉高的发行人或十分抢手或走俏的债券，才采用这种发行方式。

2. 债券余额包销

债券发行的余额包销方式也叫助销方式，是指承销商按照已定的发行条件和数额，在约定的期限内向社会公众大力推销，到销售截止日，如果未售完，则由承销商负责认购，承销商要按照约定的方式向发行者支付全部债券款项，在债券发行结束后，承销商还可以继续推销自己所认购的部分债券，或者作为自己的投资来持有这部分债券。

因为采取这种余额包销的承销方式，是承销商承担部分发行风险，可以保证发行人筹资用资计划的按时实现。

3. 全额包销

债券发行的全额包销方式，是指由承销商先将发行的全部债券认购下来，并立即向发行人支付全部债券款项，然后再按市场条件转售给投资者。采用这种发行方式，承销商要承担全部发行失败的风险，可以保证发行人及时筹得所需资金。

承销商为了分散所承担的发行风险和解决包销认购不足的问题，往往会采取分销的方式。按照承销商承担风险的方式和程度，债券全额包销又可分为协议包销、俱乐部包销和银团包销等不同方式。协议包销是指发行人与一个单独承销商签订包销协议，由其独立包销发行人发行全部债券。采用这种包销方式，发行风险全部由该承销商独立承担。当然，发行手续费也全部归该承销商独享。俱乐部包销是指发行人与若干个承销商签订发行协议，由这些承销商共同包销所发行的全部债券。通过协议，具体规定每个承销商应包销的份额，并据此确定其承担的发行风险和应取得的发行费用。采取这种发行承销方式，其发行风险由多个承销商共同承担，可以相对分散包销风险，当然，其发行费也由参加包销的若干个承销商分享，风险分担、利益分享，或者叫作风险共担、利益同享。当发行债券数额较大发行风险也很大时，往往采取这种承销方式。银团包销是指由一个承销商牵头，若干个承销商参与包销活动，以竞争的方式，确定各自的包销额，并按其包销额承担发行风险，收取发行手续费。这种承销方式，多适用于债券发行数额较大，一个承销商难以独自完成或者不愿独自承担全部发行风险的情况。目前，这种方式在国际市场上采用较多。

（五）债券的偿还

债券的偿方式包括期满偿还、期中偿还和展期偿还。期中偿还一般又可以分为定期偿还和任意偿还两种方式。

1. 期满偿还

期满偿还是指债券本金在债券偿还期满时一次性全部偿还，这是债券最常见的偿还方式。

2. 期中偿还

期中偿还是指在债券偿还期满之前由债务人采取在交易市场上购回债券或直接向债券持有人支付本金的方式进行偿还，可以分为定期偿还和任意偿还。定期偿还是在经过一段宽限期后，每过半年或一年偿还一定金额的本金，到期时还清余额。这一般适用于发行数量巨大、偿还期限长的债券，但国债和金融债券一般不使用该方法。定期偿还一般具体有两种方式，一是以抽签方式确定并按票面价格偿还；二是从二级市场上以市场价格购回债券。为增加债券信用和吸引力，有的公司还建立偿还基金用于债券的定期偿还。

任意偿还是债券发行一段时间后，发行人可以任意偿还债券的一部分或全部，具体可根据早赎或以新偿旧条款操作，也可以在二级市场上买回予以注销。

3. 展期偿还

展期偿还是指在债券期满后又延长原定的还本付息日期，属于延期偿还。一般来说，债券的展期偿还会在发行时附有延期售回条款，赋予投资者在债券到期后继续按照原定利率持有债券，直到一个指定日期为止的权利。

投资银行往往是具体偿还方式的设计者和操作者，在债券偿还的过程中，投资银行有时也为发行者代理本金发还。

三、债券的流通市场

当债券持有者急需现金，而债券尚未到期时，能够使债券得以出售变现，同时又不使债券持有者因提前转让债券而发生损失，于是就产生了债券转让流通市场。资金有盈余，准备进行债券投资的投资者，既可以认购新发行的债券，同时也可以在流通市场买进别人转让的、尚未到期的债券，以获取在当前市场条件下可获得的收益。

（一）债权转让市场的种类

从各国情况来看，债券转让市场主要有两种形式或两种类型，一种是证券交易所交易，另一种是柜台交易。证券交易所交易，也称为场内交易或上市交易，而柜台交易则称为场外交易。

1. 证券交易所交易市场

证券交易所是具有高度组织和严格规则的证券交易场所。各类债券进入证券交易所挂牌公开交易或上市交易，首先必须经过证券上市管理部门的审核和批准。一般来讲，除了国债和金融债券，其他公司债券在交易所挂牌交易都需要经过相应的批准。债券在证券交易所进行交易，是采用公开竞价的方式进行的，是双向拍卖市场，既有买者之间的竞争，也有卖者之间的竞争，还有买卖双方之间的竞争。买者竞相以尽可能低的价格买入，卖者竞相以尽可能高的价格卖出。在这种竞买竞卖的过程中，当某一价格为买卖双方所接受，或者说当买卖价达成一致时，就会立即成交。

当然，在证券交易所内并不是买卖双方同时进场直接协议成交，而是通过各自的证券经纪商和交易商代理买卖。经纪商代理客户买卖债券，从中赚取佣金或手续费，不承担任何买卖风险。证券交易商也叫自营商，主要为自己买卖证券，赚取买进价与卖出价之间的价差，自己承担交易风险。在证券交易所进行债券交易，是以经纪商的代理买卖为主的。经纪商按客户的委托指令进行交易，债券买卖双方可以用书面或电话等方式向其经纪人发出委托指令，经纪人接到指令后，立即通知其经纪商（证券公司等），经纪商再以最快的速度通知本商行在交易所占有席位的场内经纪人，场内经纪人收到委托买进或委托卖出的指令后，按照指令的价格及数额，通过大声喊叫，或者打手势，或者输入电脑寻求配对，最后成交。

经纪人在交易所进行交易时，要遵循"价格优先"和"时间优先"的原则，以体现公开、公正、公平竞争的原则。报价较高的买者可以优先于报价较低的买者买到证券；报价较低的卖者可以优先于报价较高的卖者卖出证券；在报价相同的情况下，则按委托指令发出时间的先后顺序成交，这是交易所的最基本规则。

2. 柜台交易市场

柜台交易，也叫场外交易，即在交易所之外的交易。之所以要有柜台交易或场外交易，是因为债券在交易所挂牌上市交易，要符合一定的条件和规定，要经过较严格的审核，从而使得有些证券不能在交易所内交易，为了实现其流动性，满足买卖双方的要求，于是就形成了场外交易。在西方国家，大部分公司债券都是在场外进行交易，所有的政府债券也都可以在场外进行交易。

债券的场外交易，多是以证券公司为中介进行的。债券买卖双方既可以直接到证券公司进行买卖，也可以委托经纪人代理其到证券公司进行买卖。证券公司对经营的债券同时挂出买入价和卖出价，卖出价格要略高于买入价格，两者之差为证券公司的收入，称为价差收入。实际上，债券的场外交易，就是证券公司先买入债券，然后再以略高于买入价的价格卖出债券，从中赚取价差。场外交易一般没有固定的交易大厅和交易时间，债券交易主要是通过电话、电传等通信设备连成的市场网络完成的，从事场外交易的证券公司内，有许多专线电话，以用来随时与证券经纪人及其他证券公司联系。通过场外交易市场进行债券交易，不受最低数额限制，零星的小额交易也可以成交，交易价格可由买卖双方协商议定，也可以委托经纪人与证券公司议价买卖。

（二）债券的交易形式

债券二级市场上的交易主要有三种形式，即现货交易、期货交易和回购协议交易。

1. 现货交易

债券的现货交易是指买卖双方根据商定的付款方式，在较短的时间内交割清算，即卖者交出债券，买者支付现金。在实际交易过程中，从债券成交到最后交割清算，总会有一个较短的拖延时间，只是这段时间比较短。因此，现货交易不完全是现金交易，不是一手交钱、一手交货。一般来讲，现货交易按交割时间的安排可以分为三种：（1）即时交割，即于债券买卖成交时立即办理交割；（2）次日交割，即成交后的第二天办理交割；（3）即日交割，即于成交后限定几日内完成交割。

2. 期货交易

债券的期货交易，是指买卖成交后，买卖双方按契约规定的价格在将来指定日期（如3个月、6个月以后）进行交割清算。进行债券的期货交易，一种目的是为了规避风险、转嫁风险，实现债券的套期保值；另一种目的则是进行投机交易，当然投机需要承担较大的风险。因为债券的成交、交割及清算时间是分开的，清算时是按照买卖契约成立时的债券价格计算而不是按照交割时的价格计算的。而在实际中，由于种种原因，债券价格在契约成立时和实际交割时往往是不一致的。当债券价格上涨时，买者会以较少的本钱获得较多的收益；当债券价格下跌时，卖者会取得较好的收益，而不至发生损失。

实际交易中，当期货交割到期时，买入期货的人还可以再卖出同样一笔期货，卖出期货的人也可以再买下同样的一笔期货，因此，在实际交割时就可能出现不同的情况，做出不同的处理：如果交易进行了相反方向的期货买卖，而且买卖的数额相等，就不必办理任何实际交割；如果交易双方进行了相反方向的买卖，但买卖数额、价款不等，则只需交个差额，从而可以简化交割手续及过程；如果直到最终交易日，交易双方尚未进行相反方向的买卖，则预约的数额将全部用现货来结算。

3. 期权交易

债券的期权交易也是一种规避债券价格波动风险的金融创新，又称为选择权交易。交易的买方在付出一定的期权费后，就取得一种在将来一定时期内可以按照约定价格从期权出售者手中买进或卖出一定数量债券的权利。

4. 回购协议交易

债券的回购协议交易是指债券买卖双方按预先签订的协议，约定在卖出一笔债券后一段时间再以特定的价格买回这笔债券。这种有条件的债券交易形式实质上是一种短期的资金借贷融通。这种交易对卖方来讲实际上是卖现货买期货，对买方来讲，是买现货卖期货。

与回购协议交易相对应的是逆回购协议交易，即债券买卖双方约定，买方在购入一笔债券后过一段时间再卖给卖方。在回购协议交易中，对债券的原持有人（卖方）来说，是回购交易；对投资人（买方）来说，则是逆回购交易。由于是附有回购条件的买卖，因此，在这种交易中，债券实际上只是被暂时抵押给了买方，卖方从中取得了资金上的融通，买方能得到的只是双方议定的回购协议的利息，而不是债券本身的利息，债券本身的利息是属于卖方，即债券原持有人的。正因为债券回购交易带有资金融通的功能，因此，被金融机构及大企业广泛采用，同时成为中央银行进行公开市场操作的对象，即通过买卖政府债券，实现银根松紧的调节。

四、债券的价格和收益

（一）债券的定价

理论上，金融资产的价格取决于其预期现金流的现值。债券的内在价格也称为债券的内在价值，等于其未来现金流的现值之和，即等于来自债券的预期货币收入的现值。投资者购买债券，可以获得稳定的利息收入并在到期时收回本金，但也要付出一定的成本，这就是购买价格。作为一种投资，现金流出是购买价格，现金流入是利息和归还的本金，或出售时得到的现金。债券未来现金流入的现值，称为债券价格或债券的内在价值。如果不考虑风险问题，若债券的价值大于其市价（购买价格），才值得购买。债券价值是债券投资决策使用的主要指标之一。

债券价格依赖于两个因素：一是预期未来的现金流，即周期性支付的利息和到期偿还的本金。二是贴现利率，即投资者要求的收益率，它反映了货币的时间价值和债券的风险。贴现利率也是机会成本，即从相同期限和相同信用等级的可比债券中能够获得的当前市场利率。

（二）债券定价原理

1962 年马奇尔（Malkiel）在对债券价格、债券利息率、到期年限以及到期收益率之间关系进行了系统研究后，提出了债券定价的五个定理。

（1）债券的价格与债券的收益率呈反向变动关系。换句话说，当债券价格上升时，债券的收益率下降；反之，当债券价格下降时，债券的收益率上升。

（2）当债券的收益率不变，即债券的息票率与收益率之间的差额固定不变时，债券的到期时间与债券价格波动幅度之间呈正比关系。换言之，到期时间越长，价格波动幅度越大；反之，到期时间越短，价格波动幅度越小。这个定理不仅适用于不同债券之间的价格波动的比较，而且可以解释同一债券的期满时间的长短与价格波动之间的关系。

（3）随着债券到期时间的临近，债券价格的波动幅度减少，并且是以递增的速度减少；反之，到期时间越长，债券价格波动幅度增加，并且是以递减的速度增加。这个定理同样适用于不同债券之间的价格波动的比较，以及同一债券的价格波动与其到期时间的关系。

（4）对于期限既定的债券，由收益率下降导致的债券价格上升的幅度大于同等幅度的收益率上升导致的债券价格下降的幅度。换言之，对于同等幅度的收益率变动，收益率下降给投资者带来的利润大于收益率上升给投资者带来的损失。

（5）对于给定的收益率变动幅度，债券的息票率与债券价格的波动幅度之间呈反比关系。换言之，息票率越高，债券价格的波动幅度越小[1]。

目前，马奇尔定理仍然是债券定价的经典理论，对于债券市场的研究者和操作者来说，透彻理解该定理十分重要，因为其对于分析和预测债券价格如何随着利率变动有重要指导意义。

（三）债券的基本定价公式

对于一般的按期付息的债券来说，其预期现金流量有两个来源：到期日前定期支付的息票利息和本金。其必要收益率可参照可比债券确定。因此，对于1年付息一次的债券，若用复利计算，其价格决定公式为：

$$P = \frac{C}{1+r} + \frac{C}{(1+r)^2} + \dots + \frac{C}{(1+r)^n} + \frac{M}{(1+r)^n}$$

$$= \sum_{t=1}^{n} \frac{C}{(1+r)^t} + \frac{M}{(1+r)^n} \tag{3.1}$$

若按单利计算，其价格决定公式为：

$$P = \sum_{t=1}^{n} \frac{C}{1+t \times r} + \frac{M}{1+n \times r} \tag{3.2}$$

---

[1] 定理五不适用于1年期的债券和统一公债为代表的无限期债券。

式中，P 为债券的价格；C 为每年支付的利息；M 为票面价值，即本金；n 为剩余年期数；r 为市场利率。

（四）几种典型债券的定价分析

1. 贴现债券的定价

贴现债券不进行任何周期性的利息支付，而是将到期价值和购买价格之间的差额作为投资者得到的利息。其期限通常不超过 1 年，一般为 3 个月、6 个月和 1 年期。发行一般都是折价发行，投资者以低于面值的价格购买债券，到期获得债券的面值，赚取的价差作为利息。

贴现债券面值为 M，市场利率为 i，年期数为 n，则该债券的价格计算公式如下：

$$P = M - \frac{n}{D} \times i \times M \tag{3.3}$$

式中：D 为年期数对应的计息基数。

例1：一张面值为 1000 元的贴现债券，期限为 4 个月（121）天，市场利率为 7.5%，则该债券的价格为：

$$P = 1000 - \frac{121}{360} \times 7.5\% \times 1000 = 974.79 \,(元)$$

这里的计息基数为 360 天。

2. 永久债券的定价

永久债券，顾名思义就是没有到期日的债券，即债券发行者不需要偿还本金，但要向投资者永久地支付利息。

假设一张永久债券每年支付的利息额为 C，每年支付的利息次数为 t，市场利率为 r，该永久债券的价格等于无数次利息的现值之和。

$$P = \frac{C}{t \times (1 + \frac{r}{t})} + \frac{C}{t \times (1 + \frac{r}{t})^2} + \cdots +$$

$$\frac{C}{t \times (1 + \frac{r}{t})^n} + \cdots = \frac{C}{r} \tag{3.4}$$

由 (3.4) 式可以看出，永久债券的价格只与每年支付的利息额和市场利率有关，与一年内的付息次数无关。

例 2：一张永久债券每年支付的利息额为 80 元，市场利率为 7.5%，那么债券的价格为：

$$P = 80/0.075 = 1066.67（元）$$

3. 等额偿还债券的定价

等额偿还债券是指本息在债券到期日之前平均偿还的债券。设该等额偿还债券每年偿还本息额为 M，每年支付的次数为 f，市场利率为 r，债券剩余的偿还次数为 n，其价格公示如下：

$$P = \sum_{t=1}^{n} \frac{M}{f \times \left(1 + \frac{r}{f}\right)^t} = \frac{M}{r} - \frac{M}{f \times \left(1 + \frac{r}{f}\right)^t} \qquad (3.5)$$

例 3：一张期限为 5 年的等额偿还债券，每年等额偿还本息额为 120 元，一年支付两次，投资者要求的收益率为 8%，债券的剩余偿还次数为 $n = 10$，其价格为：

$$P = \frac{120}{0.08} - \frac{120}{0.08 \times \left(1 + \frac{0.08}{2}\right)^{5 \times 2}} = 486.65（元）$$

4. 付息债权的定价

付息债券是债券发行人承诺在债券到期日之前，按照之前的票面利率定期向投资者支付利息，并在债券到期时偿还本金的债券。付息债券是债券市场中最普遍、最具有代表性的债券。付息债券的期限一般在 1 年以上，30 年以下，但最长可到 100 年。

设面值为 M 的付息债券，剩余付息次数为 n，1 年付息次数为 f，票面利息为 C，则每次支付的利息额为 $\frac{C}{f}$，付息债券的收益率为 r，则其发行价格为：

$$P = \sum_{t=1}^{n} \frac{\frac{C}{f}}{\left(1 + \frac{r}{f}\right)^t} + \frac{M}{\left(1 + \frac{r}{f}\right)^t} \qquad (3.6)$$

例 4：一张价值为 1000 元的 10 年期固定利率付息债券，票面利率为 10%，每半年付息一次，计算到期收益率为 12% 时债券的发行价格。

由于付息次数为 20 次，每期支付利息为 50 元，则到期收益率为 12% 时债券的发行价格为：

$$P = \frac{50}{(1 + 0.5 \times 12\%)} + \frac{50}{(1 + 0.5 \times 12\%)^2} \cdots + \frac{50}{(1 + 0.5 \times 12\%)^{20}} +$$

$$\frac{1000}{(1 + 0.5 \times 12\%)^{20}} = \frac{50}{0.5 \times 12\%} \left[1 - \frac{1}{(1 + 0.5 \times 12\%)^{20}} \right] +$$

$$\frac{1000}{(1 + 0.5 \times 12\%)^{20}} = 885.30 \ （元）$$

（五）债券的收益率

人们投资债券时，最关心的是债券的收益有多少。为了准确衡量债券的收益，一般使用收益率这个指标。债券的收益率是债券收益与其投入本金的比率，通常用年率表示。债券收益与债券利息有所不同，债券利息仅指债券票面利率与债券面值的乘积。由于人们在债券持有期内，还可以通过债券流通市场进行买卖，赚取价差，因此，债券收益除利息收入外，还包括买卖盈亏差价。对于债券收益率的衡量主要有到期收益率和持有期收益率。

1. 到期收益率

到期收益率是使一种债券或其他金融资产的购买价格等于其预期的年净现金流（收入）的现值的比率。

$$P = \frac{I_1}{(1 + y)} + \frac{I_2}{(1 + y)^2} + \frac{I_3}{(1 + y)^3} + \cdots +$$

$$\frac{I_n}{(1 + y)^n} + \frac{M}{(1 + y)^n} \tag{3.7}$$

式中，P 为购入债券的价格，I 为每年的利息，y 为我们所关心的到期收益率，M 为到期收回本金。

2. 债券持有期收益率

如果债券的购买者只持有债券的一段时间，并在到期日前将其出售，那么就出现了持有期收益率。持有期收益率计算公式如下：

$$P = \frac{C_1}{1 + h} + \frac{C_2}{(1 + h)^2} + \cdots \frac{C_m}{(1 + h)^m} + \frac{P_m}{(1 + h)^m} \tag{3.8}$$

式中：h 为持有期的收益率，它是使一种债券的市场价格（P）等于从该债券的购买日到卖出日全部的净现金流（包括卖出价 P_m），其中投资者的持有期涵盖 m 个阶段。

现值表为计算到期收益率与持有其收益率提供了一个合理而准确的方法，但由于它是一个反复试验的过程，为了节省时间，证券交易商和有经验的投资者常常使用债券收益率表（见表 3-2），该表给出了息票率、到期日和价格给定的债券的收益率。

假设投资者持有一张息票率为 8%，票面额为 100 美元的债券，在确定的到期年数下，可以找到该债券的购买价格。如果 10 年期债券的购买价格为 87.53 美元，那么它的到期收益率就为 10%。

表 3-2　债券收益率表（息票率为 8% 的债券价格）

到期收益率（%）	债券到期年数				
	5	10	15	20	25
5	113.13	123.38	131.40	137.65	142.54
6	108.53	114.87	119.60	123.11	125.73
7	104.16	107.11	109.20	110.68	111.73
8	100.00	100.00	100.00	100.00	100.00
9	96.04	93.50	91.86	90.80	90.11
10	92.28	87.53	84.63	82.84	81.74
11	88.69	82.07	78.20	75.93	74.60
12	85.28	77.06	72.47	69.91	68.48
13	82.03	72.45	67.35	64.64	63.19
14	78.93	68.22	62.77	60.00	58.60
15	75.98	64.32	58.66	55.92	54.59

第三节　股票市场

股票市场是资本市场的重要组成部分，因为股票是一种权益工具，股票市场也称为权益市场。股票市场的组织结构可分为一级市场和二级市场。本节主要介绍股票、股票的发行市场与流通市场、股票的价格与收益等内容。

一、股票概述

（一）股票的概念

股票是股份有限公司签发给股东以证明其股东身份和权益，并据以获得股息和红利的凭证。股份公司的全部资本被划分为等额的股份，过去股份一般被印制成书面的形式，记载证明其价值的事项及相关股权条件的说明，即为传统的股票。目前，电子技术的发展使得传统的纸质股票形式已经被电子账簿形式取代，股票大都表现为一种电子符号，在证券登记结算公司的电子账簿上记录。股票的持有人称为股东，是股份公司的所有者，有权按照规定参与公司的经营决策，分享公司的盈利，同时承担相应的责任和风险。投资者一旦投资入股，就不能中途要求退股收回资金，但是股票有发达的流通市场，因此可以通过在流通市场买卖收回流动性。

（二）股票的特征

股票作为一种有价证券，它主要具有以下几个基本特征。

1. 收益性

人们投资股票的根本目的是为了获利。股票投资者的投资收益来自两个方面：一是公司派发的股息和红利；二是在公司业绩上升各种利好影响下，引起二级市场股价上涨后获得的差价收入。

2. 风险性

股票投资风险性与收益性是相对的，投资者在获得相对高收益的同时也承担相对较高风险。包括由于经营管理不善，投资者往往不能获得预期的回报或者造成资本金的损失；也会因系统性风险，使二级市场的投机者因股市波动而造成投资损失。

3. 责权性

指股东一方面必须承担出资义务，另一方面又享有一定权利。根据公司法规定，股票持有人是股份公司的股东，其有权或通过其代理人出席股东大会、参与公司经营决策和参加公司利润分配，也有权对其持有的股票进行转让或遗赠他人。当然，股东权益的大小是与其持有股票的数量密切相关的，当持有的股票数量达到一定量以上时，该股东就可以成为股份公司的决策者。同时，股东需要根据所持有股份数额承担相应的责任。在公司解散或破产时，股东需要向债权人承担清偿债务的责任。股份有限公司的性质决定了股东只负有限责任，即股东以其持有的股份为限对公司承担责任。

4. 无期限性

股票投资具有不可撤回性，在股份公司的存续期间，股票是一种无期限的法律凭证，这意味着投资者一旦购买股票后，就不能要求股票发行公司退股还资。股票无期限性规定有利于发行公司保持自有资本以及生产经营的稳定性。

5. 流通性

作为有价证券，股票可以随时在二级市场上自由转让，在投资者需要资金时快速收回流动性；同时，股票也可以进行继承、赠予或抵押。股票的流通性一定程度上弥补了永久期限性的不足，也是股份有限公司可以通过股票广泛募集公众资金的重要原因。

（三）股票的种类

根据不同标准，股票大致可以分为如下类别。

1. 按是否记名，可分为记名股票和不记名股票

（1）记名股票即股东姓名载于股票票面并且记入专门设置的股东名簿的股票。记名股票派发股息时，由公司书面通知股东。转移股份所有权时，须按照规定办理过户手续。

（2）不记名股票指的是股东姓名不载入票面的股票。派息时不专门通知，一经私相接受，其所有权转移即生效，无须办理过户。

2. 按有无标明票面金额，可分为有面额股票和无面额股票

（1）有面额股票是指在股票票面上记载一定金额的股票。记载的金额也叫作票面金额或票面价值，以国家主币为单位。大多数国家的股票都是有面额股票。

（2）无面额股票则是票面上不记载票面金额，仅标明它占股本总额若干比例的股票，也称为比例股票或份额股票。无面额股票虽然没

有票面价值，但是有账面价值，其价值反映在股票发行公司的账面上，随股份公司资产的增减而相应增减。

3. 按股东的权利，可分为普通股和优先股

（1）普通股是股票中最普遍、最基本的一种股票，其持有者享有股东的基本权利和义务。普通股股东的股息随公司利润的高低而增减，在公司盈利较多时，可以获得较高收益；在公司盈利较低乃至亏损时，获利较低甚至无收益，因此也是风险最大的股票。普通股股东享有的权利主要包括：一是盈余分配权。当公司获得盈利时，根据收益分配顺序，从净利润中提取法定公积金后，可供股东分配的利润首先支付优先股股息，然后根据股东大会决定提取盈余公积，剩余部分根据公司分配方案按持股比例分配给普通股股东。二是剩余资产分配权。当公司破产或清算时，公司资产在清偿债权人和优先股股东的索偿权后，如有剩余，按照普通股股东持有股份比例分配剩余资产。三是经营决策参与权。普通股股东有权参加股东大会，对公司重大经营决策进行投票表决。普通股股东可以自己参加股东大会行使表决权，也可以填写授权委托书，委托代理人行使权利。大多数股份公司采取一股一票制，持股数量越多，投票权越多。现代公司治理制度所采用的经营权与所有权分离情况下，只有拥有一定数量股票的股东才能够真正影响公司的经营决策。因此，一般情况下，股东经营决策的参与权是有限的。四是优先认股权。当公司增发股票时，现有普通股股东有根据其持股比例按低于市价的某个特定价格购买一定数量新股的权利。增发新股对原有股东持有股票的市值是一种稀释，公司为了弥补原股东损失，一般会以低于市价发行，一定程度是对原股东的补偿。同时，普通股股东的优先购买也可以维持其在公司持股比例不变。

（2）优先股是相对于普通股而言的，指公司在筹集资本时，给予认购人某种优惠条件的股票。相对普通股来说，优先股主要特征包括：一是优先于普通股获得股息。优先股的股息一般是固定的，但也有只规定股息最高与最低限额的优先股。二是公司破产或清算时，优先股有权在债务偿还后，按票面金额优先于普通股优先分得剩余财产的权利。三是限制参与经营决策。优先股股东一般没有股东大会的投票权，因此不能参与公司的经营决策。四是一般不享有公司增长的收益。优先股股东通常情况下按照事先约定的方式领取固定股息，不会因为公司利润增长而增加股息收入。一般来说，发行优先股只限于公司增资时，如在公司营运中，发生财务困难，或不易增加普通股份，或整理公司债务等情况下，才不惜以种种优惠条件来筹集资金。常见的优先股有六种：一是累积性优先股。指在某个营业年度内，如果公司所获的盈利不足以分配规定的股利时，日后优先股的股东对往年未付的股利有权要求如数补齐。二是非累积优先股。非累积优先股股东虽然有权优先获得股利，但是当公司盈利不足以支付优先股全部股息时，其所欠部分，股东不能要求在以后年份补发。三是可转换优先股。这种优先股可在规定的时间内，按照一定的比率转换为普通股。四是可赎回优先股。是指允许公司按照发行价格加上一定比例的补偿收益予以购回的优先股。五是参与分红的优先股。这种优先股除了按规定获得股息外，还可以获得公司的剩余盈利分配。六是股息率可调整的优先股。这种优先股的特点是，股息率不固定，可以随着其他证券或存款利率的变化而进行调整。

此外，在我国根据上市的地点不同，还可以将股票分为境内上市股票和境外上市股票。境内上市股票是指在中国大陆上市的股票，包括上海证券交易所和深圳证券交易所上市的股票。目前两家交易所挂牌的股票主要有两种类型：一是所谓的 A 股，即人民币普通股股票，是我国境内公司发行的，以人民币认购和交易的股票。二是所谓的 B 股，即人民币特种股票，原来是股份有限公司向境外投资者募集，并在中国大陆挂牌上市的股票，所以又称为境内上市外资股；B 股公司的注册地和上市地都在中国大陆，以人民币标明面值，以外币买卖交易（上海证券交易所以美元交易，深圳证券交易所以港元交易），投资者在 2001 年之前必须为境外机构或个人，之后境内居民也可以从事交易。目前，随着"沪港通""深港通"的深化，B 股的改革也日益紧迫。境外上市股票是指中国大陆的股份有限公司向境外投资者发行，在境外证券交易所挂牌交易的股票。一般情况下，以上市地的英文首字母缩写代表股票名称，如 H 股表示香港上市股票，S 股代表新加坡上市股票，N 股代表纽约上市的股票等。

二、股票发行市场

股票的发行是整个股票市场的起点和股票交易的基础。股票发行的目的可概括为两个方面：一是新建公司为筹集资本金而发行股票；二是已设立公司为维护本公司利益或增加资本而发行股票。

（一）股票发行制度

1. 注册制

注册制是市场化程度较高的成熟股票市场普遍采用的一种发行制度。发行人在申请发行股票时，必须将依法公开的各种资料完全、准确地向证券监管机构申报。监管机构对申报文件的真实、及时、准确和完整性进行合规的形式审查，如果申报资料没有不实信息，且监管机构对申报资料没有异议，那么经过一定期限，申请自动生效，企业即可发行股票。此种发行制度下，证券监管机构只对申报材料的真实性负责，不对发行人业绩前景作出判断，发行能否成功，发行者未来的发展前景等由投资人自己判断。

2. 核准制

核准制是上市公司股票申请上市须经过核准的证券发行管理制度。发行人在申请发行股票时，不仅要以企业真实情况的充分公开为条件，而且必须符合证券监管机构规定的适用于发行的实质条件。证券监管机构除了对申报文件的全面性、准确性、真实性和及时性作审查，还对发行人的营业性质、财务状况、经营能力、发展前景、发行数量和发行价格等条件进行实质性审查，并据此作出发行人是否符合发行条件的价值判断和是否核准申请的决定。此种发行制度下，证券监管机构不仅对申报材料进行审核，也必须对发行人的业绩前景作出实质性判断，并拥有股票能否上市的最终决定权。

（二）股票发行的条件

各国对股票的发行都有着严格的规定，只有符合一定的条件才可发行股票。这些规定的具体内容大体包括：

（1）发行主体要求。各国都规定，申请发行股票的主体应为股份公司。

（2）财务制度要求。如健全的符合股份制企业标准的财务制度和合格的财务管理人员；公司在最近三年内财务会计文件无虚假记载，并且公司在最近三年内连续盈利（新设立的股份公司除外），并可向股东支付股利；公司预期利润可达同期银行存款利率等。

（3）公司规模要求。股票向社会公开发行的，公司必须达到一定规模。如在我国公司股本总额不少于人民币五千万元。

（4）股权分散要求。为了达到股权分散的目的，各国还规定了股东人数。如我国规定，持有股票面值达人民币一千元以上的股东人数不少于一千人，向社会公开发行的股份达公司股份总数的 25% 以上；公司股本总额超过人民币四亿元的，其向社会公开发行股份的比例为 15% 以上。

另外，各国往往还规定，发行公司在最近三年内无重大违法行为。

（三）股票发行的方式

与债券发行方式类似，股票发行的基本方式可以进行如下分类。

1. 按照募集对象划分

（1）公募。所谓公募是指向市场上大量的非特定投资者发售股票。公募优点是股票发行面对广大投资者，筹资潜力巨大，无须提供特殊优厚的条件，发行公司具有较大的经营管理独立性，而其股票也可在证券交易所流通转让；但这种发行方式缺点是发行程序较为复杂，往往会带来较高的发行费用，同时需要向社会公开公司信息。

（2）私募。私募是指只向少数特定的投资者发行。私募有确定的投资人，发行风险和发行费用都较小，可以节约发行时间；但缺点是筹资规模受到一定限制，股票流通性较差。

2. 按照有无发行中介划分

（1）直接发行。直接发行是指发行人不通过发行中介机构，直接向投资者出售股票。这种发行方式手续简单，发行费用较低，但发行规模一般较小，是私募所通常采用的一种发行方式。

（2）间接发行。间接发行是指发行人委托金融中介机构向社会上大量非特定投资者公开销售股票。这种发行方式是公募所通常采用的一种发行方式，其优缺点也与公募大同小异。根据受托机构责任的不同，又可以分为代销、余额包销和全额包销。

3. 按照发行价格划分

（1）溢价发行。所谓溢价发行是指以高于票面价值的发行价格向投资者出售股票。高于面额的部分称为发行溢价，计入发行公司的资本公积金。溢价发行可以使发行者筹集到较多的资金。

（2）平价发行。平价发行是指以相同于票面价值的发行价格向投资者出售股票，又称为面额发行。由于股票发行上市后的价格往往高于面额，以面额发行可以使认购者得到溢价收益，因此投资者会有比较高的认购积极性。

（3）折价发行。折价发行是指股票发行价格低于票面价值。这种发行方式较少，我国的《公司法》明确规定股票发行价格不得低于票面面额。

（四）股票公开发行程序

股票的发行必须严格遵循法律规定的程序，任何未经法定程序发行的股票都不具有法律效力。不同的国家、不同的证券市场，其股票发行的程序也不相同。一般而言，可以分为以下几个阶段。

1. 发行前的准备工作

股票发行前的准备工作主要是明确发行目的，制定具体的发行计划。确定发行目的是指确定募集来的资金是用于更新设备还是扩充生产线，用于增加产量还是开发生产新产品等问题。同时，公司应该在股票发行前对发行目的进行可行性预测分析，如对生产成本、产品的市场供求情况、利润水平等进行分析和评估，防止盲目筹集资金造成资金使用效率的下降。

具体的发行计划主要指：根据投资者的需要、股市行情等具体情况，选择合理的发行方式，确定募集股票的总额、发行股票的种类、每股面额、发行价格、发行期限、筹资用途等。计划确定以后，公司应当根据有关部门规定，着手编制股票发行申请书和招股章程。如果企业不是首次公开发行新股，而是增发新股，则还需要征求董事会的意见。增发股票的数额如果是在股东大会授予董事会的权限之内，只需要召开董事会讨论发行计划，对新股发行的有关事项做出决议即可。但若股票发行量超过原定董事会发行权限的范围，必须先召开股东大会，做出相关决议，授予董事会增发股票的权限，然后再由董事会具体执行。

2. 发行的申请阶段

公司发行股票需要经过证券管理机构的批准。因此，发行人应向管理机构提交发行申请书，内容一般包括：企业名称和地址、法人代表、经营范围；发行的种类、范围、数量、金额、筹资用途；股息红利分配方式等。除了递交申请书之外，还要提供已联系好的股票推销机构的名称和地点、开户银行的名称及地点、注册会计师证明等资料。如果是增发新股，除了提供上述的文件外，还应当提供股东大会通过的增发新股的决议。

3. 发行的销售实施阶段

发行公司在获得证券管理机构的批准之后，如果采用间接发行方式，就可以和证券发行的中介机构签订委托推销协议。具体内容包括推销募集方法、发行价格、推销股数、委托手续费等。

发行公司与承销商商定好具体发售事宜后，应通过广告或书面通知的形式向社会公众公布招股说明书。投资者在认购书上填写认购股额、金额、交款方式、住址等。有时为了保证认购者按时缴纳股金，还要预交一定比例的保证金。

投资者在认购以后，在规定的日期缴纳股金，领取股票，同样，发行者在认购后的规定日内交付所发行的股票，才能收受股金款。这个过程称为股票的交割。

股票交割后一定时期公司董事会应向证券管理部门登记股票的发行情况和结果。

三、股票流通市场

股票流通市场是已发行在外的股票进行买卖交易的场所，它的存在和发展为股票发行人创造了有利的筹资环境。

（一）股票流通市场的构成

股票的流通市场构成和债券市场类似，可以分为证券交易所集中交易市场和场外市场。上一章已经介绍了债券流通市场的相关内容，本章再进行一定的补充。

1. 证券交易所

证券交易所是高度组织化的市场，是二级市场的主体，也是整个证券市场的核心。交易所本身不参与证券买卖，只提供交易场所和服务，同时兼有一定的监管职能。

其组织形式大致可以分为公司制和会员制两类。公司制证交所是以股份有限公司形式组织并以盈利为目的的法人团体，一般由银行、证券公司、信托公司以及各类民营公司组建。其运营遵守公司法的相关规定，由股东大会选举董事会，董事会聘用高级管理层负责经营。但是为了保证交易的公正性，任何成员公司的股东、高级职员、雇员都不能担任证交所的高级职员。会员制证交所是一个由会员自愿组成、不以盈利为目的的社会法人团体，一般由证券公司、投资银行等券商组成。会员大会是交易所的权力机构，决定基本的经营方针；理事会由会员大会选举，是交易所的执行机构。会员制的证交所规定，只有会员才能进入交易大厅进行证券交易，其他人需要买卖在交易所上市的证券，必须通过会员进行。

证券交易所实行上市制度，股票在交易所公开挂牌交易称为上市。股票申请上市一般需要满足交易所规定的条件，才可以挂牌上市。各国对股票上市的条件不尽相同，但是基本的上市标准都包括发行规模、股票持有分布、发行人良好的经营状况等。如《上海证券交易所股票上市规则》规定，首次公开发行股票后申请在上交所挂牌上市的，必须符合：股票经中国证监会核准已公开发行；公司股本总额不少于人民币 5000 万元；公开发行的股份达到公司股份总数的 25% 以上；公司股本总额超过人民币 4 亿元的，公开发行股份的比例为 10% 以上；公司最近 3 年无重大违法行为，财务会计报告无虚假记载；交易所要求的其他条件。

2. 场外交易市场

场外交易市场（Over-the-counter）是相对于证券交易所市场而言的，指在证券交易所以外的进行股票交易活动的市场。由于早期的场外交易方式主要在证券公司柜台进行，因此也称为柜台市场或店头市场。场外市场交易的主要是未上市股票，由于证券交易所对于公司股票的上市有比较严格的规定，上市股票只占比较小的比例，大量未上市股票就是通过场外交易的形式进行买卖。场外交易市场没有集中的统一交易制度和场所，主要利用电话、电报、传真及计算机网络进行。目前很多发达国家和地区的柜台市场规模及影响已经超过了证券交易所集中交易市场。

3. 第三市场

第三市场是已在证券交易所上市的证券在证券交易所之外进行交易时所形成的市场。严格来说，第三市场既是场外市场的一部分，又是证券交易所市场的一部分，因为其是已上市股票的场外交易。第三市场出现与证券交易所固定佣金制度密切相关，固定佣金使得大额频繁交易成本非常昂贵，而交易所之外交易可以不受固定佣金制度约束，有利于大幅降低交易者的成本。

4. 第四市场

第四市场是股票交易双方不通过证券商而直接进行股票交易的市场。第四市场目前主要是在美国，由投资者和筹资者通过电话、电脑等现代通信手段直接进行股票买卖，一方面可以避开交易商佣金，降低交易成本；另一方面也有利于保持交易的私密性。

除了上面传统的市场类型之外，近年来很多国家为了促进高科技中小企业的发展，成立所谓的"二板市场"，为中小企业融资提供支持。二板市场是第二交易系统的简称，是一国（地区）主板市场之外的证券交易所，也称为创业板市场。广为所知的纳斯达克就是美国的二板市场，也是目前运作最为成功的二板市场，成功的孕育了包括微软、戴尔、英特尔等一批世界知名的高科技公司。相对于主板来说，二板市场具有如下特点：一是上市标准低，由于二板市场主要面向高科技中小企业，因此对企业上市的规模和盈利要求都比较低；二是采用报价驱动制度，由于风险相对较大，二板交易相较主板来说活跃程度要低，因此多数国家和地区采用报价驱动即做市商制度；三是严格信息披露制度，由于二板上市企业不确定性较大，因此各国和地区往往对于上市公司信息披露要求比主板更为详尽、充分和及时。目前，主要的二板市场包括伦敦的 AIM 市场、欧洲的 EASDAQ 市场、新加坡的 SESDAQ 市场、中国香港的创业板市场等。我国于 2009 年 10 月 23 日，创业板举行开板启动仪式，首批 28 家公司在创业板挂牌上市。

【专栏 3-4】

全球创业板进入 2.0 时代

20 世纪 90 年代中期，各交易所纷纷设立创业板以吸引高科技企业。据不完全统计，当时全球创业板市场超过 70 家，大多不设上市门槛、监管较为宽松。随着 2000 年网络泡沫的破灭，多数创业板市场陷入低谷，运行惨淡。近年来，在新的产业环境和市场格局下，以美国、中国香港、韩国、日本为代表，又发起一轮新的努力，对各自创业板的制度和市场定位进行了全面系统改革。目前，全球创业板与 2000 年左右相比发生了根本变化，主要表现在：

1. 强调独立，不做主板市场的"踏脚石"。创业板这一时期最显著的特征是创业板与主板市场相对独立，而非附属或递进关系，这一点已经形成共识。以香港为例，其设计初衷是允许中小企业以较宽松的要求到创业板上市，然后按简化程序转板到主板。十多年过去，成效并不显著。因此，2017 年港交所已经放弃创业板作为主板"踏脚石"的定位，提高了创业板的上市标准，增强了创业板的独立性。再以韩国为例，除了上市标准的明显差异安排外，主板市场和 KOSDAQ 之间的独立性亦有配套制度保障，比如主板市场和 KOSDAQ 分设独立的上市委员会，两个板块之间并无转板制度安排等。

2. 立足高端，摆脱低端市场的固有形象。创业板市场基本都放弃了低门槛准入的做法，而是采取了设置更高上市标准的方式，以树立高层次市场形象。NASDAQ 在 2000 年时已经是全球最大的股票市场之一，出现了很多世界级的企业，但还被认为是低于纽交所的"二板市场"。在与纽交所的竞争中，一部分企业在 NASDAQ 成长后就会选择转板到纽交所。因此，2006 年 NASDAQ 借鉴纽交所的上市标准，成立了全球精选市场，以提升市场形象。在香港，如果港交所对创业板规则的相关修订最终被采纳，创业板的上市规定将更接近主板，甚至更严格。

3. 做实分层，实现不同层次的错位发展。各地创业板自身也在通过不断分层使公司按照不同风险特征聚集在不同层次。从路径上看，由内部虚设层次（比如指数）变为独立实际分层。实际分层能否成功，取决于新旧层次能否拉开距离，如扩大不同层次上市标准的差异。在早期，NASDAQ 全球精选市场更加类似于样本数量不固定的股票指数，除了上市标准外，所有规则与其他层次完全一致，设立方式也非常简单。但到后期，KOSDAQ、JASDAQ 等都采取了差异化的上市标准、信息披露和公司治理要求，逐步形成与已有层次边界分明的现实板块。港交所提出的分层方案中，各层次更是泾渭分明：主板仍定位于最高市场标准的大型公司；创业板将面向那些符合财务及业务纪录标准、而本身又希望吸引散户和专业投资者的中小型发行人；创新板则主要服务于新经济公司，包括生物技术、医疗保健技术、网络与直接营销零售业等新兴行业。

4. 做大做强，留住一批创新龙头企业。在 NASDAQ，整体市场以技术、金融、消费者服务和医疗保健为主，其中"NASDAQ 全球精选市场"第一大行业为技术，而"NASDAQ 全球市场"和"NASDAQ 资本市场"的第一大行业为医疗保健。在 KOSDAQ，IT和半导体、生物医药前两大行业上市公司市值占比约 40%。不少在KOSDAQ 初次上市的企业，同时也符合主板标准，但企业考虑到自身作为高科技新兴企业的特征，自主选择在 KOSDAQ 而非主板市场上市。

新经济催生了资本市场新时代。目前，全球创业板在市场定位、制度设计、结构层次和企业群体上与 2000 年时相比发生了根本变化，可以说已经进入 2.0 时代。在 2.0 时代，全球创业板基本都确立了做大做强的新目标，并在此目标下与传统主板展开全面竞争，通过更加精准的市场定位、更加灵活的制度安排、更加专业化的服务和更加前沿的技术，不遗余力地吸引创新龙头。对于我国的创业板来说，适应新时代新形势，加大改革力度，完善适应创新型企业实际需求的制度供给，努力为国内科创类"独角兽"企业服务，为创新创业企业的发展营造良好氛围，是我国创业板市场改革面临的急迫课题。

——王晓津：《全球创业板进入 2.0 时代》，
《证券市场导报》2018 年第 3 期

（二）股票交易方式

股票在流通市场上的交易方式主要有四种。

1. 现货交易

现货交易是指交易双方在成交后马上（或在极短的期限内）进行清算交割的交易方式。由于卖方必须向买方移交股票，因此股票现货交易属于实物交易。

2. 期货交易

期货交易又称期货合约交易，是指交易双方在成交后按照协议规定条件在将来进行清算交割的交易方式。关于期货交易的详细内容将在金融衍生工具市场一章介绍。

3. 期权交易

期权交易又称为选择权交易，是投资者在交纳一定期权费后，取得的一种在未来某一时期内按协议价格买进或卖出一定数量金融资产权利的交易。

4. 信用交易

信用交易又称为垫头交易、融资融券交易，是指股票买方或卖方通过交付保证金以获得经纪人贷款或股票的交易。股票信用交易有两种情形：一是在购买股票时，只交付一定保证金，其余资金由经纪人支付；二是在出售股票时，出售方只拿出一部分股票，其余股票则由经纪人垫付。无论是哪一种情形，股票经纪人都可获得融资或融券的利息收入。2010 年 3 月，我国上海证券交易所和深圳证券交易所分别发布公告，于 2010 年 3 月 31 日起正式开通融资融券交易系统，融资融券业务正式启动。

（三）股票的交易程序

股票交易的基本程序包括开户、委托买卖、成交、清算交割和过户五个阶段。

1. 开户

普通的客户是不能直接进入证券交易所买卖股票的，必须委托证券商或经纪人代理买卖。因此，想要买卖股票，首先要寻找一家信誉可靠，同时又能提供优良服务的证券公司作为经纪人。

选择好证券公司后，就要办理开户手续，开户包括开设证券账户和资金账户。证券账户是证券机构为投资者设立的用于记录投资者所持有的证券种类、名称和数量等情况的一种账户。投资者在开设证券账户的同时，即表明委托证券登记机构为其管理证券资料，办理登记、结算和交割业务。在中国，投资者要买卖上海或深圳证券交易所上市的证券，应当分别开设相应的上海或深圳交易所账户。

2. 委托买卖

投资者向证券商下达的买卖证券的指令称为委托。投资者在委托证券商买卖证券时，应填写买卖委托书，说明证券的名称、数量、买还是卖、委托的种类、委托的有效期等，同时提供交易密码或证券账户卡等证件。

按照投资者委托价格方式不同，委托的种类可以分为市价委托、限价委托、止损委托等。市价委托是指投资者委托证券商按照执行指令时的市场价格买进或卖出证券。这种方式下投资者不规定价格，而证券商应该争取以最有利于投资者的价格成交。限价委托是指投资者自行规定一个价格，证券商以这个限定的价格或更有利的价格进行交易。一般来说，投资者下达的限价指令都有时间限制，超过一定的时间，指令自动作废。止损指令是指证券商在某种证券下跌（或上涨）到一定价格时，为投资者卖出（或买入）该种证券。这是一种保护性的指令，可以保护投资者减少损失。

3. 成交

证券商在接受客户委托后，应立即通知其在证券交易所的经纪人去执行委托。由于要买进或卖出同种证券的客户都不止一家，因此在交易所中需采用双边拍卖的方式来成交，即在卖方和买方之间均需竞价，竞价遵循"价格优先"和"时间优先"的原则。价格优先的原则为：较高价格买进申报优先于较低价格买进申报，较低价格卖出申报优先于较高价格卖出申报。时间优先的原则为：买卖方向、价格相同的，先申报者优先于后申报者。先后顺序按交易主机接受申报的时间确定。

4. 清算交割

清算是采用差额交收的办法，即将证券商买卖证券的金额和数量分别予以抵消，再通过证券交易所交割净额证券与价款。证券交易所的清算业务按"净额交收"的原则办理，即每一证券商在一个清算期（每一开市日为一清算期）中，对买卖价款的清算，只计其应收、应付价款相抵后的净余额；对买卖股票的清算，其同一股票应收、应付数额相抵后，只计净余额。

交割是指股票买卖成交后，买主支付现金得到股票，卖主交出股票换回现金。由于买卖双方并不直接交割，所以证券交割实际上由投资者与证券商之间的交割及接受委托的证券商之间的交割两部分构成。

5. 过户

完成交割手续后，投资者应立即办理过户手续，即在其所持股票发行公司的股东名册上登记姓名、持股数量等。只有办完过户手续，投资者才享有股东的权利。

股票的过户一般都是由专门的机构统一办理。如在中国，随着中国证券登记结算体系的改革，上海股票的过户由中国证券登记结算有限公司上海分公司办理，深圳股票的过户由中国证券登记结算有限公司深圳分公司办理。

（四）股票的交易制度

1. 交易制度的类型

根据价格决定的特点，证券交易制度可以分为做市商交易制度和竞价交易制度。

做市商交易制度，也称报价驱动制度。在典型的做市商制度下，证券交易的买卖价格均由做市商给出，买卖双方并不直接成交，而向做市商买进或卖出证券。做市商的利润主要来自买卖差价。但在买卖过程中，由于投资者的买卖需求不均等，做市商就会有证券存货（多头或空头），从而使自己面临价格变动的风险。做市商要根据买卖双方的需求状况、自己的存货水平以及其他做市商的竞争程度来不断调整买卖报价，从而决定了价格的涨跌。

竞价交易制度也称委托驱动制度。在此制度下，买卖双方直接进行交易或将委托通过各自的经纪商送到交易中心，由交易中心进行撮合交易。按证券交易在时间上是否连续，竞价交易制度又分为间断性竞价交易制度和连续竞价交易制度。

间断性竞价交易制度也称集合竞价制度。在该制度下，交易中心（如证券交易所的主机）对规定时段内收到的所有交易委托并不进行一一撮合交易，而是集中起来在该时段结束时进行。因此，集合竞价制度只有一个成交价格，所有委托价在成交价之上的买进委托和委托价在成交价之下的卖出委托，都按该唯一的成交价格全部成交。成交价的确定原则通常是最大成交量原则，即在所确定的成交价格上满足成交条件的委托股数最多。集合竞价制度是一种多边交易制度，其最大的优点在于信息集中功能，即把所有拥有不同信息的买卖者集中在一起共同决定价格。当市场意见分歧较大或不确定性较大时，这种交易制度的优势就较明显。因此，很多交易所在开盘、收盘和暂停交易后的重新开市都采用集合竞价制。

连续竞价制度是指证券交易可在交易日的交易时间内连续进行。在连续竞价过程中，当新进入一笔买进委托时，若委托价大于等于已有的卖出委托价，则按卖出委托价成交。当新进入一笔卖出委托时，若委托价小于等于已有的买进委托价，则按买进委托价成交。若新进入的委托不能成交，则按"价格优先，时间优先"的顺序排队等待。这样循环往复，直至收市。连续竞价制度是一种双边交易制度，其优点是交易价格具有连续性。

2. 交易制度优劣的判别标准

交易制度是证券市场微观结构的重要组成部分，它对证券市场功能的发挥起着关键的作用，交易制度的优劣可从以下六个方面来考察：流动性、透明度、稳定性、效率、成本和安全性。

流动性是指以合理的价格迅速交易的能力，它包含两个方面：即时性和价格影响小。前者指投资者的交易愿望可以立即实现，后者指交易过程对证券价格影响很小。流动性的好坏具体可用如下三个指标来衡量：市场深度、市场广度和弹性。如果在现行交易价格上下较小的幅度内有大量的买卖委托，则市场具有深度和广度。如果市场价格因供给不平衡而改变，而市场可以迅速吸收新的买卖力量使价格回到合理水平，则称市场具有弹性。

透明度是指证券交易信息的透明，包括交易前信息透明、交易后信息透明和参与交易各方的身份确认，其核心要求是信息在时空分布上的无偏性。

稳定性是指证券价格的短期波动程度。证券价格的短期波动主要源于两个效应：信息效应和交易制度效应。合理的交易制度设计应使交易制度效应最小化，尽量减少证券价格在反映信息过程中的噪音。

效率主要包括信息效率、价格决定效率和交易系统效率。信息效率是指证券价格能否迅速、准确、充分反映所有可得的信息。价格决定效率指价格决定机制的效率，如做市商市场、竞价市场中价格决定的效率等。交易系统效率则主要取决于交易系统基础设施、技术设计及数据处理能力等。

证券交易成本包括直接成本和间接成本。前者指佣金、印花税、手续费、过户费等。后者包括买卖价差、搜索成本、延迟成本和市场影响成本等。

安全性主要指交易技术系统的安全。

四、股票的价格及其影响因素

(一) 股票的价值与价格

股票作为一种虚拟资本，其本身是没有价值的，只不过拥有股票意味着不仅能够参与公司的经营决策，而且还可以获得分红和派息，这导致了股票的收益性和有价性。股票的价值有四种：票面价值、账面价值、内在价值和清算价值。

1. 票面价值

股票的票面价值又称为面值，是指股份公司发行股票时印在股票上的面值，它表明每股股票的票面金额，表明每股对公司的持有份额。票面价值具有三重意义：其一，它是确定股东所持有的公司股票份数、享有股东权益的法定依据；其二，股票面值是确定股东向公司投入的真实资本数量的法律依据；其三，股票面值是确定股份公司资本总量的法律依据。

2. 账面价值

股票的账面价值也称股票的净值或账面价格，是一个特定的会计概念，指每一普通股所拥有的公司账面净资产数量，等于公司总资产与总负债之差额同股本的比值。

3. 内在价值

内在价值是根据股票发行公司未来收益来确定的股票价值。股票内在价值的计算公式是：

$$V = \frac{D_1}{(1+i)} + \frac{D_2}{(1+i)^2} + \cdots + \frac{D_n}{(1+i)^n} = \sum_{t=1}^{n} \frac{D_t}{(1+i)^t} \quad (3.9)$$

其中，V 表示股票内在价值，i 表示市场收益率，D_t 表示第 t 年的股息。如果每年的股息和市场收益率固定不变，则股票内在价值的计算公式可简化为：

$$V = \sum_{t=1}^{\infty} \frac{D}{(1+i)^t} = \frac{D}{i} \quad (3.10)$$

4. 清算价值

清算价值指股份公司破产或倒闭后进行清算时，每一股份所代表的所有资产被清理时所收到的现金价值。从理论上讲，清算价值应等于账面价值，但在大多数情况下，清算价值要小于账面价值，原因是被清算的财产往往是降价出售，而且公司解散时需要支付大笔清算费用。

5. 市场价格或市场价值

股票的市场价格包括发行价格和流通价格，影响这两种价格变化的因素是不完全相同的。而一般所讲的股票市场价格都是指股票在流通市场上的转让价格。

股票的市场价格与股票的票面价值和账面价值不同。股票的票面价值是固定不变的，除非该发行公司修改章程或变更股份总数；账面价值虽然要随着盈利的积累或增资的进行而变动，但在一个会计核算期内，账面价值也是稳定的。而股票的市场价格随着股票交易的进行而不断变动。

（二）影响股票价格的因素

影响股票市场价格的因素很多，大体可分为五类。

1. 经济因素

宏观经济状况是影响股票价格的重要因素。具体来说，宏观经济对股票的影响主要包括如下几个方面：一是经济增长。一个国家或地区的经济能否稳定增长是影响股票价格的重要因素。一般来说，当国民经济一直能够保持持续上升的增长势头，表明经济处于良性运行状态，大多数微观企业经营状况良好，因此其股票价格就会上升；反之，股票价格就会下降。二是经济周期。增长是一种长期趋势，而周期是短期波动。一般来说，经济处于繁荣时期，大多数企业经营状况良好，投资者也更有信心，因此企业的股票价格也会较快上升；反之，经济处于萧条阶段时，大多数企业发展会受到一定阻碍，经营状况不好，投资者也信心不足，抛售股票，因此股票价格会出现下跌。三是货币和财政政策。一般来说，当一国实施积极的财政货币政策时，会引起货币供给增加，市场需求上升，带来市场繁荣，企业业绩提升，因此会在股票价格上有所表现；相反，将会引起股票价格下降。四是通货膨胀。通货膨胀与股票价格的关系较为复杂，一般来说，在通货膨胀初期，企业会因为产品价格的上涨而利润增加，从而引起股票价格的上升；当通货膨胀继续发展时，一方面企业的成本会逐步上升，另一方面政府可能会出台紧缩的财政金融政策以抑制通货膨胀，从而引起企业利润下滑，最终股票价格下降。

2. 政治与自然因素

政治因素会对股票价格产生较大影响，如战争、国内外政治形势的变动，会对未来造成很大不确定性，往往引起股票价格低迷。自然灾害如地震、传染病等疫情，会对经济增长产生较大影响，从而影响股票价格。

3. 投机因素

股票市场投机是较为普遍现象。部分股票市场的参与者利用资金和价格上的优势，通过内幕交易、操纵股票价格等从中牟利，进而引起股票价格的波动。

4. 心理因素

投资者的心理预期是影响股票价格的重要因素。如投资者从众心理和羊群效应导致的跟风行为，会引起股票价格的非理性波动。

5. 企业自身因素

企业自身的因素是股票价格的变动的基础因素。影响股票价格的微观企业因素主要包括：一是企业的盈利状况。一个企业盈利较高，表明经营状况良好，拥有较多的可分配资金，引起投资者购买该企业股票，从而股票价格上升；当企业处于亏损状态时，表明企业存在一定的经营问题，投资者失去投资信心，引起抛售股票行为，从而股票价格下跌。二是股息及股利分配政策。通常来说，股息与股票价格成正比关系，股息高，股票价格上涨；股息低，股票价格下跌。股息来自税后的盈余，除了取决于企业的盈利水平，还要看公司的派息政策。三是兼并与重组。企业可能在市场上兼并其他企业，对于兼并者来说，兼并的条件及未来发展的影响决定了股票价格变动的方向；企业也可能被市场上其他企业兼并，对于被兼并者来说，由于有人在市场大量购买本企业股票，因此会造成股票的大幅上涨。重组也会影响企业的价格，具体变动的方向取决于重组能否为企业带来实际的收益。四是管理层的调整。企业管理层变动会直接影响企业的经营管理效率，尤其是创业公司，管理层被视为是企业重要的无形资产。因此，公司管理层变动会引起投资者猜测，从而引起股票价格的波动。

五、股票价格指数

股票价格指数是用来表示多种股票平均价格水平及其变动并且衡量股市行情的指标。用这种指标来衡量整个市场总的价格水平，可以比较正确地反映股票市场的行情变化和股票市场的发展趋势，从而有利于投资者进行投资选择。同时，股票市场的变化趋势往往能从一个侧面反映国家整体宏观经济运行情况及发展趋势，为政府管理部门提供参考信息。

（一）股票价格指数的编制步骤

1. 选择样本股

选择一定数量有代表性的上市公司股票作为股票价格指数编制的样本股。样本股可以是全部上市股票，也可以是其中有代表性的一部分。样本股的选择要考虑代表性，应综合考虑其行业分布、市场影响力、股票等级、适当数量等因素，基本的标准包括：一是样本股要有相当的市值规模，在交易所上市的全部股票市价总值中占有相当的比重；二是样本股票的价格变动趋势必须能够反映股票市场价格变动的总趋势。

2. 选定基期

选择一个确定的日期作为指数编制的基期，并以一定方法计算基期平均股价。基期的选择一般是某一有代表性或股票相对稳定的日期，并按选定的某一种方法计算这一天的样本股平均价格或总市值。

3. 计算报告期平均股价

收集样本股在报告期的价格并按选定的方法计算平均价；当样本股在基期到报告期发生过拆股、增资、发红股等情况时，为了保证股价平均数的持续性和可比性，需要对报告期股价或市值进行必要的修正。

4. 指数化

将基期平均股价定为某一常数（通常为 100 或 1000），并据此计算报告期的股价指数值。一般是以报告期股价平均数除以基期股价平均数，然后乘以设定的基期股价平均数得出指数值。

（二）股票价格指数的编制方法

股票价格指数按编制方法通常可以分为两大类：平均股价指数和综合股价指数。平均股价指数是股价的简单平均或加权平均，反映股市价格总水平的高低。比较有名的是道琼斯指数和日经指数。综合股价指数是采用综合加权平均数编制的，是反映不同时期的股价变动情况的相对指标。具体的做法是选定一个基日，以基日股价总水平作为标准，用即日股价总水平与基日股价总水平相对比，反映即日股价总水平的高低和变动程度。

1. 简单算术平均法

简单算术平均法计算股价指数又可以分为相对法和综合法两种。

相对法又称为平均法，是先计算各个样本股价指数，再加总求算术平均数。将样本股票的个别股票价格加总算术平均即可得到这种指数，其计算公式为：

$$I = \frac{1}{n} \sum_{i=1}^{n} \frac{P_{1i}}{P_{0i}} \times 基期值 \qquad (3.11)$$

其中，I 表示股票价格指数，P_{0i} 表示第 i 种股票在基期的价格，P_{1i} 表示第 i 种股票在计算期的价格，n 表示样本股票数。

综合法是将样本股票的报告期价格和基期价格分别加总，然后相除得出股价指数，其公式为：

$$I = \frac{\sum_{i=1}^{n} P_{1i}}{\sum_{i=1}^{n} P_{0i}} \times 基期值 \qquad (3.12)$$

2. 加权算术平均法

加权法是根据样本股票的不同重要程度赋予其相应的权重，一般来说，权重可以是股票发行数量，也可以是成交数量。根据权数选择的不同，又可以分为基期加权和报告期加权两种方法。基期加权是指以样本股票的基期发行量或交易量作为权数，其计算公式为：

$$I = \frac{\sum\limits_{i=1}^{n} P_{1i} \times Q_{0i}}{\sum\limits_{i=1}^{n} P_{0i} \times Q_{0i}} \times 基期值 \tag{3.13}$$

其中，Q_{0i} 表示第 i 种股票在基期的发行量或交易量。以基期发行量或交易量为权数计算的股票价格指数又称为拉斯贝尔指数（Lsapeyer Index）。

报告期加权是指以样本股票的报告期的发行量或交易量作为权数，其计算公式为：

$$I = \frac{\sum\limits_{i=1}^{n} P_{1i} \times Q_{1i}}{\sum\limits_{i=1}^{n} P_{0i} \times Q_{1i}} \times 基期值 \tag{3.14}$$

其中，Q_{1i} 表示第 i 种股票在报告期的发行量或交易量。以报告期发行量或交易量为权数计算的股票价格指数又称为派许指数（Paasche Index），我国上海证券交易所和深圳证券交易所的股票价格指数就是以报告期发行量为权数的加权股价指数。

3. 加权综合指数

综合拉斯贝尔和派许指数两种加权股价指数，并计算其几何平均数就可以得到加权综合指数：

$$I = \sqrt{\frac{\sum\limits_{i=1}^{n} P_{1i} \times Q_{0i}}{\sum\limits_{i=1}^{n} P_{0i} \times Q_{0i}} \times \frac{\sum\limits_{i=1}^{n} P_{1i} \times Q_{1i}}{\sum\limits_{i=1}^{n} P_{0i} \times Q_{1i}}} \tag{3.15}$$

加权综合指数又称为费雪指数，是美国统计学家欧文·费雪（Irving Fisher）于 1911 年提出的，主要用于对指数公式的测验，以及调和拉氏与派氏两种指数的矛盾，又被称为"费雪理想指数"。由于计算复杂，在股票价格指数计算中很少被实际应用。

【专栏 3-5】

目前世界上著名的股票价格指数

1. 道琼斯股票价格平均指数。简称道琼斯指数，这是世界金融市场上最著名、影响最大的股票价格指数，由美国道琼斯公司编制并公布，用以反映美国纽约股票交易所行市变化的一种股票价格平均指数。道琼斯 65 种股票价格平均指数由工业、运输业和公用事业 65 家公司股票价格混合而成，包括美国企业中最著名的几十家公司。

2. 标准普尔股票价格指数。由美国标准普尔公司编制发表的股票价格指数，用以反映美国股票市场的行情变化。标准·普尔指数的特点是样本股覆盖面广、股票值大，是 500 家公司股票价格的混合平均。

3. 金融时报股价指数。金融时报股价指数全称为"金融时报工业普通股股价指数"，也称 30 种股价指数。是反映伦敦证券交易所股票价格及其变化的一种股价指数。

4. 纳斯达克（NSDK）指数。它是反映美国纳斯达克股票市场的股价指数。纳斯达克指数已成为反映高科技企业和中小企业股价走势的风向标，在国际金融市场的影响日益扩大。

5. 日经道琼斯股价平均数。简称为"日经道平均数"，它是《日本经济新闻社》编制的反映东京证券交易所上市股价行情变动的股价平均数。

6. 恒生指数。恒生指数是香港恒生银行编制的反映香港股市行情变动的股价平均指数。恒生指数已成为衡量、反映香港股市和经济运行的有效工具和尺度。

7. 上证指数。上证指数是上海证券交易所编制的反映该所上市的股票行情变化的股价指数。上证指数从 1991 年 7 月 15 日起编制和公布，它以全部股票当时价格为依据，以 1990 年 12 月 19 日为基期，以股票发行量为权数，用加权平均法编制。目前上证指数一共分四类：一是 A 股指数和 B 股指数。二是行业分类指数，即工业类指数、商业类指数、房地产业类指数、公用事业类指数和综合类指数。三是综合股价指数，即以所有 A、B 股为计算对象的上证综合股价指数，它也就是每日公布的即时和收盘时的上证指数。四是几种成分指数：沪深 300 指数，选择上海证交所 179 只样本股和深圳证交所 121 只样本股编制，由沪深证券交易所于 2005 年 4 月 8 日联合发布；上证 180 指数，在上海 A 股股票中抽取最具市场代表性的 180 只样本股票编制的指数，自 2002 年 7 月 1 日起正式发布；上证 50 指数，挑选上海证券市场规模大、流动性好的具有代表性的 50 只股票组成样本股编制，以便综合反映上海证券市场最具市场影响力的一批龙头企业的整体状况，自 2004 年 1 月 2 日起正式发布。

8. 深证指数。深证指数是深圳证券交易所编制的反映在该所上市的股票行情变化的股价指数。该指数于 1991 年 4 月 4 日开始编制并公布，并以 1991 年 4 月 3 日为基期，记为 100 点。深证指数以深交所上市的股票为样本股，以发行量为权数，用加权平均法计算。除深证指数外，深交所从 1995 年 5 月 5 日起并公布成分股价指数，这是我国第一个由证券交易所发布的成分股指数。深证成分股指数是选择 40 家有代表性的公司的股票作为成分股编制而成的一种指数，它包括成分股指数、成分股 A 股指数和成分股 B 股指数。每天三个成分股指数与原来的深证股价指数同时发布。三个成分股股价指数分别以上市的成分股的市价总值加权平均法编制，其中 B 股的市价总值一律用港元计算，与每次的汇率调整无关。成分股价指数以 1994 年 7 月 20 日为基期，记为 1000 点。

六、股票的收益率

衡量股票投资收益水平的指标称为股票收益率。股票收益率是指一定时期内所得收益与投入本金的比率，一般以年率为计算单位。股息红利、资本损益和清算资产的分享构成股票投资者整个投资的收益。

（一）股票收益的几个概念

由于股票价格是不断变动的，股息红利也随着公司经营状况而不断改变，因而股票投资的收益率是不断变化的。投资者进行股票投资，就必须关注公司的财务状况。

1. 收益

收益是指一个股份有限公司在某一税收年度中的税后总利润，它是从公司毛收入中减去经营成本而得出的。在西方国家，经营成本中包括了公司在该税收年度对公司债权人的利息支付和向税务部门缴纳的税款。公司在分配税后利润时，首先提留一部分作为公积金，剩下部分即所谓剩余利润，用来支付股息。

2. 每股收益

股票市场又称每股收益为每股盈利（EPS）或每股税后利润。每股收益是用收益额除以发行在外股票的股份数，也就是每股平均分摊到的收益。每股收益通常被用来反映企业的经营成果，衡量普通股的获利水平及投资风险，是投资者评价企业盈利能力、预测企业成长潜力、进而做出相关经济决策的重要财务指标之一。

3. 市盈率

市盈率（PE）也称股价收益比率或市价盈利比率，它是每股股票的现行市场价格除以该股票每股收益的比率。市盈率是通常被用来评估股价水平是否合理的重要指标，具有重要的投资参考价值。一般来说如果一家公司股票的市盈率过高，那么该股票的价格可能具有泡沫，价值存在被高估的情况；如果股票的市盈率较低，表示股票价格越便宜，收回投资成本时间越短，越能吸引投资者买入。

4. 每股股息

每股股息（DPS）是指股份公司按每股股份向股东派发的盈余，是股利总额与流通股股数的比值，是股东手持股票中每股实际分得的公司利润额。每股股息是反映股份公司每一普通股获得股利多少的一个指标，指标值越大表明获利能力越强。影响每股股息多少的因素主要受企业股利发放政策与利润分配政策的影响。如果企业为扩大再生产、增强企业后劲而多留利，每股股息就少，反之则多。

（二）股票投资收益的构成

股票的投资收益是指投资者从购入股票开始到出售股票为止的整个投资期间所获得的收入，由股息收入、资本利得和公积金转增股本的收益构成。

1. 股息收入

常见的股息收入包括现金股息和股票股息两种。现金股息是指以货币形式派发的股息和红利，是股息收入最基本的形式；股票股息又称为资本红利，是指以股票的方式派发股息，公司通常用新增发的股票或一部分库存股票作为股息派发给股东。二者的区别在于，现金股息是将未分配利润直接分配给股东，会直接减少公司的资金；股票股息的来源虽然也是未分配利润，公司将未分配利润转化为股本，不会导致公司资产的流出或负债的增加，因而不是公司资金的使用，同时也并不因此而增加公司的财产，只是股东权益账户中不同项目之间的转移，会引起所有者权益各项目的结构发生变化。

2. 资本利得

资本利得又称为资本损益，是指投资者买入股票和卖出股票的差价收入。当股票的买入价高于卖出价时，就是资本损失；当股票的卖出价高于买入价时，就是资本收益。资本利得主要取决于股票市场价格的波动，受宏观经济运行、经济政策、投资者心理、公司本身的经营业绩等因素影响。

3. 公积金转增股本

公积金转增股本是指公司将提取的公积金在法律规定范围内转为股本，按股东持股比例派送红股或增加每股的面值。一般来说，公积金转增股本后，股票交易价格会发生变化，从而引起股票市值的变化，当投资者持有的股票总市值高于原来持有的股票市值时，投资者就获得了公积金转增股本的收益。当然，投资者要实现其现金收益，就需要将其持有的股票出售变现。

（三）股票的收益率

衡量普通股股票投资收益水平的指标主要包括股利收益率和持有

期收益率。

1. 股利收益率

股利收益率是指股份公司以现金形式派发红利与股票市价的比率，又可以称为获利率。其计算公式为：

$$Y = \frac{D}{P} \qquad (3.16)$$

其中，Y 为股票的股利收益率，D 为股息红利收入，P 为购买价格。

2. 持有期收益率

持有期收益率是指投资者持有股票期间的红利收入与买卖差价占股票购买价格的比率。股票没有到期日，投资者持有股票的时间长到数年，短到数天，持有期间收益率是投资者最为关心的指标。其计算公式为：

$$Y = \frac{D + (P_1 - P_0 - C)}{P_0} \qquad (3.17)$$

式中，Y 为持有期间收益率，D 为现金红利，P_1 为股票卖出价，P_0 为股票购入价，C 为股票买卖的交易费用。

七、股票投资的风险

股票投资风险是指股票投资者购进股票后遭遇股价下跌损失的可能性。股票价格波动具有较大不确定性，因此股票投资属于高风险投资。一般来说，可以将股票投资风险分为系统性风险和非系统风险两大类。

（一）系统性风险

系统性风险是指由于某种全局性因素引起的股票投资收益可能的变动。系统性风险对市场上所有参与者都有影响，无法通过分散投资来加以消除，因此又称为不可分散风险。现实经济中，各类公司的运营都会面对一些共同因素的影响，如政治、社会、经济等各方面的变动，这些因素来自公司外部，无法通过公司内部调整进行规避。系统性风险主要来自政治、经济及社会环境等外部因素，一般包括政策风险、市场风险、利率风险和购买力风险。

1. 政策风险

政策风险是指政府有关股票市场的政策发生较大变化或是重要法律法规出台,引起股票市场波动,从而给投资者带来的风险。股票市场在金融市场体系中地位重要,因此各国政府都会通过法律手段、经济手段以及行政手段对股票市场健康发展进行规范和引导。相关法律措施、经济政策、管理措施的变化,往往会对整个股票市场产生广泛的影响,引起公司利润、投资收益的变化,也可能直接影响到证券的价格。一旦出现政策性风险,市场上几乎所有股票都会受到影响,从而引起市场整体的较大波动。

2. 利率风险

利率风险是指市场利率的变动引起股票价格变动从而给投资者带来的风险。股票市场价格的变化受市场利率水平的影响。一般来说,二者呈反向变动,即市场利率上升,一方面会对股市资金供求方面产生一定的影响,另一方面影响公司融资成本,进而影响其利润水平,股票价格水平下跌;反之市场利率下降时,股票价格水平上升。利率风险是各个公司无法回避的风险,属于系统性风险之一。

3. 购买力风险

购买力风险是指由于通货膨胀、物价上涨给投资者带来实际收益水平下降的风险,又称通货膨胀风险。在通货膨胀的情况下,一方面,普遍的物价上涨对公司的外部经营环境产生影响,从而影响公司的经营状况,进而股票价格产生波动;另一方面,股票投资的回报是以货币的形式来支付的,在通货膨胀引起货币的购买力下降情况下,同样金额的资金,无法购买到过去同样的商品,投资者的实际收益是下降的。

4. 市场风险

市场风险是指由于股票市场的长期趋势发生变化而引起的风险。市场风险是证券投资活动中最普遍、最常见的风险,是由证券价格的涨落直接引起的。股票市场的变动受多种因素的影响,但宏观经济运行状况是基本的决定因素。当宏观经济运行处于稳定增长状态时,股票市场表现出来一种长期稳定向上的势头;当经济运行达到高峰,即将步入衰退周期后，市场风险加大，股票市场也将进入下行阶段。一般情况下，股票市场的波动与宏观经济并不一定同步，往往存在提前效应。

对于投资者来说，系统性风险是无法完全规避的，无法通过多样化的投资组合进行防范，但是可以通过对宏观经济运行趋势的判断，资金投入比例的控制等方式，一定程度上减轻系统性风险的影响。

（二）非系统风险

非系统风险是指只对某个行业或公司的股票产生影响的风险。非系统风险可通过分散投资消除，因此又称为可分散风险。非系统风险是由特殊因素引起的，如公司的管理问题、财务结构问题等，是某一企业或行业特有的风险，只对某些股票的收益产生影响，而不会影响到整个股票市场。非系统风险主要包括经营风险、财务风险、信用风险和流动性风险等。

1. 经营风险

经营风险是指由于公司经营管理方面的问题造成公司收入变动，从而引起股票投资者收益变动的风险。经营风险主要是由于公司经营决策、管理秩序等原因导致的，有可能来自于外部的客观因素，如市场环境、产业政策变动等，但是内部决策失误、管理不善是主要原因。当公司经营状况较差时，其收入水平会出现下滑，公司在支付债务利息和到期本金后，可用于支付股息的收益已经很少，从而导致股东们所得股息的减少或根本没有股息，因此股票的市场价格一般也会随之降低，投资者将会面临收益下降的风险。

2. 财务风险

财务风险是指公司财务结构不合理导致的投资者收益变动的风险。财务分析一般与公司筹集资金的方式有关。资本结构是估量公司的财务风险的重要指标，一般来说，资本结构中贷款和债券比重小的公司，其股票的财务风险低；贷款和债券比重大的公司，其股票的财务风险高。但是，现代公司往往都是负债经营，贷款和债券在融资结构中比较小的公司也有相应的缺点，这些公司在经济扩张时期收益和股息的增加往往落后于那些将债务作为公司资本结构的公司。因此，财务风险的减少是以减少潜在的收益为代价的，投资者需要根据实际情况进行甄别和权衡。

3. 信用风险

信用风险是指证券发行人在证券到期时无法还本付息，而使投资者遭受损失的风险，又称违约风险。信用风险是债券的主要风险，因为债券是需要按时还本付息的要约证券。股票没有还本要求，普通股票的股息也不固定，但仍有信用风险。不仅优先股票股息有缓付、少付甚至不付的可能，而且如果公司不能按期偿还债务，将会很快影响股票的市场价格，引起股票价格大幅下跌；如果公司因无法偿还债务而破产时，该公司股票价格会接近于零，投资者可能血本无归。

4. 流动性风险

流动性风险是指由于市场成交量不足或缺乏愿意交易的对手，导致股票变现困难而造成的投资者收益的不确定。在流通市场上，股票的流动性风险差异很大，一方面取决于总体市场活跃程度，另一方面取决于股票自身的特质，当然主要看公司的基本条件对于投资者的吸引力。有些股票由于公司具有很高信誉度，经营状况良好，变现就极为容易，市场可在与前一交易相同的价格水平上吸收大批量的该种股票交易；而另一些股票由于公司名气不大，盈利能力很差，在投资者急着要将它们变现时，往往很难脱手，除非在价格上作出很大牺牲。

第四节　中国资本市场

20 世纪初，随着外国资本的进入和民族工商业的发展，以股票交易所为代表的资本市场曾在上海、天津等地一度兴起。当时的股票市场具有交易所众多、交易秩序比较混乱、交易规模狭小等特点，实际上成为投机家的乐园。1937 年以后，随着抗日战争的爆发，这些股票交易所先后停业。抗日战争结束后，随着工商业的活跃，一部分股票交易所又重新开业。1949 年中华人民共和国成立，随着社会主义改造，20 世纪 50 年代初股票交易所被取消。20 世纪 80 年代后，随着以建立市场经济新体制为取向的经济改革展开，资本市场功能逐步得到政府部门的重视。20 世纪 90 年代初，上海和深圳两个证券交易所相继开业，资本市场迈开新的发展步伐。在随后近 30 年的时间里，中国资本市场从无到有、从小到大地发展壮大，走上了一条快速发展的道路。

一、中国资本市场的发展历程

20 世纪 80 年代以来，我国资本市场的发展大致可分为如下四个阶段。

（一）20 世纪 80 年代初至 90 年代初

这个时期属于资本市场的探索阶段，其主要特征可以概括为如下几个方面。

1. 资本市场的发展目标尚不明确

新中国成立后于 1950 年发行了"人民胜利折实公债"，成为新中国历史上第一种国债。在此后的"一五"计划期间，1954—1958 年间每年发行了一期"国家经济建设公债"，1958 年后，由于历史原因，国债的发行被终止。改革开放后，1981 年恢复了国债发行，并在 1987 年以后出现股票的柜台交易。但此时的国债发行主要是为了解决中央财政收支问题，股票市场的形成也处于自发状态，不仅没有推进资本市场发展的相关政策，甚至连"资本市场"的概念都没有。

2. 制度规范和监管机制明显不足

这一时期，不论是国债还是股票都没有比较符合市场机制要求的管理制度，如国债发行主要采取行政摊派形式，通过按照行政系统分派额度来完成发行任务，不存在国债的一、二级市场，已发行的国债基本没有交易市场。股票虽然有交易市场，但发行受到行政机制的严格限制，同时交易也仅限于上海和深圳的规定范围内。在此背景下，监管没有必要，当然也就谈不上对证券的发行和交易进行制度性监管。

3. 交易品种单一且规模狭小

从品种上说，资本市场产品只有国债和股票。就国债来说，虽然 80 年代末期，逐步增加了国家建设债券、财政债券、特种国债、保值公债等新品种，但是 5—9 年的中长期国债仍然是最重要的品种。从规模上说，每年发行的国债在几十亿元左右，股票交易也仅有上海的"老八股"和深圳的"老七股"，每天的股票交易额在几十万元到几百万元之间。

（二）20 世纪 90 年代初至 2003 年

这个阶段是我国资本市场的成长阶段。1992 年，党的十四大提出建立社会主义市场经济体制的目标，开启了我国资本市场发展的篇章。本阶段资本市场的要特征表现为：

1. 制度建设逐步加强

从 1992 年起，为推进资本市场发展国家出台了一系列制度规定，1992 年通过《股份有限公司规范意见》和《有限责任公司规范意见》，1993 年颁布《企业债券管理暂行条例》和《股票发行与交易管理暂行条例》，1994 年实施《公司法》，1999 年颁布并实施《证券法》。同时，对财务会计制度也进行了符合实际经济需要的改革，从原先的资金平衡表制度改为以资产负债表为基础的财务会计制度。

2. 构建较为完善的市场监管框架

1992 年 10 月，中国证券监督管理委员会设立，标志着符合中国特点的资本市场监管体制的建立。此后，中国证监会在保护投资者权益、规范市场、强化监管等方面采取了一系列措施，有力地推进了制度完善、信息披露、资本市场的规范发展。

3. 资本市场规模快速扩大

债券发行方面，国债每年的发行量从 1993 年的 300 亿元增加到数千亿元，交易方式包括现货交易、回购交易等；企业债每年发行量从 20 世纪 90 年代初的几十亿元增加到数百亿元；金融债券的发行量每年保持在几百亿元。股票的发行方面，年融资额可达 1000 多亿元，而每年股票交易额则达到数万亿元。在证券市场快速发展的背景下，证券投资基金也应运而生，为资本市场发展增加了更多活力。此外，公司并购、资产重组、股权置换和股权的协议转让等也相当活跃，每年的案例达数百起之多。

4. 市场管理逐步规范

市场管理的规范主要表现在市场逐步从分散走向集中。从股票市场看，1992 年以后，上海证券交易所和深圳证券交易所由当地政府管理划归中国证监会管理；1998 年关闭了从事法人股交易的 STAQ 系统、NET 系统，全国各地先后建立的 26 家证券交易中心也相继关闭，从而使得股票市场置于中国证监会的直接监管之下。从国债市场看，1996 年以前，国债市场主要有证券交易所为中心的场内市场和以证券交易中心、无形市场为特征的场外市场两大类别；1996 年以后，随着银行间市场的建立，国债市场被分为以商业银行等金融机构为主要交易主体的银行间市场和以证券公司等金融机构为主体的证券交易所市场，前者归中国人民银行直接监管，后者由中国证监会监管。

（三）2003 年 10 月至 2013 年 11 月

这个阶段是我国资本市场的协调发展阶段。2003 年十六届三中全会通过了《中共中央关于完善社会主义市场经济体制若干问题的决定》，对发展资本市场作出了战略性决定，我国资本市场的发展进入了一个新的阶段。本阶段我国资本市场发展特征主要表现为：

1. 明晰了资本市场发展目标

国家提出要积极推进资本市场的改革开放和稳定发展，扩大直接融资。"建立多层次资本市场体系，完善资本市场结构，丰富资本市场产品"已成为中国资本市场进一步发展的基本目标。

2. 资本市场的体制改革进一步深化

针对 20 世纪 90 年代资本市场的"计划机制管理"，即债券发行主要由国家统筹，股票发行的"额度管理"（1998 年之前）、"家数管理"（1998 年之后）和"通道制"（2002 年之后）需要满足政府监管部门的预期目标，进行了一定程度上的放松，如 2005 年 5 月开始着手解决不可流通股的流通问题。另外，对于资本市场中的各种不规范行为进行了整治，包括监管部门 2004 年着手进行了证券公司挪用客户保证金、违规代客理财的清理工作，同时加大打击违法违规从事证券交易活动的力度。

3. 资本市场的各类创新明显加快

产品方面，2005 年推出短期公司债券，出台了有关信贷资产证券化和按揭贷款证券化的制度，在解决上市公司股票全流通过程中推出了认股权证和股票备兑权证，设立了股票指数公司，为股票指数的期货、期权等交易的推出作前期准备。市场准入方面，扩大了保险基金投资企业债券、公司债券和股票的比例，准许商业银行创办基金管理公司，同时准许国际金融机构在中国境内发行人民币债券。保护投资者权益方面，出台了《证券投资者保护基金管理办法》等相关制度规定，设立"投资者保护基金公司"。

（四）2013 年 11 月至今

这个阶段是我国资本市场全面深化改革和全面依法治市阶段，以2013 年 11 月中共十八届三中全会通过《中共中央关于全面深化改革若干重大问题的决定》、2014 年 10 月中共十八届四中全会通过《中共中央关于全面推进依法治国若干重大问题的决定》为标志，我国资本市场发展进入了新的历史时期。本阶段我国资本市场发展的主要特征表现如下。

1. 推进资本市场法治建设

积极探讨和完善资本市场的法治建设，明确监管部门的正面清单，加快依法治市的进程，落实各项制度和措施，努力建立中国特色的资本市场法制体系和法治机制。按照《决定》中有关要求，各监管机构认真梳理相关制度，修改相关法律、法规和部门规章，优化资本市场相关法律条文，探讨资本市场的负面清单管理机制，调整各项监管机制、方法和措施，处理好政府与市场的关系。积极推进资本市场按照市场机制的内在要求和更好发挥政府作用的要求健康发展，自 2013 年证监会发布《全国中小企业股份转让系统有限责任公司管理暂行办法》开始，至 2018 年底证监会共通过了 64 项管理办法和决定。在此过程中，法律法规执行落地的优化也持续推进，2013 年至 2018 年，证监会针对各类市场违规行为作出了 641 项行政处罚决定，114 项市场禁入处罚。

2. 鼓励机制和产品金融创新

按照"健全多层次资本市场体系，推进股票发行注册制改革，多渠道推动股权融资，发展并规范债券市场，提高直接融资比重"的要求，加快和完善多层次资本市场体系建设，积极发展直接金融机制和创新直接金融产品，推进中国金融体系改革和发展。随着中小企业板的壮大和全国中小企业股份转让系统的逐步完善，2019 年又推出了科创板，多层次资本市场已初步形成。中国金融期货交易所的成立，不仅可以大大丰富资本市场上的金融产品，也有助于机构投资者和企业利用复杂金融产品管理其投资和经营风险。同时，从资本市场的深度和复杂性来说，它是资本市场发展历程上的一个新的台阶，也是我国资本市场逐步走向成熟、与国际市场相接轨的重要标志。

3. 逐步推进有序开放

按照扩大金融业对内对外开放的思路，持续推进金融领域改革开放，建立全面风险管理体系，提升金融部门风险识别和控制能力。利用沪港通、深港通、沪伦通，以及 H 股全流通试点，推动我国资本市场与国际接轨，优化境内企业境外上市融资环境，实现我国资本市场与国际市场深度联通；QFII、RQFII 制度相继实施，提升我国资本市场双向开放水平；创业板、科创板的开设，表明在资本市场的增量改革中，对高科技创新性企业在盈利状况、股权结构等方面做出更为稳妥的差异化安排，补齐资本市场服务科技创新的短板，增强对创新企业的包容性和适应性，试行注册制，为资本市场改革深化发展进行有益探索。

二、中国资本市场发展现状

（一）资本市场规模大幅萎缩

股市是经济的晴雨表。在经济形势普遍看淡看难看忧的大背景下，中国上市公司市值管理研究中心发布的《2018 年 A 股市值年度报告》显示，截至 2018 年底，3567 家 A 股上市公司合计市值 43.37 万亿元，比 2017 年末的 56.58 万亿元缩减了 13.21 万亿元。这是 A 股市值继 2015 年首次登上 50 万亿元高台、至 2017 年达到 56.58 万亿元后，首次跌回 50 万亿元以内，也是最近四年之新低。考虑到 2018 年有 105 家新上市公司，它们带来了增量市值 1.73 万亿元，A 股市场 2018 年实际毁灭市值财富达 14.94 万亿元，规模之大在 A 股市场自 1990 年问世以来 28 年历史上仅次于 2008 年。

2018 年 A 股市值规模较上年下降了 23.35%，降幅之大创最近十年之最。在 2009 年至 2018 年这十年里，A 股年底市值规模先后出现过三次环比下降，分别是 2011 年、2016 年和 2018 年，其中数 2018 年降幅最大，分别高于 2011 年和 2016 年 4.76 个百分点和 19.08 个百分点。2011 年 A 股市值环比下降 4.82 万亿元，降幅为 18.59%；2016 年下降 2.26 万亿元，降幅为 4.27%。具体情况如图 3-1 所示。

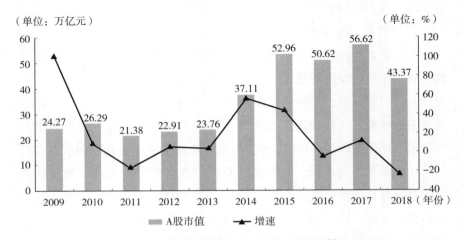

图 3-1　2009—2018 年 A 股市值总规模

债券市场方面，2018 年，债券市场共发行各类债券 43.6 万亿元，较上年增长 6.8%。其中，银行间债券市场发行债券 37.8 万亿元，同比增长 2.9%。截至 2018 年 12 月末，债券市场托管余额为 86.4 万亿元，其中银行间债券市场托管余额为 75.7 万亿元。2018 年，国债发行 3.5 万亿元，地方政府债券发行 4.2 万亿元，金融债券发行 5.3 万亿元，政府支持机构债券发行 2530 亿元，资产支持证券发行 1.8 万亿元，同业存单发行 21.1 万亿元，公司信用类债券发行 7.3 万亿元。

（二）资本市场结构逐步优化

尽管 2018 年的动荡令 A 股前行之路并不乐观，但仍有一些积极信号。一是投资者结构不断改善。得益于国家相关政策的扶持，中国资本市场的机构投资者有了长足发展，以散户为主的投资者结构得到显著改善。近些年来，专业机构投资者持股市值比重持续提升。Wind 资讯数据显示，A 股 2015 年投资者持股市值占比中，自然人占 25.18%，一般法人占比 59.83%，专业机构占比 14.49%，沪股通占比仅为 0.49%；到了 2018 年底，专业机构和一般法人合计占比快速上升，达到 78.47%，而自然人占比降至历史最低水平 19.62%。二是上市公司结构得到明显改善。随着国有大型企业的上市以及海外蓝筹、香港红筹股的回归，A 股市场上市公司的结构更加合理。例如，上证所流通市值前十名公司市值占总市值的比例由 2000 年的 7.83% 上升至 2017年的 39.35%，增加了将近 5 倍，反映了中国优质上市公司实力的提升（表 3-3）。

表 3-3　2017 年上海证券交易所股票流通市值前十名公司

名次	股票代码	股票简称	流通市值总值（万元）	所占总市值的比例（%）
1	601857	中国石油	147308134.97	11.47
2	601398	工商银行	102645082.80	7.99
3	601988	中国银行	55529117.11	4.32
4	600028	中国石化	44825437.50	3.49
5	601088	中国神华	38135206.74	2.97
6	601628	中国人寿	36628589.27	2.85
7	600519	贵州茅台	24893480.04	1.94
8	601318	中国平安	21428755.94	1.67
9	600036	招商银行	19256082.66	1.50
10	601328	交通银行	14751783.06	1.15

资料来源：中国证券监督管理委员会网站。

（三）资本市场国际地位不断提升

随着国内资本市场的飞速发展，中国在国际资本市场上的地位不断提升，已然确立在新兴市场的龙头地位。在 2016 年全球交易所上市公司市值排行榜上，上海证交所名列第七，市值达到 25470 亿美元；其他前六大交易所分别为：纽约交易所市值为 166130 亿美元，纳斯达克市值为 45820 亿美元，东京交易所市值 34780 亿美元，伦敦交易所市值 33960 亿美元，欧洲交易所市值 29300 亿美元，香港证券交易所市值 28310 亿美元。2017 年，无论是与印度、巴西等金砖四国成员比较，还是与韩国、新加坡等亚洲发达国家比较，中国股票市场都以 3077 家上市公司和 50.96 万亿总市值的成绩傲视群雄。2018 年 6 月、9 月，中国沪深 234 只 A 股分两步正式被纳入 MSCI（Morgan Stanley Capital International）指数体系，这对于 A 股乃至整个中国资本市场意义重大，也表明中国资本市场发展成绩获得了国际认可，是 A 股国际化的重要开端。MSCI 指数是全球响力最大的股票指数，也是全球的投资经理们采用最多的基准指数，世界上超过 97% 的顶级资管都是以 MSCI 指数为基准的。

三、中国资本市场改革的对策建议

随着市场化改革的进一步深化，中国资本市场将基本完成从"新兴加转轨"向成熟市场的过渡，迈入全面发展的时期。一个更加公正、透明、高效的资本市场，将在中国经济构筑自主创新体系中发挥重要作用，成为中国和谐社会建设的重要力量。同时，一个更加开放和具有国际竞争力的中国资本市场，也将在国际金融体系中发挥应有的作用。

（一）推进资本市场法治化建设

法治是资本市场体制建设的基础，是成熟资本市场能够持续健康发展的基石。推进资本市场法治化建设，以下几点值得重视。

1. 构建和完善内容科学、结构合理、层级适当的法律规范体系

主动适应社会经济社会发展需要，结合中国市场发展实践，有效的改革实践可上升为法律，尚未成熟的改革实践要依法授权试点，不适应改革实践的法律法规要及时修改；推进《证券法》和《期货法》两部资本市场基本法的立法和修订工作；在两部基本法的基础上，整合完善现有规章和规范性文件，形成包括融资与并购、市场交易、产品业务、市场与机构主体、对外开放、审慎监管、投资者保护监管执法等在内的八大法律实施规范子体系。

2. 依法治市，切实保护投资者利益

要严厉惩处违法违规行为，做到执法必严、违法必究，严格按照法律规定程序，加大对证券市场违法犯罪行为查处，尽快出台针对操

纵市场等犯罪行为的司法解释，明确定罪量刑标准，提高司法效率。

3. 加强监管，持续完善信息披露制度

信息披露制度是减少资本市场信息不对称的有效途径，对于资本市场诚信环境建设至关重要。信息披露制度设计应该坚持以投资者需求为导向，在把握真实性、完整性、准确性的基础上，力求易解性、易得性和公平性等，明确发行人、中介机构和交易所各自的披露职责。要针对不同层次市场的风险特点、投资者适当性、上市企业类型，做出差异化信息披露制度安排，保护投资者利益。

（二）深化资本市场的市场化改革

建设统一开放、竞争有序的市场体系，使市场在资源配置中起决定性作用的基础，主要有以下几点。

1. 改革发行体制，推进资本市场市场化进程

股票发行由核准制向注册制转变，是资本市场市场化改革的重要环节，有利于提高直接融资占比、畅通各类股权投资退出渠道，将提高上市公司中科技创新型企业的比例，从而促进股票市场的长期繁荣。

2. 完善退市制度，实现资本市场的优胜劣汰机制

退市制度与注册制相辅相成，成熟的资本市场不仅能够保证优秀企业顺利上市，也需要将不符合公开挂牌要求的企业清除离场，实现"有进有出"，形成良性循环。

3. 鼓励市场创新，提高市场活力和流动性

随着市场化进程的深入，资本市场需要满足更多投资者不同需求，大力鼓励各类金融产品创新，在金融衍生产品、结构性产品、固定收益产品、资产证券化产品等产品供给方面不断推陈出新，不断增强市场流动性和市场活力。

（三）加快建设丰富完善的多层次资本市场

中国经济发展不平衡的特点以及经济成分和形态的多样化，决定了新时代多层次资本市场体系架构不应该仅依靠股票和债券等标准金融产品。应该树立开放动态的市场发展理念，顺应实体经济多样化需求，推动标准市场与非标市场、场内交易与场外交易、股权市场与债权市场、公募市场与私募市场、现货市场与期货衍生品市场等统筹协

调发展，打造多层次"金字塔"型资本市场结构。

1. 完善科创板制度建设

推出科创板是完善资本市场基础制度、落实创新驱动和科技强国战略、推动高质量发展、支持上海国际金融中心和科技创新中心建设的重大改革举措。后续需要进一步借鉴国际成功经验，完善上市公司信息披露，把握好节奏，加强投资者适当性管理，引导投资者理性参与，分享创新企业发展成果。

2. 大力发展新三板市场

加快做市商扩容，继续完善新三板融资制度。在交易方式、信息披露、股票发行、投资者门槛等方面，不同层次市场要实行差异化的制度安排，分别面向不同资质、不同数量的企业群体，为不同特点企业提供有针对性、高效率的服务，以实现市场风险的分层管理。

3. 规范发展区域股权交易市场

明确区域性股权交易市场的法律地位，引导市场规范发展，在风险可控前提下，按照投资者合格、产品适合、规模适当的原则，鼓励地方政府引导推动区域性股权交易市场规范健康发展。支持股权交易中心以集合股权投资和债转股融资等方式开展中小企业融资服务。

4. 构建合适的转板机制

构建多层次资本市场之间的转板机制，提高市场整体流动性和服务功能。借鉴海外成熟市场的发展经验，建立合理的升降级通道，构建资本市场间转板机制，利用转板制度来联通协调各层次市场的有序发展。

5. 发展私募基金市场

从促进创新驱动的战略高度支持私募基金的发展，培育高质量的私募基金管理公司，允许证券公司和证券基金公司组建私募股权基金管理机构；培育壮大天使投资，进一步发展各类股权投资，完善股权投资链；发挥国家创业投资引导基金杠杆作用，培育股权投资机构，由政府、民间资本、企业家协同发力助推企业创新发展与产业转型升级；引导股权投资机构集聚，搭建投资信息共享与交流平台，减轻各个主体间的信息不对称，培育创业创新文化。

（四）积极稳妥推进资本市场对外开放

扩大资本市场对外开放，有助于促进我国资本市场和相关行业做大做强，同时也有助于人民币走向国际化。

1. 协同推进资本市场开放

首先，资本市场对外开放是一系统工程，因此在推动资本市场开放的同时，需要加快人民币汇率市场化改革、逐步放宽资本项目管制，通过资本市场开放更好利用好国内国外两个市场、两种资源，更好地优化资源配置，通过开放提高资本市场国际竞争力。其次，资本市场开放是双向过程，近年来管理部门通过主动开放来推进我国资本市场的国际化发展，包括逐步提高 QFII、RQFII 额度，提升了外资机构在我国资本市场的占比，吸引更多境外资金配置境内市场；同时，需要通过相应的制度安排，稳步提高国内机构参与海外市场的积极性，为国内居民提供更多元化的投资手段和工具，以及海外资产配置渠道。最后，资本市场开放需要遵循一定的次序，实现有序开放，避免相应的金融市场风险。近年来管理部门已放开外资参与国内金融机构的持股比例等限制，为外资进入中国资本市场提供了公平、公开、公正的市场环境，但是仍然需要完善金融基础设施建设和制度建设，通过金融制度环境的完善，促进中长期境内外资本市场深度融合，逐步推动人民币国际化以及离岸市场建设，有序推动资本项目可兑换，积累宏观经济政策应对跨境资本的冲击经验，建立更加包容、国际化、多层次的资本市场体系，提高资本市场配置资源的效率。

2. 完善现有通道和机制

首先，完善股票市场现有国际通道。增加投资便利性，继续扩大 QFII、RQFII 的投资额度，优先引进国外养老基金等长期稳定投资者；不断扩大沪港通、深港通、沪伦通等的交易规模，在时机成熟时将该机制向其他国际市场延展。其次，推进债券市场对外开放。向境外投资者开放境内公司债和地方债市场，引进国外政府、金融机构和企业在国内发行人民币债券，承销和投资人民币债券；支持国内企业到境外发行外币债券。

3. 加强资本市场对外开放的基础设施建设

首先，提升金融监管配套，注重审慎监管和行为监管，做好风险防范。中国资本市场开放降低了外资了准入门槛，在外资进入前实施了国民待遇和负面清单管理，但是资本市场的开放往往伴随风险加大，这要求提高金融监管的配套，转变金融监管理念，通过降低准入门槛和限制，提高行为监管和功能监管，注重审慎监管，通过金融监管水平的提高来更好地防范金融风险。其次，资本市场的配套制度建设。资本市场的成熟离不开国际一流的会计、审计、支付、法律、评级、金融基础设施等配套服务，目前我国的配套服务市场对外资开放不足，金融基础设施的国际化水平也有很大提升空间。需要考虑允许国际知名的会计师事务所、支付机构、评级机构、律师事务所等在我国独立执业，通过引入竞争，提高我国配套服务的整体水平和国际化程度，同时推进我国会计标准和国际标准趋同、互认，降低市场主体成本，加快我国金融基础设施与国际社会互联互通，让市场主体可以以其熟悉的方式参与全球的资本市场。

本 章 小 结

　　资本市场是长期资金市场，是指证券融资和经营1年以上的资金借贷和证券交易的场所，也称中长期资金市场。包括股票市场、债券市场、基金市场和中长期信贷市场等，其融通的资金主要作为扩大再生产的资本使用，因此称为资本市场。资本市场是通过对收益的预期来导向资源配置的机制。

　　资本市场按融通资金方式的不同，又可分为银行中长期信贷市场和证券市场。若以金融工具的基本性质分类，资本市场可区分为股权市场及债权市场，前者是指股票市场，后者则指债券市场。股票市场上主要流通的凭证即为公司股票，持有股票的股东，除非是公司结束营业，其股权资产只有每年的股息收入，对公司资产不能有立即请求权。债权市场内流通的各债务工具，包括各种债券、商业本票、存单及贷款等，其基本特点为有一定期限、有较确定的收益率、具有全额请求权。

　　与货币市场相比，资本市场特点主要有：一是融资期限长。至少在1年以上，也可以长达几十年，甚至无到期日。二是流动性相对较差。在资本市场上筹集到的资金多用于解决中长期融资需求，故流动性和变现性相对较弱。三是风险大而收益较高。由于融资期限较长，发生重大变故的可能性也大，市场价格容易波动，投资者需承受较大风险。同时，作为对风险的报酬，其收益也较高。

　　在资本市场上，资金供应者主要是储蓄银行、保险公司、信托投资公司及各种基金和个人投资者；而资金需求方主要是企业、社会团体、政府机构等。其交易对象主要是中长期信用工具，如股票、债券等。

　　在高度发达的市场经济条件下，资本市场的功能可以按照其发展逻辑而界定为长期资金的融通、资本的定价、资源的配置和宏观调控功能等方面。

债券市场是发行和买卖债券的市场。债券的种类繁多，按发行主体不同，可分为政府债券、公司债券和金融债券；按偿还期限不同，可分为短期债券、中期债券和长期债券；按信用方式不同，可分为信用债券和担保债权；按筹集资金的方式不同，可分为公募债券和私募债券；按发行区域不同，可分为国内债券和国际债券；按债券的利息支付方式不同，可分为附息债券、贴现债券、累进计息债券、浮动利率债券和一次性还本付息债券等；按债券内含选择权不同，可分为可赎回债券、偿还基金债券、可转换债券和带认股权证的债券等。

股票市场也称为权益市场，是资本市场的重要组成部分。根据不同标准，股票大致可以分为如下类别：按是否记名，可分为记名股票和不记名股票；按有无标明票面金额，可分为有面额股票和无面额股票；按股东的权利，可分为普通股和优先股。股票市场的组织结构可分为一级市场和二级市场。一级市场是股票的发行市场，股票的发行是整个股票市场的起点和股票交易的基础；二级市场是已发行在外的股票进行买卖交易的场所，包括证券交易所集中交易市场、场外交易市场、第三市场和第四市场等。

重 要 概 念

债券　国债　公司债券　可转换公司债券　债券余额包销债券全额包销　债券承销　现货交易　期货交易　股票　证券交易所　场外市场　第三市场　第四市场　股票票面价值　股票账面价值　股票内在价值　股票市场价值　股价指数　流通价格转让价格

复习思考题

1. 简述国债和公司债券的发行过程。

2. 确定债券价格应考虑哪些因素？

3. 简述债券的承销方式。

4. 某公司发行面额 100 元的 4 年期债券，票面利率为 12%，当市场利率为 10%。请计算一下，按市场收益率债券发行的价格应为多少？

5. 简述股票的含义、特点及种类。

6. 简述股票发行方式的种类。影响股票价格的因素有哪些？

7. 某股票市场以 A、B、C、D 四种股票为样本，基期价格为 5 元、6 元、8 元、9 元，报告期价格分别为 10 元、15 元、20 元、25 元，基期指数为 100，报告期权数分别为 100、150、200、250，分别用算数平均法、加权平均法计算股价指数。

8. 2013 年国库券，到期日为 2018 年 7 月 1 日，面值为 100 元，年利率 9%（单利），期限 5 年。2016 年 10 月 17 日，某公司按 18% 的年收益率购买这张国库券，其价格是多少？

第四章　外汇市场

外汇市场是金融市场的重要组成部分，在国际贸易、国际借贷、国际投资、国际汇兑和国际结算中充当国际金融活动的枢纽。外汇市场调节外汇供求，调剂外汇余缺，通过买卖远期外汇期权、掉期、套期保值等方式实现规避或减少外汇风险，以达到避险保值的目的。

第一节　外汇和汇率

一、外汇的含义

外汇（Foreign Exchange）是国际汇兑的简称，指国际间的清偿或结算活动。国际间的债权债务的清偿与货币收支需要通过银行把本国货币兑换成外国货币，或者是把外国的货币兑换成本国的货币，实现资金周转。按照国际货币基金组织的解释，外汇是指"货币行政当局包括中央银行、财政部等以银行存款、财政部库存、长短期政府证券等形式所保有的在国际收支逆差时使用的债权"。

对于国际汇兑，一般有动态和静态两种解释：（1）所谓的动态含义是指把一国的货币借助于各种国际结算工具，通过特定的金融机构兑换成另一个国家的货币，来清偿国际间债权债务关系的一种交易过程。最初的外汇概念就是指它的动态含义，但是，现在人们提到外汇时，大多是指它的静态含义了。（2）广义的外汇静态概念用于国家的管理法令之中，是指一切用外币表示的资产。《中华人民共和国外汇管

理条例》定义：外汇是指下列以外币表示的可以用作国际清偿的支付
手段和资产，具体包括以下几种：一是外国货币，包括钞票、铸币；
二是外币支付凭证，包括票据、银行存款凭证、邮政储蓄凭证；三是
外币有价证券，包括政府债券、公司债券、股票等；四是特别提款权，
欧洲货币单位；五是其他外汇资产。（3）狭义的静态外汇概念是指以
外币表示的可以用于国家间结算的支付手段。按照这一概念，只有存
放在国外银行的外币资金，以及将对银行存款的索取权具体化了的外
币票据才构成外汇。具体来看，外汇主要包括以外币表示的银行汇票、
支票、银行存款等。

因此，一种货币要想成为外汇必须具备以下的基本特征：（1）外
币计值，外汇是以外币计值的，可以用来作为对外支付的金融资产。
任何以本币表示的支付凭证和有价证券不能视为外汇。（2）可兑换，
外汇具有可自由兑换的性质，不管在任何情况下，都可以以任何目的
不受限制的将这种外汇兑换成其他国家的货币或购买其他信用工具。
（3）可偿性，即外汇是在国外必须能够得到清偿的债权。

二、外汇的种类

外汇的种类很多，我们可以从不同的角度依照不同的标准划分。

（一）按照交割期限不同划分

1. 即期外汇

即期外汇又称现汇，是指外汇买卖或国际贸易中即期进行收付的
外汇，是在买卖成交后立即交割或在两个营业日内完成交割的外汇。
交割是指买卖双方钱货两清的行为。

2. 远期外汇

远期外汇又称远期汇兑或期汇，它是指在约定日期前按照合同规
定的汇率进行交割的外汇。远期外汇的期限一般在1—6个月，最长达
1年。

（二）按照来源和用途的不同划分

1. 贸易外汇

贸易外汇是指由商品出口和进口而发生的收入和支出的外汇。贸

易外汇包括对外贸易中因收付贸易货款、运输费和保险费等而发生的外汇。贸易外汇是一国外汇收支的重要内容，在国际收支中占据着重要的地位。

2. 非贸易外汇

非贸易外汇是指由非贸易外汇往来而发生的收入和支出的外汇。包括侨汇、旅游外汇、劳务外汇、私人外汇，以及交通、邮电、民航、保险、银行、港口等部门对外业务收支的外汇。随着经济全球化的发展，非贸易外汇的收入在一国的外汇收入中所占的比例越来越大。

（三）按照是否具有自由兑换性划分

1. 自由外汇

自由外汇是指不需要经货币发行国批准，可以在国际金融市场上自由买卖，在国际支付中广泛使用并且可以无限制地兑换成其他国家货币的外汇。

2. 记账外汇

记账外汇也称为清算外汇或协定外汇，是指两国政府间签订的，双边支付协定下规定使用的外汇，兑换成其他国家货币或对第三国进行支付需要经过发行批准。记账外汇只能根据两国政府间的清算协定，在双方的银行开立专门账户记载使用，年终发生的收支差额，一般转入下年度贸易项下平衡，目的在于节省交易双方的自由外汇。

（四）按照持有者的不同划分

1. 私人外汇

私人外汇是指企业和家庭所持有的外汇。一般来说，发达国家对私人外汇的限制很小，而发展中国家在国际收支状况不佳时，对私人外汇进行管制是政府经常选择的一种解决外汇短缺的办法。

2. 官方外汇

官方外汇是指财政部门、中央银行或其他政府机构以及国际组织所持有的外汇。官方持有外汇主要用来稳定本国货币汇率、平衡国际收支、偿还对外债务等，它是各国国际储备资产的主要组成部分。

（五）按照流动性划分

1. 短期外汇

短期外汇是指在短期内可以变现的外汇资产，包括外币、活期外汇存款余额，以及用外币计价的票据、短期有价证券、应收外汇账款和预付外汇费用等。这种外汇具有较高的流动性，但是赢利性比较差。

2. 长期外汇

长期外汇是指在短期内难以变现的外汇资产，主要包括外国股票和长期债券等。它的流动性不高，但是赢利性较好。

三、汇率的概念与标价方法

（一）汇率的概念

汇率又称外汇汇率，或外汇行市，是指两种货币之间的兑换比率，是一种货币用另一种货币所表现的价格。外汇是可以在国际上自由兑换、自由买卖的资产，因此，是一种特殊的商品。而汇率就是这种特殊商品的"特殊价格"。一般商品的价格都是用货币表示的，但是我们不能反过来用商品来表示货币的价格。在国际汇兑中不同的货币却可以表示对方的价格，因此，外汇汇率具有双向表示的特点；既可以用外国的货币表示本国货币的价格，也可以用本国的货币表示外国货币的价格。这样，外国和本国的货币都同样的具有表示对方货币价格的功能。至于是用外国货币表示本国货币的价格还是用本国货币表示外国货币的价格，取决于一国所采用的标价方法。

（二）汇率的标价方法

换算两个国家的货币首先要确定哪个国家的货币作为标准。由于确定的标准不同，存在着不同的标价方法。

1. 直接标价法

直接标价法是指用一个单位或一百个单位的外国货币作为标准，换算成一定数额的本国货币。在直接标价法下，外国货币的数额是不变的，本国货币的数额是随着外国货币或者本国货币升值的变化而变化的，外国货币的币值和本国货币的金额成正比例变化，而本国货币的币值则与本国货币的金额成反比例的变动。那么，在这种标价法下，外汇的价格可以很直观地通过本国货币的价格表现出来。汇率上升表示本国货币币值下降，而汇率下降则表示本国货币币值上升。世界上绝大多数的国家都采用直接标价法，我国也是采用这一种标价方法。

2. 间接标价法

间接标价法是指以一个单位或一百个单位的本国货币作为标准，换算成一定数额的外国货币。在间接标价法下，本国货币的数额是固定不变的，外国货币的数额是随着本国货币或者外国货币升值的变化而变化的。本国货币的升值与外国货币的金额成正比例的变化，而外国货币的金额与其自身的币值成反比例变化。在这种标价法下，汇率上升表示本国货币币值上升，汇率下降则表示本国货币币值下降。英国和美国都是采用间接标价法的国家。

3. 直接标价法与间接标价法之间的关系

直接标价法下的汇率与间接标价法下的汇率互为倒数，两者相乘为1，知道了其中一种标价方法下的汇率值，就可以求得另一种标价方法下的汇率值。

例如，在日本市场，美元与日元之间采用直接标价法：

$$USD1 = JPY109.5829$$

那么，其间接标价法为：

$$JPY1 = USD1/109.5829 = USD0.0091$$

在不同的外汇市场，就同一种标价方法而言，其标价也存在着一种倒数关系。当两地的外汇市场采用同一种标价方法（都采用直接标价法或者是都采用间接标价法）且标价相同时，一个外汇市场的标价就是另一个外汇市场标价的倒数，如果这两个市场标价的乘积等于1，表明两个市场同一种货币的汇率不存在差异，因此，就没有套汇的机会；如果这两个市场就同一种货币的汇率存在差异，那么，就存在套汇的机会。

两地的外汇市场如果采用不同的标价方法，即一个市场采用直接标价法，另一个市场采用间接标价法，若不存在套汇的机会，这两个外汇市场所标的价格是完全相同的。

4. 美元标价法

美元标价法是指以一定的美元为基础，计算折合若干外国货币的一种表示方法。在这种标价法下，美元的金额是不变的，其他国家的货币金额是变动的，美元的币值与其他国家的货币金额成正比例的变动，而其他国家货币的金额与其自身的币值成反比例的变动。第二次世界大战以后，尤其是欧洲货币市场兴起以来，国际金融市场之间的外汇交易数量迅速增长，为了便于在国际间进行外汇交易，银行间的报价，都是以美元为标准来表示各国货币的价格。例如，从瑞士苏黎世向德国银行询问欧元的汇率，法兰克福经营外汇银行的报价，不是直接报瑞士法郎对欧元的汇率，而是直接报美元对欧元的汇率。世界各国金融中心的国际银行所公布的外汇牌价，都是以美元对其他主要货币的汇率，非美元之间的汇率则是通过各国对美元的汇率进行换算，作为报价的基础。对美国来说，美元标价法实际上就是间接标价法，而对除美国以外的其他国家而言，美元标价法实际上就是直接标价法。

四、汇率的类别

（一）根据不同的汇率制度划分

1. 固定汇率

固定汇率（Fixed Rate）是指现实的汇率受平价的约束，只能围绕平价在很小的范围内上下波动的汇率。它包括金本位制下的固定汇率和纸币流通情况下的固定汇率。金本位下的固定汇率，其汇率的决定基础是铸币平价，汇率的波动限定在黄金输送点这一极小的范围内。纸币流通下的固定汇率制度，其汇率的决定基础是黄金平价，汇率的波动幅度加宽。

2. 浮动汇率

浮动汇率（Floating Rate）是指各国的货币之间不规定固定的比例，汇率的波动不受限制，主要是随外汇市场供求状况的变化而变化的汇率。浮动汇率以政府是否进行干预，可分为自由浮动和管理浮动。自由浮动是指不受货币当局干预而完全由市场机制决定汇率的浮动。管理浮动是指货币当局以各种不同的方式来干预和影响汇率的波动。

若以汇率的浮动方式不同来分，可分为单独浮动、盯住单一货币浮动、盯住一篮子货币浮动和联合浮动。单独浮动是指一国货币不与其他国家的货币发生联系，其汇率根据外汇市场的供求变化而自动地调整；盯住单一货币浮动是指一国的货币盯住某一发达国家的货币，随着发达国家的货币涨落而浮动；盯住一篮子货币浮动是指一国的货币盯住一篮子货币，与一篮子的货币相关联；联合浮动是指一些经济联系密切的国家组成集团，在成员国货币之间实行固定汇率的同时，对非成员国货币实行共同升降的浮动汇率。

（二）按照买卖外汇的交割期限不同划分

1. 即期汇率

即期汇率（Spot Rate）又称现汇汇率，是指买卖双方成交后，立刻或在两个营业日内交割完毕所使用的汇率。交割是指买卖双方履行交割契约，进行钱货两清的行为。

2. 远期汇率

远期汇率（Forward Rate）又称期汇汇率，是指买卖双方事先约定，在未来的某一日期进行外汇买卖交割时所使用的汇率。使用远期汇率的主要目的是为了锁定外汇交易的风险。由于远期汇率涉及各种交割期限，因此，在某一个特定的时点上存在着数个远期汇率。常见的有1个月、2个月、3个月、6个月等远期汇率。

在外汇市场上外汇银行一般都是直接报出即期汇率，但对于远期汇率则有两种不同的标价方法。

直接报价法（Outright Rate）。与现汇的报价相同，即直接将各种不同交割期限的汇率的买入价和卖出价表示出来，这种方法主要是用于银行对于一般顾客的报价上。

远期差价报价法（Forward Margin）。远期差价又称掉期率（Swap Rate），或点数报价（Point Quotation），是即期汇率与远期汇率之间的差价。远期汇率比即期汇率高称为升水（Premium），远期汇率比即期汇率低称为贴水（Discount），远期汇率与即期汇率相等称为平价（Par）。就两种货币而言，一种货币的升水必然对应着另一种货币的贴水。

　　由于直接报价法所报出的远期汇率经常随即期汇率的变动而变动，远期汇率要经常修改，在业务上非常不方便；而远期差价法报价则比较稳定，当现汇汇率变动时，远期差价常常保持不变，所以远期差价法以升、贴水来报价比直接改动期汇汇率方便一些。

　　在远期汇率的经济分析中，常常使用到升（贴）水年率的概念，即把远期差价换成年率来表示，其计算公式为：

$$升（贴）水年率 = \frac{远期汇率 - 即期汇率}{即期汇率} \times \frac{12}{n} \times 100\% \qquad (4.1)$$

　　其中，n 代表远期合约期限。升贴水年率为正值是升水率，升贴水年率为负值是贴水率。

（三）按银行外汇买卖的角度分

1. 买入汇率

　　买入汇率（Buying Rate or Bid Rate）又称为买入价，是指银行买入外汇时所使用的汇率。由于这一汇率主要用于银行与出口商之间的外汇交易，因此，买入汇率通常也称为出口汇率。

2. 卖出汇率

　　卖出汇率（Selling Rate or Offer Rate）又称卖出价，是指银行卖出外汇时所使用的汇率。由于这一汇率多用于进口商与银行之间的外汇交易，因此卖出汇率也经常称为进口汇率。

　　买入和卖出是从报价银行的角度来说的，这一点对于正确区分买入、卖出汇率至关重要。一般来说，银行买价低、卖价高，买入卖出汇率之间的差额，为银行买卖外汇的手续费收入。

　　在外汇市场上，银行通常都是采用双向报价（Two-way Price），即同时报出买入和卖出汇率。在所报的两个汇率中，前一个的数值较小，后一个的数值较大。在直接标价法下，前一个较小的数值表示银行的买入汇率，后一个较大的数值表示的是银行的卖出汇率；但是在间接标价法下，前一个较小数值表示的是卖出汇率，后一个较大的数值表示的是买入汇率。

3. 中间汇率

　　中间汇率（Middle Rate）是买入汇率和卖出汇率的平均数，一般来说，财经类媒体多使用中间汇率来报道汇率消息。其计算公式为：

$$中间汇率 = （买入汇率 + 卖出汇率）÷ 2 \qquad (4.2)$$

（四）按照外汇汇款方式不同划分

1. 电汇汇率

电汇汇率（Telegraphic Transfer Rate）是指通过电报电传的方式买卖外汇，银行卖出外汇后立即用电报通知国外分支行或代理行将款项结付给收款人。从卖方银行来说，可以利用在途资金的时间很短，而且，交易的费用也比较高，所以，电汇汇率一般较贵。

2. 信汇汇率

信汇汇率（Mail Transfer Rate）指银行买卖外汇后用信函的方式通知国外分支行或代理行结付资金时所使用的汇率。由于信汇需要的时间比电汇的时间长，银行有较长的时间可以利用在途资金，所以信汇汇率要低于电汇汇率。

3. 汇票汇率

汇票汇率（Draft Rate）指银行买卖外汇汇票时，通过开立汇票和邮寄汇票的形式买卖外汇时使用的汇率。因为汇票在期限上有即期和远期之分，汇票汇率又可以分为即期汇票汇率和远期汇票汇率，后者要在即期汇票汇率的基础上扣除远期付款的利息。

（五）按开盘、收盘时间划分

1. 开盘汇率

开盘汇率（Opening Rate）是指一定时间段内某一外汇市场第一笔交易的汇率，通常有每天的开盘价和每周的开盘价等。

2. 收盘汇率

收盘汇率（Closing Rate）是指一定时间段内某一外汇市场交易结束时最后一笔交易的汇率，通常有每天的收盘价和每周的收盘价等。

（六）按外汇管制程度的不同划分

1. 官方汇率

官方汇率（Official Rate）也称法定汇率，是指外汇管制较严格的国家授权其外汇管理当局制定并公布的本国货币和其他各种货币之间的外汇牌价。

2. 市场汇率

市场汇率（Market Rate）是指外汇管制较松的国家在自由外汇市场上进行交易的汇率，它一般存在于外汇市场机制较发达的国家。在这些国家的外汇市场上，外汇交易不受官方的限制，市场汇率主要受外汇供求的影响。官方不能规定市场汇率，只能参与外汇市场活动来干预外汇变化，以避免汇率出现大幅度的波动。

除外汇管制严格的国家实行官方汇率、外汇管制较松的国家实行市场汇率外，在一些逐步放松管制、建立外汇市场的国家中，可能会出现官方汇率与市场汇率并存的现象。

（七）按汇率制度基础不同划分

1. 基本汇率

基本汇率（Basic Rate）是指本国货币对于某一关键货币的汇率。关键货币（Key Currency）指在世界贸易中使用最多，在国际外汇储备中所占的比例最大，可以自由兑换的、国际上普遍接受的货币。各国一般都把美元对本国货币的汇率作为基本汇率。

2. 套算汇率

套算汇率（Cross Rate）又称为交叉汇率，是指以两国货币的基本汇率之比确定的汇率。各国通常都以美元为关键货币所确定的基本汇率为依据套算出与其他货币的汇率。

第二节　外汇市场概述

一、外汇市场的含义

外汇市场（Foreign Exchange Market）是金融市场的重要组成部分，是指各国中央银行、外汇银行、外汇经纪人和客户组成的买卖外汇的交易系统，既包括本币与外币之间的相互买卖，也包括不同币种的外汇之间的相互买卖。外汇市场不像商品市场那样，一定要有具体的交易场所，它主要是指外汇买卖双方在特定的地区内、通过现代化的通讯设备及计算机网络系统来从事外汇买卖的交易活动。

二、外汇市场的构成

(一) 外汇市场的参与者

1. 外汇银行

外汇银行又叫外汇指定银行，是指经过本国中央银行批准，可以经营外汇业务的商业银行或其他金融机构。主要有：专营或兼营外汇业务的本国商业银行；设在本国的经营外汇业务的外国银行分行；本国经营外汇业务的其他非银行金融机构。

外汇银行是外汇市场上最重要的参与者，是外汇供求的中介机构，它不仅对客户进行外汇买卖，而且还在同业之间进行大量的交易，它可以和外汇市场上的所有交易者发生联系。

外汇银行一般在两个层次上从事外汇业务活动。第一个层次是零售业务活动，银行应客户的要求进行外汇买卖，并收兑不同国家的外汇现钞。第二个层次是批发业务活动，这是银行为了平衡外汇头寸、防止外汇风险而在银行同业市场上进行的轧差买卖。外汇银行在外汇市场上发挥着重要的作用，这主要表现在外汇市场是外汇汇集的中心，能反映外汇的供给和需求，并最终决定汇率水平。

2. 外汇经纪人

外汇经纪人是指以赚取佣金为目的促成外汇买卖双方成交的中间商，介于外汇银行、外汇银行和其他外汇市场参加者之间，接洽外汇买卖。外汇经纪人自己不买卖外汇，他们主要是利用各种通信渠道和交通工具，与外汇银行、进出口商保持密切联系，及时掌握外汇市场的供求信息，促成买卖双方达成交易。如同外汇银行一样，外汇经纪商也必须经过所在国中央银行的核准方可参与市场。外汇经纪人在外汇市场的作用主要在于提高外汇交易的效率，这主要体现在成交的价格和速度上。外汇经纪人通常与银行和客户保持密切的联系，并了解和掌握外汇市场的各种行情和信息，为买卖的双方寻求交易的契合点，因此，在客观上提高了外汇市场的交易效率。

3. 客户

客户是外汇市场上的主要供求者，他们参与外汇交易的目的各不相同，其在外汇市场上的地位仅次于外汇银行。这类市场参与者有的为实施某项经济交易而买卖外汇，如进出口商、国际投资者、旅游者等；有的为了调整资产结构或利用国际金融市场的不均衡状况进行外汇交易，如在不同的货币市场上赚取利差、汇差收益的套利者和套期保值者，赚取风险利润的外汇投机者；等等。

4. 中央银行和其他监管机构

中央银行是外汇市场上的另一个重要的参与者。这是因为各国的中央银行都持有相当数量的外汇余额作为国际储备的重要组成部分，并承担着维持本国货币金融稳定的职责。中央银行主要通过购入和抛出某种国际性货币的方式来对外汇市场进行干预，以此来把本国货币的汇率稳定在期望的水平上，从而实现本国金融政策的目的。

中央银行干预外汇市场的范围与频度在很大程度上取决于该国政府实行什么样的汇率制度。假如一国实行的是固定汇率制度，那么，该国中央银行的干预程度显然要比实行浮动汇率制的国家要大得多。通常情况下，中央银行在外汇市场上的交易数量并不是很大，但是其影响却非常的广泛，中央银行即使是在外汇市场上的一个微小举动，有时也会对一国货币汇率产生重大的影响。除了中央银行以外，有时其他政府机构为了不同的经济目的，也进入外汇市场进行交易，如财政部、商业部等。但是，中央银行是外汇市场上最重要、最经常的官方参与者。中央银行对市场进行干预时主要考虑到以下影响因素：（1）本币币值的高低。若外汇需求过旺，本币币值就会下降，此时中央银行就抛出外汇购入本币，维持本币币值的稳定；反之，则抛售本币购入外汇。这种公开市场业务是中央银行干预外汇市场的主要方式。（2）国内货币供应量。例如，当本币升值时，中央银行抛售本币，收购外币，会使国内货币市场的本币供给增加，容易引起物价上升，诱发或加重本国的通货膨胀。（3）注意干预时机的选择，中央银行的干预必须顺应市场潮流，才能获得最佳效果。（4）市场预期。当今的国际外汇市场，投机资本以万亿美元计，中央银行的外汇储备与国际游资比起来简直是"小巫见大巫"。过去市场趋向于中央银行的政策导向,但现在市场又出现了"联合干预亦毫无作用"的现象。因为当中央银行持续干预并选准干预时机时,同时也会影响市场预期。

5. 外汇投机者

外汇投机者是通过预测外汇的涨落,利用某种货币利率的时间差异,低价买入高价卖出,赚取投机利润的市场参与者。外汇投机者不是出于清偿债权债务等真实需求原因参与市场的,他们参与外汇买卖主要目的是根据自己的经验判断,利用市场信息不对称,发现可利用的获利机会。外汇投机者愿意承担外汇风险,他们出入于各个外汇市场,频繁地买卖外汇,使各个外汇市场的汇率趋于一致,汇率更加接近于外汇供求的水平。因此,外汇投机者是外汇市场上不可缺少的力量,也可以认为投机活动是使外汇市场完善的途径之一。

(二) 外汇市场交易的层次划分

根据外汇市场的交易者不同,可以将外汇市场划分为以下层次。

1. **外汇银行同业间的外汇交易**

这是外汇市场的核心部分,在外汇市场上,银行同业间的外汇交易量占了交易总量的大部分,可达外汇市场交易总量的90%以上。因此,在这个市场上可以实现均衡的汇率。在每一个营业日,银行根据客户的需要为客户提供外汇买卖的中介服务,难免产生各种外汇头寸的多头或空头,多头和空头统称为敞口头寸。多头是指某一币种的购入额大于出售额,空头是指某一币种的出售额大于购入额。对于银行而言,无论处于多头地位还是空头地位,都会面临汇率变动的风险,若银行要回避外汇风险,就需要通过银行同业间的交易,轧平外汇头寸,即将多头抛出,将空头补进。此外,银行还出于投机、套利、套期保值等目的从事同业的外汇交易。

2. **银行与其非银行客户之间的外汇市场**

顾客出于各种各样的目的向外汇银行买卖外汇。银行在与客户的外汇交易中一方面从客户手中买入外汇,另一方面又将外汇卖给客户,银行实际上是在外汇的供给者与外汇的需求者之间起到一个中介作用,以赚取差价利润。

3. 外汇银行与中央银行之间的外汇市场

中央银行等外汇管理机构在外汇市场上与外汇银行进行交易的目的不是为了赚取利润，而是为了宏观调控。中央银行为了使外汇市场上自发形成的供求关系所决定的汇率能相对稳定在某一期望的水平上，可通过其与外汇银行之间的交易对外汇市场进行干预。中央银行可在本国外汇储备不足时从外汇银行买入外汇，在市场汇率波动较大时抛出或买进外汇来引起货币存量的变化以稳定汇率，借以实现自己的货币政策目标。

三、外汇市场的发展

（一）汇率的自由浮动是外汇市场发展的前提条件

1944 年 7 月，在美国新罕布什尔州的布雷顿森林，召开了联合国金融会议，建立了美元与黄金挂钩，其他货币与美元挂钩的新金汇兑本位制。在这种货币体制下，汇率基本是固定的，美元兑主要工业国家货币的汇率波动一般不能超过 1%，因此，制约了外汇市场的发展。1973 年，布雷顿森林体制崩溃以后，主要资本主义国家的货币汇率处于浮动状态，尽管这种自由浮动并非完全自由，主要工业国家的中央银行都会利用各种经济手段干预外汇市场。但是不可否认的是，外汇市场的波动幅度越来越大。

（二）金融自由化是外汇市场发展的重要因素

从 20 世纪 70 年代末期开始，一些主要的工业国家逐渐的放松了外汇管制，其金融制度开始朝自由化的方向迈进。

西方国家金融的自由化主要表现在以下几个方面：第一，金融市场的自由化，即取消或放松了外汇的管制，资本的输入和输出更趋向自由化；第二，利率自由化，即取消或放松银行存款与贷款的利率限制；第三，金融业务自由化，即取消或放松银行业务与证券公司业务的交叉限制。

美国在 1980 年通过了新的银行法，促使美国的金融业向更加自由化、更加多样化的方向发展。1979 年英国宣布取消了实行 40 年的外汇管制，建立了金融自我约束机制。1980 年 12 月，日本通过了新的外汇法，开始逐步推进金融国际化。1984 年，日本政府取消了日元兑换的规定，允许日元自由的兑换。1986 年 12 月 1 日，东京的金融市场正式营业，与伦敦、纽约一起成为三大国际外汇市场，各据一个时间区的国际金融中心。主要资本主义国家的金融自由化大大推进了全球外汇市场的发展。

（三）技术革命为外汇市场的发展奠定了物质基础

第二次世界大战以后，作为第三次科技革命发展标志的计算机、新材料的飞速发展，尤其是 20 世纪 70 年代以后，大型计算机、超大型计算机的研制与应用，加上小型计算机的普及，促进了西方金融界向计算机化发展。1970 年 4 月，纽约建立了通过电脑网络清算的纽约同业清算系统。由于当时的电脑技术尚处于初步的发展阶段，当日无法处理全部的美元收付，必须要等到第二天才可以完成全部的清算工作。1986 年 10 月，纽约当日结算系统开始正式的运行。另外，伦敦电子自动收付系统和西欧与北美 15 国组成的环球银行同业金融电讯系统也相继的投入运行。技术条件的推动，极大促进了外汇市场的发展。

四、外汇市场的功能

（一）实现购买力的国际转移

日益紧密的国际经济交往，企业和个人产生了对外汇的供给和需求，如商品的进出口、海外投资、出国学习和旅游等，此类跨境经济活动都需要购买力在国际之间的转移，而外汇市场提供了购买力国际转移的场所。例如，一家中国出口商将其产品出售给德国进口商，这笔交易的计价货币可以选择欧元，也可以通过美元来支付。如果用欧元计价结算，德国进口商只需用其本币进行支付即可，因为欧元是国际货币；如果使用美元结算，那么首先德国进口商需要在外汇市场购买美元支付中国出口商的货款；而中国出口商获得美元之后，在国内使用的话，还需要将销售所获得的美元兑换成人民币。各类的外汇购买者和出售者通过外汇市场联系起来，外汇市场在这里起到了为买卖双方牵线搭桥的作用，有效实现了购买力的国际转移。

（二）为国际经济交易提供融资

在国际贸易活动中，出口商为了促进出口一般接受延期付款方式。这种情况下，为了尽快收到货款、缓解资金周转的需要，出口商会将尚未到期票据拿到银行进行贴现，此时的市场就为国际经济交易提供了重要的融资。跨境投资所产生的经济交易往往也需要外汇市场提供帮助，如英国的跨国企业到加拿大进行投资，需要在外汇市场将其英镑兑换为加元，然后才可以在加拿大购买土地、新建厂房、添置机器设备并雇佣当地工人。此外，外汇市场的存在，使得人们可以在一个国家金融市场筹集资金，然后向另一个国家进行贷款和投资，各种套利活动得以进行，为国际经济交易提供融资便利的同时，也促进了全球利率水平的趋同。

（三）提供外汇保值和投机的场所

在以外币计价成交的国际经济交易中，交易各方往往都承担着较大的汇率风险。外汇保值是指交易者卖出或者是买进金额相当于已有的一笔外币资产或负债的外汇，使原有的这笔外币资产或者是负债避免汇率波动的影响，从而达到保值的目的。如出口商在延期支付中，为了防止将来收到外汇款项时汇率下跌带来的风险，可以在外汇市场进行远期或期货期权的套期保值，规避外币汇率下跌带来的风险；跨国债务人为了防止将来所借外币升值给自己还款时带来的损失，可以在外汇市场通过买入远期外汇实现套期保值。外汇投机是交易者根据自己对外汇变动趋势的判断，通过某项外汇交易使自己原来关闭的外汇头寸转变成敞开的多头寸或者是空头寸，或者是让由于某种实际经济交易所产生的外汇头寸继续敞开着而不采取任何的抛补措施，以期在日后的汇率变动中得到外汇收益。可见，外汇市场的存在既为套期保值者提供了规避汇率波动风险的场所，也为投机者提供了通过承担风险、利用专业知识获取利润的机会。

（四）提供宏观调控机制

汇率是重要的金融市场价格指标，汇率的波动对一国宏观经济发展影响巨大，因此，引导汇率按照有利于本国经济发展方向变动就成为很多国家中央银行的重要目标之一。外汇市场为中央银行提供了买卖外汇的场所，中央银行可以通过在外汇市场上的买入和卖出操作来调控本国货币与其他国家货币之间的汇率水平，进而实现本国的宏观调控目标。现实操作中，外汇市场也是一个中央银行实施公开市场操作的重要渠道。

五、外汇市场的特点

近年来，外汇市场之所以能够快速的发展，为越来越多的人所青睐，是与外汇市场本身的特点是分不开的。外汇市场的主要特点包括：

（一）全球外汇市场形成了 24 小时连续交易过程

目前，全球有大约三十多个主要外汇市场，由于其分布于全球各地，亚洲市场、欧洲市场、美洲市场因为时间差的关系，连成了一个全天 24 小时连续作业的全球外汇市场。早上 8 点半（以纽约时间为标准）纽约市场开市，9 点半芝加哥市场开市，10 点半旧金山开市，18 点半悉尼开市，19 点半东京开市，20 点半香港、新加坡开市，凌晨 2 点半法兰克福开市，3 点半伦敦市场开市。如此 24 小时不间断的运行，外汇市场成为一个不分昼夜的市场，只有星期六、星期日以及各国的重大节日，外汇市场才关闭。这种连续的作业为投资者提供了没有时间和空间障碍的理想投资场所，投资者可以寻找最佳的时机进行交易。例如，投资者如果在上午纽约市场上买进日元，晚间香港市场开市后日元上扬，投资者在香港市场卖出，不管投资者本人在哪里，都可以参与任何市场、任何时间的买卖。所以，可以说外汇市场是一个没有时间和空间障碍的市场。

（二）宏观经济变量对外汇市场的影响日趋显著

在网络信息极端发达的当下，迅捷的信息传递导致外汇市场和汇率对宏观经济变量的反应越来越敏感。外汇市场的参与者出于微观经济目的来参与外汇买卖，但是这个市场的交易总量及本国货币相对于外国货币的价格（汇率）对一国的国民收入、就业量、物价指数和利率水平等宏观经济变量有着重大的作用；同时，外汇交易及本国货币汇率也受上述种种宏观经济变量的影响。在国际经济联系日益加强的情况下，外汇市场不仅对本国经济的宏观变量较为敏感，而且其他国家经济盛衰，尤其是以美国为代表的西方发达国家经济增长状况对于汇率的变动有很大影响。比如，当本国的国民收入增加，消费和投资需求增加，引起对国外商品需求的上升，相应会增加对外币的需求；而世界上其他国家的国民收入增加则会扩大外币的供给（即对本币的需求增加），如果二者是同比例变动的，那么外汇市场上的价格（即汇率）将维持不变；但是我们知道，全球经济同步增长可能性是极低的，因此有关货币的汇率将不断出现变化。此外，通货膨胀、利率等经济变量也是如此，即影响汇率的只是国内外的相对水平。

（三）政府对外汇市场的联合干预日趋加强

20 世纪 70 年代布雷顿森林体系崩溃之后，西方国家普遍实行浮动汇率制度，外汇汇率主要受市场供求影响，汇率波动加剧。20 世纪 80 年代以来，随着全球外汇市场的一体化发展，一国外汇市场汇率的变化往往波及全球，仅靠一国的中央银行来干预外汇市场就会显得势力单薄。因此，在目前的浮动汇率制下，中央银行干预外汇市场的一个重要特征就是多国的联合干预。例如，1985 年 9 月，西方五国（英、美、日、法、德）联合干预外汇市场就取得了一定的成效。1986 年 5 月在东京举行的七国（上述五国加上意大利和加拿大）首脑会议上美国提出，在主要货币出现"危险水平"时，七个国家要联合干预。目前，随着新兴市场经济国家经济的快速发展，主要发达国家与新兴市场经济体关于外汇市场的合作也在不断加强。

（四）金融创新层出不穷

国际货币体系进入了浮动汇率制后，汇率频繁的波动，外汇风险增大，各种防范汇率风险的金融创新不断应运而生。为了规避汇率风险，外汇市场不断创新，在传统的即期交易、远期交易、期货交易和期权交易等工具基础上，新的衍生工具不断产生，包括利率掉期、货币互换、利率互换以及货币与利率相结合的混合互换等，并且这些外汇交易与资本市场交易日益结合，使金融创新更加深入。在外汇市场的交易越来越活跃的情况下，外汇市场活动也越来越复杂化了。

第三节 外汇市场交易

随着国际贸易产生与发展，外汇成为国际间债权债务关系的结算工具。国际金融市场的快速增长，外汇不仅是国际贸易的结算工具，而且成为国际金融市场交易的重要对象。外汇市场上的交易可以按不同的标准划分为不同的种类。若按合同的交割期限或交易的形式特征来区分，可以分为即期外汇交易和远期外汇交易两类；若按交易的目的或者交易的性质来区分，除了因国际结算、信贷融资和跨国投资等引起的一般商业性外汇交易以外，还包括套利交易、掉期交易、套期保值交易、投机交易、互换交易以及中央银行的外汇干预交易等。另外还有许多来自金融创新的交易方式，如外汇期货、期权交易等。

一、即期外汇交易

（一）基本原理

1. 即期外汇交易的含义

即期外汇交易（Spot Exchange Transaction）又称现汇买卖，指交易双方达成交易后以当时外汇市场的价格成交，并在两个营业日内办理交割的外汇交易。两天的时间主要用于外汇交易者通知将交易款项借记或贷记其国内银行账户或国外银行账户。即期外汇交易是外汇市场上最常见、最普遍的交易方式。主要用于满足临时性的付款需求，实现购买力的转移；调整货币头寸，保持头寸平衡，避免汇率波动风险以及进行外汇投机等。例如，2018 年 12 月 31 日（星期一）纽约花旗银行和日本东京银行通过电话达成一项外汇买卖，花旗银行愿意按 1 美元兑换 110.8298 日元的汇率卖出 100 万美元，买入 11082.98 万日元；而东京银行也愿意按照同样的汇率卖出 111082.98 万日元，买入 100 万美元。2019 年 1 月 1 日（星期二），花旗银行和东京银行分别按照对方的要求，将卖出的货币汇入对方指定的账户内，从而完成这一笔交易。

2. 交易惯例

即期交易的汇率是即期汇率，又称现汇汇率。一般采用以美元为中心的报价方法，即以某个货币对美元的买进或卖出的形式进行报价。除了原"英联邦"国家的货币（如英镑、澳大利亚元、新西兰元等）采用间接报价法（即以一单位该货币等值美元标价）以外，其他国家的交易货币都采用直接报价法（即以一单位美元等值该货币标价），并同时报出买价和卖价。在任何报价法下，报价银行报出的买价是指其愿意以此报价买入标的货币的价格，反之亦然；买价和卖价之间的价格之差是指价差。对于所有可兑换货币的报价，报价银行都必须同时报出买、卖两个价格。按照即期外汇市场的报价惯例，通常用五位数字来表示买、卖价。通常各银行的交易员在报价时只取最后两位数，因为前面几位数只有在外汇市场发生剧烈的波动才会变化，一般情况下，频繁变动的只有最后两位数，如汇率为 138.35 — 138.45，就报35/45。银行和客户之间的零售交易大多数按银行报出的汇价买卖外汇，少数按客户要求做限价交易。所谓的限价交易是指按客户的需求银行按指定汇价买卖一定数量的外汇。当市场的汇价变化到符合客户要求时再进行交易，否则银行不能进行交易。

3. 交易程序

即期外汇交易的程序通常包括以下的内容：

（1）自报家门：询价者必须首先说明自己的单位名称，以便让报价者知道交易对方是谁，并决定交易对策。

（2）询价：询价内容一般包括交易货币、起息日、和交易的金额。

（3）报价：报价包括报出买价和卖价。

（4）成交：询价方首先表示买卖的金额，然后由报价银行承诺。

（5）证实：交易双方互相证实买卖的汇率、金额、交割日期以及资金结算办法。

（二）交叉汇率的计算

在国际外汇市场上，各种货币的汇率普遍以美元标价，都是和美元直接挂钩，非美元之间的货币买卖必须经过美元汇率进行套算。通过套算得出的汇率叫作交叉汇率。在实际外汇交易中，通常都需要给出两个价格，但是由于买卖价格的位子不同，所以交易者需要通过计算来决定使用哪一个价格。交叉汇率的套算必须遵循以下的原则：

如果两种货币的即期汇率都以美元作为单位货币，那么计算这两种货币比价的方法就是交叉相除。例如，已知报价如下：

USD/CNY：6.8692/6.8983

USD/HKD：7.7934/7.7980

求港币对人民币的比价，采用下列的方法计算：

（买入价　　卖出价）

USD/CNY：6.8692　　6.8983

USD/HKD：7.7934　　7.7980

（买入价　　卖出价）

通过交叉相除，可得：HKD/CNY＝0.8809/0.8851。

如果两个即期汇率都以美元作为计价货币，那么，汇率的套算也是交叉相除。例如，已知报价如下：

EUR/USD：1.1117/1.1136

GBP/USD：1.2484/1.2501

求欧元兑英镑的报价，则可以采用下列方法计算：

（买入价　　卖出价）

EUR/USD：1.1117　　1.1136

GBP/USD：1.2484　　1.2501

（买入价　　卖出价）

通过交叉相除，可得：EUR/GBP＝0.8893/0.8920。

如果两个汇率中一种货币在一个汇率中是计价货币，在另一个汇率中是单位货币，一般采用同边相乘的办法。例如，已知如下报价：

USD/JPY：109.5817/109.5841

EUR/USD：1.1117/1.1136

求欧元兑日元报价，则可以采用下列方法计算：

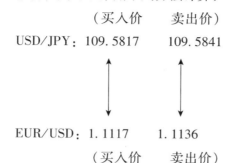

（买入价　　卖出价）

USD/JPY：109.5817　　109.5841

EUR/USD：1.1117　　1.1136

（买入价　　卖出价）

通过同边同乘，可得：EUR/JPY = 121.8220/122.0329。

（三）即期外汇交易的方式

即期外汇交易可以分为电汇、信汇和票汇三种方式。

1. 电汇

电汇是汇款人用本国货币向外汇银行购买外汇时，直接用电报、电传等方式通知国外的汇入银行，委托其支付一定的金额给收款人的一种汇款业务。电汇方式下，银行在国内收进本国货币、在国外付出外汇的时间相隔一两天。由于银行不能利用顾客的汇款，而国际电报费又较高，所以电汇汇率最高。

2. 信汇

信汇是汇款银行应汇款人的申请开具付款委托书，用航邮的方式通知国外汇入银行代为支付一定金额给收款人的一种汇款业务。信汇方式下，由于信汇委托书的传递时间较长，银行有机会利用这部分资金来牟利，因此，其汇率要比电汇汇率低。

3. 票汇

票汇是汇出银行应汇款人的申请，开立以国外汇入行为付款人的汇票。交给汇款人自带或寄给国外收款人，凭票取款的一种汇款方式。同信汇一样，汇票也需花费邮寄时间，在这期间，银行可以占用客户的资金，因此，其汇率也比电汇汇率低。

随着电子计算机的广泛应用，邮期也大大的缩短了，几种汇款方式之间的差别在渐渐减少。目前，电汇汇率已经成为外汇市场上的基本汇率，其他汇率都以电汇汇率作为计算的标准。

二、远期外汇交易

（一）基本原理

1. 远期外汇交易的概念

远期外汇交易（Forward Exchange Transaction）又称期汇交易，是指买卖双方事先签订合同，规定买卖外汇的数量、汇率和未来交割外汇的时间，到了规定的交割日期买卖双方再按合同规定办理货币收付的外汇交易。因此，远期外汇交易是一种预约性交易，预约的交割期限通常为1个月、2个月、3个月、6个月，有时也可长达一年，短至几天的期限。

2. 远期外汇交易的目的

人们进行远期交易的具体目的是多种多样的，但主要包括套期保值和投机。

一般来说，外汇的套期保值包括以下几个方面：（1）进出口商和外币资金借贷者为了避免金融或商业交易遭受到汇率变动的风险而进行期汇买卖。通过远期的外汇买卖，能够事先将金融或贸易业务中的外汇成本或收益固定下来，避免或者是减少了外汇交易的风险。例如。在国际贸易中，经常会碰到合同中规定的货币和进口商手中所持有的货币不一致，而自买卖合同签订到货款清算之间有相当的一段时间，为了避免在支付时外汇汇率的变化，进口商可以事先向银行买入或卖出远期外汇，到支付或收进货款时，就可按原先约定的汇率来办理交割。同样的，在国际借贷中也经常会遇到这种情况，拥有外币的债权人和债务人可能在到期收回或者偿还资金时因外汇汇率变化而遭受损失，为了避免这种汇率的变化，他们也可以在贷出或收回资金时相应的卖出或者买入相同期限、相当金额的期汇。（2）外汇银行为了平衡其远期外汇头寸而进行期汇买卖。在外汇交易中，进出口商为了避免外汇风险而进行期汇交易，实质上就是把外汇汇率变动的风险转嫁给了外汇银行。这样，银行的外汇头寸就会出现失衡，其表现或者是多头寸或者是缺头寸。在多头寸时，如果外汇的汇率不断的下跌，则外汇资产价值变小；在缺头寸时，如果外汇汇率不断上升，则外汇负债就越来越大。在多头寸时，为了防止风险，银行会出售远期外汇，以降低损失。

外汇投机是指为了牟取投机利润而进行的期汇买卖。如果在浮动汇率制下，汇率的波动过于频繁，就会给外汇投机者进行外汇投机创造有利的条件。所谓的外汇投机就是指根据汇率变动的预期，有意保持某种外汇的多头或者是空头，希望从汇率变动中赚取利润的行为。其特点表现为：一是投机活动并不是说对外汇有实际的需求，而是想通过汇率的变化赚取利差。二是投机者与套期保值者不同，他们是通过有意识地持有外汇多头或者是空头来承担外汇风险，期待从汇率波动中获得利润。外汇投机既可以在现汇市场上进行又可以在期汇市场上进行。二者的区别在于，在现汇市场上进行投机时，由于现汇交易需要立即进行交割，这样，投机者的手中必须持有足够的现金或者是外汇。而期汇交易中只需要交很少的保证金就可以了，不必要付现汇，到期轧抵，计算盈亏，因此，不必持有巨额资金就可以进行交易。所以，期汇投机比较容易，成交额也比较大，但其风险也比较高。外汇投机主要有两种方式：（1）先卖后买，即卖空或者是空头。当投机者预期某种外汇的汇率将下跌时，就会在外汇市场上预先以较高的价格卖出这种货币的期汇，若到时这种外币的汇率真的下跌了，投机者就可以按照下跌后的汇率以较低的价格补进现汇，交割远期合约，赚取差价利润。（2）先买后卖，即买空或者称为多头。当投机者预期某种外币的汇率上升时，就在外汇市场上预先以较低的价格买进该种货币的期汇，若到期时该种货币的汇率真的上升了，投机者就可以按照上升的汇率卖出这种货币的现汇，从中赚取投机利润。

（二）远期汇率的标价方法与计算

远期汇率是指远期外汇买卖的汇率。其有两种标价方法：一种是直接标出远期汇率的实际价格；另一种是报出远期汇率与即期汇率的差价，即远期差价，也称为远期汇水。升水是指远期汇率高于即期汇率的差额；贴水是远期汇率低于即期汇率时的差额。相对于两种货币来说，一种货币的升水必然对应着另一种货币的贴水。

在不同的标价方法下，远期汇率的计算方法不一样。在已知标价法的情况下计算远期汇率方法如下：

直接标价法下，远期汇率＝即期汇率+升水，或远期汇率＝即期汇率-贴水。例如，在我国的外汇市场上，即期汇率：

USD1＝CNY6. 2612/6. 2624

外汇升水（3个月）：23/34

则远期汇率（3个月）：

USD1＝CNY6. 2612/6. 2624

+0. 0023/0. 0034

USD1＝CNY6. 2635/6. 2658

间接标价法下，远期汇率＝即期汇率-升水，或远期汇率＝即期汇率+贴水。例如，在英国外汇市场，即期汇率：

GBP1＝USD1. 2484/1. 2501

远期差价升水（3个月）为：20/14

则远期汇率（3个月）为：

GBP1＝USD1. 2484/1. 2501

-0. 0020/0. 0014

即：GBP1＝USD1. 2464/1. 2487。

不考虑标价法的情况下计算远期汇率。远期差价一般都是以点数来表示的，所以又称远期点数，在实际业务中，有时可以不考虑标价方法，而只根据远期点数来计算远期汇率，可以按照下列规则进行计算：远期点数前小后大情况下，远期汇率＝即期汇率+远期点数；远期点数前大后小的情况下，远期汇率＝即期汇率-远期点数。

（三）远期外汇交易的方式

远期外汇交易主要有两种方式：

1. 固定交割日的远期交易

是指交易双方事先约定在未来的某一个确定日期办理货币收付的远期外汇交易。这种方式在实际的外汇交易中比较常用，但是这种方式的不足之处在于它缺乏灵活性和机动性。因为在现实中的外汇买卖者（如进出口商）事先往往并不知道外汇收入和支出的准确时间，因此，他们往往希望与银行约定在未来的一段期限中的某一天办理货币收付，这时就需要选择交割日期。

2. 选择交割日的远期交易

是指主动请求交割的一方可以在成交日的第三天起至约定期限内的任何一个营业日要求交割的另一方，按照双方事先约定的远期汇率办理货币收付的远期外汇交易。

确定择期交割日的方法有两种：（1）事先把交割期限固定在两个具体的日期之间。例如，某一出口商在 2015 年 3 月 25 日成交一笔出口交易，预期在 3 个月内收到货款。这样，该出口商马上在外汇市场上卖出一笔 2 个月的远期外汇，并约定择期日期为 2015 年 3 月 29 日至 2015 年 5 月 29 日。这样，该出口商就可以在这期间的任何一天内，随时将收到的外汇卖给银行。（2）事先把交割期限固定在不同月份之间。例如在上例中，出口商可以根据自己的需要，将交割期限规定为第 1 个月、第 2 个月、第 3 个月或者是 3 个月中的任意 2 个月，或者择期 3 个月。

由于择期交易在交割日上对顾客比较有利，因此，银行在择期交易中使用的是对顾客较不利的汇率，也就是说，银行将会选择从择期开始到结束期间最不利于顾客的汇率作为择期远期交易的汇率。具体原则见表 4-1。

表 4-1　银行对择期交易的报价原则

银行买卖情况	基准货币变动情况	
	基准货币升水	基准货币贴水
报价银行买入基准货币	按选择期内第一天的汇率报价	按选择期内最后一天的汇率报价
报价银行卖出基准货币	按选择期内最后一天的汇率报价	按选择期内第一天的汇率报价

三、掉期交易

掉期交易（Swap），又称时间套汇（Time Arbitrage），是指在外汇市场上买进即期外汇的同时又卖出同种货币的远期外汇，或卖出即期外汇的同时又买进同种货币的远期外汇。掉期交易的特点是买卖外汇的金额相同，但是买卖的时间不同，实质上是一种对冲交易，掉期交易的目的也是为了避免外汇风险。

举例来说，假设美国 A 商业银行目前需要英镑 3 个月，可以与英国 B 银行达成掉期协议，即现在 B 银行以即期汇率支付 A 银行英镑，同样 A 银行以即期汇率支付 B 银行美元。同时签订 3 个月的远期外汇协议，因此，3 个月后的交易可以按照远期汇率在反向支付。

对于 A 银行来说，以即期汇率 GBP1 = USD1.2492 购入 1000000 英镑，支付 1249200 美元，同时以 3 个月远期汇率为 GBP1 = USD1.2376 卖给 B 银行 1000000 英镑，收入 1237600 美元，那么，对 A 银行来说，出现了一定的掉期成本 11600 美元。还要与利息率比较一下是掉期交易合算还是借款合算，本例掉期年率 = $11600 \div 1249200 \times 12 \div 3 \times 100\%$ = 3.71%。因此，如果借款利率大于 3.71%，则 A 银行做掉期交易合算，如果借款利率小于 3.71%，则对于 A 银行来说借款比较划算。

对于 B 银行来说，在这笔掉期交易中的损益情况是这样的。当前卖掉了 1000000 英镑，收入 1249200 美元，3 个月后买 1000000 英镑，支出 1237600 美元，获利为 1249200−1237600 = 11600 美元。

掉期交易可以分为以下三种形式。

（一）即期对远期

即期对远期（Spot Against Forward）是在买进或卖出一笔现汇的同时，卖出或买进相同金额该种货币的期汇。期汇的交割期限大都为 1 星期、1 个月、2 个月、3 个月、6 个月，这是掉期交易中最常见的一种形式。例如，德国某银行某日因为投资需要，在现汇市场上以欧元购买 1 亿美元，拟使用 3 个月。为了避免投资期满时美元汇率下跌，该银行利用掉期业务，卖出 3 个月美元的期汇，从而降低美元汇率下跌带来的风险。在这笔交易中，该行可能要损失若干欧元的升水作为掉期保值的成本，但是这一成本可能从届时的现汇交易中得到补偿。因此，在掉期交易中决定交易规模和性质的重要因素是远期升水或者是贴水（交易中称为掉期率），若远期升水（贴水）值过大，则交易的成本过高，不会发生掉期交易。

即期对远期的掉期交易具体包括纯粹的掉期和分散的掉期两种形式。纯粹的掉期交易是指交易只涉及三个参与者，即银行与一方进行即期交易的同时与另一方进行远期交易。

（二）明日对次日

明日对次日（Tomorrow-Next or Rollover）是在买进或者卖出一种现汇的同时，卖出或者是买进同种货币的另一笔即期交易，但两笔即期交易交割日不同，一笔是在成交后的第 2 个营业日（明日）交割，另一笔反向交易在成交后第 3 个营业日（次日）交割。这种掉期交易主要是用于银行同业的隔夜资金拆借。

（三）远期对远期

远期对远期（Forward to Forward）指同时买进并卖出两笔相同金额、同种货币、不同交割期限的远期外汇。这种掉期形式多为转口贸易中的中间商所使用。该交易方式有两种：一是买进较短交割期的远期外汇，卖出较长期的远期外汇；二是买进较长交割期的远期外汇，卖出较短交割期的远期外汇。这种方式能使银行及时利用较为有利的汇率时机，并能在汇率的波动中获利，因此越来越受到重视。

四、套汇交易

套汇交易是套利交易在外汇市场上的表现形式之一，是指套汇者利用不同地点、不同货币在汇率上的差异，将其货币在低地区买进，在高地区卖出，以赚取差价利润的一种外汇交易方式。套汇交易可以分为直接套汇和间接套汇两种。

（一）直接套汇

直接套汇，也称两点套汇或者两地套汇，是指利用两个外汇市场之间某种货币利率的差异进行的套汇。举例来说，假设 2018 年 12 月 31 日伦敦外汇市场英镑对美元汇率：GBP1＝USD1.2877/87。同日，纽约外汇市场英镑对美元汇率：GBP1＝USD1.2023/33。如果套汇者手中有 100 万美元进行套汇，那么如何操作可以获利？

可以看出，美元在伦敦和纽约两个地方存在着价格差异。显然在纽约要贵一些，而在伦敦的要便宜一些，因此，套汇者可以采取以下

的办法进行套汇。首先，在纽约外汇市场，将美元卖出，换得 100 万÷
1.2033＝831047.95 英镑。其次，在伦敦外汇市场，将英镑卖出，换得
831047.95×1.2877＝1070140.45 美元；套汇毛利润＝1070140.45－
1000000＝70140.45 美元，当然，操作过程中会产生相应的手续费等费
用，净利润需要扣除操作过程中的相关费用。

（二）间接套汇

间接套汇又称三点套汇或者是三角套汇，是指套汇者利用三个不
同外汇市场中三种不同货币之间交叉汇率的差异，于同一时点在这三
个外汇市场上进行低买贵卖，从中赚取汇率差额的一种套汇交易。
例如：

纽约市场上的美元与欧元比价为：USD1＝EUR0.8895/0.8998

巴黎市场上英镑与欧元的比价为：GBP1＝EUR1.1239/1.1250

伦敦市场上英镑与美元的比价为：GBP1＝USD1.2325/1.2336

根据在这三个外汇市场上的外汇行市，套汇者首先在纽约市场上
以 0.8998 欧元行市卖出 899800 欧元，买进 100 万美元；同时在伦敦市
场以 1 英镑 1.2336 的行市卖出 100 万美元，买进 810635（1000000÷
1.2336）英镑；最后在巴黎市场以 1 英镑 1.1239 的行市卖出 810635 英
镑，买进 911072（810635×1.1239）欧元。最终，套汇者在纽约市场
以 899800 欧元进行套汇，在不考虑各类费用的情况下，在巴黎市场收
回 911072 欧元，利润为 11272 欧元。

目前，由于电讯技术的高速发展，不同外汇市场上的汇率差异日
益缩小，因此，套汇交易的机会已经大大的减小。

五、套利交易

套利交易又称为利息套利，是指套利者利用不同国家或地区短期
利率的差异，将利率低的货币转换成利率高的货币，存到利率高的国
家以赚取利差的行为。套利交易根据操作方式的不同可分为非抛补套
利和抛补套利两种。

（一）非抛补套利

非抛补套利（Uncovered Interest Arbitrage）是指套利者利用两个金

融市场上的短期利差，将资金从利率低的国家（地区）投向利率高的国家（地区），在赚取利差的同时不进行反方的外汇交易。但这种交易要承受汇率变动带来的风险。

举例来说，在某一时期，美国市场上的 3 个月定期存款利率为年利率 5%，英国金融市场上的 3 个月的定期存款利率为年利率 3%。在这种情况下，资金就会从英国流向美国，获取较高收益。英国投资者以 3% 的年利率借入资金购买美元现汇，存入美国银行做 3 个月的短期投资。这样，该投资者可以获得年利率 2% 的利差收益。如果投资总额为 100 万英镑，该投资者就可以通过套利获得利润 $1000000 \times 5\% \times 3/12 = 12500$ 英镑，较英国国内投资多得 $1000000 \times （5\% - 2\%） \times 3/12 = 5000$ 英镑。

但是，这样计算的前提是假设美元和英镑之间的汇率在 3 个月内保持不变。如果期间二者汇率发生变化，收益结果就会改变。

1. 美元汇率下降

如当前美元汇率为 GBP1 = USD1. 2231，3 个月后美元汇率下降到 GBP1 = USD1. 2556，那么，3 个月后投资者可收进投资本息 $1000000 \times 1. 2231（1 + 5\% \times 3/12）= 1238388. 7$ 美元，按 GBP1 = USD1. 2556 折合约 986292. 4 英镑。因此，三个月后美元汇率的下跌，不仅可能使英国投资者无利可图，甚至还能使本金遭受损失。

2. 美元汇率升值

如果 3 个月后美元汇率升值为 GBP1 = USD1. 2112，英国投资者收进的美元投资本息 1238388. 7 美元就可以兑换成 1022447. 7 英镑。收益为 22447. 7 英镑，其中利息收入为 12500 英镑，汇率差价为 9947. 7 英镑；如果仅在英国国内投资，投资者利息收入为 7500 英镑。

为了防止投资期间汇率变动带来的风险，投资者可以将套利交易与掉期交易结合进行，即进行抛补套利。

（二）抛补套利

抛补套利（Covered Interest Arbitrage）是指套利者将资金从低利率国家（地区）投向高利率国家（地区）的同时，在外汇市场上卖出远期高利率国家货币，即在进行套利的同时做掉期交易，以此来避免汇率波动的风险。

上例中，假设 3 个月的美元期汇贴水 10 点，即期汇率为 GBP1 = USD1.2231，那么，英国投资者在买入美元现汇存入美国银行的时候，卖出 3 个月的美元期汇，以后不管美国汇率怎么变化，他都可以确保赚取一定的利差收益；3 个月后，他将投资收进的本息额 1238388.7 美元，按 GBP1 = USD1.2241 换回 1011672.8 英镑，较国内投资收益 7500 英镑，仍可以获得 4172.8 英镑的套利收入。当然，当市场上投资者都会发现抛补套利可以带来较高收入，因此大量投资者持续不断进行这种操作，其结果必将使高利率国家的现汇汇率上升，远期汇率下跌，即贴水额加大。如上例，由于套利者大量买进美元现汇，卖出美元期汇，美元贴水就会不断扩大，套利成本也由此相应的提高了，套利收益也会逐渐减少。此种套利行为持续到利差与贴水接近平衡，套利活动也就会停止。

六、套期保值

套期保值（Hedging）交易是指交易者在存在敞口头寸或风险头寸的情况下通过做现汇、期汇、外汇期货、外汇期权等交易来避免风险的外汇交易。

举例来说，假设美国进口商从英国进口一批价值 100000 英镑的货物，需要 3 个月以后用使用英镑进行付款，目前外汇市场上的即期汇率为 GBP1 = USD1.2231。美国进口商现在存在着 100000 英镑敞口头寸。3 个月以后，如果英镑对美元升值，他要付出比现在更多的美元来清偿货款。该进口商为了规避汇率风险，可以在现汇市场按 GBP1 = USD1.2231 的汇价购入一笔英镑，然后投资于英镑市场；3 个月以后，再用收回来的投资本息支付到期的英镑货款。这样，该进口商就将货币兑换所用汇率由原来未知的 3 个月后的期汇汇率变为目前即期汇率，从而规避了汇率波动的风险。

上例是使用现汇交易做套期保值，其缺陷是进口商或投资者需要在一定期限内（如在上例中的 3 个月）套牢自己的资金。但如果是在期汇市场上使用期汇交易做套期保值，就可以避免这一不足。假设上述条件相同，美国进口商可以在期汇市场上买入 3 个月的英镑期汇 100000 来避险，在到期付款时用交割远期英镑的方法来支付货款。由于买进英镑期汇时将交割时的汇率固定下来，因而该进口商也可以避免相应的汇率风险，而同时进口商不需要套牢自己的资金。

七、外汇期货交易

外汇期货交易是按照合同规定在将来某一个指定的月份买进或者是卖出规定金额外币的交易方式。在布雷顿森林体系崩溃以后，汇率的波动更为频繁，外汇交易的风险加大，人们开始尝试着将在商品方面已经用了多年的期货交易方式运用于金融方面。1972 年首先在美国芝加哥的商品交易所内建立了国际货币市场，专门经营外币期货，后来陆续增加了其他金融工具。目前，世界主要金融中心都设立了金融期货市场，货币期货现在已成为套期保值和投机的重要工具。

【专栏 4-1】

三大外汇市场经典案例

1973 年代表全球固定汇率体系的布雷顿森林体系彻底瓦解，1976 年国际货币基金组织签订达成的《牙买加协议》确定了浮动汇率制度的合法地位。在各国普遍采取浮动汇率制度和放松金融管制的背景下，全球汇率波动日益剧烈，其中不乏经典的外汇市场案例，对我们如何管理外汇风险具有良好的借鉴与指导意义。

1. "广场协议"导致日元升值

1984 年，美国的经常项目赤字达到创纪录的 1000 亿美元，美国与各国，尤其是与主要逆差来源国日本之间的贸易摩擦加剧。为此，美国希望通过美元贬值来增加产品的出口竞争力，以改善美国国际收支不平衡状况。1985 年 9 月，美国、日本、联邦德国、法国、英国等 5 个发达国家的财长及央行行长，在纽约广场饭店举行会议，决定五国政府联合干预外汇市场，使美元对主要货币有序地下跌，以增加美国产品的出口竞争能力，解决美国巨额的贸易赤字，史称"广场协议"。

"广场协议"导致美元持续大幅度贬值，其中受影响最大的是日元。1985年9月，日元汇率还在1美元兑250日元上下波动；而在不到三年的时间里，美元对日元贬值了50%，最低曾跌到1美元兑120日元。随后，日本经济进入十多年低迷期，被称为"失落的十年"。虽然日本经济持续萧条的根源在于经济结构的自身缺陷和日本政府错误的经济政策，但"广场协议"无疑也是日本经济持续萧条的重要因素之一。

2. 索罗斯狙击泰铢

1996年，外国短期资本大量流入泰国房地产、股票市场，导致其楼市、股市出现了明显的泡沫，泰国资产被严重高估，国际金融大鳄们预测泰铢会贬值，开始在金融市场上寻找错误的汇率定价中的获利机会。

1997年2月初，以索罗斯为主的国际投资机构向泰国银行借入高达150亿美元的数月期限的远期泰铢合约，而后于现汇市场大规模抛售。当时泰铢实行与美元挂钩的固定汇率制，索罗斯的狙击导致泰铢迅速贬值，多次突破泰国中央银行规定的汇率浮动限制，引起市场恐慌。泰国央行为维护泰铢币值稳定，买入泰铢，但只有区区300亿美元外汇储备的泰国中央银行历经短暂的战斗，便宣告"弹尽粮绝"，最后只得放弃已坚持14年的泰铢钉住美元的汇率政策，实行有管理的浮动汇率制。

泰铢大幅贬值后，国际投资机构再以美元低价购回泰铢，用来归还泰铢借款和利息。索罗斯沽空使得他狂赚数十亿美元。泰铢贬值引发了金融危机，沉重地打击了泰国经济发展，成为亚洲金融危机的导火索。

3. 美国量化宽松导致美元波动加剧

2008年11月，为应对美国次贷危机导致的经济衰退，美联储宣布将购买国债和抵押贷款支持证券（MBS），标志着首轮量化宽松政策（QE）的开始。在经济不景气的情况下推出 QE 可以向市场投放流动性，增加资本供应量，从而刺激内需，带动经济的发展。外汇市场对 QE 作出了激烈反应，美元指数（92.9264，0.0683，0.07%）大幅走弱。当第一轮 QE 宣布推出时，美元指数在一个月内走低 12%，而各非美货币走势趋强。由于许多国家都持有占本国外汇储备比例很大的美国国债，此次超常规的量化宽松政策导致美国国债收益率下降，从而使相应持债国家的外汇资产存在非常大的贬值风险。

随着美国经济形势改善，失业率逐渐向正常水平靠拢，美联储自 2013 年 12 月以来开始退出 QE，市场流动性逐步趋紧，这将推动美元升值。

由于美元全球储备货币的地位，美国国内货币政策的溢出效应给其他国家的带来了风险。目前，已有相当多的国家采取战略性措施规避美元带来的风险，如通过货币互换协议绕开美元，直接采取双边货币进行结算。

当今不确定的地缘政治与经济气候导致对风险管理及套期保值工具的需求不断增长，丰富的产品对于寻求新工具来管理风险的投资组合经理、交易者、投资银行家、首席财务官、企业财务主管等来说越来越重要，而全球最大的期货交易平台——芝商所通过丰富的外汇产品，提供投资及风险管理的交易机会，为全球外汇市场提供了高效及迅速的风险转移途径。

——摘自《期货日报》2014 年 7 月 23 日

第四节　中国外汇市场

中国外汇市场是中国金融市场的重要组成部分，在完善外汇形成机制，推动人民币国际化，服务金融机构，以及促进整个金融市场体系的完善等方面发挥着不可替代的作用。

一、中国外汇市场的形成与发展

1978 年的改革开放，使外汇市场的重建与发展成为必要。自 1979 年开始，我国开始外汇市场的改革，大致可以分为四个阶段。

（一）1979 年至 1994 年

改革开放后，1979 年开始实施外汇留成制度。出口企业在创汇后被强制结汇，除外资企业和部分国内企业外，企业和居民的经常账户所得的外汇收入必须出售给指定银行，企业按一定的比例留存外汇，其余外汇归属国家。因此可以认为本阶段属于外汇调剂市场阶段，外汇交易市场化程度相当有限，企业、银行的行为对外汇供求影响不大。

1980 年 10 月，国家外汇管理总局、中国银行制定了《关于外汇额度调剂工作的暂行办法》。中国银行开始办理外汇调剂业务，规定外汇调剂价在贸易外汇内部结算价格为 1 美元等于 2.8 元人民币，波动幅度约为 5%—10%。这是中国外汇市场的萌芽，标志着我国外汇市场的起步，在此之前，我国是计划经济体制，实行的是高度集中统一的外汇管理体制，全部的外汇收入都出售给国家，企业用汇由国家计划安排，不存在外汇市场。随着我国的经济体制改革，这一计划体制逐步被打破。

1986 年，根据国务院批准的中国人民银行《关于办理留成外汇调剂的几项规定》，各省、市、自治区、沿海开放城市、计划单列市、经济特区和海南等外汇管理机构都相继开办了外汇额度调剂业务。1986 年 10 月根据国务院《关于鼓励外商投资的规定》，各地外汇管理机关开办了外商投资企业之间外汇余缺的调剂，价格由买卖双方自行确定。1986—1987 年各地外汇管理机关继深圳之后，先后成立了外汇调剂中心。至此，我国外汇市场已经初步形成。

外汇调剂市场形成后，在 1988 年和 1989 年又得到了进一步的发展。各省、自治区、直辖市乃至地级市外汇管理机关设立了外汇调剂中心，在北京设立了全国外汇调剂中心，完善了市场运行机制，形成了全国性的外汇调剂网络。逐步扩大调剂的范围，允许地方政府留成外汇、捐赠外汇、个人外汇参加调剂，允许国营、集体企业各单位和外商投资企业进行相互之间的外汇买卖，放开调剂价格，必要的时候实行最高限价。基本上根据供求关系实行浮动。继上海之后，全国有17个城市分别建立了外汇调剂公开市场，改变了我国外汇调剂市场的运行机制。

外汇调剂市场是我国外汇市场的开始，对我国当时的外汇资源配置起到了很好的作用。但是这一市场是我国外汇体制双轨制下的产物，具有明显的过渡性特征。在外汇汇率上出现两种价格，即官方价和调剂价，是典型的复汇率制，也与 IMF 对会员国的要求不同。因此，这一市场制度必将会随着我国市场经济体制改革的深入而被放弃。

（二）1994 年至 2005 年

本阶段对外汇管理体制进行了重大改革，建立了全国统一的银行间市场，外汇留成制度取消，转而实行结售汇制度。

1994 年 4 月 1 日，中国外汇交易中心在上海建立，标志我国外汇市场又进入了一个新的阶段。上海外汇交易中心主要是银行间同业市场，以外汇指定银行为主体，实行会员制组织形式。中心通过运用卫星和电子计算机联网，会员就地入市，初步形成了一个以主要经济区域为依托，辐射和覆盖全国的半无形银行间外汇市场网络。中国人民银行在这一市场中设立公开市场外汇操作室，也作为会员参加交易，在市场出现不正常波动时进行干预。

外汇指定银行对中资企业的结售汇和各地外汇调剂中心形成了客户零售市场。外汇调剂中心继续保留了专门为外商投资企业办理外汇买卖。但是到 1996 年 7 月 1 日，外商投资企业全面实行银行结售汇。这一外汇调剂市场也逐步失去了其存在的必要，全国统一外汇市场进一步完善和发展。

2000 年起，我国外汇管制进一步放松，外汇管理体制市场化进程加快，除了银行间同业市场、客户零售市场外，对个人买卖外汇的限制也进一步放松。交通银行、招商银行分别开办了为个人投资外汇买卖的外汇市场——"外汇宝"市场。同时个人因私出境购汇的数量进一步提高了。从 2003 年 10 月 1 日，居民个人出境购汇限额由原来的等值 2000 美元提高为出境半年以内的每人每次可购汇 3000 美元，出境半年以上的每人每次可购汇 5000 美元。本阶段的改革，改变了市场分割、汇率不统一的状态，奠定了以市场供求为基础、单一、有管理浮动汇率制度的基础。

（三）2005 年至 2013 年

外汇市场进入了市场化发展的新阶段，交易工具日益丰富，功能不断完善，多种交易方式并存，分层有序的外汇市场体系逐步确立。

2005 年 7 月人民币汇率制度改革，根据《关于完善人民币汇率形成机制改革的公告》开始实行以市场供求为基础、参考一篮子货币进行调节、有管理的浮动汇率制度，由此，外汇市场相应进行了一系列改革。

银行间外汇市场方面，对商业银行的结售汇周转头寸管理改为综合头寸管理，结售汇综合头寸管理区间变成下限为零，上限为外汇管理局核定限额，大幅度提高了结售汇综合头寸的总限额。2006 年，国家外汇管理局发布有关规定，正式引入做市商制度，外汇市场同时具备了指令驱动和报价驱动两个模式，外汇市场电子交易系统成功上线，为日常交易、信息传递、市场监管提供了便利条件。

对企业和个人而言，买卖外汇的自由度得到进一步提升，人民银行不断放宽条件，企业和个人拥有更多保留和使用外汇资金的自由，结售汇行为在一定程度上体现市场预期和需求。2007 年，国家外汇管理局将个人年度购汇额度提高到 50000 美元。2008 年 4 月，强制结售汇制度取消，企业账户限额和个人购汇额度扩大。

（四）2013 年至今

这一阶段是外汇市场创新发展的时期。2013 年 11 月党的十八届三中全会通过的《中共中央关于全面深化改革若干重大问题的决定》强调："建设统一开放、竞争有序的市场体系，是使市场在资源配置中起决定性作用的基础"，要"建立健全宏观审慎管理框架下的外债和资本流动管理体系"。这实际上进一步明确了外汇管理的目标和职能，为进一步深化外汇市场发展指明了方向。

2015 年 8 月 11 日新汇改启动以后，人民币兑美元汇率中间价贬值近 2%，人民币汇率贬值与 A 股异常波动情况相互叠加，引致外汇储备快速下降，汇率波动和跨境资本流动外部冲击风险加大，外汇市场非理性波动成为系统性风险来源之一。2016 年中期以后，中国外汇管理部门采取果断措施，稳住了人民币汇率走势。

到了 2016 年 10 月 1 日，人民币正式纳入国际货币基金组织特别提款权（SDR）货币篮子，权重超过日元和英镑，位列第三，是人民币国际化的重要里程碑。这既为人民币国际化提供了良好的契机，也要求中国金融市场加大对外开放力度。为支持人民币"入篮"，2015 年 7 月中国人民银行向境外央行、国际金融组织和主权财富基金开放了银行间债券市场，2015 年 9 月又向这些国际机构开放了银行间外汇市场。

二、中国汇率制度改革

汇率制度改革和外汇市场发展是相互伴生的，因此在第一部分基础上，本部分简单介绍几次汇率制度改革情况。

（一）1994 年汇率并轨改革

1994 年之前，我国先后经历了固定汇率制度和双轨汇率制度。1994 年汇率并轨以后，我国实行以市场供求为基础的、有管理的浮动汇率制度。企业和个人按规定向银行买卖外汇，银行进入银行间外汇市场进行交易，形成市场汇率。中央银行设定一定的浮动汇率范围，并通过调整市场保持人民币汇率的稳定。实践证明，这一汇率制度符合中国的国情，为中国经济的持续快速发展，为维护地区乃至世界经济金融的稳定做出了积极的贡献。

1997 年以前，人民币币值稳中有升，海内外对人民币的信心不断加强。但是此后由于亚洲金融危机的爆发，为了防止亚洲周边国家和地区货币轮番贬值使危机深化，中国作为一个负责任的大国，主动收窄了人民币汇率浮动区间。随着亚洲金融危机的影响逐步减弱，近年来我国经济持续平稳较快的发展，经济体制改革不断的深化，金融领域改革取得了新的进展，外汇管制进一步的放松，外汇市场开放的深度和广度不断拓展，为完善人民币汇率形成机制创造了条件。

（二）2005 年"7·21 汇改"

经国务院批准，自 2005 年 7 月 21 日起，我国开始实行以市场供求为基础的、有管理的浮动汇率制度，保持人民币汇率在合理、均衡水平上的基本稳定。

人民币汇率改革坚持主动性、可控性和渐进性的原则。主动性，就是主要根据我国自身改革和发展的需要，决定汇率改革的方式、内容和时机。汇率改革要充分考虑对宏观经济稳定、经济增长和就业的影响。可控性，就是人民币汇率的变化要在宏观管理上能够控制得住，既要推进改革，又不能失去控制，避免出现金融市场动荡和经济大的波动。渐进性，就是根据市场变化，充分考虑各方面的承受能力，有步骤的推进改革。

从 2005 年汇率形成机制改革之后，人民银行一直强调参考一篮子货币进行调节，因为参考一篮子货币比盯住单一货币更能发挥调节进出口、国际收支以及经常项目的作用。由中国人民银行相关公告我们可以看出，进一步推进人民币汇率制度改革，必须坚持以市场供求关系为基础，参考一篮子货币进行调节，不再进行一次性重估调整，重在增强汇率制度的弹性。

（三）2010 年汇改

2010 年 6 月 19 日人民银行宣布将重启人民币汇改，此次汇改是在 2005 年汇改的基础上进一步完善人民币汇率形成机制，总结起来本次汇改有以下特点：一是重在增加汇率形成机制的弹性。由央行相关公告我们可以看出，此次汇改排除了汇改重启时人民币对美元汇率一次性升值 2%—3%的可能性，而是重在增强汇率的弹性。央行表示在未来会充分利用日汇率波幅为正负千分之五的规定，这意味着在汇改后的汇率波动中，人民币对美元汇率的双向波动将成为常态。二是更加紧密地参考一篮子货币。根据我国贸易与投资的份额特点，选择几种主要的货币，不同的货币之间设定不同权重后构成一篮子货币，这比单一盯住美元更能反映市场供求关系，更符合我国经济发展与深化体制改革的需求。

（四）2015 年 "8·11 汇改"

2015 年 8 月 11 日，为增强人民币兑美元汇率中间价的市场化程度和基准性，中国人民银行决定完善人民币兑美元汇率中间价报价。做市商在每日银行间外汇市场开盘前，参考上日银行间外汇市场收盘汇率，综合考虑外汇供求情况以及国际主要货币汇率变化向中国外汇交易中心提供中间价报价。

"8·11 汇改"的现实背景主要来自三个方面：一是国内经济面临"三期叠加"的巨大压力，经济增速边际趋缓，国际收支由"双顺差"转为"经常项目顺差+资本和金融项目逆差"，人民币持续升值空间已大幅收窄；二是后金融危机时代，随着美国经济复苏及美联储开始退出 QE，中美利差随美联储加息预期增加而逐步收窄，人民币兑美元汇率不断承压，需要通过完善汇率机制来释放前期积累的贬值压力；三是 2015 年以来，人民币汇率中间价偏离即期汇率幅度较大、持续时间较长，影响了中间价的市场基准地位和权威性，而人民币加入 SDR 货币篮子需要一个市场化、能被 IMF 接受的人民币汇率。基于以上背景，央行发布 "8·11 汇改" 声明，当日人民币中间价显著调贬近 2%，市场贬值预期升温带动在岸离岸人民币兑美元汇率大幅贬值，人民币汇率波动幅度明显加大。"8·11 汇改" 以来，随着央行对人民币汇率的开放程度不断加大，人民币兑美元汇率呈现双向波动态势。我国外汇储备总体上呈震荡下降后企稳态势，国际收支结束了"双顺差"格局，人民币汇率波动幅度显著扩大。

2017 年以后，"收盘汇率+一篮子货币汇率变化+逆周期因子"的人民币兑美元汇率中间价形成机制有序运行，有效提升了汇率政策的规则性、透明度和市场化水平。

三、中国外汇市场发展的现状

随着经济的快速发展和对外开放不断加深，人民币国际化进程加快，我国外汇市场也随之快速发展，外汇市场产品日益丰富，交易平台与系统功能不断优化，银行间外汇交易额度不断上升。

（一）外汇交易规模稳步上升

交易规模是外汇市场发展的重要标志之一。截至 2018 年底，中国外汇市场交易总额 290711 亿美元，折算 1929748 亿元人民币，同比增长 20.7%。自 2015 年来，年均增长达 17.9%。其中，银行间市场增速较快，总规模从 2015 年的 135489 亿美元增长到 248454 亿美元，净增加 112965 亿美元，增长比例为 83.4%；银行对客户间的零售市场增长相对缓慢，4 年均仅增长 115 亿美元，而在 2016 年和 2017 年不足 4 万亿美元。①

表 4-2   历年外汇市场交易情况

单位：亿美元

项目	2015 年	2016 年	2017 年	2018 年
银行对客户市场	42142	34486	37480	42257
银行间外汇市场	135489	168498	203365	248454
合计	177631	202984	240845	290711

（二）交易品种逐步增加

外汇市场的交易品种经过了从单一到多样化的发展过程。中国外汇市场建立之初，仅有即期交易和部分银行试点的远期交易两类产品，而从中国外汇交易中心公布的产品来看，目前外汇交易品种包括人民币外汇即期、人民币外汇远期、人民币外汇掉期、人民币外汇货币掉期、人民币外汇期权、外币拆借等②。外币的品种也不断增加，除了美元、欧元、日元、英镑等主要货币外，还有包括港币（HKD）、澳元（AUD）、新西兰元（NZD）、新加坡元（SGD）、瑞士法郎（CHF）、加拿大元（CAD）、马来西亚林吉特（MYR）、俄罗斯卢布（RUB）、南非兰特（ZAR）、韩元（KRW）、阿联酋迪拉姆（AED）、沙特里亚尔（SAR）、匈牙利福林（HUF）、波兰兹罗提（PLN）、丹麦克朗（DKK）、瑞典克朗（SEK）、挪威克朗（NOK）、土耳其里拉（TRY）、

---

①   数据来自国家外汇管理局网站。
②   数据截至 2019 年 7 月底，其中外币对交易指通过交易中心进行的不涉及人民币的外汇对外汇的交易。

墨西哥比索（MXN）、泰国泰铢（THB）、哈萨克斯坦坚戈（KZT）、蒙古图格里克（MNT）、柬埔寨瑞尔（KHR）等。

交易品种的多元化，有利于满足差异性的汇率风险管理需求，为投资者提供多样化的服务。但是实际交易中，存在一定交易结构不平衡现象，部分交易品种交易量较少，也说明市场仍然有较大的发展潜力。

表 4-3　2018 年各月份外汇市场交易情况

单位：亿元

月份	人民币外汇即期	人民币外汇远期	人民币外汇掉期	人民币外汇期权	外币对即期
1 月	35938.82	64384.58	82800.68	2844.57	459.04
2 月	23327.65	27007.78	51099.26	1164.45	191.27
3 月	35647.34	32695.57	87534.50	3157.50	504.1
4 月	33358.53	32415.54	80784.35	2716.73	554.57
5 月	40455.34	44462.28	94301.41	2864.13	705.29
6 月	38555.01	36131.06	84283.32	1273.96	796.29
7 月	45161.44	86031.26	90709.78	3168.26	805.79
8 月	48691.09	83576.90	89430.73	3604.13	568
9 月	45453.9	29112.39	85063.49	3608.82	570.26
10 月	50910.02	31098.89	95487.69	4871.72	416.17
11 月	54739.63	43019.08	127051.02	4274.67	580.06
12 月	55875.41	63410.03	123037.02	5579.47	573.89
总计	508114.2	573345.4	1091583	39128.41	6724.73

（三）交易主体有所扩大

从银行间外汇市场来看，中国外汇市场采取会员制，市场准入较为严格。根据相关规定，经国家外汇管理局批准取得即期结售汇业务资格的境内金融机构，或满足相应条件的其他非金融机构，可以向外汇交易中心申请银行间人民币外汇即期会员资格。近年来，随着外汇市场的逐步扩展，外汇交易会员逐步增加，包括国内金融机构、外资金融机构、国际金融组织、国外中央银行等获准进入。根据中国外汇交易中心信息，截至 2019 年 7 月底，人民币外汇即期会员共有 675 家，人民币外汇远期会员 219 家，人民币外汇掉期会员 218 家，人民币外汇期权会员 128 家；外币对即期会员 193 家，外币对远期会员 154 家，外币对掉期会员 149 家；外币拆借会员 545 家。

从市场多年的运行来看，中国外汇市场基本框架的设计是合理的。但是发展过程中仍然存在一定的弊端，如场内交易占据绝大部分比重，较为严格的干预和管制导致场外市场和零售市场规模太小；场内交易相对自由交易来说，具有更加复杂的组织形式，因而交易成本较高。随着经济发展进入新时代，人民币国际化的不断推进，外汇市场还需要不断创新，以适应经济发展需求。

四、中国外汇市场发展的政策建议

经过 40 多年的发展，我国外汇市场从制度、产品、参与者等方面都有突破性的发展，对改革开放以来的经济发展起到重大推动作用。但是与国际上成熟发达的外汇市场相比，目前我国外汇市场发展尚不充分，面临着市场化程度有待提高、交易机制不灵活、市场主体类型单一、对外开放程度偏低等问题，有必要完善相关制度、加大开放力度，进一步促进外汇市场走向国际化。

（一）强化顶层设计，明确市场发展目标

我国外汇市场从产生开始，就具有较为鲜明的政府主导性质，市场开放历程也重视事前研究，具有逐步放开的特征。随着外汇市场建设持续得到重视，在执行顶层设计的过程中，容易陷入盲目追求规模、品种等数量指标的增长，忽视质量建设和真实需求。目前，从规模上看中国经济已经成为世界第二大经济体，贸易第一大国，但是外汇市场和人民币在国际货币体系中的地位并没有达到相应的水平。因此，强化顶层设计需要认清新时代背景下对外汇市场发展的要求，紧紧把握人民币国际化背景下的时代特征，一方面继续完善汇率机制，加快推进资本项目可自由兑换，推动人民币走出国门、参与国际竞争；另一方面有序推进国内市场对外开放，鼓励境外机构参与境内金融市场，通过内外兼修，建立与中国总体经济金融实力相适应的外汇市场。

（二）完善政策法规，接轨国际准则

我国外汇市场产生发展依赖法律基础，国务院、人民银行、外汇管理局制定了《中华人民共和国外汇管理条例》《个人外汇管理办法》《境内外汇账户管理规定》等各类法规条例；外汇交易中心根据交易要求，制定了《中国外汇交易中心章程》《中国外汇交易中心市场交易规则》《中国外汇交易中心资金清算管理》和《现汇账户管理暂行办法》等规章，这些法规的建立，对规范外汇管理和保障外汇交易市场的运行起到了重要作用。但是随着经济金融发展，对外开放的加速，外汇交易市场法规有待于进一步完善，国家应尽快制定《中华人民共和国外汇法》《外汇市场交易法》《外汇市场从业人员守则》等法规，以进一步健全和规范外汇交易市场。同时，随着经济金融的国际化，国际和国内的金融市场相关法律和制度存在一定差异，使境内机构参与国际市场受到制约，也使境外投资者使用人民币参与境内市场的便利性受到影响。未来需要考虑由政府监管部门和金融市场同业共同研究，推动清算、会计、评级、税收等制度与国际接轨，强化人民币国际化的制度保障。

（三）加强市场建设，扩大开放程度

伴随我国金融市场持续开放，我国外汇市场产品日益丰富，交易平台与系统功能不断优化；为配合债券市场、股票市场对外开放，上清所、中债登、深交所、上交所不断完善配套服务体系，接轨国际准则；交易模式持续创新，国际化程度显著提高。人民币国际跨境清算方面，随着人民币跨境支付系统（CIPS）建设和清算行安排的不断推进，人民币清算效率持续提高，跨境清算网络日益完善。但是总体而言，由于国内外汇市场起步较晚，包括衍生品等在内的市场还存在深度不足、产品不够丰富等问题，制度规定方面对境外机构仍然设有一定障碍。将来需要针对人民币国际化业务跨境、跨市场的特点，重视市场参与者对业务开展和市场建设的诉求，适当放开管制，创新外汇衍生工具种类，完善配套服务设施，支持境内外金融机构业务开展，提升国内金融机构国际竞争力，对标世界领先银行，利用金融科技持续投入系统建设，拓宽外汇市场深度和广度。

本 章 小 结

外汇是国际汇兑的简称，指国际间的清偿或结算活动。国际间的债权债务的清偿与货币收支需要通过银行把本国货币兑换成外国货币，或者是把外国的货币兑换成本国的货币，实现资金周转。外汇有多种分类方式：按照交割期限不同可以划分为即期外汇和远期外汇；按照来源和用途的不同可以划分贸易外汇和非贸易外汇；按照是否具有自由兑换性可以划分自由外汇和记账外汇；按照持有者的不同可以划分为私人外汇和官方外汇；按照流动性的角度可以划分短期外汇和长期外汇。

汇率是一种货币用另一种货币所表现的价格。换算两个国家货币的汇率首先要确定以哪个国家的货币作为标准，根据确定的标准不同，可以分为直接标价法和间接标价法。汇率有多种分类，根据不同的汇率制度可以分为固定汇率和浮动汇率；按照买卖外汇的交割期限不同可以分为即期汇率和远期汇率；按银行外汇买卖的角度可以分为买入汇率、卖出汇率和中间汇率；按照外汇汇款方式不同可以划分为电汇汇率、信汇汇率和汇票汇率；按开盘、收盘时间可以划分为开盘汇率和收盘汇率；按外汇管制程度的不同可以划分为官方汇率和市场汇率；按汇率制度基础不同可以划分为基本汇率和套算汇率。

外汇市场是各国中央银行、外汇银行、外汇经纪人和客户组成的买卖外汇的交易系统，既包括本币与外币之间的相互买卖，也包括不同币种的外汇之间的相互买卖。外汇市场的参与者包括外汇银行、外汇经纪人、客户、外汇投机者、中央银行和其他监管机构等。其基本功能包括：一是形成外汇价格体系，二是实现购买力的国际转移，三是为国际经济交易提供融资，四是提供宏观调控机制，五是提供外汇保值和投机的场所。

外汇市场的交易方式主要有：一是即期外汇交易，指外汇双方达成交易后以当时外汇市场的价格成交，并在两个营业日内办理交割的外汇交易；二是远期外汇交易，指买卖双方事先签订合同，规定买卖外汇的数量、汇率和未来交割外汇的时间，到了规定的交割日期买卖双方再按合同规定办理货币收付的外汇交易；三是掉期交易，指在外汇市场上买进即期外汇的同时又卖出同种货币的远期外汇，或卖出即期外汇的同时又买进同种货币的远期外汇；四是套汇交易，是套利交易在外汇市场上的表现形式之一，是指套汇者利用不同地点、不同货币在汇率上的差异，将其货币在低地区买进，在高地区卖出，以赚取差价利润的一种外汇交易方式；五是套利交易，指套利者利用不同国家或地区短期利率的差异，将利率低的货币转换成利率高的货币，存到利率高的国家以赚取利差的行为；六是套期保值，指交易者在存在敞口头寸或风险头寸的情况下通过做现汇、期汇、外汇期货、外汇期权等交易来避免风险的外汇交易；七是货币期货交易，指按照合同规定在将来某一个指定的月份买进或者是卖出规定金额外币的交易方式。

重 要 概 念

外汇汇率　直接标价法　间接标价法　美元标价法　固定汇率　浮动汇率　即期汇率　远期汇率　买入汇率　卖出汇率　官方汇率　市场汇率　套汇　套利　外汇交易方式　掉期交易　抛补套利　非抛补套利

复习思考题

1. 简述外汇的含义以及分类。

2. 什么是汇率？汇率的标价方法有哪几种？

3. 什么是外汇市场？外汇市场的功能、特点有哪些？

4. 简述远期汇率的标价方法与计算。

5. 详述外汇远期交易的两种主要方式和报价原则。

6. 中国现行的汇率制度是什么？中国经历了几次汇率制度改革？其主要内容是什么？

7. 试述中国外汇市场存在的问题。请谈谈你对推动我国外汇市场改革的建议。

第五章 黄金市场

黄金市场（Gold Market）是国际金融市场的重要组成部分。在漫长的经济发展史中，黄金曾经是固定的货币金属，为商品经济发展作出了重要贡献。如今，随着黄金非货币化的进程，黄金的金融市场功能有所下降，但是作为特殊商品，仍然在金融领域具有不可替代的作用。本章将对黄金市场做详细的介绍，重点内容包括黄金市场的概述、黄金市场价格形成机制、黄金市场交易，以及中国黄金市场的形成与发展。

第一节 黄金市场概述

一、黄金市场的概念

黄金是一种具有价值和特定使用价值的特殊贵重商品，自古以来就被视为财富的象征。由于数量较少，生产成本高，价值昂贵，易于分割和携带，决定了黄金成为产品交换中最适宜充当一般等价物的商品，因此马克思说"金银天然非货币，货币天然是金银"。在金本位制时代，黄金作为法定货币，固定充当一般等价物；随着商品经济的发展，商品增长的速度大大超过了黄金开采速度，导致黄金作为货币面临供给不足的问题。20世纪70年代，布雷顿森林体系的崩溃和牙买加体系的诞生，开始了黄金非货币化的国际货币体系新格局，但是黄金仍然在金融市场中占据重要地位。

　　黄金市场是进行黄金交易的场所，是进行黄金买卖和金币兑换的交易中心。黄金市场是国际金融市场的重要组成部分，其交易主体是以市场所在国各大银行为代表的黄金交易商。他们的主要经营活动有代理业务、期货业务、中间商业务、套购业务等。作为卖方出现的机构或个人主要有：产金国的采金企业，持有黄金待售的集团或私人，为解决外汇短缺和支付困难的各国中央银行，以及预测金价下跌而做"空头"的投机商等。作为买方出现的机构或个人主要有：为增加官方储备的各国中央银行，为保值投资的购买者，预测金价将上涨做"多头"的投机者，以黄金作为工业用途的工业企业等。此外，一些国际金融机构，如国际清算银行和国际货币基金组织也参与黄金的买卖。

　　目前，全世界共有40多个可以自由买卖黄金的国际市场，主要分布在发达国家的经济中心城市，其中具有代表性的黄金市场有5家，分别是伦敦市场、苏黎世市场、纽约市场、芝加哥市场和中国香港市场。世界各大黄金市场经过几百年的发展，已形成较为完善的交易方式和交易系统。

二、黄金市场的主要类型

（一）按规模和影响程度划分

1. 国际黄金市场

　　国际黄金市场又可以称为主导性黄金市场，其交易规模大，交易范围和参与者遍及全球，所形成的市场价格对其他市场有重要影响。具有代表性的国际黄金市场包括伦敦市场、苏黎世市场、纽约市场、芝加哥市场和中国香港市场。

2. 区域黄金市场

　　区域黄金市场是指交易规模有限，只涉及某一国家或地区，主要满足本国或本地区以及邻近地区黄金交易需求的市场。该市场辐射能力相对有限，代表性的如东京市场、法兰克福市场、巴黎市场、新加坡市场、迪拜市场等。

（二）按交易类型和交易方式划分

1. 现货市场

黄金现货交易市场指交易达成后在两个交易日内进行黄金实物交割的市场。黄金实物主要包括金条、金锭、金币、金饰品等。黄金现货市场大多分布在欧洲，因此也称为欧洲型市场，伦敦和苏黎世黄金市场就是以现货交易为主。

2. 衍生品市场

黄金衍生品是以黄金为基础产品衍生出来的金融产品，包括黄金远期、黄金期货、黄金期权、黄金掉期等。黄金衍生品市场是以上述各种黄金衍生金融产品为交易对象的市场。该市场为交易者提供套期保值、规避风险的渠道，也为投资者提供投机交易机会。

（三）按有无固定场所划分

1. 有形黄金市场

有形黄金市场是指黄金产品在固定交易所进行交易的市场，又称为场内市场。交易所都有严密的组织和管理制度，这其中又可以分为专门设立的独立黄金交易所和设在商品交易所内的黄金市场。前者如中国香港金银业贸易场、新加坡黄金交易所、上海黄金交易所等；后者如设立在纽约商品交易所内的纽约黄金市场，设立在芝加哥商品交易所内的芝加哥黄金市场等。

2. 无形黄金市场

无形黄金市场是指黄金交易没有固定的场所，黄金买卖通过金商之间的联系网络达成。如伦敦黄金市场主要通过金商之间的联系网络进行交易，苏黎世黄金市场以银行为交易平台进行交易。

（四）按交易的管制程度划分

1. 自由交易市场

黄金自由交易市场是指可以自由输出入，居民与非居民都可以自由买卖黄金的市场。如苏黎世黄金市场就属于自由交易市场。

2. 限制交易市场

黄金限制交易市场是指黄金的输出入受到管制的市场。限制交易市场包括两种类别：一种是只允许居民进行自由买卖，如巴黎市场；

另一种是只允许非居民进行自由买卖，如1979年10月撤销外汇管制之前的伦敦市场，居民不能进行黄金的自由交易。

3. 国内交易市场

黄金的国内交易市场是指黄金进出口受到控制，禁止外国资本和外国投资者进入的市场。黄金的市场交易严格限定为国内投资者，黄金市场的设立是为了满足国内需求。目前我国的黄金市场属于国内交易市场。

（五）按参与交易对象的不同划分

1. 一级市场

黄金交易一级市场又称为黄金批发市场，是由各种机构参与交易的市场。其市场参与者主要包括各大金矿、用金企业、各大金商、商业银行以及中央银行等，单笔交易量比较大。

2. 二级市场

黄金交易二级市场又称为黄金零售市场，是专门为小额零散交易提供服务的市场。一般由黄金机构与中小银行、各类企业、普通居民等买卖黄金形成，单笔交易量较小，属于零售性质。

三、黄金市场的主要构成要素

世界各大黄金市场经过几百年的发展，已经形成了较为完善和合理的交易方式和交易系统，其基本构成要素如下。

（一）黄金市场的参与者

1. 国际金商

国际金商与世界各地的黄金需求者和供给者保持紧密联系，是黄金市场最重要的参与者。最典型的就是伦敦市场上的五大金行，其自身就是一个黄金交易商，由于其与世界上各大金矿和黄金商有着广泛的联系，而且其下属的各个公司又与许多商店和黄金顾客保持联系，五大金商会根据自身掌握的情况，不断报出黄金的买价和卖价。

2. 商业银行

商业银行参与黄金市场又可以分为两类：一类是仅仅为客户代理买卖和结算，本身并不参加买卖的银行。以苏黎世的两大银行为代表，他们充当生产者和投资者之间的经纪人，在市场上起到中介的作用。另一类是一些做自营业务的银行，如在新加坡黄金交易所（SGM）里，就有多家自营商会员是银行。

3. 国际对冲基金

对冲基金在黄金投机交易中扮演重要角色，是国际黄金市场上重要的参与主体。一些规模庞大的对冲基金利用与各国政治、工商和金融界千丝万缕的联系，往往能够较先捕捉到经济基本面的变化，利用管理的庞大资金进行买空和卖空，从而加速黄金市场价格的变化，从中渔利。在黄金市场上，几乎每次大的下跌都与基金公司借入短期黄金在即期黄金市场抛售和在纽约商品交易所黄金期货交易所构筑大量的空仓有关。

4. 各类机构和个人投资者

这里的机构主要包括专门出售黄金的公司，如各大金矿，黄金生产商、专门购买黄金消费的（如各种工业企业）黄金制造商、首饰行以及私人黄金收藏者等，也包括专门从事黄金买卖的各类投资公司；个人投资者主要是私人购金收藏者、个人投机者。从对市场风险的喜好程度分，可以分为风险厌恶者和风险喜好者，前者是希望回避风险，将市场价格波动的风险降低到最低程度，包括黄金生产商、黄金消费者等；后者是各种对冲基金等投资公司，希望从价格涨跌中获得利益。前者希望对黄金保值，转嫁风险；后者希望获利，愿意承担市场风险。

5. 经纪公司

经纪公司属于黄金市场的中介机构，是专门从事代理非交易所会员进行黄金交易活动，并收取佣金的经纪组织，又称为经纪行。在纽约、芝加哥、中国香港等黄金市场有很多经纪公司，它们本身并不拥有黄金，只是派场内代表在交易厅里为客户代理黄金买卖，收取客户的佣金。

（二）为黄金市场提供服务的机构和场所

为黄金市场提供服务的机构和场所在各地有所不同，具体可以划分为没有固定交易场所的无形市场和有固定交易场所的有形市场。无形市场主要是指黄金交易没有固定的交易场所，以伦敦黄金交易市场和苏黎世黄金交易市场为代表，称为欧式黄金市场。早在19世纪初，伦敦就是世界黄金冶炼、销售和交易的中心。1919年，伦敦黄金市场开始实行日定价制度，每日两次，该价格是世界上最主要的黄金价格，一直影响到纽约以及香港黄金市场的交易，许多国家和地区的黄金市场价格均以伦敦金价作为标准，再根据各自的供需情况而上下波动。同时伦敦金价也是许多涉及黄金交易合约的基准价格。

有形市场是指在交易所内进行黄金买卖的市场。以美国的纽约商品交易所（COMEX）和芝加哥商品交易所（CME）为代表，这类黄金交易实际上建立在典型的期货市场基础上，主要交易方式是黄金衍生品交易，如黄金期货和期权等，一般称为美式黄金市场。另一种在专门的黄金交易所里进行黄金交易的有形市场，以中国香港地区金银业贸易场和新加坡黄金交易所为代表，同时进行黄金的期货和现货交易，一般称为亚式黄金市场。

（三）黄金市场的监管者

1. 监管机构

为了保证黄金市场的公平和公正，保护买卖双方的利益，杜绝市场上操纵价格等非法交易行为，各国都建立了各种形式的黄金市场监管体系。如美国的商品期货交易委员会（CFFC）、英国金融行为监管局（FCA）、中国香港证券及期货事务监察委员会（SFC）以及新加坡金融管理局（MAS）等。

2. 行业自律组织

黄金行业自律组织是为了规范黄金市场投资行为，保证黄金市场的顺利运行，由黄金生产、投资及其他各类参与者自发组织起来的一种社会中介机构。具有代表性的黄金行业自律组织有世界黄金协会和伦敦金银市场协会。世界黄金协会（WGC）成立于1987年，由世界各国主要的黄金开采公司成立及资助，是一个国际性的非赢利性机构，其总部设在伦敦，在各大黄金市场都设有办事处。其主要功能是通过引导黄金市场上的结构性变化（如消除税收、减少壁垒、改善世界黄金市场的分销渠道等）来尽可能提高世界黄金的销量。对世界黄金生产实行稳定的支持，并在所有实际和潜在的黄金购买者之间树立起正面的形象。

伦敦黄金市场协会（LBMA）成立于1987年，其主要职责就是提高伦敦黄金市场的运作效率及扩大伦敦黄金市场的影响，促进参与者的经营活动。同时与英国的有关管理部门，如英国金融行为监管局、关税与消费税局等共同合作，维持伦敦黄金市场稳定有序发展。

四、黄金市场的形成和发展

黄金市场是随着国际金融市场的发展而逐步形成的。早在公元前500年，金币就已经出现在流通中，但是由于其稀有性，尚未在流通中广泛使用。直至1816年英国制定货币法，将英镑作为主要货币单位，标志着金本位作为一种货币制度正式确立。工业革命推动了英国商品的生产和发展以及出口贸易的扩大，货币兑换、黄金交易、票据结算和国际清偿业务迅速发展，为了扩大对外掠夺，建立自己的势力范围，需要一个国际金融市场为其服务。19世纪初，伦敦诞生了世界上最早的国际金融市场。在伦敦市场上，黄金可以自由买卖，金币可以自由兑换，但是在很长的一段时间内，由于各国政府对黄金流通控制较严，黄金市场发展的很缓慢。19世纪后期，资本主义国家大都实行金本位制，国家以法令形式规定金铸币的形状、重量和成色，金币不仅可以自由铸造、自由融化，而且还可以自由输出输入国境，流通中的纸币可以自由兑换成黄金，纸币和黄金同时发挥货币的职能和作用，于是形成了一个统一的国际货币体系—国际金本位制。

第一次世界大战对金本位制形成了严重冲击。战争结束后，由于黄金储备的不平衡，许多国家逐渐放弃了金币本位制度，转而实行金块本位或金汇兑本位制，对外汇进行管制，规定黄金要出售给官方外汇管理机构或指定的国家银行，黄金的自由交易受到了很大的限制。

第二次世界大战以后，形成了以美元为中心的布雷顿森林体系，实行美元—黄金本位制度，各国对黄金的管制有所放松。期间瑞士借伦敦黄金市场两次停业之际率先设立了苏黎世黄金市场（Zurich gold market）。1954 年 3 月英格兰银行宣布重新开放伦敦黄金市场。1974 年 12 月 31 日，美国政府宣布公众可以自由持有和买卖黄金。1976 年 1 月，国际货币基金组织达成"牙买加协议"，废除黄金条款，实行"黄金非货币化"。但从法律角度看，国际货币体系的黄金非货币化到 1978 年正式确立。国际货币基金组织在 1976 年修改了《国际货币基金协定》，并于 1978 年 4 月生效。从此开始了黄金非货币化的进程。

20 世纪 70 年代以来，一些国家或地区相继开放黄金市场或放松对黄金输出入的管制，黄金市场规模进一步扩大，几乎遍布全球，促使黄金交易量急剧增加。同时伦敦以外的一些黄金市场的重要性也逐步上升，各黄金市场金价波动剧烈，投机活动频繁，世界黄金市场出现了很多新的特点，主要表现在以下几个方面：

（一）黄金市场的性质逐渐转变为以商品市场为主

随着黄金货币职能的丧失，黄金成了普通贵重商品，黄金市场的性质也发生了重要变化，由原来以金融市场为主转变为以商品市场为主，遵循一般市场的运作规律。当然，由于黄金的保值作用，黄金价格的波动仍会受到汇率、利率、通货膨胀及资本流通等金融因素的影响，同时黄金市场的波动也会影响到其他金融市场，所以黄金市场仍为金融市场中不可或缺的组成部分。

（二）世界黄金市场朝着区域化和全球一体化的方向迅速发展

以美元为本位货币的布雷顿森林体系崩溃以后，黄金的货币职能就逐渐消失，各国对黄金的管制也逐步放松，随之产生了一些新兴区域化黄金交易中心，世界黄金市场在 20 世纪 70 年代进入了大发展时期。除了欧洲黄金市场以外，中东的迪拜、利雅得，亚洲的中国香港、新加坡、东京及拉美的巴拿马城等地都成了世界性或者是地区性的黄金交易中心。加拿大温尼伯期货交易所在 1972 年 11 月开业进行黄金买卖；美国于 1975 年宣布允许其居民持有和买卖黄金；中国香港也在 1974 年撤销了对黄金输出入的管制；日本近年来也逐渐的放松了黄金的进出口。现代电子与通信技术的应用大大活跃了黄金市场的发展，现代化的通信设备连续不断地将金价信息传播到世界各地，使全球黄金市场可以 24 小时不间断进行交易。到了 20 世纪 80 年代，黄金市场全球一体化基本形成。

（三）黄金期货交易市场迅速发展

1975 年美国解除黄金禁令并开办了黄金期货市场，纽约、芝加哥两大期货市场的黄金交易得到了快速发展。随后，新加坡、澳大利亚也相继开放了期货市场，伦敦市场也于 1981 年开办了期货市场。

（四）黄金微型化交易、黄金券交易的兴起

近年来，由于世界性通货膨胀加剧，黄金市场的交易也出现了一些新的动向，其中最为突出的就是黄金微型化交易的发展。各种金条、金币形式多样化，而且重量更轻，使小额资金持有者也可以购买黄金进行保值。另一种新型交易方式是黄金券交易。黄金券是黄金的凭证，持有人可随时向发行银行要求换成黄金或者是与其等值的货币。对于购买者来说，如同持有黄金实物一样，既可以用于保值，又可以进行投资，而且比持有实物更为方便和安全。而对于发行银行来说，由于黄金交易增多，实物交易供不应求，发行黄金券既可以扩大黄金交易量，也可以增加收益。

第二节　黄金市场价格决定

黄金价格是黄金市场上买卖黄金商品的单位交易价格。由于黄金的特殊金融和商品属性，其定价比一般商品复杂。但是总体来看，除了黄金的生产成本外，供求关系是影响黄金价格的重要因素。

一、黄金的成色及计量单位

（一）黄金的成色

黄金及其制品的纯度称为成色，是进行黄金分类的重要依据。从来源不同和提炼后金含量的差别来看，可以将黄金分为生金和熟金。生金是指从矿山或河流冲积层开采的，尚未进行炼制的黄金。生金经过冶炼提纯后称为熟金，习惯上根据成色的不同又可以分为纯金、赤金、色金等 3 种。纯金一般指经过提炼后纯度达到 99.6% 以上的黄金；

赤金与纯金意思相近，在国际市场，成色达99.6%的称为赤金，我国境内的赤金纯度在99.2%—99.6%之间；色金是纯度较低的金，也称为次金、潮金，纯度高的可达99%，低的只有30%。黄金成色常用的表示方法主要有如下几种。

1. "K"金表示方法

"K"金是黄金与其他金属熔合而成的合金。由于黄金延展性高，一般会加入少量的银、铜、锌、钯、镍等金属以增加黄金的强度和韧性，合成色彩各异的K金。根据黄金含量的标准，每"K"（英文carat、德文karat的缩写，常写作K）含金量为4.1666%。在现实中24k金常常被认为是纯金，即"100%"金含量，但实际含金量为99.9984%，折为23.9976K。

2. 文字表示方法

文字表示法是直接在黄金制品上打上相应的文字标记说明黄金的成色。其标准一般规定为：千足金是含金量不少于999‰；足金表示含金量不少于990‰。也有的直接在黄金上印出含金量为多少。

3. 阿拉伯数字表示法

在黄金制品上印上相应数字表示黄金的成色。如金条上印制Au99，表示含金量为99%；Au999表示金含量为99.9%。

（二）黄金的交易单位

黄金的交易单位是指买卖黄金时所采用的重量计量单位，一般简称黄金单位。由于黄金交易单位是根据所在市场的交易规则确定的，各地的交易习惯或法定计量单位各有不同，因此，黄金交易单位在各地市场也各不相同，目前国际黄金市场上常见的几种计量单位如下。

1. 金衡盎司

金衡盎司是美国和英国商品市场买卖贵金属、药材等特殊商品时经常使用的计量单位，也是国际市场惯常使用的黄金标价方法。盎司（Ounce）是英制中的容量、重量和质量单位，分为常衡制和金衡制。常衡制是一种英制重量计量单位，为一磅的十六分之一，旧称英两；金衡制或药衡制则专门用于贵金属、药材等贵重商品的交易单位的计量，称为金衡（药衡）盎司。其具体折算公式如下：

1 金衡盎司 = 1.0971428 常衡盎司 = 31.1034768 克

2. 市制单位

市制单位是我国市场常用的计量单位。我国市场上黄金计量单位经常使用斤和两两种单位。其具体折算公式如下：

1 市斤 = 0.5 公斤 = 10 两 = 16.07536 金衡盎司 = 500 克

3. 司马两

司马两是目前中国香港地区黄金市场普遍采用的计量单位。司马两的称谓来自我国古代的官职"司马"，"司"是掌管的意思，当时马是主要的运输工具，"司马"在管理马的情况下，也要管理重量的计量。我国自周代开始就有了相应的重量单位：斤、两、钱、分，也称为"司马斤""司马两"，一司马斤等于十六司马两，计量的工具叫作"司马秤"。后来改用了十两一斤的计量，而香港一些需要计量贵重物品的行业，如黄金首饰业，有些依然沿用老式的计量单位，称为"港称"，也就是习惯上称的"司马称"。其具体折算公式如下：

1 司马两 = 1.203354 金衡盎司 = 37.42849791 克 = 0.74857 两

4. 托拉

托拉（Tola）是南亚地区黄金市场上常用的交易计量单位，也是目前国际市场上常见的黄金交割单位。如南亚地区的新德里、卡拉奇、孟买等黄金市场主要采用托拉作为计量单位。其具体折算公式如下：

1 托拉 = 0.375 金衡盎司 = 11.6638 克

5. 日本两

日本两是日本市场上常见的黄金交易计量单位。其折算公式如下：

1 日本两 = 0.12057 金衡盎司 = 3.75 克

二、世界黄金价格的主要类型

由于黄金的特殊地位，既具有商品属性，又具有金融属性，因此其价格与普通商品相比也具有特殊性。目前，世界黄金市场上的价格主要有三种类型：生产价格、市场价格和准官方价格。

（一）市场价格

黄金的市场价格是买卖双方达成黄金交易的即时价格，是市场行情的体现。黄金的市场价格包括现货和期货价格。这两种价格都受供需等各种因素的干扰和制约，变化很大，而且价格的确定机制较为复杂。一般来说，现货价格和期货价格所受的影响因素类似，因此两种价格的变化幅度和方向基本上一致。由于市场走势的收敛性，黄金的基差（即黄金的现货价格和期货价格之差）会随着期货交割期的临近而不断的减小，到了交割期，期货价格和交易的现货价格大致相等。理论上来说，期货价格应该稳定地反映现货价格加上特定交割期的持有成本。因此，黄金的期货价格应该高于现货价格，远期的期货价格高于近期的期货价格，基差为负。但是，由于决定现货价格和期货价格的因素错综复杂，各种外在和内在因素的冲击都可能使世界黄金市场上黄金的供求关系失衡，出现现货与期货价格关系扭曲的现象。

随着世界黄金市场逐渐一体化，由于各种因素的影响，世界市场上的短期黄金价格经常剧烈变动。只有中、长期的平均价格，因其中和了外部因素，才是一个比较客观反映黄金受供求影响下的市场价格。例如，在国际货币基金组织于2013年至2017年间的黄金拍卖中，实现平均价格1200美元/盎司左右，该价格非常接近伦敦黄金定价市场在同一时期的平均值。

（二）生产价格

生产价格是根据生产成本计算的价格标准，可以反映黄金的内在价值，是确立各种黄金价格的基本标准。随着技术的进步，找矿、开采、提炼等费用有降低的趋势；但同时黄金资源品位下降、原材料价格上升、人工费用上涨，又使得开采成本不断提高。根据《经济学人》的报道，1986年南非黄金生产成本约为每盎司258美元，2010年成本以及上升到每盎司857美元。根据世界黄金协会的数据，2017年黄金的生产成本已经达到每盎司1200美元左右。从产量上看，近10年世界矿产黄金的总变化不大，基本维持在2600吨上下，但地区的产出变化较大。北美洲、大洋洲金产量呈下降趋势，而拉丁美洲、亚洲的产量直线上升。年产100吨以上的国家有南非、澳大利亚、中国、秘鲁、俄罗斯、印度尼西亚和加拿大等。黄金每年的需求量要大于开采量

300—500 吨。但是，由于美元的不断升值，国际市场的金价一路下滑，截至 2017 年，黄金价格在 1200 美元/盎司左右。

（三）准官方价格

准官方价格是被中央银行用作与黄金有关官方活动而采用的一种价格。在准官方价格中，又可以分为抵押价格和记账价格。世界各国中央银行往往是各国黄金的最大持有者，黄金储备也可以作为各国实力的标志。美国是全球黄金储备最多的国家，德国、法国、意大利、中国、俄罗斯和瑞士黄金储备也都超过 1000 吨，前十国的官方黄金储备占世界各国官方黄金储备总量的 75% 以上。

1. 抵押价格

抵押价格是 1974 年意大利为实现向联邦德国借款，以自己的黄金作抵押而产生。抵押价格的确定在现代黄金史上有重要的作用。一方面符合国际货币基金组织的每盎司黄金等于 35 个特别提款权的规定，另一方面又满足了持有黄金的中央银行不冻结黄金的需求，与欧洲对黄金"非货币化"慎重要求的组合。借款时，以黄金作抵押，黄金按照市场价格作价，再给折扣，在一定程度上金价予以保值，因为有大量的黄金在抵押。如果黄金的价格下跌，借款期的利息就得高于伦敦同业银行拆放利率。

2. 记账价格

记账价格是 1971 年 8 月布雷顿森林体系解体后提出的。由于市场价格的强大吸引力，在市场价格和官方价格之间存在巨大差额的情况下，各国因为其官方储备黄金定价的需要，都提高了各自的黄金官价，于是就产生了为确定官方黄金储备的准官方记账价格。在操作中主要有三种方法：一是按照不同的折扣标准（以市场净价或者直至 30% 的折扣）同市场价格联系起来，按照不同的基准不同的调整期来确定黄金的价格；二是以购买价格作为定价基础；三是以历史官价为基础，如美国 1973 年 3 月定的 42.22 美元/盎司，一些国家按照 1969 年国际货币基金组织 35 美元/盎司来确定。

表 5-1　2019 年 10 月底各国黄金储备情况

排名	国家或地区	黄金储备量（吨）	占官方储备的百分比（%）
1	美国	8133.5	77.3
2	德国	3366.8	72.9
3	意大利	2451.8	69.2
4	法国	2436.1	62.1
5	俄罗斯	2230.4	20.7
6	中国	1942.4	3.0
7	瑞士	1040.0	6.1
8	日本	765.2	2.8
9	印度	618.2	7.0
10	荷兰	612.5	69.5

资料来源：表中数据来自世界黄金协会网站（https://www.gold.org）。IMF 的黄金储备没有列入上面的表格，同期其黄金储备为 2814 吨。

【专栏 5-1】

2018 年黄金行业运行情况

2018 年，我国黄金行业总体运行平稳，产业结构不断优化，"走出去"步伐逐步加快，但仍面临资源和环境双重制约，生产成本逐年上涨，行业发展亟须加快转型升级。

一是黄金产量同比下降，国内资源保障形势严峻。据协会统计，2018 年，我国共生产黄金 513.9 吨，同比下降 0.7%，产金量连续 12 年位居全球第一。其中，受国内金矿资源品位下降及自然保护区、生态功能区矿业权清理整顿等影响，利用国内原料生产黄金 401.1 吨，同比下降 5.9%；利用进口原料生产黄金 112.8 吨，同比增长 23.5%。

二是黄金价格总体平稳，消费量、交易量同比上涨。2018 年，国际黄金价格较为平稳，现货均价 1270.6 美元/盎司，同比上涨 1.2%，但受汇率等因素影响，国内黄金现货均价 271.4 元/克，同比下跌 1.5%。国际政治经济局势复杂化及贸易摩擦推升了黄金的避险需求，国内首饰、金条等消费大幅增长，高端电子产品带动工业用金量持续增加，我国黄金实际消费量1151.4吨，同比增长5.7%，连续6年保持全球第一，同时，现货成交量大幅增长，上海黄金交易所全部黄金品种累计成交6.8万吨（双边），同比增长24.4%，成交额18.3万亿元，同比增长22.2%。

三是生产成本逐年上涨，利润小幅下降。随着黄金资源品位下降、原材料价格上升、人工费用上涨等影响，矿产开发利用难度进一步加大，开采成本不断提高，黄金勘察及采选冶固定资产投资呈下降态势，黄金吨矿综合成本大幅提升。2018年，金矿采选利润93亿元，金冶炼利润80亿元，分别同比降低1.0%和1.1%。

今后，黄金行业发展面临的生态环保及资源压力将更为突出，加快转型升级和加大国内外资源开发利用是行业高质量发展的重点方向。工业和信息化部将积极推动黄金行业加快开发具有自主知识产权的低品位、难选冶及尾矿等资源综合利用技术，开展深井开采、无氰提金等重大科技攻关，提高黄金产品附加值，加快行业技术进步和转型升级。

——摘自工业与信息化部网站（http://www.miit.gov.cn/）

二、黄金价格的确定

（一）伦敦黄金市场的定价

伦敦黄金市场是世界上交易规模最大的黄金市场，历史悠久。早在19世纪初，伦敦就是世界黄金冶炼、销售和交易的中心。1804年，伦敦取代阿姆斯特丹成为世界黄金交易中心。1919年伦敦黄金市场正式成立，开始实行日定价制度，每日两次。该价格是世界上最主要的黄金价格，一直影响到纽约以及香港黄金市场的交易，许多国家和地区的黄金市场价格均以伦敦金价作为标准，再根据各自的供需情况而上下波动。同时伦敦金价也是许多涉及黄金交易合约的基准价格。

伦敦的黄金定价是在"黄金屋"——一间位于英国伦敦市中心的洛希尔公司总部的办公室里进行的。从 1919 年 9 月 12 日，伦敦五大金行的代表首次聚会在"黄金屋"，开始制定伦敦黄金市场每天的黄金价格，首次开出的定盘价是 4.18 英镑/盎司，这一制度一直延续到今天。五大金行每天制定两次金价，时间分别是上午 10 点 30 分和下午 3 点。由洛希尔公司作为定价主持人，一般在定价之前，市场交易停止片刻。

伦敦金价的重要性，与伦敦黄金市场在世界黄金交易中的核心地位密不可分。伦敦垄断了世界最大的产金地——南非的全部黄金销售，使得世界黄金市场的大部分黄金供给都是通过伦敦金市进行交易。伦敦黄金市场上的五大金商在国际上也是声名显著，与世界上许多金矿、金商等拥有广泛联系。五大金商有许多下属公司，下属公司又与许多金店和客户联系，这个范围不仅涉及伦敦黄金市场，而且还扩展到了整个世界。加上在定价的过程中，金商提供给客户的是单一的交易价，没有买卖的差价，价格比较合理，因此很多投资者选择在定价时进行交易。

在"黄金屋"里，五大金商代表几乎全世界的黄金交易者，包括黄金的供给者和投资者。他们决定出一个在市场上对买卖双方最为合理的价格，而且整个定价过程是完全公开的。因此，在定价时进行交易的客户可以肯定的知道这个成交价是合理的。2015 年 3 月，伦敦金银市场协会（LBMA）新的黄金定价系统正式替代传统黄金定盘机制。新定价机制的参与者更多样化，至少有 11 家全球大型金融机构参与到其中，一改过去寡头定价模式。2015 年 6 月 16 日，伦敦金银市场协会宣布，中国银行成为扩大后的定盘机构一员，成为首个非西方成员。

（二）苏黎世黄金市场的定价

苏黎世黄金市场是战后迅速成长起来的世界性的黄金自由交易中心，其地位仅次于伦敦黄金市场。由于瑞士是永久中立国，苏黎世独具良好的政治条件，两次大战也未卷入战争。第二次世界大战后趁伦敦黄金市场两次停业机会，苏黎世黄金市场乘势发展起来。瑞士本身没有黄金供给，其黄金的主要来源为南非和俄罗斯等国。凭借特殊的银行体系和辅助性的黄金交易服务体系，为黄金买卖提供了一个既自由又保密的环境，逐渐发展成为世界上新增黄金的最大中转站，也是世界上最大的私人黄金存储与借贷中心。苏黎世黄金市场没有正式组织结构，而是由瑞士信贷银行和瑞士联合银行负责清算结账，两家大银行不仅为客户代理交易，而且黄金交易也是其本身的重要业务。苏黎世黄金总库（Zurich Gold Pool）建立在瑞士信贷银行和瑞士联合银行非正式协商的基础上，不受政府管辖，作为交易商的联合体与清算系统混合体在市场上起中介作用。

苏黎世黄金市场没有金价定盘制度，银行的个别头寸不公开，而由联合清算系统对银行的不记名头寸进行加总，并每天按这些头寸的变动，在每个交易日的任一特定时间，结合供需状况确定当日交易金价，此价格就是苏黎世黄金市场的黄金官价。标准金为400盎司的99.5%纯金。全日金价在该价格的基础上自由波动，无涨跌幅的限制。瑞士黄金交易系统具有很大的包容性，是私人投资黄金及理财的主要场所，也是东西方黄金交融的场所。

（三）美国黄金市场的定价机制

美国黄金市场包括纽约、芝加哥、底特律、旧金山和布法罗五个市场，其中纽约黄金市场和芝加哥黄金市场占主要地位。纽约黄金市场是世界上最大的黄金期货集散地。20世纪70年代，随着美元的逐步贬值，加上1974年美国取消了美国居民拥有黄金的禁令，黄金生产企业、各类投资机构为实现套期保值和投资获利，纷纷进入黄金市场，纽约和芝加哥黄金市场迅速发展起来。目前，美国黄金期货交易价格对全球黄金现货市场价格有重要影响，往往可以引导全球黄金价格走向。

纽约商品交易所是美国黄金市场的核心，交易所本身并不参加期货的买卖，仅仅提供场所和设施，并制定一些法规，保证交易双方在公正、公平的环境下进行交易。早期纽约交易的所有黄金交易都必须在纽约交易所里通过公开喊价的方式进行成交，任何买卖者都有机会以最佳的价格成交，而且像其他的交易所一样，纽约商品交易所对现货和期货的合约都有极为复杂的规定。随着黄金市场规模的扩大和电子信息技术的发展，纽约商品交易所逐步引进电子交易系统，并将其与公开喊价混合使用。纽约商品交易所以黄金期货和期权交易为主，其期货合约的单位规定为 100 金盎司，最小价格变动为 10 美分/盎司。黄金交易参与者以机构投资者如各类对冲基金、黄金基金等为主。

（四）香港黄金市场的定价机制

香港黄金市场由香港金银业贸易场、香港伦敦金市场和香港黄金期货市场组成。（1）金银业贸易场。香港金银业贸易场成立于 1910年，有固定的买卖场所，是一个由华商资金占优势地位的市场。开业 100 多年来，一直保持着与众不同的交易方式，主要交易的黄金规格为 5 司马两一条的 99 标准金条，以港元计价，会员可以在场内以公开喊价的方式进行交易，如果庄家开价，一口价可以成交 2000 司马两，所有交易都以口头拍板的形式决定，无需签订合约。（2）伦敦金市场。1974 年，香港政府撤销对黄金进出口的管制。由于香港黄金市场在时差上刚好填补了纽约、芝加哥市场收市和伦敦开市前的空档，可以连贯亚、欧、美，形成完整的世界黄金市场。其优越的地理条件促使伦敦五大金商、瑞士几大金商等纷纷来港设立分公司。他们将在伦敦交收的黄金买卖活动带到香港，逐渐形成了一个无形的当地"伦敦金市场"。香港伦敦金市场属于现货市场，黄金在伦敦交收，并在成交后两个交易日在纽约以美元结算。全球的黄金交易商、制造商及生产商均参加这个市场交易。（3）黄金期货市场。香港黄金期货市场是一个正规市场，1980 年香港期货交易所①开始经营黄金期货业务，并参照纽约市场规则运行，交易不设任何变动限制。合约单位为 100 盎司，以美元/盎司报价，每份合约的价格变动为 10 美元或其倍数。若每盎司价格变动超过上一个交易日收市结算价 40 美元，则买卖将暂停 30 分钟以补交额外保证金。

三、黄金市场价格的影响因素

（一）黄金价格变动的历程

金本位制时期，黄金是公认的国际货币，是衡量其他商品的价值

---

① 2000 年 3 月 6 日，香港联合交易所（联交所）、香港期货交易所（期交所）和香港中央结算有限公司（香港结算）合并。

尺度。第一次世界大战之后，主要发达国家虽然实行金本位制，但由于黄金拥有量差异比较大，大量黄金集中在美国，很多国家只能实行金块或金汇兑本位，当时黄金价格是 1 盎司 20.67 美元，基本上能够保持稳定。1933 年，由于西方世界发生经济大萧条，美国总统罗斯福禁止国内私人拥有黄金，1934 年又规定了外国中央银行以 35 美元 1 盎司的价格向美国政府兑换黄金。第二次世界大战结束后，金本位制面临崩溃，以美国为首的国家通过谈判，建立了布雷顿森林体系，美元与黄金挂钩，其他国家货币与美元挂钩，同时还规定国际货币基金组织各成员国不得以高于或者是低于官价水平购买或者是出售黄金。其后，由于政治经济形势的变化以及美元危机，引起美国的黄金储备大量外流，金价上涨，美国已经无法用官价控制黄金市场。1968 年，伦敦黄金市场被迫关闭，解散"黄金总库"，市场金价任其按供求情况自由波动。导致了市场金价与官价完全的脱离，1972 年美元宣布贬值，1 盎司黄金为 38.00 美元，尼克松总统宣布美国从《布雷顿森林协定》中退出，美元两次贬值，金价猛涨。1973 年，1 盎司黄金为 42.22 美元，而伦敦市场黄金价格突破了 1 盎司 100 美元的大关。1976 年 1 月，国际货币基金组织在牙买加首都金斯顿举行会议，达成了"牙买加协议"，确定黄金非货币化，美元与黄金脱钩，标志着布雷顿森林体系的彻底瓦解。自此，黄金价格完全由市场供求状况决定。1976 年下半年开始，金价再度上涨，而且一路上扬，到 1980 年 1 月，金价曾一度涨至 1 盎司 875 美元的历史高峰水平。其后，金价从高位逐渐回落，经过一段时间的波动后回到 400 美元左右。由于美元汇价的连续上升，1984—1985 年，金价在 320 美元上下徘徊。1986 年初，金价一反前几个月中每盎司 325—330 美元的相对平衡状态，而一再上涨。1987 年以后，金价长期保持在每盎司 400 美元左右的水平。随着 20 世纪 80 年代末世界经济的蓬勃发展，西方国家实行稳定的货币政策，世界金价开始下跌。到 1992 年，黄金价格最低下降到 328 美元每盎司。1998 年 3 月 24 日，每盎司金价在 1 月 9 日跌至 278.7 美元的最低价，在 294 美元水平徘徊。2001 年 4 月至 2005 年 8 月底，美元开始了其大幅度贬值的历程，美元指数从 120 点之上一路下跌到 80 多点，这在很大程度上推动了黄金价格的强劲上涨。2011 年，黄金达到了历史最高价 1911 美元每盎司。随后，黄金的价格开始下行，大多数时间处于 1200 美元每盎司的价格进行震荡。2018 年以来，伴随世界经济发展的相对停滞和美元的不稳定，黄金保值需求增加，黄金价格逐步上涨，2019 年底，黄金价格达到 1520 美元/盎司关口。

（二）黄金市场价格的影响因素

黄金的保值功能及其广泛的用途，使得其价格也复杂多变。归纳起来主要有以下几个方面。

1. 供给因素

世界黄金供给主要来自新生产的黄金、再生黄金以及机构或私人抛售的黄金。新生产黄金是黄金市场黄金的主要来源，数据显示 2017 年全球黄金产量达到 3298.4 吨，同比增长 0.72%。全球黄金产量从 2014 年的 3149.9 吨增长至 2017 年的 3298.4 吨，年均复合增长率为 1.55%。其中 2017 年中国黄金产量 460.7 吨，占全球黄金产量的 14%，产量保持世界第一位。再生黄金即黄金的再次利用，指的是通过旧首饰的回收以及其他工业回收金。再生金供应量对金价变化异常敏感，供应结构上，印度、中国、拉丁美洲、美国、中东是再生金最主要的供应地，占全球再生金总量 85%。机构或私人抛售黄金主要是国际货币基金组织、各国央行出于实现自身职责、调节黄金市场或高位获利等目的，抛售手中持有的黄金。黄金市场的供给主要有以下三种性质。

（1）经常性供给

经常性供给来源自世界主要产金国，这类供给是比较稳定、经常性的。根据世界黄金协会数据，截至 2017 年底，全球黄金存量大约存有 19 万吨，未开采黄金约 5.4 万吨，占比 22%。以当前开采量及增速测算，未开采黄金储量仅能维持 10 年左右。但是，随着勘探技术进步及其他因素影响，黄金生产方面的供给也许会有新的发现。

（2）诱发性供给

此类供给是由于其他因素刺激而导致的，如黄金生产国出现政治经济变动，导致生产不稳，金价上扬，引起黄金持有者为了套利而抛售黄金，黄金生产者加速黄金开采等。

（3）调节性供给

这种供给是一种阶段性不规则供给，主要来自于中央银行的黄金抛售行为。中央银行是世界上黄金的最大持有者，为保持本国经济和货币币值稳定，或清偿外债，改善国际收支状况，中央银行会在国际黄金市场抛售黄金；国际货币经济组织为了帮助债务国走出困境，也会进行黄金抛售；持有黄金的机构和个人，出现资金短缺或进行投机操作时，也会抛售黄金，形成相应的黄金供给。

2. 需求因素

黄金的需求因素影响黄金的价格主要表现在以下几个方面。

（1）黄金工业需求

黄金的工业用途很广泛，主要有首饰、牙科、轻工、化工、航天、航空、电气电子等行业的应用比例很大。世界经济的发展速度决定了黄金的总需求，例如在微电子领域，越来越多地采用黄金作为保护层；在医学以及建筑装饰等领域，尽管科技的进步使得黄金替代品不断出现，但是黄金以其特殊的金属性质使其需求量仍然呈现上升的趋势。从黄金工业化应用领域来看，黄金首饰用金量占比最大，在近十年中占工业用金总量的 84.9%，其次为电子工业，其占比约为 9.8%，剩余的其他工业和装饰品、牙科的用金占比约为 5.3%。国际市场供应的黄金大部分是被工业用途所占。

（2）保值需求

黄金储备一向被央行用作防范国内通货膨胀、调节市场的重要手段。而对于普通的投资者，投资黄金主要是在通货膨胀的环境下，达到保值的目的。在经济不景气的情况下，由于黄金相对于货币资产保险，导致对黄金的需求上升，金价上涨。

（3）投资或投机需求

投资者根据国际国内的形势，利用黄金市场上的金价波动，加上黄金期货市场的交易体制，大量"沽空"或者是"补进"黄金，人为制造黄金需求假象。在黄金市场上几乎每次大的下跌都与对冲基金公司借入短期黄金在即期黄金市场抛售和在 COMEX 黄金期货交易所构筑大量的空仓有关。在 1999 年 7 月黄金价格跌至 20 年低点的时候，美国商品期货交易委员会（CFTC）公布的数据显示在 COMEX 投机性空头接近 900 万盎司。当触发大量的止损卖盘后，黄金价格下泄，基金公司乘机回补获利，当金价略有反弹时，来自生产商的套期保值远期卖盘压制黄金价格进一步的上升，同时给基金公司新的机会重新建立沽空头寸，形成了当时黄金价格不断下跌的格局。

（4）中央银行黄金储备需求

黄金一直被各国央行作为防范国内通货膨胀、调节市场的重要工具。特别是在经济不景气时期，由于黄金相对于货币资产值更为稳定，央行对黄金需求会上升，从而导致金价上涨。近年来，黄金价格的上涨，与俄罗斯、中国等国央行对黄金储备需求的大幅度增长有一定的关系。

3. 其他因素

（1）美元汇率

美元汇率是影响黄金价格的一个重要因素。美元是传统的硬通货，也是自从金本位被放弃后与黄金的关系最为密切的一种货币。长期来看，美元汇率与黄金价格之间基本呈现此消彼长的负相关关系。美元坚挺一般代表美国国内的经济形势良好，美国国内的股票和债券将会得到投资人竞相追捧，黄金作为一种价值储藏手段的功能受到削弱；美元汇率的下降通常与通货膨胀有关，黄金的保值功能又再一次的体现出来。

（2）通货膨胀

通货膨胀会造成货币购买力下降，从而增加对黄金保值的需求。黄金价格的变化除了与实际发生的通货膨胀的程度有关外，还与通货膨胀发生的可能性有密切的关系。一定时期内，即使实际上尚未发生通货膨胀，但是如果人们预期到将要发生通货膨胀时，人们就可能预先将手中的现金转化为黄金，利用黄金的保值功能，预防未来可能发生的通货膨胀。

（3）利率水平

利率是与通货膨胀密切相关的另一个影响黄金价格的经济指标。一般来说，利率与黄金价格变动呈反向关系。当经济较为低迷，政府为刺激经济而下调利率时，较低的利率将会促使人们减少储蓄、增加对黄金的投资需求。在通货膨胀的初期，物价上涨不是很快时，利率的提高将会提升人们的储蓄倾向，从而减少黄金市场上的需求。在通货膨胀已经发展到较为严重的情况下，利率的提高所能起到的减少即期需求的作用将会大大的减小，对黄金价格变动的影响也将失去作用。

（4）原油价格

原油价格的变化与黄金的价格也存在着非常密切的关系。从20世纪70年代黄金与美元之间的固定比价关系结束以来，几乎黄金价格的每一次波动都与石油价格的变化密切相关。高油价一方面导致石油进口国进口费用急剧增加，国际收支状况恶化，通货膨胀加剧，货币信用低落，经济增长不确定性增加，从而推动黄金价格上涨；另一方面，由于石油交易使用美元计价和支付，大幅度提高油价的结果，使得产油国的美元收入迅速的增加。为了避免美元汇价跌落而遭受损失，这些国家就将出口石油所得的部分美元收入转向购买黄金，引起了黄金价格上升。

（5）各国的货币政策

当一个国家采取紧缩的货币政策时，由于利率上升，减少了通货膨胀的可能性，会造成黄金价格的下降。例如20世纪80年代美国的高利率政策促使国外资金内流，美元不断走强，大量美元流出欧洲和日本，各国由于持有的美元净头寸减少，于是开始出现在国际市场上抛售黄金，抢购美元，导致了黄金价格的承压。当一国采取宽松货币政策时，由于利率下降，该国的货币供给增加，加大了通货膨胀的可能，会造成黄金价格的上涨。

（6）股市行情

一般来说，股市下挫，金价上升；股市上升，金价下跌。这主要体现了投资者对于经济发展前景的预期，如果投资者普遍对于经济前景看好，那么资金就会大量的流向股市，金价就会下降。

（7）国际政治局势

黄金价格对国际政治局势的变化和各种突发事件的发生都很敏感。国际政治局势一方面会影响产金国的生产，从而使得黄金的供应量发生变化，进而影响黄金价格。例如南非对世界黄金市场有着直接的影响力，其国内的种族冲突、罢工以及外国对南非的制裁都会影响南非的黄金生产，从而进一步影响黄金的价格。另一方面会影响人们的保值心理，当突发事件发生时，人们一般都会转向黄金投资以此来保值，从而导致黄金的价格在短期内迅速的上升。例如，2018 年，美国方面认为伊朗方面支持恐怖主义，对伊朗进行了新的制裁措施，对伊朗在金融、交通等领域加以了严苛限制，同时还限制了对该国的贵金属出口。伊朗制裁令落地的当天，国际金价也在避险情绪下上涨幅度可观。

第三节 黄金市场交易

黄金市场交易品种产生于 18 世纪的欧洲，经过几百年发展之后，黄金市场形成了门类齐全的交易方式和交易品种。

一、黄金市场的主要品种

（一）标金

标金是黄金投资的基础工具，它是按照规定的形状、规格、成色、重量等要素精炼加工而成的标准化条状金，也称为实金或者金条。标金是黄金市场最主要的交易品种。世界各国黄金市场上的标金规格不尽相同，根据国际惯例，用于黄金市场实物交割的标金必须由市场认同的炼金厂浇铸生产，并在标金上标明厂铭、重量、成色及编号等。

标金的规格很多，目前国际市场上比较常见的有 400 盎司、100 盎司、10 盎司、2 盎司、1 盎司、1/2 盎司和 1/4 盎司等规格；有 12.5 千克、1 千克、500 克、250 克、100 克、50 克、20 克、10 克、5 克、2.5 克、1 克等规格；也有其他特殊重量规格的标金。各国和地区黄金市场上的标金成色也多有不同，如伦敦、美国、苏黎世等市场上的标金成色为 99.5%，中国香港地区现货市场上的标金成色为 99%，中国内地黄金市场上的标金成色分别为 99.99% 和 99.95%。

（二）金币

金币是黄金投资的传统工具，具有悠久的历史，它是以国家或者是中央银行的名义发行并具有规定的成色和重量，浇铸成一定形状并标明其面值的铸金货币。金币又可以细分为投资金币和纪念金币两大类。

投资金币又称为纯金币，由各国政府或者是中央银行发行，一般均带有面值，其价值基本与黄金含量一致，价格也随着国际金价波动而波动。纯金币投资与金条投资一样，都是良好而安全的投资保值方式。从古至今，全世界铸造发行的金币种类难以计数，目前在国际市场上比较常见的投资金币有十多种，例如南非福格林金币、加拿大枫叶金币、墨西哥自由金币、英国不列颠金币、美国鹰扬金币、奥地利克罗纳金币、哥伦比亚金比索金币、新加坡狮子金币和中国的熊猫金币等。

纪念金币是各国政府或中央银行，为了某一个纪念题材而限量发行的具有一定重量、成色和面值，并铸成一定形状的铸金货币。由于纪念金币是具有相应纪念意义的铸金货币，因此其价格除了构成纯金币的各项价格要素以外，还应该考虑其稀有程度、铸造年代、工艺造型和金币品相等要素。纪念金币本身所具有的历史、教育、艺术欣赏意义，使得纪念金币的投资价值随着时间的流逝而日趋上升，其价格要比纯金币高得多。

（三）黄金饰品

黄金饰品有广义和狭义之分。广义的黄金饰品泛指含有黄金成分的装饰品。不论黄金成色多少，只要含有黄金金属成分的装饰品，例如金杯、奖牌、勋章、金像、盘碟、烟盒等纪念品或工艺品均可列入金饰品的范围。狭义的金饰品是专指成色不低于58%的黄金材料，通过黄金工艺师的艺术创造，加工成一种供人们佩戴的装饰物。

从投资理财的角度看，金饰品的实用价值大于投资价值。原因在于金饰品的买入价和卖出价之间往往呈现出一种倒差价状态，即金饰品经过长期的佩戴使用会造成磨损，因而其初次买入价往往大于以后的卖出价；同时由于黄金首饰的价格与其内含的黄金价值相差甚远，一般情况下金饰品的投资收益在短期内往往又难以实现，买卖黄金首饰从严格意义上来讲增值的空间不大。在信用货币时代，通货膨胀作为一种常见状态时，购买黄金首饰也是一种不错的保值方式。因此，从严格意义上来说，黄金饰品只是一种保值手段。

（四）黄金账户

黄金账户是商业银行为黄金投资者提供的一种黄金交易品种，又称为黄金请求账户。黄金账户是黄金投资的创新工具。黄金投资者选择黄金账户这一交易工具时需要预先在商业银行开设黄金账户，然后通过商业银行在指定的资金账户内进行黄金买卖交易，并在黄金账户上做买卖记录，无须作黄金实物的提取交收。因此，黄金账户交易工具具有周转速度快、存储风险小、交易费用低、转让受限制等特点。

（五）纸黄金

纸黄金又称为黄金凭证，是指在黄金市场上买卖双方交易的标的物是一张黄金所有权的凭证而不是黄金实物，因此纸黄金交易实质上是一种权证交易。纸黄金的类型除了常见的黄金储蓄存单、黄金交收订单外，还包括黄金证券、黄金账户单据、黄金现货交易中当天尚未交收的成交单等。由于纸黄金是黄金物权的一种凭证，以实物黄金作为物质基础，因此同样具有保值增值的功能。纸黄金一般由黄金市场上资金实力雄厚、资信程度良好的金融机构出具，例如商业银行出具的不记名黄金储蓄存单、黄金交易所出具的黄金交收订单或者是由大的黄金商开出的黄金账户单据等。

采用纸黄金交易，可以节省由实物交易必不可少的保管费、储存费、保险费、鉴定费、运输费及税金等费用的支出，降低黄金价格中的额外费用，提高金商在市场上的竞争力。同时，纸黄金交易可以加快黄金的流通，提高黄金市场交易的速度。因此，纸黄金逐渐成为黄金市场上的重要投资工具。

（六）黄金股票

黄金股票是指黄金公司向社会公开发行的上市或者不上市的股票，因此又可以称为金矿公司股票。黄金股票是黄金投资的延伸产品。由于买卖黄金股票不仅是投资黄金矿业公司，而且间接投资黄金，因此这种投资行为比单纯的黄金买卖更为复杂。投资者不仅要关注金矿公司的经营状况，还要对黄金市场价格走势进行分析。

在黄金股票中还有一种被称为磐泥黄金股票的投资行为，投资者买卖以购置了大批可能含有沙金成分的河床或者是矿金成分的山地，但还未被开发证实的股份公司所发行的股票就被称为磐泥股票。投资磐泥黄金股票风险很大，当然，假如一经证实该公司所置有的地下确实有金矿，其收益是相当惊人的。磐泥黄金股票的特点是高风险、高收益、投机性很大，但吸引力也很大。缺点是转让性差、资金易冻结和交易费用高。由于参与磐泥黄金股票交易不仅是投资黄金，而且还涉及勘探、建矿、生产，所以很难得到准确的报价。

（七）黄金基金

黄金基金是黄金投资共同基金的简称，是由基金发起人组织成立基金管理公司，专门以黄金、黄金股票、黄金债券或者是黄金类衍生交易品种作为投资媒介以获取投资收益的一种共同基金。黄金基金出现较晚，第一支基金 2003 年在澳大利亚股票交易所上市，其后伦敦、纽约和南非的证券交易所相继上市黄金基金。我国第一支黄金基金成立于 2010 年 12 月，主要通过投资于全球范围内有实物黄金支持的黄金 ETF，紧密跟踪金价走势，为投资者提供可有效分散组合风险的黄金类金融工具。黄金基金由专家组成投资委员会，在充分分析股市、金市和其他市场的投资收益比以后，进行多样化的组合投资。因此，黄金基金的投资风险较小、收益比较稳定，能够较好地解决个人黄金投资者资金少、专业知识差、市场信息不灵等不利因素而又想通过黄金投资获得稳定收益的矛盾，因此受到社会的广泛欢迎。

（八）黄金债券

黄金债券是指有条款规定必须以一定重量和成色的金币付款的债券。黄金债券本质上是债券，因此与其他债券一样，债权人可以定期获得债息收入；不同表现在它一般由金矿公司所发行，以一定量及成色的黄金作为发行担保，所支付的利息也和金价有正向关联。黄金债券拥有黄金和债券的双重特点，会受到国际市场黄金价格和市场债券收益率的影响。早期，黄金债券亦称"黄金券"。1919 年之前，美国财政部以 100% 的黄金作准备发行的债券，其面额由 20 美元至 1 万美元不等，用于支付政府的债务。此后直至 1933 年，黄金券曾作为货币供应量的一部分在市场上流通，并可自由兑换黄金。金本位制崩溃之后，美国 1933 年通过《银行法》，规定停止黄金券自由兑换。黄金券退出流通领域。20 世纪 80 年代以来，部分政府和企业发行了黄金债券，如美国的精炼国际公司发行期限从 1981—1996 年的黄金指数化债券，年利率 3.5%，一张债券价格为 10 盎司黄金，年利息为 0.35 盎司黄金；加拿大的莱克·米尼埃勒斯有限公司发行了期限从 1984—1989 年的黄金债券，年利率为 8%，并附有权益证。债券的持有者持一张权益证可以从该公司以 1 盎司等于 230 美元的价格买入 0.5 盎司黄金。法国政府发行了两种黄金债券：一种叫比尼，期限从 1973—1999 年，年利率 4.5%；另一种叫吉斯卡德，期限从 1973—1988 年，年利率 7%。

二、黄金市场的交易方式

黄金市场交易方式包括现货交易、远期交易、期货交易、期权交易、互换交易等多种方式，除了现货交易之外，其余交易形式都属于黄金衍生品交易。

（一）黄金现货交易

现货交易是指交易双方在成交后两个交易日内完成交割和清算等一系列手续的交易方式。黄金现货交易一般以标金为主。作为世界上最大的黄金现货交易市场，伦敦黄金市场的现货交易价格是世界黄金行市的晴雨表，其他市场一般参照伦敦市场价格水平，结合本地市场供求状况确定金价。现货交易需要根据交易金额支付金商一定比例的手续费，如伦敦市场的手续费通常为 0.25%，近年来由于竞争的加剧，有下降的趋势。

现货交易可以分为定价交易和报价交易。定价交易是指金商提供客户单一的交易价格，没有买卖差价，按照所提供的单一价格，客户均可以进行自由买卖，金商只提取少量的佣金。报价交易是指买卖双方自行达成的交易，对于交易者来说，其买入和卖出的报价存在差价。定价交易只有在规定的时间内才有效，短则 1 分钟，长则 1 个多小时，这个视市场上客户的需求而决定。在定价交易以外的时间则进行报价交易。伦敦市场每日进行两次定价交易，上午 10：30，下午 3：00 定价交易在英国最大的金商洛希尔父子公司的交易厅进行，该公司担任首席代表，其他各金商均选择一名代表参加。一般在定价交易前，市场交易要停止片刻。此外各金商均不对外报价，由首席代表根据金价动态定开盘价，并随时根据其他代表从电话里收到的订购业务调整价格。若定价交易开盘后买卖手进入市场，则定价交易结束。如果有新的买卖在订购，首席代表就不能结束定价，订购业务完毕时的金价即为黄金现货买卖的成交价格。在实际交易中，并不一定要按照定价水平进行交易，买卖双方还有继续讨价还价的余地，交易数量可能还比定价时的交易量为多。尽管如此，定价交易仍是世界黄金行市的"晴雨表"，世界各黄金市场均以此调整各自的金价。定价交易结束后，即恢复正常的黄金买卖报价。报价交易由买卖双方自行达成，其价格水平在很大的程度上受定价交易的影响，但是一般来说报价交易达成的现货交易数量比定价交易为多。在黄金市场上进行现货交易，除了支付黄金价款外，还要支付金商的手续费。

（二）黄金期货交易

黄金期货是买卖双方签订的在未来某一确定的时间，按成交时确定的价格购买或出售黄金的标准化协议。黄金期货属于硬期货，是标准化合约，主要要素包括黄金数量和单位名称、报价单位、保证金比例、交割月份、最小变动价位、最高交易限量、交割地点、交割方式等。黄金期货一般在交易所交易，与普通期货产品交易方式没有区别，期货合约的成交价格由买卖双方通过交易所系统竞价形成。黄金期货交易一般并不真正进行现货交割，绝大多数合约采用到期日之前对冲平仓方式完成。

黄金期货交易可以分为保值交易和投机交易两种类型。所谓保值交易，是人们为了避免金价变动而遭受损失，通过买卖黄金期货来实现套期保值的交易方式。投机交易是利用金价的波动，估计金价在未来时期的涨跌趋势，卖空或者是买空，从中谋取投机利润。有时保值和投机难以区分，但是对于大多数金融机构和企业来说，期货交易既是减少风险的一种方式，又是一种十分微妙复杂的投机形式。

（三）黄金远期交易

黄金远期交易是指参与黄金交易的双方约定在未来某一交易日，按照双方事先约定的价格交易一定数量黄金实物的交易方式。在金融衍生产品发展的历史上，一般是先产生远期合约，并在此基础上发展出期货、期权、互换等其他衍生工具。与其他金融衍生市场发展不同，黄金衍生品市场是先有期货，后有远期。1975 年，美国纽约商品交易所开发设计了黄金期货。其后，直到 20 世纪 80 年代初，由于黄金期货对于黄金交易的数量、等级、时间、交割日期、交割方式都有严格的标准化规定，灵活性受到一定的限制，对于部分生产者和经营者的特殊需求没有办法满足，黄金远期应运而生。参与黄金远期交易的一般包括黄金生产者、加工企业、用金企业以及从事黄金交易的商业银行。实际操作中，经过双方同意，远期合同到期也可以不进行黄金实物交割，而进行一定的利差交易。

黄金远期与黄金期货的不同主要表现在：一是远期具有较大的灵活性，是非标准化合同，可以根据买卖双方的需要在黄金规格、数量、交割规则等方面进行个性化设计；而黄金期货是标准化合约，合约对于黄金交易的规格、数量、交割方式等都有严格规定，买卖双方只能接受，无权更改。二是远期合约缺乏流动性，除非有第三方愿意接受该合同，否则难以实现转让；而期货合约流动性较强，可以根据市场价格随时进行买卖。三是远期合约一般到期后按约定价格进行黄金实物交割；而期货合约很少进行实际交割，一般在合同到期前进行对冲平仓操作。四是远期合约一般在场外进行交易，没有固定交易场所；而期货合约有固定交易场所，一般在交易所内进行交易。

（四）黄金期权交易

黄金期权是指买方在付出期权费后有权在到期日之前或到期日当天，以约定的价格从期权出售者手中买入或卖出一定数量黄金的合约。黄金期权交易最早在荷兰的阿姆斯特丹开办，1981 年 4 月开始交易，没有公开的交易市场。随后加拿大的温尼伯交易所开始黄金期权交易。期权买方可以根据当时的金价，决定是否要按照合同买入或卖出黄金。

价格适合就可以行使权力，如果价格不合适也可以放弃行权。期权的卖方在收取期权费后，就有根据买方要求履约的义务。

根据期权买入和卖出权力的不同，可以将黄金期权分为认购期权和认沽期权。认购期权又可以称为买入期权或看涨期权，是指期权买方在付出期权费之后，拥有在约定时间之前或约定日期当天，按照约定的价格从期权卖方手中购买约定数量黄金的权利。购买买入期权的原因是买方预测到金价有上涨的可能性。如果预测准确，买方可以行使买入权力从而实现盈利；如果预期的价格没有出现，期权买方可以放弃行使权力，但是无论是否行权，期权费都不会被退回。认沽期权又可以称为卖出期权或看跌期权，是指期权买方在付出期权费之后，拥有在约定时间之前或约定日期当天，按照约定价格向期权卖方出售约定数量黄金的权利。买入认沽期权的原因是买方预测黄金价格将会下跌，如果预测准确，将可以按照事先约定的价格向卖方出售黄金获利；如果预测失误，期权买方可以放弃行权。

（五）黄金互换交易

黄金互换交易是指在一定时期内，交易双方同时买入和卖出价值相当的黄金资产的一种交易。黄金互换交易从本质上来说是远期合约的一种延伸，可以使交易双方获得比他们做互换交易前更为有利的条件。黄金互换交易是金融市场互换交易中的一种，而且互换交易目前已经是成熟市场融资和风险管理的重要策略之一。

不同于其他金融衍生工具往往是一次性交易，互换交易是一系列现金流的交换，会持续一段时期。黄金互换交易一般由作为卖方的黄金生产者和作为买方的商业银行签订互换协议，黄金生产者可以根据现货市场上黄金价格的高低与协议价进行比较，决定是否在成交日将黄金卖给商业银行。当市场现货价格低于协议价格时，作为卖方的黄金生产者可以按协议价将黄金出售给商业银行；当市场现货价格高于协议价格时，黄金生产者可以在市场上卖出黄金。一般情况下，黄金生产者和商业银行会签订多次滚动协议，但是其期限不能超过双方商定的、协议的最长年限。黄金互换交易与黄金期货、黄金期权、黄金远期交易一样，也是黄金生产者规避市场价格波动风险的重要手段。

（六）黄金租赁交易

黄金租赁是指客户从银行或企业租赁黄金或银行从客户租入黄金，到期归还并支付黄金租赁费的交易。黄金租赁交易可以满足客户的实体黄金流动性需要，适应于银行和用金企业所需黄金的融通，以及生产经销企业用于保值目的的提前销售。对于出租方来说，当市场金价偏低，不愿出售，但是又不愿意使资金呆滞，可以将黄金出租，收取一定的利息。对于承租方来说，不仅可以大大减轻企业现金流的压力，还能为企业节约大量资金占用成本。

第四节　中国黄金市场

一、中国黄金市场的形成和发展

（一）1949 年之前的黄金市场

20 世纪初期，上海是远东的国际金融中心，有着发达的金融市场。继 1920 年华商证券交易所成立后，1921 年 11 月，上海金业交易所成立，交易的品种包括国内矿金、各国金块及金币、标金、赤金等五种，但实际上市的只有标金一种，即在上海通行的以 0.978 成色为标准的黄金。交易分为现期和定期两种，现期规定于当日交割完毕，定期则以两个月为交割期限，在现期内可以转卖，也可以买回，以抵消原先的买卖。如果买卖双方同意，也可以随时交割或者是"掉期"（即重订期限）。当时，上海黄金市场的投机活动十分猖獗。有统计资料显示，交易所标金买卖总额，1925 年为 4689 万条，1926 年为 6232 万条。由于我国产金很少，上海标金筹码也很缺乏，从金业交易所的巨量成交额中可见买空卖空投机交易是十分巨大的。1935 年上海金融业的资金集散作用达到了新的高度，各地的利率和外汇行市都以上海为参照标准。黄金市场的成交额迅速增加，超过日本、印度和法国，仅次于英国的伦敦和美国的纽约，被称为"东方的纽约"。抗战胜利后，由于国民政府的法币和金圆券恶性膨胀，币值急剧下降，人心浮动，上海金融市场的各种机制近乎瘫痪。

（二）新中国成立后的黄金市场

新中国成立初期，为了防止金银投机所引起的全面物价波动，国家对于黄金实行统一的管理，禁止私人买卖等措施。因为当时人民币刚投放市场取代旧币，而旧币实行金汇兑本位制，与美元、英镑挂钩，这两种货币又都与黄金挂钩。因此，心理上的惯性使人们认为金价波动即币值波动，从而导致物价波动，要稳定物价就必须控制金价。为稳定物价，有效控制金融市场，国家采取了一系列措施，禁止黄金计价流通和私相买卖，打击黄金投机活动，收购群众手中黄金。要求国有企业非生产性黄金上交人民银行，有计划控制黄金销售。这种体制在特定时期对于稳定金融物价、支持黄金生产、保证国家经济建设所需的黄金供应等方面起到了积极的作用。

党的十一届三中全会以后，政府于 1982 年恢复了国内黄金饰品市场。1983 年 6 月，颁布了《中华人民共和国金银管理条例》，明确了国家对黄金实行"统一管理、统购统配"政策。从事金银生产的企业和个人所采炼的金银，必须全部交售给中国人民银行，不得自行销售、交换和保留；黄金配售由中国人民银行审批、供应；黄金价格由中国人民银行统一制定。《条例》的颁布，使"统购统配"的黄金管理体制步入法制化轨道，强化了国家对黄金管理的力度。

随着市场经济的发展，国内黄金消费需求大幅增加，黄金产量和储备逐步增加的情况下，计划管理带来的黄金生产和经营缺乏活力的问题也日益明显，并在一定程度上限制了中国黄金生产、加工、销售等行业的进一步发展。为了满足发展需要，促进产金企业和用金企业发展，并逐步与国际黄金市场接轨，在坚持"统购统配"政策的前提下，国家围绕黄金定价机制、供应制度、金饰品零售审批等方面进行了改革。1993 年，黄金固定定价制度改为与国际接轨的浮动定价制度，但保留了 10% 的收售差价。1998 年，在深圳试办黄金寄售业务，同时将黄金收售价差缩小到 2%。1999 年 12 月中国白银市场的开放，被业界视为黄金市场开放的"预演"。尽管存在不少问题，但是白银交易放开后逐步实现了由计划管理向市场调节的平稳过渡，发挥了沟通产需、提供信息、形成合理价格的作用。作为中国内地唯一白银现货交易市场，上海华通有色金属现货中心批发市场的白银交易价格也成为国内白银市场的参考价格。2001 年 6 月，实现黄金周报价制度，进一步接轨国际黄金市场。同年 11 月，黄金制品零售管理审批制改为核准制，为进一步改革黄金生产、加工、批发业务审批制做了准备。

2002 年 10 月上海黄金交易所正式开业，经营范围包括提供黄金、其他贵金属现货、延期及其衍生品交易服务等，标志着中国黄金市场迈出了实质性的开放步伐。随后，人民银行批准工、农、中、建四大行可以开办 8 项黄金业务：现货买卖、交易清算、项目融资、实物交割、同业黄金拆借、黄金租赁、黄金收购和对居民开办黄金投资产品零售业务。2003 年 3 月，人民银行正式取消了 26 项黄金行业行政审批；2007 年 8 月，人民银行停止 25 项黄金行业行政审批项目。2007 年 9 月，中国证监会批准上海期货交易所上市黄金期货，并于 2008 年 1 月正式挂牌交易。

2016 年上海黄金交易所推出了以人民币定价的"上海金"，为全球黄金投资者提供了一个以人民币计价交易和衍生品定价的贵金基准价，已有 26 家包括国外大银行、券商、用金企业和产金企业成为第一批会员，当年成交 569.19 吨，并且已授权迪拜黄金与商品交易所开发离岸人民币计价的黄金期货合约以"上海金"基准价计算。这是在我国"一带一路"倡议下扩大人民币使用的一个巨大成果。

二、香港黄金交易市场

香港黄金市场已经有 100 年左右的历史，其形成以 1910 年香港金银业贸易场的成立为标志。1974 年，香港政府撤销了对黄金进出口的管制，此后香港黄金市场快速发展。由于香港黄金市场在时差上刚好填补了纽约、芝加哥市场收市和伦敦开市前的空档，可以连贯亚、欧、美时间形成完整的世界黄金市场。其优越的地理环境引起了欧洲金商的注意，伦敦五大金商、瑞士两大银行等纷纷进港设立分公司。他们将在伦敦交收的黄金买卖活动带到香港，逐步形成了一个无形的当地"伦敦黄金市场"，促使香港成为世界主要的黄金市场之一。

（一）基本概况

目前香港主要有三个黄金市场：一是香港金银业贸易场，以华商资金为主，有固定的买卖场所，交易大堂设于香港上环孖沙街 12 — 18 号金银商业大厦三楼。黄金以港元/两定价，交收标准金成色为 99% 的黄金，主要交易的黄金规格为 5 个司马两为一条的 99 标准金条，由行员或出市代表于交易大堂内以粤语公开叫价，辅以手号进行买卖，为了适应信息发展的需要，2008 年 9 月推出电子交易平台，供交易者以电子交易方式进行买卖。二是由外资金商组成在伦敦交收的黄金市场，同伦敦金市密切联系，没有固定的交易场所，一般称之为"本地伦敦金市场"。三是黄金期货市场，是一个正规的市场。其性质与美国的纽约和芝加哥的商品期货交易所的黄金期货性质是一样的。交投方式正规，制度也比较健全，可以弥补金银业贸易场的不足。

（二）市场特征

1. 交易类型多

香港是世界五大黄金交易市场之一，是同时拥有实金交易、无形市场和期货市场的唯一地区。投资者可以将实物黄金和期货黄金进行自由转换，流动性得到了极大的加强。

2. 监管开放

香港黄金市场由香港金融管理局（简称香港金管局）和香港证券及期货事务监察委员会（简称香港证监会）共同监管。香港金管局负责管理货币储备黄金，香港证监会负责管理黄金期货交易所。香港金管局协助管理香港金银贸易场和香港伦敦黄金交易市场。买卖方式正规、交易结算制度健全，推动了香港黄金市场的国际化进程，使得香港黄金市场成为国际黄金交易中必不可少的一环。

三、上海黄金交易所

上海黄金交易所是经过国务院批准，由中国人民银行组建，在国家工商行政管理局登记注册的，不以营利为目的，实行自律性管理的法人。于 2002 年 10 月正式运行，遵循公开、公平、公正和诚实信用的原则组织黄金、白银、铂等贵金属的交易。

（一）基本职能

提供黄金、白银、铂等贵金属交易的场所、设施及相关的服务；制定并实施黄金交易所的业务规则，规范交易行为；组织监督黄金、白银、铂等贵金属的交易、清算、交割和配送；设计交易合司、保证交易合同的履行；制定并实施风险管理制度，控制市场风险；生成合理价格，发布市场信息；监管会员交易业务，查处会员违反交易所有关规定的行为；监管制定仓库的黄金、白银、铂等贵金属业务；中国人民银行规定的其他职能。

（二）交易所概况

1. 组织形式

黄金交易所实行会员制组织形式，会员在中华人民共和国境内注册登记，从事黄金业务的金融机构，从事黄金、白银、铂金等贵金属及其制品的生产、冶炼、加工、批发、进出口贸易的企业法人，并具有良好资信的单位组成。截至 2018 年底，上海黄金交易所会员总数 260 家，其中，普通会员共计 157 家，包括金融类会员 28 家，综合类会员 129 家；特别会员共计 103 家，包括外资金融类会员 7 家，国际会员 74 家和券商、信托、中小银行等机构类的特别会员 22 家。国内会员单位年产金、用金量占全国的 90%，冶炼能力占全国的 95%；国际会员均为国际知名银行、黄金集团及投资机构。

2. 交易方式

标准的黄金、铂金交易通过交易所的集中竞争方式进行，实行价格优先、时间优先撮合成交。非标准品种通过询价等方式进行，实行自主报价、协商成交。会员可以自行选择通过现场或远程方式进行交易。

3. 资金清算

实行"集中、净额、分级"的结算原则，目前主板业务共有指定保证金存管银行 18 家，国际板业务共有指定保证金存管银行 9 家。

4. 储运交割

交易所实物交割实行"一户一码制"的交割原则，上金所实物交割便捷，在全国 36 个城市使用 65 家指定仓库，满足了国内包括金融、生产、加工、批发、进出口贸易等各类黄金产业链企业的出入库需求。

5. 认定质检

交易所对于可提供标注金锭、金条企业的资格进行认定。并指定权威质检机构对交易产品质量进行监督，对质量纠纷进行检测和仲裁。

6. 税收

经财政部、国家税务总局批准，产金企业通过交易所销售标准黄金、铂金，免征增值税；用金企业通过交易所购买黄金、铂金，发生实物交割的，由税收机关按照实际成交价格代开增值税专用发票。

7. 商业银行的作用

按照国际惯例和市场原则在供求发生变化时进行调价，参与市场交易、提供黄金抵押、租赁、代理和个人黄金买卖业务等金融服务，从而进一步活跃交易、促进流通。

8. 系统服务

上海黄金交易所将积极维护和保障会员在交易中的合法权益，以会员为本，为会员的发展提供全方位的服务。

（三）发展特点

1. 一体两翼

在中国人民银行的领导下，目前中国黄金市场已形成以上海黄金交易所集中统一的一级市场为核心，竞争有序的二级市场为主体，多元化的衍生产品为补充的黄金市场格局。上海黄金交易所也已成长为由竞价、询价、租借等市场共同组成、融境内主板市场与国际板市场于一体的黄金市场重要金融基础平台。

2. 生态链加速完善

就生产链来说，上游就有众多的产金企业。基本上全国每个省都有，前四大企业均有相当规模，年产黄金都在30吨以上。产金企业各有特色，比如中国黄金、山东黄金、山东招金、紫金矿业，既有全国性的，也有地方性的，既有国家控股的，也有民营的，这些产金企业竞相发展，百花齐放，推动我国产金量连续九年位居世界第一。

中游有发达的首饰加工产业。深圳罗湖区水贝市场是国内比较有名的黄金珠宝产业集聚基地，首饰加工产品在世界市场上占据了较大份额。下游有庞大的消费群体。中国居民素有爱金藏金传统，但从目前来看，中国人均黄金持有量还较低，只有 4 克，与全球平均水平仍有较大差距。

3. 国际化进程加快

2014 年 9 月 18 日，交易所黄金国际板启动后，国际投资者可以直接参与上海黄金交易所以人民币计价的黄金、白银等贵金属产品交易。同时，上海黄金交易所在自贸区建立了千吨级黄金交割库，国际投资者可充分利用自贸区相关政策优势，通过黄金国际板开展便利的实物黄金进口和转口服务。国际板自建立以来发展良好，国际会员积极参与，交易规模稳步攀升，市场功能初步显现。

4. 黄金定价能力不断加强

2016 年 4 月 19 日，人民币黄金基准价"上海金"推出。上线以来，上海金陆续被黄金生产企业用作套期保值交易贸易结算的基准，也被越来越多的国内商业银行当作黄金租赁、抵押等黄金资金融通的计价依据。同时，与"上海金"基准价挂钩的黄金金融产品不断面世。同年 10 月 28 日，上海黄金交易所还与迪拜黄金与商品交易所签署了《上海金基准价授权使用协议》，授权迪拜黄金与商品交易所在其开发的以离岸人民币计价的黄金期货合约中，使用"上海金"基准价作为该合约的现金结算价。

（四）交易现状

面对全球黄金市场不确定性加剧、金银价格持续波动的宏观环境，上海黄金交易所在中国人民银行正确领导下，在全体会员和社会各界大力支持下，从服务国家经济金融和产业发展大局出发，坚持稳中求进，深化改革创新，不断推进市场化、国际化发展战略，逐步提升人民币黄金定价的影响力。

近年来，金交所市场交易规模增长明显。2016 年总成交额 17.44 万亿元，增幅超过 60%；2017 年总成交额 19.52 万亿元，再创历史新高。2018 年，上金所总交易金额 21.32 万亿元，同比增长 9.20%。其中，黄金成交量 6.75 万吨，同比增长 24.35%，成交额 18.30 万亿元，同比增长 22.23%；白银成交量 83.41 万吨，同比下降 27.80%，成交额 3.00 万亿元，同比下降 33.7%；铂金 成交量 41.58 吨，同比下降 3.64%，成交额 83.54 亿元，同比下降 12.41%。上金所国际业务板块 2018 年成交金额 1.84 万亿元，同比增长 37.77%，其中黄金成交量 0.65 万吨，成交金额 1.76 万亿元；白银成交量 2.18 万吨，成交金额 776.83 亿元。

【专栏 5-2】

上海金

"中国大妈"买买买、央行增持黄金储备等因素促使中国成为全球最大的黄金消费国，但国内一直没有独立的黄金定价体系。2016 年 4 月 19 日，"上海金"集中定价合约正式挂牌交易，首个"上海金"基准价格定格在 256.92 元/克。"上海金"基准价的尘埃落定，也宣告全球首个以人民币计价的黄金基准价格诞生。

所谓"上海金"，是指上海黄金交易所推出的定价合约。"上海金"的定价业务，是指在上海黄金交易所的平台上，以 1 公斤、成色不低于 99.99% 的标准金锭为交易对象，以人民币/克为报价单位，通过多轮次"以价询量"集中交易的方式，在达到市场量价相对平衡后，最终形成"上海金"的人民币基准价格。上海黄金交易所公布的资料显示，"上海金"每日集中定价交易分为早盘和午盘两场，早盘的集中定价开始时间为 10 点 15 分，午盘集中定价开始时间为 14 点 15 分，每场集中定价开始前，分别有 5 分钟的参考价报入时间和 1 分钟的初始价显示时间。另外，"上海金"集中定价合约的合约代码为 SHAU，上市初期的交易保证金为 6%。在"上海金"集中定价交易机制的确定中，多家银行成为定价交易成员，其中包括工、农、中、建、交等 10 家国内银行和 2 家外资银行。而与此同时，包括中国黄金、上海老凤祥等机构成为提供参考价成员。与此同时，上海金交所也成立了"上海金"集中定价交易监督管理委员会，由主要市场参与者、交易所、中国黄金协会、世界黄金协会及有经验的国际机构等国内外成员组成，对"上海金"集中定价交易进行监督管理。

随着中国黄金消费的连年增长，中国已于 2013 年超越印度，成为全球最大的黄金消费国。之前的 2007 年，中国取代南非成为全球产金第一大国。然而在黄金定价上，中国之前却没有发言权，世界黄金定价权归于英美等西方发达市场。值得注意的是，此次"上海金"定价系统推出后，国际黄金市场上将会形成以人民币标价的"上海金"基准价格。从金融交易的角度看，上海金采用人民币定价的影响力远远弱于纽约金与伦敦金。但从长远来看，上海金交易量会慢慢增加起来，未来有望形成三足鼎立之势。

央行副行长潘功胜认为，推出"上海金"定价机制，既是中国金融要素市场创新开放、积极融入全球一体化进程的重要尝试，也是中国顺应国际黄金市场深刻变革和全球黄金市场发展趋势的必然要求。上海金基准价推出后可以方便国内的黄金进口商使用人民币基准价来进口黄金，也可以方便境外的实物提供商采用中国的价格来销售黄金。"能为供需双方提供避免汇率波动的风险管理工具，同时能扩大境外机构采用人民币的投资渠道，从这方面促进人民币境外试用的场景，推动人民币国际化的进程。"

本 章 小 结

　　黄金市场是进行黄金交易的场所，是进行黄金买卖和金币兑换的交易中心。黄金市场是国际金融市场的重要组成部分，其交易主体是以市场所在国各大银行为代表的黄金交易商。黄金市场的主要构成要素包括交易服务机构和场所，交易主体，中介机构和监管机构，行业自律组织等。交易场所分为欧式、美式和亚式，欧式黄金交易没有一个固定的场所，美式黄金交易实际上建立在典型的期货市场基础上，而亚式黄金交易一般有专门的黄金交易场所，同时进行黄金的期货和现货交易。

　　影响黄金价格的因素主要来自于黄金的需求和供给，需求因素包括工业需求、保值需求、投资或投机性需求和储备需求等，供给因素包括经常性供给、偶发性供给和调节性供给，其他因素包括美元汇率、通货膨胀、原油价格、国际政治环境等。

　　黄金市场的供应来源主要包括世界各产金国生产的黄金，一些国家官方机构、国际货币基金组织和私人抛售的黄金，南非、美国和加拿大出售的金币，以及再生金等。黄金的需求主要来自于储备需求、工业用途、个人储藏等。

　　黄金市场的交易方式主要有实物形式、凭证形式等，主要产品包括标金、金币、黄金账户、纸黄金、黄金饰品、黄金股票、黄金基金、黄金期货、黄金期权、黄金债券等。

重 要 概 念

黄金市场　国际黄金市场　黄金市场价格　黄金准官方价格　伦敦黄金市场　苏黎世黄金市场　香港黄金市场　标金　黄金账户　纸黄金　黄金基金　黄金债券　黄金成色　上海黄金交易所

复习思考题

1. 世界黄金市场的一些新特点有哪些?
2. 世界黄金价格的主要类型有哪些?
3. 黄金市场交易的主要品种有哪些?
4. 黄金市场的交易方式有哪些?
5. 我国目前黄金市场有哪些交易品种?

第六章 保险市场

保险作为一种经济补偿手段和社会产品的再分配方式，在现代社会经济中占有着重要地位。随着我国改革开放的深入和经济的高速发展，保险市场在稳定社会、促进经济发展等诸多方面发挥着越来越重要的作用。本章将对保险市场做一概述，重点内容包括保险市场的构成要素、保险需求与保险供给，并对中国保险市场做简要介绍。

第一节 保险市场概述

一、保险市场的含义

保险是保险人通过收取保险费形式建立的保险基金，用于补偿因意外事故和自然灾害造成的经济损失，或在人身保险事故发生时给予保险金的一种经济补偿制度。保险市场是以保险单为交易对象的市场。保险单作为一种有价证券，不仅可以为其持有者提供保险保障，即在保险单约定事故或保险事件发生时，有权向保险单发行人索取赔偿或保险金，而且能够为投资者提供储存财富的手段，为其资产实现保值和增值，是兼具防范风险和储蓄投资功能的金融工具。从这个意义上来说，保险市场属于金融市场。但是保险市场的金融属性是以提供保险保障为前提的，因此其与股票、债券、外汇等市场相比较，无论在交易对象、交易方式、运作机制以及供求关系上都有其特殊性。

保险市场有广义和狭义之分。狭义的保险市场是指进行保险交易的场所，这是一种静态的、有固定场所进行集中交易的有形市场。传统的保险市场大多是有形的，以保险交易所为代表。早期的保险市场上，参与保险交易的主要是保险商品的供给方和需求方，双方的交易一般是面对面的直接交易。保险交易活动最早出现在意大利经济较为发达城市伦巴第，随着英国海上贸易经济的快速发展，伦巴第商人及其代理人便聚集在伦敦开展保险业务，从而保险交易活动逐步扩展到欧洲。1568年，伦敦第一家保险交易所—皇家交易所开业。1771年，世界著名的保险人组织劳埃德保险社成立，并逐步演变发展成为英国海上保险交易中心，经过3个多世纪的发展，劳埃德社已经成为目前世界上最大的保险市场。

广义的保险市场是指全部保险商品交换关系和运行机制的总和。这是一种动态的、无固定场所的无形市场，它由各保险组织及其代理机构分散进行交易。随着社会经济进步和电子科技的快速发展，特别是当代通信工具和网络的广泛应用，保险双方当事人通过信息网络就可以顺利完成保险交易，不再受时间和空间的限制，极大便利了保险交易。因此，没有固定交易场所的无形保险市场已成为现代保险市场的主要形式。

二、保险市场的构成要素

同其他金融市场一样，保险市场也是由主体和客体这两大要素构成的。一个完整的保险市场，其主体一般由投保人、保险人和保险中介这三方构成；保险市场的客体是指保险市场的交易对象，即各类险种或保险合同。

（一）保险市场的主体

1. 保险人

保险人也称承保人，是经营保险业务、提供保险保障的组织或机构，是保险市场的供给主体。保险人通过与投保人签订保险合同，收取保险费，建立保险基金，当约定的保险事故发生时，由投保人对被保险人的损失进行赔偿或给付保险金。保险人在法律上的资格，除了法律特许自然人经营以外，通常是以法人资格经营。目前，世界各国保险市场上保险人的组织形式主要有：国有保险公司、股份保险公司、相互保险组织、个人保险组织及保险合作社、行业自保组织等。

2. 投保人

投保人又称为要保人，是保险单的购买者，是保险市场需求的主体。保险交易活动通常由投保人向保险人进行要约，即填具投保单，经保险人审核通过后，双方签订保险合同，由投保人交付保费。在保险合同约定的有效期限内，若发生保险合同约定的风险损失，保险合同中的被保险人或者受益人有权向保险人要求赔付保险金或保险赔偿。

投保人是保险市场的主体之一，投保人与保险人共同称为保险合同当事人。投保人是任何保险合同中不可或缺的当事人，它既可以是自然人，也可以是法人。投保人通常应当具备以下三个条件。

（1）投保人必须具有相应的民事权利能力和行为能力，否则订立的保险合同不具备法律效力。因为签订保险合同是一种法律行为，法律行为就会引起一定的后果，即当事人能够享有一定的权利，或者承担相应的义务。投保人与保险人签订保险合同，并承担了支付保险金的义务，所以要求投保人必须具有相应民事权利能力和行为能力，无行为能力或限制行为能力的自然人与未取得法人资格的组织均不能作为投保人，与其签订的保险合同在法律上无效。

（2）投保人对保险标的必须具有可保利益，即法律认可的经济利益，否则投保人不能与保险人订立保险合同。如果保险人在不知情的情况下与对保险标的不具有保险利益的投保人签订保险合同，所订立的保险合同无效。可保利益属于投保人或被保险人与保险标的之间的经济联系，并为法律所认可的、可以投保的一种法定权利，是投保人可以提供保险保障的最大额度。投保人对保险标的具有可保利益，既可以确定保险保障的最大额度，又可以防止投保人或被保险人为获得保险赔款而故意破坏保险标的的道德风险，也可以使保险区别于赌博。财产保险的可保利益体现于投保人对保险标的所拥有的各种权利，包括财产所有权、使用权、经营权、保管权、抵押权等；人身保险的可保利益体现于投保人与被保险人之间所具有的利害关系，包括人身关系、亲属关系、雇佣关系、债权债务关系等。

（3）投保人应承担支付保险费的义务。在保险市场，保险商品的交易体现为保险合同的签订。保险合同是有偿的，投保人取得经济保障就要付出相应的代价，即支付保险费用。因此，无论投保人是为自己利益投保还是为他人利益投保，签订保险合同后，就相应承担支付保险费的义务。

3. 保险中介人

保险中介人是为保险供求双方提供服务的专门组织或个人。在保险市场发展初期，保险市场的业务开展主要采取直接展业（保险公司拓展业务的简称）的方式，即由保险人直接向投保人推销保险单。但随着保险市场的发展，直接展业显然已不能满足保险供求双方的需要，因为对于保险人来说，直接展业需要增设机构、配备大量业务人员，经营成本提高；对于投保人来说，由于保险商品的多元化和信息不对称性，以及市场上大量的保险供给主体，增加了投保人投保的选择难度。保险中介具有丰富的保险专业知识、熟练的保险交易技巧以及对保险交易程序的把握，能及时有效地为保险双方当事人提供信息、咨询和保险交易服务，给保险交易双方带来了极大的便利。保险中介人专门从事保险业务咨询与招揽、风险管理与安排、价值评估、损失鉴定、理算等中介服务，并从中依法收取佣金或手续费。保险中介主体形式多样，主要有保险代理人、保险经纪人、保险公估人、保险律师、保险理算师、保险精算师等。

（二）保险市场的客体

保险市场的客体是指保险市场的交易对象，即各种具体的险种，它是保险人向被保险人提供的当保险事故发生时给予经济补偿的承诺，其形式是保险合同。保险市场的客体主要有财产保险和人身保险。

1. 财产保险

财产保险可以分为狭义财产保险和广义财产保险。狭义的财产保险是以有形的物质财富及其相关利益作为保险标的的保险，即财产损失保险。当保险标的遭受保险责任范围内的损失时，由保险人给予经济补偿。它包括火灾保险、货物运输保险、海上保险、运输工具保险、汽车保险、航空保险、工程保险、农业保险等。

广义的财产保险除了有形物质财富及其相关利益作为保险标的之外，无形财产也可以作为保险标的。如预期利益、权益、责任、信用等。其中，责任保险和信用保险属于无形财产保险。责任保险是以被保险人依法应付的民事损害赔偿责任作为保险标的的一种保险，它包括公众责任险、雇主责任险、产品责任险、职业责任险和第三者责任险等。信用保险是以信用风险作为保险标的的保险，它包括贷款信用保险、出口信用保险、商业信用保险、履约保证保险、忠诚保证保险以及产品质量保证保险等。

2. 人身保险

人身保险是以人的生命或身体为保险标的的保险。当人们遭受不幸或因年老、疾病而丧失劳动能力、伤残、死亡或年老退休时，依据保险合同的规定，保险人对被保险人或受益人给予预付的保险金，以解决被保险人或受益人的经济困难，是对于社会保障的一种补充。人身保险包括人寿保险、健康保险和意外伤害险等。

三、保险市场交易的特征

保险是通过积聚多数人的资金来弥补少数人经济损失的一种风险分摊活动，这种风险分摊活动是通过保险人提供保险保障，投保人购买保险来实现的。与其他商品交易和金融交易比较，保险交易具有以下特征。

1. 风险性

由于认识能力的有限和信息不对称，任何市场交易都是有风险的。一般商品市场或金融市场的交易本身并不蕴含风险，其风险来自于交易行为，而且交易既可能带来损失，也能带来盈利。保险交易是以风险本身作为交易对象的，即保险人提供风险保障，投保人通过购买保险合同转嫁风险，保险交易本身就是风险交易，保险交易的实质是风险的聚集与分散。可以说，保险市场是直接经营风险的市场，"无风险、无保险"，风险的客观存在是保险与保险市场得以产生和发展的前提和基础。

2. 射幸性

射幸性（Aleatory Contract）是保险合同法律特征之一，是指合同当事人一方支付的代价所获得的只是一个机会。对投保人而言，可能获得远远大于所支付的保险费的收益，也可能没有收益；对保险人而言，其所赔付的保险金可能远大于所收取的保险费，也可能只收取保险费而不承担支付保险金的责任。保险合同的这种射幸性质是由保险事故发生具有偶然性的特点决定的。一般商品交易或金融交易，其涉及的权益或损失都具有相应的等价性，但在保险交易中，投保人支付保险费的行为是肯定的，而保险人是否向被保险人支付保险金或赔偿金则不确定，它取决于保险合同的有效期限内其约定的保险事故有无发生。由于风险的不确定性，使得每一笔保险交易的最终结果都具有射幸性（储蓄性的两全保险除外）。若发生了约定的保险事故，保险人对被保险人支付保险金，且很可能以小额的保险费获取了大额的保险金；如果没有发生损失，则保险人只收取保险费而无需履行赔偿责任。

3. 条件性

保险交易的条件性表现在投保人对保险标的具有可保利益。在一般的商品交易或金融交易中，只要交易双方意思表示一致，且都具有民事权利能力及民事行为能力即可成交。但在保险交易中，除了要满足上述要求外，还要求投保人对保险标的具有可保利益，这是保险交易合法性的必要条件，也是其他商品交易或金融交易所不具有的。

四、保险市场的分类

保险市场是个庞大的网络体系，这些不同种类的保险市场又不是完全分开的，而是相互交叉重叠的。根据不同的分类标准，可以将保险市场分为以下几种类型。

（一）按保险交易的对象划分

按保险交易的对象划分，可分为财产保险市场与人身保险市场。财产保险市场是以财产保险为交易对象的市场；人身保险市场则是以人的生命或身体为保险标的的保险市场，包括人寿保险市场、意外伤害保险市场和健康保险市场。财产保险与人身保险的性质有很大的差别，所以两者在承保技术以及经营管理上都有很大的区别，具体见表6-1。

表6-1　财产保险市场与人身保险市场的比较

	财产保险	人身保险
保险标的	财产保险的标的是各种物质财产及其有关利益，其价值具有客观性，一般能用货币衡量	人身保险的保险标的是人的生命和身体，其价值是无法估价的
保险性质	当损失发生时，保险人在保险金额的限度内根据损失程度进行赔偿，所以财产保险属于补偿性质的保险	当保险事故发生或保险期满时，保险人按约定的金额支付保险金，所以人身保险属于给付性质的保险
损失发生的可能性	财产保险所承保的是自然灾害和意外事故，其发生频率和损失程度具有很大的不确定性	人身保险承保的是被保险人死亡、伤残等风险，其发生的概率一般是随保险人的年龄增加而提高的，有很强的规律性
保险期限	财产保险属于短期保险，通常期限为1年或1年以内	人身保险的保险期限一般较长，可达5年、10年、数十年甚至终生
保险金额的投资	财产保险对资金流动性要求较高，可用于融资的资金较少，主要是短期融资	人身保险对资金的流动性要求较低，可积聚巨额的资金用于投资，是金融市场一个重要的资金来源
保险费率的决定因素	财产保险的保险费率主要取决于保险财产的损失率	人身保险的保险费率由被保险人的死亡率或生存率以及利息率决定，所以人身保险具有储蓄的性质，是一种投资工具

（二）按保险交易的层次划分

按保险业务承保的程序划分，可分为原保险市场和再保险市场。原保险市场即直接业务市场，是保险公司或其他形式的承保人，通过本身的从业人员或保险中介经营直接保险业务的市场，是保险人与投保人签订保险合同而直接建立保险关系的市场。再保险市场又称为分保市场，是保险人之间进行交易的市场。再保险市场中，保险人将自己承保的部分风险向其他保险人进行保险，保险交易双方均为保险人。其中，分出保险业务的保险人称为原保险人，承担分保业务的保险人为再保险人。

再保险市场是在原保险市场的基础上发展形成的，是原保险市场的延伸。虽然原保险与再保险之间有显著的区别，但二者之间也有着紧密的联系。首先，原保险市场是再保险市场存在的基础。再保险是原保险发展到一定阶段的产物，是基于保险人分散风险的需要而产生的。其次，再保险市场支持和促进了原保险市场的发展。再保险是对原保险的保险，是对原保险人所承担风险的进一步分散。巨额风险分散为小额风险，有利于保险公司的稳定经营。同时，通过再保险，保险人可以承保超过其自身财力的巨额风险，从而扩大了承保范围。因此，再保险市场支持和促进了原保险市场的发展。

（三）按保险业务活动的空间划分

按保险业务活动的空间分类，可分为国内保险市场和国际保险市场。国内保险市场是指保险人在本国从事保险业务从而形成的市场，是国内保险关系的总和。国内保险市场又可进一步分为地区性的保险市场和全国性的保险市场。在国内保险市场上，保险交易双方均为本国居民，保险交易受到本国法律的约束和管制。国际保险市场是国内保险人经营国外保险业务的保险市场，是国际保险关系的总和。国际保险市场也可进一步分为区域性的保险市场和全球性的保险市场。国际保险市场的交易双方分属不同国家，保险交易会引起国际资本的流动，从而影响相关国家的国际收支。

信息化时代的经济全球化，使各国的经济联系日益紧密，全球投资、全球贸易不断发展，必然导致保险市场逐渐国际化。同时，随着巨额保险标的越来越多，风险也越来越集中，存在一些超过国内保险市场承受能力的巨额保险需求，如核电站、大型工程、海上石油开发等。通过国际保险市场进行分保，可以进一步有效分散风险。

五、保险市场的功能

保险市场的功能主要体现在促进保险业的发展上，具体表现在以下几个方面。

（一）提高保险交易效率

与一般的商品市场一样，保险市场也是为了便利交换而生的。保险市场是集中反映保险供给和保险需求信息的场所，保险交易主体可以通过保险市场了解保险的供给和需求信息，搜寻合适的交易对象，满足保险供求双方的需要。因此，保险市场为保险交易提供了便利，降低了保险交易的成本，提高了保险交易的效率，从而促进保险业更快更好发展。

（二）增加保险有效供给

在保险市场的竞争机制刺激下，保险人为了获得更大利润，在市场竞争中取得优势，就需要不断提高自身的经营管理水平，吸引被保险人参与，包括提供优质的保险服务，加快产品创新，不断开发满足市场需要的新险种，提高承保技术，从而增加了保险的有效供给。

（三）确定合理交易价格

虽然保险商品价格的形成有其自身的规定性，主要取决于风险损失率。但与一般商品市场或金融市场的交易类似，市场机制对保险交易价格发挥重要作用。作为开放的市场，保险市场供求双方的相互作用，保险人之间的相互竞争，都有助于保险交易价格逐渐趋向均衡合理。

（四）实现风险有效分散

保险的本质是风险分担。保险市场不仅为投保人提供了分散风险的可能，同时也为保险人提供了进一步分散风险的机制。保险人通过在保险市场上相互转分保的方式，共同承担了巨额的风险，从而实现了风险的最广泛分散。

【专栏 6-1】

Scottish widows 基金的诞生

1744 年，苏格兰长老会两位资深教士就打算成立一个基金，为神职人员的遗孀和孤儿提供补助。他们建议教会的每一位牧师都将收入的一部分投入基金，基金用这一笔钱进行投资。如果牧师过世，遗孀就能从基金的投资获利中取得分红，以保障她的余生。那么，这个基金的规模到底有多大才足够完成这个目标呢？每年又有多少牧师过世，留下几位孤儿和遗孀呢？这些遗孀在牧师过世后还会活多少年呢？恰好当时，著名的 Jacob Bernoulli 提出了大数法则，这也是整个保险的最基础的法则之一。这个法则简单来说就是，虽然教会无法预测某一位牧师明年会不会离世，但只要有足够多的数据，教会就可以预测，这位牧师在明年离世的可能性，即概率。其时，一位名为 Edmond Halley 的人详细的记录了这个城市的出生和死亡情况，根据该数据可以算出，教会所在城市一个 20 岁的人在某一年离世的概率是 1：100，而一个 50 岁的人在某一年离世的概率是 1：39。据此，教会根据自己的牧师人数推算出，加入基金的牧师每人每年只需要缴 2 英镑 12 先令又 2 便士，其遗孀就能一年得到 10 英镑，这在当时是一笔可观的收入。

更神奇的是，根据计算，到 1765 年这个基金应该会有 58348 英镑。而事实上，到了 1765 年这个基金拥有 58347 英镑。比 20 年前的预测仅少了 1 英镑！时至今日，这个基金（Scottish widows）已经是全球最大的退休金和保险公司之一。

第二节　保险公司与保险中介

一、保险公司

保险公司是指销售保险合约、提供风险保障的公司，是保险市场最重要的参与者。国际上保险公司的组织形式主要有以下几种。

（一）国有保险公司

国有保险公司是由国家或政府投资设立的有限责任保险公司。国有保险公司可分为以盈利为目标的商业性保险公司和不以盈利为目的的政策性保险公司。以盈利为目的的商业性保险公司一般是国家出于整体经济利益考虑，推行保险国有化政策，由国家垄断保险市场，在发展中国家较为多见；不以盈利为目的的政策性保险公司是国家出于对国计民生和产业政策的考虑，将无法通过商业保险转移的风险由政府承保，且多为强制保险。国有保险公司中，国有独资保险公司是其中最重要的一种。国有独资保险公司是国家授权机构或国家授权部门单独投资设立的保险有限责任公司。国有独资保险公司的特点包括：投资者的单一性（投资者为国家）、财产的全民性和投资者责任的有限性。国有独资保险公司的突出优点在于其在公平经营的基础上，注重社会效益，有利于实施国家政策，如我国的中国出口信用保险公司。

（二）保险股份有限公司

保险股份有限公司是通过发行股票筹集资本，以营利为目的的保险公司。保险股份有限公司通过发行股票的形式募集资金，股东以领取股息或红利的方式分得利润，并以所认购的股份为限对公司的债务负责。与一般股份公司相同，保险股份有限公司的内部组织机构也由三部分组成：权力机构即股东大会，经营机构即董事会，监督机构即监事会。

为了保证保险股份有限公司的稳定经营，世界上绝大多数国家都对其实收资本有最低限额的规定。因此，股份保险公司一般规模较大，资本雄厚，是现代保险市场上最主要的保险主体。

（三）相互保险组织

相互保险组织是由具有共同风险顾虑的个人或经济单位为获得保险保障而共同集资设立的非营利性保险组织。其组织形式主要有：相互保险公司、相互保险社和交互保险社。

1. 相互保险公司

相互保险公司是所有参加保险的人为自己办理保险而合作成立的法人组织。它是保险业特有的公司组织形态，具有非营利的性质，没有股东，公司为保单持有人（投保人）所有。它由特定风险可能发生的多数经济单位，为共同达到保险目的组成的保险组织，参加者之间相互提供保险，即每个参与者既是保险的供给者，同时又是保险的需求者，既是保险人，又是被保险人。相互保险公司的组织结构类似于股份公司，投保人作为所有人可以选举董事会，并由董事会任命高级经理人员，投保人以取得"红利"的形式分享经营收益。在日本的寿险公司中，相互保险公司最为普遍，日本生命保险公司是目前世界上最大的寿险公司，它是一家典型的相互保险公司。

2. 相互保险社

相互保险社是由一部分对某一风险有保障要求的人组织而成的一个集团，当集团中的某个人的相关利益受到损失时，由其他人共同分摊。相互保险社是保险组织的原始形态，至今在欧美各国仍相当普遍。相互保险社的每个社员都为其他社员提供保险，但同时又获得其他社员所提供的保险，体现了"我为人人，人人为我"的理念。相互保险社由社员选举的管理委员会为最为最高管理机构，通常情况下由管理委员会指定一个具有法人资格的代理人负责社员管理、赔付损失、收取保险费等。代理人通常是一家公司，按保险费和投资收入的一定比例获取报酬。

3. 交互保险社

交互保险社是由若干商人组成相互约定交换保险的组织。交互保险社的投保人以社员为限，有相互保险的性质。但与相互保险不同的是，各社员仅以个人名义在一定的金额内承担责任，而不是相互分摊。这是美国创立的一种介于相互保险组织与个人保险组织之间的混合体，多适用于火灾保险与汽车保险的经营。

（四）个人保险组织

个人保险组织是以个人名义承担保险业务的一种保险组织。典型的如英国的劳合社（劳埃德保险社的简称，Lloyd's），是英国保险业的鼻祖，已有三百多年的历史，是世界上历史最悠久、影响最大的个人保险组织。劳合社实际上不是一家保险公司，而是一个保险市场，它是由众多个人承保商组成的保险集合体，每个承保商各自独立、自负盈亏。同时他们往往组成承保小组，以组为单位承保，并以其全部财产对所承保的风险承担无限责任（1994 年起已改为有限责任）。自成立以来，劳合社以其雄厚的资金、丰富的经验、卓越的信誉、精湛的技术和不断的创新精神享誉世界，成为世界上最大的保险市场，是国际保险市场上再保险和海上保险的主要供给者。

（五）保险合作社

保险合作社是由一些对风险有相同保障要求的人，自愿集股设立的保险组织，是与股份保险公司、相互保险公司并存的一种保险组织。保险合作社的原理是互助共济，大家一起为自己提供经济保障。它是非盈利机构，以合作的原则从事保险业务，以较低的保费满足社员的保险需求，社员与投保人基本是一体的。合作社由社员或社员代表大会选出合作社委员会作为决策机构，在其指导下，聘任理事来经营保险业务。目前世界上最有影响力的保险合作社是美国的蓝盾协会与蓝十字、日本的"全劳济"，其中，日本"全劳济"的会员人数占日本人口的10%左右，其保费收入在日本的保险市场中也占到11%—20%。

一般而言，保险合作社和相互保险公司最早都属于非盈利的保险组织，但二者存在着显著的区别，具体见表6-2。

表6-2　保险合作社与相互保险公司的区别

	保险合作社	相互保险公司
性质	社团法人	企业法人
经营资金来源	基金及股金	基金
社员关系	社员一旦认缴股本，即使不投保仍与合作社保持关系	保险关系建立，社员关系存在；反之，保险关系终止。
适用法律	保险法及合作社法	保险法

（六）行业自保组织

行业自保组织是指某一行业或企业为本企业或本系统提供保险保障的组织形式，大多以公司命名。欧美国家的大型企业集团大多有自己的自保保险公司。行业自保公司一般由其母公司拥有，并由母公司支配其运营。自保公司为其母公司及其下属子公司提供保险保障的方式主要有两种：一是直接承保母公司及其下属子公司的风险；二是间接地通过为母公司及其下属子公司的原保险公司办理再保险。采用集团自保公司的企业或行业一般有大型律师事务所、审计事务所、大型石油公司集团等。

二、保险中介

保险中介是为保险供求双方提供服务的专门组织或个人。在保险市场高度发达的今天，保险中介对于保险关系形成和实现的作用日益重要，已成为当今保险市场上与保险人和投保人并列的不可缺少的保险主体之一。保险中介形式多样，主要有保险代理人、保险经纪人、保险公估人、保险律师、保险理算师、保险精算师等。

（一）保险代理人

保险代理人是接受保险人委托，在保险人授权范围内代为办理保险业务的单位或个人。保险代理人根据代理合同或授权书，向保险人收取费用，代理经营保险业务。保险代理人的权限一般包括招揽与接收业务、收取保险费用、勘查业务、签发保单、审核赔款等。

保险代理是由民法调整的民事法律行为，以书面合同的方式确立双方当事人的权利与义务关系。保险代理人必须具备法律规定的条件，经过考核并经政府部门批准，方能取得资格。保险代理人实际上是处于保险人和投保人之间的中介，其法律地位等同于保险人，因此保险代理人的一切行为都代表保险公司，并由保险公司负法律上的责任。只要保险代理人出售了保险公司的保单并向投保人收取了保费，保险合同即生效。一旦出险，保险公司必须按照保险合同中的条款办事，并承担所有的保险责任。

根据代理对象的不同，保险代理人有独立代理人和专用代理人两种类型。独立代理人是指为多家保险公司代理保险业务的单位或个人，代理人有权将其招揽的保险业务在自己所代理的保险公司之间进行分配；专用代理人是指专门为一家保险公司代理保险业务的单位或个人，其所招揽的保险业务都必须由其所代理的保险公司承保。

（二）保险经纪人

保险经纪人是指基于投保人的利益，代表投保人与保险人签订保险合同，并向保险人收取佣金的人。保险经纪人是投保人的代理人，其主要职责包括受投保人的委托向保险人办理投保手续或者代交保险费、代被保险人或受益人提出索赔等。

保险经纪人既可以是法人，也可以是自然人，但是都需具有一定的资格和条件，并经过登记注册取得经营许可证。与保险代理人不同，保险经纪人被视为投保人的代理，处于保险人或保险代理人相对的位置，其代理活动基于投保人或被保险人的利益。但保险经纪人的立场在实务中容易混淆：一方面，当保险经纪人为保险人和投保人之间订立合同提供机会后，是向保险人收取报酬，因为保险经纪人的中介服务是为保险人招揽了业务，故由保险人支付佣金；另一方面，当保险事故发生，保险经纪人代被保险人或受益人向保险人进行索赔时，此时佣金由被保险人或受益人支付。

在发达保险市场，保险经纪人对市场的作用非常大。如在英国，保险经纪人控制了大部分的保险市场，其中，海上保险业务超过90%都是保险经纪人招揽的。保险经纪人的优势体现在：一是对投保人而言，保险经纪人熟知保险知识，同时又了解保险市场的状况，可以为投保人以最低的保费取得最大的保险保障；二是对保险人而言，有利于保险人扩大保险业务；三是对整个保险市场来说，保险经纪人的活动有利于促进保险市场竞争，提高保险质量，从而促进整个保险行业的发展。

（三）保险公估人

保险公估人又称保险公证人，是指向委托人（保险人或被保险人）收取费用，为其办理保险标的的勘查、鉴定、估价与赔款，以及理算、洽商等业务的机构。

保险公估人的业务独立于保险人和被保险人，以第三方身份提供服务。保险公估人具有特定的资格要求，应向主管部门登记，缴纳保证金，领取营业执照。保险公估人应由具备专业知识和技术的专家担任，更重要的是能保持公平独立的立场。保险公估人的职业信誉要求很高，所做的判决和证明即公估报告，虽没有法律效力，但是可以作为诉讼的依据，法院可依此作为判案的根据。因此，公估报告具有权威性，也是建立保险关系、履行保险合同以及解决保险纠纷的有力保障。

除上述的主要的保险中介之外，还有保险律师、保险理算师、保险精算师等参与保险市场的交易，为市场提供专业服务。这些保险中介人，不仅与保险合同的订立密切相关，而且还与整个保险市场运行有关。因此，各国对保险中介人都有一定的管理措施，以保证保险市场正常有序发展。

第三节 保险市场的需求与供给

保险市场的运行，体现为供给和需求从不适应到适应的变动过程。分析保险市场的供求，对于提高保险市场的效率、促进保险业的发展具有重要的意义。

一、保险市场的需求

（一）保险市场需求的含义

保险需求是一个总体的概念，是指一定时期内，社会公众和组织对于各种保险商品有支付能力需要的总和。经济学意义上的需求是针对消费者的购买能力而言的，即指在一定价格条件下，以一定的货币支付能力为基础，消费者愿意、并且能够购买的商品数量。保险需求实际上是投保人对保险保障的需求，可以用投保金额或保费收入予以计量。

保险需求的有效性除了取决于投保人的意愿和能力之外，保险利益的存在也是保险需求的首要前提，无论购买何种保险，如果投保人和保险标的之间不存在可保利益，那么购买保险就毫无意义。

（二）影响保险市场需求的因素

保险市场的产生是历史发展的产物，是社会生产力不断发展的表现。影响保险市场需求的因素是主观与客观的结合，宏观与微观的综合体现。具体来说，影响保险市场需求的主要因素如下。

1. 风险因素

风险是保险存在的前提条件，是影响保险需求的首要因素。保险市场的需求总量与风险因素的存在程度成正比，即风险因素存在的程度越高、范围越广，造成的影响越深入，保险需求的总量也就越大；反之，保险需求量就越小。

2. 社会经济制度

在高度集中的计划管理体制下，企业不是独立的经济主体，其风险损失由政府财政拨款，因而企业没有保险的需要与必要；职工的生、老、病、死均由国家负责，职工也没有保险的动机。市场经济条件下，企业是面向市场的独立商品生产和经营者，自主经营、自负盈亏，从而产生各种不确定风险需要自己承担，继而产生了对保险的需求。对于我国来说，随着市场经济体制改革的持续推进，与市场经济相适应的社会保险和商业保险制度逐步代替了由国家包管的劳动保险制度，在职工个人风险意识和自我保障意识不断提升的同时，保险的需求也愈加旺盛。

3. 经济发展水平

保险是社会经济发展到一定阶段的产物，并随着社会经济的发展而不断发展。一般来说，社会经济发展水平越高，社会分工就越细，产业结构就越复杂，风险也就越大，风险管理的需求也就越多。同时，随着社会经济的不断发展，社会财富的日益积累，国民收入也大幅提升，人们的消费结构也发生了改变，生存需要的消费比重逐渐下降，而用于发展和享受需要的消费比重逐步上升，安全需求成为人们日常消费中不可缺少的部分，在消费结构中占越来越大的比重，这从根本上扩大了保险市场的需求。

4. 保险商品价格

商品的价格对于商品的需求具有直接的影响。同样的，保险商品的价格也与保险需求紧密相关。一方面，保险费率作为保险商品的价格与保险需求一般成反比例关系，如果保险费率过高，超过投保人的心理预期，则保险需求者会自己承担部分或全部风险，或者寻求其他替代品种，从而降低了保险需求；反之，如果保险费率越低，通过保险可以较低成本地转嫁风险，那么保险需求者会增加对保险产品的购买，从而保险需求增加。另一方面，相关商品的价格也会对保险需求产生一定的影响。如果某种商品与投保产品具有一定的替代关系，比如部分寿险产品与储蓄产品在某种程度上具有替代性，那么市场利率的升降也会影响保险需求。

5. 人口及文化传统

保险业发展与人口状况有着密切联系。人口因素包括人口总量和人口结构，人口总量与人身保险的需求成正比，在其他因素一定的条件下，人口总量越大，对保险需求的总量也就越多，反之就越少。人口结构主要包括年龄结构、职业结构、文化结构、民族结构等。由于年龄风险、职业风险、文化程度和民族习惯的不同，对保险商品需求也就不同。以年龄结构为例，老年人的特点是生理机能下降，收入来源减少，所以老年人口越多的社会对商业健康保险的需求就越高。年轻人面临意外伤害的可能性相对较高，因此，对意外伤害保险的需求较为强烈。此外，保险需求还受到文化传统的影响，这涉及到人们的风险意识问题。如在我国的传统文化中，抚养、赡养一直是家庭传统的美德，相应对于这方面的保险来说，就有一定的抑制作用。

6. 强制保险的实施

强制保险是政府以法律或行政手段强制实施的保险保障方式。在规定范围内，不管被保险人愿意与否，都必须参加保险。商业保险一般都实行自愿原则，但是对少数危险范围较广、影响人民利益较大的保险标的，大多数国家实行强制保险。如世界各国一般都将机动车第三者责任保险规定为强制保险的险种。从国际上看，强制保险的主要形式有两类，一是规定一定范围内的人或财产都必须参加保险，并以此作为许可从事某项业务活动的前提条件；二是规定在特定范围内建立保险人与被保险人的保险关系，并对保险人、被保险人及保险标的范围，以及当事人的权利义务关系都作出较为详细的规定。被保险人或保险人没有自主选择的余地。因此，强制保险的实施，很大程度上扩大了保险需求。

二、保险市场的供给

（一）保险市场供给的定义

保险供给指在一定费率水平上，各种保险经济组织愿意并且能够向社会提供的保险商品的数量。保险供给包括供给总量和供给结构，保险供给总量是指全社会所提供的保险供给商品的总和，即全社会所有保险人对社会经济所担负的所有保险商品的经济保障总额，可以通过承保的保险金额来表示；保险供给结构体现为险种结构，是保险人能够向市场提供的各种不同保险商品的种类，如财产保险、健康保险、寿险、责任保险等具体险种，体现市场能够为被保险人带来什么样的经济保障，以及多大范围的保障。

（二）影响保险市场供给的因素

保险供给是以保险需求为前提的，是适应社会经济发展对保险需要而产生的，因此保险需求是影响保险供给的最基本因素。在保险需求既定的前提下，保险供给主要受以下几个因素的影响。

1. 保险技术

保险企业经营的是各种复杂的风险，并不是所有的风险保险企业都可以承保。保险经营具有很强的专业性、技术性和法律性特点，可保风险在很大程度上受制于承保技术，包括危险管理、险种设计、费率计算、准备金提取以及再保险安排等。因此，承保技术水平的高低，制约着保险的供给。如果保险企业的承保技术水平很高，可以不断地开发新的险种，从而扩大可保范围，这将显著增加保险供给。

2. 保险市场竞争

保险市场竞争状况对保险供给有重要影响。一般来说，在竞争较为充分的市场上，由于存在众多的保险企业，各家企业为了获得更大市场份额和更高利润水平，相互之间会展开较为激烈的竞争。保险企业之间的竞争会促使其努力改善经营管理，提高服务质量，开发新险种，从而扩大了保险供给。相反，如果市场处于垄断或寡头垄断状态，只存在一家或少数几家保险企业，它们就可以通过采用提高保险价格的方式获得超额或垄断利润，企业没有创新的动力和压力，这种情况下价格调节规律无法起作用，结果往往会抑制保险市场供给。

3. 保险价格与保险成本

保险价格对保险供给的影响表现为保险费率的高低对于保险产品供给的影响。一般来说，保险商品价格与保险供给成正比关系。市场上的保险企业根据费率的变化，扩大和缩小保险供给。当保险费率升高时，保险企业会扩大保险供给；当保险费率走低时，说明市场供过于求，保险企业会通过减少保险产品供应来适应保险市场的变化。同时，保险企业也根据市场费率的变化，从结构上调整企业的经营，促使保险险种结构更加合理。

保险成本与保险价格共同决定保险企业的盈利，而盈利能力是企业获得持续生产能力的根本。对保险人来说，如果保险成本低，在保险费率一定时，所获得的利润就多，那么保险人对保险业的投资就会扩大，保险供给量就会增加。反之，保险成本高，保险供给就会相应减少。影响保险产品成本的因素主要有业务结构、营销方式、准备金规模、通货膨胀率等，这些因素的变化都会影响保险供给水平。

4. 政府的政策

政府的政策为保险市场的发展提供了很重要的宏观条件。政府的政策如产业政策、税收政策等，在很大程度上决定保险业的发展。如果政府采取积极的、宽松的、鼓励保险业发展的扶持政策，保险供给就会增加；反之，如果采取限制保险业发展的政策，保险供给将会减少。同时，健全的法律法规建设是市场建设的基本保障，可以起到稳定预期、厘清权责的作用，能使保险供给维持应有的正常水平。

第四节　中国保险市场

保险思想和救济制度在中国有着悠久的历史，《礼记》中主张的"使老有所终，壮有所用，幼有所长，鳏、寡、孤、独、废疾者皆有所养"，可以看作古老的社会保险思想。资本主义形式的保险业随着帝国主义对中国通商贸易传入中国，1805 年，英国商人在广州设立"谏当保安行"，是外商在中国最早开设的保险公司。其后，美、法、德、日等国保险公司也相继来华设立分公司和代理机构。1865 年，中国第一家民族保险企业——上海义和公司保险行成立，打破了外国保险公司对中国保险市场的垄断。1865—1912 年期间，成立的各类华商保险机构有 35 家，1912—1925 年间又陆续成立保险公司 39 家。新中国成立后，保险公司开始了新的发展阶段。

一、新中国保险市场发展的历程

（一）保险业中断时期（1949—1985 年）

中国人民保险公司（PICC）于 1949 年 10 月 20 日成立，作为新中国唯一的一家保险公司经营各类保险业务。1952 年，中国人民保险公司由中国人民银行领导改为财政部领导，此时中国保险市场处于完全垄断阶段。1958 年，由于特殊经济体制，国内保险业务全部停办，直至 1979 年才开始恢复。

（二）恢复发展阶段（1979—1991 年）

党的十一届三中全会开启了中国的改革开放历程。1979 年 11 月，全国保险工作会议在北京召开，国内保险业务开始恢复。1980 年底，除西藏以外的 28 个省、自治区和直辖市都恢复了保险公司的分支机构，各机构总数达 311 个。1983 年，国务院发布了《中华人民共和国财产保险合同条例》；1985 年，国务院颁布了《保险企业管理暂行条例》，明确规定只要具备相关条件并经批准便可设立保险机构经营保险业务。1986 年 7 月，新疆生产建设兵团农牧业保险公司成立；1986 年 10 月，交通银行上海分行成立保险部开展保险业务；1988 年 3 月，深圳平安保险股份有限公司成立；1991 年 4 月，交通银行按分业经营的要求撤销保险部，出资入股组建了中国太平洋保险股份有限公司。从此，中国人民保险公司独家垄断经营的局面被打破。

（三）深化改革阶段（1992—2001 年）

1992 年，中国人民银行公布了《保险代理机构管理暂行条例》；1995 年，全国人大颁布了《中华人民共和国保险法》等一系列法律法规。1992 年，美国友邦保险公司作为第一家进入中国保险市场的外资公司落户上海以来，中国保险市场的对外开放不断扩大。截至 1998 年底，已有 14 家外资保险公司的 22 个机构获准在中国营业。从此，一个以国有商业保险公司为主体、中外资保险公司并存、多家保险公司竞争的市场多元化新格局逐步形成。

为了适应国际竞争的需要，中国对部分保险公司进行了内部重组或改制。1996 年 7 月，为了适应我国《保险法》中规定的保险公司不得兼营人身保险和财产保险的要求，中国人民保险公司重组为中国人民保险（集团）公司，下设中保财产保险、中保人寿保险、中保再保险三个子公司。1999 年 1 月，中国人民保险（集团）公司撤销，原下设的三家子公司分别成为独立经营的中国人民保险公司、中国人寿保险公司和中国再保险公司。2002 年起，这三家国有独资公司开始探索股份制改革。

（四）快速发展阶段（2002 年至今）

根据中国加入世贸组织的承诺，2002 年 10 月 28 日第九届全国人民代表大会常务委员会第三十次会议发布《关于修改〈中华人民共和国保险法〉的决定》，《保险法》做了首次修改；2009 年，第十一届全国人民代表大会常务委员会第七次会议修订通过新保险法。2015 年，为更好地规范保险活动，保护保险活动当事人的合法权益，释放市场发展动力，促进保险事业的健康发展，国务院法制办发布了《关于修改〈中华人民共和国保险法〉的决定》，对保险法进行了修改，为保险业创新发展提供法律支持。这个阶段保险业步入快速发展轨道。截至 2017 年底，全国原保险保费收入达 36581.01 亿元，同比增长 18.16%。分类别看，人寿保险公司原保险保费收入达 26039.55 亿元，同比增长 20.04%；财产保险公司原保险保费收入 10541.38 亿元，同比增长 13.76%；产险业务原保险保费收入 9834.66 亿元，同比增长 12.72%，其中交强险原保险保费收入 1869.01 亿元，同比增长 9.97%；农业保险原保险保费收入为 479.06 亿元，同比增长 14.69%；寿险业务原保险保费收入 21455.57 亿元，同比增长 23.01%，其中健康险业务原保险保费收入 4389.46 亿元，同比增长 8.58%；意外险业务原保险保费收入 901.32 亿元，同比增长 20.19%。

二、中国保险市场发展的现状

1985 年以前，中国人民保险公司独家经营，保险市场处于垄断状态。因此，当时的中国保险业还没有形成真正意义上的保险市场。1988 年 4 月，平安保险公司在深圳特区开张经营；1991 年 4 月，中国太平洋保险公司在上海市宣告成立，我国新生的保险市场逐渐开始发育成长。自此，我国的保险市场发生了重大的变化。

（一）保险总资产规模持续增长

截至 2017 年底，保险总资产 167489.37 亿元，较年初增长 10.80%。全行业净资产 18845.05 亿元，较年初增长 9.31%。产险公司总资产 24996.77 亿元，较年初增长 5.28%；寿险公司总资产 132143.53 亿元，较年初增长 6.25%；再保险公司总资产 3149.87 亿元，较年初增长 14.07%；资产管理公司总资产 491.45 亿元，较年初增幅达 15.28%。

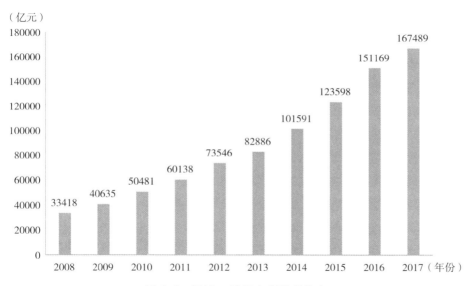

（亿元）

图 6-1　2008—2017 年保险总资产

（二）市场主体逐步多元化

宏观上来看，中国保险市场已形成国有控股（集团）公司、股份制公司、政策性公司、专业性公司、外资保险公司等多种市场主体公平竞争，多种所有制并存、共同发展的市场格局。由于市场主体的增加，市场集中度也在进一步下降。2011 年底，最大的 3 家与 4 家产险公司市场份额分别为 66.60% 和 70.99%；2017 年底则下降为 63.5% 和 69.78%。2011 年底，最大的 3 家与 4 家寿险公司市场份额占比分别为 55.65% 和 65.40%，2016 年则下降为 38.87% 和 44.13%。虽然寿险市场集中度相较 2017 有所回升，但是市场集中度下降的趋势没有改变。

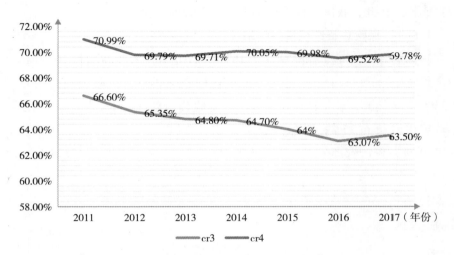

图6-2　2011—2017年产险市场集中度

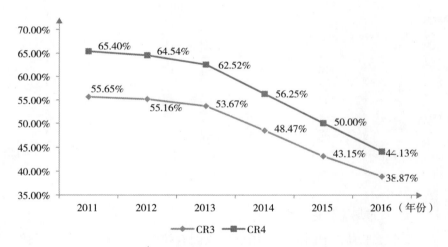

图6-3　2010—2016年寿险市场集中度

（三）保险收入快速增长

自1980年至2017年，我国保费收入以年平均35%的速度增长，大大高于同期国内生产总值年平均增长9.7%的速度。保费收入从1980年的4.6亿元增加至2016年的30959.10亿元。2017年中国财产保险和人身保险的保险经营情况见表6-3。

表 6-3　2017 年保险公司保费收入及其变化

单位：亿元

	2016 年	2017 年	同比增长
总保费	30959.10	36581.01	18.16%
财产保险	9266.17	10541.38	13.76%
人身保险	21692.81	26039.55	20.04%
人寿保险	17442.22	21455.57	23.01%
健康保险	4042.50	4389.46	8.58%
意外伤害保险	749.89	901.32	20.19%

注：1. 本表数据是保险业执行《关于印发〈保险合同相关会计处理规定〉的通知》（财会〔2009〕15 号）后，各保险公司按照相关口径要求报送的数据。2. 原保险保费收入为按《企业会计准则（2006）》设置的统计指标，指保险企业确认的原保险合同保费收入。3. 原保险保费收入为本年累计数，数据来源于各保险公司报送保监会月报数据。由于计算的四舍五入问题，各保险公司原保险保费收入可能存在细微的误差。

财产保险方面，随着经济的持续高速发展，我国的财产保险业务获得了较快增长。在财产保险市场上，有四大潜力因素：机动车辆保险、企业财产保险、家庭财产保险以及责任保险。以机动车辆保险为例，一方面，随着我国人民收入水平的提高，个人购车将相应的增加，机动车辆损失保险的业务将会进一步扩大；另一方面，由于我国的《道路交通安全法》等法律的进一步贯彻实施，机动车辆第三者责任保险的业务将会进一步增加。人身保险方面，占全世界人口 20% 的中国，其保费收入仅占世界保费收入的 5%。这说明中国寿险的市场潜力巨大。国民收入水平的提高，人口规模的增长，老龄化进程的加快，以及社会保障制度的改革，我国寿险市场将继续快速增长，特别是在经济发达的地区，如长三角、珠三角，将会持续保持较快速度的增长。

（四）保险产品多样化

基于社会经济发展的需要，我国保险企业陆续开发了许多新的险种，如海洋石油开发险、建筑工程险、履约保险、产品责任保险等。为更好的发挥保险的服务功能，更多的保险产品还在不断推出，拓宽了保险服务的领域。除了大力发展个人寿险、养老保险、与汽车住房消费有关的保险业务以外，适应我国保险需求，保险业未来在下面几个方面还需要继续发挥更大作用：（1）推动个人税收递延型养老保险；

（2）总结推广商业保险参与社会保障、医疗保障体系建设；（3）加快发展与公共利益密切相关的环境污染、公共安全等责任保险；（4）继续争取政府支持，建立巨灾保险体系，完善巨灾风险分散转移和补偿机制。

同时，从保险产品的结构来看，随着社会保险制度的改革，保险市场已逐渐从以财产保险业务为主转向以人身保险为主，健康保险、意外伤害保险、养老保险所占比重将会上升；财产保险方面，责任保险将会有广阔的前景，机动车辆保险所占比例不会有较大变化，但其规模会进一步扩大。

表 6-4　2017 年我国保险市场的险种结构及其变化

单位：亿元

类别	险种	2016 年保费收入	占比	2017 年保费收入	占比
财产保险	财产保险	8724.50	28.18%	9834.66	26.88%
人身保险	人寿保险	22234.60	56.34%	21455.57	58.65%
	健康保险	4042.49	13.06%	4389.46	12.00%
	意外伤害保险	749.89	2.42%	901.32	2.05%
	人身保险小计	17442.22	71.82%	26746.35	73.12%
总计		30959.01	100%	36581.01	100%

（四）保险密度与保险深度提高

保险密度和保险深度是衡量一个国家或地区保险业发展质量的重要指标。其中，保险密度是按当地人口计算的人均保险费额，可以反映该地区国民保险的参与程度；保险深度是指某地区保费收入占该地区国内生产总值（GDP）之比，反映了该地区保险业在整个国民经济中的地位。2017 年，我国保险密度为 2632 元/人，较 2016 年人均增加了 393 元，增幅为 17.53%，排名世界第 46 位；保险深度为 4.42%，较上一年增加 0.26 个百分点，排名世界第 36 位。虽然在保费规模上我国已经具有比较大的优势，但是保险密度和保险深度在世界上仅排在中等位置。

（元/人）

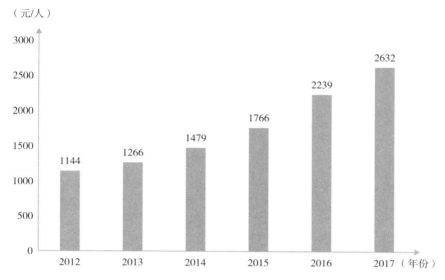

图 6-4　2012—2017 年全国保险密度变动情况

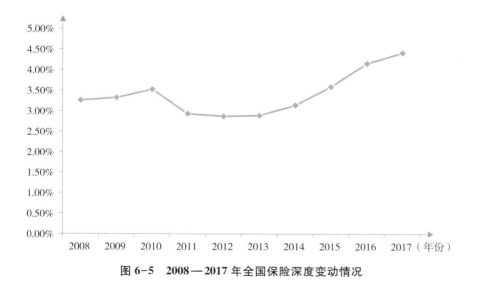

图 6-5　2008—2017 年全国保险深度变动情况

三、完善具有中国特色的保险市场

保险市场是我国市场经济体系中不可分割的一部分。改革开放以来，经过多年的发展，我国保险市场已经取得了举世瞩目的成绩。但是相较于发达的市场经济国家，由于我国保险行业发展起步较晚，市场体制仍然处于不断改革阶段，还需要多方面进一步努力，以推动保险市场更高质量的发展。

（一）加大政策支持力度

政府的政策是保险市场发展的重要条件。政府需要从促进保险业发展的宏观视角考虑，健全和完善我国的保险业政策支持体系，紧密结合我国社会经济与保险业发展的实际情况，科学借鉴国外保险业政策支持的经验，努力推动保险业实施全球化战略、做大做强，为保险业发展提供强有力的政策支撑。

首先，从外部性视角看，需要考虑支持由于保险市场失灵而不能有效供给、具有明显正外部效应的险种，如各种政策性保险业务、巨灾险等，通过税收优惠，财政补贴等措施支持其发展。

其次，进一步支持各种商业保险的发展。根据新时代社会经济发展对保险业的需求，从高质量发展要求出发，依据保险行业特性以及我国保险发展所处的宏观背景，按照公平税负、合理扣除和适当优惠的原则，调整现行保险业税收政策，细化税制设计，完善和充实政策内容，充分发挥税收政策对保险业发展的宏观调控和政策导向功能，进一步支持各种商业保险的发展。

最后，从所有者身份出发，增强国有保险机构的资本金充足水平，支持国有保险公司企业制度改革，进一步健全公司治理。

（二）健全保险法律法规

市场经济是法制经济，法律法规在对行业发展进行约束的同时也能够起到积极的引导和保护作用。自 1995 年《中华人民共和国保险法》颁布以来，经过 2002 年、2009 年、2014 年和 2015 年四次修订，以及历次修订后的若干司法解释，保险法已经日臻成熟，对我国保险业发展居功至伟。同时，《农业保险条例》《机动车交通事故责任强制保险条例》《中华人民共和国外资保险公司管理条例》等行政法规，《保险公司股权管理办法》等部门规章，以及保险监管部门发布的各类规范性文件等共同构成了我国保险业经营较为完善的法律体系。

但是法律体系建设是循序渐进的与时俱进过程，新情况的出现需要在法律体系中体现出来，已有法律条例在实施过程中出现的问题也需要新的解决方案。如《农业保险条例》实施之后，出现了一系列新问题，责任保险领域，共同侵权中保险人的责任规则应该怎样优化等等，都需要与时俱进地逐步完善，才能构建更加成熟完善科学的保险法律法规体系。

（三）增强居民保险意识

居民的保险意识是其投保意愿的重要前提。增强居民的保险意识，需要全社会共同努力。从政府角度来说，需要建立正确的舆论导向，营造良好的舆论环境，通过多种途径引导居民树立正确的保险保障意识，普及保险常识，使公众对保险有一个全面、正确的认识；同时，加强保险监管相关制度建设，秉持公平公正的原则，透明化地公开保险监管的一些信息及流程，建立起保险的信用等级评价机制，从而保障保险市场有效健康运行。

从保险行业角度来说，应该发挥市场主体的作用，根据消费者需求开发出合适的保险产品，只有保险公司拥有了可供选择的多样化产品，才能最大限度地满足保险客户的需求。加强保险知识的宣传与普及，特别是对保险理赔知识的宣传，如在销售过程中着重宣传可保责任条款、除外责任条款、理赔流程、典型理赔案件、拒赔案件、服务等，让居民理解保险，提高风险意识，从而增强保险意识。由于居民对于保险行业的认识与理解大部分是来自基层的销售人员，销售人员是保险公司与居民之间沟通的纽带。因此，在提升居民保险意识方面，还要需要加强保险行业员工的培训工作，提高销售人员的综合素质。

（四）加强对保险市场的监管

保险业健康快速发展离不开保险监管。对于我国保险市场监管来说，需要在强调依法监管的基础上，结合社会经济发展实际情况，贯彻落实风险防控、监管强化策略，坚守不发生大规模系统性风险的底线，把握稳健审慎的原则，推动保险业健康快速发展。

首先，建立完善的保险监管体系。一是构建完善的保险监管法律法规体系，让保险监管有法可依。根据社会经济发展需要修订部分法律法规条款，减少法律空白区域。如在金融混业经营趋势日益明显的当下，保险业与银行、证券之间联系越来越紧密，资金交易越来越密切，如何防止重复监管或者监管真空；在我国金融全球化进程不断加快的背景下，资金跨国交流日益频繁，风险溢出效应越来越明显，如何防范保险机构风险，特别是系统重要性保险机构风险，都需要进一步完善我国的保险监管法律法规体系。二是转向以偿付能力为主的监管方式，逐步减轻对市场行为的监管，包括：建立动态信息管理检测平台，推进信息披露的透明度，公开化；建立偿付能力的预警机制，划出资本安全红线，通过对保险公司财务报告的审慎管理，提高监管效率。三是建立风险管理信息共享机制，加强保险机构之间的协调配合，以有效防止风险的传播扩散。

其次，提高行业协会组织在监管体系中的作用。行业自律组织是多层次监管体系中的重要一环，可以通过立法授予保险业协会一定的权利，提高其在行业中的地位和威望，增加其对保险企业的硬约束；同时，引入独立的审计机构，构建第三方的约束力，定期向社会披露信息，提高信息的可信度，适当形成社会舆论等力量对于行业的监督。

最后，加强保险公司内部监督。防范风险要先从保险公司内部做起，重视内部控制建设，加强内部管理，综合评估保险公司的资产配置结构和资产负债结构，对相关财务指标，如杠杆比率、偿付能力充足率、在险价值等，及时发现指标异常，迅速作出风险防范反应，督促保险公司及时调整业务结构；发挥内部审计在保险公司内部的作用，要加大对内的审计力度，对内部会计控制进行评价，以利于发现内部运行中存在的问题，并采取相应的措施进行控制。

本 章 小 结

保险市场有广义和狭义之分。狭义的保险市场是指进行保险交易的场所，这是一种静态的、有固定场所集中进行交易的有形市场。传统的保险市场大多是有形的，以保险交易所为代表。广义的保险市场是指保险关系交换或保险供求关系的总和，这是一种动态的、无固定场所的无形市场，它是现代保险市场的主要形式。

保险市场是由保险主体和客体两大要素构成，保险市场的主体是指保险交易活动的参与者，包括：保险人、被保险人、中介人；保险市场的客体是指保险市场的交易对象，包括各种具体的险种或者保险单。

与其他商品交易或是金融交易相比，保险交易具有风险性、射幸性、条件性三大特征。

保险市场的功能主要体现在促进保险业的发展上，具体表现在：提高保险交易效率、增加保险有效供给、确定合理的保险交易价格以及实现风险最广泛的分散。

从宏观上看，保险市场是个庞大的网络体系，依据不同的分类标准，可以将保险市场分为不同种类的保险市场。按保险交易的对象划分，可分为财产保险市场与人身保险市场；按保险业务承保的程序划分，可分为原保险市场和再保险市场；按保险业务活动的空间分类，保险市场可分为国内保险市场和国际保险市场。

保险市场的供求是保险市场的核心内容。保险需求是一个总体的概念，它是指一定时期内，社会公众和组织对于各种保险商品的需求总和。保险需求从本质上说是由于客观世界的不确定性与人们承担这种不确定性可能造成的经济损失能力的有限性的矛盾而产生的。保险供给指各种保险经济组织在一定时期内愿意并且能够向社会经济生活各个方面提供的保险商品量。

重 要 概 念

保险市场　保险人　投保人　保险代理人　保险经纪人
财产保险　人身保险　原保险市场　再保险市场　保险市场需求
保险市场供给

复习思考题

1. 简述保险市场的构成要素。

2. 与其他商品或是金融交易相比，保险交易主要有哪些特征。

3. 保险市场的功能有哪些？

4. 简述原保险市场和再保险市场的联系与区别。

5. 影响保险市场需求的因素有哪些？

6. 影响保险市场供给的因素有哪些？

7. 中国保险市场的主要组织形式有哪些？

8. 试述中国保险市场的对外开放历程？

第七章　证券投资基金市场

证券投资基金既是一种金融投资工具，也是一种投资方式。与股票和债券不同，它具有集合理财、专业管理、组合投资和分散风险等特点，可以克服个人分散投资的不足，成为个人投资者分散投资风险的最佳选择，从而极大推动了资本市场的发展。

第一节　证券投资基金概述

证券投资基金伴随着英国的工业革命产生，由于其具有集合投资、专业管理、风险分散等优点得到迅速发展。20 世纪 40 年代，美国通过一系列与基金有关的法律规范了基金业的相关制度，推动了基金产业在美国的空前繁荣。目前，证券投资基金已经与银行业、证券业以及保险业一起成为金融体系的支柱产业之一。

一、证券投资基金的含义

（一）证券投资基金的概念

证券投资基金（Securities Investment Funds）是指通过发行基金份额，将投资者分散的资金集中起来，形成独立财产，由专业管理人员分散投资于股票、债券或其他金融资产，并将投资收益分配给基金持有者的一种集合投资方式。

投资基金在不同的国家或地区有不同的称谓。比如在美国，称"共同基金"或"互助基金"，有时也称"投资公司"；在英国和中国香港，称为"单位信托基金"；在日本、韩国和中国台湾称为"证券投资信托基金"；在部分欧洲国家也称为"集合投资基金"或"集合投资计划"。

（二）证券投资基金的特点

1. 集合投资，规模经营

证券投资基金将众多投资者的小额资金汇集起来形成较大规模的基金，体现集合投资的特点。一般投资基金对于最低投资限额要求不高，有些投资基金甚至不限制投资额度的大小。因此，投资基金可以广泛吸收社会闲散资金，汇聚成规模巨大的基金。相比投资者单个资金来说，投资基金可以发挥规模优势，从而降低交易成本，实现规模收益。

2. 组合投资，分散投资

现代投资理论与实践都已经证明了进行多样化的组合投资可以有效地降低投资的非系统性风险。实现投资资产多样化，需要一定的资金实力。对于中小投资者来说，由于资金有限，很难做到这一点。证券投资基金由于具有足够的规模，可以将其资金分散投到多种证券或资产上，通过有效组合，分散投资于多种证券，可以最大限度地降低非系统风险。

3. 专家管理，服务专业

投资基金是由具有专业化知识的基金管理人员进行投资管理，特别是精通投资业务的投资银行参与。相比较中小投资者而言，它们具有充分的信息、经验、时间和研究能力，从而能够更好地利用各种金融工具，抓住各个市场的投资机会，创造较好的投资收益。同时，证券投资基金从发行、交易、申购赎回等程序都有专门机构负责办理，能够为基金投资者带来更为专业化的投资管理和服务。

4. 利益共享，风险共担

证券投资基金的收益由基金投资者按照投资比例共同分享；同理，基金投资者也按投资比例共同承担投资基金的投资风险。基金管理人的职责在于保证基金资产的合法安全运营，努力实现基金资产的保值增值；基金管理人不参与基金收益的分配，也不承担投资风险，只是按照基金资产额收取一定比例的基金管理费。

5. 监管严格，信息透明

证券投资基金一方面联系广大中小投资者，一方面联系金融市场，其投资交易行为对市场有重要的影响，因此各国都通过法律法规对其进行较为严格的监管。基金发起人、管理人、投管人的资格职责、投资对象和额度要求等，都有严格的法律规定。同时，证券投资基金的各类信息，尤其是投资信息也被要求及时规范披露，便于投资者及时了解投资情况。

二、证券投资基金的分类

证券投资基金因各国不同的历史、文化、社会和经济环境呈现出不同的形态。根据不同的标准，证券投资基金有不同的分类。

（一）根据组织形式的不同划分

1. 公司型基金

公司型基金（Corporate Funds）是依据公司法成立，以盈利为目的的股份有限公司形式的基金。这种基金通过发行股份的方式筹集资金，是具有法人资格的经济实体，其特点是基金本身就是股份有限公司，其运作必须符合公司法对股份有限公司的基本要求。与普通公司不同的是，它通过委托基金管理公司作为专业机构来经营和管理公司资产。投资者通过购买基金公司股票而成为股东，享有股东权益并承担有限责任。

2. 契约型基金

契约型基金（Contractual Fund）是依据一定的信托契约组织起来的代理投资组织形式，通过投资者和基金管理人、基金托管者签订基金契约而设立的基金。其中基金管理公司通过发行受益凭证筹集资金，并将其交由受托人（基金保管公司）保管，基金管理公司本身则负责基金的投资营运，而投资者则是受益人，凭基金受益凭证分享投资收益。

与公司型基金不同的是，契约型基金一般不具有法人资格，其运营的法律依据是信托法规，投资者不具有基金管理权等。二者具体比较见表7-1。在日本、中国香港以及台湾地区，基金较多采用契约型基金模式，而美国的基金一般都为公司型基金。

表7-1 公司型基金与契约型基金的比较

比较内容	公司型基金	契约型基金
法律依据	公司法	信托法
基金地位	具有法人资格	不具有法人资格
发行的凭证	股份凭证	收益凭证
投资者性质	股东	受益人
基金期限	无	有

（二）根据基金运作方式的不同划分

1. 开放型基金

开放型基金（Open-end Funds）是指基金份额总额不固定，基金份额可以在基金合同约定的时间和场所申购或赎回的基金。开放式基金发行完毕后，投资者可以自由加入或退出这种开放式的投资基金。由于基金份额可以随时赎回，开放式基金一般都会在其资产中保持一定比例的流动性。

2. 封闭型基金

封闭型基金（Closed-end Funds）是指在发起设立基金时，限定了基金单位的发行总额，筹集到规定的基金份额后，基金宣告成立并进行封闭，不再接受新的投资者。在封闭期内，现有投资者不得向基金管理公司提出赎回，而只能寻求在二级市场上挂牌转让。

开放型基金和封闭型基金在管理和运行中有较大区别，二者具体比较见表7-2。

表7-2 开放型基金与封闭型基金的比较

比较内容	开放型基金	封闭型基金
基金规模	无限制	有固定的发行额度
存续期限	无固定期限	有明确的封闭期
交易方式及价格	价格以净值为基础，通过中介机构申购或赎回	在交易所通过竞价方式交易

比较内容	开放型基金	封闭型基金
准备金提取	必须提取准备金，以应付随时的赎回	可以不提取准备金
投资策略	必须保证持有一定比例的较高流动性资产	可以全部投资于流动性低、收益性高的证券

（三）根据投资目标的不同划分

1. 收入型基金

收入型基金（Income-based Funds）是以获取最大的当期收入为目标的投资基金。其特点是损失本金的风险小，但长期成长的潜力也相应较小，适合较为保守的投资者。收入型基金又可分为固定收入型和权益收入型两种。前者主要投资于政府债券、公司债券和优先股股票等收入相对稳定的证券，而后者则主要投资于大盘蓝筹股股票等权益证券。

2. 成长型基金

成长型基金（Growth Funds）是以追求资本的长期增值为目标的投资基金。其特点是可以获取较大的收益，同时风险也较大，适合能承受较高风险的投资者。成长型基金又可分为三类：一是积极成长型基金，这类基金通常投资于有高成长潜力的中小企业股票或其他类似证券；二是新兴成长型基金，这类基金通常投资于新兴行业或高新技术行业中有成长潜力的中小公司；三是稳健成长型基金，这类基金兼顾成长与收入，投资对象通常是成长潜力大、红利也比较丰厚的公司股票。

3. 平衡型基金

平衡型基金（Balanced Funds）又称为混合基金，是介于收入型和成长型基金之间，既注重当期收入，又追求长期资产增值的投资基金。其特点是具有双重投资目标，谋求收入和成长的平衡。此类基金投资中，一般有一定比例的资金投资在债券或优先股上，其余投资于普通股。这样的投资组合既可以保证获得适当的当期利息或优先股息收入，又可以获得公司的成长收益。相对而言平衡型基金风险适中，也具有一定的成长潜力。

（四）根据资金来源和投向区域不同划分

1. 国内基金

国内基金（Domestic Funds）又可以称为在岸基金（Onshore Funds），是指在本国募集资金并投资于本国证券市场的投资基金。换句话说，国内基金投资者是本国居民，资金来自于国内；同时，基金资产的运用也在国内。

2. 国际基金

国际基金（International Funds）是对国际资本市场上大量存在的各类基金的泛称。国际基金有多种类别，主要包括：环球基金（Global Funds），也可以称为全球基金，该类基金不限定国家和地区，资金可以来自于多个国家和地区，资金也可以分散投资于全世界主要资本市场，从而最大限度实现风险分散。海外基金（Oversea Funds）有两个类别，一是境内募集资金，投资于国外证券市场，国内的 QDII 基金就属于这种类型；二是境外募集资金，投资于境内证券市场，国内的 QFII 基金就属于这一类型，海外基金一般是资本市场没有完全开放，存在外汇管制的国家利用外资和内资寻求国外投资的通道。国家基金（Country Funds），是一种以基金投向国或投向地区命名的基金，如专门投向加拿大的基金可以称为"加拿大基金"，投向印度的基金称为"印度基金"等。离岸基金（Offshore Funds），是指从境外募集资金，并投资于境外证券市场的基金，此类基金一般注册于"避税天堂"的离岸金融中心，目的是为了有效避税。

（五）根据投资对象细分

1. 股票基金

股票型基金（Equity Funds）是指以各种股票为投资对象的基金。这是基金最原始、最基本的品种之一，侧重追求资本利得和长期资本增值。根据投资股票的不同特性，还可以对股票型基金进一步地细分，如依据投资对象的市值大小，可以分为大盘基金、中盘基金和小盘基金。

2. 债券基金

债券基金（Bond Funds）是指以各种债券为主要投资对象的基金。这是基金市场上规模仅次于股票基金的另一重要品种。相对而言，债券利率固定，价格波动较小，适合稳健投资。根据债券类型的不同，债券基金可以进一步细分为国债基金、公司债基金和可转换债券基金等。

3. 货币市场基金

货币市场基金（Money Market Funds）是以货币市场工具为主要投资对象的基金。货币市场工具一般安全性较高、流动性较强，通常被认为是低风险投资工具。货币市场工具主要包括国库券、大额可转让定期存单、商业票据、承兑票据、回购协议等流动性较强的工具。

4. 专门基金

专门基金（Specialist Funds）是从股票基金或债券基金发展而来的，投资于特定行业或特定证券的基金。专门基金不是一个独立的基金类别，它属于分类行业基金，可以是投资于小流通市值股票的小盘股基金，也可以是投资于高新技术行业的高新技术股票基金，还可以是可转换债券的可转换基金。由于专门投资于特定的行业或证券，其业绩往往受行业景气的影响，风险相对较大，但通常收益也较高。

5. 衍生证券投资基金

衍生证券投资基金（Derivative Securities Investment Funds）是指投资于衍生金融工具的基金。包括期货基金、期权基金、认股权证基金等。由于衍生工具风险较大，收益较高，因此这类基金相应地也具有高风险、高收益的特征。

6. 对冲基金

对冲基金（Hedge Funds）又称套期保值基金，是在金融市场上进行套期保值交易，利用现货市场和衍生市场对冲风险，从而有效控制风险的基金。这种基金能最大限度地避免和降低风险，因而也称避险基金。但是近年来，对冲基金名称的范围已经逐渐扩大，它们采用各种投资策略，有时并不进行套期保值。如今，对冲基金已经泛指以追求最大绝对收益为目标的基金，往往基于最新的投资理论和极其复杂的金融市场操作技巧，充分利用各种金融衍生产品的杠杆效用，承担高风险、追求高收益的投资模式。因此，美国的证券管理机构将其列入高风险投资品种，为了保护投资者，严格限制普通投资者介入。

7. 伞形基金

伞形基金（Umbrella Funds）严格说来并不是一种基金，是由多个基金共同使用一个基金合同，子基金独立运作，并且子基金之间可以进行相互转换的一种基金结构形式。一般情况下，各子基金投资对象和投资风格差异较大，子基金间相互转换的费用比较低，以方便投资者在其中自由选择和低成本转换，吸引投资者将资金仍然留在该伞形基金内。

8. 基金中的基金

基金中的基金（Fund of Funds, FOF）是指以其他证券投资基金为投资对象的基金。其投资组合由各种基金组成，基金的投资经过两层专家经营和风险分散，因此风险较低。但是相应的管理费用和销售费用也比较高，收益相对较低。我国的《基金法》规定，基金之间不得相互投资，因此我国没有真正意义上的基金中基金。但是随着金融机构投资品种供给的日益丰富，部分以证券投资基金为投资对象的理财产品在一定程度上已经具有基金中基金的性质。

9. 指数基金

指数基金（Index Funds）是指按照某种指数的构成购买该指数包含的全部或者一部分证券的基金。指数基金设立的动机是源于对市场有效性的认识，基金管理者相信市场是有效的，因此任何试图战胜市场从而获取超额收益的行为都是徒劳的。所以，选择一个市场指数作为特定的基准指数，构造一个投资组合，并以该指数中的成分证券的相对权重作为投资组合中各证券的相对权重，就能够实现与该指数涨跌程度相同的收益水平。由于指数的成分证券一般变化比较小，因此基金投资者不需要经常性地调整投资组合，使得基金管理费用较低。同时，成分证券一般是市场具有代表性的公司股票，风险也较低，投资这类证券的基金风险自然也比较低。

10. 交易所交易基金

广义上的交易所交易基金（Exchange Traded Funds，ETF）指的是可以在证券交易所交易的基金。但是通常所说的 ETF 一般专指可以在证券交易所上市交易的开放式基金。ETF 是以复制与追踪某一市场指数为目标，通过分散化的投资策略降低系统风险，通过消极管理方式降低交易成本以取得市场平均收益水平。与指数基金不同的地方表现在，基金通常采用实物申购赎回制度，不准许现金申购及赎回。具体说，投资者申购 ETF 时，需要到股票市场购买一篮子股票来交给发起人，从而获得相应数量的基金份额。投资者赎回 ETF 时，则是将基金份额交还发起人，同时换回一篮子成分股。

11. 上市型开放式基金

上市型开放式基金（Listed Open-ended Funds，LOF）指的是在证券交易所发行、上市及交易的开放式证券投资基金。该基金是兼具上市型和开放式两种属性的基金，既可通过银行等代销机构申购和赎回，也可以通过证券交易所发行认购与交易买卖基金份额。上市开放式基金本质上仍是开放式基金，基金份额总额不固定，基金发售结合了银行等代销机构与交易所网络二者的销售优势。一方面，投资者可以适当降低交易费用；另一方面，如果出现场内交易价格与基金净值价格不同的情况，也可以为投资者提供相应的套利机会。

12. 分级基金

分级基金（Structured Mutual Funds）又叫"结构型基金"，是指在一种投资组合下，对基金收益或净资产的分解，形成两级（或多级）风险收益表现有一定差异化基金份额的基金品种。分级基金主要特征是将基金产品分为两类或多类份额，并分别给予不同的收益分配。分级基金各个子基金的净值与份额占比的乘积之和等于母基金的净值。

三、证券投资基金的作用

作为证券市场重要的投资工具和投资对象，证券投资基金在整个金融市场中发挥着重要的作用。

（一） 为中小投资者拓宽了投资渠道

对于中小投资者来说，由于资金量较少，时间、信息和专业知识相对而言都不充分，无法进行分散化组合投资，以取得较高收益。而证券投资基金作为一种新型投资工具，将众多投资者的小额资金集中起来进行组合投资，由专家进行管理，既可以分散风险，又可以提高收益，拓宽了中小投资者的投资渠道，成为中小投资者和资本市场连接的高效率媒介。

（二） 间接推动了社会经济的增长

证券投资基金通过吸收中小投资者的闲散资金，并投资于证券市场，为企业在证券市场筹集资金提供了有效的融资渠道，起到了将储蓄转化为投资的作用。这种储蓄与投资的转化机制为产业发展、经济增长提供了重要的资金来源。

（三） 有利于证券市场的稳定和发展

证券投资基金对于市场的稳定和发展作用主要体现在：第一，证券投资基金有效地改善了投资者结构，成为稳定市场的重要力量。由于证券投资基金由专业人士经营和管理，其投资经验较为丰富，信息资料与分析手段都比较先进，因此投资行为较为理性成熟，客观上可以起到稳定市场的作用。第二，证券投资基金的发展，拓宽了资本市场的广度和深度，推动了资本市场发展。作为一种投资工具，证券投资基金的发展增加了证券市场的投资品种，扩大了证券市场的交易规模。为了拓展投资对象，证券投资基金也不断对资本市场的制度和产品创新提出要求，丰富了资本市场的创新和供给。第三，证券投资基金投资有效提高了证券市场效率。证券投资基金的投资和管理由专业人士进行，他们对于市场的分析和研究，会促进信息有效传播，一定程度上抑制过度投机，对于证券市场均衡价格实现起到重要作用，从而提高市场效率。

（四） 推动了证券市场的国际化

在金融全球化的大趋势下，发展中国家面临着资本市场开放的问题。但是对于很多新兴市场而言，资本市场的开放必须要考虑金融安全的问题。在国内金融基本制度建设还不完善的情况下，贸然开放境内资本市场可能会蕴含较大风险。在这种情况下，与国外合作组建基金，有序逐步地引进国外资本投资于本国证券市场，既可以起到吸引外资作用，又可以限制境外资金的投机行为。同时，在境内发行证券投资基金，由专业人员投资于境外市场，投资者既可以分享境外市场收益，同时也很大程度上可以控制境外投资的风险。因此，以证券投资基金的方式逐步加强境内与境外资本的流动，就不失为发展中国家资本市场国际化的一种明智选择。

四、证券投资基金的产生与发展

证券投资基金的起源最早可以追溯到 19 世纪 20 年代的欧洲。当时的一些富人和贵族为妥善管理其财产，通常专门聘请理财有方的律师和会计师为其管理和经营资产，他们向管理者支付一定的管理费用，而自己则享有投资收益。

作为产业革命发源地的英国，在技术与制度创新的推动下，工商业快速发展，生产力水平迅速提高。随着国民收入和财富的大幅增加，到 19 世纪中叶，英国国内投资遍及各个角落，新兴的中产阶级将积累的财富投资于证券市场。国内投资机会由于泡沫等因素的影响，财富投资需求、投资领域与机会都比较缺乏。而伴随英国海外市场的开拓，殖民地和海外贸易遍及全球，新航路的开辟、欧美贸易的繁荣以及美洲开发需要大量资金，这带来了很多投资机会，各种资金为了追逐更高利润而涌向海外。但是，当时的投资者大多缺乏国际投资知识，难以直接参加海外投资。于是人们便萌发了众人集资，交托专人经营管理的想法，这也得到了英国政府的支持。1868 年，英国批准成立了"国外及殖民地政府信托"，在《泰晤士报》刊登说明，公开向社会发售收益凭证。该信托由专门的管理人负责资产运作，管理人和投资者的权利和义务均在信托契约中载明，这也是世界上公认的第一家真正意义上的证券投资基金。其后的几十年间，英国的证券投资基金逐渐增至 100 家左右。最初的基金通常采用契约的形式，由投资者和管理人签订契约，将资金交给管理人管理，基金的规模一般是固定的。19世纪 70 年代以后，由于经济危机，一些海外国债、公司债无法履行债务，许多基金无法向投资者支付固定利息。为了分散风险，契约型基金根据英国 19 世纪末修订后的公司法逐渐发展为公司型基金。

20 世纪初，投资基金传入美国以后，在美国得到极大普及和发展，基金业又产生了新的形式。1921 年 4 月，美国第一家英国式的投资基金"美国国际证券信托投资基金"设立。1924 年 3 月，"马萨诸塞投资信托基金"在波士顿正式成立，投资者可以向基金管理人卖出他们所持有的基金份额，这被认为是现代第一家真正意义上的开放式基金。20 世纪 30 年代至 40 年代，美国先后颁布了《证券法》《证券交易法》《投资公司法》《投资顾问法》等，进一步规范基金的运作。随着一系列法律法规的颁布实施，加上美国证券交易委员会（SEC）的设立，美国开放式基金走上了一条健康、规范的发展道路，美国也逐渐成为世界上投资基金最发达的国家。20 世纪 40 年代以后，各发达国家政府相继出台了一系列的法律法规，对证券投资基金进行严格监管的同时，也为证券投资基金提供了良好的外部环境，极大推动了证券投资基金的发展。1937 年，日本参照英美国家的经验，设立了具有日本特色的投资基金。20 世纪 50 年代末期，新兴工业化国家经济开始起飞，韩国、新加坡、泰国、马来西亚、泰国等相继引进和发展证券投资基金产业，与澳大利亚、新西兰一起形成独具特色的亚太基金市场。

20 世纪 70 年代以来，随着世界投资规模的急剧增加以及金融自由化和全球化的持续推动，品种繁多、名称各异的基金风起云涌，形成了一个庞大的产业。目前，从全球范围来看，基金产业已经成为与银行业、证券业、保险业并驾齐驱的现代金融体系四大支柱产业之一，在现代资本市场中发挥着重要的作用。

表 7-3　全球开放式基金资产规模（2018 年与 2019 年前三季度）

单位：百亿美元

基金类型	2018 年	2019 年		
		第一季度	第二季度	第三季度
股票型基金	1991.5	2208.9	2271.7	2263.6
债券型基金	1013.6	1063.5	1110.2	1138.7
平衡型基金	584.3	618.8	635.8	645.5

续表

基金类型	2018 年	2019 年		
		第一季度	第二季度	第三季度
货币市场基金	608.5	641.0	643.4	662.6
房地产基金	80.5	103.5	104.7	105.4
保本基金	5.5	5.6	5.7	5.1
其他基金	385.6	359.0	371.7	339.0
合计	4669.6	5000.3	5143.2	5160.9

资料来源：数据来自美国投资公司协会网站（http://www.ici.org）。

第二节　证券投资基金的设立和募集

证券投资基金需要通过募集的方式设立，但是不同类型的基金在募集方式上存在一定差异。在我国，基金的募集需要经过申请、核准、发售、生效等步骤。

一、证券投资基金的设立

（一）设立条件

设立基金首先需要发起人，发起人是指发起设立基金的机构，它在基金的设立过程中起着重要作用。一般来说，基金的发起人多为有实力的金融机构，可以是一个机构，也可以由多个机构共同组成。根据 2015 年 4 月修订通过的新《中华人民共和国证券投资基金法》，基金发起人需要具有以下条件：有符合《基金法》和《公司法》规定的章程；注册资本不低于一亿元人民币，且必须为实缴货币资本；主要股东应当具有经营金融业务或者管理金融机构的良好业绩、良好的财务状况和社会信誉，资产规模达到国务院规定的标准，最近三年没有违法记录；取得基金从业资格的人员达到法定人数；董事、监事、高级管理人员具备相应的任职条件；有符合要求的营业场所、安全防范设施和与基金管理业务有关的其他设施；有良好的内部治理结构、完善的内部稽核监控制度、风险控制制度；法律、行政法规规定的和经国务院批准的国务院证券监督管理机构规定的其他条件。

发起人要确定基金的性质并制订相关的文件合同。如属于契约型基金，则包括信托契约文件；如属公司型基金，则包括基金章程及相关的重要协议书。这些文件合同中规定了基金管理人、保管人和投资者之间的权利和义务关系，承销商、律师以及会计师的有关情况说明，基金的投资、收益分配政策，基金的变更、终止和清算等相关重大事项。发起人准备好各项必需文件后，报送主管机关，申请设立基金。

基金在很多情况下是由基金管理公司或下设基金管理部的投资银行作为发起人，在基金设立后往往成为基金的管理人。如果发起人不能直接管理该基金，则需要专门设立基金管理公司或聘请专业的基金经理公司作为基金管理人。几乎所有的大型投资银行都设有基金部或基金管理分公司，它们经常以经理公司的身份出现在基金市场上。

保管人是设立基金的另一重要当事人，即基金托管公司，一般由投资银行、商业银行或保险公司等金融机构担任，负责保管基金资产。

（二）设立程序

证券投资基金设立的基本程序包括申请前期的调研准备、向主管部门提交基金设立文件、主管部门考察与批准等。

基金发起人在筹划设立基金之前，通常会组织专门的调研，利用外部专家或基金自身研究力量，对基金设立是否符合国家宏观产业政策要求，基金未来的运用是否可行等基本问题进行分析研究，确定是否需要设立基金。

确定基金设立可行后，就需要完成申请设立基金的报告。向监管机构报送的文件具体包括：申请报告；基金合同草案；基金托管协议草案；招募说明书草案；律师事务所出具的法律意见书；证券监督管理机构规定提交的其他文件；等等。

基金发起人按规定向主管部门提交申请文件后，主管机构会对基金发起人的申请进行调查审核，对符合要求的申请给予批准。如果基金发起人申请获得批准，基金发起人就可以开始进行相应的资金募集工作。

二、证券投资基金的募集

证券投资基金的募集是基金管理公司在基金发行申请经主管机关批准后，将基金券或收益凭证向投资者或社会推销出去的经济活动。基金的设立申请一旦获得批准，发起人即可发表基金招募说明书，着手发行基金股份或受益凭证，该股票或凭证由基金管理公司和基金保管公司共同签署并经签证后发行。我国《基金法》规定，中国证监会应当自受理基金募集申请之日起 6 个月内做出核准或不予核准决定。基金募集申请经证监会核准后，方可发售基金份额。发行方式可分公募和私募两种，类似于股票的发行。

（一）公募发行

公募是指发行人向社会公众公开发行基金单位或基金券，发行人一般不直接将基金单位或基金券出售给投资者，而是通过证券公司等中介机构间接进行，所有合法投资者都可以参加认购。

我国的《基金法》规定，公开募集基金，应当经国务院证券监督管理机构注册，经批准后，基金管理人应当自收到准予注册文件之日起六个月内进行基金募集，基金募集期限届满；封闭式基金募集的基金份额总额达到准予注册规模的百分之八十以上，开放式基金募集的基金份额总额超过准予注册的最低募集份额总额，并且基金份额持有人人数符合国务院证券监督管理机构规定的，基金管理人应当自募集期限届满之日起十日内聘请法定验资机构验资，自收到验资报告之日起十日内，向国务院证券监督管理机构提交验资报告，办理基金备案手续，并予以公告。

其中，公募基金的招募说明书需要包括以下内容：基金募集申请的准予注册文件名称和注册日期；基金管理人、基金托管人的基本情况；基金合同和基金托管协议的内容摘要；基金份额的发售日期、价格、费用和期限；基金份额的发售方式、发售机构及登记机构名称；出具法律意见书的律师事务所和审计基金财产的会计师事务所的名称和住所；基金管理人、基金托管人报酬及其他有关费用的提取、支付方式与比例；风险警示内容；证券监督管理机构规定的其他内容；

等等。

（二）私募发行

私募是指发行人向特定投资者发行基金单位，这种方式一般不需要在公共媒体上披露有关基金发行的信息，发行人直接将基金单位卖给特定投资者。投资者可以通过下面的方式参与：通过投资社交圈内的可靠信息参与投资；直接认识私募基金经理获得信息，从而参与投资；通过投资银行等中介机构介绍参与；通过其他基金转入；等等。私募投资者有一定的要求，通常是合格投资者才可以认购。如在美国，"有资格的投资者"是指个人资产在 500 万美元以上，并且最近两年的平均收入高于规定门槛，而机构资产不能低于 100 万美元。

我国《基金法》规定，非公开募集基金应当向合格投资者募集，即达到规定资产规模或者收入水平，并且具备相应的风险识别能力和风险承担能力，其基金份额认购金额不低于规定限额的单位和个人。根据我国《私募证券投资基金管理暂行办法》，合格投资者投资于单只私募基金的金额不低于 100 万元人民币，且符合下列相关标准的单位和个人：个人或者家庭金融资产合计不低于 200 万元人民币；最近 3 年个人年均收入不低于 20 万元人民币；最近 3 年家庭年均收入不低于 30 万元人民币；公司、企业等机构净资产不低于 1000 万元人民币；以及受金融监督管理机构监管的金融机构依法设立并管理的投资产品视为合格投资者。非公开发行基金面向合格投资者累计不得超过二百人。

三、证券投资基金当事人及其相互关系

证券投资基金的当事人是指参与证券投资基金运作过程的相关主体。一般而言，证券投资基金运作中的参与人主要包括基金发起人、基金投资人、基金管理人（很多时候和发起人相同）、基金托管人、基金销售和交易机构、律师事务所、会计师事务所等中介。其中基金管理人、基金投资人和基金托管人是直接当事人，而其他的销售和交易机构、律师事务所、会计师事务所等中介机构则是附属机构。由于公司型基金和契约型基金的运作方式不完全相同，公司型基金的直接当事人表现为股东、董事会、基金管理人和托管人，而契约型基金则是

持有人、管理人和托管人，其权利义务关系的依据略有不同。

证券投资基金的持有人是基金份额的持有者，是基金的投资人，其出资购买基金单位，成为基金的所有者，享有基金投资收益分配权利和承担相应的义务。各国的法律法规都明确规定了基金持有人的权利，基金合同中也会对持有人权利进行更为详细的说明。这些权利一般都包括：财产收益的分配权、基金份额的赎回和转换权、基金份额持有人大会的投票权、基金信息的知情权以及对基金管理人和基金托管人的监督权。与享有权利对应，基金持有人也必须承担相应的义务，一般这些义务既包括缴纳相应的各项费用，也包括承担基金的亏损。

证券投资基金的管理人是负责基金发起设立与经营管理，谋求基金持有人利益最大化的专业性金融机构。由于基金管理人管理的是众多中小投资者的财产，为了保护持有人利益，各国的法律、法规都对基金管理人的任职资格、职责和禁止行为进行了明确的规定。管理人的任职资格一般有注册资本限制、从业人员的素质要求以及内部稽核与风险控制制度等。管理人员的职责一般包括负责基金的设立与募集、根据基金合同制定基金的投资策略、根据市场实际情况组织证券投资等。为了保障基金持有人的利益，一般都会规定基金管理人必须为收益人的利益最大化努力，不得在处理业务时考虑自己的利益或为第三方谋利。

基金的托管人是基金资产的保管人和名义持有者，又称为基金保管人。根据基金运行中"保管与管理分开"的原则，基金托管人负责保管基金资产并对基金管理人进行监督，是基金持有人权益的代表。由于托管人对所托管的基金资产承担重要的法律及经济责任，负责基金财产的保管和监督管理人的投资运作，因此，各国法律和法规都对基金托管人的资格做出明确的规定，基本的要求是托管人应该完全独立于基金管理人，具有一定的经济实力，资产规模达到一定程度，具有相当行业信誉的机构。一般情况下，基金管理人为商业银行、投资银行、保险公司等金融机构。

下面以契约型基金为例，分析证券投资基金三个当事人之间的关系。

（一）证券投资基金持有人与管理人之间的关系

基金持有人和基金管理人的关系是通过信托关系形成的委托人与受托人之间的关系。持有人是基金资产的所有者，管理人是基金资产的经营者；持有人可以是法人机构，也可以是自然人，管理人则是由职业的投资专家组成的专业经营者；二者的关系是委托人和受托人的关系，基金持有人通过购买基金单位成为基金的所有者，获得相应投资的收益的分配权，是基金的受益人；而基金管理人根据契约履行受托责任，负责基金的投资运作和日常管理，为基金份额的持有人谋取利益。根据合同及金融伦理要求，基金管理人在履行基金合同时，应该诚实守信，勤勉尽职。

（二）证券投资基金持有人与托管人之间的关系

证券投资基金持有人与托管人的关系也属于委托与受委托关系。基金持有人作为所有者，由于比较分散，以其单个力量无法有效监督与保护财产；而基金托管人的介入有利于保障基金资产的安全。基金托管人作为受托人，必须对基金持有人负责，审慎地监管基金管理人行为，保管好基金财产，从而保障基金持有人的利益。基金托管人在履行基金合同时，也应该诚实守信，勤勉尽职。

（三）证券投资基金管理人与托管人之间的关系

证券投资基金的管理人和托管人虽然是基金合同的共同受托人，但是它们的职责是有区别的。二者之间的关系因各国法律、法规及基金类型差异而有所不同。有些国家基金的关系类型是由基金管理人担任受托人的角色，管理人与托管人形成委托与受托关系。有些国家基金的关系类型是由托管人担任受托人角色，托管人和管理人形成委托与受托关系。而我国的管理人和受托人是平行受托关系，即基金管理人和基金托管人共同受基金持有人委托，分别履行基金管理和保管职责。在业务关系上，无论基金管理人还是基金托管人都是为基金服务的专业性机构，二者具有相互监督关系。基金管理人负责运作基金资产，但是不实际持有基金资产；基金托管人负责保管基金资产，依据基金管理人的指令进行清算交割，并监督基金管理人的投资运作是否合法和合规；二者权利义务在基金章程或基金契约中都有明确规定，都对基金持有人负责。

【专栏 7-1】

公募基金投资散户化现象

随着经济的发展，我国证券投资基金业也得到了一定的发展，但是由于其开发、发展时间短的原因，仍然存在许多的不足和弊端，其中公募基金投资散户化的现象十分突出。

1. 我国公募基金投资散户化原因

公募基金机构作为一个投资机构，频繁出现散户化的现象，其原因有很多，其中最为突出的原因为以下几点：

一是我国投资大环境尚不完善，我国处理投资业务的经验不足和实操技巧不完善是导致公募基金投资散户化的重要原因之一。按照我国投资业的现状而言，投资者以个人投资为主，个人投资者无论数量，还是资金量均大大高于规模性的机构投资者，这将导致投资者结构的失衡。更何况，个人投资者的投资比较机动化，其缺乏相关的理论知识为投资依据，市场信息收集不够迅速，也缺乏分析信息的能力和技巧，只能一味的靠"小道消息"随波逐流，或者一味靠运气和投机取巧。这种状况将大大增添了我国投资市场的不确定性。再加上，我国投资业发展时间短，经验不足，其法律法规也相当不完善，没有一个较为健全全面的市场信息披露机制和投资者利益保障机制，在这样的投资环境中进行投资将大大的提高投资风险。

二是公募基金的内在原因，公募基金开发时间晚、发展时间短，各种投资的具体操作尚不完善，其自身的内在原因是导致公募基金投资散户化的直接原因。公募基金投资处于高速发展的状态，其仍然缺乏一定的投资专业人才，然而新培育的投资人才虽然知道一定的金融投资理论，但缺乏一定的投资经验，其投资目光较为短浅，较多为中短期投资。从基金经理的角度而言，许多基金公司均以每年的公司排名作为基金经理的业绩考核内容，因此许多基金经理为了自身业绩而不得不放弃长期的投资，而转向中短期投资，这样的投资结构失衡，反而会导致公司利益的流失。更何况，基金经理的收入由工资和奖金组成，与投资业绩没有直接的联系，没有一个较为完善的激励机制，这样将会导致基金经理失去工作的积极性和热情。再加上，基金公司通过公司业绩来选择基金经理，时常更换基金经理，这样不但让公司无法获取长期投资的利益，还会使公司的投资风格发生变动，无形中加大了投资风险。在行政部门中，公募基金机构普遍缺乏一个较为完善的监管机制，对公募基金投资的过程缺乏一个较为全面的监管，这样将导致许多违法行为的发生。

三是基金排名制度不科学，基金排名对于基金机构的投资方向和基金经理的选择有着重大的影响作用，因此基金排名对基金机构和基金经理而言都十分重要。然而，按照目前的状况而言，我国的基金机构排名的审查时间较短，根本无法考虑长期的投资因素，该排名大部分是针对中短期投资的投资收益而言的，忽视了长期投资的利益，这样的基金排名缺乏一定的真实性。更何况，国内的公募基金机构会为了争夺基金排名而出现频繁换股、参与绩差股等行为出现。

四是投资者缺乏相对应的投资理念，公募基金的投资者是由个人投资者和机构投资者组成，且以个人投资者居多，而个人投资者的投资状况容易受到个人的投资情绪和投资理念影响，且容易影响其他个人投资者的投资情绪。一旦市场处于过度乐观或者过度悲观的状况时，投资市场将会出现羊群效应，市场将会出现大量的申购或者赎回，这样将会导致投资市场出现经济泡沫或者陷入低迷。

2. 如何解决我国公募基金投资散户化的状况

一是培养专业的投资人才，建立起科学高效的人力资源管理机制必须要在公募基金机构内及时地补充投资人才，培养更多的优秀投资人才，设立一个由投资人才和基金经理所组成的投资小组，尽可能提高基金经理的投资能力和技巧，尽可能减少更换基金经理带来的影响，使投资风格更为稳定，投资理念更为成熟。与此同时，还必须要建立起科学高效的人力资源管理机制，设立一个较为完善的激励机制，把基金经理的收入与基金机构的业绩相挂钩，提高基金经理工作的积极性和热情。

二是建设健全完善的公募基金内部管理机制，证券监管部门应该要根据现状出台一系列的基金投资规章制度，严打"帮忙资金"等违法违规行为，让公募基金机构进行投资时有法可依。"中国证券投资基金业协会"还必须要发挥其带领和监管作用，与业内的各大公募基金机构达成共识，共同遵守相关的法律法规，在业内形成一种自律的风气，共同维护基金投资秩序。与此同时，还必须要及时的公布换手率等市场信息，坚决抵制"散户化"现象的出现。

三是健全和完善基金排名制，必须要对旧式的基金排名制进行合理的完善和更改，延长其审查时间，加长基金排名公布的相隔时间，鼓励公募基金机构进行长期投资，在基金排名内加入长期投资的因素，保证基金排名的真实性。这样不但能够鼓励长期投资，在某种程度上降低投资的风险，还能对基金经理做一个较为全面的观察，使投资风格更为稳定。

四是向投资者灌输专业的投资理念，应该就投资的基础理论知识、风险意识和风险规避、投资的注意事项等方面对投资者进行一个较为全面的专业知识的灌输，让投资者有一定的专业投资理念，在投资前对基金有一个较为全面的认识，提高投资者投资基金的耐性和信心，尽可能降低"羊群效应"状况的出现。

总而言之，我国投资业尚未成熟，仍然有许多弊端和不足，特别是公募基金，其经常性出现投资散户化的现象。因此，必须要吸取外国的成功经验，再融合我国国情，尽可能的减少我国投资环境的弊端。

——摘自李萌：《探讨公募基金投资散户化现象》，《现代商业》2014 年第 26 期

第三节　证券投资基金的运作与投资

基金市场的运行一般包括发行和交易两个阶段。而基金投资则需要明确的目标、科学的决策以及对风险的有效控制。

一、证券投资基金的运作

（一）证券投资基金的发行

开放式证券投资基金和封闭式基金的交易机制有较大差异，它们的发售和认购途径也有较大不同。

1. 开放式基金的认购

开放式基金一般不在证券交易所上市，它通过委托商业银行、证券公司、专业基金销售公司等机构代理基金份额的发售。投资者通过这些中介机构认购基金，一般开放式基金会规定一个最低的认购金额。

认购开放式基金一般需要缴纳一定的认购费用，认购费用分为前端收费和后端收费模式。前端收费是指在认购基金时必须支付认购费用；而后端收费则是在认购时无须支付任何费用，到赎回时才支付认购费用，这一收费模式旨在鼓励投资者认购基金后长期持有基金，并且认购费率会随投资者赎回时间的推后而递减。不同类型的开放式基金的认购费率也是不同的。一般而言，认购费率与基金的风险相关，风险大的基金认购费率较高，而风险小的基金认购费率较低。比如，货币市场基金一般不收认购费，债券型基金费率在1%以下，而股票型基金则相对较高，可以达到1.5%。一般情况下开放式基金的认购费率会随着认购金额的增加而减少。

在前端收费模式下，开放式基金的认购费用和认购份额的计算方法有两种，即金额费率法和净额费率法。金额费率法是按照认购金额的一定比例计算认购费用，将认购金额减去认购费用后得到净认购金额，用净认购金额除以基金份额的面值得到投资者认购的份额。公式表示如下：

$$认购费用=认购金额×认购费率 \qquad (7.1)$$

$$净认购金额=认购金额-认购费用 \qquad (7.2)$$

$$认购份数=净认购金额/基金份额面值 \qquad (7.3)$$

净额费率法是按照净认购金额的一定比例计算认购费用，计算公式表示如下：

$$净认购金额=认购金额/（1+认购费用率） \qquad (7.4)$$

$$认购费用=净认购金额×认购费率 \qquad (7.5)$$

$$认购份数=净认购金额/基金份额面值 \qquad (7.6)$$

下面通过一个例子说明认购费用的计算方法。

假设某股票基金份额面值为 1 元，采用前端收费模式，认购费率为：$0<N<100$ 万元，1.2%；100 万元$\leq N<200$ 万元，1%；200 万元$\leq N<500$ 万元，0.6%；500 万元$\leq N$，1000 元。投资者 A 以 10 万元认购该基金，其收购份额计算如下。

当采用金额费率法时，A 合计认购的基金份额为：

$$认购费用=100000 元×1.2\%=1200 元$$

$$净认购金额=100000-1200=98800 元$$

$$认购份数=98800/1=98800 份$$

如果采用净额费率法，那么 A 认购的基金份额为：

$$净认购金额=100000/（1+1.2\%）=98814.23$$

$$认购费用=98814.23 元×1.2\%=1185.77 元$$

$$认购份数=98814.23/1=98814.23 份≈98814 份$$

可见，两种不同的费率计算方法计算的费率有不同，本例中采用金额费率法和采用净额费率法所认购的基金份额相差 14 份。

2. 封闭式基金的认购

封闭式基金的发售一般由基金管理人选择证券公司组成承销团代理基金发售，通过证券交易所的网络系统以及网下配售进行。投资者可以委托经纪人认购封闭基金份额。封闭基金的发行价格一般为面值加上发售费用，如某封闭基金的面值为 1 元人民币，发售费用为 0.005 元人民币，那么每份基金的认购费用就是 1.005 元人民币。

（二）证券投资基金的交易

1. 开放式基金的交易

在基金募集期结束后，开放式基金的交易就体现为基金的申购和赎回。申购是指基金募集期结束后，投资者申请购买基金份额的行为；赎回是指基金持有人要求基金管理人购回其持有的基金份额的行为。开放式基金在成立后的一段时间内，由于需要将募集的资金用于证券购买，因此可以规定一个封闭期，封闭期内只接受申购申请，不接受赎回申请。开放式基金的申购和赎回在基金投资者和基金管理人之间进行，因此申购和赎回会相应增加和减少基金的总份额。

开放式基金的申购也存在前端收费和后端收费模式，不同的收费模式会导致申购份额的差异。和认购时一样，开放式基金的申购费率随基金风险的增加而增加，同时开放基金的申购费率一般会随着申购金额的增加而减少。

投资者在进行开放基金的申购和赎回时，申购价格和赎回价格的确定一般有已知价格法和未知价格法。已知价格法是指开放式基金申购日或赎回日前一日的份额净值，未知价格法是指申购日或赎回日当天的证券市场收盘后开放基金的份额净值。采用不同的价格计算方法对投资者来说影响不同，如果使用已知价格，投资者申购和赎回就可能取得无风险利润，相对来说对于基金管理人不公平。因此，开放式基金的申购和赎回通常采用未知价格法原则。

开放式基金的申购以金额申请。与认购份额确定的方法相同，开放式基金份额的申购也采用金额费率法和净额费率法两种。金额费率法的基金申购份额计算方法如下：

$$申购费用＝申购金额×申购费率 \qquad (7.7)$$

$$净申购金额＝申购金额－申购费用 \qquad (7.8)$$

$$申购份数＝净申购金额/当日收盘后基金份额净 \qquad (7.9)$$

净额费率法下，基金申购份额计算方法如下：

$$净申购金额＝申购金额/（1+申购费用率） \qquad (7.10)$$

$$申购费用＝净申购金额×申购费率 \qquad (7.11)$$

$$申购份数＝净申购金额/当日收盘后基金份额净值 \qquad (7.12)$$

开放式基金持有者赎回基金时，采用的是申报赎回份额的办法，将赎回份额与当日证券市场收盘后基金份额净值相乘后结果作为赎回金额，扣除赎回费用后（如果是后端收费模式，还需要扣除后端认购费或申购费后），即为投资者所得到的净支付。计算方法如下：

$$赎回金额＝赎回份额×当日收盘后基金份额净值 \quad (7.13)$$

$$赎回费用＝赎回金额×赎回费率 \quad (7.14)$$

$$赎回所得净支付＝赎回金额－赎回费用 \quad (7.15)$$

下面通过一个例子来理解一下开放式基金的申购与赎回。

假设 2018 年 1 月 1 日，投资者投资 100000 元申购某混合基金，基金采用前端收费模式，申购费率为：0＜N＜100 万元，1.5%；100 万元≤N＜200 万元，1.2%；200 万元≤N＜500 万元，0.8%；500 万元≤N，1000 元。当天证券市场收盘后该基金的份额净值为 1.3536 元。在采用金额申购法的情况下，该投资者申购费用和申购份额为：

$$申购费用＝100000×1.5\%＝1500 元$$

$$净申购金额＝100000－1500＝98500 元$$

$$申购份数＝98500/1.3536＝72768.91≈72769 份$$

如果采用净额费率法，则该投资者申购费用和申购份额为：

$$净申购金额＝100000/(1+1.5\%)＝98522.1675 元$$

$$申购费用＝98522.1675×1.5\%＝1477.8325 元$$

$$申购份数＝98522.1675/1.3536＝72785.29≈72785 份$$

可见，采用净额费率法可以使投资者多申购 16 份基金份额。实际使用中，我国大多数基金在申购时采用金额费率法。

如果 2018 年 9 月 2 日投资者申请赎回其持有全部基金份额，赎回适用费率为 0.5%，当天证券市场收盘后该基金的份额净值为 1.5323 元，考虑金额申购法的情况下，投资者所获得的净支付为：

$$赎回金额＝72769×1.5323＝111503.94 元$$

$$赎回费用＝＝111503.9387×0.5\%＝557.52 元$$

$$赎回所得净支付＝111503.94－557.52＝110946.42 元$$

2. 封闭式基金的交易

封闭式基金在募集完毕后，如果满足一定的条件，可以申请在证券交易所挂牌交易。我国《基金法》规定，基金份额上市交易，应当符合下列条件：基金的募集符合《基金法》规定；基金合同期限为五年以上；基金募集金额不低于二亿元人民币；基金份额持有人不少于一千人；基金份额上市交易规则规定的其他条件等。

在交易所上市的封闭基金的交易与股票交易类似，投资者必须先开设证券账户或基金账户，通过证券交易所的交易系统进行交易。交易规则与上市股票基本类似，但是不需要缴纳印花税，佣金和过户费也较股票低。

封闭式基金的二级市场价格通过投资者竞价形成，交易价格经常会偏离其份额净值，一般用折价率反映这种偏离程度，计算公式如下：

$$折价率＝（基金市场价格－基金份额净值)/基金份额净值$$

$$(7.16)$$

如果折价率为正值，表明封闭基金的市场价格高于其份额净值，基金为溢价交易；如果折价率为负值，则表明基金市场价格低于其份额净值，基金为折价交易。

二、证券投资基金的投资

在证券投资基金募集完成以后，就面临着如何进行证券投资的问题。证券投资基金的投资是指基金经理人如何将所募集资金进行投资，从而为基金持有人获得收益的过程。不同的基金有不同的投资理念、投资目标和投资策略，一般会在招募说明书中进行阐述。

（一）证券投资基金的投资目标

投资目标是基金所追求的收益类型、基金投资所要达到的目标，这是证券投资基金投资的第一步。证券投资基金的目标可以分为总体目标和具体目标，总体目标是基金的总体投资原则，属于简单原则性的表述。如为投资者减少风险，确保资产安全，提供长期稳定的回报等。

证券投资基金的具体目标则根据基金的风格而异，一般来说主要有三个类别目标：追求固定收入、追求资本增值、既追求固定收入又追求资本增值。如收入型基金的目标就是获取固定收益，这种投资目标可能收益较低，但是投资的风险也比较低，一般以债券、优先股等作为投资对象以获得利息、股息等较为稳定的收入，适合稳健投资者；成长型基金是为了追求资本的长期增值，这种投资目标可能获得较高的投资收益，但是投资风险也最大，一般投资于有较高成长潜力的股票来谋求资本增值，适合能够承担一定风险、同时希望获取较高收益的投资者；平衡型基金的目标则是二者兼得，既要达到当期收入最大化，又要兼顾成长。这种投资可能收益较高而风险较低，投资对象一般为股票和债券的组合，以获取固定收入，同时谋求长期资本增值。

（二）证券投资基金的投资范围和投资限制

投资范围是指证券投资基金所投标的物的范围，各国的法律、法规都对证券投资基金的投资范围有比较明确的规定。一般来说，证券投资基金的投资范围主要包括：各类股票、认股权证、各类债券以及金融衍生产品等。为了保持资产的流动性，应付可能的赎回需求，证券投资基金还会将一部分资金存入银行，或是投资短期流动性较强的金融工具。目前，我国基金资产投资范围包括：上市交易的股票、国债、公司债券、金融债券、各种货币市场工具、权证，以及监管部门规定的其他证券及其衍生品种。

由于基金所拥有的资金量较大，其投资行为对市场有重要影响，为了引导基金分散投资、减低风险、保护投资者利益，各国的法律法规都会对不同类型的基金投资作出一定的限制，主要包括：一是投资比例的限制。单只基金对某一证券的最高投资比例规定和同一基金管理公司旗下所有基金对某一证券的最高投资比例限制，防止对公司股价和公司治理产生不良影响；规定单个证券在基金净资产中的比例限制，防止单个证券的表现对基金业绩影响过大。二是对基金投资行为的限制。侧重于基金与基金管理人、基金托管人的关联交易行为控制。如我国《基金法》规定，基金不能承销证券，不能违规向他人贷款或者提供担保，不能从事承担无限责任的投资，不能买卖其他基金份额，不能向基金管理人、基金托管人出资，不能从事内幕交易、操纵证券交易价格及其他不正当的证券交易活动，以及不能从事法律、行政法规和国务院证券监督管理机构规定禁止的其他活动。如果运用基金财产买卖基金管理人、基金托管人及其控股股东、实际控制人或者与其有其他重大利害关系的公司发行的证券或承销期内承销的证券，或者从事其他重大关联交易的，应当遵循基金份额持有人利益优先的原则，防范利益冲突，符合国务院证券监督管理机构的规定，并履行信息披露义务。

（三）证券投资基金的费用、收益及其分配

在获取投资收益并扣除费用后，证券投资基金需要将投资利润分配给受益人。

1. 证券投资基金的收益

证券投资基金的收益是指基金资产在运作过程中所产生旳超过本金部分的价值。其收益来源主要有三个部分：一是股息和利息收入，即基金在一定时期内获得的分红和利息收入，既包括投资股票所获得的股息收入，又包括投资债券所获得的债息收入，还包括银行存款的利息收入；二是资本利得，是指证券投资基金投资证券时低买高卖时的差价收入，反映基金所持有股票与债券价格的涨跌幅度；三是其他收入，是指除了上述收入之外的其他各项收入，如手续费返还、替代损益等。

2. 证券投资基金的费用

基金在运作过程中需要支付一系列的费用，包括基金管理费、基金托管费以及其他一些费用。

（1）基金管理费。管理费是指支付给实际运用基金资产、为基金提供专业化服务的基金管理人的费用，是管理人为管理和操作基金而收取的费用，用于基金管理公司各种必要的开支。基金管理费的提取有两种模式：一是按照每个估值日基金净资产的一定比例（年率）逐日计算，累计至每月月底，按月支付，这是最常见的费用提取模式；二是除了固定费率外，再加上业绩提成方式收取管理费，将基金的业绩与管理费挂钩，增加对管理人的业绩激励，鼓励管理人努力为持有者创造更多收益。

不同类型的基金管理费率不完全相同。一般而言，基金费率与基金规模成反比，与风险成正比。基金规模越大，管理费率越低。反之，费率越高。基金风险越小，管理费率越低；反之，管理费率越高。

（2）基金托管费。托管费是指基金托管人为基金提供保管和处置资产服务而向基金收取的费用。托管费通常按照基金资产净值的一定比例提取，逐日计提，累计至月底，按月支付。托管费率也会因基金的不同而有差异。通常基金的规模越大，托管费率越低；基金的风险越大，托管费率越高。

（3）运作费。运作费是除上述管理费和托管费之外基金运行过程中所产生的各种费用，其占资产净值的比例较小，通常在基金契约中事先明确，按照规定支付。一般来说，基金运作费包括基金运作过程中支付的注册会计师费、律师费、召开年会费用、中期和年度报告的印刷制作费以及买卖证券过程中支付的印花税、佣金、过户费等交易费用。

3. 证券投资基金的收益分配

证券投资基金收益扣除法律、法规规定的可以在收益中扣除的各项费用后的余额构成基金的净收益，基金需要将净收益分配给收益人。为保障投资者利益，各国的法律、法规以及基金合同中都对基金的收益分配进行了明确的规定，主要内容包括：

（1）收益分配的来源。基金的净收益是收益分配的基础，如果基金净收益为负数，那么一般不得进行分配；如果基金以前年度有亏损，基金当年收益应该先弥补上年亏损后才可以进行分配。

（2）收益分配的比例。收益分配比例是指基金净收益中，有多少可以用于基金持有人的分配。由于证券投资基金不需要像生产企业一样将收益留存用于扩大再生产，因此，各国法律法规和基金章程一般都规定基金的收益分配比例不得低于基金净收益的90%。

（3）收益分配的频率。收益分配的频率是指基金在一定时间内（比如一年）分配次数的多少，相邻两次分配间隔时间的长度。各国或各地区对此规定各有不同，但是一般而言，货币市场基金分配频次比较高，以一月分配一次为多；债券型基金每季度分配一次，而股票型基金则半年或一年分配一次。基金分配频次并不是越频繁越好，一方面，基金没有办法形成长期稳定投资；另一方面，如果基金采用现金分配方式，分配前需要较大规模出售持有证券，容易对证券市场造成较大压力。

（4）收益分配的方式。收益分配方式是指基金采取何种形式进行分配。目前，证券投资基金的分配方式主要包括三种形式：现金分红，即向投资者分配现金，这也是基金最普遍的分配方式；分配基金份额，将用于分配的净收益按一定价格折算成新的基金份额分配给投资者，从而为基金保留现金，扩大基金规模，类似于股票的送红股；分红再投资，即证券投资基金既不分配现金，也不分配基金份额，而是直接将净收益用于投资，这种方式相当于没有分配，不过在这种情况下，基金资产净值会增加，投资者也将间接获益。

（四）证券投资基金的投资风险

虽然证券投资基金是一种集合理财、专家管理、组合投资、分散风险的投资工具，但是任何投资都会面临一定的风险，投资者投资基金也不例外。证券投资基金的风险主要包括：

1. 市场风险

投资者购买基金，相对而言可以利用专家管理优势和分散投资方式控制风险，并在一定程度上规避个别公司的非系统风险。但是证券市场的价格受多种因素影响，经常处于波动之中，市场的系统性风险无法规避，从而使基金的收益受到影响。

2. 管理风险

管理风险也可以称为操作风险，主要来自于两个方面：一是管理人员的专业技能、研究能力、管理水平导致的对信息分析、占有和经济形势、证券价格走势判断，进而影响基金投资收益的水平；二是由于基金管理人或基金托管人内控机制不完善，导致基金在投资时发生操作失误乃至违规操作，引起基金投资的损失。

3. 技术风险

技术风险主要是指由于技术系统的故障而影响交易正常进行所带来的风险。如由于交易或通信系统的故障，导致投资者的交易指令不能及时提交，开放式基金的申购和赎回无法及时完成，从而给基金持有者或投资人带来损失。

4. 流动性风险

流动性风险也称为巨额赎回风险，是开放式基金特有的风险。一般开放式基金单个开放日净赎回申请超过基金总份额的 10% 即为巨额赎回。当市场出现大幅下跌时，投资者可能会要求赎回基金份额，如果基金没有足够的现金，只能通过抛售所持有的证券来满足投资者赎回。而证券的抛售将会引起基金净值的继续下滑，可能引起更大规模的赎回，一旦进入这种恶性循环，基金份额将会急剧下降，严重的还可能导致基金的清盘。因此，一般各国的法律法规都会对巨额赎回制定相关规则，以减轻巨额赎回对基金和证券市场的不良影响。

第四节　中国证券投资基金市场

伴随着经济改革的进程，我国证券投资基金发展迅速，募资规模不断攀升，种类日益丰富，结构也逐步优化。目前，证券投资基金在我国金融市场地位越来越重要，已经成为我国金融市场的重要组成部分。

一、中国证券投资基金的发展历程

（一）证券投资基金的萌芽阶段（1985—1990 年）

这是我国证券投资基金发展的萌芽阶段，主要表现为境外基金管理机构单独或与国内机构联合设立投资于境内的"中国概念基金"。1985 年 12 月，中国东方投资公司在香港和伦敦推出中国东方基金，这是最早的一只"中国概念基金"，它是在中国境外募集资金，投资到中国大陆，属于海外国家基金形式。随后，1987 年，中国银行和中国国际信托投资公司与一些国外机构合作推出面向海外投资人的国家基金；同年，中国新创业投资公司与汇丰集团、渣打集团在香港联合设立了中国置业基金。1989 年，香港新鸿基信托投资基金管理有限公司推出中国概念基金"新鸿基中华基金"。

（二）中国证券投资基金的初步发展阶段（1991—1996 年）

海外国家基金市场的蓬勃发展促进了国内基金市场的兴起，引发了国内基金设立的热潮。本阶段是国内基金的初步探索阶段，也可以认为，20 世纪 90 年代是我国基金业的真正起步。1991 年 7 月，国内第一家证券投资基金金珠信基金成立；10 月，武汉证券投资基金、深圳南山风险投资基金设立。1992 年，我国基金业迎来迅猛发展，当年各级人民银行批准成立了 37 家证券投资基金。1992 年 4 月和 5 月，沈阳陆续发行了 5 种基金受益凭证：富民、通发、兴沈、公众和万利，筹集资金 2.2 亿元。同年 6 月，沈阳证券交易中心正式开业，这 5 种基金凭证陆续在交易中心挂牌交易，事实上形成全国第一个基金交易市场。当年 6 月，深圳市颁布《深圳市投资信托基金管理暂行规定》成为大陆第一个地方性基金法规。10 月 8 日，国内首家正式批准设立的基金管理公司"深圳投资基金管理公司"成立。11 月，我国第一家公司型封闭基金"淄博乡镇企业基金"获人民银行批准设立。1993 年 8 月，该基金在上海证券交易所上市，成为第一家在大陆证交所挂牌交易的基金。基金设立的热潮也逐渐扩散到全国各地，基金市场得到较大发展。广东、江苏、天津、海南、黑龙江、江西等地都推出了多种基金，1992 年全年，全国基金市场已有 40 余只基金。

1993 年，基金市场热持续升温，基金数量增加到 61 只。1993 年 6 月，9 家中方金融机构和美国波士顿太平洋技术投资基金在上海设立"上海太平洋技术投资基金"，这是第一个在大陆设立的中外合资的中国基金。10 月，建业、金龙和宝鼎三家面向教育界的基金批准设立。1994 年 3 月，沈阳证券交易中心与上海证券交易所、南方证券交易中心与深圳证券交易所双向交易联网系统顺利开通，标志着全国性的基金市场初步形成，原来在沈阳和南方两个证券交易中心上市的基金进入全国性基金市场交易。截至 1996 年底，中国国内设立的基金达到 75 只，募集资金 73 亿元。

（三）证券投资基金的规范发展阶段（1997—2001 年）

1997 年 11 月 14 日国务院证券委员会发布《证券投资基金管理暂行办法》，是我国首次颁布的规范证券投资基金运作的行政法规，标志着基金市场步入规范发展时期。1998 年 3 月首批基金管理公司国泰、南方基金管理公司成立，随后分别设立了"基金开元"和"基金金泰"两只封闭基金。1999 年，我国对原有证券投资基金进行了清理和规范，经过合并和重组，完成了基金的扩募和续资，实现了新老基金的过渡。

这一阶段是封闭式基金发展的黄金时期，封闭式基金占据基金市场的主导地位。截至 2002 年 8 月，挂牌上市的封闭式基金共有 54 只，募集资金 807 亿元。但是封闭式基金发展中的问题也逐渐显现，主要表现为高折价问题，使得其后的封闭式基金发展渐渐步入了停滞状态。

（四）证券投资基金的快速发展阶段（2002—2008 年）

2000 年 10 月 8 日《开放式证券投资基金试点办法》颁布实施，2001 年 9 月 21 日首只开放式基金华安创新设立，标志着我国基金业的发展进入了一个新阶段，基金业市场开始从封闭式为主向开放式主导跨越。2002 年 7 月 1 日《外资参股基金管理公司设立规则》实施，2002 年 9 月 20 日首只债券型开放式基金南方宝元设立。2002 年首只指数型开放式基金华安 180 设立。2002 年首家合资基金管理公司招商基金管理公司设立。2003 年 6 月 27 日首只保本型开放式基金南方避险增值基金设立。2003 年 12 月 30 日首只货币市场基金华安现金富利设立。

2003 年 10 月 28 日，十届全国人大常委会表决通过《中华人民共和国证券投资基金法》（以下简称《基金法》）。《基金法》于 2004 年 6 月正式实施，确立了基金业的法律地位，为我国基金业的发展奠定了法律基础。此后，基金业在规范基础上取得突破性发展。2004 年 7 月上海证券交易所获准推出交易所交易基金，2004 年 8 月深圳证券交易所获准推出交易所交易基金。2004 年 10 月，南方基金管理公司成立了国内第一只上市型开放式基金（LOF）"南方基金配置基金"；同年 10 月，国内第一只投资于消费品行业、基础设施行业和原材料行业上市公司为主的主题基金"博时主题行业股票证券投资基金（博时 5 号）"在全国范围内正式发行；2004 年底，华夏基金公司推出国内首只 ETF"华夏上证 50ETF"。

(五）证券投资基金的创新发展与调整提高阶段（2008 年至今）

2007 年 7 月《合格境内机构投资者境外证券投资管理试行办法》实施，国内投资者投资境外证券资格得到批准。2007 年底，第一批 QDII 基金包括"南方全球""华夏全球""嘉实海外""上投亚太"基金获批成立，平均规模 300 亿元人民币，标志着我国基金业开始了努力国际化进程推进。从 2008 年始，受金融危机的影响，监管部门对公募基金行业牌照的审批基本停滞。2008—2010 年期间，基本没有新基金公司成立。2011 年后开始逐渐放开，到 2012 年增加至 70 家。这期间由于行业管制力度依然较大，加之资本市场行情较差，行业竞争力相比银行理财、信托公司等有所下降，行业集中度变化不大，基本维持在前 5 大公司占比 30%左右，前 10 大公司占比 50%左右的水平。2012 年 12 月 28 日新《中华人民共和国证券投资基金法》审议通过，证券投资基金进入了强竞争时期，新《基金法》颁布后，我国基金行业进入创新发展阶段，基金行业市场化改革不断推进，从法律上确立了私募基金的合法地位，并将私募基金纳入监管。在市场准入、投资范围、业务运作、产品创新等方面为公募基金大幅松绑，中介服务机构和行业自律组织作用发挥显著，行业透明度增强。证券投资基金种类越发丰富，满足不同群体投资需求。目前，我国已经形成了包括股票基金、指数基金、债券型基金、货币市场基金、LOF 基金、ETF 基金、分级基金、QDII 基金等多样化的基金产品结构。

二、中国证券投资基金发展现状

（一）公募基金稳健发展

公募基金稳定发展，开放式基金逐步成为市场主导。截至 2018 年末，我国证券投资基金市场中共有公募基金管理人 120 家，其中已有 79 家设立专户子公司。基金公司总资产达到 1820.44 亿元，净资产 1406.66 亿元。基金管理公司管理公募基金规模 13.03 万亿元，基金数量 5626 只；基金公司专户规模 4.37 万亿元；受托管理社保基金规模（含基本养老金）11560.89 亿元；受托管理企业年金规模 5167.11 亿元。从基金类型看，封闭式基金虽然也保持不错的增长速度，数量从

2015 年的 164 只增加到 2018 年的 669 只，管理资产规模也从 1947.72
亿元增长到 8985.29 亿元，分别增加 4 倍和 4.6 倍。无论从基金数量还
是从基金净值看，开放式基金的主导地位愈发明显，2018 年，开放式
基金净值占整个基金净值的 93% 以上比重。开放式基金中，我国市场
上占比最高的是货币市场基金，债券基金、混合基金和股票基金其次。
以 2018 年为例，从净值看，货币市场基金占开放式基金比重为
63.27%，债券基金、混合基金以及股票基金的占比分别为 18.65%、
11.21% 和 6.79%。

表 7-4　2015—2018 年我国公募基金数量与净值

单位：只；亿元

基金类型	2015 年		2016 年		2017 年		2018 年	
	基金数	基金净值	基金数	基金净值	基金数	基金净值	基金数	基金净值
封闭式	164	1947.72	303	6340.11	480	6097.99	669	8985.29
开放式	2558	82024.11	3564	85252.94	4361	109898.87	4957	121361.21
其中：股票基金	587	5988.13	661	7059.02	791	7602.40	927	8244.63
混合基金	1184	17948.31	1707	20090.29	2096	19378.46	2375	13603.91
货币市场基金	220	44371.59	286	42840.57	348	67357.02	347	76178.14
债券基金	466	5895.92	789	14239.10	989	14647.40	1172	22628.80
QDII	101	800.64	121	1023.96	137	913.59	136	705.73
合计	2722	83971.83	3867	91593.05	4841	115996.86	5626	130346.50

资料来源：根据证监会网站数据整理。

　　由于发展历史较短，我国公募基金市场还存在一定的问题，主要
表现为：一是资金来源较为单一。我国公募基金主要是银行渠道中储
蓄存款资金转化而来，基金主要依靠银行网点的理财方式销售和认购。
比较美国的公募基金，我国基金缺乏像养老金、保险资金、教育基金、
慈善基金等机构投资人这样的长期资金，与此对应的，基金很大程度
上存在短期化和散户化的特征。美国公募基金虽然也有超过 80% 是由
个人投资者持有，但大多以雇主发起的个人退休年金（IRAs）和缴费

确定型退休计划账户（DC）的形式间接持有。二是基金公司的主要收入来源较为单一。我国基金的收入主要是基金管理费，由于严重依赖银行渠道代销，基金销售成本高、存续期限短，受到银行的制约较大。因此，基金公司的盈利能力也受到较大限制。三是基金公司的投资策略较为单一，避险工具不足。如果股票市场处于繁荣阶段，基金公司就大量发行股票型基金；股票市场低迷的情况下，基金公司就发行低风险的货币市场基金。公募基金同类产品扎堆发行的"羊群效应"较为明显，在一定程度上对市场起到了助涨助跌的效果，规模波动较大。四是虽然薪酬激励机制较为市场化，但与投资者利益仍然没有完全保持一致。与大资产管理行业中的银行、信托、券商资管、保险资管等行业相比，公募基金行业的薪酬机制较为市场化。实践中，市场化的薪酬机制会激励基金经理过度冒险，而不一定会充分考虑投资者的利益。比如公募基金的业绩表现与市场的牛熊转换紧密相关，因此一般在市场快速上升过程中，比较激进的基金经理往往能取得不错的业绩，从而获得较好的评价和报酬；如果投资策略失败了，造成的损失由投资者承担，基金经理受到的影响并不大，这一定程度上容易引起较大的道德风险。

（二）私募基金增长迅猛

私募基金伴随着居民财富增长和创投的活跃，近年来迅猛增长。截至2018年末，在中国证券投资基金业协会登记的私募投资基金管理人数量为24448家，较上年末增长8.91%。在协会备案且正在运作的私募投资基金共74624只，较2017年末增长12.38%，基金规模为12.78万亿元，较2017年末增长15.14%。其中，私募证券基金管理人管理正在运作的基金34440只，管理基金规模2.14万亿元，较上年下降16.61%；私募股权、创业投资基金管理人管理正在运作的基金34993只，整体规模8.90万亿元，较上年末增长0.39%；其他投资基金管理人管理正在运作基金5209只，管理基金规模1.74万元。私募基金管理人员总数达到24.57万人。

表7-4　2015—2018年我国私募基金数量与净值

单位：只；亿元

基金类型	2015 年		2016 年		2017 年		2018 年	
	基金数	基金净值	基金数	基金净值	基金数	基金净值	基金数	基金净值
私募证券基金	14553	1.79	27015	2.77	32216	2.29	34440	2.14
私募股权、创投基金	8585	3.06	17932	4.68	28465	7.09	34993	8.90
其他类型私募基金	916	0.22	1558	0.44	5737	1.72	5209	1.74
合计	24054	5.07	46505	7.89	66418	11.10	74642	12.78

资料来源：根据证监会网站数据整理。

私募基金的发展目前呈现出如下特点：一是发展区域分布不均衡表现明显。2018年，从已登记私募基金管理人注册地分布来看，主要集中在上海、深圳、北京、浙江和广东，占比达到71.68%；从办公地点分布看，北京、上海、深圳、广东和浙江占比达到73.10%。二是单只产品规模小型化、市场优胜劣汰效应明显。2018年，从已登记私募基金管理人管理基金规模来看，规模在100亿元以上的有234家，50亿—100亿元的274家，20亿—50亿元的671家，10亿—20亿元的801家，5亿—10亿元的1155家，1亿—5亿元的4308家，0.5亿—1亿元的2332家。三是存在资金募集渠道不够通畅、税收体系待完善、行业形象有待提升等问题，一定程度上影响了基金可持续发展。如2018年，私募基金清算产品数量累计超过8000只，提前清盘的数量超过了5000只。

（三）基金产品创新加速

目前，我国除了股票基金、债券基金、混合基金、货币基金等传统品种，各类指数基金、LOF基金、ETF基金、分级基金、对冲基金、QDII、QFII、衍生产品基金等层出不穷，形成了丰富的基金品种。随着基金市场规模的扩大，基金行业竞争加剧。为了更好应对新形势，基金公司加快了基金产品创新的速度。传统的产品名称及营销方式上创新之外，近年来的创新立足于资产管理的各个方面，主要目的是为了适应新的经济环境，为投资者提供更好的工具型产品。以2018年为例，仅被动指数型新产品就包括"细分债券指数基金""MSCI 指数基金""央企结构调整指数基金"等热点主题基金，全年共发行 120 只指数型产品，募资达到 1600 亿元。主动管理型新产品包括 12 只养老目标基金，都以定期开放混合型基金中的基金（FOF）方式运行；《存托凭证发行与交易管理办法（试行）》出台后，6 只封闭运作战略配售混合型基金成立；为应对资管新规，浮动净值法货币基金全年成立 33 只。

三、中国证券投资基金政策建议与展望

近年来，伴随着经济转型升级，一方面，宏观环境表现为金融去杠杆，资管新规落地等，对基金业的监管也愈加严格；另一方面，经济发展水平的提高，人们投资理财的意识也随之逐步提升，也会为基金发展开拓更大的空间。

（一）营造良好的市场环境

宏观经济金融市场是证券投资基金的外部生存环境，证券投资基金的成长必然受到外部市场环境的影响。因此，规范市场秩序，营造良好的市场氛围，有效实施监管，才能实现证券投资基金业健康快速成长。营造市场环境，主要可以从下面几个方面考虑：一是完善资本市场制度，提高上市公司质量。资本市场是基金投资的重要场所，其提供的金融产品是证券投资基金的主要投资标的。完善资本市场制度，提高上市公司质量有利于营造良好的证券市场环境，为基金提供稳定的市场环境和投资标的。二是引导投资者树立理性投资的观念。投资既可以带来收益，同时也具有相应的风险。对于基金的投资而言，投资收益的实现是一个长期的过程。因此，需要引导投资者综合考虑产品的特点，自身的风险承受能力等，选择适合自己的基金产品进行投资，树立理性投资理念。

（二）强化基金管理公司内部治理

目前我国基金管理公司差异化发展，综合性、集团化大型资产管理机构与专业化、特色化中小型资产管理机构并存发展态势逐步呈现。但是随着基金规模的快速扩张，基金内部治理体系不健全、结构不完善也逐渐显现。强化公司内部治理，首先需要优化基金管理公司股权

结构和组织形式，以实现股东权益最大化为目标开展经营活动，吸收专业人士和能体现投资者利益的成员加入董事会，优化组织内部安排，考虑通过混合所有制改革，推行员工持股计划和事业部制改革，让员工直接成为公司的股东，实现与私募基金相类似的激励约束机制，激发员工的创新和创业热情，更好地实现个人利益、公司利益、股东利益和投资者长期利益的一致。其次是完善内部监管体系，依据相关法律法规完善公司条例规章，使公司内控制度能够与时俱进，增强基金管理运行过程中的监控，尽量让每款产品的风险有参考标准和防范措施等。

（三）创新基金服务，满足投资者需求

发挥基金较强的投资研究能力，根据经济形势发展的需要，规范投资运作、提高信息公开披露质量、创新开发新型产品，服务投资者需求。首先，针对目前资金来源渠道的单一，需要拓宽基金的长期资金来源，减少对银行的过度依赖，学习借鉴国外经验，一方面，吸收社会保障基金、养老金、企业年金、教育基金、慈善基金、遗产信托、家族信托等机构的长期资金；另一方面，可以学习借鉴美国401K退休计划，设立专门的养老金账户，本着自愿的原则，按照市场化方式公开招标，选择优秀的公募基金作为投资管理人，并提供相应的免税优惠，从而将散户的短期资金变成员工长期持有的公募基金。其次，修订完善薪酬激励机制，实现基金管理人与投资者利益一致。建立合适机制，做好业绩影响因素分析，系统评价投资经理的投资贡献，区别投资过程中的不同类别风险，进行准确的风险定价，科学计量风险调整后的投资收益；同时可以考虑借鉴国际银行业先进经验，建立薪酬的延期支付机制，拉长基金经理的业绩考核期限，完善绩效考核评价机制。最后，根据经济发展形势，加速产品创新，为投资者提供更加合理的多种类型基金产品；提升大类资产配置能力，丰富产品投资策略，增强产品对客户的黏性，发行更多能较好熨平经济周期、有效防止业绩剧烈波动的基金产品，建立真正跨越周期的投资，改变目前机构散户化、竞争同质化的情况，实现价值投资和长期投资。

（四）完善基金监管体制

虽然近年来基金业法律法规逐步完善，监管体系也取得了显著进步。但是随着市场环境的变化，金融开放度的增加，要求监管能够不断跟上这种发展形势。完善基金监管体制包括：一是根据外部经济社会环境的变化，不断完善现有的法律法规，逐步构建资产管理行业统一的监管规则，使得对于基金的监管能够有法可依。二是进一步落实简政放权，分类别、渐进式探索资产管理业务"负面清单"，充分发挥市场机制的决定性作用。三是放宽行业准入的同时，强化事中监督检查和事后监管，加大执法力度，对违法行为保持高压态势，加强全面风险管理，提升从业人员合规和勤勉尽责意识，切实保护投资者利益。

本 章 小 结

证券投资基金是资本市场的一个新形态，它既是一种金融投资工具，也是一种投资方式。通过发行基金份额，证券投资基金将投资者分散的资金集中起来，形成独立财产，由专业管理人员分散投资于股票、债券或其他金融资产，并将投资收益分配给基金持有者。

证券投资基金因各国不同的历史、文化、社会和经济环境呈现出不同的形态。根据组织形式的不同，可以分为公司型基金和契约型基金；根据基金运作方式的不同，可以分为开放型基金和封闭型基金；根据投资目标的不同，可以分为收入型基金、成长型基金和平衡型基金；根据资金来源和投向区域不同，可以分为国内基金和国际基金；而根据投资对象细分，则包括股票基金、债券基金、货币市场基金、专门基金、衍生基金、指数基金等多个种类。

证券投资基金需要通过募集的方式设立，但是不同类型的基金在募集方式上存在一定差异。设立基金首先需要发起人，基金的发起人多为有实力的金融机构，可以是一个机构，也可以由多个机构共同组成；一般来说，发起人需要根据法律法规要求进行前期的调研准备，向主管部门提交基金设立文件，由主管部门考察与批准设立。基金的设立申请一旦获得批准，发起人即可发表基金招募说明书，着手发行基金股份或受益凭证，该股票或凭证由基金管理公司和基金保管公司共同签署并经签证后发行。发行方式一般包括公募与私募两种形式。一般而言，证券投资基金运作中的参与人包括基金发起人、基金投资人、基金管理人（很多时候和发起人相同）、基金托管人、基金销售和交易机构、律师事务所、会计师事务所等中介。其中基金管理人、基金投资人和基金托管人是直接当事人。

基金市场的运行包括发行和交易两个阶段。开放式基金和封闭式基金的发行和交易有比较大的区别。一般来说，开放式基金不在证券交易所上市，它通过委托商业银行、证券公司、专业基金销售公司等机构代理基金份额的发售；封闭式基金的发售一般由基金管理人选择证券公司组成承销团代理基金发售，通过证券交易所的网络系统以及网下配售进行。

在证券投资基金募集完成以后，就面临着如何进行证券投资的问题。证券投资基金的投资是指基金经理人如何将所募集资金进行投资，从而为基金持有人获得收益的过程。不同的基金有不同的投资理念、投资目标和投资策略，一般会在招募说明书中进行阐述。证券投资基金的投资包括投资目标、投资范围和投资限制、费用、收益及其分配等相关内容。

重 要 概 念

证券投资基金　封闭型基金　开放型基金　公司型基金　契约型基金　收入型基金　成长型基金　平衡型基金　指数基金　货币市场基金　对冲基金　交易所交易基金　公募发行　私募发行　申购费用　赎回费用　基金管理费用　基金托管费用

复习思考题

1. 如何理解证券投资基金的含义？

2. 证券投资基金的作用是什么？

3. 证券投资基金的性质有哪些？

4. 开放型基金与封闭型基金有何不同？

5. 公司型基金与契约型基金有何不同？

6. 你了解中国 ETF 基金市场吗？尝试展望中国 ETF 基金的未来发展方向与趋势。

第八章　风险投资市场

随着社会经济的发展，知识和技术对现代社会经济的推动作用越来越大，而科学和技术也逐渐产业化。风险投资大大加快了知识和科技成果向生产力转化的速度，可以说风险投资是高新技术产业发展的孵化器和助推器。风险投资作为一种资本形态，在现代投融资体系中占有重要地位，实现了技术和金融的有效结合，不仅能够使得高新技术产业化，实现项目本身的投资收益，更重要的是能够促进产业升级和经济增长方式的转变，从而影响一个国家的国民经济发展。

第一节　风险投资概述

风险投资最早可以追溯到 15 世纪的欧洲，当时资本主义工商业开始逐渐发展，由于地域限制，需要通过远洋贸易来支持经济的进一步发展。但是，单个工商业者难以承担从事远洋贸易的巨额资本和风险，于是出现以入股方式设立从事远洋贸易的新兴风险企业，通过这种组织形式，投资者将资产委托给有技术专长的人来经营管理，同时对企业债务承担有限责任，成为现代风险投资的制度基础。现代风险投资产生于 20 世纪 50 年代的美国，以美国研究与开发公司（ADR）成立为标志。其后，在法律规范和政府鼓励下，风险投资迅速发展，短短几十年间，经历了兴起、低潮、衰退、发展和繁荣等阶段，目前已遍及所有发达国家和新兴工业化国家，成为推动这些国家和地区高新技术产业发展的重要推动力。

一、风险投资的含义

(一) 风险投资的概念

风险投资（Venture Capital，VC）概念在理论和实务界有很多种表述方式。如全美风险投资协会认为，风险投资是职业金融家投入到新兴的、迅速发展的、有巨大竞争潜力的企业中的一种权益资本；经济合作和发展组织（OECD）在题为《风险投资与创新》的研究报告中，将风险投资定义为一种向具有发展潜力的新建企业或中小企业提供权益资本的投资行为。我国国务院 1999 年 11 月转发科技部等部委《关于建立风险投资的若干意见》的文件中，将风险投资定义为"向主要属于科技型的高成长性创业企业提供股权资本，并为其提供经营管理和咨询服务，以期在被投资企业发展成熟后，通过股权转让，获取中长期资本增值收益的投资行为"。

上面的几种表述虽侧重有所不同，但是基本都包含如下内容：风险投资对象主要为高科技创业型企业；投资过程中参与企业治理；投资最终以退出企业获取资本增值结束。因此，我们可以将风险投资的内涵定义为：风险投资是指投资人将风险资本投向创业型未上市高新技术企业，并对被投资企业提供各种增值服务，培育企业快速成长，在企业进入相对成熟阶段后通过上市、兼并或其他股权转让方式退出，以实现资本增值目的。

(二) 风险投资与私募股权投资

私募股权投资（Private Equity，PE）一般指通过私募形式对私有企业，即非上市企业进行的权益性投资，在交易实施过程中陈带考虑了将来的退出机制，即通过上市、并购或管理层回购等方式，出售所持股权获利。从概念上看，风险投资与私募股权投资的主要区别在于投资阶段、投资规模、投资理念和投资特点等方面。如 VC 投资对象集中在处于创业早期的企业，表现为中小型未上市成长企业，投资的类型也是参股为主，投资风险比较高，相应的收益要求也比较高；而 PE 的投资对象主要是有盈利能力的成熟企业，投资类型可以是控股也可以是参股，PE 参与企业的经营管理活动，以提升被投资企业价值，风险和收益相比 VC 都要小。

近年来，很多传统上的 VC 机构也介入 PE 业务，而许多传统上被认为专做 PE 业务的机构也参与 VC 项目。风险投资从传统的投资范围向私人权益资本的其他领域扩张，而欧洲和亚洲的很多国家也开始采纳广义的风险投资概念，即所有对开拓性、创新性风险项目的投资都可以成为风险投资。事实上，PE 与 VC 只是概念上的一个区分，在实际业务中两者界限越来越模糊。

二、风险投资的特点

风险投资是一种特殊的投资活动，具有一般投资活动的基本特征，同时有自己的特点。

（一）风险投资的对象主要是高新技术中小企业

高新技术中小企业往往处于起步阶段，资金力量单薄，十分需要资金；但是由于一般缺少抵押和担保，它们从传统融资渠道如银行难以获取资金。同时这类中小企业往往具有开拓性和创新性，有巨大的发展潜力。风险投资主要用于支持刚刚起步或尚未起步的高技术企业或高技术产品，所追求的目标就是将高科技成果产业化、商品化后获取高额回报。

（二）风险投资是一种权益性的私募股权投资

风险投资参股企业，属于中长期战略投资。从投资周期看，风险投资历时较长，往往在企业创立之初就开始投入，从技术开发、产品研制、正式产出到扩大生产、成功营销，进一步到企业实现上市整个过程，风险投资才能收回投资。从投入到退出，期限较短的要经历 3—5 年，长的则需要 7—10 年才能收回投资、获取收益。在此期间，低流动性也是风险投资的基本特点。因此，为了部分保障投资安全，风险投资机构不会一次性将所有资金投入风险企业，而是采用随着企业不断成长分期分批地投入资金，这样既可以减少风险，又有助于资金的周转。从投资时间上看，风险投资是一种中长期投资；从投资的性质上看，风险投资是一种权益性投资。

（三）风险投资是一种具有高风险和高收益的投资

风险投资与传统投资不同，其投资对象是高科技创业型中小企业，这类企业往往处于起步阶段，仅仅处于种子期，需要将创新的科研成果和新技术转化为生产，而这种转化需要经过技术研究、产品研制、中间试验、产品产出、营销推广等诸多环节，每个环节都蕴含着一定的风险。由于这些技术、管理、市场、政策等风险都非常大。即使在发达国家，高技术企业的成功率也只有 20%—30%。由于成功项目回报率很高，风险投资机构并不指望每个项目都能够获得成功。它们志在追逐高风险背后隐藏的高收益，通过成功项目的巨额回报弥补失败项目的损失。

（四）风险投资是一种高附加值投资

风险投资是一种中长期的股权性投资，在向风险企业投入资金，充实企业资本金，改善企业资产负债结构的同时，为降低投资风险，风险投资机构一般会介入该企业的经营管理，为企业提供各种增值服务。由于与被投资企业利益息息相关，风险投资者会利用其专业知识、市场经验等，为企业发展出谋划策，提供咨询和建议，调动自己的有利资源，帮助企业改善治理结构、制定合理的发展规划、加强企业财务管理、建立合理营销方案等。必要时甚至解雇公司经理，亲自接管公司，尽力帮助该企业取得成功。

（五）风险投资是一种追求超额回报的财务性投资

虽然风险投资是一种股权投资，并在投资中参与企业管理，但是其投资不谋求分红，也不以在某个行业获得强有力的竞争地位为目标，而是以风险投资机构最终获取高额利润和显赫成绩从风险企业退出为最终结果。因此，退出是风险投资计划中的重要部分，风险投资通过自己的专业性知识和各种人脉将风险企业培养成熟后，通过退出获得收益。因此，从收益获取手段看，风险投资是通过投资结束时的股权转让获取投资回报，是一种财务投资。

（六）风险投资是一种组合投资

从投资策略上看，风险投资与证券投资基金类似，也是一种组合投资，只不过其投资对象不是有价证券，而是风险企业。风险投资机构通常会选择多个不同的风险企业进行组合投资，通过在成功风险企业上获得的高回报来补充失败项目的损失，以分散风险。事实上，风险投资在实际操作中还往往实施联合投资，即对于一个投资项目，由若干风险投资机构一起投资，除了利益共享、风险共担外，还可以发挥集体智慧，从不同的视角审视风险，从而提高决策的准确性。

三、风险投资的分类

（一）种子期的风险投资

种子期是指风险企业将实验室样品转化为正式产品阶段，这一阶段的资金也称为种子资本。种子期是技术的酝酿与发展阶段，也是风险企业的起步阶段，资金需求量相对较少，但是风险很大。风险企业在种子期的资本来源有个人储蓄、家庭财产、亲友借贷、甚至各类科研基金等。如果还不够，就会寻求风险资本的帮助。种子期风险投资的风险主要来自三个方面，一是技术风险，高新技术转化为产品的风险；二是产品风险，高新技术产品的市场前景风险；三是管理风险，新兴企业在企业治理、财务管理等方面的风险。由于风险较大，风险资本的投资比例不会太高，一般在10%左右，希望获取的收益也比较高。

（二）导入期的风险投资

导入期是指风险企业从技术创新到产品试销的阶段，这一阶段的资本也称为导入资本。本阶段，风险企业在新技术的基础上开始初步运行，通过研发和试验，进行少量产品的制造，并进行市场试销，试探市场的反映。导入期的资本投入显著增加，资金的来源主要是风险资本，是风险投资的主要阶段。对于比较大的项目来说，有时单个风险资本的资金可能不能满足资金需要，往往会出现风险机构的联合投资，以分散投资风险。

（三）成长期的风险投资

成长期是指风险企业技术发展和生产扩大的阶段，实际上是企业开始正式生产的阶段，这一阶段的资金也称为成长资本或扩展资本。在成长期，风险企业虽然没有实现盈利，但是能够做到基本的收支平衡。由于需要扩大生产，开拓市场，树立品牌，公司的资金需求也较前两个阶段多。此时资金的主要来源为原有风险机构的增资和新的风险投资进入，投资的风险主要在市场风险和管理风险。技术风险已经解决，而开拓新市场，建立合理的营销渠道就显得尤为重要。同时，由于风险企业的管理者大多为技术出身，企业规模的扩大，对原有组织结构提出挑战，管理风险增加。这时风险资本往往会派员参加董事会，参与重大决策，提供管理咨询与建议，以降低风险。

（四）成熟期的风险投资

成熟期是指风险企业技术基本成熟，产品进入大规模占领市场的阶段，这个阶段的资本也称为成熟资本。本阶段资金需求量较之以前又有增加，但是风险投资已经很少追加投资了。一方面，风险企业进入成熟期后，已经可以通过销售获得稳定的现金流；另一方面，成熟期技术和市场都比较稳定，获得资金的渠道已经多样化，包括 PE、银行贷款、企业债券、股票等都是这个阶段企业的主要融资手段。成熟期是风险投资的退出阶段，也是风险投资的收获季节。风险投资可以通过股份转让、上市出售等方式退出被投资企业，获取丰厚的回报，回馈风险投资人。

四、风险投资的功能

（一）科技发展的推动器

风险投资的对象往往是科技型的创业企业，这类企业大多是建立在创新科学研究成果和新技术应用的基础上。由于创业之初，需要资金将相应的成果转化为产品，而由于科技型创新企业缺乏抵押和担保，其他渠道的资金来源由于风险较大不愿投入。因此专业的风险投资是这类企业资金的主要来源，可以认为，风险投资对风险企业的投资，促进了科技成果的转化，支持了科技事业的发展。

（二）经济增长点的培育器

科技是社会经济发展的根本性推动力，新技术产业也是社会经济未来发展的重要方向。风险投资者依靠其丰富的经验、专业的知识和敏锐的洞察力，寻找风险投资对象，前瞻性地发掘有发展潜力的高新技术产业。通过对这些行业的投资给予其资金上的支持，并参与企业的管理，扶持企业快速发展，客观地推动了高新技术的产业化，进而可能成为一国经济新的增长点。可以说，风险投资在培育社会经济未来增长点方面起到了重要的推动作用。

（三）政府投入资金的放大器

对于某些具有特殊意义的行业来说，政府希望通过其快速发展，以实现经济社会的进步，因此会进行相应的资金投入。高新技术产业就属于这类产业，一方面，它是未来经济的增长点，具有传统产业所不具备的众多优点；另一方面，它对其他产业发展有重要的支撑作用。因此，很多国家政府对这些高新技术产业投入一定的引导资金，经过风险投资家的运作，吸引更多的社会投资者参与，放大对高新技术产业资金的实际投入，以支持相关产业的发展。

（四）投资风险的调节器

虽然风险投资有高风险特征，但是由于风险投资的运作机制，使得风险投资在实际操作中能够调节风险，完成投资过程，实现投资目的。这种调节机制主要体现在：一是风险投资的资金来源多元化，分散的资金来源将高风险分散到众多的投资主体身上；二是风险投资的组合投资策略能够有效降低风险投资机构的总体投资风险；三是风险投资是一种高度专业化经营，风险投资家对整个投资过程的规范运作，对所投对象的洞察力也能够有效降低投资风险。

（五）新企业的孵化器

处于初创期的企业，往往缺乏发展资金。同时，作为新兴技术产业，其技术和产品仅仅初具雏形，甚至还处于概念阶段，加上缺乏合适的抵押和担保，很难从银行等传统金融机构获得资金。而风险投资的对象恰恰是这些创业型高新技术企业，有了风险投资的资金支持，加上风险投资家参与管理，这些创业型风险企业获得成功的可能性将会大大增加。

五、风险投资的产生与发展

虽然现代意义上的风险投资发展历史很短，但是如果追溯起源，欧洲最早在 15 世纪就出现了风险投资的雏形。当时随着资本主义工商业的发展，英国、荷兰等国的一些商人为了寻求海外市场和新的商业机会，开始到印度、东南亚等地进行冒险活动。此时的商业冒险大多是以武装探险形式出现的，虽然困难重重，还经常遭到海盗的劫持，但是也涌现了一些成功的案例，如东印度公司，控制了印度进出口贸易长达 150 年之久。参与冒险的企业家从阿姆斯特丹、伦敦、巴黎等地的皇室贵族等富有家族和个人手中获得资金支持，并通过垄断与新市场贸易来获得投资回报。19 世纪的工业革命改变了世界经济生产方式和经济格局，机器大工业逐渐取代了手工业，新兴产业蓬勃兴起，资金需求也越来越大。一些私人银行和富有个人通过对钢铁、石油、铁路等新行业进行投资，获得了丰厚的回报。

第二次世界大战以后，现代风险投资在美国逐渐成型，并以风险投资基金形式实现了风险投资的机构化。1946 年 6 月，世界上第一家正规风险投资机构——美国研究与开发公司（ARD）在马萨诸塞州成立，该公司以支持波士顿地区的科学家尽快将实验室科研成果转化为现实生产力为目标。ARD 投资的第一家公司是特拉赛尔拉贝公司，由于缺乏风险投资经验，最终的投资效果并不理想。因此 ADR 公司初期业绩平平，甚至一度陷入困境。1957 年该公司对美国数据设备公司（DEC）投资获得巨大成功，当时的 7 万美元投资，到 1966 年公司公开上市交易时市值已经达到 3850 万美元。随着美国经济的快速发展和股市的上涨，到 1971 年，ARD 持有的 DEC 公司的市值达到了 3.55 亿美元。这笔成功的投资不仅挽救了 ARD 公司，也改变了人们对于风险投资的认识，极大地刺激了美国风险投资业的发展。

美国风险投资业真正发展动力在于 1958 年通过的《中小企业投资法案》，它允许建立小企业投资公司，每投资 1 美元可以得到政府 4 美元的优惠贷款，并享受政府提供的特殊税收优惠政策。在政府的大力扶持下，中小投资公司如雨后春笋般发展起来，在法案通过后的 5 年中，共有 692 家小企业投资公司设立。1970 年代后，随着美国经济的低迷，风险投资发展也陷入了低谷。1980 年代后，为了拯救风险投资市场，美国国会连续通过了一系列鼓励促进风险投资发展的法案，在这些法案的保障和刺激下，美国风险投资业又得到了迅速发展，在1980年至1987年的8年间，风险资本总额增长了4倍，年均增长速度达到22%。1992年，美国国会通过了《小企业股权投资促进法案》，提出了"证券参与计划"，即小企业管理局为那些从事股权类投资的小企业投资公司提供公开发行长期债券担保，长期债券利息也由小企业管理局代为支付，当小企业投资公司实现了足够资本增长后才一次性偿还债券本金，小企业管理局分享10%的收益提成。这个法案推出再次推动了美国风险投资业的发展。20世纪末期以互联网、信息技术、生物技术为代表的高科技产业迅速崛起，给美国的风险投资机构提供了更多的机会，而反过来，风险投资对美国基金结构的调整和美国高新技术产业的发展也功不可没。可以说，20世纪70年代的微型计算机技术、80年代的生物工程技术、90年代的IT产业的兴起，都与美国风险投资有着密不可分的关系。21世纪以来，美国风险投资的对象主要集中在医疗保健、新能源、清洁技术、生物技术和互联网等领域，继续发挥着创新助推器的作用。

第二节　风险投资的运作

风险投资是一项复杂的系统工程，有着比较规范的运作流程：风险投资机构按照市场运作规律，挑选投资项目；通过详尽的调查与评估，做出投资决策；投资后，利用自己的专业性知识，为投资对象提供增值服务；在实现企业价值之后，选择合适的渠道退出，获取投资收益。

一、风险投资的构成要素

风险投资构成主要包括四个要素：风险资本的供给者、风险投资的经营者、风险投资的对象和风险投资的中介。

（一）风险资本的供给者

风险资本的供给者是风险投资主体，在不同的国家或地区，由于经济、文化、法律以及投资理念的差异，风险投资的资金供立者也有一定的差别。从大的方面看，风险投资资本主要来自如下几个方面，即政府、机构投资者、企业和富有家庭等。政府为风险投资提供资金的目的不是单纯获利，而是希望能够起到一定的政策导向作用，引导资金对新兴高科技产业的投资；富有家庭和机构的投资主要是出于商业目的，希望通过风险投资实现收益目标；大公司对风险投资资金供给的目的，除了获取回报以外，还希望通过风险投资介入与自己经营相关的风险企业，获得和控制该行业的最新技术。机构投资者一般包括银行、养老基金、捐赠基金、保险公司和证券公司等。在美国，风险投资最主要的资金来源是养老基金。在欧洲和日本，大公司和银行则是风险投资的主要出资者。我国的风险投资在过去一段时间一直以政府资金为主导，近年来，随着风险投资市场的发展，来自富有个人和银行的资金比例在迅速增长。

（二）风险投资的经营者

风险投资的经营者是风险投资的运作者，他们是风险投资的中心环节。在风险投资市场，风险投资的经营者主要有风险投资公司和天使风险投资者两类。风险投资公司主要形式是风险投资基金，是风险投资最主要的资金载体。通常由基金管理公司设立不同基金，募集资金后交由不同的管理人进行投资运作。基金经理人和管理人是基金管理公司的主要组成部分，作为风险投资家，他们是具有丰富行业投资经验的专业人士，专长于某些特定行业及处于特定发展阶段的企业，在经过细致的调查研究后，凭借敏锐独特的眼光将基金投资若干企业的股权，以求日后退出并获取资本利得。

天使投资人是最早的个体投资者，这些投资者在风险企业的产品和业务成型前将资金投入，经过一定时期的运行获利后退出。美国的天使投资人人数众多，可以分为纯粹意义上的天使投资人和衍生意义上的天使投资人。纯粹意义上的天使投资人往往是风险投资家的亲戚、朋友或商业伙伴，基于对风险投资家能力的肯定和信任，与风险投资家一起参与对风险企业的投资。而衍生意义上的天使投资人是那些既具有雄厚资金实力又具有丰富投资和管理经验的个人，他们在看好风险企业后，相信自己眼光和经验，认为通过自己及风险投资家的努力，有比较大的把握实现风险投资的目标。

（三）风险投资的对象

风险投资的对象是风险企业，它们是风险市场上的资金需求者，主要是高新技术企业及成长初期的新兴企业。高技术企业是一种知识密集、技术密集和人才密集的新型经济形态，相应具有高投入、高风险、高成长和高回报特征，这些特点与风险投资的要求基本相似，所以成为风险投资的首选对象。从企业形态角度看，风险投资一般选择成长初期的新兴企业，因为这些企业未来可能具有很高的增长率。由于新兴企业不确定性很大，风险投资在选择介入新兴企业时会优先考虑创业者即风险企业家的素质，考察企业的发展规划，分析市场需求与产品营销等因素，以提高投资成功的概率。

（四）风险投资的中介

风险投资的中介机构大致可以分为两类：一般性中介和特殊中介。其中，前者包括会计师事务所、律师事务所、资产评估事务所、信用评价机构等市场中介；后者是针对风险投资特殊性专门设立的各类中介机构，如标准认证机构、知识产权评估机构、专业融资担保机构、新企业孵化器、专业顾问、营销公关及数据调查机构等。中介机构在风险投资中不可或缺，起到了提高投资效率和降低交易费用的作用。

二、风险投资的组织形式

一般来看，风险投资的组织形式主要包括公司制、合伙制、附属型以及其他类型四个类型。

（一）公司制

公司制风险投资组织属于股份制投资公司，根据《公司法》组成法人实体进行运作，公司设有董事会和股东大会。资本的提供者为公司股东，享有相应的参与权、决策权、收益分配权和剩余资产分配权等，承担有限责任。公司制风险投资的主要优点在于组织规范，由于公司解散相对困难，这种形式的组织能给潜在的投资者带来更多的信心，在风险投资的起步阶段，投资者信心尤其重要。公司制的主要缺点在于可能产生双重税收，并且股东的人数受到一定的限制。

（二）合伙制

风险投资的合伙制主要是有限合伙形式。合伙企业由两类合伙人组成，一类为有限合伙人（Limited Partner，LP），是风险投资人，提供绝大部分的风险资金，一般占投资总额的99%，但不负责经营，只对出资部分承担责任；一类是普通合伙人（General Partner，GP），是基金管理人，一般是有丰富投资经验的风险投资家，作为一般合伙人，负责基金的运作，只投入占基金规模的少数资金，一般为1%，并对合伙基金负无限责任。

合伙人的集资一般有两种形式：一种是承诺制，有限合伙人承诺提供一定的资金，但之前并不注入全部资金，只提供企业的必要运行费用，当有合适的投资项目后，再按照普通合伙人的要求提供资金；另一种是基金制，即将各类合伙人的资金聚集到一起，形成一个有限合伙基金进行运作。

（三）附属型风险投资机构

附属型风险投资机构是指大型金融机构或产业企业的子公司和附属机构，从母公司获得资金来源，进行风险项目的投资。附属型风险投资机构可以分为两个类型：一类是金融机构的附属风险投资组织，包括养老基金、投资银行、保险公司、商业银行、信托投资公司、财务公司等，通过设立一些特许的由其控股的独立机构来从事风险投资业务，从而配合其自身业务的发展。

另一类附属型风险投资组织则是产业企业设立的附属风险投资组织，设立者一般是大型企业集团，目的主要在于更有效地利用公司的资源，提高公司的创新能力，同时为企业更好地了解科技前沿、调整企业发展战略提供帮助。因此，一家产业企业进入风险投资领域一般有明确的战略目标和战略规划：一是必须有明晰的投资目标；二是设立的投资主体机构应该有自身特点和合适的投资模式；三是风险投资应该结合公司的主营业务和未来战略，与公司未来发展、主营业务形成互补、互促的关系。

（四）其他形式的风险投资

除了上面的几种主流的风险投资组织形式之外，还有一些组织化不强的风险投资，主要包括大企业风险投资和个人风险投资。有些大企业会通过与风险企业谈判，直接对风险项目注入一定的资金，还可以向其所属的研发部门拨付资金，通过研究和开发为企业自身的产品升级换代提供服务。个人风险投资是富有的家庭或个人通过委托代理人直接对风险企业进行的投资。

三、风险投资的运作

风险投资的运作是风险资本挑选被投资项目，进行调查估值，设计投资方案，进行管理，实现价值增值，最后退出投资的过程。

（一）投资项目的选择

风险投资对象通常是创新型的中小企业，处于企业发展早期，由于技术、管理、市场等原因，存在比较高的投资风险。为了降低风险，获得投资成功，对潜在投资项目进行评估和筛选是风险投资运作的重要一环。

1. 风险项目的来源

通过一定的渠道发现潜在投资项目，是风险投资的第一个步骤。一般来说，风险项目的搜寻有如下渠道：风险企业通过商业计划书，自己向风险投资公司自荐；专业的财务顾问公司、投资银行、同行合作、行业专家等他人推荐的方式发现投资项目；风险投资公司主动搜寻，通过业内网络、行业或投资大会、论坛、展览会等活动，获取市场动态，寻找处于创业期或扩张期急需风险资本的企业；等等。相对而言，潜在好项目的发现需要风险资本在专业性、知名度及行业关系方面有一定的积淀。

2. 风险项目的筛选

风险投资在发现大量的潜在投资项目之后，需要筛选出部分发展前景较好的风险企业，对其进行尽职调查和评估，以进行下一步的投资判断。风险项目的筛选一般需要考虑如下几个方面：行业周期和前景、企业的发展阶段、产品市场总容量和市场占有率、经营管理团队的个人状况、估值是否在合理范围、退出风险初步评估等。

（二）风险企业的评估

1. 尽职调查

在对筛选的项目进行初步评估之后，项目流程进入尽职调查阶段。进行尽职调查有三个主要目的：发现问题、发现价值、核实融资企业提供的信息。风险投资机构除了聘请会计师事务所验证目标公司的财务数据、检查公司的信息管理系统以及开展审计工作外，还会对目标企业的技术、市场潜力和规模、管理队伍等进行详细的评估，这个程序包括与潜在客户接触，向业内专家咨询，与管理团队座谈，乃至与企业债权人、客户、前雇员调查交流等。

2. 风险企业的估值

尽职调查后，综合考虑风险企业在技术水平、管理能力、市场份额等方面的因素后，认为风险企业值得投资，那么就需要对风险企业进行估值。理论上讲，估值方法有账面价值法、估值乘数法、净现值法以及期权法。其中账面价值法、估值乘数法及净现值法一般用于成熟企业，资产定价模型和期权定价理论在风险企业估值中得到较多的认可。但是实际使用中，由于风险企业的高风险和不确定性，评估人很难获得完整的信息，从而导致资产定价模型和期权定价理论进行风险企业价值评估有比较大的难度。因此，实际操作中，对风险企业的估值大多取决于风险投资机构自身所采用的一些评估指标，这也要求风险投资家除了理论知识外，还有具有丰富的经验，以及敏锐的洞察力。

（三）投资方案设计

风险投资机构决定对风险企业注资后，投资人和创业者便共同拥有企业，因此需要通过风险交易合同条款设计来合理分配双方的利益和风险。投资方案设计就体现在合同条款中，以解决风险投资人和创业者之间的风险分担和利益分配问题。虽然方案设计因不同项目、不同投资人而异，但是就实践经验来看，交易合同一般包括基本的交易条款、风险规避条款、收益保护条款、对创业者保护和管理层激励与约束条款、经营限制条款等内容。

1. 基本交易条款

基本交易条款方面，首先需要明确投资额和股权分配的比例，即根据风险投资机构的自身资金状况和被投资风险企业的资金需求，拟定一个投资总额，并确定风险投资在被投资企业全部股权中所占的比例。其次投资的分阶段设计，一般来说，风险投资很少一次性将资金全部投入被投资企业，而是采用分阶段投资策略，在上一期投资目标达到后，进行下一期的注资。最后还要对管理参与和提供增值服务做出规定，虽然风险投资的最终目的是财务增值，不以经营控制企业为目的，但为了实现投资的目标，必须参与企业的管理决策，主要的方式是确保其在风险企业获得董事会席位，以参与企业决策，监督企业运营，以及向企业提供增值服务。

2. 风险规避条款

风险规避条款中，一般包括如下内容：一是设计投资所采用的金融工具。金融工具的选择基于风险和收益两方面考虑，一方面要尽可能保证投资的安全，适当获得当期收益；另一方面又要分享企业成长带来的资本增值。传统上的工具一般包括债券、普通股和优先股，但是混合股权和债券特征的金融工具，甚至含有期权特征的复杂金融工具也经常会出现。二是否决权的规定。在合约的设计中，风险投资机构对表决权的规定都会比较细致。一般来说，无论是持有普通股、优先股还是其他的金融工具，都会要求享有特殊的表决权，不放弃对企业重大决策的实质性介入。三是退出的选择权。退出的选择权一般允许风险投资机构在风险企业无法达到既定的经营目标，或者虽然业绩不错，但是却因为某种原因无法上市时，有机会卖出其所持有的股份，实现资本的变现。

3. 收益保护条款

收益保护条款包括：第一，股利支付条款。当企业财务达到一定标准时，必须给企业股东支付股利，或者通过设计累积优先股的方式索取股利，实现投资分红。第二，反薄摊条款。如果风险企业经营不善，被迫以低于上一轮融资的价格甚至低于净资产的价格发行新股筹资时，必须无偿送给原始投资人股份，以保证原始投资人股权比例不被稀释。第三，防冷落条款。在风险投资处于小股东地位，明确控股股东不得进行有损其他股东持有人利益的交易，要求所有股东间达成"共售协议"。第四，买卖选择权。买入选择权是指如果未来企业有现金增资计划，应该给予风险投资优先认购权或至少与其他股东相同的增长权利，也可以看为反薄摊条款的一种；卖出选择权是赋予风险投资在企业经营无法达到既定目标时，可以选择将股权卖出，由企业的管理层回购或其他股东购买的方式变现。

4. 对管理层的激励和约束条款

激励机制的设计是为了解决管理层的道德风险问题，使管理层利益与股东利益一致，从而保证风险投资的财务增值。一般而言，风险投资进入风险企业后，对管理层的报酬体系由股权、期权、现金收益等组成。约束条款也是为了控制道德风险问题，通过雇佣条款来实现，主要包括股份回购、股份转让条款和非竞争性条款。股份回购条款规定雇员离职后，风险企业有权从离职员工手中以低于市价或公允价值的价格重新购回股份，以保证核心员工的稳定；而股份转让条款则规定未经风险投资机构的许可，禁止创业者将股权转让给第三方；非竞争性条款是指不允许创业者或高层管理人员在离职后，加入原公司同业或相近行业的公司，以保护风险企业的商业机密和竞争优势。

（四）退出

风险投资是一种财务性投资，虽然在投资中参与企业管理，但是不以分红和获得行业竞争地位为目的，而是以最终获取高额利润和显赫成绩从风险企业退出为最终目标，退出是风险投资计划中的重要组成部分。

1. 公开上市

公开上市（Initial Public Offering，IPO）是风险投资退出的最佳渠道。即风险投资通过所投资企业的公开上市将其拥有的权益在资本市场上出售以实现资本增值。这种方法还分两种，即主板上市和创业板上市。但是主板上市条件一般较为严格，只有那些规模较大、业绩良好、具有较长经营历史的成熟企业才有资格在此挂牌上市。而创业板是专门为成长型高科技企业提供筹资渠道并进行资本运作，以促进高科技产业发展为目的的市场。其上市标准要低于成熟的主板市场，又称为二板市场、另类股票市场等。因此，创业板市场为风险资本的形成和风险企业的成长提供了良好的支持，也为风险资本投资增值和顺利退出提供了重要渠道。

2. 兼并和收购

兼并和收购（Mergers & Acquisitions）退出是指将风险投资参与投资的公司或风险投资所持有的股份卖给第三方的方式实现退出。并购方可以是一家大公司进行的一般收购，也可以是另一家风险投资公司进行的第二期收购。并购是战略投资者退出的一种重要方式，尤其是在宏观经济形势发生变化，导致公开上市退出通道受阻的情况下是一种理想的退出方式。对于风险投资公司而言，并购形式退出相对简单，费用较低，可以立即收回现金；对于创业企业而言，也可以利用收购方的资金来增强自己的研发能力，提升竞争力。

3. 股权回购

股权回购是指创业企业或其管理层以现金或其他可流通证券形式购回风险投资公司手中的股份，从而实现风险投资资本退出的一种形式。股权回购是帮助风险投资人变现其投资的措施，一般表现为引入投资时就签订关于一定期限后回购股份的协议。由于创业企业风险较大，风险投资企业将来能否在公开市场出售其持有股份也有较大的不确定性，因此签订回购协议在风险投资中是普遍做法。股权回购的方式主要有两种，一是由创业企业对股权进行回购；二是由创业企业的创业者或管理层回购股权。

4. 清算

清算退出是风险投资者最不愿意看到的一种情况，在风险投资失败的情况下，风险资本被迫选择以清盘方式退出来减少投资损失是无奈之举。在这种退出模式下，投资者收益最低，甚至可能"血本无归"。也就是说，通过清算退出是风险投资最不成功的一种退出方式。清算包括解散清算和破产清算两种，风险投资企业一般采用解散清算方式进行，很少实行破产清算。解散清算是企业所有者主动结束公司经营、收回投资，并非风险企业被迫申请破产清算，此时企业资产一般足够抵偿债务，并有剩余资产可供公司所有者分配，风险投资者能够收回的投资占初期投资的比例大约在 20%—60% 之间；当企业资产不足以清偿债务时，就要转为破产清算，此时的风险投资将无法收回任何投资。

【专栏 8-1】

用资金与管理帮助和促进中国创业企业的成长——君联资本

联想投资有限公司（LEGEND CAPITAL）成立于 2001 年 4 月，是联想控股有限公司旗下独立运作的专业风险投资公司。联想投资是联想控股旗下专事风险投资业务的子公司，于 2001 年 4 月成立，总部在北京，重点投资于运作主体在中国及市场与中国相关的具有高成长潜力的公司，希望通过创造成功的企业以此获得资本增值，以创新机制走出一条中国成功的风险投资之路。2012 年 2 月，联想投资对外宣布正式更名为君联资本。

2001 年 4 月 30 日，君联资本第一期基金正式启动，基金规模 3500 万美元，全部来自联想控股，其投资领域界定为关注大 IT 行业，重点在电信及网络设备、企业应用软件、IT 服务及半导体芯片设计等领域。这些正是 IT 产业背景出身的君联资本所擅长的老本行。3 个月后，2001 年 7 月，君联资本 300 万美元入资科大讯飞，成为其正式成立后投资的第一个项目。2003 年 12 月 22 日，君联资本第二期美元基金超过 6000 万美元募集成功。此后每 2—3 年，君联资本都有一支美元基金募资完成。2009 年 9 月，君联资本第一期人民币基金 10 亿元募集完成。君联资本正式迈入双币基金管理时代。此支基金中，全国社保基金进入，君联资本也是社保基金最早投资的风险投资机构之一，这标志着君联资本进入中国投资行业第一梯队。时至今日，君联资本已拥有 7 期美元基金、4 期人民币基金，以及医疗健康美元及人民币一期专业基金和文化体育人民币一期专业基金。截止到 2016 年，君联资本注资企业超过 300 家，其中 50 余家企业已成功在国内或海外上市/挂牌，40 余家企业通过并购退出。退出项目平均内部收益率 35%—40%。

君联资本在选择被投企业时将注重企业管理团队、企业管理基础、企业战略规划及实施能力、产品市场前景等"基本面"的考察。科大讯飞、展讯通信、文思创新、易车网、神州租车、卓越网、拉卡拉、乐逗游戏、安硕信息、富瀚微电子、贝瑞和康、先导智能、CATL（宁德时代）、Bilibili 等一系列成功投资体现了联想投资的理念。总结君联资本的投资案例，可以发现其投资特色：第一，利用母公司深厚产业背景，重点投资 IT 领域。君联资本自成立之日起，就将投资目标锁定为以 IT 领域投资为主，关注创业期和扩展早期企业。IT 领域重点关注互联网应用和服务，无线增值服务，外包服务，数字媒体和芯片设计及其他关键元器件等行业。第二，成为主动投资者。君联资本的投资理念是积极帮助创业企业成长并以获得资本增值的主动投资，君联资本通过整合资源及制定针对性的策略，为被投企业的发展提供直接和务实的增值服务。对中讯软件的投资就是很好的案例，君联资本很早就把软件业务定为投资主题，用了一年时间考察所有的北京和大连超过 50 家外部企业，最后选中了中讯软件。当然，中讯软件没有让君联资本失望，投资一年后在香港上市，平均获得 7 倍收益。第三，与其他 VC 机构合作，形成良好的优势互补效应。比如君联资本发现文思创新软件外包企业具有投资价值，但是并不想独自承担风险，于是联合美国的 DCM 一起，共同进行投资，第二轮投资又邀请红杉资本加入。

第三节　中国风险投资市场

改革开放以后，我国的风险投资市场从无到有，逐渐发展起来。风险投资在参照国外发展经验的基础上，有着中国自己的发展特点。

一、中国风险投资市场的发展历程

1985 年，中国政府发布《关于科学技术体制改革的决定》，在运行机制、组织结构和人事制度等方面为科技改革提供指导意见。《决定》提出，对于变化迅速、风险较大的高技术开发工作，可以设立创业投资给以支持。这一决策为中国高科技风险投资发展奠定了政策基础。同年 9 月，国务院批准我国第一家风险投资公司——中国新技术创业投资公司成立，被认为是我国风险投资业的起步标志。随后，我国又相继成立了中国高科技风险投资有限公司、广州技术创业公司、江苏省高新技术风险投资公司等，主营投资、贷款、租赁、担保、咨询等风险市场业务，是中国风险投资的萌芽阶段。

进入 20 世纪 90 年代，随着深圳和上海证券交易所的挂牌，中国资本市场正式诞生。1991 年 3 月，国务院发布《国家高新技术产业开发区若干政策的暂行规定》，其中第六条明确指出，有关部门可以在高新技术产业开发区建立风险投资基金，用于风险较大的高新技术产业开发。条件成熟的高新技术开发区可创办风险投资公司。其后，全国各地建立各类科技信托公司、科技风险投资有 80 多家，拥有可投资资金规模达到 35 亿元人民币。1995 年，中国政府通过《设立境外中国产业投资基金管理办法》，鼓励外国风险投资公司来华投资，一批海外基金和风险投资公司开始涌入中国，为中国风险投资业注入新的资金，并带来西方新的管理理念与规范化运作。除了风险投资机构外，一些大型科技公司、金融机构的直接投资部门也开始纷纷设立专门风险投资部，涉足刚刚兴起的中国风险投资业，中国风险投资业进入了试探性的发展阶段。

21 世纪以来，我国风险投资市场开始进入加速发展阶段。在政策上，1999 年，国务院转发国家七部委（科技部、国家计委、国家经贸委、财政部、人民银行、税务总局、证监会）《关于建立风险投资机制若干意见的通知》，对我国建立风险投资机制的意义、基本原则，风险投资撤出机制、完善中介服务机构体系、建立相应的政策法规体系等都做了明确的说明和规定。2000 年，国家经贸委颁布《关于鼓励和促进中小型企业发展的若干政策意见》，提出鼓励民间投资，探索建立中小企业风险投资公司，探索风险投资基金的管理模式和退出机制。同年 10 月，《创业板市场规则》咨询文件出台，其内容包括股票发行上市的审核程序、上市保荐制度、上市交易规则等，对创业板市场主体的权利和责任做了较为明确的规定。2004 年 5 月，证监会同意深交所创设中小板。2004 年 6 月，深市恢复发新股——8 只新股在中小板上市，时称中国股市"新八股"。2005 年 9 月，国务院批准《创业投资企业管理暂行办法》，对创业投资企业的设立、政策扶持、融资进行了规范，也为创业板设立提供了法律依据。2007 年 6 月，我国颁布实施《合伙企业法》，推动了风险投资基金正规化、国际化的进程。2008 年 3 月创业板《管理办法》（征求意见稿）发布。2009 年 3 月，中国证监会正式发布《首次公开发行股票并在创业板上市管理暂行办法》；7 月，证监会正式发布实施《创业板市场投资者适当性管理暂行规定》；10 月 23 日，中国创业板举行开板启动仪式。2009 年 10 月 30 日，中国创业板正式上市，首批共 28 家公司于创业板上市。为进一步提升服务科技创新企业能力、增强市场包容性，中国国家主席习近平于 2018 年 11 月 5 日在首届中国国际进口博览会开幕式上宣布设立科创板，并在该板块内进行注册制试点。2019 年 1 月 30 日，证监会发布《关于在上海证券交易所设立科创板并试点注册制的实施意见》。3 月 1 日，证监会发布《科创板首次公开发行股票注册管理办法（试行）》和《科创板上市公司持续监管办法（试行）》。6 月 13 日，科创板正式开板；7 月 22 日，科创板首批公司上市。

政策上的逐步推进，使得 PE 与 VC 在我国快速发展。21 世纪以来，外资风险投资机构、产业投资基金、券商直投、民营企业资金以及政府背景资金纷纷进入 PE 和 VC 领域，在推动高新产业发展、促进我国经济结构调整方面起到不可替代的作用。

二、中国风险投资的特征

随着我国经济的快速发展，风险投资也迅速成长，尤其是随着创业板和科创板的正式推出，风险投资发展更是显现出十足的后劲。

（一）市场规模快速增长

市场规模的快速增长首先表现在风险投资机构的较快增长。截至2016年底，中国创业风险投资机构数达到2045家，当年增加270家，增幅15.2%；与2007年相比，机构总数增加5倍以上。其中，创业风险投资基金1421家，增加110家，增幅8.4%；创业风险投资管理机构624家，增加160家，增幅34.5%。

表8-1　中国风险投资机构发展情况

	2007年	2008年	2009年	2010年	2011年	2012年	2013年	2014年	2015年	2016年
VC机构（家）	383	464	576	867	1096	1183	1408	1551	1775	2045
其中：VC基金（家）	331	410	495	720	860	942	1095	1167	1311	1421
其中：VC管理机构（家）	52	54	81	147	236	241	313	384	464	624
VC机构增长率（%）	11	21.1	24.1	50.5	26.4	7.9	19	10.2	14.4	15.2

资料来源：根据《中国创业风险投资发展报告2017》（经济管理出版社2017年版）及清科研究中心数据整理。

其次，资本总量增长迅速。截至2016年底，全国创业风险投资管理资本总量达到8277.1亿元，增幅为24.4%，较2007年增长7倍以上，管理资本总量占全国GDP的1.12%，基金平均管理资本规模为4.05亿元；据统计，管理资金规模最多的创投管理机构管理资本达到600亿元，最大母基金管理的子基金数达19家。创业风险投资的快速发展，即使与欧美发达国家相比，无论从创业风险投资的机构数量还是资本总量来讲，中国都已经成为名副其实的风险投资大国。2016年美国创业投资机构2460家，其中创业投资基金1562家，管理资金规模为3335亿美元，占GDP总量的1.78%。

（二）政府推动特征显著

中国风险投资与发达市场经济国家源自市场自发产生不同，政府推动作用起到主要作用，因此具有较强政府扶持色彩。1998年以后，受国家"科教兴国"战略的鼓舞，我国创业投资掀起热潮，北京、深

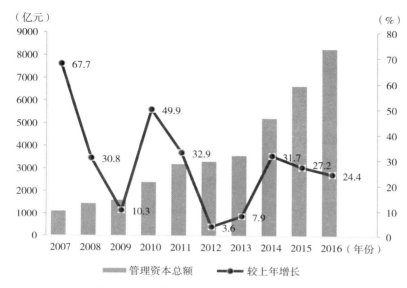

图 8-1　中国风险投资机构管理资本发展情况

圳、山东等地相继成立了多家具有政府背景的创业投资公司。这些政府主导型创业投资机构很快成为中国创业投资行业的重要力量。2002年，国内第一家政府引导基金——中关村创业投资引导基金成立。2008 年 10 月 18 日，国家发改委联合财政部、商务部共同出台了《关于创业投资引导基金规范设立与运作的指导意见》，该意见第一次对引导基金的概念进行了详细的定义，并对引导基金的性质与宗旨、设立与资金来源、运作原则与方式、管理、监管与指导及风险控制等做出了要求。2010 年开始，中央政府相关部门相继颁布了《科技型中小企业创业投资引导基金管理暂行办法》《关于创业投资引导基金规范设立与运作的指导意见》以及《新兴产业创投计划参股创业投资基金管理暂行办法》。以上 3 个文件的颁布为引导基金的设立和运行提供了实质性的法律指导。全国各地政府迅速作出反应，不但很快设立了一批地方引导基金，还相应地制定了一系列地方实施办法，引导基金进入一个繁荣时期。从资金来源上看，国外风险投资资金主要来自养老基金、保险公司、基金的基金、大学基金和富有个人等；而国内风险投资资金除了民营部分外，国有产业资本、国有金融资本是很重要的来源。

2015 年，国内风险资本按照所有制性质划分，政府及国有资金比重占比 35.3%，民营及混合所有制占 19.6%，个人投资占 12.0%．分别占据前三位。从理论上讲，作为后发国家，政府自上而下的推动能够实现行业的快速发展，也可以一定程度上弥补市场失灵；但是改府参与过度，长期来看会带来较为严重的委托代理问题，可能破坏市场的公平公正，从而影响资源的配置效率。

（三）投资对象日渐多样

从投资阶段看，国内风险投资对象在种子期、起步期、成长期和成熟期都有一定的分布，相对来说企业的扩张期投资比例较高，参股上市前期的项目（Pro-IPO）更是各家机构竞相追逐的目标。2015 年，54.4% 的资金投向扩张期企业，投资于起步期企业的资金占 21.5%，成熟期企业资金占 15.2%，种子期企业的资金占比 8.1%。从投资行业看，主要集中在网络产业、软件产业、IT 服务业、通信设备业、金融保险业和医药保健等行业。风险投资在行业和投资阶段的选择上具有经济理性，这也与我国产业结构自身的特点有关，是市场选择的结果。这些新兴产业具有蓬勃的生命力，具有比较好的发展前景，在它们发展的扩张期介入风险较小，盈利可能性大。此外，这些产业的发展也能促进其他产业的转型升级，比如一大批"互联网＋"新型产业的产生，就很大程度上得益于风险投资的支持。但是，国内风险投资更多考虑了稳健和盈利，没有体现它对于中小企业的扶植。

（四）退出渠道逐步放宽

中国资本市场的不断完善，目前已经形成主板、中小板、创业板、科创板以及新三板市场的多层次资本市场体系，使得风险投资退出渠道逐步拓宽。根据清科研究院统计数据，2015 年全年披露的 677 笔退出交易中，按照退出渠道划分，创业风险投资企业共有 105 个项目通过 IPO 方式退出，占比 15.51%，较 2010 年的 29.80% 有大幅变下降；并购和回购分别占 31.02% 和 37.52%，其他（含新三板）占比从 2010 年的 1.91% 上升为 9.45%，清算占比 6.50%。从退出的绩效看，2015 年退出收益率高达 260.18%，而 2006 年的收益率仅为 56.62%；退出周期也明显缩短，平均退出时间仅为 3.92 年。

三、加快中国风险投资市场发展的政策建议

风险投资对于一个国家的经济发展，特别是中小高科技创业企业成长的推动作用已经得到普遍的认可。从国际风险投资发展历史来看，美国、英国、日本和以色列等国家通过一系列政策支持，促进了其风险投资市场的快速发展，从而有力支持了其 20 世纪 80 年代以来的产业结构优化调整、高新技术产业发展。近年来，中国出台了一系列政策措施支持风险投资发展，政府在资金支持、所得税减免、人员培训方面为风险投资机构提供了诸多帮助，政策环境逐年向好。但是，由于中国风险投资市场发展较晚，在法律体系、信用制度、政策配套、市场估值体系等方面还存在着制约风险投资发展的问题，需要在如下几个方面进一步推动风险投资的发展。

（一）完善风险投资法规制度体系

风险投资是一个复杂的融资、投资及管理过程，健全的法律和政策环境是风险投资健康快速发展的必要条件。近年来，为响应"双创"号召，国家和地方政府也纷纷出台引导基金政策，引导基金的数量和规模都呈现出爆发式增长，但是风险投资的法律法规等制度与其迅速发展的趋势不相匹配。虽然《公司法》《证券法》《合伙企业法》和《证券投资基金法》等法律法规为风险投资确立了外部法律环境，但是风险投资毕竟与信托、银行、证券等发展模式存在着根本的区别。因此，根据中国风险投资实际发展状况，结合国外先进国家的经验教训，制定具有针对性的中国特色风险投资法律法规，将会对风险投资的组织机构完善和业务运作规范起到重要作用，进而促进风险投资的健康快速发展。

（二）推进多层次资本市场体系建设

完善资本市场仍为推动风险投资与技术创新良性循环的一个重要方式。因为风险投资具有周期、循环投资发展性，风险资本只有不断经历"投资—退出—再投资"过程，才能展现其真正魅力，通过循环，不断地参与促进被投资企业的技术创新活动，在完成自身增值过程的同时，也因为循环实现了资本投入再生产。风险投资通过资本市场退

出形式主要有：公开上市、股权回购和兼并收购等。目前，中国资本市场体系逐渐完善，建成了包括主板市场、中小板、创业板和科创板组成的 A 股公开市场、新三板以及各省区市设立的地方产权交易市场。其中创业板、科创板和新三板主要针对高新技术企业，一定程度上为高新技术企业提供了一个良好的融资平台。但是科创板刚刚起步，对于国内规模极大的高新企业主体来说仍然远远不够；新三板虽然可以为高新企业产权交易提供场所，但目前整个市场的流动性仍然匮乏，交易不活跃，对高新企业吸引力下降；国内的产权交易市场大多成交冷清，定位不清，多头发展，导致产权交易所市场退出途径受阻。因此，扩大创业板和科创板规模，改革新三板交易制度，以及为地方性股权交易中心提供优惠政策，完善资本市场体系，进一步推动多层次资本市场体系改革，将会对促进风险投资发展提供极大动力。

（三）提高政府引导基金效率

政府引导基金的意义在于一方面可以增加风险投资的资金供应，以政府示范性引导资金拉动全社会各类资金设立风险投资机构；另一方面可以通过引导资金的影响，引导风险投资机构加大对种子期和初创期科技型中小企业、特别是有较强自主创新能力企业的投资，提高国内中小企业的自主创新能力。但是由于引导基金"公益性"与"收益性"之间存在一定冲突，需要利用市场方法解决引导基金"不敢用""不会用"的问题。首先，在使用方式方面，应该体现"有偿使用"原则，提高对所扶持创投企业的财务约束机制，提升基金的使用效率。其次，吸引其他相关创投基金参与合作，引导社会资金进入创业投资领域。最后，在设立引导基金的时候，应当建立起完善的退出机制和严格的退出程序，解决投资常常不能够及时退出，或是为了经济利益不愿从已经成熟的项目中退出所产生的"挤出效应"。

（四）制定风险投资的优惠政策

实施税收优惠，鼓励更多的社会资金参与到天使投资及风险投资行业中来。风险投资作为推动创新经济发展的强劲引擎，对中国创新型中小企业的发展起到重要的提升和扶持作用，是服务实体经济的重要金融手段。近年来，中央及地方出台了一系列政策措施支持风险投

资发展。如为扶持创投企业发展，国家税务总局公告 2015 年第 81 号
《关于有限合伙制创业投资企业法人合伙人企业所得税有关问题的公
告》规定，有限合伙制创业投资企业采取股权投资方式投资于未上市
的中小高新技术企业满 2 年（24 个月）的，其法人合伙人可按照对未
上市中小高新技术企业投资额的 70% 抵扣该法人合伙人从该有限合伙
制创业投资企业分得的应纳税所得额，当年不足抵扣的，可以在以后
纳税年度结转抵扣。但是现阶段，创业投资基金的发起人仍然以机构
为主，因而鼓励自然人合伙人参与风险投资行业具有重要的现实意义，
可以参照法人合伙人的优惠政策，降低自然人合伙人在投资收益分配
时的所得税税率，鼓励更多的自然人合伙人参与到风险投资行业中来。

（五）引导风险投资参与国家创新创业战略

风险投资是国家创新战略的关键一环，在促进"大众创业，万众
创新"中发挥着不可替代的作用。政府应该本着"科学管理，提高效
能"的原则，发挥引导基金作用，吸引有实力的企业、大型金融机构
等社会、民间资本参与，加快创投行业对新兴产业发展发挥重要的引
领带动和支持作用。第一，发挥政府资金杠杆作用，突出投资重点，
新兴产业创投基金可以参股方式与地方或行业龙头企业相关基金合作，
主要投向新兴产业早期、初创期创新型企业。重点支持处于起步阶
段的创新型企业，促进技术与市场融合、创新与产业对接，孵化和培
育面向未来的新兴产业。第二，配合已有政策有效落实，推进科技成
果资本化和产业化。政策落实对于促进科技成果合理有效转让、流通、
定价和管理，推动技术与市场融合，引导更多社会资金配置到创新领
域，解决创新企业融资难、融资贵等问题具有重要作用。第三，完善
市场化运行长效机制，实现引导资金有效回收和滚动使用。目前国内
上市辅导期三年、排队过会两年、锁定期一年，从孵化期到 IPO 后退
出，常规路径退出至少需要七八年时间。在上述投资周期中，创投引
导基金的引导作用完成就可退出。甚至其直投项目基本上可以只做 A
轮融资，如果引导效果较好，B 轮融资就可以退出。

本 章 小 结

风险投资市场是投资人将风险资本投向创业型未上市高新技术企业，并对被投资企业提供各种增值服务，培育企业快速成长，在企业进入相对成熟阶段后通过上市、兼并或其他股权转让方式退出，以实现资本增值目的的市场。

私募股权投资指通过私募形式对私有企业，即非上市企业进行的权益性投资，在交易实施过程中附带考虑了将来的退出机制，即通过上市、并购或管理层回购等方式，出售所持股权获利。

风险投资与私募股权投资的主要区别在于投资阶段、投资规模、投资理念和投资特点等方面。VC 投资对象集中在处于创业早期的企业，表现为中小型未上市成长企业，投资的类型也是参股为主，投资风险比较高，相应的收益要求也比较高；而 PE 的投资对象主要是有盈利能力的成熟企业，投资类型可以是控股也可以是参股，PE 参与企业的经营管理活动，以提升被投资企业价值，风险和收益相比 VC 都要小。

风险投资具有一般投资活动的基本特征，同时有自己的特点，主要包括：第一，投资对象主要是高新技术中小企；第二，风险投资是一种权益性的私募股权投资；第三，风险投资是一种具有高风险和高收益的投资；第四，风险投资是一种高附加值投资；第五，风险投资是一种追求超额回报的财务性投资；第六，风险投资是一种组合投资。根据风险投资的投资阶段划分，可以将其分为如下几种类型：第一，种子期的风险投资；第二，导入期的风险投资；第三，成长期的风险投资；第四，成熟期的风险投资。

风险投资对现代经济发展相当重要，其基本功能表现在：第一，科技发展的推动器；第二，经济增长点的培育器；第三，政府投入资金的放大器；第四，投资风险的调节器；第五，新企业的孵化器。

风险投资构成要素包括风险资本的供给者、风险投资的经营者、风险投资对象、险投资的中介等，一般采用公司制、合伙制、附属型以及其他形式等组织结构。其基本运作流程为：第一，投资项目的选择，包括风险项目的来源和风险项目的筛选；第二，风险企业的评估，包括尽职调查和风险企业的估值；第三，投资方案设计，包括基本交易条款、风险规避条款、收益保护条款和对管理层的激励和约束条款等；第四，退出条款，包括公开上市、兼并和收购、股权回购和清算等。

重 要 概 念

风险投资　私募股权投资　公司制风险投资组织　合伙制风险投资组织　风险规避条款　收益保护条款　股权回购

复习思考题

1. 简述风险投资的特点。

2. 风险投资有哪些类别？

3. 风险投资的基本功能有哪些？

4. 简述风险投资的基本组织形式。

5. 风险投资包括哪些运作流程？

6. 简述我国风险投资的发展特点。

7. 如何促进我国风险投资发展？

第九章　金融衍生工具市场

自 20 世纪 70 年代金融国际化和金融自由化快速发展以来，由传统金融工具衍生出来的金融衍生产品不断创新，已逐渐成为重要的规避风险、套期保值以及降低成本的金融工具。虽然金融衍生工具的问世仅有短短四十多年时间，但是它却以极其迅猛的速度向前发展，其交易量迅速增加、市场规模急速扩大、交易手段日趋多样化和复杂化、新的金融衍生产品层出不穷。

第一节　金融衍生工具概述

金融衍生工具（Financial Derivative Instrument），又称金融衍生产品、金融衍生商品，是 20 世纪七八十年代全球金融创新的重要组成部分。它是在传统金融工具（如货币、外汇、存贷款、债券、股票等）基础上衍生出来的，根据预测利率、汇率、股价的变动，采用支付少量保证金或权利金的方式签订合约进行交易的新兴金融产品。

一、金融衍生工具的含义

（一）金融衍生工具的概念

金融衍生工具是作为新兴风险管理手段应运而生的，其品种繁多，数量庞大，且正处于不断的变化发展中，因此准确的定义金融衍生工具并非易事。根据巴塞尔委员会的定义，金融衍生工具是"一种合约，该合约的价值取决于一项或多项背景资产或指数的价值"。该定义明确金融衍生工具是一种交易契约，其规定了交易的一方将来对某一项既定资产的债权，同时也约束了交易另一方的债务。国际互换和衍生协会组织（ISDA）则将金融衍生工具定义为一种以转移风险为目的而互易现金流的双边契约。

综合相关观点，可以将金融衍生工具简单定义为：金融衍生工具是由基础金融工具的未来价值衍生而来，其价值依赖于基础资产价值变动，由两方或多方共同达成的金融合约及其组合的总称。

（二）金融衍生工具的特点

1. 国际化程度高

1972年5月16日美国芝加哥国际货币交易市场（IMM）首次推出包括6种货币在内的外汇期货，标志着金融衍生产品的出现。其时，金融衍生产品产生的最直接目的就是为了规避汇率在国际市场上的变动所带来的风险。从金融衍生产品产生后的影响来看，并非仅影响某个国家或地区，而是影响到整个全球金融市场。金融衍生品诞生之后，使得使用者可以根据自身的风险偏好及经济实力对自身的风险进行转移与重新分配，完成套期保值。这个过程需要多种国际金融衍生产品的相互结合，因此增强了金融衍生产品的国际性。在监管方面，由于国际金融衍生产品交易等金融创新行为增加了国际金融关系的多样性和复杂型，在客观上要求各国金融监管机构加强国际合作，共同处理具有跨国性质的事件，并共同参与到国际组织全球化监管标准的制定中。

2. 交易成本较低

金融衍生产品可以用较为低廉的交易成本来达到规避风险和投机的目的，这也是金融衍生产品为保值者、投机者所喜好并迅速发展的重要原因之一。金融衍生产品的成本优势突出表现在股票指数期货和利率互换交易中。以股票指数期货为例，通过购买股票指数期货而不必一一购买单只股票，投资者就可以以少量的资本投入以及低廉的交易成本来实现其分散风险或投机的目的。

3. 杠杆比例高

金融衍生产品是一种高风险的投资工具，高杠杆是其主要特征之一。如金融期货采用的是保证金交易，市场参与者只需交纳少量的保证金就可以控制巨额交易合约，所以金融期货具有以小博大的杠杆效应。当然高杠杆性是一把"双刃剑"，若是利用高杠杆性来投机，则可能带来数十倍的保证金收益，但也可能产生巨额的亏损，如1995年2月的英国巴林银行事件，就是因为交易员运用日经股票指数期货过度投机造成的悲剧。

4. 定价复杂

金融衍生工具是由基础金融工具的未来价值衍生而来，而未来价值具有很大的不确定性，造成了金融衍生工具定价复杂。例如在期权定价中，就需要运用复杂的数学模型，模型的基本原理是基于历史数据的分析而对未来价格进行的预测，本身就有不确定性。现代金融衍生工具发展非常迅速，基本的衍生工具如期货、期权、互换等理解和运用已经相当复杂，而投资银行为了迎合客户需要和自身盈利需求，更是将期货、期权、互换等进行组合创造出新的组合工具，在提高衍生工具弹性从而满足使用者特定需要的同时，也导致大量衍生金融工具更难以为普通投资者理解和使用。

二、金融衍生工具的种类

20世纪70年代以来，金融创新层出不穷，新金融业务、新金融产品不断推陈出新，金融衍生产品更是如雨后春笋般不断涌现。按不同的标准，可以将金融衍生产品分为不同的类型。

（一）按照金融衍生产品的基础资产划分

按照金融衍生工具的基础资产，可将金融衍生产品分为利率衍生工具、股票衍生工具、货币衍生工具、指数衍生工具以及信用衍生工具等。

1. 利率衍生工具

利率衍生工具（Interest Derivatives）是指以利率或利率的载体为基础资产的金融衍生工具。主要包括远期利率合约、利率期货、利率期权、利率掉期、利率互换以及由上述合约交叉的混合交易合约等。

2. 股票衍生工具

股票衍生工具（Equity Derivatives）是指以股票为基础资产的金融衍生工具。主要包括股票期货、股票期权合约、股票组合期货以及上述合约的各种混合交易合约等。

3. 货币衍生工具

货币衍生工具（Currency Derivatives）是指以各种货币为基础资产的金融衍生工具，又称为汇率衍生工具。主要包括远期外汇合约、货币期货、货币期权、货币互换以及由上述合约的混合交易合约等。

4. 指数衍生工具

指数衍生工具（Index Derivatives）是指以各种指数为基础金融工具的金融衍生工具。主要包括股票价格指数期货、股票价格指数期权、商品指数及基金指数期货和期权、房地产价格指数期货和期权、通货膨胀指数期货等工具。

5. 信用衍生工具

信用衍生工具（Credit Derivative）是指以贷款或债券的信用状况为基础资产的金融衍生产品。主要包括违约互换、总收益互换、信用联系票据等。

（二）按照金融衍生产品的交易方法及特点划分

按照金融衍生产品的交易方法及特点，可将金融衍生产品分为远期、期货、期权、互换四个大类，其他名目繁多的金融衍生产品也都是由上述四个基本工具经过金融工程技术综合或变化而来的。理论上看，金融衍生工具只有远期和期权两种，期货和互换可以看作是远期的发展和延伸。远期合约的特点是：合约双方在签订日约定标的资产的交易价格和数量，合约到期日双方都有履约义务，但双方在签约日不需要支付任何实际的费用。而期权合约实际上是一种权利买卖，本质上是以期权合约购买者支付的期权费为代价，向期权合约出售者购买在合约到期日或合约到期前可以根据市场行情自行决定是否履约的权利。

1. 远期

远期（Forward）又称为远期协议，是指现在约定在未来某一特定

时点以某一价格交割一定数量的特定金融产品的协议。远期协议是 20
世纪 80 年代兴起的一种保值工具，是最早出现也是最简单的衍生品合
约，通常在场外交易，交易形式灵活，但市场规模也较小。目前，最
主要的两种远期交易是外汇市场上的直接远期交易和货币市场上的远
期利率协议。

2. 期货

期货（Futures）是指协议双方同意在将来确定的时间按照约定的
条件（包括价格、交割地点、交割方式等）买入或卖出一定标准数量
的某种金融资产的标准化合约。金融期货一般不进行实物交割，买卖
双方可以通过进行期货合约的正、反向操作来对冲合约。期货作为一
种主要的金融衍生产品，其最显著的特点还在于它具有很大的杠杆效
应，会放大损益。在进行期货交易时，只需缴纳少量的保证金，就可
以产生数倍乃至更高的损益。

3. 期权

期权（Option）是指赋予其购买者在规定期限内按双方约定的执行
价购买或出售一定数量标的资产权利的合约。金融期权是一种可转让
的合约，分为买入（看涨）期权和卖出（看跌）期权。期权的一个显
著特点是风险与收益的不对称性，期权的买方付出了一定的期权费后
获得了买入的权利，到期可以自行选择行不行使这项权利，如果不行
使，损失的仅仅是期权费，如果行使，其收益可能是无限大的。而对
于期权的卖方而言，在收取了期权费之后，就必须承担相应的卖出或
买进义务，其收益最大为期权费，而损失可能是无限大的。

4. 互换

互换（Swap）是指两个或两个以上当事人按照商定的条件，在约
定的时间内交换一系列现金流的合约。互换交易诞生于 1981 年，当时
美国著名的投资银行所罗门兄弟为 IBM 公司与世界银行进行了美元与
马克以及瑞士法郎的互换。互换是在平行贷款和背对背贷款的基础上
发展而来的，是比较优势理论在金融衍生市场的应用。只要双方存在
着比较优势，就可以通过适当的分工和交换使双方共同获益。互换不
仅能利用比较优势降低筹资成本，还可用来规避利率风险和汇率风险，

减轻税收负担，绕开金融管制。

随着金融衍生产品日新月异的发展，衍生产品之间以及其他金融工具经过不断的变化、组合以及合成创造出来的再衍生工具和合成衍生工具正在涌现，使上述的分类界限正在逐渐模糊。

【专栏9-1】

金融衍生品如何击倒中信泰富？

KODA 是 Knock-Out Discount Accumulator 的英文缩写，国内一般将其译为累计期权，它是金融机构针对大客户设计的一种极其复杂的新型期权产品。这种金融衍生产品的标的可以是股票、也可以是外汇、商品等，交易在金融机构和大客户之间直接进行，不通过任何交易所。因此，此类场外交易一般不受各国监管机构约束，完全根据双方合同约定来执行。由于没有第三方参与，这种交易在很大程度上就是金融机构与客户之间的对赌，而金融机构在获取信息、产品设计、风险对冲等方面都比客户有优势，投资 KODA 的客户所承担的风险往往要远大于金融机构。让中信泰富遭受惨重损失的衍生产品名为"澳元累计目标可赎回远期合约"，虽然具体称谓与 KODA 不同，但这种产品的设计原理与 KODA 是一样的。

KODA 的特点主要有四个：

一是打折。在 KODA 合约中，客户可以按照比签约当日标的资产价格低10%—20%的价格购买该标的资产。但是在合约期内，只要合同没有达到终止条件，无论标的资产价格如何变化，客户都必须始终按照这一价格购买标的资产，也就是说，如果标的资产价格高于这一买入价，客户就处于赢利状态，如果低于这一买入价，客户就会亏损。

二是"敲出"。所谓"敲出"是障碍期权中的一个术语，简单来说，就是买卖双方约定一个高于签约当日标的资产价格3%—5%的价格作为"障碍"，当标的资产价格上涨，达到这一"障碍"时，

KODA 合约自动终止。这种设计为合同设置了上涨终止条款，却没有设置下跌终止条款，相当于为投资 KODA 客户的收益设定了上限，可是亏损却没有下限。

三是累计购买。按照 KODA 合约，客户必须每日或每月购买等量的标的资产，当标的资产价格低于客户的买入价时，客户必须按约定的买入价加倍数量购入标的资产。这种累计买入的设计，非常有利于金融机构对冲和控制风险，而标的资产价格跌破买入价即加倍购买的条款，则会极大地放大客户风险，增加金融机构赢利。

四是具有杠杆功能。为了使双方都有获得暴利的机会，KODA 合约一般允许客户拥有 2—3 倍的杠杆。也就是说，假设客户存入 1000 万美元，金融机构可以为客户购买 2000 万甚至 3000 万美元的标的资产。这种杠杆设计，一方面使客户有机会获得比标的资产波动幅度更高的收益，但同时，也埋下了让客户赔光全部本金、背负巨额债务的隐患。

本来，绝大多数期权产品设计的初衷都是为了给客户提供套期保值、规避风险的金融工具。但是，在具体实践中，这些期权产品往往被用来投机、谋取暴利，反而带来新的更大的风险。中信泰富等企业就是对 KODA 的复杂条款缺乏深入了解，只看到赢得暴利的可能，却完全无视巨大的风险，厝火积薪，最终赔得倾家荡产。随着经济全球化进程不断推进、开放程度不断提高，中国企业和个人越来越多地进入国际金融市场是必然的发展趋势。但从中信泰富等企业投资 KODA 的惨痛教训可以看出，中国企业家们对国际金融市场的规则还很不熟悉，对现代金融创新的知识还很不了解。面对这一系列挫折，中国不能因噎废食，因为作为世界上最主要的贸易大国，不参与国际金融衍生品市场，就意味着失去对主要大宗商品、货币汇率的定价权，无法有效套期保值防范风险。中国企业所要做的是，下苦功夫学习国际金融知识，吸纳有真才实学的金融专才，积极参与国际金融竞争与合作。政府相关部门则必须加强金融领域的制度建设和监管落实，切实防范金融风险，同时，推动中国银行业加强自主创新，努力争取金融产品的设计权、定价权，这才是中国企业避免重蹈覆辙的根本途径。

——摘自窦含章：《金融衍生品如何击倒中信泰富？》，

《红旗文稿》2009 年第 11 期

三、金融衍生市场的产生与发展

金融衍生工具具有悠久的发展历史，其雏形可以追溯到 17 世纪 30 年代日本的大阪。当时地主们征收农民大米产量的一部分作为地租，由于很多因素的影响，大米未来价格难以预料，为了锁定未来大米的收入，地主们卖出大米仓库的收据，即为"米票"，持有米票的人有权在未来某一日期以商定的价格购进一定数量和等级的大米。这样，一方面地主可以预先锁定未来大米的收入，而商人则以确定价格获得稳定的大米供应，远期交易产生了。17 世纪 30 年代的欧洲，另一种商品郁金香球茎的投机引致的"郁金香热"席卷荷兰和英格兰，当时郁金香球茎的期权和期货产品在阿姆斯特丹和伦敦交易所买卖，投机热潮导致郁金香期货和期权合约价格高涨，1637—1638 年的市场崩溃是金融危机史上的重要案例。

现代金融衍生市场的发展以 1972 年芝加哥国际货币市场（IMM）成立并开发出第一个金融期货产品——货币期货合约为标志，在一定的客观经济背景下，一系列因素共同推动衍生品市场进入快速发展阶段。

（一）国际金融市场风险加剧

20 世纪 70 年代以后，金融环境发生了很大的变化，利率、汇率以及通货膨胀呈现出极不稳定和高度易变的状况，使金融市场的风险大大增加。

从汇率的变动来看，1973 年布雷顿森林体系崩溃之后，以美元为中心的固定汇率制度完全瓦解，西方主要国家纷纷实行浮动汇率制度；此外 20 世纪 70 年代的"石油危机"以及由此产生的"石油美元"的回流，80年代爆发的国际债务危机等，都造成了外汇市场的汇率变动无常。

从利率的变动来看，20世纪60年代末开始，欧美国家的利率开始上升，石油危机过后，国际金融市场的利率大幅波动，金融市场的投资者和借贷者都被暴露在了高利率风险中。进入20世纪80年代以来，以美国为首的工业化国家进行了金融自由化改革，改革的重要内容即取消对存款利率最高限额的限制，逐步实现利率市场化，利率变动更加频繁。

汇率和利率以及相关股价的频繁变动，使企业、个人和金融机构时时刻刻生活在金融市场价格变动的风险中，迫切需要规避市场风险。因此，作为新兴风险管理手段的金融衍生工具应运而生。

（二）新技术的推动

通信技术和电子计算机信息处理技术的飞速发展及其在金融业的运用大大降低了金融交易的成本，提高了金融交易的效率，使金融交易突破了时间和空间的限制，创造了全球性的金融市场。此外，高新技术的发展也为金融衍生产品的发展提供了坚实的技术基础。只有在高新技术的辅助之下，具有复杂交易程序的金融衍生产品交易才能得以进行。高效率的信息处理系统能提供有关利率、汇率等变量的瞬间动向，帮助交易者识别、监控蕴含在复杂证券组合中的风险，寻找交易机会。新兴金融分析理论与信息处理技术的结合，为开发设计和推广金融衍生产品奠定了坚实的技术基础。

（三）金融机构的积极推动

金融衍生产品市场发展的另一个重要因素是金融机构的利润驱动。市场不确定性增加使金融市场呼唤新的避险工具，银行等金融机构出于利润的考虑，通过金融衍生产品的开发设计以及担当交易中介甚至对手，极大地推动了金融衍生产品的产生和发展。伴随着世界经济的不断发展，银行业务经营的环境发生了很大变化，非银行金融机构利用其新颖而富有竞争力的金融工具，对银行业形成了挑战。银行不得不在变动的市场风险之下，寻找到更为有效的避险工具，争夺市场。为此，银行积极开发设计金融衍生工具。此外，银行国际监管的资本充足率要求也迫使银行积极转变经营方式。金融衍生产品交易是表外业务的重要内容，它可以在不增加银行资产的情况下为银行带来丰厚的费用收入，成为银行新的盈利增长点，为增加银行资本提供资金来源，是提高资本充足率的有效措施。

（四）金融理论的发展

金融理论的发展是金融衍生工具发展的重要基础。1893年，欧文·费雪提出关于资产的当前价值等于其未来现金流贴现之和的思想，被认为是金融理论的启蒙。1934年，本杰明·格雷厄姆（Benjamin Graham）的《证券分析》（*Security Analysis*）一书出版，开创了证券分析的新历史。1938年，弗里德里克·麦考莱（Frederick Macaulay）提出"久期"的概念和"利率免疫"的思想。1952年，哈里·马柯维茨（Harry Markowitz）发表了著名的论文《证券组合分析》，为衡量证券的收益和风险提供了基本思路，被认为是现代金融理论的奠基之作。1958年，莫迪利安尼（F. Modigliani）和默顿·米勒（M. H. Miller）提出了现代企业金融资本结构理论的基石——MM定理。1964年，威廉·夏普发表于《资本资产定价模型：风险状态下的市场均衡理论》一文，提出资本资产定价模型（CAPM），这一理论与同时期的套利定价模型（APT）标志着现代金融理论走向成熟。

进入20世纪70年代之后，金融工程理论开始出现并迅速发展。20世纪70年代初，罗伯特·默顿（Robert C. Merton）在金融学研究中总结和发展了一系列理论，为金融的工程化奠定了坚实的数学基础。1972年，弗里德曼（Milton Friedman）发表《货币需要期货市场》（*The Need for Futures Markets in Currencies*）一文，为货币期货的诞生奠定了理论基础。1973年，费雪·布莱克（Fisher Black）和迈伦·斯科尔斯（Myron Samuel Scholes）发表《期权定价和公司债务》（*The Pricing of Options and Corporate Liabilities*）一文，提出了期权定价的一般模型，即著名的布莱克—斯科尔斯模型，为期权在金融工程领域内广泛应用铺平了道路，成为金融工程化研究领域的革命性成果。现代金融学理论的发展对20世纪50年代之后的金融实践产生了根本性的影响。金融资产尤其是金融衍生品精确定价技术的发展，直接导致了金融产品交易尤其是金融衍生产品的交易规模呈现爆炸式增长。

第二节 金融远期市场

金融远期是从普通商品远期合约发展而来，它通常是在两个金融机构之间或金融机构与客户之间签署的远期买卖协议，一般不在规范的交易所内交易，属于场外市场。常见的远期合约有远期利率协议、远期外汇合约和远期股票合约。

一、金融远期的含义

金融远期（Financial Forward Contracts）又称金融远期合约，是指交易双方在合约中规定，在未来某一确定时点以约定的价格购买或者出售一定数量某种金融资产的合约。金融远期是金融衍生产品中的"基础工具"，是作为其他衍生工具基础的衍生工具。金融远期合约是远期交易的协议，协议中约定交易的金融资产称为基础资产，该约定价格称为交割价格，该确定时间称为交割日。远期合约中同意以约定价格购买基础资产的一方称为多方（Long Position），同意到时以同样价格出售基础资产的一方称为空方（Short Position）。在合约到期时，双方必须进行交割，即空方付给多方合约规定数量的基础金融资产，而多方则付给空方按约定价格计算出来的现金。

二、金融远期市场的特点

远期合约是适应规避现货交易风险的需要而产生的，相对于原始社会自给自足的状态来说，现货交易是人类的一大进步，通过现货交易，双方都可获得好处。但随着经济的发展，现货的不足也逐渐显现出来。现货交易的最大缺点在于不能规避价格风险。一个农场主的命运完全取决于其农作物交割时农作物现货市场价格。而如果在播种时就确定农作物的收割价格，那么农场主就可以安心生产。

（一）远期合约是非标准化合约

金融远期合约并非标准化合约，一般在金融机构之间或金融机构与客户之间通过谈判签署远期合约来完成交易。在签订合约之前，双方可就交割地点、交割时间、交割价格以及合约规模等各方面进行谈判，尽量满足双方的需要，因此，远期合约具有较大的灵活性。

（二）远期合约风险较大

远期合约是一种约定在未来某一时间买入或卖出基础金融资产的协议，合约签订时不需要付款，履约没有保证。当合约到期时，由于金融资产价格波动对一方有巨额利益时，对方可能无力或无诚意履行合约，因此远期合约的信用风险较高。

（三）远期合约主要在场外交易

远期合约主要采用"一对一"交易方式，通常是金融机构与金融机构之间、金融机构与客户之间通过电话、网络等现代通讯方式在场外进行交易，交易的标的也往往是较为简单的金融产品。

（四）远期合约流动性较差

由于远期交易一般是场外交易，没有固定的集中场所，不利于信息的交流和传播，不利于形成统一的市场价格，市场效率不高；每份远期合约的具体条款各不相同，导致其流动性较差，不能进行流通转让，合约最终一般以实物交割和资金交收完成履约。

相比于下节将要介绍的期货合约，远期合约的主要优点在于具有较大的灵活性，在签署远期合约之前，双方可以就交割地点、交割时间、交割价格、交割规模、标的物的品质等细节进行谈判，以便尽量满足双方的需要。但金融远期也有显著的缺点：首先，市场效率较低，由于远期合约没有固定的、集中的交易场所，不利于信息交流和传递，不利于形成统一的市场价格。其次，由于每份远期合约千差万别，这就给远期合约的流通造成较大的不便，因此远期合约的流动性较差。最后，远期合约的履约没有保证，当价格变动对一方有利时，对方有可能无力或无诚意履行合约，因此远期合约的违约风险高。

三、金融远期合约的种类

（一）远期利率协议

远期利率协议最早于 1983 年由伦敦的银行最先引入，主要是为那些不希望盯市或其他原因而不愿意在交易所中从事利率期货交易的投资者提供另外一种套期保值的方式。

1. 远期利率协议含义

远期利率协议（Forward Rate Agreement，FRA）是指交易双方同意从未来某个商定的时间开始，在某特定时间内按照协议利率借贷一笔金额确定、以具体货币表示的名义本金的协议。远期利率协议的买方是名义借款人，其订立远期利率协议的主要目的是为了规避利率上升的风险；远期利率协议的卖方则是名义贷款人，其订立远期利率协议的主要目的是为了规避利率下降的风险。之所以称为"名义"，是因为借贷双方不必交换本金，只要在结算日根据协议利率和参考利率之间的差额以及名义本金额，由交易一方付给另一方结算金。

2. 相关的几个重要概念

为了规范远期利率协议，英国银行家协会于 1985 年颁布了远期利率标准化文件（FRABBA），作为市场实务的指导准则。目前世界上绝大多数远期利率协议均根据该标准化文件签订。该文件也对远期利率协议的重要术语进行了规定：

（1）名义本金额（Notional Principal）。协议的名义本金额是指双方约定要交易的金额（即要进行套期保值的数额）。之所以是"名义"，是因为该金额不必进行交换，只是作为双方计算利差的本金数额。

（2）合同利率（Contract Rate）。在协议中双方商定的借贷利率，是交易双方商定的对名义本金额的计息基础，交易双方使用这一利率进行保值。

（3）参照利率（Reference Rate）。是远期利率协议所参照的，用于计算利差、进行保值的利率。参照利率一般是权威的市场利率，如伦敦同业拆借市场利率（LIBOR）、美国的国库券利率（T-bill Rate），这些利率都是不容易受到人为控制的权威市场利率。

（4）结算金（Settlement Sum）。在结算日，根据合同利率和参照利率的差额计算出来的由交易一方付给另一方的金额。

3. 几个重要日期

（1）交易日（Dealing Date）。远期利率协议成交的日期。

（2）起算日（Beginning Date）。一般交易日后两天。

（3）确定日（Fixing Date）。确定参照利率的日期，一般在结算日前两天。

（4）结算日（Settlement Date）。名义借贷开始的日期，也是交易的一方向另外一方交付结算金的日期。

（5）到期日（Maturity Date）。名义借贷到期的日期。

（6）合同期（Contract Period）。结算日至到期日之间的天数。

为了进一步了解远期利率协议，下面通过一个实例来说明：

2017 年 1 月 9 日星期一，两家企业甲和乙同意成交一笔"3×6"名义金额为 100 万美元、协定利率为 4.75% 的远期利率协议。其中"3×6"是指起算日和结算日之间为 3 个月，起算日至名义贷款最终的到期日之间为 6 个月。交易日与起算日一般间隔 2 个交易日。在本例中，起算日是 2017 年 1 月 11 日星期三，而结算日是 2017 年 4 月 11 日星期三，到期时间为 2017 年 7 月 11 日星期三，合同期是 2017 年 4 月 11 日至 2017 年 7 月 11 日。在结算日之前的 2 个交易日（即 2017 年 7 月 9 日星期一）为确定日，确定参照利率。参照利率通常为确定日的伦敦银行同业拆借利率。假定参照利率为 5.5%，在结算日（2017 年 4 月 11 日），由于参照利率高于合同利率，名义贷款方需要支付结算金给名义借款方。上述流程也可用图 9-1 表示。

图 9-1 远期利率协议流程图

4. 远期利率协议结算金的计算

在远期利率协议下，如果参照利率超过合同利率，那么名义贷款方需要支付结算金给名义借款方，以补偿买方在实际借款中因利率上升而造成的损失。一般说来，实际借款利息是在贷款到期时支付的，而结算金是在结算日支付的，因此结算金并不等同于因利率上升而给买方造成的额外利息支出，而等于额外利息支出在结算日的贴现值。具体公式如下：

$$结算金 = \frac{(r_r - r_k) \times A \times \dfrac{D}{B}}{1 + r_r \times \dfrac{D}{B}} \qquad (9.1)$$

其中，r_r 表示参照利率；r_k 表示合同利率；A 表示合同金额，即为名义本金；D 表示合同期天数；B 表示天数计算惯例（如英镑为 365 天，美元为 360 天）。（9.1）式中，分子表示合同利率与参照利率之间的差异造成的额外利息支出，分母则是对分子的贴现。

把上例的数字带入（9.1）式，得出卖方应向买方支付的结算金为：

$$结算金 = \frac{(0.055 - 0.0475) \times 1000000 \times \dfrac{91}{360}}{1 + 0.055 \times \dfrac{91}{360}} = 1869.84（美元）$$

5. 远期利率协议市场

远期利率协议市场主要作用是避免利率波动带来的风险。远期利率协议是资金市场上最灵活、最简单的资产负债表表外工具。其价格与未来市场的存款利率和资金市场的远期利率密切相关，且其价格与其他远期市场利率的差额受到套利交易的制约。

1985 年 8 月，英国银行家协会公布远期利率协议的交易条款，这些条款为市场各方所接受。因此，银行间远期利率交易市场迅速发展起来，这又促进了机构投资者和借款人对该市场的参与。1991 年，国际互换交易商会对交易条款进行了修改，规定所有的远期利率交易都要在其总规定的范围内进行交易。

目前，远期利率市场上的交易货币种类很多。从美元、英镑、欧元，到日元、澳大利亚元等一应俱全。其中，交易量最大的是美元，美元市场也是发展较早的市场。

（二）远期外汇合约

远期外汇合约（Forward Exchange Contracts）是指交易双方约定在将来某一确定时间按照约定的远期汇率买卖一定金额外汇的合约。在签订合同时，交易双方就确定了未来进行交割时的远期汇率，不论交割日汇率波动幅度如何，双方都应该按照约定的汇率进行交割。交割时双方只交割合同中约定汇率与交割时即期汇率之间的差额。按照远期的时间开始划分，远期外汇合约有可以分为直接远期外汇合约（Outright Forward Foreign Exchange Contracts）和远期外汇综合协议（Synthetic Agreement for Forward Exchange，SAFE）。直接远期外汇合约的远期期限直接从现在开始计算；而远期外汇综合协议的期限是从未来的某个时点开始计算，因此实际上是远期的远期外汇合约。在金融远期合约中，远期外汇合约是发展最为成熟，规模最大的品种。其交割期限从一个星期到几年不等，通常以月计算，常见的为 3 个月期。

（三）远期股票合约

远期股票合约（Equity Forwards）是指在将来某一特定日期按照特定价格交付一定数量单只股票或一篮子股票的协议。相对于远期利率协议市场和远期外汇合约市场来说，远期股票协议交易规模较小，发展也不如股票期货和股票期权市场。

第三节　金融期货市场

20 世纪 70 年代初，国际货币体系面临变革，固定汇率制度逐渐被浮动汇率制度取代，西方发达国家内部出现较为严重的滞涨，国内外经济环境和体制安排的变化使得经济活动的风险加大。金融市场上汇率、利率和证券价格的急剧波动，产生了对新的金融工具和制度安排的紧迫需求，金融期货应运而生了。

一、金融期货市场概述

(一) 金融期货合约的概念

金融期货 (Financial Futures) 是指交易双方约定在将来确定的时间按照约定的条件买入或卖出一定数量某种金融资产的标准化合约。自 1972 年 5 月芝加哥商业交易所 (CME) 的国际货币市场分部 (IMM) 诞生第一份金融期货合约以来，虽然仅有短短 40 多年的发展历史，但是金融期货市场无论从发展速度，还是运用广度来看，都是金融领域发展最快、影响力最大的市场之一。

(二) 金融期货合约与远期的比较

1. 标准化程度不同

远期交易是个性化合约，遵循"契约自由"的原则，合约中的相关条件如标的物的质量、数量、交割时间等都是根据双方的需要协商确定的。由于各交易者的需求千差万别，因此远期合约的内容条款也是五花八门。一方面，非标准化体现了远期合约灵活性的优点；但另一方面，也给合约的转手和流通造成了很大的不便。

期货合约是标准化合约，期货交易所为各种标的物的期货合约制定了标准化的质量、数量、交割时间、交割地点、合约规模等条款，只有价格"随行就市"，由成交时的市场行情决定。尽管期货合约不能像远期合约那样尽力满足人们的各种需要，但标准化却大大便利了期货合约的转手和流通，使期货合约具有很强的流动性，也因此吸引了众多交易者。

2. 交易场所不同

远期交易属于场外交易，一般没有固定的交易场所，交易双方通过各自渠道寻找合适的对象，因此是一个无组织的分散市场。在金融远期交易中，银行充当着重要的角色。由于远期交割方便，标的物的同质性也较好，因此很多银行都提供重要标的物的远期买卖报价供客户选择，从而极大地推动了远期交易的发展。

期货交易属于典型的场内市场，需按规定在交易所内进行交易。交易所不仅为期货交易提供交易的场所，而且还制定了许多严格的交易规则，同时也为期货交易提供信用担保。因此，期货交易是有组织的、高效率的、统一的市场。

3. 违约风险不同

远期合约的履行仅以双方的信用作为担保，一旦一方无力或不愿履约时，另一方就会蒙受损失。虽然在签约时，双方也会采取交纳定金、保证金、第三方担保等措施，但仍不足以保证远期合约到期一定会履行，违约、毁约的现象时有发生，因此远期合约的违约风险相对较高。

期货合约的履行则有交易所或清算公司提供担保，交易双方并不直接接触，交易者直接面对的都是交易所，一旦一方违约，另一方也丝毫不会受到影响。交易所通过完善的保证金制度和结算会员之间的连带无限清偿责任来保证其担保的有效性。因此，相比远期合约，期货合约的违约风险几乎为零。图9-2表明了交易所或清算公司的作用。

a 没有交易所或清算公司作中介的远期交易

b 有交易所或清算公司作中介的期货交易

图9-2　有无中介的交易对比

4. 价格确定方式不同

远期合约的价格是在交易双方协商的基础上确定的。由于远期交易没有固定的交易场所，因此远期合约价格的信息是不对称的，不同交易双方在同一时间确定的类似远期合约价格可能差别很大，因此远期交易的市场定价效率不高。

期货交易的价格是通过竞价方式确定的，是在交易所中由大量的买者和卖者通过其经纪人在场内公开竞价确定的，有关价格的信息公开，形成的期货价格较为合理、统一，因此期货市场的定价效率较高。

5. 履约方式不同

远期合约最终履约以实际交割清算为主。由于远期合约是非标准化的，转让和流通较为困难，因此绝大多数的远期合约都只能选择采用到期实物交割或现金核算的履约方式。

期货合约最终履约以对冲方式为主。期货是标准化合约，其交易又在交易所进行，因此交易十分方便。交易一方可在到期之前通过平仓来结清自己的头寸，同时将履约权利和义务转让给第三方且无须征得对方同意。在实务操作中，期货交易进行实物交割的很少，在金融期货中只占不到1%，而大量的交易是通过平仓方式进行对冲结算。

6. 交易的参与者不同

远期合约的参与者多以套期保值为主，因为流动性较差、非标准化等原因，进行投资或投机的参与者很少，因此以专业化厂商、贸易商、金融机构等为主。

期货合约属于标准化合约，流动性和效率都很高。交易所交易为普通投资者参与创造了良好条件，因此属于一般意义的公开市场，参与者除了参与套期保值的厂商、贸易商、金融机构而外，还包括各类投资者和投机者。

二、金融期货市场的主要交易制度和交易程序

（一）金融期货交易的主要制度

1. 集中交易制度

金融期货交易在交易所进行集中交易。集中交易意味着交易所对于金融期货交易有基本的规范要求：首先，合约的设计。金融期货合约是由交易所设计，并经主管机构批准的标准化合约，合约对于基础金融工具的品种、数量、最小变动价位、每日波动幅度限制、合约月份、交易时间、最后交易日、交割安排等都进行了标准化规定。其次，价格的确定方式。一般来说，目前期货交易所关于金融期货的价格确定都采用竞价方式。最后，交易所一般实行会员制，普通投资者参与交易必须通过会员作为经纪人代理完成。

2. 保证金和逐日盯市制度

为了有效防止交易者因市场价格波动而导致的违约行为，期货交易建立了保证金制度和逐日盯市制度。保证金不是交易的预付款，而是一种履约保证。保证金比例的高低直接影响着投资期货的杠杆效应和期货交易的活跃程度。期货合约的买卖双方都要向经纪人缴纳保证金，存入到保证金账户。保证金又分为初始保证金和维持保证金。客户开仓时交纳的叫初始保证金，一般相当于合约价值的5%—10%。初始保证金存入后，随着期货价格的变化，在每天的交易结束之后，清算公司都要根据期货价格的涨跌对投资者未结清的合约进行重新估价，确定当日的盈亏水平，这被称为逐日盯市（Daily Settlement）。随着期货价格的变化，清算所对每个交易者的保证金账户进行调整，以反映该交易者当日的浮动盈亏，因此交易者保证金账户余额在发生着变化，但是该余额必须保持在规定的最低水平，这就是维持保证金。它通常为初始保证金的75%，如果根据当日盈亏调整之后，投资者的保证金账户余额不足初始保证金的75%，此时经纪人会要求客户再存入一笔保证金，以达到初始保证金的水平，这就是追加保证金。如果客户无法存入追加保证金，则将给予强行平仓。

3. 价格涨跌停板制度

期货交易中的涨跌停板制度要求将每日价格波动的幅度限定在一定的范围之内，一般在上一个交易日收盘价基础上上下浮动一定数量的比例。涨跌停板是由交易所规定的，任何买方报价或卖方开价都不得超过这个范围。涨跌停板制度的设置旨在通过人为干预的方式，缓和期货价格的剧烈波动，控制投机头寸，但从经济效率上讲，它可能会阻止市场及时恢复均衡，限制了发现价格功能的实现。

4. 限仓和大户报告制度

限仓制度（Position Limit System）是交易所为了防范操纵市场和防止市场风险过度集中，而对交易者持仓数量加以限制的制度，一般会规定会员或客户可以持有的，按单边计算的某一合约持仓的最大数额，不允许超量持仓。大户报告制度是交易所建立限仓制度后，当会员或客户的持仓量达到交易所规定的数量时，必须向交易所申报有关开户、交易、资金来源、交易动机等情况，以便交易所审查大户是否有过度投机和操纵市场行为，并判断大户交易风险状况的风险控制制度。

（二）期货交易基本步骤步骤

1. 选约

即选择进行期货交易的期货合约品种。要综合考虑现货市场的行情与供求状况以及影响价格波动的因素，同时要选择受政策因素干扰不大的品种，且期货价格波动幅度较大才能有机会赚取差价利润。

2. 选媒

即选择经纪公司和经纪人。客户从事期货交易需要委托经纪公司和经纪人进行代理。要选择具有会员资格的经纪公司和熟悉期货操作业务、经验丰富的经纪人。

3. 委托

即投资者委托经纪人进行代理，在确定委托和接受委托时，客户必须签署《期货交易风险揭示声明书》，双方还要签署《委托交易协议书》，明确双方的权利和义务。

4. 开户

即办理开户手续，在经纪公司开立保证金账户。客户在进行交易前，必须将保证金存入保证金账户作为履约保证。

5. 下单

根据期货市场商品行情信息表，择机下达指令。

6. 成交

客户下达买单指令由经纪人用电话或传真向交易所出示客户指令信息，然后入网撮合成交，或是由客户直接在经纪公司网络终端撮合成交。

7. 清算

由结算公司对客户成交合约进行结算，其盈亏结果将道过经纪人传递给交易者。若盈利可取出，若亏损则需补交保证金。

8. 交割

期货合约的交割在交易所指定地点进行，按交易规定月实物或现金进行交割。

三、金融期货的基本类型

按标的物的不同，金融期货主要可分为外汇期货、利率期货和股权类期货等种类。

（一）外汇期货

1. 外汇期货的含义

外汇期货（Foreign Exchange Futures）是指买卖双方约定在未来某一时间以约定的价格买卖某种货币的标准化合约。外汇期货合约是由期货交易所制定的一种标准化合约，合约对于交易的币种、合约数量、交易时间、交割月份以及交割地点等都进行了统一规定。外汇期货的买卖实际上就是交易双方在外汇期货合约内容既定的前提下，在交易所通过公开竞价的方式进行标准化外汇期货交易。

2. 外汇期货的产生和发展

外汇期货于 1972 年由芝加哥商业交易所的国际货币市场分部（IMM）首创，最初交易的货币包括英镑、德国马克、瑞士法郎、加拿大元、日元等。20 世纪 80 年代，是国际金融市场汇率波动最为剧烈的时期，特别是美元汇率大起大落。频繁剧烈的汇率波动，对进出口商、跨国公司、商业银行等外币债权、债务的持有者来说，汇率风险大大增加，他们需要用外汇期货来防范风险。与此同时，随着国际贸易和国际金融的发展，国际间的经济活动日益频繁，更多的商人和银行需要利用外汇期货交易进行保值。对外汇期货需求的增加促进了外汇期货的发展。

1981 年 2 月，芝加哥商业交易所开设了欧洲美元期货交易。1982 年 9 月，伦敦国际金融期货交易所开业。其后，澳大利亚、加拿大、荷兰、新加坡等国家和地区也开设了期货交易市场，外汇期货市场蓬勃发展起来。目前，外汇期货市场主要在美国，其中又基本集中在芝加哥商业交易所的国际货币市场（IMM）和费城期货交易所（PBOT）。世界上其他外汇期货的主要交易所还有：伦敦国际金融期货交易所（LIFFE）、东京国际金融期货交易所（TIFFE）、新加坡国际货币交易所（SIMEX）、法国国际期货交易所（MATIF）等。

3. 外汇期货市场的基本常识

（1）外汇期货交易的主要币种。目前主要包括美元、英镑、欧元、日元、澳大利亚元、加拿大元等货币。

（2）外汇期货的交易标价。交易货币以每单位货币值多少美元来标价（澳大利亚元除外），即用每单位外币折合多少美元来报价。报价采取小数形式，小数点后一般是四位数（日元期货也是四位数报价，但实际上省略了两位数，如 0.4876，实际上是 0.004876）。

（3）外汇期货的交易单位。外汇期货市场上，一般都有统一的交易单位。如芝加哥国际货币市场上，除了加拿大元和墨西哥比索外，其他货币单位每笔合同为 12.50 万美元。

（4）外汇期货的报价。外汇期货合约的报价是由买卖双方以公开叫价的方式决定的，随着买卖数量的变动而不断趋向均衡。因此，外汇期货价格每时每刻都在变动，其价格水平完全建立在对外汇走势的预测上，影响汇率水平的一切因素都会影响外汇期货合约的报价。

（5）外汇期货交易的保证金。在外汇期货交易中，每份合同都必须按规定交纳保证金，以此保证合同的履行。

（6）外汇期货合同的交割日期。一般规定为每年的 3、6、9、12 月份的第 3 个星期的星期三，一年中的其他营业时间可以进行买卖，但是不可进行交割。

为了更好地了解外汇期货合约，可以参考日元期货交易合约的构成要素，详见表 9-1。

表 9-1　日元期货交易

交易单位	12500000 日元
最小变动单位	0.000001 日元（每张合约 12.5 日元）
每日价格最大波动限制	开市（上午 7：20—7：35）限价为 150 点，7：35 分以后无限价
合约月份	1、3、4、6、7、9、10、12 月和现货月份
交易时间	上午 7：20—7：35（芝加哥时间），到期合约最后交易日交易截止时间为上午 9：16，市场在假日或假日之前将提前收盘
最后交易日	从合约月份第三个星期三往回数的第二个工作日上午
交割日期	合约月份的第三个星期三
交易场所	芝加哥商业交易所（CME）

（二）利率期货

1. 利率期货的含义

利率期货（Interest Rate Futures）是指标的资产价格依赖于利率水平的期货合约，主要包括短期利率和长期利率期货。利率期货的交易是交易各方按照交易所规定的方式，通过公开竞价方式约定在未来某一日期以确定的价格交收一定数量利率相关资产的标准协议。

2. 利率期货的产生和发展

从第二次世界大战到 20 世纪 60 年代之间，西方国家利率水平一直受到各种法规的严格限制，因而非常稳定。60 年代中期以后，越南战争和两次石油危机，引起了美国国内物价水平全面上涨。为了抑制通货膨胀，美国政府通过紧缩性的货币政策，提高了利率水平，但是高利率引起了经济衰退，当局又不得不降低利率来刺激经济增长。在这种情况之下，利率波动非常频繁。利率的频繁波动，使得各种金融机构和企业面临的利率风险迅速上升。一方面，人们需要一种有效的手段来规避利率风险；另一方面，利率风险的增大又对利率投机者产生了很大的吸引力。正是在这样的一种经济形势之下，利率期货应运而生。

1975 年 10 月由芝加哥期货交易所推出了最早的利率期货合约—政府国民抵押协会证券期货合约；1976 年，该交易所又推出了 90 天美国国库券期货合约；1977 年，该交易所推出美国长期国库券期货合约，满足了金融机构和大企业对于中长期利率进行套期保值的需求，获得了巨大成功。进入 20 世纪 80 年代之后，利率期货得到了迅速的发展。虽然利率期货比外汇期货的诞生时间晚，但其发展速度却比外汇期货快得多，应用范围也比外汇期货要广。在期货交易比较发达的国家和地区，利率期货已经成为成交量最大的一个类别。在美国，利率期货的成交量已经占到整个期货交易总量的一半。

3. 利率期货的种类及内容

利率期货市场按照报价方式不同，可划分为短期利率期货和长期利率期货。

（1）短期利率期货

短期利率期货是指以货币市场的各类债务凭证为标的的利率期货，

主要包括国库券期货、欧洲美元定期存单期货以及各种期限的商业票据期货。

第一，国库券期货。国库券期货是短期利率期货市场上最活跃的利率期货品种之一。国库券是政府为了弥补财政赤字，筹集资金而向社会公开发行的债务凭证。短期国库券按其面值折价发行，投资收益为折扣价与面值之差。国库券期货合约的标准期限为3个月，交易单位为100万美元，交割月份为3、6、9、12月4个月份。

第二，欧洲美元定期存单期货。欧洲美元定期存单期货是短期利率期货发展最快的一种。欧洲美元是存放在美国境外的美元存款，其利率不受美国法律的限制。在美国芝加哥期货交易所和英国伦敦国际金融期货交易所上市的欧洲美元定期存单期货，其交易单位都为100万美元，期限为3个月。

第三，商业票据期货。商业票据期货合约的要素与国库券期货和欧洲美元定期存单期货相似，只是报价方式不同，采用贴现率的方式。

表9-2　3个月欧洲美元定期存款期货

标的物	3个月欧洲美元定期存款（3 Month Eurodollar Time Deposit）
合约单位	面额为100万美元的三个月欧洲美元定期存款
契约代码	ED
交易时间	上午7：20—下午2：00（芝加哥时间）
最小升降单位	0.01点或25美元
契约月份	最近的两个月份以及3、6、9、12月
交割日	最后交易日
最后交易日	契约月份第三个星期三之前的第二个伦敦银行营业日
涨跌幅度限制	无

（2）中长期利率期货

中长期利率期货是指以资本市场各类债务凭证为标的的利率期货，主要是中长期政府债券期货。中长期国债与短期国债不同，期限在1—10年不等，不按贴现方式发行，利息在到期日之前一般每半年付息一次，最后一笔利息在到期日与本金一同偿还投资者。美国市场中长期利率期货的交易单位一般面值为 100 万美元，合约月份为 3、6、9、12 月。

4. 利率期货的报价方式

（1）短期利率期货的报价方式

短期利率期货的报价以指数为基础，其计算方法为 100 减去短期债券利率（贴现率），得出的指数便是短期利率期货的价格。假设贴现率为 6%，则短期利率期货的价格为 94（100-6=94）。这一报价方式由美国芝加哥国际货币市场首创，因此，也叫芝加哥国际货币市场指数（IMM）。

已知短期利率的价格，可以计算出短期利率的合约价值。以芝加哥商业交易所国际货币市场 3 个月期国库券为例（面值为 100 万美元）。假设贴现率为 6%，则这张国库券的合约价值为：

$$\$1000000 - \$1000000 \times 6\% \times \frac{90}{360} = \$985000$$

短期利率期货的最小价格变动单位为一个基点，即 0.01%，期货价格最小变动单位所引起的合约价值的变动金额称作刻度值。刻度值的计算公式如下：

$$刻度值 = 期货合约面值 \times \frac{到期天数}{360} \times 0.01\% \qquad (9.2)$$

上例中 3 个月期国库券刻度值为：

$$\$1000000 \times \frac{90}{360} \times 0.01\% = \$25$$

利用刻度值，可以迅速的计算出交易者所持有的短期利率期货合约价值的变动情况。例如，利率期货价格上升 4 个基点，某交易者持有 10 张国库券期货，则其手持合约升值 1 000 美元（ $\$25 \times 4 \times 10 = \$1000$ ）。

（2）长期利率期货的报价方式

中长期债券期货采用票面金额百分比的方式报价。例如一张面值为 10 万美元的长期国库券，97-00 表示买方愿意以票面价值的 97% 买进该合约。中长期国债的标准利率为 8%，其期货报价基本上为

100-00，若市场利率上升，则中长期国库券期货合约的报价上升，高于 100-00；反之市场当利率下降时，中长期国库券期货合约的报价下降。

中长期利率期货的最小变动单位为（1/32）%，中长利率期货的刻度值的计算公式为：

$$刻度值 = 期货合约面值 \times \frac{1}{32}\% \tag{9.3}$$

长期利率期货合约的标准面值为 10 万美元，则其刻度值为：

$$\$100000 \times \frac{1}{32}\% = \$31.25$$

因为中长期利率期货的最小变动单位为 1/32%，若报价 102-23，是指票面价值的 $\left(102 + \frac{23}{32}\right)\%$。

已知中长期利率期货的刻度值及其报价之后，当利率期货价格变动时，交易者可以迅速的计算出合约价值的变动情况。例如，一张 10 年期的长期公债期货价格由 102-23 上升到 104-12，价格变动单位为 53/32，合约价值变化为 1656.25 美元（即 53×31.25 = 1656.25）。

（三）股权类期货

股权类期货主要包括股票价格指数期货和股票期货两类。

1. 股票价格指数期货

（1）股票价格指数期货的含义

股票指数期货（Stock Index Futures）是指以股票价格指数为基础金融变量的期货合约。第二次世界大战以后，以美国为代表的西方发达国家的股票市场发展迅猛，上市股票数量不断增加，股票市值也迅速膨胀。股票市场飞速发展的同时，股票市场的结构也在不断发生变化，以养老基金、信托投资基金、共同基金为代表的机构投资者迅速发展壮大，逐渐成为股票投资市场的主导。机构投资者都通分散投资组合的方式降低风险，但是这样只能消除股票市场的非系统性风险，而不能消除系统性风险。随着机构投资者持有的股票不断增多，其规避系统性风险的要求日益强烈。为应对这样的需求，股票的管理者开始了"指数化投资组合"交易的尝试，并在此基础上最终开发出了规避股票价格系统性风险的股票指数期货合约。1982 年 2 月，堪萨斯市农产品交易所（KCBT）开创了股指期货交易的先河；同年，芝加哥商业交易所（CME）、纽约期货交易所（NYBOT）也都开始了股票指数期货交易。其后，股指期货交易成为金融期货市场最为热门的交易品种。目前发达国家和发展中国家都相继推出了股票指数期货交易，随着全球金融市场国际化程度的提高，股票指数期货的运用更为普遍，全球主要股指期货合约及其上市交易所详见表 9-3。股指期货的发展还推动了其他各种非股票的指数期货品种的创新，如以消费者物价指数为标的的商品价格指数期货合约、以电力价格为标的的期货合约等。可以预见，随着金融期货的日益发展，这些非实物交收方式的指数类期货合约交易将有着广阔的发展前景。

表 9-3　全球主要股指期货合约及其上市交易所

国家	股指期货合约	上市交易所
美国	道琼斯工业平均指数	芝加哥期货交易所（CBOT）
	标准普尔 500 指数	芝加哥商业交易所（CME）
	纽约证券交易所综合股价指数	纽约证券交易所（NYSE）
英国	金融时报指数期货	伦敦国际金融期货交易所（LIFFE）
日本	日经 225 指数期货	大阪证券交易所（OSE）
	东证综合指数期货	东京证券交易所（TSE）
中国香港	恒生指数	香港期货交易所（HKFE）
德国	德国股指期货	德国期货交易所（DTB）
法国	法国证券商协会 40 股指期货	法国期货交易所（MATIF）
新加坡	摩根世界指数期货	新加坡金融期货交易所（SEMEX）

（2）股票指数期货的特点

股票指数期货以 3、6、9、12 月作为交割月份。它的买卖以保证金的方式进行，当买入或卖出一份合约时，都要垫付一笔保证金，作为日后到期时履行交割责任的保证。

第一，交割方式独特。商品期货可采取对冲交易和实物交割两种方式结束交易。但股票指数期货交易的对象是股票指数，它是一种无形的数字，除对冲交易外，无法进行实物交割，因此只能采取现金结算这一独特的交割方式。

第二，合约价值计算方便。股票指数期货合约的面值，是该指数的数值乘以一个固定的金额。例如，美国的纽约证券交易所综合股价指数，其每张合约的价值为指数乘以 500 美元，若现时期纽约证券交易所综合指数为 12000 点，则期货合约价值是 600 万美元（12000×500），每次指数的变动单位为 0.05，也就是 25（0.05×500）美元。

第三，提供方便的卖空交易。股票指数期货和股票的一个很大不同在于，股指期货可以方便地进行卖空交易。在交易的方向上，股指期货可以卖空，既可以先买后卖，也可以先卖后买，因而股指期货交易是双向交易。而股票只能先买后卖，不允许卖空，因此是单向交易。

第四，防范风险功能全面。股票市场上存在着两种风险，一是系统性风险，指整个股票市场价格波动同升同降；二是非系统性风险，这是指某种或某几种股票价格的变动，与其他股票价格无关。非系统性风险可以通过购买多种不同的股票而减少，因此，当股票指数所包含的股票数量达到一定数量规模时，非系统性风险趋向于零。投资者最为关心的是系统性风险，而股票指数期货可以通过正确合理的套利行为来规避这种风险。

我们以芝加哥期货交易所（CBOT）为例，可以了解 CBOT 主要市场指数期货合约的规格，详见表 9-4。

表 9-4 芝加哥交易所主要市场股指期货合约规格

交易单位	250×主要市场指数
最小变动价位	0.05 个指数点（每张合约约 12.50 美元）
每日价格波动限制	不高于前一个交易日结算价的 80 个指数点；不低于前一个交易日结算价的 50 个指数点
合约月份	3、6、9、12 月
交易时间	上午 8：15—下午 3：15（芝加哥时间）
最后交易日	交割月份的第三个星期五
交割方式	根据主要市场股指期货收盘价实行逐日结算，并于最后交易日根据主要市场指数的收盘价实现现金结算

2. 股票期货

（1）股票期货的含义

股票期货（Stock Futures）是指以单支股票作为基础金融工具的期货合约，交易双方约定在未来某个时间以约定的价格购买或出售约定数量的股票。股票期货最初出现在 20 世纪 80 年代末，目前全球主要的交易所都推出了股票期货交易。在股票期货交易中，许多交易所都采用现金交割制，从而避免交割现券股票时发生的费用和不便。此外，股票现货交易需要缴纳印花税，而股票期货交易不需缴纳印花税，这都大大降低了投资者的投资成本。

（2）股票期货的基本的特点

第一，交易成本较低。由于期货采用保证金交易，每张股票期货合约价值等于其约定股票的价值，买卖合约的佣金则根据合约价值的一定比例而定，所以交易成本相对合约价值而言很低。

第二，卖空股票便捷。股票现货市场，获利只能通过买进股票，等待股票价格上涨获利。股票期货的推行，由于投资者可以便捷地卖出股票期货，在市场行情下跌时，投资者可通过卖空股票期货而获利，不仅为投资者防止因股票价格下降而导致的风险提供了保障，而且提高了资金的使用效率，增加了投资盈利的机会。

第三，具有杠杆效应。投资者买卖股票期货合约只需缴纳占合约面值一小部分的保证金，就可以进行价值多倍的期货合约交易。

表 9-5 以香港交易所为例，列出了港交所股票期货合约的相关要素。

表 9-5　香港交易所股票期货合约要素

项目	合约细则
相关股票及 HKATS 代码	参考股票期货名单
合约乘数	一手正股
合约价值	立约成价乘以合约乘数
最低价格波幅	港币 0.01 元
合约月份	现月，下两个月，及之后的两个季月
交易时间	上午 9 点 30 分至中午 12 时及下午 1 时整至下午 4 时整
最后交易日	该月最后第二个营业日
最后结算日	最后交易日之后的第一个营业日

续表

项目	合约细则
最后结算价	相关股票最后交易日当天的联交所正式收盘价
结算方法	现金结算
交易费用①	交易所费用征收标准 一类客户：3.00 港元（庄家 0.50 港元） 二类客户：1.00 港元（庄家 0.15 港元） 三类客户：0.50 港元（庄家 0.07 港元） 佣金另外商议

三、金融期货市场的功能

金融期货市场具有多种功能，但是总体来说，套期保值和价格发行是最基本的两项功能。

（一）套期保值功能

所谓的套期保值（Hedging）是指交易者在买进（或卖出）实际资产的同时，在期货交易所卖出（或买进）同等数量的期货交易合同进行对冲，以有效规避实际资产价格波动带来的风险。套期保值是期货市场最主要的功能，也是期货市场产生的最根本原因。在日常金融活动中，市场主体常面临利率、汇率和证券价格风险。期货交易出现之后，投资者就可以利用期货多头或空头实现风险的转移，从而达到有效规避风险的目的。交易者通过购买相关的金融期货合约，在期货市场建立与其现货市场相反的头寸，然后根据市场的变动情况采取在期货合约到期前对冲平仓或到期交割的方式，有效实现风险规避的目的。

应该注意的是，对单个主体而言，利用期货交易可以达到消除价格风险的目的，但对整个社会而言，期货交易通常并不能消除价格风险，期货交易发挥的只是价格风险的再分配即价格风险的转移作用。不过，在有些条件下，期货交易也具有增大或减少整个社会价格风险总量的作用。具体而言，套期保值者之间的期货交易可以使两者的价

---

① 港交所于 2018 年 7 月 3 日开始，将推出新三级收费类别。其中一类客户是指每张合约港币价值大于 25000 元；二类客户是指每张合约港币价值大于 10000 元，小于 25000 元；三类客户是指每张合约港币价值小于 10000 元。

格风险相互抵消，投机者之间的期货交易则是给社会增添期货价格的风险，而套期保值者与投机者之间的期货交易才是价格风险的转移。由此可见，适量的投机可以充当套期保值者的媒介，加快价格风险转移的速度，而过度的投机则会给社会增加许多不必要的风险。

（二）价格发现功能

价格发现功能是指金融期货市场能够提供各种金融工具未来有效价格信息的功能。在期货市场上，由于集中了大量的买者和卖者，通过类似于拍卖方式确定交易价格，买卖双方都会依其个人所持立场或者所获得的信息，并对过去的价格表现加以研究之后，做出买卖委托，这种情况类似于完全竞争状态下的价格决定，能够在一定程度上反映交易者对金融商品价格走势的预期和金融商品的供求状况。期货交易过程实际上就是综合反映双方对未来某个时点供求变化关系和价格走势的预期，这种价格信息具有公开性、连续性、预期性的特点，加上现代电子通信的发展，主要金融期货价格信息一般都能适时传播至全球各地，有利于增加市场透明度，提高资源配置的效率。

第四节　金融期权市场

一、金融期权市场概述

期权交易是在期货交易的基础产生和发展的，以买进或卖出某种商品或期货的权利作为交易对象的一种交易方式。这种交易方式是以期货交易、期货合约为基础的，是期货交易的延伸、发展和高级表现形式。由于其在套期保值、转嫁风险等方面都比期货交易更具灵活性，因而吸引了大量的投资者，获得了迅猛的发展。

（一）金融期权的含义

金融期权（Financial Option），是指持有者有权在规定期限内按照双方约定的价格（简称协议价格或执行价格）购买或出售一定数量某种金融资产（称为标的金融资产）的合约。所谓期权交易实际上就是一种"选择权"的买卖。对于权利的持有者来说，购买期权并没有得到任何实际的产品，而是获得一种权利。这种权利可以使其在一定时期内（"到期日"前）以一定的价格购买或者出售一定数量的某种商品或者期货，前提是必须事先支付一定的金额。当期权的买方在有效期内行使期权时，期权的卖方必须进行出售或购买，这是卖方必须履行的义务，但出售方可以收取一定的费用作为补偿。这种费用叫作期权费，亦可称为期权价格、权利金。

（二）期权的要素

标准化的期权合约主要包括以下六个要素。

1. 标的资产的种类和数量

每份期权合约应当指明以何种金融资产作为标的资产，同时标明买卖该种资产的数量。

2. 执行价格

执行价格又称协定价格，是指期权到期时的履约价格。执行价格一旦敲定，不可更改。同一种期权合约在期权市场上往往会有多种敲定价格，敲定价格不相同的期权合约，按照当时市价的差别而有不同的标价，这一标价受看涨期权还是看跌期权以及合约剩余有效期限的长短等因素的影响。

3. 合约有效期限

合约有效期限一般不超过 9 个月，又以 3 个月和 6 个月最为普遍。其表示是按月份标示，形成三个循环：1 月循环，1-4-7-10；2 月循环，2-5-8-11；3 月循环，3-6-9-12。意即 1 月推出的期权合约，标准到期月份为 4、7、10 月，依此类推。但不同的期权合约也有不同的标准有效期限，以股票期权为例，由于股票价格变化频繁，合约有效期较短，一般为 1 个月、2 个月、3 个月。

4. 期权交易地点

标准化的金融期权合约一般在交易所内进行。非标准化期权合约可在场外交易，一般是由银行或投资公司安排，双方自行商定交易地点。

5. 期权费

期权费是期权买方为了购买选择权利所付给卖方的金额，它也是标准化期权合约中的唯一变量。

6. 合约格式

一般期权合约上会规定交易单位、最小变动价格、每日最高波动幅度、合约月份、最后交易日、履约日的选定以及交割方式等。

（三）金融期货交易和金融期权交易的比较

1. 交易对象不同

期货的交易对象是代表具体形态的商品、金融资产的期货合约，并且这种合约是标准化的。期权交易的交易对象是一种以特定权利为买卖对象的交易，是一种权利的有偿使用，是期权的购买者向出卖者支付了一定金额后，拥有了在规定的有效期限内按事先约定的价格买进或卖出一定数量的某种资产的权利。

2. 交易双方的权利和义务不同

期货交易中，期货合约的交易双方都被赋予了同等的权利和义务，要么在合约到期日之前进行对冲，要么在合约到期日进行实物交割。而在期权交易中，期权赋予买方享有在有效期内买进或卖出一定数量某种资产的权利，但不负有必须买进或卖出的义务；而对期权合约的卖方而言，必须在期权买方要求履约时，按规定卖出或买进一定数量的某种资产，这是其应尽的义务。

3. 盈亏风险方面

期货交易双方承担的盈亏风险都是有限的。期权交易中，理论上说，卖方的亏损可能是有限的（看跌期权），也可能是无限的（看涨期权），但盈利是有限的（以期权费为限）；而期权交易的买方亏损是有限的（以期权费为限），盈利可能是有限的（看跌期权），也可能是无限的（看涨期权）。

4. 标准化方面

期货合约都是交易所交易的标准化产品。期权合约中有标准化合约，也有非标准化合约。在美国，场外交易的现货期权都是非标准化的，但在交易所交易的现货期权和期货期权都是标准化的。

5. 套期保值方面

期货合约在进行套期保值时，不仅把不利风险转嫁出去，同时也把有利风险转嫁了出去。运用期权合约进行套期保值，只把不利风险转嫁出去，而把有利风险留给自己。

6. 保证金

期货交易的买卖双方都必须交纳保证金。期权的买者则无须交纳保证金，因为其亏损不会超其已支付的期权费，而在交易所交易的期权卖者也要交纳保证金，这跟期货交易类似。场外交易的期权卖者是否交纳保证金则取决于当事人的意愿。

（四）金融期权的功能

期权交易时在买卖双方之间建立的一种权利和义务关系．权利由买方单方面享有，义务由卖方单方面承担，但买方需支付给卖方一定金额的期权费。在经济生活中，金融期权交易的功能主要是：

1. 限定风险功能

相对于其他的金融工具，期权的特点是，其价格风险对期权的买卖双方是不对称的。期权的购买者只需支付一笔期权权利金，就可获得买入或者卖出某种商品或者期货合约的权利。如果投资者的预期与市场变化一致，那么购买者可以行使权利，获得可观的收益；如果与预期相反，则可放弃行使权利，损失的只是权利金。所以，在期权交易中，投资者的风险是固定的，而盈利可能是无限的。

2. 保值功能

当预期币值、利率、股价下跌时，投资者可以在期权市场上支付一定的期权费购买一种卖权，使卖出的价格固定在较高的水平上，从而抵消资产价格下跌带来的损失；同样的，当预期币值、利率、股价上涨时，也可以通过付出一定的费用购买一种买权，使买权价格固定在较低的水平上，从而抵消资产价格上涨带来的损失。

3. 杠杆功能

期权的购买者只需支付少量的权利金就可参与具有较高价值的期权交易。期货交易也具有杠杆性，但期权交易的杠杆作用程度更高，购买期权合约的最高投资额以权利金为限，但其盈利可能是无限的；而购买期货合约的投资额是由合约价值总额决定的，要取得与期权交易中同等的收益就要加倍进行投资。

4. 风险对冲

投资者在买卖远期头寸时，可以做一笔相反的期权交易，则可以使风险对冲，以较小的代价限定远期头寸的风险。例如，投资人预期商品价格将上涨，欲多头买入该商品的远期合约获利，但此时，他可以同时购买该商品的看跌期权，一旦价格不涨反跌，其远期的损失可以由期权收益补偿。

二、金融期权的基本类型

金融期权的分类标准有很多，按不同的标准可以划分为以下几类。

（一）按权利的不同划分

1. 看涨期权

看涨期权（Call Options），又称买方期权，买入期权，是指在到期日或到期日为止的时间内，期权的买方拥有按事先约定的价格从期权出售者手中购买一定数量基础金融工具的权利。购买这种期权可以获得在未来一定时期内按合同确定的价格购买某种特定商品或资产的权利，为获得这种买入权利，期权的购买者需要在购买期权时支付给期权的卖者一定金额的权利金。看涨期权的购买者在预期某种商品或资产的未来价格上涨时购买该期权，因此称为看涨期权。

2. 看跌期权

看跌期权（Put Options），又称卖方期权，卖出期权，是指在到期日或到期日为止的时间内，期权的买方拥有按事先约定的价格向期权出售者卖出一定数量基础金融工具的权利。购买这种期权可以获得在未来一定时期内按合同确定的价格卖出某种特定商品或资产的权利，为获得这种卖出权利，期权的购买者需要在购买期权时支付给期权的卖者一定金额的权利金。看跌期权的购买者预期某种商品或资产的未来价格下跌时购买该期权，因此称为看跌期权。

（二）按交易场所的不同划分

1. 场内期权

场内期权是指在集中性的交易所进行标准化的金融期权合约交易，又称为交易所交易期权。场内期权是一种标准化合约，必须在交易所中按照交易所制定的相关规则进行交易。

2. 场外期权

场外期权是指在非集中性的交易场所进行非标准化的金融期权合约交易，又称为柜台式期权。场外期权交易场所比较分散，也没有统一的交易制度和结算规则，监管较为宽松，因此在带来巨大便利和利益的同时，也蕴含着很高的风险。

交易所交易期权和场外期权存在着诸多差异，主要表现如下：

（1）标准化程度。交易所交易期权均在交易所进行交易，严格遵照交易所的相关规定，合约内容也是标准化的；场外交易期权合约完全是客户根据自身需求经过协商签订的，各项条款都可以灵活协商。

（2）价格确定方式。交易所交易期权的价格是通过交易所公开竞价的方式确定的；而场外交易期权合约价格由双方通过协商确定。

（3）履约保证。交易所交易期权的买卖双方之间有清算所负责，清算所保证期权合约的执行。场外交易期权合约没有担保，它的执行依赖于期权的出售者是否履行合约，存在违约风险。

（4）保证金的收取。交易所交易期权有严格的保证金制度，所有参与者必须交纳保证金；场外交易期权不需要交纳保证金，而是由买方付给卖方一定的期权费，作为购买期权合约所付出的费用。

（三）按时间的不同划分

1. 欧式期权

欧式期权（European Options）是指期权的买方只能在期权到期日决定是否要执行期权。

2. 美式期权

美式期权（American Options）是指期权购买方在到期日之前的任何一天都可以选择是否执行期权。可以看出，美式期权赋予了买方更多的选择机会，因此它的购买者需要支付更高的权利金。

此外，还有一种修正的美式期权，也称为百慕大期权（Bermuda Options）或大西洋期权，这种期权的购买方可以在期权的持续期内某些约定的时间执行期权。

（四）按期权载体不同划分

1. 外汇期权

外汇期权（Foreign Exchange Options）也称为货币期权，是指合约购买方在向出售方支付一定期权费后，就获得在未来约定日期或一定时间内按约定汇率买进或者卖出一定数量外汇资产的选择权。外汇期权交易是规避外汇汇率波动风险的有效工具，外汇期权交易是远期外汇抵补与期货交易保值的延伸。

2. 利率期权

利率期权（Interest Rate Options）是指期权购买方在支付了期权费后，即取得在合约有效期内或到期时以一定的利率（价格）买入或卖出一定面额利率工具的权利。利率期权防范利率风险原理基本上与利率期货相同，但前者更为灵活，因为它是一种选择权利，而不是义务。

3. 股票期权

股票期权（Stock Options）是指期权的购买方在交付了期权费后，即取得在合约规定的到期日或到期日以前按约定的价格买入或卖出一定数量相关股票的权利。股票期权中，除了典型看涨期权和看跌期权外，还存在着大量的特殊期权类型，比如认股权。认股权是指授予公司员工以一定的价格在将来某个时期购买一定数量公司股票的选择权，是看涨期权的一种。认股权是期权的概念运用到公司管理中衍生出来的，认股权一般授予高级管理人员或者对公司有重大贡献的员工。当公司的股价超过当时购买股票的价格时，通过行权可以获益。

三、金融期权的价值分析

（一）金融期权合约的价值构成

一份金融期权合约的价值（PV）等于其内在价值（IV）和时间价值（TV）之和，其表达式为：

$$PV = IV + TV \qquad (9.4)$$

期权交易价格是由它的内在价值和时间价值等因素相互作用构成的，内在价值期权合同行使时，可以获得净利。时间价值是指随着期权有效期的推移，资产的价格运动可能产生的有利于期权买方的货币价值。期权合约的价值构成包括：

1. 内在价值

期权的内在价值，是 0 与多方行使期权时所获回报最大贴现值的较大值。以无收益资产的欧式看涨权为例，其内在价值 max（$S - Xe^{-r(T-t)}$，0）（S 为相关基础资产的市场价格，X 为期权合约中预先约定的敲定价格）。由于欧式期权和美式期权可执行的时间不同，其内在价值的计算方式也就有所差异。

对欧式期权来说，多方只能在期权到期时决定行权与否并获得相应报酬。例如，欧式看涨期权的到期回报为 $\max(S_T - X, 0)$。如果标的资产在期权存续期内无收益，S_T 的现值就是当前的市价 S；如果标的资产在期权存续期内支付已知的现金收益，S_T 的现值则为 S-D，其中 D 表示在期权有效期内标的资产所获得的现金收益贴现至当前的现值。由于 X 为确定现金流，其现值的计算就是简单的贴现，故此欧式无收益和有收益资产看涨期权的内在价值分别为 $\max(S - Xe^{-r(T-t)}, 0)$ 与 $\max(S - D - Xe^{-r(T-t)}, 0)$。欧式看跌期权内在价值的分析类似于欧式看涨期权。表 9-5 给出了各种期权内在价值的计算方式。

表 9-6 期权的内在价值

头寸			期权回报	内在价值
看涨期权	欧式	无收益	$\max(S_T - X, 0)$	$\max(S - Xe^{-r(T-t)}, 0)$
		有收益	$\max(S_T - X, 0)$	$\max(S - D - Xe^{-r(T-t)}, 0)$
	美式	无收益	$\max(S_T - X, 0)$	$\max(S - Xe^{-r(T-t)}, 0)$
		有收益	$\max(S_\tau - X, 0)$	$\max(S - Xe^{-r,(\tau-t)}, S - D - Xe^{-r(T-t)}, 0)$
看跌期权	欧式	无收益	$\max(X - S_T, 0)$	$\max(Xe^{-r(T-t)} - S, 0)$
		有收益	$\max(X - S_T, 0)$	$\max(Xe^{-r(T-t)} - (S - D), 0)$
	美式	无收益	$\max(X - S_\tau, 0)$	$\max(X - S, 0)$
		有收益	$\max(X - S_\tau, 0)$	$\max(X - S, Xe^{-r,(\tau-t)} - (S - D), 0)$

注：无收益是指期权存续期内标的资产无收益，有收益指期权存续期内标的资产有已知的现金收益；D 代表期权存续期间标的资产所有现金收益的现值；τ 表示行权时刻。

2. 时间价值

与货币的时间价值所表示的"资金暂时让渡所带来的价值"不同，

期权的时间价值是指在期权尚未到期时，标的资产价格的波动为期权持有者带来收益的可能性所隐含的价值。概括来说，期权的时间价值就是基于期权多头权利义务不对等这一特点，在期权到期前，标的资产价格的变化可能给期权多头带来收益的一种反映。时间价值受两个因素的影响：

（1）合约剩余时间。一般来说，随着期权合约剩余有效期的缩短，期权的时间价值也逐渐衰减。因为，对于期权的买方而言，有效期越长，市场发生有利于其变化的可能性就越大，获利的机会也越多，其愿意付出的时间价值也就越高；对于卖方来说，合约剩余有效期越长，发生的亏损的风险也越大。反之，随着合约剩余有效期的缩短，买方获利的机会减少；卖方亏损的风险减小，因此，时间价值也逐渐减少。

（2）资产市场价格与敲定价格之间的差额的绝对值。当差额为零时，期权的时间价值最大；当差额的绝对值增大时，期权的时间价值递减。

（二）影响期权价格的因素

期权的定价是个十分复杂的问题，也是期权交易中的重要问题。期权公正的市场价格意味着不存在有人在长期交易中低价买入高价卖出获利，而其他人高价买入低价卖出遭受损失的情况。下面是影响期权价格的因素：

1. 标的资产的市场价格与期权的协议价格

期权标的金融资产的市场价格与期权的协议价格是影响期权价格的最主要因素，其相互关系决定了期权的内在价值。看涨期权在执行时其收益等于标的资产当时的市价与协议价格之差。因此，标的资产的价格越高、协议价格越低，看涨期权的价格就越高。对于看跌期权来说，其收益等于协议价格与市场价格的差额，因此标的资产的价格越低、协议价格越高，看跌期权的价格就越高。

2. 期权的有效期

对于美式期权而言，它可以在到期日之前的任何一天执行，因此，有效期越长，多头获利的机会越大；同时，有效期长的期权包含了有效期短的期权的所有执行机会；有效期越长，空头亏损的风险也越大，因此，有效期越长，期权价格越高。

3. 标的资产的价格波动

标的资产的价格波动幅度是用来衡量资产未来价格变动不确定性的指标。由于期权多头最大的亏损就是权利金，而盈利可能是无限的，盈利取决于执行期权时标的资产的市场价格与协议价格之差。所以标的资产的价格波动幅度越大，对期权多头越有利，期权价格也越高。

4. 无风险利率

无风险利率是购买期权合约的机会成本。在看涨期权中，无风险利率越高，要求期权的收益也就越高，因此无风险利率与权利金呈正比例关系；在看跌期权中，无风险利率越高，履约时的收入相对降低，因此无风险利率与权利金呈反比例关系。

5. 标的资产的收益

许多金融资产都有相应的收益，如股票有股息、债券有利息等。对于看涨期权的持有者来说，一方面，在执行该期权前，其尚未持有该项资产，因而也就不能获得该项资产的收益；另一方面，由于该项金融资产的收益率上升，其现货价格就会下降，现货价格的下降会造成所持有的看涨期权的价值遭受损失。所以，标的资产的收益越高，看涨期权的价格越低；反之，对于看跌期权来说，标的资产的收益越高，看跌期权的价格会上升。

四、金融期权的交易策略

（一）金融期权的基本交易策略

金融期权的基本交易策略主要有四种：购买看涨期权、购买看跌期权、出售看涨期权、出售看跌期权。四种交易策略的主要特征见表9-7。

1. 买入看涨期权

买入看涨期权是交易者在付出期权费后，获得以约定价格买入标的资产的权利，这是预期标的资产市场价格将会上涨的看多型策略。在期权的有效期内，如果交易者判断准确，标的资产价格上涨，交易者可以选择行使权利，从而获得收益；如果判断失误，标的资产价格下跌，则可以放弃执行期权。因此，对于看涨期权的买入方来说，其最大的损失是期权费，理论上说，收益可以达到无限大。

2. 买入看跌期权

买入看跌期权是交易者付出期权费之后，获得以约定价格卖出标的资产的权利，这是预期标的资产市场价格将会下跌的看空型交易策略。在期权的有效期内，若如交易者所预计，标的资产价格下跌，交易者可以选择执行期权，以协议价格向交易对手出售市场价已经跌下来的标的资产，从而获得收益。同样，当市场价格与预计相反时，交易方可以放弃执行期权。

3. 卖出看涨期权

卖出看涨期权是与买入看涨期权对应的交易行为，是获得买方期权费后，卖出方就承担按照买方要求在有效期内按照约定价格向对方出售标的资产的义务。选择卖出看涨期权者预期标的资产价格将会下跌，通过出售看涨期权获得期权费收入。对于看涨期权出售者来说，其最大的收益是期权费，损失则随着标的资产价格上涨幅度而定，理论上说这种潜在损失可以达到无限大。

4. 卖出看跌期权

卖出看跌期权是与买入看跌期权对应的交易行为，是期权的卖方获得期权费之后，就承担按照买方要求在有效期内按照约定价格从对方手中买入标的资产的义务。选择卖出看跌期权者对标的资产价格的判断是未来将会上涨，希望通过卖出看跌期权来收取期权费获利。其最大收益是期权费用，潜在最大损失将是协议价格与期权费之差。

表 9-7　四种期权基本交易策略的主要特征

交易策略	买入看涨期权	卖出看涨期权	买入看跌期权	卖出看跌期权
对市场的看法	看涨	看跌	看跌	看涨
盈亏图				

交易策略	买入看涨期权	卖出看涨期权	买入看跌期权	卖出看跌期权
潜在最大利润	∞	C	X−P	P
潜在最大损失	C	∞	P	X−P
盈亏平衡点	X+C	X+C	X−P	X−P

注：X 为协定价格，C 为看涨期权的期权费，P 为看跌期权的期权费。

（二）投资组合策略

交易者在期权市场上还可以根据期权的种类、期限以及敲定价格的不同构造不同的组合策略。主要有以下三种套利组合。

1. 水平套利

水平套利是指交易者按照相同的协定价格同时买卖不同到期月份的同类型期权合约以套取水平价差的期权交易策略。具体操作为在买进一个远期权合约的同时卖出一个近期权合约。这样的话，两种期权间的期权费差额就会扩大，交易中盈利的机会也会扩大。当交易者预测长期价格稳中趋涨时，运用看涨期权进行水平套利交易；反之，预测价格稳中趋降时，运用看跌期权进行水平套利。

2. 垂直套利

垂直套利是指交易中按照不同的价格同时买卖相同期限的期权合约以套取垂直价差的期权交易策略。垂直套利的特点就是亏损和盈利都是有限的。亏损仅限于出售期权时得到的期权费与买入期权时支付的期权费之间的差额，盈利则最多为期权费。

3. 对角套利

对角套利是指交易中按照不同的协定价格同时买卖不同到期月份的同类型期权合约以套取对角价差的期权交易策略。它是由两份执行价格不同，期限也不同的同种期权的多、空头寸组成，是非均衡分布，具有非对称性特点。

从上述三种组合套利策略又可以演变出多种期权投资策略。对不同的期权品种与标的资产进行组合或者是对不同的期权品种进行组合会形成具有不同期权回报和盈亏分布的投资组合，这些期权组合策略适用于不同的风险偏好者，也使期权市场交易更加活跃。

第五节　金融互换市场

金融互换是金融市场最新引进的衍生合约。金融互换有很大的灵活性，通过互换可以创造出一系列的证券新品种，以满足投资者的需要。金融互换在全球金融市场的发展方面发挥着重要作用，是迄今为止最为成功的场外交易金融衍生工具之一。

一、金融互换市场概述

（一）金融互换的含义

金融互换（Financial Swaps）是两个或两个以上当事人按照商定条件，在约定的时间内，交换一系列现金流的合约。金融互换是重要的金融衍生产品之一，也是最为成功的场外交易衍生工具之一。

互换市场可以追溯到 20 世纪 70 年代，当时的货币交易商开发了对放贷款，即不同国家的两个交易者，向对方分别放出一笔等值、放款日和到期日相同，分别以对方国家货币计算价值的贷款，以规避外汇管制。1981 年，IBM 与世界银行之间签署了利率互换协议是世界上第一份利率互换协议。1985 年，"国际互换交易商协会"（ISDA）成立，并出版了第一个互换标准化条例，其后，互换市场迅速发展。目前，金融市场的互换产品十分丰富，各种机构、企业、投资者为满足自身的特定需求、风险偏好、降低成本等，进行着各种各样的互换。

（二）金融互换的理论基础

金融互换产生的理论基础是比较优势理论（Comparative Advantage）。该理论由英国著名的经济学家大卫·李嘉图（David Ricardo）提出，他认为在两国都能生产两种商品，并且其中一国在两种商品生产上都处于绝对优势，另一国则都处于劣势情况下，如果前者专门生产比较优势比较大的商品，后者专门生产比较劣势较小的商品，通过专业化分工和国际贸易，双方仍然能够从中获益。我们以一个例子来说明比较优势理论，假设有两个国家，分别为 A、B，各自生产两种产品 X、Y，若以 P 表示生产中的劳动生产率，那么两国之间存在贸易的充要条件为：PAX/ PAY ≠ PBX/ PBY，若 PAX/ PAY > PBX/ PBY，则 A 国生产 X 有比较优势，此时，A 国应生产 X，B 国应生产 Y，然后进行国际贸易；若 PAX/ PAY < PBX/ PBY，则 B 国生产 X 有比较优势，此时，A 国应生产 Y，B 国应生产 X，然后进行国际贸易。

李嘉图的比较优势理论不仅适用于国际贸易，而且适用于所有的经济活动。只要存在比较优势，双方就可通过适当的分工和交换使双方共同获利。互换是比较优势理论在金融领域最生动的运用。根据比较优势理论，只要满足以下两种条件，就可进行金融互换：一是双方对对方的资产（或负债）均存在需求；二是双方在两种资产（或负债）上存在比较优势。

（三）金融互换和掉期的区别

互换和掉期在英文中都叫 Swap，因此有必要对其进行区分。实际上，两者有很大区别，详见表 9-8。

表 9-8　金融互换和掉期的区别

	掉期	互换
性质不同	掉期是外汇市场上的一种交易方法，是指对不同期限，但金额相等的同种外汇作两笔反方向的交易，它并没有实质的合约，更不是一种衍生工具	互换有实质的合约，是一种重要的衍生工具
市场不同	掉期在外汇市场上进行，它本身没有专门的市场	互换在专门的互换市场上交易
期限不同	掉期以短期为主，极少超过 1 年	互换多是 1 年以上的中长期交易
形式不同	掉期不包含利息支付及其交换	互换分利率互换和货币互换，后者包含一系列利息和支付（或收取）的交换
汇率不同	掉期的前后两笔交易牵涉到不同的汇率	互换涉及的前后两笔汇率相同
交易目的不同	掉期的主要目的是管理资金头寸	互换的主要目的是降低筹资成本，进行资产负债管理，转移和防范中长期利率和汇率风险

二、金融互换的起源

金融互换是在平行贷款和背对背贷款的基础上发展起来的。平行贷款和背对背贷款最初均产生于英国。20 世纪 70 年代，英国政府为了防止本国资本外流，对英镑与同其他货币的外汇交易征收重税，以此来促进本国的投资活动。为了逃避外汇管制，免交外汇交易税，平行贷款和背对背贷款应运而生，并被广泛接受。

（一）平行贷款

平行贷款是 20 世纪 70 年代在英国出现为逃避外汇管制而创新的一种业务，是指在不同国家的两个母公司分别在国内向对方公司在本国境内的子公司提供金额相当的本币贷款，并承诺在指定到期日，各自归还所借货币。例如，英国母公司向美国母公司在英国境内的子公司提供贷款，美国母公司相应地向英国母公司在美国境内的子公司提供同等价值的贷款。其流程图如图 9-3 所示。

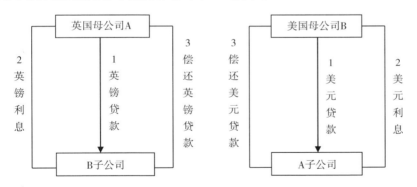

图 9-3　平行贷款流程图

虽然平行贷款既可以满足子公司的融资需要，又逃避了外汇管制，但是平行贷款存在信用风险问题，因为平行贷款包含两个独立的贷款协议，他们分别具有法律效力，但其权利和义务不相联系，当一方违约时，另一方仍不能解除履约义务。

（二）背对背贷款

背对背贷款是为了解决平行贷款中的信用风险问题而产生的。它是指两个国家的母公司相互直接贷款，贷款币种不同但币值相等，贷款到期日相同，各自支付利息，到期各自偿还原借款货币。

背对背贷款尽管有两笔贷款，但只签订一个贷款协议，协议中明确规定了若一方违约，另一方有权抵消应尽的义务。这大大降低了信用风险，向货币互换迈进了一大步。但是背对背贷款涉及跨国借贷，这就存在外汇管制问题。因此，背对背贷款在 1979 年英国取消外汇管制后才作为一种金融创新工具出现。

但背对背贷款还不是真正的互换，因为它是一种贷款行为，在法律上会产生新的资产和负债，会改变原有的资产负债结构。为了解决这个问题，互换于 1981 年 8 月应运而生。由于互换是资产或负债的互换，其现金流的流出和流入是互为条件的，是一种表外业务，并不产生新的资产与负债，这也是互换交易受到人们青睐并得以迅速发展的一个重要原因。

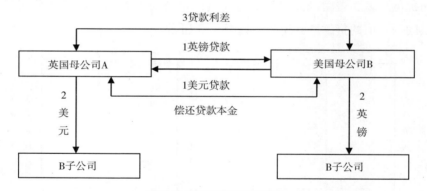

图 9-4　背对背贷款流程图

三、金融互换的运作机制

（一）金融互换的主要种类

按交易对象划分，金融互换主要分为利率互换和货币互换。

1. 利率互换

利率互换是指双方同意在未来的一定时期内根据同种货币的相等名义本金交换现金流，其中一方的现金流根据固定利率计算，另一方的现金流根据浮动利率计算。利率互换实际上是固定利率与浮动利率的互换，这种交换一般是债务交换，交易的双方在各自的市场（固定利率市场和浮动利率市场）上有比较优势。互换的期限通常在 2 年以上，有的甚至在 15 年以上。

2. 货币互换

货币互换是指双方按固定汇率在期初交换两种不同货币的本金，然后在预先规定的日期，进行利率和本金的互换。货币互换实际上是将一种货币的本金和固定利息与另一货币的等价本金和固定利息进行的交换。

表 9-9 概括了利率互换和货币互换的特征。与利率互换相比，由于货币互换牵涉到一系列的不同货币本金与利率的互换，所以货币互换协议的达成往往需要更长的时间。

表 9-9　利率互换和货币互换的特征

利率互换	货币互换
支付币种相同或不同	支付币种不同
计息方式不同	计息方式相同（固定）
利息现金流互换	本息现金流互换
本金等额	本金等值

（二）其他的金融互换品种

一般来说，互换是现金流的交换。由于计算或确定现金流的方法有很多，因此互换的种类就很多。除了上述最常见的利率互换和货币互换外，其他主要的互换品种有：

（1）基差互换。又称基点互换、基础互换，是同种货币基于不同参考利率的浮动利率对浮动利率的利息互换，即以一种参考利率的浮动利率交换另一种参考利率的浮动利率。

（2）交叉货币利率互换。交叉货币利率互换是利率互换和货币互换的结合，它是以一种货币的固定利率交换另一种货币的浮动利率。

（3）互换期权。互换期权是在公司股价下跌情况下，为了保证股票期权预期目标的实现，避免员工的利益损失而采取的一种调整行权价格的方式。例如，当股票市价从 50 元/股下落到 25 元/股时，公司就收回已发行的旧期权而代之以新期权，新期权的授予价格为 25 元/股。

（4）增长型互换、减少型互换和滑道型互换。在标准的利率互换中，名义本金是不变的，而在这三种互换中，名义本金是可变的。其中增长型互换的名义本金在开始的时候比较小，其后随时间的推移逐渐增大。减少型互换则正好相反，其名义本金随时间的推移逐渐变小。互换市场随后又出现了一种特殊的减少型互换，即指数化本金互换，其名义本金的减少幅度取决于利率水平，利率越低，本金减少幅度越大。滑道型互换的名义本金则在互换期内时而增大，时而减小。

（5）可延长互换和可赎回互换。在标准的互换中，期限是固定的。而可延长互换的一方有权在一定限度内延长互换期限。可赎回互换的一方则有权提前中止互换。

（6）零息互换。零息互换是指固定利息的多次支付流量被一次性的支付所取代。该一次性支付既可以在互换期初也可以在互换期末。

（7）后期确定互换。在普通的涉及浮动利率的互换中，每次浮动利率都是在该计息期开始之前确定的。后期确定互换的浮动利率则是在每次计息期结束之后确定的。

（8）差额互换。差额互换是对两种货币的浮动利率的现金流量进行交换，只是两种利息现金流量均按同种货币的相同名义本金计算。如互换一方按 6 月期美元的 LIBOR 对 1000 美元的名义本金支付利息，另一方按 6 月期英镑的 LIBOR 减去 1.90% 的浮动利率对 1000 美元的名义本金支付以美元表示的利息。

（9）远期互换。远期互换是指互换生效日是在未来某一确定时间的互换。

（10）股票互换。股票互换是指交易一方以一定名义本金为基础的与某种股票指数挂钩的回报，与另一方基于同等名义本金的固定利率和浮动利率相交换。

（三）利率互换的运作机制

交易双方进行利率互换的主要原因是各自在固定利率市场和浮动

利率市场具有比较优势。假设 A、B 公司都想借入 5 年期的 1000 万美元的款项，对于未来的利率趋势变动有各自的判断，A 想借入与 6 个月相关的浮动利率的借款，B 想借入固定利率贷款，但是两家公司信用等级不同，因此市场向两家公司要求的利率不同，如表 9-10 所示。

表 9-10　市场提供给 A、B 两公司的借款利率

	A 公司	B 公司	优势差异
固定利率	10.00%	11.20%	1.20%
浮动利率	6 个月 LIBOR+0.30%	6 个月 LIBOR+1.00%	0.70%

由表 9-10 可以看出，A 公司在两市场具有绝对优势，固定利率市场的绝对优势是 1.20%，浮动利率市场绝对优势是 0.70%，但是两家公司只能在其中一个市场上借款。A 在固定利率市场上有比较优势，B 在浮动利率市场有比较优势。这样双方就可以利用各自的比较优势对借款活动进行安排，就是各自在比较优势市场借款，然后二者互换，从而达到共同降低筹资成本的目的。双方进行利率互换的过程如下：

第一步：确定各自的比较优势。通过分析比较，我们知道 A 在固定利率市场上具有比较优势；B 在浮动固定利率市场上具有比较优势。

第二步：计算互换收益。假定互换收益由双方分享，分享比例由双方协商。

互换利益 = 不进行互换时的总筹资成本 - 进行互换后的筹资成本为：

$[$（6 个月期 LIBOR + 0.30%）+ 11.20%$]$ − $[$ 10.00% +（6 个月期 LIBOR+1.00%）$]$ = 0.50%

若假定双方平分，则各自享有 0.25%。

第三步：计算实际筹资成本。实际筹资成本 = 市场筹资成本 - 互换收益×分享比例，本例中：

A 借入浮动利率贷款的实际筹资成本 = A 借入浮动利率贷款的市场筹资成本 - 分享的互换收益 = 6 个月期 LIBOR+0.30% - 0.25% = 6 个月

期 LIBOR+0.05%。B 借入固定利率贷款的实际筹资成本 = 11.20% - 0.25% = 10.95%。

第四步：根据实际筹资成本与借款成本之间的差异，计算各自应向对方支付的现金流。

A 的浮动利率贷款的实际筹资成本与借入固定利率贷款的借款成本之间的差异：

$$（G1） = LIBOR+0.05\% - 10.00\% = LIBOR - 9.95\%$$

B 的固定利率贷款的实际筹资成本与借入浮动利率贷款的借款成本之间的差异：

$$（G2） = 10.95\% - （6 个月期 LIBOR+1.00\%） = 9.95\% - LIBOR$$

若 G1>0：应该是 A 向 B 支付利息差额；

若 G2>0：应该是 B 向 A 支付利息差额。

如果在利息支付日的 LIBOR 为 11%，因为 11%>9.95%，所以 A 应向 B 支付利息差额，A 应向 B 支付 5.25 万美元［1000 万×0.5 ×（11%-9.95%） = 5.25 万］。

互换达到的效果可见表 9-11。

表 9-11　互换达到的效果

	A 公司	B 公司
实际筹资成本	6 个月期 LIBOR+0.05%	10.95%
市场筹资成本	6 个月期 LIBOR+0.30%	11.20%
成本节约	0.25%	0.25%

（四）货币互换的运作机制

货币互换的主要原因是双方在各自国家中的金融市场上具有比较优势。以下是互换货币互换的操作步骤：

（1）期初本金互换。互换交易初期，双方按协定汇率交换两种不同货币的本金。

（2）期中利息互换。交易双方按协定的利率，以未偿还本金为基础，进行互换交易的利息支付。

（3）到期日本金再次互换。在合约到期日，交易双方通过互换，换回期初交换的本金。

下面以具体的例子来介绍货币换货的运作机制。假设西门子公司（德国）需要借入 10 年期 6000 万欧元以支付在德国的新投资，当时即期汇率为 1 美元兑 1.5 欧元，由于过去几年该公司已发行过 15 000 万欧元债券，投资银行认为该公司很难再以 6.75% 的利率发行新债券。西门子很少发行欧洲美元债券，可以 9.875% 的固定利率发行 10 年期的欧洲美元债券。

兰德公司（美国）需要借入 4000 万美元，由于兰德公司是一家较小的公司，只能以 10.25% 的利率在欧洲债券市场上发行 10 年期欧洲美元债券。投资银行认为，兰德公司从未借过欧元，因此可以 6% 的市场利率发行 10 年期的欧元债券。

西门子和兰德分别在具有比较优势的各个货币市场上筹款，然后通过投资银行这一中介进行货币互换，便可节约大量费用，如表 9-12 所示。

表 9-12　西门子、兰德筹资的比较优势

	西门子公司	兰德公司	有利于西门子的利率差异
资信等级	AAA	BBB	
筹资量	6000 万欧元	4000 万美元	
欧洲美元债券利率	9.875%	10.25%	0.375%（37.5）
欧元债券利率	6.75%	6.00%	−0.750%（75.0）
互换总节约			1.125%（112.5）

假设即期汇率：1 美元＝1.5 欧元，括号内为基点。

双方进行货币互换的过程如下：

第一步：确定比较优势并借入。通过上例可以得出，西门子应以 9.875% 的固定利率发行 10 年期的欧洲美元债券。而兰德公司应以 6% 的市场利率发行 10 年期的欧元债券。

第二步：计算互换收益（双方总的利率节约+手续费）。

互换收益=互换前的筹资成本总和－互换后的筹资成本总和为：

（10.25%+6.75%）－（9.875%+6.0%）＝1.125%

第三步：协商互换收益分配比例及投资银行手续费的分摊比例。

假设西门子和兰德的互换收益比例为 2：1，且由西门子支付投资银行 0.25% 的手续费，则西门子净互换收益为 0.5%，兰德为 0.375%。

第四步：计算各自实际筹资成本及应支付给对方的利率。

西门子借入欧元的实际筹资成本（6.75%）－其净互换收益（0.5%）＝6.25% → 经投资银行扣除 0.25% 的手续费→应支付给兰德的欧元利率为 6%。

兰德借入美元的实际筹资成本（10.25%）－其净互换收益（0.375%）＝9.875% → 应付给西门子的美元利率为 9.875%。整个操作步骤也可用图 9-5 表示。

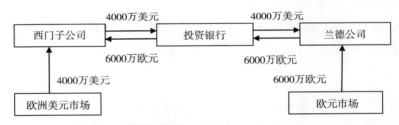

图 9-5　货币互换操作流程

第六节　其他金融衍生工具市场

上面几节中，按照金融衍生产品的交易方法及特点，分别介绍了金融衍生产品市场的远期、期货、期权、互换四个市场，接下来将介绍其他金融衍生产品市场，重点讲解可转换债券、优先认股权以及认股权证。

一、可转换债券市场

（一）可转换债券的含义

可转换债券是一种附加可转换条款的公司债券，它赋予持有人在规定期限内，可自由地选择是否依约定的条件将持有的债券转换为发债公司普通票的权利，这种权利实际上是一种买入期权。

（二）可转换债券的特征

可转换债券具有债权和期权的双重特性，兼有债券和股票的特征，具体说来具有以下 5 个特点：

1. 可转换性

可转换债券集债权和认购权证（或转换期权）的特点于一身。从债权特点看，可转换债券和其他债券一样，是一种重要的债权凭证。从认股权看，可转换债券的持有者拥有按约定的条件，将债权转为股权的权利，在转换之后，债券持有者转变为公司的股东。

2. 利率较低

由于可转换债券附有转换为股份的权利，转换权能使债权人获得潜在收益，所以，投资者愿意接受比一般债券略低的利率。

3. 多选择性

可转换债券兼有债券和股票的双重特点，使投资者有了更多的选择机会。从发达国家的经验看，可转换债券既能够保证投资者获得稳定的利息收入，当公司业绩成长，股票价格上涨时，投资者又可以按约定的条件将债券转换成股票，分享公司成长的收益。因此，这种债券对投资者有着较高的吸引力。

4. 收益的不确定性

尽管可转换债券具有较好的投资价值，但并不意味着其收益就相当稳定。可转换债券的收益受到诸多因素的影响，如发行公司的股价、转换条款、利率水平和转换期限等。例如在转换期限内时，股价下跌，按照转换率计算的购股价高于股票市价，则投资者难以将债券转换为股票，这时债券持有者只能获得公司按债券规定的还本付息收益，导致投资收益率降低。即使在转换成功后，如果公司经营状况不佳，投资者的股票收益也可能面临损失。

5. 期限较长

可转换债券是一种长期融资工具，其期限一般都很长。从发达国家的情况看，其期限一般在 10 年以上，有时甚至在 20 年以上。

（三）可转换债券的基本要素

1. 票面利率

与普通债券一样，可转换债券也设有票面利率。在其他条件相同的情况下，较高的票面利率对投资者的吸引力较大，但较高的票面利率会对可转换债券的转股形成压力，发行公司也将为此支付更高的利息。可见，票面利率的大小对发行者和投资者的收益和风险都有重要的影响。

可转换债券的票面利率通常要比普通债券低，有时甚至丕低于同期银行存款利率。可转换债券的票面利率之所以较低，是因为可转换债券的价值除了利息之外还有股票买权这一部分，一般情况下，该部分的价值可以弥补债券利息的损失，这也正是吸引投资者的主要原因。

2. 面值

国际市场上，可转换债券由于通常在柜台交易系统进行交易，最小交易单位一般较高。

3. 发行规模

可转换债券的发行规模不仅影响企业的偿债能力，而且还会影响未来企业的股本结构，因此发行规模是可转换债券很重要的构成因素。

4. 期限

（1）债券期限。可转换债券发行公司通常根据自己的偿债计划、偿债能力以及股权扩张的步伐来制定可转换债券的期限，国际市场上可转换债券期限通常较长，一般在 5—10 年左右。

（2）转换期。转换期是指可转换债券转换为股份的起始日至截止日的期间。根据不同的情况，转换期通常有以下四种：一是发行一段时间后的某日至到期日前的某日；二是发行一段时间后的某日至到期日；三是发行后日至到期日前的某日；四是发行后日至到期日。

5. 转股价格

转股价格是指可转换债券转换为每股股票所支付的价格。与转股价格紧密相联的两个概念是转换比率与转换溢价率。转换比率是指一个单位的债券转换成股票的数量，即：

$$转换比率 = 单位可转换债券的面值／转股价格 \qquad (9.5)$$

转换溢价是指转股价格超过可转换债券的转换价值（可转换债券按标的股票时价转换的价值）的部分。转换溢价率则指转换溢价与转换价值的比率，即：

$$转换溢价率＝（转股价格－股票价格）/股票价格 \qquad (9.6)$$

6. 赎回条款与回售条款

（1）赎回是指发行人在发行一段时间后，可以提前赎回未到期的发行在外的可转换债券。赎回条件一般是当公司股票价格在一段时间内连续高于转换价格达到一定幅度时，公司可按照事先约定的赎回价格买回发行在外尚未转股的可转换债券。

（2）回售是指公司股票在一段时间内连续低于转换价格达到某一幅度时，可转换债券持有人按事先约定的价格将所持可转换债券卖给发行人的行为。

赎回条款和回售条款是可转换债券在发行时规定的赎回行为和回售行为发生的具体市场条件。

7. 转换价格修正条款

转换价格修正是指发行公司在发行可转换债券后，由于公司的送股、配股、增发股票、分立、合并、拆细及其他原因导致发行人股份发生变动，引起公司股票名义价格下降时而对转换价格所作的必要调整。

（四）可转换债券的价格与价值分析

1. 转换率

转换比率是指一个单位的债券转换成股票的数量，如果转换率是50，即一张债券可以转换为50只股票。

2. 转换价格

可转换债券可以事先不给出转换率，只给出转换价格，无论股票市价如何，债券都可以根据面值按照转换价格转换为普通股。如果一张面值为1000元的债券可以兑成50只股票，那么转换价格就是20元。

一般情况下，转换价格会明显高于发行时的市价，这正是公司选择发行可转换债券而不是股票的原因。

3. 转换价值

投资者实施转换权可以得到普通股的市场价值就成为可转换债券的转换价值。因此，股票市价上升，可转换债券的转换价值就会上升。投资者在决定是否要转换时，首先就是比较可转换债券的市价与转换价值。转换价值可以表示为：

$$转换价值 = 普通股的市价 \times 转换率 \tag{9.7}$$

例如转换率为 50，在普通股市价为 15 元时，转换价值为 750 元。

4. 可转换债券的价格

可转换债券的市价一般会高于普通债券（不可转换债券）的市价，就是说，可转换债券的收益率一般低于普通债券。可转换债券的价值可以分为两个部分：一部分是可转换债券作为普通债券的价值，称为纯粹价值；另一部分是转换期权的价值。用公式表示为：

$$CB = P_b + CVO \tag{9.8}$$

其中，CB 可转换债券的价格，P_b 代表纯粹价值，而 CVO 表示转换期权的价值。

5. 可转换债券的最低价值

如果转换价值低于纯粹价值，那么纯粹价值就是可转换债券的最低价值，因为可转换债券的市价不会跌到纯粹价值之下。如果转换价值高于纯粹价值，那么转换价值就是可转换债券的最低价值。因为如果可转换债券的市价跌到转换价值之下，购买可转换债券并实施转换权利就是有利可图的。因此，可转换债券的最低价值就是纯粹价值与转换价值之中较大的一个，用公式表示为：

$$MV = Max(CV, P_b) \tag{9.9}$$

其中，MV 表示可转换债券的最低价格，CV 表示转换价值。

6. 可转换债券的升水

可转换债券的市场价格超过其转换价值的部分称为可转换债券的升水。用公式表示为：

$$Premium = (CB - CV)/CV \tag{9.10}$$

其中，$Premium$ 表示可转换债券的升水。

7. 可转换债券的价值分析

如图9-6所示，可转换债券的发行价格比普通债券的发行价格高，在发行时，可转债的升水压力较大，发行价高于转换价值。若随后普通股价格不断上升，转换价值也随之上升。在 T 年，转换价值上升到与普通债券价值一样；在 T 年之前，可转债的最低价值为普通债券价值；在 T 年之后，最低价值为转换价值。

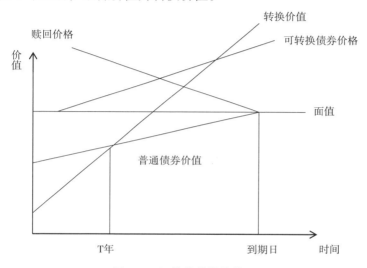

图9-6　可转换债券价格图

二、优先认股权市场

（一）优先认股权的含义

优先认股权也叫优先认缴权或股票先买权，是公司增发新股时为保护老股东的利益而赋予老股东的一种特权。这种权利可以分为两类，一种是股东在转让股份时，其他股东有优先购买的权利；另一种是当公司增资发行新股票时，公司现有股东有优先根据其持有的股票在已发行股票中所占比例购买相应新股票的权利。

优先认股权是普通股股东的优惠权，实际上是一种短期看涨期权，拥有优先认股权的老股东可以按低于股票市价的特定价格购买公司新发行的一定数量的股票。其做法是给每个股东一份证书，写明他有权购买新股票的数量，数量多少根据股东现有股数乘以规定比例求得。

一般来说，新股票的定价低于股票市价，从而使优先认股权具有价值。股东可以行使该权利，也可以转让他人。

（二）优先认股权价值

优先认股权一旦发行之后就可以在市场上流通转让。这就涉及优先认股权的价值确定问题。理论上讲，优先认股权的价值应该等于其发行前的股票价格减去其发行后的股票价格，即等于赋权股票的价格减去除权股票的价格。当然，优先认股权的价值也可以这样计算，用公式表示为：

$$C = RN + S + R \qquad (9.11)$$

$$R = (C - S)/(N + 1) \qquad (9.12)$$

其中，C 表示认股发行前的股票价格，R 表示优先认股权的价值，S 表示认购价格，N 代表购买 1 股新股所需的认股股数。如果投资者在除权之前购买了 1 股股票，为此支付的货币数量为 C，那么该投资者除了拥有一股股票，还获得了 1 个认股权。如果投资者购买了 N 个认股权，那么再支付一个认股价格，就可以购买一股的股票。

（三）除权后的股票市价

在股票除权之后，优先认股权就可以进行实际交易了，此时，投资者既可以在公开市场上直接购买股票，也可以先购买几个认股权，然后再支付一个认购价格来购买股票。这两种方式的结果应该是一样的，如果以 C_e 代表除权之后的股价，则应有：

$$C_e = RN + S \qquad (9.13)$$

$$R = (C_e - S)/N \qquad (9.14)$$

当然，以上的分析是基于无风险套利的假设前提的。由于交易成本等因素的存在，上式不一定成立。此外，如果股价跌至认购价格以下，没有人会执行认股权。因此，优先认股权的发行有发行失败的风险。优先认股权发行前后的股价差额占初始价格的比例称为稀释效应。

三、认股权证市场

（一）认股权证的含义

认股权证，又称"认股证"或"权证"，是发行人与持有者之间的一种契约，其发行人可以是上市公司，也可以是上市公司股东或者投资银行等第三者。权证的持有者在约定的时间（行权时间），可以用约定的价格（行权价格）向发行人购买或者卖出一定数量的标的资产。

根据认股权证的权利不同，认股权证可以分为认购权证和认沽权证。认购权证赋予权证持有者在一定期限内按照一定的价格向发行人购买一定数量标的资产的权利。而认沽权证则赋予权证持有者在一定期限内按照一定的价格向发行人出售一定数量标的资产的权利。

（二）认股权证的特征

认股权证是指一种以约定的价格和时间（或在权证协议里列明的一系列期间内分别以相应价格）购买或者出售标的资产的期权。它的主要特征有：

（1）杠杆效应。认股权证一种期权，所以它具有明显的杠杆作用，持有者只要支付权证的价格就可保留认购股票的权利，而权证的市场价格要大大低于股票的价格。

（2）时效性。这一特点决定了认股权证具有时间价值，并且时间价值会随着认股权证到期日的趋近而降低。

（3）认股权证的持有者与标的物的持有者享有不同权利。对以股票为标的物的认股权证而言，由于认股权证的持有者不是上市公司的股东，所以认股权证持有者不享有股东的基本权利，例如投票权、参与分红等权利。

（4）投资收益的特殊性。对认购认股权证而言，如果投资者对标的物价格移动方向判断正确，将获得较大收益。

（三）认股权证的基本要素

认股权证的基本要素大致包括以下几个方面：

（1）发行人。股本权证的发行人为标的上市公司；备兑权证的发行人为标的公司以外的第三方，一般为券商。

（2）到期日。到期日是权证持有人可行使认购（或出售）权利的最后日期。该期限过后，权证持有人便不能行使相关权利，权证的价值也变为零。

（3）执行方式。在美式执行方式下，持有人在到期日以前的任何时间内均可行使认购权（或出售权）；而在欧式执行方式下，持有人只能在到期日当天才可以行使认购权（或出售权）。

（4）认股价（执行价）。认股价是发行人在发行权证时所定下的价格，持证人在行使权证时以此价格向发行人认购（或出售）标的股票。

（5）交割方式。交割方式包括实物交割和现金交割两种形式。其中，实物交割指投资者行使认股权利时从发行人处购入（或出售）标的证券；而现金交割指投资者在行使权利时，由发行人向投资者支付市价高于（或低于）执行价的差额。

（6）认购比率。认购比率是每张权证可认购（或出售）正股的股数，如认购比率为0.1，就表示每10张权证可认购（或出售）1股标的股票。

（7）杠杆比率。对认购权证而言，杠杆比率是正股市价与购入1股正股所需权证的市价之比，即：

$$杠杆比率 = \frac{正股股价}{（权证价格 ÷ 认购比率）}$$

杠杆比率可用来衡量"以小搏大"的放大倍数，杠杆比率越高，投资者盈利率也越高，当然，收益与风险是对应的，其可能承担的亏损风险也越大。

（四）认股权证与几个金融工具的比较

1. 认股权证与股票期权的比较

在认股权证与股票期权之间并不存在本质性的区别。例如股本权证有稀释效应，公司为激励管理层而发放的股票期权也可以有稀释效应。股票认股权证本质上就是一种股票期权。不过，从全球现有的认股权证和股票期权在交易所交易中所采取的具体形式看，它们之间大致在如下五个方面存在区别：

（1）有效期。认股权证的有效期（即发行日至到期日之间的期间长度）通常比股票期权的有效期长，认股权证的有效期一般在一年以上，而股票期权的有效期一般在一年以内。

（2）标准化。认股权证通常是非标准化的，在发行量、执行价、发行日和有效期等方面，发行人通常可以自行设定，而交易所交易的股票期权则是标准化的合约。

（3）卖空。认股权证的交易通常不允许卖空，即使允许卖空，卖空也必须建立在先借入权证实物的基础上。如果没有新发行和到期，则流通中权证的数量是固定的。而股票期权在交易中，投资者可以自由地卖空，并且可以自由选择开平仓，股票期权的净持仓数量随着投资者的开平仓行为不断变化。

（4）第三方结算。认股权证的结算是在发行人和持有人之间进行，而股票期权的结算是由独立于买卖双方的专业结算机构进行。因此，交易股票期权的信用风险要略低于交易认股权证的信用风险。

（5）做市商。认股权证的做市商通常由发行人自动承担，即使是没有得到交易所的正式指定，发行人也通常需要主动为其所发行的认股权证交易提供流动性。而股票期权的做市商必须经由交易所正式授权。

2. 股本认股权证与备兑权证的比较

按照发行的主体划分，认股权证可以分为股本认股权证和备兑权证两种，股本认股权证属于狭义的认股权证，是由上市公司发行。备兑权证属于广义的认股权证，由上市公司以外的第三方（一般为证券公司、银行等）发行的，不增加股份公司的股本，且备兑权证所赋予的权利可以是购买权利（认购权证）或出售权利（认沽权证），其中赋予购买权利的权证称为备兑认购权证，赋予出售权利的权证称为备兑认沽权证。

股本认股权证和备兑权证主要存在以下五个方面差异：

（1）发行主体。股本认股权证的发行主体是上市公司，非上市公司不得发行认股权证。备兑权证的发行人是除上市公司以外的其他主体，通常都是资信卓著的金融机构，或是持有大量认股对象公司股票以供投资者到时兑换，或是有雄厚的资金实力作担保，能够依照备兑权证所列条款向投资者承担责任。

（2）发行时间。股本认股权证一般是上市公司在发行公司债券、优先股股票或配售新股之际同时发行，备兑权证发行时间没有限制。

（3）认购对象。股本认股权证持有者只能认购发行认股权证的上市公司的股票，备兑权证持有者有时可认购一组股票。同时，针对一个公司的股票，会有多个发行者发行备兑权证，它们的兑换条件也各不一样。

（4）发行目的。股本认股权证与股票或债券同时发行，可以提高投资者认购股票或债券的积极性。同时，如果到时投资者据此认购新股，还能增加发行公司的资金来源。备兑权证发行之际，作为发行者的金融机构可以获取一笔可观的发行收入，当然它也要承受股市波动给其带来的风险。

（5）行权方式不同。股本认股权证是以持有者认购股票而行权，备兑权证的兑现，可能是发行者按约定条件向持有者出售规定的股票，也可能是发行者以现金形式向持有者支付股票认购价和当前市场价之间的差价。

股本认股权证和备兑权证也存在着一些共同之处：首先，持有者都有权利而无义务，即两者都有期权的特征。在资金不足、股市形势不明朗的情况下，投资者可以购买权证而推迟购买股票，减少决策失误可能造成的损失。其次，两者都有杠杆效应。持有者只要支付权证的价格就可保留认购股票的权利，因为权证的市场价格大大低于股票的价格，所以，权证提供了以小博大的机会。最后，两者的价格波动幅度都大于股票。股本认股权证和备兑权证的价格都随股票的市场价格波动而同向波动，由于杠杆效应，其波幅都大于股票波动幅度。

3. 优先认股权与认股权证的比较

优先认股权与认股权证的区别主要在于：

（1）性质。认股权证是由公司发行的，能够按照特定的价格在特定的时间内购买一定数量该公司股票的选择权凭证，其实质是一种有价证券；而优先认股权则是公司在增发新股时为保护老股东的利益而赋予老股东的一种特权，老股东可以凭此权按特定的价格购买新股。

（2）与股票的联系。认股权证是与股票同时发行的，但发行后则可与股票独立，形成自己的市场和价格；优先认股权则是在配股登记日前要附着在股票上进行交易，登记日之后，优先认股权才脱离股票可以在市场上独立交易。

（3）两者的目的。优先认股权是赋予老股东的特权，允许老股东按其原来的持股比例购买新股；认股权证的发行则主要是为了更多地筹措资金，培养潜在的增资来源。

优先认股权与认股权证也存在着紧密的联系，第一，优先认股权和认股权证都是一种凭据，凭此可以在规定的时间内按照特定的价格购买一定数量的股票，且都是由股票发行公司推出的，与股票直接相关；第二，优先认股权和认股权证都可以进行交易，并在交易中形成自己的价格。

第七节　中国金融衍生工具市场

相对而言，我国的金融衍生品市场发展还处于刚刚起步阶段，与发达国家市场相比，无论在规模与结构方面都有一定差距。但是近年来，随着金融市场的改革开放，金融衍生品市场呈现爆发式增长，在经济发展中起到重要作用。

一、利率衍生品市场

（一）市场交易概况

利率衍生产品主要是以国债为基础资产的衍生产品，是金融衍生产品行业的核心产品，在全球衍生品的总市值中，利率衍生品占据了45%。

我国的利率衍生品起步较晚，但是其发展趋势正逐步向全球趋势靠拢，即在整个金融衍生产品市场中占据重要地位，并逐渐成为市场份额最大的衍生品。我国于2005年6月15日推出了第一个利率衍生品——远期债券，随后又接连于2006年2月和2007年9月推出了利率互换和远期利率协议。这几类利率衍生品推出之后，就保持着快速发展的态势。

1993年以后，我国的利率逐渐开始了市场化进程，之后中国人民银行多次调整利率，近些年对利率的调整更是频繁。利率市场化与利率衍生品发展之间的关系体现在：一方面，利率的市场化使得利率波动带来的风险加大，商业银行为了规避利率风险和套利，加强了对利率衍生品的交易，增加了对利率衍生品的需求，从而促进了利率衍生品的发展；另一方面，利率衍生品的发展又推动了利率市场化的进程，衍生品品种的增加和交易的便利性促使市场资本的流动性提高，利率更加趋向合理。

（二）国债期货

利率衍生产品的地位是与标的资产——国债在金融市场上的重要性分不开的。国债的安全性和流动性较佳，是债券市场的主力品种。与此同时，国债利率作为基准利率，对金融市场乃至实体经济都有着巨大的影响。但从另一方面来说，正是由于国债市场的繁荣催生了利用国债利率进行套期保值等操作的巨大市场需求，从而促进了利率衍生产品的蓬勃发展。

国债期货是重要的利率期货，从公开上市（1992年12月28日）到宣布关闭（1995年5月）只有29个月的时间。在此期间，国债期货从最初的基本上无交易量一跃成为中国市场上发展规模最大的金融期货。

1992年底到1993年10月是我国国债期货发展的萌芽期。在此期间，国债期货规定只在上海证券交易所开办，且仅限于券商自营自卖，不对其他机构投资者和个人开放。1993年10月到1994年3月是我国国债期货的发展期。经过重新设定的期货合约开始对其他机构投资者和个人开放。1994年3月到1995年5月是我国国债期货发展的成熟期。此间，上海和深圳两个证券交易所、武汉和天津两个交易中心、北京等十家商品交易所组成的国债期货市场，覆盖全国。

繁荣的背后孕育着危机。先后出现了"314合约交割违规风波"（1994年9月）、"327国债期货事件"（1995年2月）等严重投机事件，在国内外造成了恶劣影响。对此，国务院证券委召开了紧急会议，宣布在全国范围内停止国债期货交易试点。至此，国债期货试点结束。

经过最近十几年的发展，我国的债权市场已经基本具备再次推出国债期货的条件。2013 年 9 月 6 日，中金所首个国债期货产品顺利上市。目前我国已经上市交易的有期限为 5 年、10 年的国债期货，具体标准见表 9-13。

表 9-13　国债期货合约

	5 年期国债期货合约	10 年期国债期货合约
合约标的	面值为 100 万元人民币、票面利率为 3% 的名义中期国债	面值为 100 万元人民币、票面利率为 3% 的名义长期国债
可交换国债	合约到期月首日剩余期限为 4—5.25 年的记账式附息国债	合约到期月首日剩余期限为 6.5—10.25 年的记账式附息国债
报价方式	百元净价报价	百元净价报价
最小变动价位	0.005 元	0.005 元
合约月份	最近的三个季月（3 月、6 月、9月、12 月中的最近三个月循环）	最近的三个季月（3 月、6 月、9月、12 月中的最近三个月循环）
交割时间	09：15—11：30, 13：00—15：15	09：15—11：30, 13：00—15：15
最后交易日交易时间	09：15—11：30	09：15—11：30
每日价格最大波动限制	上一交易日结算价的 ±1.2%	上一交易日结算价的 ±2%
最低交易保证金	合约价值的 1%	合约价值的 2%
最后交易日	合约到期月份的第二个星期五	合约到期月份的第二个星期五
最后交割日	最后交易日后的第三个交易日	最后交易日后的第三个交易日
交割方式	实物交割	实物交割
交易代码	TF	T
上市交易所	中国金融期货交易所	中国金融期货交易所

【专栏 9-2】

327 国债期货事件

1995 年时，国家宏观调控提出三年内大幅降低通货膨胀率的措施，到 1994 年底、1995 年初，通胀率已经下调了 2.5% 左右。众所周知的是，在 1991—1994 年中国通胀率一直居高不下的这三年里，保值贴息率一直在 7%—8% 的水平上。根据这些数据，时任万国证券总经理管金生的预测，327 国债的保值贴息率不可能上调，即使不下降，也应维持在 8% 的水平。按照这一计算，327 国债将以 132元的价格兑付。因此当市价在 147—148 元波动的时候，万国证券联合辽宁国发集团，成为了市场空头主力。而另外一边，当时的中国经济开发有限公司（简称中经开），隶属于财政部，有理由认为，它当时已经知道财政部将上调保值贴息率。因此，中经开成为了多头主力。

　　1995 年 2 月 23 日，财政部发布公告称，327 国债将按 148.50元兑付，空头判断错误。当日，中经开率领多方借利好大肆买入，将价格推到了 151.98 元。随后辽宁国发在形势对空头极其不利的情况下由空翻多，将其 50 万口做空单迅速平仓，反手买入 50 万口做多，327 国债在 1 分钟内涨了 2 元。这对于万国证券意味着一个沉重打击——60 亿人民币的巨额亏损。管金生为了维护自身利益，在收盘前 8 分钟时，做出避免巨额亏损的疯狂举措：大举透支卖出国债期货，做空国债。下午 4 点 22 分，在手头并没有足够保证金的前提下，空方突然发难，先以 50 万口把价位从 151.30 元轰到150 元，然后把价位打到 148 元，最后一个 730 万口的巨大卖单把价位打到 147.40 元。而这笔 730 万口卖单面值 1460 亿元。当日开盘的多方全部爆仓，并且由于时间仓促，多方根本没有来得及有所反应，使得这次激烈的多空绞杀终于以万国证券盈利而告终。而另一方面，以中经开为代表的多头，则出现了约 40 亿元的巨额亏损。

　　2 月 23 日晚上十点，上交所在经过紧急会议后宣布：23 日 16时 22 分 13 秒之后的所有交易是异常的、无效的，经过此调整当日国债成交额为 5400 亿元，当日 327 品种的收盘价为违规前最后签订的一笔交易价格 151.30 元。这也就是说当日收盘前 8 分钟内多头的所有卖单无效，327 产品兑付价由会员协议确定。上交所的这一决定，使万国证券的尾盘操作收获瞬间化为泡影，万国亏损 56亿人民币，濒临破产。

　　2 月 24 日，上交所发出《关于加强国债期货交易监管工作的紧急通知》，就国债期货交易的监管问题作出六项规定，即：一是从 2 月 24 日起，对国债期货交易实行涨跌停板制度；二是严格加强最高持仓合约限额的管理工作；三是切实建立客户持仓限额的规定；四是严禁会员公司之间相互借用仓位；五是对持仓限额使用结构实行控制；六是严格国债期货资金使用管理。同时，为了维持市场稳定，开办了协议平仓专场。

——摘自陆一：《中国赌金者》，上海远东出版社 2015 年版

（三）债券远期

目前，中国远期交易主要是在全国银行的债券市场进行现券交易的政府债券、金融债券、中央银行债券。我国债券远期市场自 2005 年 5 月 16 日正式推出，到 2007 年末世界金融海啸的爆发，这个阶段是我国债券远期快速发展的阶段，交易量由 2005 年的 178 亿元增长到 2007 年的 644.46 亿元。债券远期之所以得到快速发展得益于我国自 2005 年 7 月 21 日开始实行的有管理的浮动汇率制度。由于市场参与者对人民币升值的预期以及未来人民币持续升值的可能性，不断有热钱涌入债券市场，从而活跃了债券远期市场。2007 年到 2008 年末，由于金融海啸爆发，债券远期增长速度有所减缓。2008 年后，政府刺激经济的政策开始产生效果，经济逐渐回暖，债券远期交易量稳中增加。2015 年 4 月 17 日，中国外汇交易中心和上海清算所正式推出人民币标准债券远期业务，该业务通过外汇交易中心交易处理平台达成；2015 年 11 月 30 日外汇交易中心和上海清算所开始通过 X-Swap 系统提供标准债券远期交易服务。

（四）利率互换

为了满足银行间债券市场投资的风险管理、加快中国金融衍生品的发展，中国人民银行于 2006 年 2 月 1 日发布了《关于开展利率互换有关事项的通知》，标志着人民币衍生工具在中国金融市场的正式登场。

虽然我国利率互换的推出时间晚于债券远期，但其交易量上升迅速，已成为我国利率衍生品的主力品种。利率互换之所以会迅速发展，主要是因为其能为机构投资者对冲利率风险、丰富投资品种以及提高盈利。

随着利率互换交易的发展，其交易品种也逐渐增加。主要有基于一年期定存、基于 7 天回购利率和基于 SHIBOR 三大品种的利率互换。从最近的利率互换品种发展趋势来看，以 7 天回购利率为基准的产品仍然占有主导地位，但伴随 SHIBOR 逐渐成为中国货币市场的基准利率，与 SHIBOR 挂钩的利率互换也开始成为利率互换市场上的主要品种。

二、外汇衍生产品市场

自 2005 年中国实行汇率改革以来，人民币汇率制度更加灵活和市场化。从最初如何有效利用外汇衍生品规避贸易上的风险，到现今如何利用外汇衍生品的价值发现功能进行投资并获益，外汇衍生品已经成为许多投资者关注的重点。

我国分别于 2005 年 8 月、2006 年 4 月、2007 年 8 月和 2011 年 4 月在银行间外汇市场正式推出了人民币远期外汇、人民币外汇掉期、货币互换、外汇期权等产品，形成了我国外汇市场衍生品结构体系。

（一）远期外汇

2005 年 8 月 15 日，为了配合人民币汇率改革机制的形成，完善汇率改革的各类配套措施，银行间市场正式推出远期人民币外汇交易业务，这标志着我国银行间外汇衍生品交易的开始。

目前，银行间市场远期人民币外汇交易的品种主要有美元/人民币、港币/人民币、日元/人民币、欧元/人民币以及英镑/人民币四种。包括的期限有 1 周、1 个月、2 个月、3 个月、6 个月、9 个月和 1 年七种。其中，以美元/人民币交易最为活跃，其他品种的交易相对清淡。总的来说，人民币远期外汇的交易情况和人民币兑美元的汇率密切相关。

（二）外汇掉期

为进一步完善我国的金融市场体系，丰富外汇市场品种，满足外汇市场规避汇率风险的需求，我国于 2006 年 4 月 24 日正式推出人民币外汇掉期交易，开拓了我国外汇衍生产品交易的新品种。

人民币外汇掉期交易自产生以来，发展迅猛。2006 年全年银行间人民币外汇掉期交易累计金额达到 508.56 亿美元；2008 年，人民币外汇掉期交易已增长到 3146.14 亿元美元；2012 年，人民币外汇交易已骤增至 2.52 万亿美元，其中，隔夜美元掉期成交量最大，达到 1.4 万亿美元，占掉期总成交金额的 55.6%。

目前，银行间外汇市场可开展人民币兑美元、欧元、日元、港币、英镑五个币种的货币掉期交易。

近年来，中国外汇衍生品市场的交易品种越加丰富，交易量稳步增加，2017 年 7 月境内外汇交易中心外汇交易量为 20463 亿美元，其中即期 8078 亿美元、远期等衍生品 12385 亿美元。

三、权益类衍生品市场

目前，我国拥有的权益类衍生产品主要是权证、可转换债券和股指期货。这三种衍生金融产品的发展都与股票市场的波动息息相关。

（一）权证

认股权证通常与债券或者优先股一起发行，持有者有权在有效期内以规定的价格购买一定的普通股。认股权证和期权一样，其时间价值是随着剩余有效期的缩短而减少的，其内在价值则随着股票市价与权证认购价格的变化而变化。

为了在企业股份改制中保护老股东的利益，使无力认购配股的老股东有偿转让其配股权。我国于 1994 年推出权证交易，购入认购权证之后，持有人获得的是一种配股权利而不是责任，行使与否取决于持有人的意愿。但是半年之后，一方面，权证市场低迷，发行权证的个股有的已经跌破了配股价，权证变得一文不值；另一方面，由于权证价格暴涨暴跌，投机行为严重。为了稳定证券市场，我国在 1996 年 6 月底便终止了权证交易。

2005 年 8 月 22 日，为了配合中国股权分置改革，中国的证券市场再次启动了权证交易，推出的第一只股改权证——宝钢权证在上海交易所上市。在沪深交易所上市的权证分为认购权证和认沽权证两种。投资者买卖权证和买卖股票的方法类似。只有拥有沪深交易所股票账户的投资者才可以进行权证交易。权证实行"T+0"的交易方式，即当日买进的权证，当日就可卖出，权证的最小变动单位为 0.001 元。

（二）可转换债券

可转换债券是股份公司发行债券或者优先股时，规定其具有转换特性，持有人在债券有效期内可以选择按规定获得应有的债券利息，或者按规定将之转换成发行机构的普通股票。中国自 1991 年 8 月起，先后推出了琼能源、成都工益、深宝安、中纺机和深南玻等可转换债券。

2005 年为了让路于股权分置改革，可转换债券的发行处于停滞状态，间隔一年以后，随着 2006 年《上市公司证券发行管理办法》的出台，停止一年多的再融资开闸，使我国的可转换债券市场迎来了又一个繁荣期。我国可转换债券市场在新的阶段发展迅速，可转债的票面总额一度超过股市总市值。

（三）股指期货

股指期货是一种创新性的金融衍生工具，具有价格发现、风险管理等多重功能。中国证监会于 2010 年 2 月 20 日批复中国金融期货交易所沪深 300 股指期货合约和业务规则，至此中国股指期货市场的主要交易制度已经全部发布，股指期货合约自 2010 年 4 月 16 日起正式上市交易。

1. 合约标的选择

我国的首只股指期货以沪深 300 作为交易标的。之所以选择沪深300，主要是因为：（1）沪深 300 指数是当时中国沪深两个交易所合作发布的唯一跨市场指数；（2）该指数成分股涵盖了机构投资者绝大多数股票，有利于风险对冲；（3）市场覆盖率高，流通市值占比达 60%以上，抗操纵性好；（4）成分股流动较好，成交金额占比率较高，日均换手率较高；（5）风险与收益特征适当，有较好的市场代表性；（6）指数编制与管理基本符合国际惯例，并有一定的知名度。

2. 合约标准

中国股指期货合约标准是参考国际标准，结合中国市场实际设计，具体标准见表9-14。

表9-14　中国沪深300股指期货合约标准

合约标的	沪深300指数
合约乘数	每点300元
报价单位	指数点
最小变动价位	0.2点
合约月份	当月、下月及随后两个季月
交易时间	上午：9：15—11：30，下午：13：00—15：15
最后交易日交易时间	上午：9：15—11：30，下午：13：00—15：00
每日价格最大波动限制	上一个交易日结算价的±10%
最低交易保证金	合约价值的12%
最后交易日	合约到期月份的第三个周五，遇国家法定假日顺延
交割日期	同最后交易日
交割方式	现金交割
交易代码	IF
上市交易所	中国金融期货交易所

3. 沪深300样本股选择

（1）选样空间。选样空间的标准如下：上市交易时间超过一个季度；非ST、＊ST股票，非暂停上市股票；公司经营状况良好，最近一年无重大违法违规事件、财务报告无重大问题；股票价格无明显的异常波动或市场操纵；剔除其他经专家委员会认定不能进入指数的股票。

（2）选样标准。选取规模大、流动性好的股票作为样本股。

（3）选样方法。对样本空间股票在最近一年（新股为上市以来）的日均成交金额由高到低排名，剔除排名后50%的股票，然后对剩余股票按照日均总市值由高到低进行排名，选取排名在前300名的股票作为样本股。

4. 沪深300指数计算

指数以调整股本为权数，采用派许加权综合价格指数公式进行计算。其中，调整股本根据分级靠档方法获得。计算公式为：

$$\text{报告期指数} = \frac{\text{报告期指数样本股的流通市值}}{\text{基期指数样本股的流通市值}} \times 1000 \qquad (9.15)$$

5. 沪深300指数修正

沪深300指数采用"除数修正法"修正。当样本股名单、股本结构发生变化或样本股的调整市值出现非交易因素变动时，采用"除数修正法"修正原固定除数，以保证指数的连续性。修正公式为：

$$\frac{\text{修正前的调整市值}}{\text{原除数}} = \frac{\text{修正后的调整市值}}{\text{新除数}} \qquad (9.16)$$

其中，修正后的调整市值=修正前的调整市值+新增（减）调整市值；由此公式得出新除数（即修正后的除数，又称新基期），并据此计算指数。

需要修正的情况包括：一是除息，凡有样本股除息（分红派息），指数不予修正，任其自然回落；二是除权，凡有样本股送股或配股，在样本股的除权基准日前修正指数，修正后调整市值=除权报价×除权后的股本数+修正前调整市值（不含除权股票）；三是停牌，当某一样本股停牌，取其最后成交价计算指数，直至复牌；四是摘牌，凡有样本股摘牌（终止交易），在其摘牌日前进行指数修正；五是股本变动，凡有样本股发生其他股本变动（如增发新股、配股上市、内部职工股上市引起的流通股本增加等），在样本股的股本变动日前修正指数；六是成分股名单发生变动时，在变动日前一个交易日结束时，修正指数；七是停市，部分样本股停市时，指数照常计算；全部样本股停市时，指数停止计算。

四、信用类衍生产品市场

信用衍生产品是以贷款或债券的信用状况为基础资产的金融衍生产品。随着中国债券市场的迅速发展，债券市场的风险结构也从原来单一的利率风险逐渐转变至利率风险与信用风险并存的二元风险结构。之前中国市场一直缺乏信用衍生产品，使得市场参与者很难通过市场化的信用衍生产品实现信用风险的优化配置。再加上商业银行体系持有大量的贷款余额，市场主体急需对冲、转移和规避风险的市场化工具。传统的信用风险管理模式、业务经营模式以及产品体系，亟须根据内外部环境的变化进行调整。在此背景之下，积极推动信用衍生产品的创新和应用，就成为进一步提高商业银行综合经营管理能力、推进经营转型的应有之义。

2010 年 11 月 24 日，中国首批信用风险缓释凭证（CRM）完成认购缴款和登记确权，开始在银行间市场交易流通，标志着具有中国特色的信用衍生产品市场开始扬帆起航。CRM 又被称为中国的"CDS"。CDS 是指信用违约掉期，是摩根大通于 1995 年创造的一种金融衍生产品，它可以看作是一种金融资产的违约保险。如果金融资产的违约情况没有出现，则 CDS 的买家向卖家支付"保险费"，而一旦发生违约，则卖方承担买方的资产损失。

CRM 为银行等金融机构管理信用风险、提高资本利用效率提供了有效的市场化工具。不过目前参与 CRM 的成员和交易机构主要是商业银行、证券、保险、基金等，开展 CRM 业务资质尚不明确。交易商协会数据显示，2011 年底，在 42 家 CRM 交易上中，银行占到了总量的四分之三以上，达到了 32 家。而多元化的参与者结构不仅可以为信用衍生产品的风险分散、价值发现等功能提供重要的市场基础，还能活跃市场，为不同类型的投资者实现不同的交易目的。

2016 年 10 月，我国银行间市场交易商协会发布了《银行间市场信用风险缓释工具试点业务规则》及相关指引，对信用衍生品的业务运行体系进行了重新梳理，一定程度上对 CRM 市场起到进一步规范作用。总体上来看，我国信用衍生品市场仍然处于起步阶段，市场参与主体和交易量较少，市场广度与深度都有不足。在这种情况下，我国信用衍生品市场的进一步发展需要多方面努力，在不断丰富信用衍生产品种类的同时，继续推动市场参与主体的多元化；同时，政府相关部门需要在金融衍生产品的会计、税收等政策方面提供相应的制度支持，为信用衍生产品的发展创造良好外部环境。

本 章 小 结

金融衍生产品是由金融基础工具衍生出来的各种金融合约及其各种组合的形式。如金融远期、金融期货、金融期权和金融互换等。金融衍生产品性质复杂、交易成本较低、具有高度的财务杠杆作用，是一种高风险的投资工具，易于形成所需要的资产组合。

金融远期合约是指现在约定，在未来某一特定时点以某一价格交割一定数量的特定金融产品的合约。目前最主要的两种远期交易是外汇市场上的直接远期交易和货币市场上的远期利率协议。

金融期货合约是指协议双方同意在将来确定的时间按照约定的条件（包括价格、交割地点、交割方式等）买入或卖出一定标准数量的某种金融资产的标准化合约。金融期货一般不进行实物交割，买卖双方可以通过进行期货合约的正、反向操作来对冲合约。期货作为一种主要的金融衍生产品，其最显著的特点还在于它具有很大的杠杆效应，会放大损益。在进行期货交易时，只需缴纳少量的保证金，就可以产生数倍乃至更高的损益。金融期货主要分为利率期货、外汇期货和股票指数期货三种。

金融期权是指赋予其购买者在规定期限内按双方约定的执行价购买或出售一定数量标的资产权利的合约。金融期权是一种可转让的合约，分为买入（看涨）期权和卖出（看跌）期权。期权的一个显著特点是风险与收益的不对称性。期权合约的权利金由内涵价值和时间价值之和所决定。影响期权价格的主要因素有标的资产的市场价格与期权的协议价格、期权的有效期、标的资产价格的波动、无风险利率以及标的资产的收益等。

互换是指两个或两个以上当事人按照商定的条件，在约定的时间内交换一系列现金流的合约。互换是在平行贷款和背对背贷款的基础上发展而来的，是比较优势理论在金融衍生市场的应用。只要双方存在着比较优势，就可以通过适当的分工和交换使双方共同获益。互换不仅能利用比较优势降低筹资成本，还可用来规避利率风险和汇率风险，减轻税收负担，绕开金融管制。

可转换债券是一种附加可转换条款的公司债券，它赋予持有人在规定期限内，可自由地选择是否依约定的条件将持有的债券转换为发债公司普通股票的权利，这种权利实际上是一种买入期权。优先认股权也叫优先认缴权或股票先买权，是公司增发新股时为保护老股东的利益而赋予老股东的一种特权。认股权证，又称"认股证"或"权证"，是指一种以约定的价格和时间（或在权证协议里列明的一系列期间内分别以相应价格）购买或者出售标的资产的期权。

重 要 概 念

金融衍生产品　金融远期合约　远期利率协议　结算金　期货合约　保证金　金融期权　看涨期权　看跌期权　内涵价值时间价值　金融互换　平行贷款　背对背贷款　利率互换　货币互换　可转换债券　优先认股权　认股权证　利率衍生产品　货币衍生产品　权益类衍生产品　股指期货　信用衍生产品

复习思考题

1. 什么是金融衍生产品？常见的金融衍生产品有哪些？

2. 金融远期利率协议的功能有哪些？

3. 简述金融远期市场的特点及其优缺点。

4. 股票指数期货的特点有哪些？

5. 金融期货合约的种类有哪些？

6. 金融期货合约的特点是什么？

7. 金融期货市场的功能主要有哪些？

8. 比较期权交易与期货交易。

9. 简述互换与掉期的区别。

10. 简述金融互换的功能。

11. 中国股指期货的特点是什么？

12. 2012 年 11 月 2 日，A、B 双方同意成交一份"1×4"名义金额为 100 万美元、协定利率为 4.5% 的远期利率协议。假定确定日的参照利率为 5.25%，那么协议卖方支付给买方的结算金是多少？

13. 一份国库券期货合约，面值 100 万美元，期限为 6 个月，其刻度值是多少？当价格上升 8 个基点时，持有 5 份该国库券期货的交易者其手持合约价值变动多少？

第十章　证券投资组合理论

　　现代金融市场中，大多数投资证券的收益都具有不确定性，即具有风险性。从投资者的角度来看，他们都希望投资能得到最大的回报，但是高回报必然伴随着高风险。所以投资者的投资决策需要在风险与收益间进行权衡，投资者的目标是在众多金融产品中选择适当的资产构建最优的投资组合，以期在一定风险水平下实现利润最大化，或者在一定预期收益水平下实现风险最小化。1952 年，马柯维茨在《金融杂志》上发表了题为《资产组合选择》的论文，将概率论和线性代数的方法应用于证券投资组合的研究中，这篇具有里程碑性标志的论文被公认为是"现代证券投资组合理论"的开端。

第一节　金融市场风险概述

一、金融风险的含义

　　日常生活中，一般认为风险就是发生损失的可能性。经济学界认为金融风险是指金融变量的各种可能值偏离其期望值的可能性及其幅度。从金融风险的定义可以看出，经济学的风险不同于生活中的风险，可能值可能低于期望值，也可能高于期望值，所以风险不仅包含对市场主体不利的一面，也包括对市场主体有利的一面，即风险绝不等同于亏损。换句话说，风险大的金融资产，其最终实际收益率并不一定比风险小的金融资产低，而常常是风险大收益也大，故有收益与风险相当之说。

二、金融风险的特征

近几十年来，金融市场的全球性动荡日益频繁，振荡强度越来越大。加之电子通信设备在金融领域的应用，使金融市场的交易手段、信息的处理和传递方式等发生了很大的变化。金融风险的发生方式、影响范围、表现形式等也随之改变，并表现出许多新特点。但不论如何变化，金融风险都具有以下几个共同的特征。

（一）不确定性

金融风险的不确定性是指金融风险在何时、何地以何种形式出现，其危害程度、影响范围都是不确定的。金融风险的不确定性是金融风险产生的根源，不确定性越大，风险也就越大。但是研究发现，在一定的条件下，金融风险也表现出有规律的变化趋势。如果我们能掌握一定的信息，可运用概率论和统计学等方法在此基础上进行分析和预测，就能一定程度上有效减少或消除不确定性带来的损失。

（二）扩散性

金融风险的扩散性是指金融风险在金融市场主体之间具有传播和扩散的特点。在市场经济和全球经济一体化的趋势下，金融市场主体之间的联系日益紧密，当某一主体发生风险时，会很快地通过相关传导机制扩散到其他与之相联系的主体，引起类似"多米诺骨牌效应"的连锁反应，进而导致金融体系局部或整体发生动荡和崩溃。随着电子技术和通信技术在金融领域的广泛应用和发展，各类经济主体的交易方式日益先进；另外，金融自由化使各国逐步放松了金融管制，国际资本在各国之间灵活流动。这使得现代金融风险具有高度扩散性。1997 年东南亚金融危机和 2007 美国次贷危机均充分地说明了这一点。

（三）客观性

金融风险的客观性是指金融风险由客观事物自身产生、不以人的意志而转移的独立、客观的存在。如金融市场中利率、汇率、证券价格的变动都是绝对的，不随金融主体的意志而改变，所以不确定性是无法消除的，金融风险总会存在。

（四）可测性

金融风险的可测性是指虽然风险不可消除，但人们可以分析、预测和管理风险。金融风险既有不确定性，又有规律性的变化趋势，这给我们预测风险提供了启示。相关的金融风险理论和管理工具的发展为预测风险提供了具体手段，计算机和网络的发展给管理金融风险提供了更为先进的技术支持。

（五）消极性和积极性并存

金融风险的消极性和积极性主要并存于两个方面。一方面是指金融风险的损益性，即金融风险既可能给金融主体带来损失，也可能给金融主体带来收益。现实中，人们常常将损失归罪于金融风险的突发性和破坏性，将获利归功于个人能力。所以人们往往会过度强调金融风险亏损的一面，而忽视其收益的一面。另一方面是指为了降低风险，达到获利的目的，市场主体将不断地通过金融创新来分散和规避金融风险。金融创新将使金融市场更加充满生机和活力，并推动金融市场的可持续发展。

三、金融风险的分类

金融风险的种类很多，可以根据不同的标准进行分类。按风险的成因可分为利率风险、汇率风险、信用风险、流动性风险、市场风险、国家风险和经营风险；按风险驱动因素的不同又可分为系统性风险和非系统性风险。

（一）系统性风险

系统性风险主要是由那些影响整个金融市场的风险因素所引起的风险，包括经济周期、国家宏观经济政策与货币政策的变动、能源危机、政权更迭、战争等。这一部分风险是金融市场主体无法控制和避免的，它影响所有金融变量的可能值，不能通过多样化投资相互抵消或者削弱，因此又被称为不可分散风险。也就是说，即使一个投资者持有一个充分分散化的组合也要承受这一部分风险。

1. 利率风险

利率风险指由于市场利率水平变动的不确定性而引起证券资产价

值变动带来的风险。利率是资本的价格，是调节金融市场资本供求关系的杠杆。由于受宏观经济环境、货币政策、价格水平、国际经济形势的影响，一国的利率经常会发生变动，因此，利率风险是一种较为普遍的金融风险。

重新定价风险是最主要的利率风险，它将导致现金流量（净利息收入或支出）的不确定，从而使收益和融资成本不确定。对于某个时期内被重新定价的资产来说，将面临着到期日利率下降、利息收入减少的风险；而对于某个时期内被重新定价的负债来说将面临着到期日利率上升、利息支出上升的风险。另外，对于一些支付固定利率的资产和负债来说，尽管现金流量确定，但是利率的升降也可能带来一些间接的损失。如按固定利率收取利息的投资者必将面临市场利率高于原来确定的固定利率的风险。因为，当市场利率高于固定利率时，投资者实际取得的利息收入比按市场利率收取的利息少。

利率风险也会影响到金融机构的经营。当利率水平的变化引起不同种类的金融工具的利率发生程度不等的变动时，银行就会面临着基差风险。即使银行资产和负债的重新定价时间相同，但是只要存款利率与贷款利率的调整幅度不完全一致，银行就会面临这种风险。我国商业银行目前贷款所依据的基准利率一般都是中央银行所公布的利率，因此，基差风险比较小，但随着利率市场化的推进，特别是与国际接轨后，我国商业银行因业务需要，国内会以上海同业拆借利率（SHI-BOR）为参考，国际可能会以伦敦银行同业拆借利率（LIBCR）为参考，到时产生的基差风险也将相应增加。

不仅如此，当利率变化时，银行客户行使隐含在银行资产负债表内业务中的期权存在给银行造成损失的可能性。即在客户提前归还贷款本息和提前支取存款的潜在选择中产生的利率风险。我国目 2008 年以来先后多次调整存贷款利率，许多企业纷纷"借新还旧"，提前偿还未到期的贷款转借较低利率的贷款，以降低融资成本；同时个人的利率风险意识也在不断增强，再加上我国目前对于客户提前还款的违约行为还缺乏政策性限制，因此，选择权风险在我国商业银行中变的日益突出。

2. 汇率风险

汇率风险，又称外汇风险，指行为人在一定时期的国际经济、金融、贸易等活动中，以外币计价的资产与负债因汇率的波动而引起其价值涨跌的可能性。汇率风险一般分为三类：交易风险、折算风险和经济风险。

交易风险（Transaction Risk），也称交易结算风险，指用外币进行计价收付的交易中，尽管预期的外币现金流量已确定，但兑换成本国货币或机构所在地货币的现金流量要根据交割日的汇率价格确定。经济主体预期的现金流量将由于汇率的不确定性而发生相应的波动。

折算风险（Ttranslation Risk），又称会计风险（Accounting Risk），涉外企业会计科目中以外币计价的各项科目，因汇率变动而引起企业账面价值的不确定变动。当企业在其他国家设立分公司或子公司时，一方面，当它们以东道国的货币入账和编制会计报表时，需要将使用的外币转换为东道国的货币，由于这些货币对东道国货币的汇率有着不确定性的变动，因而进行换算时，存在汇率风险。另一方面，当它们向总公司或母公司上报会计报表时，要将东道国的货币换算成统一的货币，一般为总公司或母公司所在国的货币，由于汇率的不确定性，将导致账面价值的增加或减少，从而导致收益或损失。

经济风险（Economic Risk）是指不可预期的汇率波动会影响国家经济环境和企业经营活动，进而引起企业未来一定期间的收益或现金流量变化的一种潜在风险。交易风险和折算风险的影响是一次性的，而经济风险的影响是长期的，它不仅会影响企业国内的生产、销售和融资等经济行为与效益，还会影响企业海外的经营效益和投资收益，从而影响市场竞争格局和一国的国际收支。

3. 市场风险

市场风险是指由于证券市场行情变动而引起的资产组合未来收益的不确定性。证券市场行情的变动会引发投资实际收益率和预期收益率间的偏离。一般来说，当出现看涨行情时，多数的证券价格会上涨；当出现看跌行情时，多数证券的价格会下降。投资者投资证券都希望能低价买入高价卖出，但是影响市场的因素众多，存在较多的不确定性。市场风险的不可预料性会引起市场的大起大落，投资者有可能获得丰厚的收益，也可能遭遇惨重的损失。

市场风险的影响因素包括政治因素（如政治局势）、经济因素（如经济周期、宏观经济政策）、社会因素（如体制变革）、心理因素等。

4. 国家风险

国家风险是指在跨国金融中，由于外国政府的行为而导致经济主体未来收益变化的不确定性。与前面几种风险相比，国家风险具有两个显著特点：一是国家风险发生在跨国金融或投资经营活动中，一国内部发生的活动不会存在国家风险。例如，如果中国银行总行向美国境内的一家企业发放贷款，则存在国家风险；但如果中国银行美国分行向美国境内一家企业发放贷款就不存在国家风险。二是跨国活动中，包括政府、企业或个人等各类经济实体，都可能遭遇国家风险，但并不是所有可能的损失都是由国家风险造成的，只有外国政府的行为所导致的损失可能性才是国家风险。

国家风险根据其性质的差异，可进一步分为政治风险和经济风险。

政治风险是指一国内部政治环境或国际关系等因素的不确定性变化而导致本国经济受到损失的可能性。造成政治风险的因素众多，如国家政权更迭、政局动荡、罢工事件、种族纠纷、对内或对外发生战争、政府政策突然改变等。

经济风险是指外国各种经济因素的不确定性变化而使本国经济主体遭受损失的可能性。造成经济风险的因素也有很多，包括经济发展状况、通货膨胀率、股市发展状况、外汇储备以及国际收支状况等。

（二）非系统性风险

非系统性风险是一种与特定公司或行业相关的风险，它只影响个别经济主体，与经济、政治和其他影响所有金融变量的因素无关。比如，一个金融机构产品开发决策失误会给该机构带来风险，但很少甚至不会影响其他金融机构；一个行业相关政策的变化也只会影响所在行业的经济主体，一般不能直接影响其他行业的经济主体。所以，通过分散投资，能有效地降低甚至完全消除非系统性风险。因此，非系统性风险又被称为可分散风险。

1. 信用风险

信用风险，又称违约风险，是指由于借款人或交易对手因各种原因不能或不愿履行合约而给另一方带来损失的可能性。信用风险主要取决于对手的财务状况和风险状况。从狭义的角度看，信用风险主要是指信贷风险，即在信贷过程中由于各种不确定性使借款人不能按时偿还贷款而造成另一方本息损失的可能性。从广义的角度看，参与经济活动的各方根据需要签订经济合约后，由于一方当事人不履约而给对方带来的风险皆可视为信用风险。因此，信用风险不仅包含传统的信贷风险，还包括诸如贷款承诺、证券投资、金融衍生工具等各种表内和表外业务中与违约或信用相关的风险。

信用风险既可能产生于债务人的品质、能力等主观因素，也可能源于经济环境恶化、公司倒闭等客观因素。信用风险区别于其他风险的一个显著特征是一旦信用风险发生，就只能产生损失，而不能产生收益。

2. 流动性风险

流动性风险是指由于流动性不足导致资产价值在未来产生损失的可能性。所谓"流动性"，主要有两种不同的解释：一是筹资流动性，又称现金或负债流动性，是指金融机构满足资金流动需要的能力。若机构经营所产生的现金可以满足机构的支付要求（其中现金流既包括资产的收益，也包括从金融市场借入的资金），则认为该机构具有流动性。二是产品或资产流动性，主要是指金融资产在市场上的变现能力。如果交易者能够按有利的价格迅速完成一定量的某种资产的交易，表明产品的流动性较好。

与上述两种含义相对应，如果金融机构缺乏足够的现金流，没有能力筹集资金偿还到期的债务，导致在未来发生损失，则认为该机构存在流动性风险。如果一种金融产品在市场上难以进行交易、交易量小或者交易时需要付出高昂的成本，从而会遭受到一定的损失，则可以说其存在流动性风险。

3. 经营风险

经营风险是指在经营管理过程中，由于某些因素的不确定性变化导致经营管理出现失误而给经济主体带来的风险。它包括以下几种形式。

决策风险，是指由于经营方针不明确，信息不充分或对业务发展趋势的把握不准等原因，在业务经营方向和业务范围的认知和选择上出现偏差，造成决策失误，并因此导致未来损失的可能性。

财务风险，是指财务制度不合理、融资不当使经济主体可能丧失偿债能力而导致投资者预期收益下降的风险，主要是来自融资方式的选择产生的财务杠杆所带来的风险。公司的经营所需资金一股可通过发行股票或债券获得。发行股票成本高，其股息支付由公司运营状况而决定。而发行债券筹集成本小，但企业必须按期付息，如果公司资金中债务比重过大，则预期收入不稳定。由于债务到期还本付息的强制性，公司若不能保持合理的财务结构，将面临较大的流动性风险。不仅如此，当债务过多导致利润率小于债券利息率时，股东可分配盈利减少，股息下降，股票投资的财务风险也会增加。

操作风险，是指由于操作失误或操作人员行为不当的不确定性而造成损失的可能性。由于相关信息没有及时传达给操作人员，或在信息传递过程中出现偏差，或是操作人员未能领会上司的意图，或操作人员技能不高，或出现偶然失误等情况，都可能造成操作风险的发生。这些风险都具有不可预测性和突发性。此外，欺诈风险也属于操作风险的范畴，并逐渐受到市场的重视。欺诈风险包括内部欺诈风险和外部欺诈风险。内部欺诈是指有机构内部人员参与的诈骗、盗用资产、违反法律以及公司规章制度的行为。这包括内部人员虚报头寸、内部人员偷盗和在职员的账户上进行内部交易等，如巴林银行事件是典型的内部欺诈事件。而外部欺诈是指第三方的诈骗、盗用资产等违法行为，比如抢劫、伪造、开具空头支票、利用通存通兑和信用卡 POS 机空存实取等手段骗取资金、黑客行为对计算机系统的损坏等。这些欺诈行为的频频发生，使金融机构等经济主体付出了高昂的经济代价，同时，金融机构的资金安全也会受到极大威胁。

第二节　证券投资组合的收益与风险

一、单个证券收益和风险的衡量

（一）单个证券收益的衡量

证券的收益有两种来源，即股利收益（或利息收入）加上资本利得（或减去资本损失）。例如在一定期间进行股票投资的收益率，等于现金股利加上价格的变化，再除以初始价格。假设投资者购买了 100 元的股票，该股票向投资者支付 6 元的现金股利，一年后，该股票的价格上涨到 105 元。则该股票一年的投资收益率为（6+5）/100＝11%。

所以证券投资的单期收益率可定义为：

$$R = \frac{D_t + (P_t - P_{t-1})}{P_{t-1}} \tag{10.1}$$

其中，R 为收益率，t 为特定时间，D_t 是第 t 期的现金股利（或利息收入），P_t 是第 t 期的证券价格，P_{t-1} 为第 $t-1$ 期的证券价格。在公式 10.1 中，（P_t-P_{t-1}）表示该期间的资本利得或者资本损失。

但由于某些金融资产的投资者很难事先确定未来现金流的数量，所以在衡量投资收益时，常用的概念是预期收益率，即为某项金融资产所有可能收益的平均水平。尽管投资者很难事先确定风险证券的收益，但能估计出各种可能发生的结果和每一种结果发生的可能性，所以预期收益率通常用统计学中的数学期望表示。即为：

$$R_e = E(R) = \sum_{i=1}^{n} R_i P_i \tag{10.2}$$

其中，R_e 为预期收益率。R_i 为第 i 种可能的收益率，P_i 为第 i 种收益率发生的概率（$\sum_{i=1}^{n} Pi = 1$），n 表示有 n 种可能的收益结果。

【例 10-1】现有 A、B、C 三种股票可供选择，它们的收益都随经济环境的改变而变动。经济环境分为五种不同的类型，其相应发生概率如表 10-1 所示。不同经济环境下，三种股票的收益不同，具体如表 10-1 所示。

表 10-1　A、B、C 三种股票收益的概率分布

经济环境	不同经济环境的发生概率	证券在不同经济环境下的收益		
		A 股票/元	B 股票/元	C 股票/元
Ⅰ	0.1	4	6.5	13
Ⅱ	0.2	6	7.0	11
Ⅲ	0.4	8	8.0	9
Ⅳ	0.2	10	9.0	7
Ⅴ	0.1	12	9.5	5

按以上资料计算 A、B、C 三种股票的预期收益：

$$E(R_A) = \sum_{i=1}^{5} P_i R_{iA} = 0.1 \times 4 + 0.2 \times 6 + 0.4 \times 8 + 0.2 \times 10 + 0.1 \times 12 = 8 \text{（元）}$$

$$E(R_B) = \sum_{i=1}^{5} P_i R_{iB} = 0.1 \times 6.5 + 0.2 \times 7 + 0.4 \times 8 + 0.2 \times 9 + 0.1 \times 9.5 = 8 \text{（元）}$$

$$E(R_C) = \sum_{i=1}^{5} P_i R_{iC} = 0.1 \times 13 + 0.2 \times 11 + 0.4 \times 9 + 0.2 \times 7 + 0.1 \times 5 = 9 \text{（元）}$$

通过计算，我们得出这三种股票的预期收益。如果以预期收益作为评价标准，从这三种股票中选择一种作为投资对象，而它们的市场价格又同为每股 50 元时，我们显然会选择 C 股票，因为它的预期收益率要高于 A 和 B 股票。但是仅以预期收益率作为唯一的选择标准是不够的，因为预期收益只能计算出证券未来收入的平均水平，并未揭示出它们所含风险量的大小。因此，接下来探讨如何衡量单个证券的风险。

（二）单个证券风险的衡量

证券投资风险最终会通过对投资者收益稳定性的影响得到体现，可以说证券投资收益率的波动实际上与证券投资风险具有同等的内涵。因此，可以通过证券投资收益率波动衡量证券投资的风险程度。单一证券投资风险常用的衡量指标包括方差和标准差、变差系数。

1. 方差和标准差

预期收益率是以概率为权数的平均收益率。最终实现的收益率既可能高于，也可能低于预期收益率。而在证券投资中，一般假设投资者具有二次效用函数，资产收益率呈正态分布或投资收益的分布是对称的，即实际收益高于预期收益的可能性与实际收益低于预期收益的可能性是一样大的。实际收益率与预期收益率的偏差越大，收益的不确定性越大，投资于该证券的风险越大。判断实际可能的收益率与预期收益率的偏差度，即反映其离散程度，一般可以采用统计学上的方差或标准差指标衡量。方差用 $\sigma^2(R)$ 表示，标准差用 $\sigma(R)$ 表示。计算公式如下：

$$\sigma^2 = \sum_{i=1}^{n} P_i [R_i - E(R)]^2 \qquad (10.3)$$

方差衡量的是收益率聚集在期望收益率的周围的紧密程度。这种紧密程度与投资中风险的不确定性是等价的。若是一项无风险资产，则实际收益率与预期收益率之间没有偏离。

对方差进行平方根处理，即可得到标准差：

$$\sigma = \sqrt{\sum_{i=1}^{n} P_i [R_i - E(R)]^2} \qquad (10.4)$$

一般来说，标准差越大，概率分布越分散，实际可能的结果与期望收益率的偏离程度越大，实际收益率越不稳定，投资该证券的风险越大，反之亦然。

从统计学的角度看，标准差的直接含义是，当证券收益率服从正态分布时，2/3 的收益率在 $E(R) \pm \sigma$ 范围内，95% 的收益率在 $E(R) \pm 2\sigma$ 范围内。

按前述资料分别计算 A 股票、B 股票、C 股票的未来收益方差和标准差：

$$V_A = \sum_{i=1}^{5} P_i [R_{iA} - E(R_A)]^2 = 4.8$$

$$V_B = \sum_{i=1}^{5} P_i [R_{iB} - E(R_B)]^2 = 0.85$$

$$V_C = \sum_{i=1}^{5} P_i [R_{iC} - E(R_C)]^2 = 4.8$$

$$\sigma_A = \sqrt{4.8} \approx 2.19$$

$$\sigma_B = \sqrt{0.85} \approx 0.92$$

$$\sigma_C = \sqrt{4.8} \approx 2.19$$

将以上结果整理成表 10-2。

表 10-2 A、B、C 三种股票的收益分析

证券	预期收益/元	预期收益率	方差	标准差
A 股票	8	16%	4.80	2.19
B 股票	8	16%	0.85	0.92
C 股票	9	18%	4.80	2.19

从表 10-2 中可以得知，这三种股票中，C 股票的预期收益最高，B 股票的风险最小。如果在这三种股票中再作一次选择，我们可作如下比较：将 A 股票与 B 股票相比，我们将选择 B，因为它们的预期收益相等，但 B 股票风险要小得多；将 A 股票与 C 股票相比我们将选择 C，因为它们风险相等，但 C 股票收益高；将 B 股票与 C 股票相比，会发现 B 股票的风险小于 C 股票，但收益也低于 C，因此 B 与 C 之间的选择取决于投资者的个人偏好。

2. 变差系数

用方差和标准差作为风险的衡量标准，有时可能会出现偏差，引起误解。所以引入另外一个表示相对偏离程度的统计系数——变差系数。统计学上定义变差系数为标准差相对于预期收益大小的相对量，计算公式为：

$$变差系数（CV）= \sigma(R)/E(R) \tag{10.5}$$

表示每单位收益率所含风险的大小。变差系数越大，投资的相对风险就越大。比如考虑两种投资机会 A 和 B，它们一年的收益率有如下特征：

表 10-3 投资机会比较

	投资 A	投资 B
预期收益率 E（R）	0.15	0.25
标准差 σ（R）	0.08	0.10

	投资 A	投资 B
方差	0.0064	.0.01
变差系数 CV	0.53	0.40

若以方差和标准差作为风险的衡量标准，投资 A 的风险小于投资 B 的风险。但若考虑到预期收益率，以变差系数为风险的衡量标准，投资 A 的变差系数为 0.53，投资 B 的变差系数为 0.4，前者大于后者，所以投资 A 的风险大于投资 B 的风险。

【例 10-2】假设一个投资者投资某证券，该证券收益率的概率分布如表 10-4 所示。

表 10-4　投资收益率及其概率

i	收益率	出现的概率
1	15%	0.16
2	9%	0.4
3	5%	0.2
4	1%	0.1
5	−5%	0.1
6	−10%	0.04

将数据代入（10.2）式可得预期收益率为：

$$R_e = E(R) = \sum_{i=1}^{n} R_i P_i$$

$$= 0.16 \times 0.15 + 0.4 \times 0.09 + 0.2 \times 0.05 + 0.1 \times 0.01 - 0.1 \times 0.05 - 0.04 \times 0.1$$

$$= 0.062$$

将数据代入（10.3）式和（10.4）式可得其方差和标准差分别为：

$$\sigma^2 = \sum_{i=1}^{n} P_i [R_i - E(R)]^2$$

$$= 0.16 \times (0.15 - 0.062)^2 + 0.4 \times (0.09 - 0.062)^2 + 0.2 \times (0.05 - 0.062)^2 + 0.1 \times (0.1 - 0.062)^2 + 0.1 \times$$

$$(10.05 - 0.062)^2 + 0.04 \times (-0.1 - 0.062)^2$$

$$= 0.0040$$

因此，标准差为：

$$\sigma = \sqrt{\sum_{i=1}^{n} P_i [R_i - E(R)]^2} = 0.063$$

将数据代入等式（10.5）得：

变差系数 $(CV) = \sigma(R)/E(R) = 0.063/0.062 = 1.016$

3. 方差衡量风险的局限性

选用方差作为证券投资风险的衡量标准，也存在一定的局限性，主要表现在以下两个方面：

（1）当用方差衡量实际收益率对预期收益率的偏离程度时，同时考虑了收益率高于和低于预期收益率这两种情况。对于投资者来说，如果他们追求的实际收益高于预期收益，这类结果对他们来说是有利的。所以很多研究认为衡量风险时，不应该考虑实际收益率高于预期的情况。最初提出使用方差衡量风险的马柯维茨也承认了这一点，并提出只考虑实际收益率低于预期收益率的风险半方差（Semi-variance）。

（2）使用方差作为衡量风险的标准有一个约束条件，即实际收益率围绕预期收益率要呈对称分布。如果不符合该条件，即实际收益率围绕预期收益率呈不对称分布时，那么除了方差，还应对分布的偏度进行统计。不过实证检验结果表明，股票收益率的历史分布近似于对称分布。这一点支持了使用方差作为衡量风险标准的合理性。

二、证券组合收益和风险的衡量

到目前为止，我们只是讨论了单项风险资产的收益和风险。但是实际上，投资者很少将所有财富都投资在同一种证券上，而是构建一个证券组合。所谓证券组合，是指投资者将不同的证券按一定比例组合在一起作为投资对象。构建证券组合，主要是为了降低证券投资的风险或者是为了在一定条件下实现证券投资收益的最大化。下面讨论证券组合收益和风险的衡量方法。

（一）双证券组合收益和风险的衡量

假设投资者不是将所有资产投资于单个风险证券上，而是投资于两个风险证券 A 和 B 上，且资金比重分别为 ω_A 和 ω_B，$\omega_A + \omega_B = 1$，则双证券组合的预期收益率 R_p 等于单个证券预期收益 R_A 和 R_B 以投资比重为权数的加权平均数，用公式表示为：

$$R_p = \omega_A R_A + \omega_B R_B \tag{10.6}$$

由于两个证券的风险有可能相互抵消，所以双证券组合的风险不能简单的等于单个证券风险以投资比重为权数的加权平均数，还应该考虑到两个证券之间的相互作用，其收益率的方差的公式为：

$$\sigma_p^2 = \omega_A \sigma_A^2 + \omega_B \sigma_B^2 + 2\omega_A \omega_B Cov_{AB} \tag{10.7}$$

其中，Cov_{AB} 为证券 A 和 B 实际收益率和预期收益率离差之积的期望值，统计学中称之为协方差。

协方差是测度两个随机变量相互关系的一种统计方法。此处，是用于测度证券 A 和证券 B 收益率之间的互动性。正的协方差表示两个证券按同一方向变动，即当一种证券实际收益率低于预期收益率时，另一种证券的实际收益率很可能也低于其预期收益率。负的协方差表示两个证券倾向于反方向变动，即当一种证券实际收益率低于预期收益率时，另一种证券的实际收益率很可能要高于其预期收益率。当协方差很小甚至是接近于 0 时，表明这两种证券的收益率之间存在着很小的互动性，甚至是不存在着互动性。

除了协方差外，相关系数 ρ_{AB} 也可以用以表示两个证券收益变动之间的互动关系。而且，协方差和相关系数存在以下数量关系：$Cov_{AB} = \rho_{AB} \sigma_A \sigma_B$。

即两个证券之间的协方差等于两者之间的相关系数乘以它们的标准差的积。

相关系数的取值范围介于 -1 和 1 之间，即 $-1 \leqslant \rho_{AB} \leqslant 1$。当 $\rho_{AB} = 1$ 时，完全正相关；$\rho_{AB} = -1$ 时，完全负相关；$\rho_{AB} = 0$，完全不相关；$-1 < \rho_{AB} < 0$，表示负相关；$0 < \rho_{AB} < 1$，表示正相关。

我们可以用证券 A 和 B 收益率的散点图说明两个证券之间的关系。如图 10-1（a），当所有这些点严格地落在一条向上倾斜的直线上，表明一种证券有较低的收益率时，另一种也将有较低的收益率；一种证券有较高的收益率时，另一种也如此。对应 $\rho_{AB} = 1$ 的情况。

若散点图表现如图（b）所示，即这些点严格地落在一条同下倾斜的直线上时，则表明证券 A 和 B 的收益率呈完全负相关关系。当证券 A 有较高收益率时，证券 B 则将有较低收益率。对应 $\rho_{AB}=-1$ 的情况。

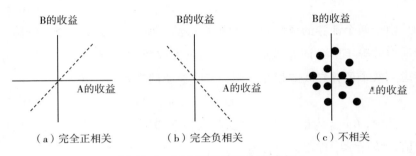

（a）完全正相关　　　　（b）完全负相关　　　　（c）不相关

图 10-1　相关系数的三种典型情况

但当两个证券的收益率散点图的点十分分散，无法用一条直线表示或者近似地表示，此时，证券 A 和 B 的收益率是不相关的。即若一种证券有较高的收益率时，另一种证券的收益率可能高也可能低。对应 $\rho_{AB}=0$ 的情况。

综上所述，双证券的风险不仅取决于每个证券自身的风险（用方差或者标准差表示），还取决于两个证券之间的互动性（用协方差或相关系数表示）。

【例 10-3】假设市场上有 A，B 两种证券，预期收益率分别为 8% 和 13%，标准差分别为 12% 和 20%。图 10-2、10-3、10-4 表示在不同相关系数下组成双证券组合的预期收益率、标准差和最小方差组合。

从图 10-2 中可以看出，对于证券 A 和 B 权重相同的组合，不同的相关系数的情况，对应的预期收益率是一致的。即相关系数对证券组合的预期收益率无影响。

图 10-3 给出了不同相关系数下，证券 A 和 B 的权重对组合标准差的影响。从图中可以看出，除了完全正相关的情况下，投资组合的最低标准差均低于 A 和 B 两种证券的标准差。

图 10-4 给我们展示了不同相关系数下，双证券组合收益和风险之间的相关关系。从该图中，我们可以很直观的看到分散投资的好处。

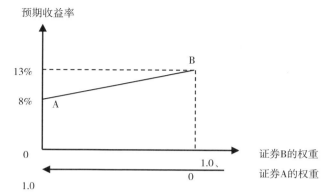

图 10-2 双证券组合的预期收益率

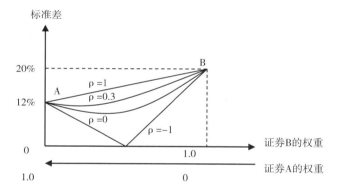

图 10-3 双证券组合不同系数下的标准差

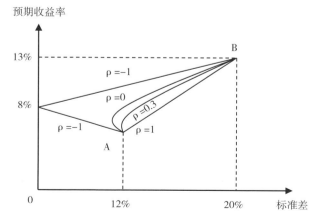

图 10-4 双证券组合收益、风险和相关系数的相关系

当 $\rho_{AB}=1$ 时，双证券组合收益和风险的关系落在直线 AB 之上；当 $-1<\rho_{AB}<1$ 时，双证券组合收益和风险的关系表现为一条向后弯曲的曲线，且 ρ 值越小，向后弯曲程度越厉害；当 $\rho_{AB}=-1$ 时，双证券组合收益和风险的关系表现为一条向后弯曲的直线。

（二）n 个证券组合收益和风险的衡量

从上述双证券组合推广到 n 个证券组合。由上述分析可知，n 个证券组合的预期收益率是组成该组合的各种证券的预期收益率的加权平均数，权数是投资于各种证券的资金占总投资额的比例。

用公式表示为：

$$R_p = \sum_{i=1}^{n} \omega_i \bar{R}_i (\sum_{i=1}^{n} \omega_i = 1) \tag{10.8}$$

其中：w_i 是指投资于 i 证券的资金占总投资额的比例或权数，$\bar{R}_i$ 是指证券 i 的预期收益率，n 为证券组合中不同证券的总数。

证券组合的风险（用标准差表示）的计算不能简单地把组合中每个证券的标准差进行加权平均而得到。

其计算公式为：

$$\sigma_p = \sqrt{\sum_{i=1}^{n} \sum_{j=1}^{n} \omega_i \omega_j \sigma_{ij}} \tag{10.9}$$

其中：w_i，w_j 分别表示证券 i 和证券 j 投资资金占总投资额的比例，σ_{ij} 表示证券 i 和证券 j 可能收益率的协方差，n 为证券组合中不同证券的总数。

（10.9）式也可以用矩阵（10.10）来表示，$\sum \sum$ 表示将方阵（$n \times n$）的所有元素相加。对于公式中的协方差 σ_{ij}，根据 $\sigma_{ij} = \rho_{ij} \sigma_i \sigma_j$ 可知，任何一种证券自身的相关系数为 1，所以 $\sigma_{ii} = 1 \times \sigma_i \sigma_i = \sigma_i^2$，即为证券 i 的方差。因为该方阵中包含了方差以及协方差，又被称为方差——协方差矩阵（Variance-Covariance Matrix）。

$$\sigma_p = (\omega_1, \ \omega_2, \ldots, \ \omega_n) \begin{pmatrix} \sigma_1^2 & \sigma_{12} & \wedge & \sigma_{1n} \\ \sigma_{21} & \sigma_2^2 & \wedge & \sigma_{2n} \\ \cdots & \cdots & \cdots & \cdots \\ \sigma_{n1} & \sigma_{n2} & \wedge & \sigma_n^2 \end{pmatrix} \begin{pmatrix} \omega_1 \\ \omega_2 \\ \cdots \\ \omega_n \end{pmatrix} \tag{10.10}$$

$$其中：V = \begin{pmatrix} \sigma_1^2 & \sigma_{12} & \wedge & \sigma_{1n} \\ \sigma_{21} & \sigma_2^2 & \wedge & \sigma_{2n} \\ \cdots & \cdots & \cdots & \cdots \\ \sigma_{n1} & \sigma_{n2} & \wedge & \sigma_n^2 \end{pmatrix}$$

方差——协方差矩阵有以下几个特征：

（1）该矩阵为 N 阶行数和列数相等的方阵，共有元素 N^2 个。

（2）该矩阵对角线上的数表示的是证券的方差，即第一行第一列表示的是证券 1 的方差，第二行第二列表示的是证券 2 的方差……第 N 行第 N 列表示的是证券 N 的方差。

（3）该矩阵是对称的，即第 i 行第 j 列的数与第 j 行第 i 列的数是一致的。这是因为证券的协方差与证券的顺序无关。

由以上分析可知，证券组合的方差不仅取决于单个证券的方差，而且还取决于各个证券之间的协方差。随着组合中证券数目的增加，在决定组合方差时，协方差的作用越来越大，而方差的作用越来越小。这一点可以从上述方差——协方差矩阵中看出。对一个双证券组合来说，其证券组合的方差取决于两个加权方差和两个加权协方差。而对于一个大组合而言，比如 N 个证券组合，其证券组合的方差取决于 N^2 个加权方差和 N^2-N 个加权协方差，即总方差主要取决于任意两种证券之间的协方差。若一个组合进一步扩大到包括所有的证券，则协方差几乎就成了组合标准差的决定性因素。

【例 10-4】假定某一种股票的年预期收益率为 18%，标准差为 15%，另一种股票的年预期收益率为 16%，标准差为 12%，两种股票的相关系数为 0.4，每种股票投资金额各占总金额的一半，那么证券投资的预期收益率是：

$$\bar{R}_p = 0.5 \times 0.18 + 0.5 \times 0.16 = 17\%$$

证券组合的方差等于下面的方差——协方差矩阵的所有元素的加总。

表 10-5　两种股票的协方差

	第 1 种股票	第 2 种股票
第 1 种股票	$0.5^2 \times 1.0 \times 0.15^2$	$0.5 \times 0.5 \times 0.4 \times 0.12 \times 0.15$
第 2 种股票	$0.5 \times 0.5 \times 0.4 \times 0.15 \times 0.12$	$0.5^2 \times 1.0 \times 0.12^2$

因此，有：

$$\sigma^2 = 0.5^2 \times 1.0 \times 0.15^2 + 0.5 \times 0.5 \times 0.4 \times 0.12 \times 0.15 + 0.5 \times$$
$$0.5 \times 0.4 \times 0.15 \times 0.12 + 0.5^2 \times 1.0 \times 0.12^2$$
$$= 0.012825$$

标准差为：

$$\sigma = 11.3\%$$

假定股票 A 的年预期收益率为 18%，标准差为 15%，股票 B 的年预期收益率为 14%，标准差为 10%，股票 C 的年预期收益率为 8%，标准差为 8%，$\rho_{AB} = 0.3$，$\rho_{BC} = 0.4$，$\rho_{AC} = 0.5$。

A、B 和 C 三种股票投资金额占总投资额的比重分别为 0.4、0.3 和 0.3。那么证券投资的预期收益率：$\bar{R}_p = 0.4 \times 0.18 + 0.3 \times 0.14 + 0.3 \times 0.08 = 13.8\%$。

证券组合的方差等于下面的方差——协方差矩阵的所有元素的加总。

表 10-6　A、B、C 股票的协方差

	A 股票	B 股票	C 股票
A 股票	$0.4^2 \times 1.0 \times 0.15^2$	$0.4 \times 0.3 \times 0.3 \times 0.15 \times 0.1$	$0.4 \times 0.3 \times 0.5 \times 0.15 \times 0.08$
B 股票	$0.4 \times 0.3 \times 0.3 \times 0.15 \times 0.1$	$0.3^2 \times 1.0 \times 0.1^2$	$0.3 \times 0.3 \times 0.4 \times 0.1 \times 0.08$
C 股票	$0.4 \times 0.3 \times 0.5 \times 0.15 \times 0.08$	$0.3 \times 0.3 \times 0.4 \times 0.1 \times 0.08$	$0.3^2 \times 1.0 \times 0.08^2$

因此，有：

$$\sigma^2 = 0.4^2 \times 1.0 \times 0.15^2 + 0.3^2 \times 1.0 \times 0.1^2 + 0.3^2 \times 1.0 \times$$
$$0.08^2 + 2 \times 0.4 \times 0.3 \times 0.3 \times 0.15 \times 0.1 + 2 \times 0.4 \times 0.3 \times$$
$$0.5 \times 0.15 \times 0.08 + 2 \times 0.3 \times 0.3 \times 0.4 \times 0.1 \times 0.08$$

$$= 0.0036 + 0.0009 + 0.000576 + 0.00108 + 0.00144 + 0.000576$$

$$= 0.00846$$

则标准差为：

$$\sigma = 0.0904$$

三、投资组合和分散风险

由前文可知，分析一个投资组合的风险不是孤立地分析各个资产的风险和比重，投资组合主要考虑投资组合中各个资产收益率之间的协方差或相关系数的大小。投资组合建立的证券组合并不是一般的拼凑，而是要通过各证券收益波动的相关系数来分析。

如例 10-4 中，投资组合的收益高于第二种股票，但风险却低于第二种股票。这与我们认为的"低收益对应低风险，高收益对应高风险"貌似不符。原因在于每个证券的全部风险并非完全相关，构成一个证券组合时，单一证券收益率变化的一部分很有可能会被其他证券收益率反向变化所减弱或者完全抵消。通过上述例子和公式我们可以发现，只要证券组合中每对证券间的相关系数小于 1，证券组合的标准差就会小于单个证券标准差的加权平均数，即分散化投资可以降低收益率的波动性。而从证券投资组合预期收益率的计算公式来看，不管组合中证券的数量是多少，证券组合的预期收益率仅仅是单个证券预期收益率的加权平均数，分散投资并不会必然影响投资组合的预期收益率，所以投资组合的预期收益率与总风险会出现不一致的情况。

分散投资降低投资组合风险的程度，取决于证券收益率变化的相互关系，即各个资产收益率之间的协方差或相关系数的大小。纳入同一资产组合资产的收益率之间的协方差或相关系数越小，即彼此收益率之间的相关关系越弱，投资组合的标准差也就越小，风险越小，分散化投资的效果越明显。在现实证券市场上，大多数情况下各个证券的收益率之间都存在一定程度的正相关关系。为了能有效实现分散化的效果，我们应该找到相关关系较弱的证券组合，以保证在一定的预期收益率下尽可能地降低风险。

理论而言，如果一个证券组合包含了足够多的相关性较弱（甚至负相关）的证券，就可能完全消除所有风险。但在现实中，各个证券的预期收益率在一定程度上会受到一些共同因素（如经济周期和利率变化等）的影响，所以彼此表现出较高的相关性，分散投资只能消除一部分风险，即每个证券独有的非系统性风险，并不能消除系统性风险。

一些研究表明，一个证券组合的风险随着组合证券数量的增加而减少，但是降低风险的边际效果在证券总数超过 10 只时就变得微乎其微。由 20 种证券组成的证券组合，其中单个证券风险的 40% 被抵消，总风险可以人为降低到只包含系统性风险的水平，图 10-5 说明了证券组合中证券的数量和组合系统性风险、非系统性风险之间的关系，σ_p 和 n 分别表示组合收益率的标准差和组合中证券的数量。

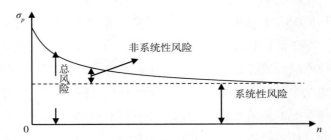

图 10-5　组合证券数量、组合系统性风险和非系统性风险之间的关系

非系统性风险可以通过有效的证券组合来降低或者消除。那系统性风险如何衡量？这成为投资者所面临的一个现实问题。

如果我们把证券市场处于均衡状态时的所有证券按其市值比重组成一个"市场组合"，这个组合的非系统性风险将为 0，这样我们就可以用某种证券的收益率和市场组合收益率之间的 β 系数作为衡量这种证券系统性风险的指标。某种证券的 β 系数 β_i 指的是该证券的收益率和市场组合的收益率的协方差 Cov_{iM} ，再除以市场组合收益率的方差 σ_M^2 ，其公式为：

$$\beta_i = \frac{Cov_{iM}}{\sigma_M^2} \tag{10.11}$$

由于无法通过多样化组合投资来降低和抵消系统性风险，因此一

个证券组合的 β 系数 β_i 等于该组合中各种证券的 β 系数的加权平均数，权重为各种证券的市值占整个组合总价值的比重 ω_i ，其公式为：

$$\beta_p = \sum_{i=1}^{n} \omega_i \beta_i \qquad (10.12)$$

计算出来的 β 值表示证券 i 或证券组合的收益率随市场收益率变动而变动的程度，用以反映它的系统风险度。证券的 β 值越大，表示它的系统风险越大。可以根据 β 值的大小将证券或证券组合分为以下几种类型：

（1） $\beta<1$ ：说明其系统性风险小于市场组合的系统性风险，即在市场收益率上升时，证券的收益率上升幅度比市场平均水平低；当市场收益率下降时，它的下降幅度也小。这是一种防守型证券，如公共事业的股票。

（2） $\beta=1$ ：说明其系统性风险等于市场组合的系统性风险，即它的收益率变动幅度与市场收益率完全一样。

（3） $\beta>1$ ：说明其系统性风险大于市场组合的系统性风险，即证券收益率的上升幅度比市场平均幅度大；反之，它的下跌幅度也比市场平均幅度大，是一种进攻性证券，如新兴行业的股票。

【专栏 10-1】

英国南海公司的股票泡沫

1720 年，英国公司开始着手处理 3000 万英镑的债务。此时海峡彼岸的法国政府效仿南海公司成立的密西西比公司已通过约翰·劳的运作帮助政府解决债务危机。南海公司股东从海峡彼岸寻得灵感：公司通过出售新股以获得流动资金，并在股价上涨后售出手中的股票获利。而国债显然是发行新股的引子。为了获得此批债务的置换权，1 月 21 日，南海公司向议会提交了一份大型换股计划，而 1 月 27 日，南海公司的竞争对手英格兰银行也提出了一份方案。南海公司感受到了来自竞争对手的压力，又再次向议会提出了一份调整后的新方案，当然，新方案对政府作出了更多让利。议会对两家公司提交的计划展开了激烈的讨论。英格兰银行的支持方罗伯特·沃波尔先生理性地看到了南海计划的巨大隐患。而南海公司的支持者，当时的财政大臣艾斯拉比先生相信南海产生的巨大利润能极大地改善政府财政，不过，南海公司背后贿赂议员的操作也起到了重要作用，南海计划最终获得通过。

南海计划本质上是一个债转股计划，当时民众持有很多的英国国债，南海公司提出收回国债，降低英国政府的压力。当然，南海公司需要向英国政府额外支付 760 万英镑，要求英国政府同意收回国债。同时，公司承诺收回国债后，降低利息，本来一年须付 7% 到 9% 的利息，现在只需付一年 4%。从 4 月到 8 月，南海公司共为这 3000 万英镑举行了四次现金购股和两次债权置换。在 4 月 14 日第一次举行现金认购时，公司的股价为 300 英镑，为了促进股价上涨，南海公司前后共为股票购买者提供了 50 万英镑的贷款，并且发布年底将进行 10% 分红的利好消息，4 月份第二次认购时，股票已上涨至 400 英镑。同时，南海公司在股票认购时采取分期偿付制以减轻投资人购股的负担，再加上民众对南海公司看好，8 月份第四次认购时，股票发售价已达到 950 英镑。一时间，"政治家忘记了政治、律师忘记了法庭、商人忘记了做买卖、医生忘记了病人、牧师忘记了讲道台、店主忘记了铺子，新连妇人也忘记了夸耀和虚荣"。而在二级市场上，南海公司的股票更是一票难求，不少人甚至用超过 1000 英镑的价格从他人手中购得股票，期冀股价飞涨后出售大赚一笔。

我们可以从牛顿的经历中窥见当时股市的疯狂。1720 年年初，股票价格为每股 128 英镑，就在南海计划推出这几个月，股票价格上涨超过了 1000 英镑，牛顿 4 月份买进了南海股票，5 月份卖出，挣了 7000 英镑，牛顿知道这个泡泡不可能无限制的吹下去，总有一天会破裂，但是 6 月份 7 月份股票价格还在上涨，于是，7 月份最高点的时候，牛顿又杀进去了。

为了防止市场上有限的现金纷纷流入新成立的股份公司，南海公司向政府发出检举这些小公司的告知状。6月份，议会通过了《1719年皇家交易所及伦敦保险公司法令》，也就是我们所说的《泡沫法案》，这份法案要求新股份公司成立及发行股票需要得到国王许可。至7月底，有86家公司被列为"泡沫公司"，随着这些"泡沫公司"破灭，民众手中的股票变成了废纸。更多的人开始清醒过来并审视这些公司，南海公司也在其中。我们知道，在金融市场上，羊群效应显著，公众经过审视发现南海公司与这些"泡沫公司"无甚差别，开始疯狂抛售南海公司股票，在很短的时间内，南海公司股票又从1000英镑下跌到不到100英镑。9月份，公司股票跌破100英镑，到12月份，南海公司股票已成为废纸，再低的价格也无人购买，此时公司董事们再想通过各种手段欺骗民众稳定股价也于事无补，泡沫彻底破灭。

牛顿在参与这样一个投机狂潮中损失了两万英镑。作为整天研究炼金术的皇家铸币院院长，牛顿一年的工资大概为500英镑，他先赚了7000英镑，又亏了2万英镑，一共亏了13000英镑，相当于牛顿26年的工资，牛顿当时感慨，我可以计算天体运行的轨迹，却计算不出人性的疯狂。

第三节　证券投资组合理论

1952年马柯维茨（Harry M. Markowitz）发表了具有里程碑意义的论文《证券投资组合》，标志着现代证券投资理论的诞生。该理论考察的是单期投资问题。证券投资组合选择问题就是投资者如何从一系列的可能的证券组合中选择一个最优的证券组合，简单地说就是最佳证券组合决策问题。为了了解马柯维茨均值方差模型的各个步骤，我们首先要引入可行集、有效集、无差异曲线等相关概念。

一、不满足性和风险厌恶

马柯维茨投资组合理论中对投资者关于收益和风险的态度做了两个基本假设：一是不满足性，二是厌恶风险。

（一）不满足性

现代投资组合理论假设，投资者在其他情况相同的两个投资组合中进行选择时，总是选择预期回报率较高的那个组合。换句话说，在单期投资的情况下，投资者用一定的起初财富来投资，总是偏好能给其带来更多期末财富的投资组合。这是因为较多的财富能在未来给投资者带来更多的消费，从而获得更多的满足。从统计学的角度来说，不满足性假设意味着给定两个相同的标准差组合，投资者将选择具有较高预期收益率的组合。

（二）风险厌恶

现代投资组合理论假设，在其他情况相同的条件下，投资者将选择标准差较小的组合，即投资者是厌恶风险的（Risk Averse）。

厌恶风险的假设意味着风险会给投资者带来负效用，这意味着如果没有收益的补偿，投资者是不会冒险的。比如，掷硬币赌博，结果若为正面赢 100 元，反面输 100 元。由于正反面的概率各为 50%，因此这种赌博的预期收益率为 0，而风险是很大的。显然，厌恶风险的投资者将会拒绝参与这样的赌博，因为可能的"赢"带来的满足程度要小于可能的"输"带来的失望程度。

与厌恶风险的投资者相对应，还有风险中性（Risk Neutral）和偏好风险（Risk Lover）的投资者。前者对风险的高低漠不关心，只关心预期收益率的高低。对后者而言，风险给他带来的是正效应，因此，在其他条件不变的情况下，他将选择标准差大的组合。在正常情况下，理性的投资者是厌恶风险的。但在某些极端的情况下，理性的投资者也可能是偏好风险的。比如，掷硬币赌博，如果你身无分文，并欠别人 1000 万元。此时若有人与你掷硬币赌博，正面你赢 1000 万元，反面你输 1000 万元。虽然预期收益率也为 0，但你很可能会选择赌。因为若赌赢了，你将一身轻松；若赌输了，你无非多欠人 1000 万元而已。

上述现代投资组合理论中的两个假设得到了大量事实的支持，现实中的投资者普遍是喜好高收益和厌恶风险的，在做出投资决策时，总是希望收益越大越好，风险越小越好。除此之外，我们可以用经济学中的效用理论进一步地说明上述假设。

经济学中常使用"效用"（Utility）衡量人们在从事工作、消费或者投资等经济行为时获得的相对乐趣和满足程度。能带来愉悦和满足的行为会产生正效用，给人带来失望或不满意的行为会产生负效用。由于个体的偏好因人而异，可能同一行为给不同人带来的效用是完全不同的。但是经济学的基本假设——"理性人"假设认为每个人都是理性的，他们会充分运用自己所有的资源以获得最大化效用。马柯维茨的投资组合理论就是建立在投资者努力使与期末财富有紧密联系的预期效用最大化的结论。效用和财富间准确的数量关系被称为投资者财富效用函数，在不确定的假设条件下，所有的投资者都会选择更多的财富。这表明财富会给个人带来正效用。

事实上，每个投资者的财富效用函数都是不同的。所以，每个投资者从额外1单位财富中获得的效用增加额是不同的，也就是说，不同投资者财富的边际效用（Marginal Utility）是不同的。一般来说，富裕者财富的边际效用较小，而贫穷者财富的边际效用较大，即投资者财富的边际效用与投资者的获得1单位之前拥有的财富水平有关。一般假设投资者财富的边际效用是递减的，即每增加1单位的财富，投资者都能得到正效用，但随着财富的不断增加，投资者对额外增加1单位财富的评价将降低。

图10-6是某一个投资者的财富效用函数曲线。很明显，该曲线是递增的，越多的财富对应越多的效用。不管财富水平是多少，不满足性的假设使得财富效用函数曲线总是向上倾斜的。但是财富效用函数曲线是向下弯曲的，是一个凹函数曲线，说明随着财富的增加，效用增加的幅度越来越小，即边际效用递减。面对递减的边际效用，每个投资者都必然是风险厌恶者，这种风险厌恶的投资者都不愿接受对等的赌博。这一点可以从图10-6中看出，若期末财富可能出现A和C两种情况，且机会均等。那么期望期末财富即为两种可能财富的平均值，

小于 B 所代表的财富水平。所以风险厌恶的投资者不会接受对等的赌博。

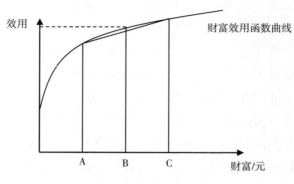

图 10-6　财富效用函数曲线

二、可行集与有效集

（一）可行集

确定了每个证券的投资比例就可以确定一个投资组合，进而可以去确定该投资组合的预期收益率和标准差。如图 10-7 所示，如果我们以标准差 σ_p 为横坐标，预期收益率 Rp 为纵坐标，每一个投资组合可以对应于 $\overline{Rp}\sigma_p$ 坐标系中的一点，也就是说，$\overline{Rp}\sigma_p$ 坐标系的一点代表一个特定的投资组合。所有的投资组合在 $\overline{Rp}\sigma_p$ 坐标系的点将组成一个区域，这个区域我们称为可行集（Feasiable Set）。可行集是指由 N 种证券所形成的所有组合的集合，它包括了现实生活中所有可能的组合。换句话说，所有可能的组合将位于可行集的内部或边界上，除此之外 $\overline{Rp}\sigma_p$ 坐标系的点是不可能实现的证券组合。

一般来说，可行集的形状像伞形，如图 10-7 中由 ANBH 四个点所围成的区域。在现实生活中，由于各种证券的特性千差万别，因此可行集的位置也许比图中更左或更右，更高或更低，更胖或更瘦，但它们的基本形状大多如此。

（二）有效集

对于一个理性投资者而言，他们都是厌恶风险而偏好收益的。在

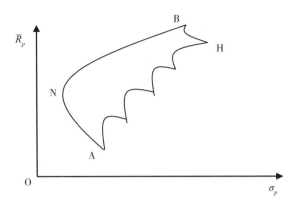

图 10-7 可行集与有效集

同样风险的条件下，他们会选择能给他们带来最大预期收益率的组合；在同等的预期收益率的条件下，他们将选择风险最小的组合。根据这一点，我们无须分析可行集中的每一点，只需分析可行集中任意给定风险水平有最大的预期回报或给定预期回报有最小的风险的证券组合。据此，马柯维茨提出了有效集定理（Efficient Set Theorem）：一个投资者选择他或她的最佳组合时，将从下列组合集中进行：（1）对每一风险水平，提供最大预期收益率；（2）对每一预期收益率水平提供最小的风险。同时满足这两个条件的组合集被称为有效集（Efficient Set），又称有效边界（Efficient Frontier），处于有效边界上的组合称为有效组合（Efficient Portfolio）。

根据上述分析，有效集是可行集的一个子集，包含于可行集中。我们可以根据以下步骤来确定有效集的位置。

（1）首先考虑第一个条件，在图 10-7 中，如果过 N 点作一条垂线，可见整个可行集均在该垂线的右边，即其他点所代表的组合风险都大于 N 点，N 所代表的组合是风险最小组合。因此，对于各种风险水平而言，能提供最大预期收益率的组合集是可行集介于 N 和 H 之间的上方边界上的组合集。

（2）再考虑第二个条件，在图 10-7 中，各种组合的预期收益率都介于组合 A 和组合 B 之间。由此可见，对于各种预期收益率而言，能提供最小风险水平的组合集是可行集中介于 A、B 之间的左边边界上的组合集。

根据有效集的定义，必须同时满足上述两个条件，因此 N、B 两点间上方边界上的可行集就是有效集。所有其他可行组合都是无效组合，投资者可以忽略它们。如此一来，投资的评估范围就大大缩小了。

（3）在图 10-7 中可以看出，有效集曲线有以下几个特点：①有效集是一条向右上方倾斜的曲线，反映了"高收益，高风险"的原则；②有效集曲线是一条向上凸的曲线；③有效集曲线上不可能有凹陷的地方。

三、无差异曲线

投资者的目标是投资效用最大化，而投资效用函数取决于投资的预期收益率和风险，其中预期收益率会产生正效应，而风险会产生负效用。所以，对于不满足性和风险厌恶的投资者来说，预期收益率越大，投资效用越大；风险越大，投资效用越小。然而不同的投资者对预期收益率和对风险的偏好程度是不同的，为了更好地反映收益和风险对投资者效用的影响程度，我们引入西方经济学中的"无差异曲线"进行分析。

无差异曲线的第一个特征是无差异曲线的斜率为正。一条无差异曲线表示给投资者带来同样满足程度的预期收益率和风险的所有组合。由于预期收益率带来正效用，风险带来负效用，为了使投资者获得相同的满足程度，高风险的投资必须具有高的预期收益率，低风险的投资对应低的预期收益率。所以，无差异曲线的斜率为正。

无差异曲线的第二个特征就是曲线下凸，随着风险的增加，增加等量风险，预期收益率的增加量也越来越大。这意味着，要使投资者多承受等量的风险，为了补偿增加的风险，给予其预期收益率的补偿也应越来越多。这一特征是由预期收益率边际效用递减规律决定的。

无差异曲线的第三个特征是同一投资者有无数条无差异曲线。这意味着对于任何一个风险——收益组合，投资者对其偏好的程度都能与其他组合相比。投资者所有的无差异曲线形成一个曲线簇，称之为该投资者的无差异曲线簇。由于投资者对收益的不满足性和对风险的厌恶，所以在无差异曲线簇中，越靠近左上方的无差异曲线代表的满足程度越高，投资者会尽量选择位于左上方的组合。当然，不同的投资者因为偏好不同，会具有不同的无差异曲线，因此，无差异曲线的形状会因人而异。

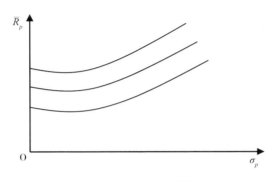

图 10-8　无差异曲线

无差异曲线的第四个特征是同一个投资者在同一时间、同一时点的任何两条无差异曲线都不能相交。我们可以用反证法证明。如图10-9 所示，假设某个投资者的两条无差异曲线交于点 M 点。由于 M 和A 都在无差异曲线 1 上，所以 M 和 A 所代表的投资组合给投资者带来同样的满足程度。同样的道理 M 和 B 都在无差异曲线 2 上，所以 M 和B 所代表的投资组合给投资者带来的同样的满足程度。这就意味着 A和 B 给投资者带来的满足程度一样。但我们从图中可以看出 B 代表的投资组合预期收益率高于 A 所代表的组合，而风险也相对更小。根据不满足性和风险厌恶的假设，B 代表的投资组合的满足程度一定大于A，这与刚刚得到的结论相矛盾，所以假设不成立，即两条无差异曲线不能相交。

无差异曲线的第五个特征是无差异曲线向上弯曲的程度大小反映了投资者承受风险能力的强弱。无差异曲线的斜率表示风险和收益之间的替代率，斜率越大，表明为了让投资者多冒同样的风险，给他提供的收益补偿也应越高，说明该投资者越厌恶风险。同样，斜率越小，表明该投资者厌恶风险的程度越轻。图 10-10 表示了三种不同程度厌

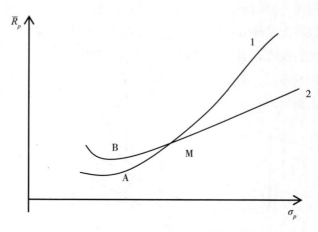

图 10-9　无差异曲线

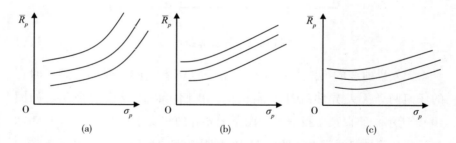

图 10-10　不同程度厌恶风险者的无差异曲线

恶风险投资者的无差异曲线。

四、最优投资组合的选择

引入有效集和无差异曲线相关概念后，我们就可以讨论该如何选择最优投资组合。在确定了有效集的形状后，每个投资者都可以根据自己的无差异曲线簇选择能使自己投资效用最大化的最优组合。如图10-11中所示，这个组合位于无差异曲线与有效集的相切点 P 上。

因为有效边界是上凸的，而投资者的无差异曲线是下凹的，两者弯曲方向不同，所以有效边界与无差异曲线簇中的一条曲线只有一个交点，即最优投资组合是唯一的。

从图 10-11 中可以看出，虽然投资者更偏好 I_3 上的组合，但是可行集中找不到该无差异曲线上的任意一组合，因而是不可实现的。对于 I_1 上的组合，虽然有一部分在可行集中，但是 I_1 的位置位于 I_2 的右下方，即 I_1 代表的投资效用小于 I_2 代表的投资效用。所以，I_1 上的组合并不是最优组合。对于不满足性和厌恶风险的投资者来说，他们不会选择 I_1 上的任何一点。而 I_2 代表了可以实现的最高投资效用，但唯一的交点是 P，因此，P 点所代表的组合就是最优投资组合。

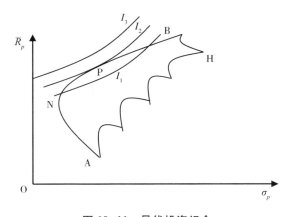

图 10-11　最优投资组合

对于投资者来说，有效集是客观存在的，它是由证券市场决定的，而无差异曲线是主观的，它是由投资者的风险——收益偏好决定的。投资者对风险厌恶程度越高，他的无差异曲线的斜率越大，无差异曲线越陡峭，其最优投资组合点越接近 N 点。投资者对风险厌恶程度越低，他的无差异曲线的斜率越小，无差异曲线越平坦，其最优投资组合点越接近 B 点。

五、无风险借贷对最优投资组合选择的影响

至此，我们假定所有证券及证券组合都是有风险的，而没有考虑到无风险资产的情况。我们也没有考虑投资者按无风险利率借入资金的情况。马柯维茨有效集使用的证券组合是由风险资产构成的。但现实生活中上述情况都是存在的，为此，我们要考虑在允许投资者进行无风险借贷的情况下，有效集是如何变化的，投资者的最优投资组合

是如何变化的。

（一）无风险贷款的影响

1. 允许无风险贷款下的投资组合

无风险贷款相当于投资于无风险资产，收益率是确定的，即其标准差为 0，所以无风险资产收益率与风险资产收益率之间的协方差也为 0。

（1）允许投资于一种无风险资产和一种风险资产的情形

为了考察无风险贷款对有效集的影响，我们首先要分析由一种无风险资产和一种风险资产组成的投资组合的预期收益率和风险。

假设风险资产和无风险资产在投资组合中的比例为 ω_1，ω_2，他们的预期收益率分别 $\bar{R}_1$，$\bar{R}_2$，标准差分别为 σ_1 和 σ_2，它们之间的协方差为 σ_{12}。根据上述对无风险资产的分析，σ_2，σ_{12} 都等于 0。由（10.8）式和（10.9）式可以计算出该组合的预期收益率为

$$R_p = \sum_{i=1}^{n} \omega_i \bar{R}_i = \omega_1 \bar{R}_1 + \omega_2 \bar{R}_2 \qquad (10.13)$$

该组合的标准差为：

$$\sigma_p = \sqrt{\sum_{i=1}^{N} \sum_{j=1}^{N} \omega_i \omega_j \omega_{ij}} = \omega_1 \sigma_1 \qquad (10.14)$$

所以：

$$\omega_1 = \frac{\sigma_p}{\sigma_1}, \ \omega_2 = 1 - \frac{\sigma_p}{\sigma_1} \qquad (10.15)$$

将（10.15）式代入（10.13）式可得

$$R_p = \bar{R}_2 + \frac{\bar{R}_1 - \bar{R}_2}{\sigma_1} \sigma_p \qquad (10.16)$$

由 $\bar{R}_1$，$\bar{R}_2$，σ_p 已知，所以（10.16）式表示的是 $\bar{R}p$ 关于 σ_p 的一次函数，其中斜率 $\dfrac{\bar{R}_1 - \bar{R}_2}{\sigma_1}$ 是指单位风险报酬（Reward-to-variability），又称为夏普比率（Shape Ratio）。由于 ω_1，ω_2 均大于 0，根据（10.15）式，所以 $0 \leqslant \sigma_p \leqslant \sigma1$。即（10.16）式表示的是一条线段，如图 10-12

所示。A 点表示全部投资于无风险资产，B 点表示全部投资于风险资产。AB 线段表示由这两种资产构成的投资组合预期收益率和风险之间的关系。

（2）投资于一种无风险资产和一个证券组合的情形

假设风险资产组合 B 是由风险证券 C 和 D 组成的。根据对有效集的分析可知，B 一定位于经过 C 和 D 两点的向上凸出的弧线上，如图 10-13 所示。类似地，我们用 $\bar{R}_1$ 和 σ_1 表示风险资产组合的预期收益率和风险，ω_1 表示风险组合在投资组合中所占的比重。（10.13）式到（10.16）式同样适用于由无风险资产和风险资产组合所构成的投资组合的情形。这种投资组合的预期收益率和标准差一定落在 A，B 线段上。A，B 线段上的组合均是可行的。

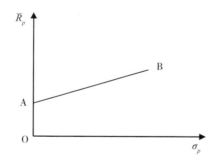

图 10-12　无风险资产和风险资产的组合

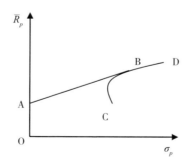

图 10-13　无风险资产和风险资产组合的组合

2. 无风险贷款对有效集的影响

如图 10-14 所示，弧线 CD 表示马柯维茨有效集，A 点表示无风险资产。当引入无风险贷款后，有效集不再是马柯维茨有效集。我们可以在马柯维茨有效集中找到一点 T，使得 AT 直线与弧线 CD 相切与 T 点。T 点代表马柯维茨有效集上的一个特殊组合，因为 AT 的斜率最大，也就是说，没有任何一种无风险资产与风险资产或风险资产组合构成的组合可以位于 AT 线段的左上方。

我们可以从图 10-14 中看出，对于 T 点左边的 CD 弧线而言，在预期收益率相等的情况下，AT 线段上的风险小于马柯维茨有效集上组合的风险，而在风险相同的情况下，AT 线段上的预期收益率大于马柯维茨有效集上的组合。根据有效集的定义，T 左边的有效集将不再是有效集。由于 AT 线段是可行的，所以引入无风险贷款后，新的有效集是由 AT 线段和 TD 弧线构成。

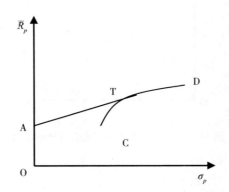

图 10-14　引入无风险贷款时的有效集

3. 无风险贷款对投资组合选择的影响

由于无风险贷款改变了有效集，所以其对无风险贷款也会产生影响，但是对于不同的投资者而言，引入无风险贷款对其投资组合选择的影响是不同的。

对于厌恶风险程度较轻的投资者而言，引入无风险贷款前，其选择投资组合位于无差异曲线 I_2 和 TD 弧线形的切点 P；引入无风险贷款后，其投资组合依然是 P 点，没有受到影响。因为只有 TD 弧线上的组合才能获得最大的满足程度，如图 10-15（a）所示。对于该投资者来说，他将把资金全部投资于风险资产。

对于厌恶风险程度较大的投资者而言，引入无风险贷款前，其选择投资组合位于无差异曲线 I_2 和 TD 弧线形的切点 P；引入无风险贷款后，原来代表最大满足程度的无差异曲线 I_1 与线段 AT 相交，不符合效用最大化条件。该投资者会选择无差异曲线 I_3 与线段 AT 的切点 Q 点，如图 10-15（b）所示。对于该投资者来说，他将把部分资金投资于风险资产，另一部分资金投资于无风险资产。

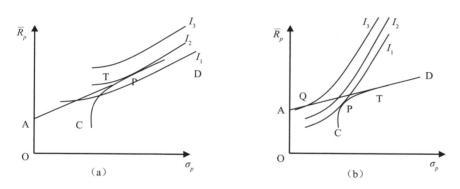

图 10-15　无风险贷款下的投资组合选择

（二）无风险借款的影响

在推导马柯维茨有效集的过程中，我们假定投资者可以购买风险资产的金额仅限于期初财富。但是现实生活中，投资者可以借入资金并用于购买风险资产。借款必须支付利息，而利率是已知的，即借款偿还本息的数量是确定的，并不存在不确定性。因此，我们把这种借款称为无风险借款。在下面分析中，为方便起见，我们假定投资者可以按相同的利率进行无风险借贷。

1. 允许无风险借款下的投资组合

类似于无风险贷款下的组合，这里我们将主要讨论无风险借款并投资于一种风险资产和无风险借款并投资于风险资产组合两种情形。

（1）无风险借款并投资于一种风险资产的情形

这里与投资于一种无风险资产和一种风险资产的情形相似。我们可以把无风险借款看成是负的投资。投资组合中风险资产和无风险借款的比重分别为 ω_1，ω_2，$\omega_1 + \omega_2 = 1$。但这里不同的是 $\omega_1>1$，$\omega_2<0$，可知式（10.13）适用于无风险借款的情形，由于 $\omega_1>1$，$\omega_2<0$，（10.16）式在图上表现为 AB 线段向右边的延长线上，如图 10-16 所示。

（2）无风险借款并投资于一种风险资产组合的情形

同样地，无风险借款并投资于一种风险资产组合与投资于一种无风险资产和一个证券组合的情形相似。

我们仍假定风险资产组合 B 是由风险证券 C 和 D 组成的，则无风险借款 A 和风险资产组合 B 的投资组合的预期收益率和标准差一定落在 AB 线段右边的延长线上，如图 10-16 所示。

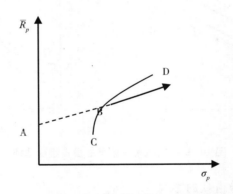

图 10-16 无风险借款和风险组合的组合

2. 无风险借款对有效集的影响

引入无风险借款后，有效集也将发生重大变化。与前面分析一样，弧线 CD 代表马柯维茨有效集，T 点表示 CD 弧线和 AB 直线的切点。根据有效集的定义，引入无风险借款后，T 点右边的弧线将不再符合条件，投资者通过无风险借款并投资于风险资产或风险资产组合有效集变为 AT 线段向右边的延长线。

所以，在允许无风险借款的情况下，新的有效集由 CTD 弧线变为过 A、T 点的直线在 A 点右边及 CT 弧线的部分。

3. 无风险借款对投资组合选择的影响

对于不同的投资者而言，引入无风险贷款对其投资组合选择的影

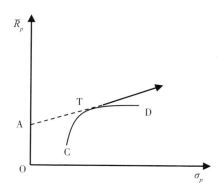

图 10-17　允许无风险借款时的有效集

响是不同的。

　　对于厌恶风险程度较轻的投资者而言，引入无风险借款前，其选择投资组合位于无差异曲线 I_2 和 TD 弧线形的切点 P；引入无风险借款后，原来代表最大满足程度的无差异曲线 I_1 与直线 AT 相交，不再符合效用最大化条件。该投资者会选择无差异曲线 I_2 与直线 AT 的切点 Q 点，如图 10-18（a）所示。对于该投资者来说，他将借入无风险借款，并使用无风险借款和自有资产投资于风险资产。

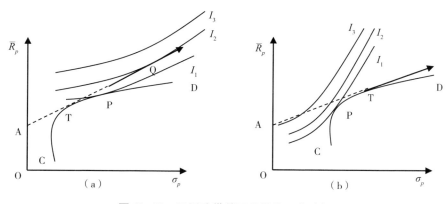

图 10-18　无风险借款下的投资组合选择

　　对于厌恶风险程度较大的投资者而言，引入无风险借款前，其选择投资组合位于无差异曲线 I_1 和 CT 弧线形的切点 P；引入无风险借款后，其投资组合依然是 P 点，没有受到影响。因为只有 CT 弧线上的组合才能获得最大的满足程度，如图 10-18（b）所示。对于该投资者来说，他不会选择进行无风险借款，只会使用自有资产投资于风险资产。

综上所述，在允许无风险借贷的情况下，有效集变为一条直线，该直线经过无风险资产 A 点并与马柯维茨有效集相切。

六、马科维茨学说的基本观点及其贡献

证券投资过程可以分为四个阶段：第一阶段，投资者首先应考虑各种可能的证券组合。第二阶段，计算这些证券组合的收益率、协方差、方差。第三阶段，通过比较收益率和方差决定有效组合。第四阶段，利用无差异曲线与有效边界的切点确定最优组合的选择。

由于证券或证券组合的预期收益率、标准差及证券之间的相关系数可以利用历史数据加以计算，因此马科维茨的证券组合投资的概念和方法正广泛地应用于金融投资的实践中。证券组合理论的主要贡献在于：证券组合的预期收益率只是组合中各个证券收益率的加权平均数，与组合证券数量无关；证券组合的风险不仅取决于组合中证券的种类数，还受组合中各证券收益率之间相关系数的影响；证券组合的风险随着证券种类的增加而减少，但风险降低的边际效应呈递减趋势；组合的风险受组合中证券收益率之间相关系数的影响，相关系数越低，证券组合的风险越少；分散投资可以消除证券组合的非系统风险，但是不能消除系统风险，投资者无论持有多少证券都必须承担这部分风险，一个充分分散的证券组合的收益率的变化基本上代表了市场收益率的变化，投资预期收益率只是对分散投资不能抵消的系统风险的补偿；投资者决策的关键在于正确计量预期收益率、风险和证券收益率的相互关系，通过比较决定有效组合，并从中选择最优组合。

证券组合理论也有不足之处，如在分析中用收益率、方差、相关系数或协方差的历史数据代替对未来期望数据的估计往往会导致计算误差；为组成有效组合而提出的购买收益率呈负相关证券的建议很难让投资者接受；计算量过于庞大且复杂。这些不足促使后来证券投资理论的进一步发展。

【专栏 10-2】

马科维茨和投资组合理论

哈里·马科维茨（Harry M. Markowitz），1927 年 8 月 24 日生于美国伊利诺伊州。于 1950 年、1952 年在芝加哥大学连续获得了经济学硕士、博士学位。1952 年，马科维茨在《金融杂志》上发表题为《资产组合选择——投资的有效分散化》一文，该文堪称现代金融理论史上的里程碑之作，标志着现代组合投资理论的开端。这篇论文中，马科维茨第一次给出了风险和收益的精确定义，通过把收益和风险定义为均值和方差，马科维茨将强有力的数理统计方法引入了资产组合选择的研究中，发展了一个概念明确的可操作的在不确定条件下选择投资组合的理论。这个理论进一步演变成为现代金融投资理论的基础。马科维茨的理论被誉为"华尔街的第一次革命"。

1989 年，马科维茨被美国运筹学学会和管理科学协会授予冯·诺依曼奖，获奖原因是，在投资组合理论、稀疏矩阵计算以及模拟程序设计语言（SIMSCRIPT）领域的一些工作。1990 年，由于他 1952 年的论文《投资组合选择》和 1959 年出版的《投资组合选择：有效分散化》一书，被授予诺贝尔经济学奖。马科维茨主要贡献是发展了一个概念明确的可操作的在不确定条件下选择投资组合的理论，这个理论进一步地演变成为现代金融投资理论的基础。马科维茨的研究表明，在一定的条件下，一个投资者的投资组合选择可以简化为平衡两个因素，即投资组合的期望回报及其方差。风险可以用方差来衡量，通过分散化可以降低风险。投资组合风险不仅依赖于不同资产各自的方差，而且也依赖于资产的协方差。这样，关于大量的不同资产的投资组合选择的复杂的多维问题，就被约束成为一个概念清晰的简单的二次规划问题，即均值-方差分析。并且马科维茨给出了最优投资组合问题的实际计算方法。然而，较为有趣的是，当马科维茨在芝加哥大学为其关于资产组合理论的博士学位论文进行答辩时，却当场受到了米尔顿·弗里德曼的责难。弗里德曼认为，资产组合理论不是经济学的一个组成部分，因而马科维茨不应该获得经济学博士学位。然而，事实上弗里德曼的货币需求理论却可以用马科维茨这种理论工具给予更好地阐述！不过，马科维茨后来于1991年曾说："在这一点上，我现在愿意承认：在我为我的学位论文答辩时，资产组合理论不是经济学的组成部分。但是，现在它是经济学的一部分。"

本 章 小 结

金融风险是指金融变量的各种可能值偏离其期望值的可能性及其幅度。金融风险具有不确定性、扩散性、客观性、可测性、消极性与积极性并存等特点。金融风险的种类有很多，按风险的成因可分为利率风险、汇率风险、信用风险、流动性风险、市场风险、国家风险和经营风险；按能否分散风险可分为系统性风险和非系统性风险。

风险证券的收益率通常用统计学中的数学期望来表示。单个证券的风险，通常用统计学中的方差或标准差来计算。用标准差作为风险衡量的标准有时也有可能会引起误解，所以引入了变差系数，变差系数是相对偏离程度的衡量标准——每单位收益率所包含风险的衡量标准。变差系数越大，投资的相对风险也越大。

证券投资组合的期望收益率是该组合中各种证券的预期收益率的加权平均数，权数是投资于各种证券的资金占总投资额的比例。证券投资组合的风险不仅取决于单个证券的风险，而且还取决于各种证券之间收益率变化的互动性（用协方差或相关系数表示）。随着组合中证券数目的增加，在决定组合的风险时，协方差的作用越来越大，而方差的作用越来越小。

协方差用以衡量两个证券收益率之间的互动性。正的协方差表明两个变量朝同一方向变动，负的协方差表明两个变量朝相反方向变动。此外，两个证券收益率互动关系还可以用相关系数 ρ 表示。相关系数的一个重要特征为其取值范围介于 -1 和 1 之间，即 $-1 \leqslant \rho_{AB} \leqslant 1$。当 $\rho_{AB} = 1$ 时，完全正相关；$\rho_{AB} = -1$ 时，完全负相关；$\rho_{AB} = 0$，完全不相关。$-1 < \rho_{AB} < 0$，表示负相关。$0 < \rho_{AB} < 1$，表示正相关。

β 系数是衡量一个证券系统性风险的重要指标，证券组合的 β 系数等于该组合中各种证券的 β 系数的加权平均数，权重为各种证券的市值占整个组合总价值的比重。如果一种证券或证券组合的 β 系数等于 1，说明其系统性风险等于市场组合的系统性风险；如果 β 系数大于 1，说明其系统性风险大于市场组合的系统性风险；如果 β 系数小于 1，说明其系统性风险小于市场组合的系统性风险；如果 β 系数等于 0，说明不存在系统性风险。

证券组合的收益率只是单个证券收益率的加权平均数，分散投资不会必然影响到投资组合的收益率，但是分散投资可以降低风险，即降低证券组合收益率变动的波动性。各个证券之间收益率变化的相关关系越弱，分散投资降低风险的效果就越明显。证券组合的风险随着股票数量的增加而减少。

投资者的目标是投资效用最大化（或财富最大化），投资效用函数取决于投资预期收益和风险。马柯维茨假设投资者具有不满足性及厌恶风险，所以预期收益越高，风险越小，投资效用越大，据此我们可以得到正斜率的投资者等效用曲线和曲线簇。

有效集衡量了那些在不同风险水平下提供最大预期收益率和在不同期望收益水平下提供最小风险的投资组合。投资者被假定在位于有效集上的组合选择他们的最佳组合。一个投资者的最佳投资组合由投资者的无差异曲线与有效集的切点来确定，该切点代表的组合就是投资者的最大投资效用组合，即最优投资组合。这就是马柯维茨为代表的现代证券组合理论（Modern Portfolio Theroy）的主要内容。

引入无风险资产和按无风险资产利率自由借贷后，对于风险厌恶的投资者来说，不管该投资者主观风险承受能力如何，投资者持有的最优证券组合总是市场组合，而不是有效边界上任何其他点代表的证券组合，更不是可行集内其他点代表的证券组合。当该投资者厌恶风险程度较高时，投资者将部分资金投资于无风险证券降低所承担的风险；当投资者厌恶程度较低时，将按无风险收益率借入资金投入市场组合。

重 要 概 念

金融风险　系统性风险　非系统性风险　预期收益率　标准差　变差系数　证券组合 β 系数　不满足性　厌恶风险　财富效用函数　无差异曲线　可行集　有效集　有效组合　最优投资组合　无风险资产　无风险贷款　无风险借款

复习思考题

1. 什么是金融风险? 特征是什么? 如何分类?

2. 如何对证券和证券组合进行风险和收益的衡量?

3. 单个资产风险的衡量与资产组合的风险的衡量有什么不同?

4. 假设投资者购买了 10000 元的股票, 每股价格是 100 元, 一年后, 该股票的价格上涨到 105 元。计算该投资者本年的投资收益率。如果每股分红 6 元, 计算投资者的收益率。

5. 系统性风险如何衡量?

6. 什么是风险资产组合的可行集和有效集?

7. 讨论马柯维茨有效集的含义。

8. 如何理解不满足性和风险厌恶假设?

9. 无差异曲线有何特点? 如何从无差异曲线上看出投资者个人的风险偏好?

10. 投资者如何寻找最优证券组合?

11. 无风险资产如何改进了马柯维茨的有效集? 投资者如何寻找最优证券组合?

第十一章 资本资产定价模型与套利定价理论

在前面各章中，我们已经介绍了金融市场的各个组成部分。不过，在学术界，近数十年以来有关金融市场研究主要集中在各种金融市场分析模型，特别是资产定价模型和资产定价理论方面。资产定价问题是近几十年来西方金融理论中发展最快的领域之一。1952 年，马克维茨发展了资产组合理论，形成了现代资产定价理论。它把投资者投资选择问题系统阐述为不确定性条件下投资者效用最大化问题。威廉·夏普将这一模型简化并提出了资产定价的均衡模型——CAPM。作为第一个不确定条件下的资产定价的均衡模型，CAPM 具有重大的历史意义，它给西方金融理论的发展带来了一场革命。在本章，我们将对此做简要介绍。

第一节 资本资产定价模型

资本资产定价模型（Capital Asset Pricing Model，CAPM）最早由夏普（W. Sharp）提出，后来又经过米勒（M. H. Miller）、罗斯（S. A. Rose）等人的发展。这是一种阐述风险资产的均衡市场价格如何决定的理论，它使证券理论由以往的定性分析转向定量分析，从规范经济学转向实证经济学，对证券投资的理论研究和实际操作都产生了巨大的影响。

一、资本资产定价模型的假设条件

一个模型或理论的构建，需要对现实的复杂环境进行一定程度的抽象。同样，资本资产定价模型的设立也需要对相应的经济环境进行简化假设。资本资产定价模型（CAPM）的基本假设条件包括：

（1）投资者根据投资组合在单一投资期内的预期回报率和标准差来评价该投资组合；

（2）投资者永不满足，当面对其他条件相同的两种选择时，他们将选择具有较高预期收益率的那一种；

（3）投资者是厌恶风险的，当面对其他条件相同的两种选择时，他们将选择具有较小标准差的那一种；

（4）每一种资产都是无限可分的，投资者可以购买任意数量其想要购买的某种证券；

（5）投资者可以按相同的无风险利率借入和贷出资金，并且数量不受限制；

（6）税收和交易成本忽略不计；

（7）所有投资者都有相同的投资期限；

（8）对于所有投资者而言，无风险利率是相同的；

（9）对于所有投资者而言，信息可以无成本地自由获取；

（10）投资者对资产的收益率、标准差和证券之间的协方差具有相同的预期。

以上假设是以金融市场的有效性假设为前提的。可以看出，资本资产定价模型将投资情况简化为一个较为极端的情形，证券市场是完美和无摩擦的，投资者拥有的信息相同、对证券的前景看法一致、投资没有任何阻碍。简化的假设条件有利于将单一投资者如何投资转移到考察市场上所有投资者集体行为引起的变化结果，从而获得每一种证券的风险和收益之间的均衡关系特征。

【专栏 11-1】

有效市场假说

市场有效性假说是指价格已经反映了所有可能得到的信息。换句话说，有效市场假说排除了建立在现在可以获得信息基础上的交易行为获得超过均衡的预期收益的可能性。有效市场假说（Efficienct Market Hypothesis，EMH）是现代金融市场理论的重要概念之一。其最早由巴舍尔（Bachelier）于 1900 年提出，1933 年考利斯（Cowles）发表文章《Can Stock Market Forecasters Forecast?》对股权市场有效性进行实证。现代对有效市场的研究则始于萨缪尔森（Samuelson），后经法玛（Fama）、马尔基尔（Malkiel）的深化，成为现代金融市场重要理论基础之一。

该理论建立在三个假说之上：一是理性投资者假设，投资者被认为是理性的，他们能够对证券作出合理的价值评估；二是随机交易假设，即使投资者某种程度上并非完全理性，但是由于他们之间的证券交易是随机进行的，因此彼此之间的交易对价格的影响会相互抵消；三是有效套利假设，假如某些投资者非理性其交易行为趋同，理性套利者也会消除他们的行为对价格的影响。根据这些假设可以看出，有效市场并不是一个静态价格反映所有信息的过程，而是一个价格根据信息不断迅速进行调整的动态过程。短期价格迅速根据信息完成调整，需要市场存在大量独立的股票分析者、套利者以及各种交易群体，他们在利润最大化的约束条件下，不断根据股票价格的波动分析各种信息对股票价格的影响，并不断买卖股票直至股票价格反映最新的信息。由于调整的时间很短，长期来看，股票价格的波动就是独立随机的。

根据信息的不同层次，法玛将有效市场分为三种形式：强式有效市场、半强式有效市场和弱式有效市场。

强式有效市场表示信息处理能力最强的证券市场。在这种证券市场上，证券价格总能及时充分地反映所有的相关信息，包括所有公开的信息和内幕信息。任何人都不可能再通过公开炒作或内幕信息来获取超额收益。在该市场中，有关证券产品的任何信息一经产生，就得以及时公开，一经公开就能得到及时处理，一经处理，就能在市场上得到反馈。信息的产生、公开、处理和反馈几乎是同时的。同时，有关信息的公开是真实的、信息的处理是正确的、反馈也是准确的。结果，在强势有效的市场上，每一位交易者都掌握了有关证券产品的所有信息，而且每一位交易者所掌握的信息都是一样的，每一位交易者对该证券产品的价值判断都是一致的，并且都能将自己的投资方案不折不扣地付诸实施。因此，对于强式有效的证券市场来说，不存在因证券发行者和投资者的非理性所产生的供求失衡而导致的证券产品价格波动，证券价格反映了所有即时信息。这是一种理想的经济状态，市场非常完善，证券价值和价格总是相等，随着新信息的出现而共同随机波动。

半强式有效市场的信息处理能力仅次于强式有效市场。在该市场上，一方面，所有公开的可用信息假定都被反映在证券价格中，不仅包括证券的价格序列信息，还包括公司的财务报告信息，经济状况的通告资料和其他公开可用的有关公司价值的信息，公布的宏观经济形势和政策方面的信息。这样，市场上所有公开的信息都能够被投资者正确解读，并通过投资者的买卖决策和行为引起市场价格的变化。另一方面，关于证券产品的信息从产生到被公开的过程中受到了某种程度的损害，信息公开的效率会受到影响，证券的发行者由于种种原因没有将所有有关发行证券的信息完全、真实、及时地公开，发行者和投资者在信息的占有上处于不平等的地位。投资者获得的只是发行者公开出来的信息，而不是发行者自己所掌握的全部信息，尚有未公开的"内幕信息"。同时，由于各种原因，在发行者所公开的信息中，还可能有虚假的成分。因此，市场上存在着两类信息：公开信息和内幕信息。如果掌握内幕信息者不参加交易，所有交易者只能根据公开信息进行投资，那么证券产品的市场价格就反映了所有投资者对所有公开信息的理性价值判断。如果少数既掌握公开信息又掌握内幕信息的人也可以参与交易，那么市场上就会出现两个价格：一是基于内幕信息形成的"内幕交易价格"；二是基于公开信息形成的市场价格。而内幕信息的公开化则会使这两个价格趋同，价格趋同的速度则取决于内幕信息的扩散速度。

弱式有效市场的信息处理能力又次于半强式有效市场。在弱式有效市场上，市场行为的历史资料已经充分发挥了作用，不能再继续影响证券市场的价格走势。即证券价格充分反映了历史上一系列交易价格和交易量中所隐含的信息，或者说有关证券的历史交易信息已经被充分披露、均匀分布和完全使用，任何投资者都不可能通过使用任何方法来分析这些历史交易信息以获取超额收益。在该市场上，不仅信息从产生到被公开的效率会受到损害，即存在"内幕信息"，同时，投资者对信息进行价值判断的效率也会受到损害。并不是每一位投资者对所披露的信息都能做出全面、正确、及时和理性的解读和判断。只有那些掌握专门分析工具的专业人员才能做出有效的投资决策，再通过他们的买卖行为把自己对全部公开信息的解读和判断贯彻到市场中去。一般的投资公众却很难把握全部公开信息所包含的真正价值，对分析工具的应用水平也不如专业投资者，因此，他们解读和判断信息价值的能力以及作出有效投资决策的可能性都不如专业投资者。这样，一般公众对公开信息的解读和判断都是打了折扣的，由此做出的投资决策并不能体现市场所提供的全部公开信息的内涵，根据这种投资决策所采取的投资行为以及由此导致的市场价格的变化也就不可能反映全部的公开信息。

二、市场组合与资本市场线

（一）分离定理

由于所有投资者对证券的预期回报、方差、协方差的估计以及无风险利率大小的看法都是一致的，因此所有投资者的可行域是相同的，他们面临同样的有效集。既然所有投资者都面临同样的有效边界，那么影响投资者选择不同组合的唯一原因就只有他们各自拥有不同的无差异曲线，即对风险的态度。在前面我们引入了无风险借贷的概念应用到投资者最优投资选择的分析中，可以发现，当用一种风险资产与无风险资产进行组合时，投资者会选择一种风险资产；当用多种风险资产与无风险资产进行组合时，所有投资者都会选择风险相同的资产组合，然后将它与无风险资产进一步组合。于是，投资者的整个最优选择过程可以总结为以下两个步骤：

一是寻找合适的风险资产组合，这时不必考虑投资者效用的无差异曲线；二是确定风险资产与无风险资产的投资比例，这必须结合投资者的无差异曲线。

这就是托宾（Tobin）提出的分离定理。简单描述就是，投资者在进行风险资产与无风险资产组合选择时，可以按上述两个步骤实施。同时，这也意味着投资者的收益与风险偏好与其资产组合的最优构成无关。

由此可以得出著名的分离定理：投资者对风险和收益的偏好状况与该投资者最优风险资产组合的构成是无关的。换言之，这一最佳风险资产组合与投资者的无差异曲线无关。投资者在做决策时，不必考虑个别的其他投资者对风险的看法，或者说，证券价格的信息可以决定应得的收益，投资者将据此作出决策。

如图 11-1 所示，投资者可以选择 AM 线上的任意点（投资组合）。I_1 表示风险厌恶程度较低投资者的无差异曲线，该投资者的最佳投资组合位于 O_1 点，表明其将借入资金投资风险资产组合上；I_2 表示风险厌恶程度较高投资者，该投资者的最优投资组合位于 O_2 点，表明其将部分资金投资于无风险资产，部分投资于风险资产。虽然 O_1 点和 O_2 点的位置不同，但是它们都是由无风险资产和风险资产构成的组合。在 M 点左端的点（如 O_2），表示投资的利率为 R_f 的无风险证券和风险证券组合 M 的组合，适合比较保守的投资者。在 M 点右端的点（如 O_1），表示以 R_f 借款和自由资金一起投资风险证券组合 M，它适合比

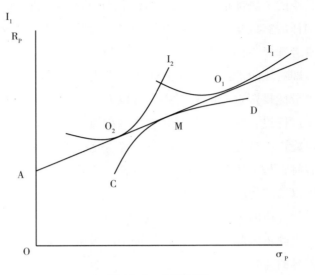

图 11-1　分离定理

较爱好风险的投资者。

（二）市场组合

根据分离定理，还可以得到另一个重要结论：在均衡状态下，每种证券在均衡点处投资组合中都有一个非零的比例。

这是因为，根据分离定理，每个投资者都持有一定数量的切点组合（M）。如果某种证券在 M 组合中的比例为零，那么就没有人购买该证券，该证券的价格就会下降，从而使该证券的预期收益率上升，直到在最优风险组合 M 中，该证券的比例非零为止。同样，如果投资者对某种证券的需求超过了供给，则该证券的价格会上升，这就导致其预期收益率下降，从而降低其吸引力，它在最优风险组合中的比例也将下降，直到该证券的需求量等于供给量为止。

因此，在均衡状态下，每一个投资者对每一种证券都愿意持有一定的数量，市场上各种证券价格都处于使该证券供求相等的水平上，无风险利率的水平也正好使借入资金的总量等于贷出资金的总量。这样，在均衡时，最优风险组合中各证券的构成比例等于市场组合（Market Portfolio）中各证券的构成比例。所谓市场组合是指所有证券构成的组合，在这个组合中，每一种证券的构成比例等于该证券的相对市值。一种证券的相对市值等于该证券市值除以所有证券的总市值。

习惯上，人们将切点处组合称为市场组合。从理论上讲，M 不仅由普通股构成，还包括优先股、债券、不动产等所有风险资产，但由于上述资产在实践中难以观测，因此，实践中人们将市场组合 M 仅限于普通股。CAPM 的另一个特征就是与市场组合有关。即均衡时，每一种证券在切点组合中有一个非零的比例。假设有一种资产没有被包括在市场组合中，这意味着投资者认为不值得对这种证券进行投资，证券价格就会下降，其收益率也随之上升，直到投资者认为满意为止。这样证券最终在市场组合中占了一个非零的比例。反之，如果投资者对某种证券有超额需求，投资者之间的竞争会推动该证券的价格上升，与此同时，证券的收益率下降，直到其收益率降到超额需求消失为止。

最终，每一种证券实现了供求平衡。等所有价格调整停止时，整个市场就处于一种均衡状态。这种均衡状态有三个基本特征：一是每一个投资者对每一种风险证券都持有一定的数量；二是每一种证券的价格都恰好使它本身处于供求平衡状态；三是无风险利率恰好使得借贷资金的总量平衡。

综上所述，我们可以得到市场组合的定义：市场组合由所有的证券组成，其中每一种证券的比例等于其相对市值。所谓相对市值是指一种证券的总市值与全部证券市值之和的比值。

（三）资本市场线

资本市场线（Capital Market Line）描述的是资本市场均衡时任一投资组合的预期收益率与其风险之间的关系。当市场处于均衡状态时，市场组合也就等于切点投资组合，它代表了所有投资者对风险资产的投资方式。所有投资者在进行最优投资组合选择时都是将资金在无风险资产与风险资产之间进行分配，无风险资产与市场组合的连续也就是有效集，这条直线型的有效集称为资本市场线。如图 11-2 中的曲线 CML 所示。

它表明证券投资组合的收益与风险呈线性关系，风险越高，所带来的预期收益越高；风险越低，则带来的预期收益越低。资本市场线是资本资产定价模型（CAPM）的线性有效集，它是由无风险利率为

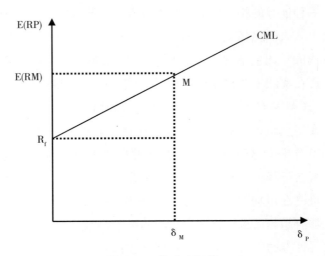

图 11-2　资本市场线

R_f 的证券和市场组合 M 构成。证券市场组合 M 是由均衡状态风险证券构成的有效的证券组合。同时投资者可以以收益率 R_f 任意地借贷放款。由于 CML 是一条直线，因此，在这个有效集上可以很容易表示任何证券组合的预期收益和标准差之间的关系。

如果投资者准备投资风险资产，他们需要一个风险报酬来补偿承担的风险。风险报酬是一个证券组合的收益与无风险收益之差。图 11-2 中证券组合 M 的风险报酬等于 $E(R_M) - R_f$。通常 CML 总是向上倾斜的，因为风险报酬总是正的。根据我们的界定，投资者都不喜爱风险，除非未来的风险得到补偿才会投资。因此，风险越大，预期收益率越大。但是，这不等于说 CML 不能向下倾斜，就是风险收益低于无风险收益，这表明投资者的预期并不总是能实现，如果总能实现就不会有风险了。因此，虽然 CML 在事前必然是向上倾斜的，但事后有可能向下倾斜。

由图 11-2 可以得到 CML 曲线的斜率：

$$CML \text{ 的斜率} = \frac{E(R_M) - R_f}{\delta_M} \qquad (11.1)$$

CML 的斜率是有效证券组合的风险市场价格（Market Price Of Risk），它度量的是增加单位风险需要增加的预期收益率，即表示一个证券组合的风险每增加 1%，需要增加的收益率数量。

现在，我们知道 CML 的斜率和截距 R_f，那么在 CML 上的任意有效证券组合中的预期收益可以用它的风险来表示，因此，CML 的表达式为：

$$E(R_P) = R_f + \frac{E(R_M) - R_f}{\delta_M}\delta_P \tag{11.2}$$

式中，$E(R_P)$ 表示 CML 上任何有效证券投资组合 P 的预期收益，δ_P 表示 CML 上任何有效证券组合 P 的标准差；R_f 表示无风险借贷利率，它度量的是资金的时间价值。CML 根据证券组合 P 的不同风险水平来决定它的预期收益。换句话说，CML 给出每一种证券组合的风险水平所对应的收益。

综上所述，在 CAPM 有效集里至少包含两个组合：无风险资产和市场组合。有效集是一条直线，要确定这条直线的位置很简单，只需要代表无风险证券的点 A 和代表市场组合的点 M 就足够了。这条直线就是"资本市场线"（Capital Market Line，CML）。

三、证券市场线

资本市场线上的点都代表有效组合，单一证券和其他的非有效组合必然处于资本市场线的下方。因此，资本市场线并不能告诉我们单个证券的预期收益与标准差之间存在怎样的关系。为此我们有必要做进一步地分析。

单一证券的预期报酬率也是有两个部分组成：时间价值和风险溢价。时间价值仍然是无风险资产的报酬率，而风险溢价应该等于风险的市场价值与单一证券包含的风险数量的乘积。如果单一证券的风险用 $(\beta_{iM} \cdot S_M)$ 来衡量（其中，β_{iM} 是某种风险债券与市场组合之间的贝塔系数，S_M 是市场组合的标准差），并且如上所述，风险的市场价值为 $(E(R_M) - R_f)/S_n$，那么单一证券的期望报酬率可以表示为：

$$E(R_i) = R_f + [(E(R_M) - R_f) / S_M] (\beta_{iM} \cdot S_M) \tag{11.3}$$

化简后得：

$$E(R_i) = R_f + (E(R_M) - R_f) \cdot \beta_{iM} \tag{11.4}$$

这就是证券市场线，很明显，它也是一条直线。对于证券市场线，要从以下几个方面去把握：

（1）与资本市场线不同，证券市场线上包含了所有的证券；不仅如此，它还包含了所有的证券组合。这是因为证券组合的贝塔值 $\beta_{PM} = \sum_{i=1}^{n} X_i P_{iM}$ 是组合中各单一证券贝塔值的线性表达式，每个贝塔值前面的系数是单一证券在组合中的投资比例。既然证券市场线是线性的，那么所有的证券组合也包含在这条线上，而资本市场线上的点也不例外。当贝塔值为 1 时，这个点正是市场组合。

（2）证券市场线也表示某一证券或证券组合处于均衡时的期望报酬率。处于这条线上或线下的证券或组合的价格都是偏离均衡价格的。如图 11-3 所示，处于线上的某组合，在相同的风险水平下提供了更高的期望报酬率，这必然会引起投资者竞相投资该资产，从而引起资产价格上升和期望回报率下降，直至降到证券市场线上的水平为止。习惯上，我们把资产的收益率偏离证券市场线的垂直距离叫作 α 值，人们寻找具有正的 α 值的资产以获利。

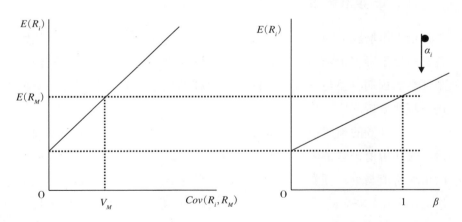

图 11-3　证券市场线

（3）$\beta_{iM} = Cov(R_i, R_M)/V_M$，其中，$Cov(R_i, R_M)$ 是某种证券 i 与市场组合 M 的协方差，V_M 是市场组合的方差，证券市场线还有另外一个"版本"——协方差版本：

$$E(R_i) = R_f + \left[(E(R_M) - R_f)/S_M \right] \cdot Cov(R_i, R_M) \qquad (11.5)$$

这也是一条直线，但是其斜率与贝塔值版本不同。

市场组合的方差可表示为：

$$V_M = \sum_{i=1}^{n} \sum_{j=1}^{n} X_{iM} X_{jM} Cov(R_i, R_j)$$

$$= \left[X_{1M} Cov(R_1, R_M) + X_{2M} Cov(R_2, R_M) + \cdots + \right.$$

$$\left. X_{nM} Cov(R_n, R_M) \right] \qquad (11.6)$$

其中，$Cov(R_i, R_n)$ 表示第 i 种证券和市场组合的协方差。于是，市场组合的方差等于所有证券与市场组合的协方差的加权平均，权数等于各种证券在市场组合中的比例。

从上式可以看出，每一种证券对市场组合方差的贡献取决于它同市场组合协方差的关系。那些 $Cov(R_i, R_n)$ 值较大的证券必须按比例提供更高的预期收益率以吸引投资者，否则市场组合将不是最佳风险组合，而证券的价格也将偏离均衡。下面讨论几种特殊情况：

（1）$Cov(R_i, R_n) = 0$ 的风险证券的预期回报率必须等于无风险证券的回报率，因为这种证券虽然有正的标准差，但是它对市场组合的风险没有任何贡献。

（2）$Cov(R_i, R_n) < 0$ 的风险证券具有比无风险证券更低的预期回报率，因为它对市场组合的风险作出了负的贡献。

（3）$Cov(R_i, R_n) = V_M$ 的证券则具有与市场组合相等的预期回报率，因为这种风险证券对市场组合的风险作出了平均的贡献。

四、市场模型：进一步的讨论

首先来看市场模型：

$$R_i = \alpha_{iI} + \beta_{iI} R_I + \varepsilon_i \qquad (11.7)$$

市场模型的结构与证券市场线有些"相像"，而且都含有一个贝塔值。市场模型和证券市场线这两个模型有较大区别：首先，市场模型是一个因素模型，而证券市场线是一个市场均衡模型；其次，CAPM中的 β_{iM} 是某种证券与市场组合之间的贝塔值，市场组合中包含了所有的风险资产，而不仅仅是普通股。当然，实际上由于市场组合的不可知性，人们常常用 β_{zI} 来代替 β_{iM}。

五、对资本资产定价模型的评价

（1）夏普在 20 世纪 60 年代提出 CAPM 后，经过了近 30 年的激烈争论和事件的检验，终被大多数的金融专家和证券投资者所接受。CAPM 以其丰富的理论内涵和简便易行的可操作性，在现代金融理论中一直占据着核心位置。

（2）CAPM 的特色之一是集前人研究之大成。托宾的资产组合理论研究货币与无风险资产之间的组合关系，马柯维茨着重探讨风险证券组合的选择，夏普把这两大理论成果结合起来，开创了一个新境界，使人们对整个金融市场的全貌有了一个更清晰的理论认知。

（3）CAPM 另一个突出的特色是它的可检验性和可操作性。一方面，它推动了金融理论由规范走向实证；另一方面，它改变了人们头脑中"理论是灰色的"这样一个成见。据《华尔街日报》报道，在 20 世纪 70 年代，市场上有很多基金都在寻找能产生最大 α 值的经理；到了 1980 年 9 月，β 变得非常流行，以致它成为美国养老基金会的投资策略基础。在金融理论中，CAPM 对现实世界的影响力是空前的。

（4）跟任何理论一样，CAPM 也存在不足之处，主要问题在于模型的假设条件过于抽象化。以后理论的发展方向是使假设与现实更加接近，比如借贷利率差异模型、多因素模型都是沿此思路建立起来的。

六、资本资产定价模型的应用

资本资产定价模型描述的最根本的关系是期望收益率与风险之间的关系。证券投资的风险根据来源性质的不同可分两大类：一类是与整体市场相关联的风险，称为系统风险；另一类是只与个别证券有关而与整个市场无关的风险，称为非系统风险，资本资产定价模型指出高度分散化的投资将使得系统风险趋于市场平均水平，并减少非系统风险。

资本资产定价模型的最核心的应用是进行资产评估，从而搜索市场中被错误定价的证券。结合证券价值评估理论中的预期收益贴现模

型，CAPM 可以帮助我们计算出一个与投资者实际承担系统风险相对
应的期望收益率，是投资者进行证券投资的合理风险报酬，因此该数
值非常适合作为预期收益贴现模型中的贴现率 K。CAPM 模型所决定的
适当风险补偿水平，是正确进行证券内在价值评估的重要基础。

　　资本资产定价模型的另一个应用是进行资产配置。证券市场线表
明，β 系数反映证券或组合的收益波动对市场变化的敏感性。因此，当
有很大把握预测大牛市将要到来时，应该选择那些高 β 系数的证券或
组合进行投资，以分享市场波动带来的收益。反之，当熊市来临之际，
则应果断调整持仓结构，更多的持有那些低 β 系数的证券或组合，以
避免系统性风险带来的损失。同时，CAPM 模型还告诉基金经理，非
系统风险的承担是得不到相应补偿的，所以应适当分散投资降低组合
的总风险水平。

　　资本资产定价模型的第一个不足是，它认为证券组合的投资收益
除了无风险报酬之外全部来自于 β 系数所决定的系统风险补偿，换言
之，谁愿意冒更大的系统风险，谁就可以相应地得到更高的收益补偿，
这种严格的风险—收益对称关系事实上并不完全符合现实市场，有时
还容易误导投资者追逐"高风险一定高收益"的不切实际的目标甚至
是幻想，而事实上在这些方面卓越的管理水平常常也是能够得到市场
额外奖励的，并非只有一味冒险才可能有出色的业绩表现。

　　资本资产定价模型的另一个缺点是它的有效性检验比较困难。在
现实市场中证券投资风险与收益是否真正具有正相关关系，是否还有
更合理的度量工具用以解释不同证券的收益差别，是理论界争论较多
的一个问题。CAPM 模型的倡导者也一直寻求大量的实证研究作为基
础。总的来说，这些实证研究表明，资本资产定价模型可为金融市场
的收益结构提供初步或部分近似的解释，但是仍然存在其他因素能够
解释部分实际收益的差别（在模型中形成残差项）。实际上，由于检验
本身使用的只能是市场组合 M 的替代品，所以对 CAPM 模型的所有检
验虽然能表明该模型实用性的大小，却不能说明其本身的有效性。换
言之，基于过多理想化的均衡假设条件的 CAPM 模型，看起来像是在
不断地用自己来证明自己。

【专栏 11-2】

威廉·夏普——资本资产定价模型的奠基者

1934 年 6 月 16 号，威廉·夏普出生于美国马萨州的坎布里奇市，他是资本资产定价模型的奠基者，由于在金融经济学方面的贡献，与默顿·米勒和哈里·马克维茨在 1990 年共同获得了诺贝尔经济学奖。1951 年夏普进入加州大学伯克利分校，计划主修医学专业。但经过一年的学习，他发现自己对医学专业并没有这么大的兴趣。于是，他转学到加州大学洛杉矶分校主修企业管理。在商学院学习期间，他跟随雷德·威斯顿系统学习了哈里·马克维茨的著作。1956 年，夏普作为一个经济学家加入兰德公司，并继续攻读博士学位。

1960 年，夏普完成了专业课学习，开始考虑博士论文选题，雷德·威斯顿建议夏普向同在兰德公司的哈里·马克维茨求教，从此两人开始紧密合作。哈里·马克维茨虽然不是夏普的答辩成员，但却是夏普博士论文的重要顾问。当夏普取得博士学位时，他就说："我欠马克维茨的债是巨大的"。他博士论文的最重要内容，于1962 年投向 *The Journal of Finance* 杂志，由于编辑部的原因，最终到 1964 年 9 月才发表。这篇文章是资本资产定价模型（CAPM）理论的主要基础。1968 年后，夏普应邀到斯坦福大学工作，但被他一直拖到 1970 年才去。1976—1977 年，夏普在国民经济研究所工作，作为小组成员之一，研究存款保险与拖欠风险之间的关系。1980 年夏普被推选为美国金融学会主席。1983 年，夏普帮助斯坦福大学建立了一个国际投资管理计划，这个计划是为希望得到金融经济理论和有关经验研究的全面基础上的高级投资专业人员设计的。由于夏普在金融经济学方面的开创性研究，获得了 1990 年诺贝尔经济学奖。

第二节　因素模型

现代投资理论为投资者提供了一套寻找最优组合的方法，也就是在"期望收益率——标准差"二维平面上找到弯曲的马克维茨有效集，在既定的无风险利率水平下，找到有效集的切点组合。根据切点组合和无风险利率，投资者可以确定一条线性的有效集，然后投资者根据自己的风险偏好在线性有效集上确定自己的最优选择，这个最优选择中包含切点组合（市场组合）和一定比例的无风险借入或贷出。

我们知道，确定马柯维茨有效集是一项十分复杂的工作，投资者要估计证券组合中每一种证券的期望收益率和标准差，以及各种证券之间的协方差，协方差的数目随着证券种类的增加而呈指数增长。

一、因素模型概述

因素模型是一种线性统计模型，它描述了每一种证券的预期回报率和影响它们的一个或多个共同因素之间的线性关系。作为一个回报率的生成过程，因素模型试图找出那些系统影响市场上所有证券价格的主要经济变量，如 GDP 增长、利率、通货膨胀等。这种模型构建存在以下两个假设前提：一是之所以各种证券的回报率具有相关性，是因为它们对经济中一些重要变量产生了共同的反应；二是模型中不能解释的那部分回报率（证券的独有回报率）则仅与单一证券自身的特性有关，而与模型中的共同因素无关，也与其他证券的特性无关。

因素模型认为各种证券的收益率均受某个或某几个共同因素影响。各种证券的收益率之所以相关，主要是因为它们都会对这些共同因素起反应。因素模型的主要目的就是找出这些因素并确定证券收益率对这些因素变动的敏感度。依据模型中解释变量的个数，因素模型可分为单因素模型和多因素模型两种。

二、单因素模型

假设某个投资者认为决定证券回报率的因素只有一个，那么就可以建立单因素模型：

$$R_i = a_i + \beta_i F + e_{it} \tag{11.8}$$

其中，R_i 是第 i 种证券的收益率；F 为影响证券回报的因素；α_i 为截距项，代表证券收益率独立于市场的部分；β_i 是证券 i 对市场指数收益率变化的敏感度，它衡量的是系统性风险；e_i 是残差项，是与证券 i 有关的随机变量，其期望值为零。

（一）特征值的计算

1. 证券 i 的期望回报率

证券 i 的期望回报公式如下：

$$E(R_i) = a_i + \beta_i E(F) \tag{11.9}$$

2. 方差

其方差计算公式：

$$V_i = \beta_i{}^2 V(F) + V(e_i) \tag{11.10}$$

3. 协方差

任意两种证券 i 和 j 之间的协方差：

$$Cov(R_i, R_j) = \beta_i \beta_j V(F) \tag{11.11}$$

可见，利用因素模型，不用直接估计证券之间的协方差，只需通过证券的敏感度系数和因素的方差就可以得到协方差。

如果一种证券的单因子模型成立，那么证券组合的预期收益率为：

$$E(R_P) = \alpha_p + \beta_P E(R_M) \tag{11.12}$$

其中，R_M 是证券市场指数的收益率，α_P 和 β_P 分别为 α_i 和 β_i 的加权平均，即：

$$\alpha_p = \sum_{i=1}^{n} X_i \alpha_i$$

$$\beta_p = \sum_{i=1}^{n} X_i \beta_i$$

因此，（11.12）式又可以表达为：

$$E(R_P) = \sum_{i=1}^{n} X_i \alpha_i + \sum_{i=1}^{n} X_i \beta_i E(R_M)$$

证券组合的方差可以表示为：

$$\sigma_P^2 = \sum_{i=1}^{n} X_i^2 \beta_i^2 \sigma_M^2 + \sum_{i=1}^{n} X_i^2 \sigma_{ei}^2 + \sum_{i=1}^{n} \sum_{j=1}^{n} X_i X_j \beta_i \beta_j \sigma_M^2$$

$$(11.13)$$

（二）分散化

证券的风险有市场风险和非市场风险构成。一般地，可以把因素模型中的风险分为因素风险和非因素风险两个部分。分散化会导致因素风险的平均化和非市场风险的降低。

三、多因素模型

当模型中的解释变量有两个或两个以上时，我们称之为多因素模型。对证券的期望回报率有共同影响的经济变量不可能只有一个，因此，多因素模型对证券回报率的生成过程会有更为准确的描述。我们知道证券的期望回报率与投资者对证券价格变动的预期有着十分重要的关系。证券的价格与未来预期收入流量和贴现因子有关，凡是能影响这两个变量的因素，都会影响证券的价格，进而影响其预期收益率。通常认为国内生产总值、通货膨胀率、利率水平就是这样一些因素。

下面以双因素模型为例，对多因素模型加以介绍。假设影响证券收益率的因素分别为 F_1 和 F_2，如市场价格指数的收益率（M）和通货膨胀率（I），则双因素模型的一般表达式为：

$$R_i = a_i + \beta_{i1} F_1 + \beta_{i2} F_2 + e_i \qquad (11.14)$$

预期回报率为：

$$E(R_i) = a_i + \beta_{i1} E(F_1) + \beta_{i2} E(F_2) \qquad (11.15)$$

在市场价格指数收益率和通货膨胀互不相关的情况下，证券组合收益的方差为：

$$\sigma_P^2 = \beta_{1P}^2 \sigma_M^2 + \beta_{2P}^2 \sigma_I^2 + \sigma_{eP}^2 \qquad (11.16)$$

其中，β_{1P}、β_{2P} 和 σ_{eP}^2 分别是证券组合中各单个证券的加权平均值，即：

$$\beta_{1P} = \sum_{i=1}^{n} X_i \beta_{i1}$$

$$\beta_{2P} = \sum_{i=1}^{n} X_i \beta_{i2}$$

$$\sigma_{eP}^2 = \sum_{i=1}^{n} X_i^2 \sigma_{ei}^2$$

可见随着因素的增加，对预期回报率的描述更精确了，但是风险证券特征值的计算也变得更加复杂了。最后分散化原理对多因素模型仍然适用。

四、估计因素模型的方法

估计模型的方法概括起来有三种：时间序列法、横截面法、因素分析法。

时间序列法最为直观，也最常见，它把投资者认为的共同影响因素直接放到模型中去充当解释变量。建立起模型之后，再按照时间先后顺序逐期收集数据。进行线性回归之后就可以得到期望回报率对各个影响因素的敏感度系数和截距。随后计算收益率、方差、协方差等特征值。时间序列法可能存在的问题是，在建模前设定的解释变量未必可能是主要的影响因素。

在截面法中，敏感度系数是已知的，而因素的值是待定的。这种方法是收集某一特定时期证券回报率的观察值，并根据已知的敏感度系数去估计因素的值。在多个时期重复这一过程，就会得到因素的标准差和因素之间相关关系数的值。横截面法虽然不及时间序列法直观，但也是一个有力的工具。

因素分析法则既不知道因素的值，也不知道证券对这些因素的敏感度系数，唯一能依赖的是各个历史时期样本的回报率的协方差。但不足之处是，因素分析法无法确认这些因素到底代表什么经济变量。

五、因素模型与 CAPM

因素模型是一种统计模型，而不是一个关于资本资产定价的市场均衡模型。以市场模型中的单因素模型为例，是什么原因妨碍了市场模型成为像 CAPM 那样的均衡模型呢？比较两种模型的预期回报率：

$$E(R_i) = \alpha_{iI} + \beta_{iI}E(R_I) \qquad (11.17)$$

$$E(R_i) = R_f + [E(R_M) - R_f] \cdot \beta_{iM} \qquad (11.18)$$

这里把普通股的组合等价为市场组合，则市场模型证券的预期回报率又可以表示为：

$$E(R_i) = \alpha_{iM} + \beta_{iM}E(R_M) \qquad (11.19)$$

对于不同的股票而言，市场模型中的截距项是各不相同的。而对 CAPM 来说，不同证券的预期回报率的表达式中的截距项是相等的，都是无风险利率。在 CAPM 中，具有相同贝塔值的证券，其预期回报率是相等的；在市场模型中，具有相同贝塔值的证券，其预期回报率由于截距项的不同而不同。这就是统计模型与市场均衡模型的关键性区别。

不过，两个模型之间还有一定的联系。把 CAPM 换一个表达方式，可表示为：

$$E(R_i) = (R_f - R_f\beta_{iM}) + \beta_{iM}E(R_M) \qquad (11.20)$$

这时，比较两个模型可以发现：

$$\alpha_{iM} = R_f - R_f\beta_{iM} \qquad (11.21)$$

第三节　套利定价理论

1967 年斯蒂芬·罗斯建立了套利定价理论（Arbitrage Pricing Theory，APT）。与 CAPM 从投资者的风险偏好出发分析投资者的决策行为不同，套利定价理论从投资者追逐套利组合的收益入手，建立了一个市场均衡模型。

CAPM 描述的是当市场处于均衡状态时，资产的预期回报率和相对市场风险贝塔值之间的关系，不同资产因贝塔值不同而有着不同的预期收益率。然而 CAPM 需要很多的假设，其推导过程也十分复杂。APT 比 CAPM 要简单得多，它的假设条件主要有三个：一是资本市场处于竞争均衡状态；二是投资者偏好更多的财富；三是资产的回报可用因素模型表示。

一、套利和套利证券组合

所谓套利是指利用同一种实物或金融资产在时间或空间上存在的价格差异来赚取无风险利润的行为。作为一种广泛使用的投资策略，最具代表性的套利行为是以较高的价格卖出证券同时以较低的价格买进相同等价的证券。在上述情形中，有两点值得注意，一是操作所获得的收益是确定的，即是无风险的；二是投资者追加的投资为零。也就是说，如果市场上存在套利机会，投资者可以不追加任何投资，仅通过改变原有资产组合中证券的投资结构即可获得无风险收益。在投资者套利的过程中，套利者通过不断卖空定价较高的资产，会使这部分资产的供给增多，导致其价格下降；不断地买入定价较低的资产，会使这部分资产的供给减少，导致其价格上升，最终使市场中资产的价格水平回到均衡价格，达到为资产进行定价的目的。

套利是市场无效率的产物，而套利的结果则是促使市场效率的提高。根据"一价定律"，同一种可贸易商品不可能在一个或几个市场上存在不同的价格，否则投资者将出现贱买贵卖的套利行为，最终使各个市场上同一产品的价格趋于一致。因此，在完全竞争的资本市场上一旦出现"相似的"资产价格不一，就必然会出现套利行为。

根据定义，一个证券套利组合要符合以下三个条件：一是套利组合不需要投资者任何净投资；二是套利组合对任何共同因素和证券的独有因素不敏感，这就要求组合中的资产必须充分分散化；三是套利组合必须是一个盈利组合。可以通过一个例子来说明：假设证券回报率可以用一个单因素模型来解释，模型的表达式如下：

$$R_i = E(R_i) + b_i F + e_i \qquad (11.22)$$

其中，R_i 是证券 i 的回报率；$E(R_i)$ 是证券 i 的预期回报率；F 是证券 i 的公共因素；且 $E(F) = 0$；b_i 是证券 i 对公共因素的敏感度系数；e_i 是随机误差，与 F 不相关，且 $E(e_i) = 0$。

现有一个由三种股票组成的套利组合，如表 11-1 所示。

表 11-1　三支股票的套利组合

i	$E(R_i)(\%)$	b
股票 1	25	4
股票 2	20	2
股票 3	10	3

如果 X_i 表示套利组合中证券 i 权重的变化，那么要求：

$$X_1 + X_2 + X_3 = 0 \qquad (11.23)$$

$$b_1 X_1 + b_2 X_2 + b_3 X_3 = 0 \qquad (11.24)$$

$$E(R_1)X_1 + E(R_2)X_2 + E(R_3)X_3 > 0 \qquad (11.25)$$

将具体数值代入（11.23）式中，得到：

$$4X_1 + 2X_2 + 3X_3 = 0 \qquad (11.26)$$

为不失一般性，取 $X_1 = 0.01$，并与（11.23）式联立，解得：$X_2 = 0.01$，$X_3 = -0.02$，代入（11.25）式，得 $0.01 \times 25\% + 0.01 \times 20\% - 0.02 \times 10\% = 0.25\%$

如果投资者拥有的三种股票当前市值都是 100 万元，这个套利组合就是卖出股票 3：

$$0.02 \times 300 = 6(万元)$$

同时买入股票 1：

$$0.01 \times 300 = 3(万元)$$

买入股票 2：

$$0.01 \times 300 = 3(万元)$$

投资者赚取的利润是：

$$300 \times 0.25\% = 0.75(万元)$$

从上例可以看出，套利是非投资回报，具有正的预期收益，投资者可以在没有任何风险的情况下获得回报。

二、套利定价理论

与资本市场理论和 CAPM 一样，这一理论也是讨论资产收益是如何确定的。不同的是，APT 并未认为资产收益只受单一风险因素的影响，而是假设资产收益受若干相互独立的风险因素影响，是一个多因素模型。这些因素并非事前确定的，而是根据每一资产的实际情况选取的，可能是利息率、通货膨胀率、石油价格等等，套利定价模型的一般形式如下：

$$R_i = \lambda_0 + \beta_{i1}\lambda_1 + \beta_{i2}\lambda_2 + \cdots + \beta_{ik}\lambda_k \qquad (11.27)$$

其中，R_i 为证券 i 的实际收益率，λ_0 为证券 i 的事前期望收益率，包含了到目前为止所有的可知因素，β_{ik} 为第 i 种证券对因素 k 的敏感度，λ_i 为影响证券 i 的收益的因素的意外变化，可以表述为 $[F_i - E(F_i)]$。

APT 模型的基本观点是，由于公共因素 F 的变化对每只股票收益率的影响方向及程度不同，因此，当公共因素 F 偏离其期望值（预期值），即发生变化时，组成证券组合的各证券的收益率变化情况会不相同，于是，公共因素 F 的变化会使投资者能够在满足前面所述套利的两个条件的前提下，获得正的收益，表现为投资者可以构造一个"零贝塔"组合，即该组合带来的新增风险为零，并且该组合追加的新投资，即投资净值也为零，但能够获得正的收益；而投资者所进行的套利行为最终会使证券价格回归到公共因素 F 变化后的均衡价格，从而完成定价模型。

三、套利的条件与过程

APT 认为，如果市场未达到均衡状态，市场上就会存在无风险的套利机会。由于理性投资者具有厌恶风险和追求最大化收益的行为特征，因此投资者一旦发现有套利机会就会设法去利用它们，随着套利者的买进和卖出，资产的供求状况将随之改变，套利空间将逐渐减少直至消失，有价证券价格将得到实现。而且，套利机会不仅存在于单一资产上，还存在于相似的资产或组合中，也就是说，投资者还可以通过对一些相似的资产或组合的部分买入、部分卖出来进行套利。

因此，投资者会竭力发掘构造任何套利组合的可能性，以便在不增加风险的情况下，增加组合预期收益率。那么，如何才能构造出一个套利组合呢？一般来说，套利组合必须要同时具备三个特征：一是投资者不需要为套利组合追加额外的资金；二是套利行为给投资者带来的额外风险为零；三是套利组合的预期收益率必须为正值。这三个方面的特征可以用下面的式子来表示：

$$X_1 + X_2 + X_3 + \cdots X_n = 0 \tag{11.28}$$

$$\begin{cases} x_1\beta_{11} + x_2\beta_{21} + \cdots + x_n\beta_{n1} = 0 \\ x_1\beta_{12} + x_2\beta_{22} + \cdots + x_n\beta_{n2} = 0 \\ \vdots \\ x_1\beta_{1n} + x_2\beta_{2n} + \cdots + x_n\beta_{nn} = 0 \end{cases} \tag{11.29}$$

$$x_1E(R_1) + x_2E(R_2) + x_3E(R_3) + \cdots + x_nE(R_n) > 0 \tag{11.30}$$

在以上条件下，投资者进行套利就可以获得式（11.30）所示的无风险收益。

四、套利模型的推导

在存在套利空间的条件下，必定有资产价值被低估，也有资产的价值被高估，套利者会不断地买入价值被低估的资产，卖出价值被高估的资产，获得无风险收益，最终使证券的价格回归到套利定价线上，实现市场均衡，上面（11.30）式条件也就变成了如下的条件：

$$x_1E(R_1) + x_2E(R_2) + x_3E(R_3) + \cdots + x_nE(R_n) = 0$$
$$\tag{11.31}$$

联立（11.28）式、（11.29）式、（11.31）式，根据线性代数知识，该方程组有非零解，求解这一方程组，可得如前式所示的套利定价模型。

套利定价模型还可以有另外一种表达方式，由于无风险资产对任何因素均无敏感性，所以 λ_0 等于无风险利率，每一个 δ_j 的值代表一个资产组合的预期回报率，该组合只对因素 j 有单位敏感性而对其他因素无敏感性。由此可得套利定价公式的另一表达式：

$$R_i = R_f + \beta_{i1}(\delta_1 - R_f) + \beta_{i2}(\delta_2 - R_f) + \cdots + \beta_{ik}(\delta_k - R_f)$$
$$\tag{11.32}$$

式中的 R_f 为无风险收益率。

将 APT 与 CAPM 模型比较,如果影响的因素只有一个,APT 模型与 CAPM 模型相似,因此,CAPM 也可以看作是 APT 模型的一个特例。将 APT 模型与多因素 CAPM 模型公式比较,则相似之处更多一些,它们都说明投资者试图补偿所有的系统性风险而非补偿非系统性风险。差别在于,多因素 CAPM 认为市场性系统风险是投资者希望补偿的因素之一,而 APT 模型则认为不是这样。

APT 模型的支持者认为,该模型较 CAPM 和多因素 CAPM 模型有更多的优点。首先,该模型对投资者的风险—收益偏好限制条件要求不高。CAPM 模型假设投资者在预期收益和投资预测的标准差基础上要求风险和收益保持替代关系,而 APT 模型则不然。其次,APT 模型并不假设证券收益的分布特征(如是否是正态分布等)。最后,由于 APT 模型并不依赖于确认市场指数,此理论具有潜在的可测性。

APT 理论运用多因素模型和套利活动驱使市场走向均衡的原理,在避开 CAPM 模型许多严格的假设条件和不可得的市场资产组合的情况下,仍然得出了和 CAPM 相似的均衡资产市场的定价模型。更为重要的是,该模型较 CAPM 更为通用,它考虑了多种因素对资产收益的影响,比 CAPM 更清楚地指明了风险来自哪些方面,因而可以指导投资者根据自己的风险偏好和风险承受能力,调整对不同风险因素的承受水平,并且保持总风险收益不变。

但是,由于无法确定一直影响证券收益的一系列因素,有些人对 APT 模型是否可验证产生了怀疑。APT 模型并没有明确指出哪些因素需要纳入模型中,甚至没有确定因素的数目。因此,APT 模型虽然被一些人看作是 CAPM 模型的主要竞争者,但目前它还没能动摇 CAPM 模型的地位。

五、APT 与 CAPM 的综合

单因素模型下的 APT 资产定价方程为:

$$E(R_i) = R_f + (\delta_1 - R_f)b_i \qquad (11.33)$$

而 CAPM 方程为:

$$E(R_i) = R_f + [E(R_M) - R_f]\beta_{iM} \qquad (11.34)$$

分情况讨论：（1）在 APT 单因素模型中，如果把市场组合的回报率作为共同因素，那么 $\delta_1 = E(R_M)$，$b_i = \beta_{im}$。这时 APT 与 CAPM 是一致的。（2）如果共同因素不是市场组合的回报率，那么证券组合 i 与市场组合协方差为：

$$Cov(R_i, R_M) = Cov[E(R_i) + b_i F + e_i, R_M]$$
$$= b_i Cov(F, R_M) + Cov(e_i, R_M) \qquad (11.35)$$

因为 $Cov(e_i, R_M)$ 很小，这里可以忽略不计。根据贝塔值的计算公式：

$$B_{iM} = Cov(R_i, R_M)/V_M = [Cov(F, R_M)/V_M]b_i \qquad (11.36)$$

其中，$Cov(F, R_M)/V_M$ 是与证券 i 无关的一个常数，V_M 为方差 σ_M^2。把贝塔值的上述表达式代入 CAPM 方程，可以得到：

$$E(R_i) = R_f + [(E(R_M) - R_f)Cov(F, R_M)/V_M]b_i \qquad (11.37)$$

与 APT 方程比较后可以得到：

$$\lambda_1 = [E(R_M) - R_f]Cov(F, R_M)/V_M \qquad (11.38)$$

如果 APT 和 CAPM 的假设条件同时满足，当因素与市场组合正相关时，因素风险溢酬也为正，而且敏感系数越大，证券的预期回报率越高。相反，当因素与市场组合负相关时，因素风险溢酬为负，且敏感系数越大，证券的预期回报率越低。

类似的，在 n 因素的模型中每一个因素的风险溢酬为：

$$\lambda_j = [E(R_M) - R_f]Cov(F_j, R_M)/V_M \qquad (11.39)$$

其中，$j=1, 2, 3, 4, \ldots, n$。

CAPM 模型与 APT 模型都经过了严格的数学推导，其正确性是毋庸置疑的，但模型严格的假设条件却是国际上所有证券市场都无法满足的。因此，一个完美的理论模型是否能经得过资本市场的实证检验，决定了该模型在经济实践中的运用。美国等发达国家的经济实践证明，CAPM 模型在经济实践中获得了成功的应用。通过中美证券市场中资产定价模型的比较研究，可以从实证检验方面初步判定定价模型在中国的适用性。

六、套利的应用形式

套利是利用一个或多个市场存在的各种价格差异，在不冒或冒较小风险的情况下赚取收益的交易活动。套利是在市场存在资产定价偏误、价格联系失常以及效率缺乏情况下，通过买进价格被低估的资产，同时卖出价格被高估的资产，进而获得无风险利润的行为。现实中套利的范畴较广，一般可以分为下面几种形式。

（一）空间套利

空间套利有时又称为地理套利，是指投资者在一个市场上低价买进某种商品，而在另一市场上高价卖出同种商品，从而赚取两个市场间差价的交易行为。空间套利是最简单的套利形式之一，市场地理位置的不同，从而形成各种产品成本上的差异是空间套利的主要原因。

（二）时间套利

时间套利是指投资者同时买卖在不同时点交割的同种资产，包括现在对未来的套利和未来对未来的套利。时间套利一般是某一时刻以低价买入某种资产，同时高价卖出该未来资产；或是某一时刻以高价卖出某种资产，同时低价买入该未来资产。

（三）工具套利

工具套利是指投资者利用同一标的资产的现货及各种衍生产品的价格差异，通过低买高卖来赚取无风险利润的行为。在这种套利形式中，现货资产与衍生资产之间的套期保值是重要的表现形式。其中衍生资产将多种资产或金融工具组合在一起，形成一种或多种与原来有着截然不同性质的金融工具，与现货资产形成对冲，实际上也是金融工具创新的过程。

（四）风险套利

风险套利是指投资者利用风险定价上的差异，通过买低卖高赚取无风险利润的交易行为。由于投资者一般都是风险厌恶的，因此在其他条件一定的情况下，风险降低将增加价值，投资者愿意为此付出相应的成本。根据大数定律，多数彼此不相关的风险聚集后，总体风险将大大降低。风险套利通过汇集不同风险从而使得整体风险下降，赚取风险溢价。保险是风险套利的典型应用，基金等分散投资金融工具，也可以看作风险套利某种程度上的应用。

（五）税收套利

税收套利是指投资者利用不同投资主体、不同证券、不同收入来源在税收待遇上存在的差异进行的套利行为。现实生活中，利用不同纳税主体的税率差异，通过买卖相关商品，将利润从税率高的纳税主体转移到税率低的纳税主体，或将利润从税率高的地区转移到税率低的地区；母公司和子公司以非市场价格进行关联交易，转移利润；高税率公司持有低税率公司发行的优先股等，都是简单的税收套利行为。税收是市场经济条件下各经济主体必须面对的因素，因此金融活动考虑税收影响是金融工程的重要实践。

【专栏 11-3】

史蒂夫·罗斯——理论与实践的并行者

史蒂夫·罗斯是著名的金融学家，他因创立套利定价理论（简称：APT）闻名于世，是现代金融学理论的奠基人之一。罗斯于1970年获哈佛大学经济学博士学位，曾任美国金融学会（AFA）的主席，首席研究员，麻省理工学院斯隆管理学院莫迪格里亚尼讲座教授、美国艺术与科学学院院士、国际金融工程学会会员、加州理工学院理事，同时还担任数家知名经济与金融学刊物的编委。1976年罗斯在《经济理论杂志》上发表了经典论文《资本资产定价的套利理论》，提出了一个新的资产定价模型，即套利定价理论（APT理论）。该理论认为套利行为是现代有效市场形成的决定因素，如果市场未达到均衡状态，就会存在套利机会。他利用多因素模型检验风险资产收益溢价，发现风险资产收益与多个因素存在线性关系。套利理论是一个广义的资本资产定价模型，为投资者提供了一种可替代的方法来理解风险与收益率之间的关系。另外，罗斯的研究还包括二项式期权定价模型和利率期限结构模型。

罗斯不仅是一个金融理论大家，还是一位著名的金融理论实践者。罗斯担任过许多投资银行的顾问，其中包括摩根保证信托银行、所罗门兄弟公司和高盛公司，并曾在许多大公司担任高级顾问，诸如 AT&T 和通用汽车公司等；罗斯还曾被聘为案件的专业顾问，诸如 AT&T 公司拆分案、邦克—赫伯特公司（Bunker and Herbert）陷入白银市场的诉讼案等；另外，罗斯担任过一些政府部门的顾问，其中包括美国财政部、商业部、国家税务局和进出口银行等。早在 1980 年代初，他为了验证自己的理论能否应用在实践中，主动联系投资公司，希望投资公司在资产管理中应用自己的理论。虽然他花了大量的时间去寻找这样的公司，但并未有任何一家公司给予他机会。为此，罗斯和罗尔合作创办了罗尔罗斯资产管理公司，主营业务是定量分析做投资管理，并把套利定价理论作为投资的核心理念。在罗斯的努力下，罗尔罗斯资产管理公司在美国投资界开始小有名气，服务的客户包括跨国公司、政府组织和信托基金。公司与日本大和证券、荷兰福地斯集团等共同管理的资产达 30 亿美元。作为罗尔罗斯资产管理公司的总裁，罗尔认为理论与实践两者缺一不可，他非常喜欢看到自己发现的理论被实际运用。

本 章 小 结

资产定价模型是一种阐述风险资产的均衡市场价格如何决定的理论，它使证券理论由以往的定性分析转向定量分析，从规范经济学转向实证经济学，对证券投资的理论研究和实际操作都产生了巨大的影响。

无风险资产是指到期回报率确定、没有任何违约风险的资产。由于公司证券存在违约的可能性，因此公司发行的债券或股票不是无风险资产。无风险资产的特点是：无风险资产回报率的方差为零，无风险资产的回报率与风险资产的回报率之间的协方差也为零。对无风险资产的投资，又叫作无风险贷出，因为投资购买国债相当于投资者以无风险利率贷给政府一笔资金。相应的，投资者以无风险利率借入一笔资金，称作无风险借入。两种情况合称为无风险借贷。

一般而言资产定价模型（CAPM）的假设条件包括：（1）投资者根据投资组合在单一投资期内的预期回报率和标准差来评价该投资组合；（2）投资者永不满足，当面对其他条件相同的两种选择时，他们将选择具有较高预期收益率的那一种；（3）投资者是厌恶风险的，当面对其他条件相同的两种选择时，他们将选择具有较小标准差的那一种；（4）每一种资产都是无限可分的，投资者可以购买任意数量其想要购买的某种证券；（5）投资者可以按相同的无风险利率借入和贷出资金，并且数量不受限制；（6）税收和交易成本忽略不计；（7）所有投资者都有相同的投资期限；（8）对于所有投资者而言，无风险利率是相同的；（9）对于所有投资者而言，信息可以无成本地自由获取；（10）投资者对资产的收益率、标准差和证券之间的协方差具有相同的预期。

分离定理是指投资者的最佳风险资产组合，可以在并不知道对风险和回报率的偏好时就加以确定。并且对于不同的投资者来说，这一组合是唯一确定的。换言之，这一最佳风险资产组合与投资者的无差异曲线无关。

市场组合由所有的证券组成，其中每一种证券的比例等于其相对市值。所谓相对市值是指一种证券的总市值与全部证券市值之和的比值。

资本市场线描述的是均衡的资本市场上任一投资组合的预期收益率与其风险之间的关系。

资本市场线上的点都代表有效组合，单一证券和其他的非有效组合必然处于资本市场线的下方。证券市场线描述的是具体某个风险资产的预期收益率和标准差之间的关系。证券市场线也表示某一证券或证券组合处于均衡时的期望报酬率。

CAPM以其丰富的理论内涵和简便易行的可操作性，在现代金融理论中一直占据着核心的位置。但跟任何理论一样，CAPM也存在不足之处，主要问题在于模型的假设条件过于抽象化。该理论以后的发展方向是使假设与现实更加接近，比如借贷利率差异模型、多因素模型都是沿此思路建立起来的。

资本资产定价模型最核心的应用是进行资产评估，从而搜索市场中被错误定价的证券。结合证券价值评估理论中的预期收益贴现模型，CAPM可以帮助我们计算出一个与投资者实际承担系统风险相对应的期望收益率，是投资者进行证券投资的合理风险报酬。资本资产定价模型的另一个应用是进行资产配置。证券市场线表明，β系数反映证券或组合的收益波动对市场变化的敏感性。因此，当有很大把握预测大牛市将要到来时，应该选择那些高β系数的证券或组合进行投资，以分享市场波动带来的收益。反之，当熊市来临之际，则应果断调整持仓结构，更多的持有那些低β系数的证券或组合，以避免系统性风险带来的损失。

因素模型是一种线性统计模型，它描述了每一种证券的预期回报率和影响它们的一个或多个共同因素之间的线性关系。因素模型的作用在于，根据统计学上的方法，我们可以以因素模型为基础，计算出每种证券的预期回报率、方差和协方差，而这些数据是确定马克维茨有效集所必不可少的。

套利定价理论从投资者追逐套利组合的收益入手，也建立了一个市场均衡模型。它的假设条件主要有三个：一是资本市场处于竞争均衡状态；二是投资者偏好更多的财富；三是资产的回报可用因素模型表示。

套利是指利用同一种实物或金融资产在时间或空间上存在的价格差异来赚取无风险利润的行为。

重 要 概 念

资产定价模型　无风险借贷　无风险资产　均衡价格　预期回报率　分离定理　市场组合　资本市场线　证券市场线　贝塔系数值　单因素模型　多因素模型　套利　套利组合

复习思考题

1. 无风险借贷的含义是什么？

2. 无风险借贷的特点是什么？

3. 无风险借贷对市场有效集有什么影响？

4. 简述分离定理的内容。

5. 简述市场组合的内容和特点。

6. 简述资本市场线。

7. 证券市场线的特点及其与资本市场线的区别。

8. 简述资本资产定价模型（CAPM）主要内容和优缺点。

9. 简述资本定价模型的应用。

10. 简述套利定价理论的主要特点。

11. 比较 CAPM 模型与 APT 模型的基本思想及各自存在的局限性。

第十二章　金融市场监管

　　高效率的金融市场应该具备运行有序、竞争合理、信息透明、市场灵活等特点，健康、高效、安全的金融市场应当贯彻"公正、公开、公平"的原则。但是，由于市场经济体系中固有的市场缺陷和"市场失灵"，加上金融体系内在的风险性和脆弱性，不仅容易引起金融产品和金融服务价格信息扭曲，引致社会资金配置效率低下，而且可能酿成金融和经济危机，破坏国民经济。不论是美国 20 世纪 30 年代的股市大崩盘及由此引发的资本主义世界经济危机，还是 90 年代以来的拉美金融危机、东南亚金融风暴以及 2008 年的金融危机，都对相关国家甚至是整个世界经济产生了极大的消极影响。因此，为了维持金融市场健康稳健的发展，客观上需要各国政府对金融市场进行有效监管。

第一节　金融市场监管概述

　　金融系统内在的脆弱性、金融行业的特殊性、金融行为主体的有限理性和金融资产价格的内在波动性等，这些都使金融市场产生内在不稳定性，并可能导致资源配置不合理、收入分配不公平和经济大幅波动等负面影响。因此，要求金融监管主体必须采取有效的监管措施，以提高金融市场的有效性、增强金融系统的稳定性、保护市场参与者的合法权益，为经济发展提供更好的金融环境平台。

一、金融监管的含义

金融监管是指政府为实现监管目标而通过特定的机构（中央银行、证券交易委员会等）利用各种监管手段对监管对象所采取的一种主动干预和控制。金融监管是一个复合概念，内含金融监督与金融管理的双重属性。金融监督是指一国或地区金融主管当局对金融机构和金融市场进行检查和督促，以保证金融业的稳健经营和安全、健康发展。通过对金融市场进行全面监测、分析，发现问题及时纠正，使市场运行信守国家法规。金融管理则是金融主管当局按照有关法律对金融体系的构成及其行为活动进行管理、协调与控制，以规范金融市场交易行为，达到引导金融市场健康有序运行，维护金融体系的安全稳定并对客户提供公平、有效服务的目的。

在世界各国金融业发展史中，最低限度的金融管理始终存在。最初，最直接的管理是对于银行开业的注册登记和发照管理。20世纪90年代以来，人们一般不再区别这两个词之间的差别，而广泛地采用金融监管的说法。

现代金融监管有狭义和广义之分。狭义的金融监管是指金融监管当局依据国家法律法规的授权对整个金融业实施监管。广义的金融监管还包括金融机构的内部控制和稽核、同业自律性组织的监管、社会中介组织的监管、社会舆论的监管等。

二、金融监管的主体

金融监管的主体是指负责实施监管行为的监管部门。从理论上来讲，监管属于政府管制的范畴，是一种政府行为，应由政府实施。但从实践来看，实施监管的主体是多元化的，从世界各国的金融监管实践概况来看，金融市场的监管主体基本可以分为两类：一类是由政府授予权力的公共机构，它们负责制定金融市场监管方面的各种规章制度以及这些规章制度的实施，如各国的中央银行一般都负责制定和实施金融方面的各种法规，并且负责对各种违规违法行为进行处罚。在具体实践过程中，既有由中央银行、财政部或某个独立的政府机构单独实施，更为普遍的是由几个部门分别对不同的或同一个金融机构实施监管。另一类是非官方性质的民间机构或者私人机构，它们的权利来自成员对机构决策的普遍认可，出现违规现象并不会造成法律后果，但可能会受到机构的纪律处罚，如绝大多数的证券交易所或证券商自律组织，证券交易所对上市公司的监管，自律性监管主体证券商协会对券商的自律监管，等等。一国的金融监管主体是历史和国情的产物，并不是固定不变的。

中国金融市场的监管主体也有两类：一是政府机构，主要有中国人民银行、中国证券监督管理委员会、中国银行保险监督管理委员会等；二是自律性监管机构，主要有中国证券业协会、中国银行业协会、中国期货业协会、中国证券投资基金业协会和上海证券交易所、深圳证券交易所、中国金融期货交易所等。

三、金融监管的手段

金融监管手段是监管主体得以行使其职责，实现其金融市场监管目标的工具。金融监管的权威来自国家的政治权利或者公众所认可的某种权力。金融监管的效果和成本、金融产品和金融市场的特殊性、各国金融市场的发展水平和具体的监管环境、监管主体的层次等级以及监管目标实现的难易程度都会影响监管手段的选择。

金融监管手段主要包括法律、经济、行政、自律管理四种。

（一）法律手段

法律手段是指运用经济立法和司法来管理金融市场，即通过法律规范来约束金融市场行为，以法律形式维护金融市场良好的运行秩序。法律手段约束力强，是金融市场监管的基础手段。各国的法律对金融市场的各个方面均有详尽的规定，如各国的银行法、票据法、证券交易法等，能使市场各方以法律为准则，规范自身行为。

涉及金融市场监管的法律、法规范围很广，大致可以分为两类：一类是金融市场监管的直接法规，如在证券市场方面，除证券法、证券交易法等基本法律外，还包括上市审查、会计准则、证券投资信托、证券保管和代理买卖、证券清算与交割、证券贴现、证券交易所管理、证券税收、证券管理机构、证券自律组织、外国人证券投资等方面的专门法规；另一类是涉及金融市场管理，与金融市场密切相关的其他法律，如公司法、破产法、财政法、反托拉斯法等。

（二）经济手段

经济手段是指政府以管理和调控金融市场为主要目的，采取利率政策、公开市场业务操作、税收政策等经济手段间接调控金融市场运行和参与主体的行为。这种手段相对比较灵活，但调节过程可能比较慢，存在时滞。在金融市场监管中，常见有以下两种经济调控手段：一是金融货币手段，如在金融市场低迷之际放松银根、降低贴现率和银行存款准备金率，可增加市场货币供应量从而刺激市场回升；反之，则可抑制市场暴涨。运用平准基金开展金融市场上的公开市场业务可直接调节证券的供求与价格；二是税收手段、税率和税收结构的调整将直接造成交易成本的增减，从而可以产生抑制或刺激市场的效应。

（三）行政手段

行政手段是指依靠国家行政机关系统，通过命令、指令、规定、条例等对证券市场进行直接干预和管理。与经济手段相比，运用行政手段对金融市场的监管具有强制性和直接性的特点。行政手段存在于任何国家的金融市场的监管历史之中。一般地，在市场发育的早期使用行政方法管理较多，而在成熟阶段用的较少。这是由于金融市场发展的早期往往法律手段不健全而经济手段效率低下，造成监管不足的局面，所以需要行政手段作为补充。

（四）自律管理

自律管理是自我约束、自我管理，通过自愿的方式以及行业协会的形式组成管理机构，制定共同遵守的行为规则和管理规章，以约束会员的经营行为。金融市场交易的高度专业化、从业人员之间的利益相关性与金融市场运作本身的庞杂性决定了对自律监管的客观需要。但政府监管与自律监管之间存在主从关系，自律监管是政府监管的有效补充，自律管理机构本身也是政府管理框架中的一个监管对象。

四、金融监管的必要性

由于金融业与国民经济各部门有着极为密切的联系，所以金融业自身的生存与兴衰也极大地影响着国民经济的稳定和发展。如果金融业不能正常运营，损害了支付链条和融资过程，经济中的交易成本和信息成本将极大地阻碍经济的正常运行。若局部金融问题转化为金融危机，还可能进一步影响到政局的稳定。因此，为了避免金融业的潜在风险产生不良后果，世界各国无不对金融业实施严格的监管。

进入 20 世纪 90 年代以来，世界经济和国际金融市场发生了极大变化。1994 年爆发的墨西哥金融危机、1995 年美元汇率的暴跌、英国巴林银行的倒闭、1997 年东南亚金融危机以及 2008 年美国金融危机等，更使金融监管的必要性问题显得突出了。

从金融业本身的特点看，金融监管的必要性主要体现在以下几个方面：

（一）外部性

外部性是指在提供一种产品或服务时社会成本、社会收益与私人成本、私人收益之间存在偏差，也即一些经济主体在其生产、消费过程中对其他经济主体所产生的附加效应。这种效应可能是正的，即外部经济；也可能是负的，即外部不经济。人们以各种加强管制的办法来消除外部效应，尤其是消除负的外部效应。

金融领域中负的外部性主要表现在单个银行的破产可能会殃及那些经营状况比较良好的银行，引发对后者的挤兑，从而导致大批银行陷入流动性困境和破产。在资本市场中，一家上市公司的财务造假案会引发投资者对其他财务状况较健全的上市公司的信心危机，从而造成股票和债券市场价格的大幅下跌。为减少负的外部性，对金融业进行监管是必要的。

（二）信息不对称

信息不对称是指一方拥有相关的信息而另一方没有这些信息，或者后者拥有的信息没有前者多，从而对信息劣势者的决策及利益造成很大影响。

信息经济学认为，造成市场价格扭曲的最重要的原因是由于信息的不对称性。信息的完全性是完全竞争金融市场的假设之一，但实际上，金融市场的信息是不完全的。信息具有公共物品的一些特征，信息保密困难且成本巨大，因而信息很难被个人所用，信息生产者也不能排除那些没有付费者使用信息。那些付出较高成本的信息搜寻者，由于缺乏信息投资的积极性，导致市场信息供给不足。市场主体在信息供给不足的约束下，难以达到资源的最佳配置，这就需要政府出面来保证金融信息的有效供给。

信息不对称可能产生道德风险和逆向选择问题。逆向选择是事前的，如潜在的不良贷款来自于那些积极寻求贷款的人。如果发生了逆向选择，信贷资源就没有得到有效配置。一旦贷放出去，将可能形成不良资产，从而影响到金融体系的稳定。道德风险是在交易后发生的。贷款者发放贷款之后，将面对借款者从事那些贷款者所不希望进行的活动，因为这些活动可能使贷款难以归还。一旦这些活动失败，将形成银行的不良债权，恶化银行的资产质量，也会影响金融体系的稳定。

信息不对称与信息不完全还会引起不公平交易，如银行可能对特别客户发放不正常关系贷款；内幕交易会引起股票市场的不公平交易；具有强大资金实力的机构投资者会利用自己的资金优势进行价格操纵，损害中小投资者的利益，导致价格信号混乱；等等，这些都破坏了正常的市场竞争秩序，引起资源的不合理配置。因此，需要政府通过监管降低乃至消除信息不对称所可能导致的金融风险。

（三）脆弱性

由于商业银行面临着流动性风险及其资产负债结构的特点，从而使其具有很高的脆弱性。商业银行的功能之一就是通过吸收资金和发放贷款，把对零星储户的流动性负债转化为对借款人的非流动性债权。根据大数原理，如果存款者提款是随机发生的，则商业银行的资金流量就是稳定的。但是，当储户对商业银行失去信心时，他们就会纷纷提取自己的存款，尽管他们知道，提款继续下去的结果，必然是商业银行被迫提前出售流动性低的资产来满足储户提款的要求，商业银行蒙受损失将使排在挤兑大军后面的储户很可能收不回全部存款，最终结果将导致商业银行流动性严重不足，甚至破产。挤兑还会殃及那些经营状况本来比较健康的银行，即使人人都明白不挤兑更有利于整体的利益，但出于对自身利益的考虑，还是不可避免地会发生挤兑，从而带来银行危机甚至金融危机。

金融市场也具有脆弱性。金融市场的脆弱性是指当一个意外事件的冲击导致人们信心丧失时，易引发金融市场，尤其是股票市场价格的急剧下跌，从而严重扰乱经济金融秩序。事实上，人们在判断金融资产的价格时，往往具有一定的盲目性，这就导致了人们在进行金融资产投资时具有"羊群效应"，即金融资产投资时具有跟风操作的现象，这将导致股票价格大起大落。金融市场交易的一些技术特征也加剧了市场的波动，如投资者可通过保证金交易从事规模很大的金融交易，从而推动市场价格急剧变化。金融市场脆弱性的最大表现是市场泡沫的崩溃。当金融市场投机达到一定程度后，人们对金融市场的信心开始动摇，某个平常看来微不足道的小事件都可能会引发股市崩溃。

五、金融监管的基本理论

（一）社会利益论

社会利益论是在 20 世纪 30 年代大危机后提出的。大危机之前，西方国家推崇自由经济理论，认为经济具有自动走向充分就业的内在调节机制。大危机后，"凯恩斯革命"主张政府采取行动对经济进行积极干预。在这样的背景下，社会利益论提出，纯粹自由的金融体系因外部性、信息不对称等问题会导致资源错误配置和社会福利损失，这就要求政府作为社会利益代表者实施管制以纠正市场缺陷。该理论认为金融监管普遍发生在市场失灵的领域，其目的是为了保护公众的利益。该理论是建立在市场本身是脆弱的和有缺陷的，政府干预可以提高市场运行效率的假设之上的，高效率和低成本是完全竞争市场所追求的理想目标，但由于种种原因，金融市场自身往往不能以有效的方式和最低可能的成本来生产特定的产品和服务，即出现市场失灵现象。当市场无法在完全竞争的状态下运转，或者完全竞争的市场机制不为社会所需要时，政府作为社会公众的利益代表就要对市场进行干预、监管，以弥补市场的缺陷。若没有管制，单个银行的风险要由储户、整个金融体系甚至全社会来承担，从而社会公众的利益就会受到极大损害。而管制则有利于整个社会，且管制成本由社会的极小部分人承担。

（二）社会选择论

该理论认为管制存在的理由和根源是：自由市场机制存在着自身无法克服的缺陷，为保证经济体系的有效运行，必然要求某种程度的外部管制。该理论从公共选择的角度来解释政府管制，认为管制制度作为一种公共品，只能由代表社会利益的政府来提供和安排，各利益主体则是管制制度的需求者。政府并不是被动地反映任何利益集团的管制要求，而应坚持独立，努力使自己的目标与整个社会福利保持一致。

（三）特殊利益论

该理论认为政府管制表面上是为了公共利益，实际上成为一些特殊利益集团的工具。政府管制仅保护了一个或几个特殊利益集团的利益（因政府官员是在其帮助下当选的，当选后当然要予以回报），特殊利益集团（特别是财力雄厚、有能力帮助政治家当选的大企业集团）因政府的保护而得到格外多的回报。对整个社会来说，管制产生了巨额成本，有害于社会公共利益。

（四）金融风险论

该理论认为金融业是一个特殊的高风险行业，其运行对经济体系的影响特别大。因此，需对其实施严格的金融监管。金融业面临着各种各样的风险：信用风险、流动性风险、利率风险、汇率风险、经营风险、操作风险等。金融业的高风险一方面表现于其特殊的经营对象上——货币资金。金融业是经营货币、证券的特殊行业，而货币、证券的经营是以信用为基础的，信用本身又包含了许多不确定性，这就决定了金融业的内在风险是非常大的。而且这些风险不仅需要金融机构本身的防范和控制，更需要政府监管部门的监管。另一方面表现在金融风险的连带性上，由于信用的连锁性、金融业务的连锁性，使得金融风险的传染性特别强，即一家金融机构陷入危机，易导致整个金融体系都陷入危机，这也被称为金融业的负外部性。因此，为控制金融业的各种风险，需对其实施严格的监管。

（五）保护债权论

这里的债权人主要指存款人、证券持有人、投保人等。该理论认为，由于金融机构拥有比债权人更有利的条件和更充分的信息，它们就可将金融风险转嫁给债权人。为有效保护债权人的利益，需进行严格的金融监管来约束金融机构及金融市场行为。

（六）追逐论

追逐论者认为，管制者与被管制者之间恰如"猫鼠追逐"。最初被管制者可能会反对管制，但是当他们变得对立法和行政程序极为熟悉后，他们就试图影响管制者，通过立法和行政机构给他们带来更高的收益。追逐论者认为，管制的目的是为了生产者的利益而非消费者的利益，且被管制者可以通过疏通的办法让管制为他们增加福利，因而管制就失去了其原本应该存在的理由。该理论在一定程度上得到了现实的支持，但也忽视了普通大众确实能够从某些保护消费者的管制中得到好处的事实。

（七）管制新论

管制新论把管制看作是存在需求和供给的商品，不同的集团出于自身的利益，存在着对管制的不同需求，政治家和官僚提供管制是为了得到更多的竞选捐助、选票和办公津贴。管制可为不同的利益集团所利用，但究竟谁是最后的胜者，取决于不存在管制时谁更生死攸关以及各自的政治实力、市场份额等情况。

管制新论认为，在某些情况下，管制有利于生产者和消费者双方，但同时也承认，管制对少数生产者的所得有较大的影响，而对多数消费者的利益只产生较小影响。因此，管制对生产者的影响是主要的。关于管制的社会利益，管制新论认为，管制当局具有过度管制以回避个人责任的动机。有些学者还呼吁，管制机构之间的竞争可避免过度管制。然而，管制者之间的竞争又会导致管制的失败，这是因为管制者所受到的竞争压力可能最终导致管制标准的降低。

六、金融监管的现实意义

金融监管的现实意义主要体现在以下几个方面。

（一）维护金融市场的正常秩序，保证金融市场的公平公正

金融市场是进行金融交易的场所，金融产品的特殊性使得金融市场存在蓄意欺诈、信息披露不完全和不及时、股价操纵、内幕交易等弊端。因此，必须对金融市场活动进行监管，对非法金融市场交易活动严查厉处，以保护正当交易，维护金融市场的正常秩序。

（二）健全金融市场体系，促进金融市场的功能发挥

通过金融市场监管，完善与健全市场体系，促进金融市场的功能的发挥，有利于稳定金融市场，增强社会投资的信心，促进资本的合理流动，从而提高社会福利。

（三）提供及时有效的信息，提高金融市场运行效率

及时、有效、准确、可靠、全面的信息是金融市场参与者做出发行与交易决策的重要依据。因此，一个发达的高效率的金融市场必须是一个信息通畅的市场，既要有现代化的信息通信设备系统，即必须有一个组织严密科学的信息网络机构，同时必须有一整套收集、分析、交换信息的制度、技术和相应的管理人员。这些需要国家的统一组织和管理才能实现。

（四）保护投资者权益，增强投资者对金融市场的信心

投资者权益保护关系到投资者对资本市场的信心，是资本市场长期健康稳定运行的基石。金融监管从如下方面实现对投资者权益的保护：一是加强监管，严打市场违法违规行为；二是创新信息披露模式，强化投资者知情权保障；三是强化投资者适当性管理，向投资者提供适当的服务。

七、金融监管的发展趋势

（一）努力提高金融监管的激励相容性

所谓激励相容的金融监管，实际上就是在金融监管中更多地引入市场化机制，使金融监管不再仅仅从监管目标出发设置监管措施，而

是同时参照金融机构自身的经营目标，将金融机构的内部管理和市场约束纳入监管的范畴，引导这两种力量来支持金融监管目标的实现。简单说，激励相容的金融监管就是在诱导金融机构实现自我利益的同时，有效率地实现监管目标。

（二）对金融创新鼓励和监管并重

金融创新是一柄双刃剑，它在促进金融市场繁荣和发展的同时，也给市场带来了新的风险，同时增加了金融监管的难度。以金融衍生产品为例，其产生于 20 世纪 70 年代，90 年代获得大发展。由于交易品种繁多，金融衍生产品市场也一跃而成为与传统货币市场和资本市场并驾齐驱的第三大类金融市场。金融衍生产品一方面为投资者提供了有效的套期保值、降低风险的工具，又拓展了其获取收益的渠道。另一方面由于金融衍生产品交易的高杠杆性、高度技术性和复杂性，也容易放大金融风险，并对金融监管提出挑战。正因为此，在对金融创新的态度上，成熟市场经济国家实际上经历了一个从严格抑制到积极鼓励、再到鼓励与监管并重的曲折过程。

（三）日益注重金融监管的成本收益分析

传统金融监管往往容易忽视对金融监管成本的衡量，或者容易夸大监管的收益而低估监管的成本。

实际上，金融监管既可能会引起直接资源的耗费，又可能会造成效率的下降。前者主要包括监管机构执行监管过程中所耗费的资源和被监管者因遵守监管条例而耗费的资源。后者则可分为三种具体成本：一是所谓的道德风险，即由于制度方面或其他方面的变化而引起的私人部门行为的变化，进而产生往往是消极的作用；二是由增加风险和降低效率等原因所可能带来的经济福利损失；三是监管有时可能起着保护低效率生产结构的作用，由此会成为管理和技术创新的障碍，造成动态经济效率的下降。

金融监管的主要收益是维护金融体系的安全和稳定，纠正信息的不对称问题，增强公众信心，从而促进金融业的发展。不同的金融监管措施，其成本收益可能存在较大的差异。只有当监管的预期净收益达到最大时，才可谓达到了理想的监管均衡强度。因此，金融监管并不是越严越好，而应是成本收益相权衡的结果。

（四）日益强调金融监管的技术性和科学性

在信息技术广泛影响金融发展的今天，监管中科学技术的运用将会提高监管效率，更加科学地实现监管目标。金融监管的技术性和科学性主要体现在以下方面：一是电子计算机监管系统的运用，以处理众多的金融数据信息，实现非现场监管的电子化；二是计量模型的运用，如银行评级模型、总体风险计量模型、单一风险评估模型、综合风险评估矩阵模型、对比模型、过滤模型等；三是分部报告的运用，如国际业务部报告、房地产部报告、信用卡部报告等；四是常规评级制度以及迅速纠正行动机制；五是综合素质、危机与预警测试的运用；六是建立并完善退出机制。

（五）金融监管框架日益全球化

从全球范围来看，经济金融环境的剧烈变化迅速改变了金融业的经营环境。全球经济的日益一体化，金融创新日渐活跃，跨国银行业务迅猛增加，放松管制成为普遍趋势。这些都加大了各国金融业的经营风险，金融危机传染的可能性也在增大。因此，仅仅加强金融市场的国内监管是不够的，还需要加强金融业的国际监管合作与协调。

金融监管框架全球化的一个显著标志是，越来越多的国际性金融监管组织如巴塞尔委员会、国际证券委员会、保险业国际监管组织、国际货币基金组织等都纷纷采取行动，以加强金融监管的国际合作，而这些组织制定的各种金融监管准则也日益发挥着越来越大的影响力。

【专栏 12-1】

IMF、FSB 和 BIS 联合发布
《有效宏观审慎政策要素：国际经验与教训》

本轮国际金融危机爆发后，国际社会深刻认识到原有的金融监管体系主要关注单个金融机构的稳健运营，未能从系统性、逆周期的视角防范金融风险的积累和传播。由此，主要经济体纷纷改革国

内金融监管体制，加强宏观审慎管理。2016 年，中国作为 G20 轮值主席国，要求 IMF、FSB 和 BIS 总结各国有效宏观审慎政策的核心要素和良好实践经验。为此，三家组织联合撰写了报告《有效宏观审慎政策要素：国际经验与教训》，对宏观审慎政策的内涵、目标、组织结构安排以及政策工具等进行系统研究和分析，为各国建立和完善有效的宏观审慎政策框架提供指引。

一、宏观审慎政策的定义和目标

报告指出，宏观审慎政策是指运用审慎性工具防范系统性风险的做法。而系统性风险是指，由于金融体系的部分或全部功能受到破坏所引发的大规模金融服务中断，以及由此对实体经济造成的严重负面冲击。系统性风险有两个维度：一是时间维度，即金融风险随着时间不断积累最终导致金融体系的脆弱性增加；二是结构性维度，即在给定时点上，金融体系内金融机构和金融市场之间因相互关联产生风险。宏观审慎政策的目标包括：一是通过建立并适时释放缓冲，提高金融体系应对冲击的能力；二是减缓资产价格和信贷间的顺周期性反馈，控制杠杆率、债务和不稳定融资的过度增长，防止系统性风险的不断累积；三是降低金融体系内部关联性可能带来的结构脆弱性，防范关键市场中重要金融机构的"大而不能倒（too-big to-fail）"风险。

二、宏观审慎政策的机构安排

（一）政策制定机构的治理结构和职责

虽然各国宏观审慎政策框架的差异说明并没有一个"放之四海而皆准"的模式，但目前公认，应该将宏观审慎管理职能明确赋予某一决策机构，确定其政策目标和权力。许多国家的经验表明，央行由于具备专业知识、采取政策措施的内在动力和独立性，在宏观审慎政策制定中扮演重要角色。可采取的模式包括由央行董事会（或行长）直接制定宏观审慎政策，由央行行长担任宏观审慎政策制定委员会主席，明确赋予央行向宏观审慎政策制定机构提出政策建议的权力，或确立央行在系统重要性金融机构（SIFIs）监管中的主导地位等。在央行或宏观审慎政策制定委员会中设立金融稳定职能部门，负责监测分析系统性风险并对政策制定提出建议，可以为有效宏观审慎政策提供支持。

（二）政策制定机构相关权力

为确保政策的有效实施，应明确赋予宏观审慎政策制定机构相应的权力，主要包括：从其他部门获取信息、弥补数据缺口的权力；影响监管政策实施和调整的权力；影响 SIFIs 认定的权力；以及建议调整监管范围的权力等。权力强度上可以分为三种：一是"硬性权力"，即宏观审慎政策制定机构能够直接运用宏观审慎政策工具或指导其他监管部门的行为。这一模式可以有效减少政策落实阻力。二是"半硬性权力"，即宏观审慎政策制定机构可以对其他监管部门提出正式政策建议，且监管部门须服从建议或做出解释（comply or explain）。这种模式的优点是能在保持监管部门独立性的同时，提高宏观审慎政策建议被执行的概率。三是"软权力"，即宏观审慎政策制定机构可以提出政策建议、发出警示或表达观点。单独的"软权力"不足以构成有效宏观审慎政策框架，须与其他权力配合使用。

三、宏观审慎政策操作

（一）系统性风险分析与监测

对系统性风险的分析监测基于两个维度。从时间维度看，需要关注的问题包括信贷总量或资产价格过快增长所可能引发的实体经济脆弱性，实体经济中个别部门的脆弱性，金融体系的期限、币种错配引发的系统性风险等。从结构性维度看，主要关注在给定时点上不同类型金融机构以及金融市场基础设施间的相互关联可能带来的风险，以及个别机构倒闭对金融体系的冲击。多数国家使用一系列指标来对系统性风险进行综合分析判断，宏观审慎压力测试也可以与早期预警指标一起为决策提供支持。

（二）构建宏观审慎政策工具

与风险相对应，宏观审慎政策工具也分为两个维度。从时间维度看，可以要求金融机构在系统性风险积累时建立风险缓冲，在面临冲击时释放缓冲，主要政策工具包括动态拨备要求和逆周期资本缓冲（CCyB）等通用资本工具，针对特定行业的资本要求和风险敞口上限等资产侧工具，以及准备金要求、流动性覆盖比率、核心融资比率和存贷比上限等流动性工具。从结构维度看，可以提高SIFIs 抗风险能力，降低金融体系的相互关联度，主要政策工具包括识别系统重要性银行和保险机构，加强其损失吸收能力，增强可处置性；增强金融市场基础设施抗风险能力，制定恢复和处置计划等。

四、宏观审慎政策框架的三种主要组织结构模式

在总结各国主要做法的基础上，报告归纳出三种宏观审慎政策框架组织结构模式。一是将宏观审慎职责赋予中央银行，由央行董事会或行长做出决策。如果监管机构独立于央行之外，则需要建立跨部门的协调机制（加上财政部）。二是将宏观审慎职责赋予央行内设的专门委员会。这一做法有利于防范央行的双重职能（货币政策和宏观审慎）间的潜在冲突，同时也可以允许微观审慎监管部门的代表及外部专家参与政策制定。三是将宏观审慎职责赋予一个独立于央行之外的跨部门委员会，通过政策协调、信息共享、共同研究系统性风险的方式来制定和实施宏观审慎政策。

——摘自中国人民银行金融稳定分析小组：《中国金融稳定报告2017》，中国金融出版社 2017 年版

第二节　金融市场监管的目标与原则

一、金融监管的目标

金融监管目标的确定主要取决于监管的动因。从金融监管的动因来看，首先，要消除或者部分消除金融市场某些领域存在的市场失灵现象，避免由此引发的金融和经济波动；其次，由于金融产品所具有

的信息决定性、虚拟性、交易的集中性以及金融交易中普遍采用信用交易的手段，金融市场的信息不对称性和风险性比其他市场高得多，必须通过信息披露和风险监管达到抑制和消除欺诈、价格操纵及内幕交易等，实现公平、公开、公正的交易。

金融监管的基本目标是保证金融业的健康与稳定、提高金融体系的效率、实现公平与效率的统一、促进经济发展。这里的公平主要体现在规则的制定和实施上，效率则主要体现在金融产品的价格能敏锐反映信息变化，成为资源配置的信号。

从宏观经济角度来看，金融市场监管是为了保证金融市场机制的实现，进而保证整个国民经济秩序正常运转，以高效、发达的金融市场推动经济的稳定发展。从金融市场本身来看，金融监管的具体目标体现在三个方面：第一，经营的安全性，即保证金融机构的正常经营活动和金融体系的安全；第二，竞争的公平性，即创造公平竞争的环境使金融业提高效率；第三，政策的一致性，即确保金融机构的经营活动与金融监管当局的政策目标保持一致。

从本质上来说，金融监管就是力争在鼓励金融机构提高服务质量、激发竞争活力与维持该行业的清偿力与稳定性之间寻求一种最优的权衡。

二、金融监管的基本原则

（一）依法监管原则

金融市场的依法监管有双层含义：一是要求金融市场的监管部门要依法监管；二是要求金融市场参与者要在国家法律、法规允许的范围内活动。

金融市场监管必须有充分的法律依据和法律保障，金融监管部门必须依靠强有力的法制建设，合理划分有关各方面的权利和义务，严禁欺诈、蒙蔽，禁止一切非法的金融交易活动，保护市场参与者的合法权益。

坚持依法监管的原则是因为：

（1）法律具有强制性。法律是以国家强制力量作为后盾保障的，它可以使金融市场监管措施落到实处，做到令行禁止。

（2）法律具有规范性。金融市场监管的依法性原则不仅严格、具体、明确地规定了监管者和参与者可以做什么、应当做什么、禁止做什么，而且还明确规定了不依法行事的法律后果。

（3）法律具有约束性。金融市场法律和其他法律一样具有国家意志的属性，因而具有普遍约束性，能够得到严格遵守和执行。

（4）法律具有稳定性。法律一旦颁布生效，将在较长时间内发挥作用。

（二）公开、公平、公正原则

公开、公平、公正三原则简称三公原则。公开是实现公平、公正的前提，公平是实现公开、公正的基础，公正是实现公开、公平的保障。

1. 公开原则

又称为信息公开原则，其核心是要求市场信息公开化，市场具有充分的透明性。为此，要求信息披露应及时、完整、真实、准确。根据公开原则，筹资者必须公开与证券投资及其价格有关的信息，包括首次发行时的信息初期披露和证券发行后的信息持续披露，供投资者参考。根据公开原则，监管者也应当公开关于监管程序、监管身份以及对金融市场的违规处罚，并努力营造一个信息畅通的投资环境。可以说，公开原则是市场经济的基本原则，在其他市场的监管中也有公开性的要求，但很少有市场监管能像金融市场监管那样从公开内容到公开形式广为人们关注的。在金融市场监管中，不仅要求直接、间接融资市场融资信息的公开，而且要求融资制度、融资政策、融资程序、市场管理公开；不仅要求市场主体行为公开，而且要求执法与司法活动公开。并且，公开的对象具有广泛性，既包括现实的投资者，也包括潜在的投资者；既包括股东、债权人，也包括筹资者、中介机构；既包括组织者、监管者，也包括社会其他机构。

2. 公平原则

公平原则，即要求参与市场的各方都具有平等的法律地位，金融市场的参与者具有均等的交易机会，具有接触获取信息的平等机会，

遵循相同的交易规则，各自合法权益都能得到公平的保障。公平作为
商品经济的特征在金融市场监管中具有两个重要的特色：一是金融市
场监管对公平性的要求更高。因为金融市场的监管是在金融市场参与
者的密切关注下进行的，而且金融市场监管的严与松，参与者的地位、
权益、责任是否平等，与参与各方的切身利益密切相关。在这种背景
下，如果监管中不能杜绝营私舞弊行为，不能维护市场参与者的合法
权益，就会导致金融市场价格的剧烈波动，最终使金融市场监管的目
标落空。二是金融市场监管公平性实现的难度较大。这主要是由金融
市场交易对象的特殊性、金融交易活动具有中介性决定的。由于金融
市场交易涉及的环节较多且受中介影响较大，在现实生活中，金融市
场监管的更高公平性要求往往与极不公平性现实之间形成鲜明的对比。
因此，监管机构有责任去努力营造公平的市场氛围。

3. 公正原则

公正原则即要求监管部门在公开公平原则的基础上，对一切被监
管的对象给予公正的待遇。金融立法机构应当制定体现公平精神的法
律、法规和政策；金融市场监管部门应当根据法律授予的权限履行监
管职责，要在法律的基础上给予一切金融参与者公正的待遇；公正地
进行金融市场违法行为的处罚，公正地处理纠纷或争端事件。实践表
明，在金融市场中树立公正的形象比在其他市场更为重要，而且难度
更大。这是因为金融市场是一个收益性较高的市场，在融资活动中，
参与各方都是从各自的立场和利益出发，越权越位发生的概率比其他
市场高得多，许多参与者在高利润的诱惑下不惜以身试法。同时金融
市场是一个风险较高的市场，如果监管当局对违法违规现象视而不见，
这会挫伤参与者参与市场活动的积极性，甚至会引发金融危机、经济
危机，造成社会动荡。所以，金融市场监管不仅要有科学的法律框架
来寻求监管者与参与者之间的平衡和秩序，而且要求执法者要在法律
框架内公正执法。

（三）系统性风险控制原则

金融体系和金融机构的内在脆弱性、金融主体行为的有限理性和
金融产品价格的波动性造成了金融系统内在的不稳定性，并可能在一

定条件下引发金融危机和经济危机。因此，要求金融监管者必须采取适当的措施和方法，防范和减少金融体系风险的产生和积累，保证整个金融体系的稳定。

（四）审慎监管原则

审慎监管原则主要是通过对市场进入者的资格认定和经营审核来降低和控制金融风险，其主要内容包括市场进入监管、资本充足率监管、流动性监管等。它是通过外部监管来强化市场经营者的内部风险控制，避免系统危机发生，保护存款人和投资者的利益。

（五）监管适度与适度竞争原则

由于金融市场和金融行业的特殊性，金融业的监管要适度。如果监管过于集中，没有给金融市场自由发展的空间，金融产品的价格不能反映金融市场的供求关系，会导致投资者做出错误的决策，如此循环下去可能会导致金融危机和经济危机；当然，金融市场的竞争也要适度，不适度的竞争会放大金融机构内部的缺陷，增加金融系统的不稳定性。因此，金融市场的监管需要适度，金融市场的竞争也需要是适度的。在金融市场自由竞争的基础上，政府机构采取适当的监管，协助金融市场本身保持市场的稳定。

（六）综合性和系统性监管原则

监管主体之间应当职责分明、分工合理、相互配合。在总的监管机构的领导下，其他子监管机构各自承担对不同金融领域的监管，监管的权利分散有效，各部门各司其职，可以提高金融监管的效率，降低金融监管的成本。

（七）政府监管与自律管理相结合的原则

政府监管和自律性相结合的原则是指在加强政府金融主管机构对金融市场监管的同时也要加强从业者的自我约束、自我教育和自我管理。政府对金融市场的监管是金融市场有效运行的保证，而金融从业者自我约束是金融市场有效运行的基础。政府监管与自律相结合的原则是世界各国共同奉行的原则。

此外，金融监管还必须服从有机统一原则、自愿原则和全面风险监管原则等。

第三节　金融市场监管的内容与方法

　　金融监管的对象及其内容范畴是金融市场监管的核心。对于这一问题人们在认识上存在较大分歧。目前较一致的观点是政府应该对那些明显损害他人利益和共同利益的金融犯罪行为实施干预，但是对金融产品或金融服务的产量和价格是否实施政府控制、提供补贴或采取不同的税收政策，对金融中介的各种活动是否进行监管，给投资者或相关团体提供必要的信息以及规定营业厅的作息时间等方面，经济家们的看法往往很不一致。部分学者认为政府必须对其干预，但也有学者认为这些应该交由市场本身去决定。

一、金融监管的内容

　　金融活动的特点、性质，人们对金融监管目标的认识，监管所使用的手段和工具及金融监管所涉及的成本等等决定了哪些金融活动必须由政府干预，哪些金融活动交由金融市场本身。因此，必须根据具体情况具体分析。在确定金融监管的对象和范围时，需要从市场机制本身的缺陷、金融产品和市场的特殊性、金融市场的发育程度以及监管者所面临的特殊环境和条件等各个方面进行具体分析。从经济学的角度来看，由于资本密集型、信息密集型、高风险和属于公共产品或准公共产品的行业存在垄断、外部性、信息不对称、过度竞争等特性，这种特性容易引起价格信息扭曲甚至市场机制失灵现象的发生，金融业中的银行业、保险业、证券业正属于这类行业，因此必须通过一定的手段消除或部分消除金融市场失灵，实现资源的有效配置。

　　金融监管的目标决定金融监管的内容。金融监管的内容可按照不同标准进行不同的分类，常见的分类有三种：

　　（1）按金融监管范畴可划分为金融行政监管和金融业务监管。前者是对各类金融机构的设立、撤并、升格、降格、更名、迁址、法人资格审查、证章牌照管理、业务范围界定、资本金年审等的监管；后者是对银行存贷款利率、结算、信贷规模、资产负债比例、现金、信贷资产质量、经营风险、账户开立、银行业务咨询、存款准备金等的管理、监测和检查。

（2）按金融监管性质可划分为合规性金融监管与风险性金融监管。前者是指金融机构的审批、信贷资金管理、中央银行基础货币监管、结算纪律监管、账户管理的监管、外汇外债监管、金融市场监管、社会信用监控、金融创新规范化监管、章证牌照真实性检验等；后者是指监测金融机构的资本充足性、资产流动性、资产风险性、经营效益性等。

（3）按金融监管的主要内容或范围分类，主要分为市场准入监管、市场运作监管和市场退出监管三个方面。

从金融市场的实践来看，金融市场监管的具体内容主要是对金融市场要素构成的监管。

（一）对金融市场主体的监管

对金融市场主体的监管即对金融市场交易者的监管。当前各国的金融市场普遍实行强制信息公开制度，要求证券发行人增加内部管理和财务状况的透明度，全面、真实、及时地披露可能影响投资者判断的有关资料，不得有任何隐瞒和重大遗漏，以便投资者对其投资风险和收益作出判断，同时也便于强化证券监管机构和社会公众对发行人的监督管理，有效地制止欺诈等违法、违规及不正当竞争行为。对于投资者的监管包括对投资者资格审查及其交易行为的监管，如对组织或个人以获取利益或者减少损失为目的，利用其资金、信息等优势，或者滥用职权、制造金融市场假象，诱导或者致使投资者不了解事实真相的情况下做出投资决定，扰乱金融市场秩序等操纵市场行为的监管；对知情者以获取利益或减少经济损失为目的，利用地位、职务等便利，获取发行人未公开的、可以影响金融产品价格的重要信息，进行有价证券交易，或泄露该信息等内幕交易行为的监管等。

（二）对金融市场客体的监管

这是指对货币头寸、票据、股票、债券、外汇黄金等交易工具的发行与流通进行监管。如实施证券发行的审核制度、证券交易所和证券主管部门有关证券上市的规则、证券上市暂停和终止的规定、对金融工具价格波动进行监测并采取有关制度如涨跌停板制度等，避免金融市场过于频繁的大幅波动。

（三）对金融市场媒体的监管

这是指对金融机构以及从事金融市场业务的律师事务所、会计师事务所以及资产评估机构、投资咨询机构、证券信用评级机构等的监管。主要是划分不同媒体之间的交易方式和交易范围，规范经营行为，使之在特定的领域充分发挥作用。金融市场媒体一方面具有满足市场多种需求，分散和减弱风险的功能；另一方面，其所具有的信息优势和在交易中的特殊地位有可能在金融市场上实行垄断经营或为追逐私利扰乱金融市场秩序，因此有必要对其进行监管。

二、金融监管的方法

（一）现场检查

现场检查是由监管当局派出检查小组，到被监管机构实地检查，以达到全面评价的目的。在检查过程中，检查小组有关人员要判断被监管机构的金融业务活动是否安全、合法；检查被监管机构各项业务活动的政策、做法和程序；判断被监管机构内部管理状况；评价银行贷款、投资的质量；检查存款及其他负债的构成情况；评估管理机构的能力和胜任程度；等等。一般而言，现场检查若采取突击方式，效果较好。

（二）报表稽核

金融稽核是监管当局根据国家规定的稽核职责，对金融业务活动进行的监督与检查。

报表稽核是指由稽核部门通知被稽核单位，将有关报表、凭证、账簿等资料如期送达稽核部门进行稽核。这些资料提供了货币供应和未偿还信贷总额等关键性数据，以及大量有关金融机构财务状况的信息。

通常采用两种分析法：一是趋势分析法，即对同一家金融机构不同时期增长或下降比率进行分析比较，用以观察并预测该金融机构在一个时期内的变化及趋势;二是对比分析法,即在同类金融机构之间进行资产质量、收益、流动性等方面的比较,以寻找差距并分析原因。

(三) 加强监管对象的内部控制

各国监管当局一般都要求各金融机构根据法律加强自我约束,建立、健全内部控制制度。金融机构的内部控制制度是金融机构对内部各职能部门及其工作人员所从事的业务活动所实施的风险管理和控制的一系列方法、措施和程序。完善的内部控制是规范金融机构经营行为、有效防范风险的关键,也是衡量金融机构经营管理水平的重要标志。

(四) 内外部审计结合法

金融机构内部审计的责任是向股东大会负责,审查重点是金融机构的盈利状况。必须建立外部审计制度,由具有独立性的社会审计部门定期对金融机构进行系统审查以及时发现问题。很多国家要求金融机构定期由社会审计机构审查财务报表。

(五) 其他手段

当监管当局发现某一金融机构的经营行为不符合法规规定,经营管理状况出现问题并有危害公众利益的倾向时,可按不同情况采取以下措施:提醒高级管理人员注意;命令金融机构整顿或撤销某项业务;任命专门小组监管;撤销其董事或监事;吊销营业执照等。

【专栏 12-2】

促进互联网金融规范发展

互联网金融是传统金融机构与互联网企业利用互联网技术和信息通信技术实现资金融通、支付、投资和信息中介等服务的新型金融业务模式。近年来,随着互联网技术、信息通信技术不断突破,互联网金融呈现快速发展态势,影响日益扩大。党中央、国务院对此高度重视,2014 年《政府工作报告》也提出了促进互联网金融健康发展的工作任务。经党中央、国务院同意,2015 年 7 月 18 日,人民银行会同有关部门发布了《关于促进互联网金融健康发展的指导意见》（以下简称《指导意见》）。《指导意见》遵循"鼓励创新、防范风险、趋利避害、健康发展"的总体要求，主要内容有：一是提出了一系列鼓励创新、支持互联网金融稳步发展的政策。鼓励互联网金融平台、产品和服务创新，激发市场活力；鼓励从业机构相互合作，实现优势互补；拓宽从业机构融资渠道，改善融资环境。二是分类指导，明确互联网金融监管责任。按照"依法监管、适度监管、分类监管、协同监管、创新监管"的原则，明确了互联网金融各主要业态的监管职责分工，落实了监管责任，明确了互联网支付、个体网络借贷、网络小额贷款、股权众筹融资等互联网金融主要业态的业务边界和底线要求。三是提出了一系列健全制度的具体要求，规范互联网金融市场秩序，为互联网金融健康发展营造良好环境。四是提出了简政放权、完善财税政策和信用基础设施建设等政策安排，培育互联网金融配套服务体系。

《指导意见》的发布为互联网金融下一步发展提出了措施，明确了要求。一是明确了鼓励创新和规范发展并重的互联网金融行业发展思路，制定了多项激励政策和配套服务措施。二是明确了互联网金融各主要业态发展的基本原则和要求，切实防范相关风险。三是确定了互联网金融的监管原则，明确了各主要业态的监管职责分工，促进互联网金融健康发展，更好地服务实体经济。

在配套监管制度方面，按照《指导意见》确定的原则要求，有关监管部门出台配套监管办法，有序推进各项监管工作。2015 年 7月 22 日，保监会发布《互联网保险业务监管暂行办法》，规范互联网保险业务；2015 年 12 月 18 日，证监会和人民银行联合发布《货币市场基金监督管理办法》，对货币市场基金的互联网销售活动与披露提出针对性要求；2015 年 12 月 28 日，人民银行正式发布《非银行支付机构网络支付业务管理办法》，进一步规范网络支付业务；银监会牵头的《网络借贷信息中介机构业务活动管理暂行办法》和证监会牵头的股权众筹融资试点工作也正有序推进。

在自律管理方面，根据《指导意见》要求，人民银行会同有关部门积极推动中国互联网金融协会组建。2016 年 3 月 25 日，中国互联网金融协会在上海成立，是互联网金融行业全业态的全国性自律组织，并将在加强行业自律、促进行业规范发展、保护消费者权益、发挥市场主体创新活力等方面发挥积极作用。

——摘自中国人民银行金融稳定分析小组：《中国金融稳定报告 2016》，中国金融出版社 2016 年版

第四节　金融市场监管体制

金融监管体制是指金融监管的职责和权力分配的方式和组织制度。由于各国经济金融的发展历史、政治、法律及文化传统各异，因而各国的金融监管体制也有所不同。

一、金融监管体制的演进

在国际上，金融监管体制经历了从统一监管向分业监管，又从分业监管向统一监管过渡的发展过程。在金融发展的早期，由于金融业发展水平较低，各国大多实行统一监管。20 世纪 30 年代大萧条之后，美国率先实行分业经营，以此作为防范金融风险的重要手段。其他国家也纷纷效仿，采取分业经营形式。为了适应专业化及行业管理的需要，相应地也实行分业监管体制。到了 20 世纪 80 年代后期，银行、证券、保险之间资金和业务往来的日益密切以及业务的混合削弱了分业监管的基础。为了适应金融创新和金融发展的需要，一些国家的监管体制呈现出由分业走向集中的趋势。

（一）混业经营与集中监管阶段（20 世纪 30 年代之前）

在 20 世纪 30 年代以前，各国金融业基本上是混业经营的模式，由于证券业、保险业不发达，银行业自然成为金融业的核心。1844 年，英国通过了具有里程碑意义的《英格兰银行条例》（*Bank Charter Act*

1844，又称《比尔条例》），为英格兰银行行使中央银行的职能奠定了基础，同时开始逐渐统一了货币发行。这一时期，由于各国金融处于初步发展的阶段，金融业没有得到专业分工的细化，同时由于自由市场经济盛行，因此各国金融监管是宽松的，对于金融机构的监督和干预很少涉及。在混业经营的金融模式下，中央银行履行了金融监管职能，中央银行也是唯一的监管机构。英格兰银行、法兰西银行和美国联邦储备体系都相应承担了各国金融监管的职能。这时的金融监管体制是典型的集中监管体制。这种状况一直持续到 20 世纪 30 年代的大萧条。

（二）分业经营与分业监管阶段（20 世纪 30—70 年代）

第一次世界大战之后，各国普遍发生了恶性通货膨胀，经济出现了较为严重的衰退，特别是 1929 年开始的大萧条，打破了古典经济学的"市场是万能的"的神话。与此同时，凯恩斯主义宏观经济学逐渐成为经济学的主流。凯恩斯主义认为价格是由黏性的，市场并不能及时出清，因此，政府对经济的干预是必要的。相应地，金融领域广泛接受了政府干预的思想，金融监管得到更多的重视。1933 年美国国会通过了《格拉斯—斯蒂格尔法》（Glass-Steagall Act，又称《1933 年银行法》），确立了银行与证券、银行与非银行机构分业经营的制度，标志着美国金融业全面进入分业经营的监管时期。为了加强对证券业的监管，美国又颁布了《证券法》《证券交易法》《信托契约法》等一系列法律。强有力的金融监管制度和措施稳定了美国金融业的发展，使金融与经济逐步从深重的危机中得以恢复。示范效应下，分业监管的监管体制也成为许多国家的参考，意大利、日本、加拿大、澳大利亚等国都在 20 世纪中后期实行分业经营，相应的金融监管体制也逐步走向分业监管模式。在英国，形成了英格兰银行负责对银行业监管，证券与投资理事会负责对证券业务监管，贸易与工业部负责对保险业监管的分业监管体制格局。

（三）混业经营与集中监管的回潮（20 世纪 70 年代以来）

20 世纪 70 年代发达国家普遍的经济"滞胀"现象，使得凯恩斯主义遭到质疑，而以新古典宏观经济学、货币主义等学派为代表的自由主义市场理论开始复苏。金融领域，金融自由化理论随之发展，代表性的如金融抑制论和金融深化论。同时，随着竞争加剧与技术进步等因素的影响，金融创新快速发展，不断出现的金融创新模糊了不同金融机构的业务界限，不同金融产品和服务之间的替代性得到增强，银行业、证券业、保险业三者之间的界限日趋模糊。金融机构在规避管制的创新中，再次走向了混业经营。1999 年，美国国会通过了《金融服务现代化法》（*The Financial Services Modernization Act*，也称《格雷姆—里奇—比利雷法案》），允许金融持股公司下属子公司对银行、证券、保险兼业经营，证券和保险公司也可以经营商业银行业务，美国重新进入了混业经营的时代。英国、日本以及拉美许多国家也纷纷取消分业经营制度，实行混业经营。

金融全球化发展，加上金融自由化的盛行，一定程度上引致全球金融风险不断升级，影响不断扩大。20 世纪 90 年代，东南亚、墨西哥等国家和地区爆发了一系列的金融危机，造成了较为严重的经济后果。为了更有效地监管金融机构，控制金融风险，应对新的挑战，许多国家纷纷对金融监管体制进行了改革，建立监管机构之间的协调与合作机制，或将建立集中统一的监管机构作为改革的目标，实现从分业监管体制向统一监管体制的改变。丹麦、加拿大、瑞典、韩国、日本等国家分别于 20 世纪八九十年代相继成立了统一监管机构。在这一阶段，除了集中监管体制外，还出现了不完全集中监管体制，如美国、奥地利、西班牙等国实行的"牵头式"监管体制以及澳大利亚等国实行的"双峰式"监管体制。其实，无论是"牵头式"监管还是"双峰式"监管，都可以看成是分业监管体制向集中监管体制转变的过渡方式。

二、金融市场监管的模式

按照金融监管的业务范围来划分，一般将金融监管体制划分为集中监管体制和分业监管体制，以及后来的介于二者之间的过渡模式—不完全集中监管体制。分业监管体制，也称为分头监管体制，是指根据不同的金融机构或金融业务范围，分别设置不同的监督主体对不同的金融机构进行监管的体制，适合分业经营的金融体制。集中监管体制，也称为统一监管体制或混业监管体制，是指在国内只设置一个统一的金融监管主体，对金融机构、金融产品和金融市场进行全面监管的体制，该制度适合金融业混业经营情况。在集中监管体制下，监管机构可能是中央银行，也可能是其他专设的监管机构。不完全集中监管体制，也称为不完全统一监管体制，介于分业监管和集中监管之间，现实中又可以分为"牵头式"监管体制、"双峰式"监管体制等。"牵头式"监管体制是指在分业监管机构之上设置一个牵头监管机构，负责不同监管机构之间的协调工作，在分业监管主体之间建立一种合作、磋商与协调机制。"双峰式"监管体制是依据金融监管目标设置两类监管机构，一类机构专门负责对金融机构和金融市场进行监管，以控制金融业的系统风险；另一类机构专门对金融机构的经营业务和相关机构的金融业务进行监管，以规范金融经营行为，保证金融稳健运行，维护金融与经济秩序的稳定。

就证券市场来说，各国的市场监管体制因对证券市场监管手段功能的认识以及法律传统的不同而各不相同，并随着证券市场的发展变化而不断发展完善。按照监管主体分类，传统的证券法研究习惯把各国证券监管体制模式分为集中型监管、自律型监管和中间型监管三类。

（一）集中型市场监管模式

集中型金融市场监管模式是指政府制定专门的金融市场管理法律法规，并设立全国性的金融市场监管机构管理金融市场，而交易所和交易商协会组织只作为起辅助作用的管理体制出现，也称集中立法性监管体制。美国就是集中性监管模式的代表，美国证券交易委员会（SCE）是根据《1934年证券交易法》成立的。它由总统任命，参议院批准的5名委员组成，对全国的证券发行、证券交易所、证券商、投资公司等实施全面监督管理。其他发达市场中，日本、韩国、新加坡等也是集中型市场监管模式。

集中型监管的主要优势体现在：实行集中型监管，监管体系具有更加集中，监管机构更加专业，监管方法更加有效等优势；能公平、公正、高效、严格地发挥监管作用，协调全国的金融市场；能统一执法尺度，提高金融市场监管的权威性；监管的地位相对独立，能更好地保护投资者的利益。实行集中型监管的不足之处主要表现为：由于监管者独立于金融市场，可能使监管脱离实际、缺乏效率；当市场发生意外时，可能反应较慢，处理不及时；同时，容易产生对证券市场的过多干预。

（二）自律型监管模式

自律型金融市场监管模式是指政府除进行某些必要的国家立法以外，很少干预市场，对金融市场的监管主要是由交易所及交易商协会等组织进行自律监管的一种监管模式。

从出现证券市场直到 1997 年英国金融服务局（FSA）成立并运行的很长时间里，英国一直是自律型监管模式的代表。其中伦敦交易所制定的规章在证券市场具有重要地位，其自治权力机构为交易所协会，由会员选出 36 人组成。交易所协会有权决定新会员的加入、警告乃至开除违规会员并负责管理伦敦及其他六家地方证券交易所的场内交易，实际起到全国证券管理机构的作用。除此之外，英国的政府机构也对金融市场行使部分的监管职责，英国贸易部下设"公司登记处"监管证券发行，并赋予英格兰银行对一定金额以上的证券发行的审批权，贸易部还对非会员证券商及其投资信托业务行使管理权。为了加强管理，英国根据《金融服务法》（*The Financial Services Act*）于 1986 年成立了"证券投资委员会"，其拥有干预权、立法权以及对投资公司的设立的审批权和业务的管理权。

自律型监管的主要优势体现在：自律型监管能充分发挥市场创新和竞争意识，有利于活跃市场，更贴近金融市场的实际运行，监管灵活，效率较高；自律性组织对违规行为能做出迅速而有效的反应；允许证券商参与制定市场监管规则，使市场监管更加切合实际，并且有利于促进证券商自觉遵守和维护这些法规。自律型监管的主要缺陷表现在：偏重维护市场的有效运作和保护会员利益，投资者利益往往不能提供充分保障；缺乏强有力的立法作后盾，监管手段较软弱；没有统一的监管机构，难以协调，容易造成市场混乱。随着金融市场的开放，以及金融活动的日益复杂化，英国的自律型监管模式也正在向混合的中间型监管模式转变。

（三）中间型监管模式

中间型监管模式是既强调立法监管，又强调自律管理的金融市场监管模式。中间型监管模式是集中型监管和自律型监管的相互配合与协调的结果，又称为分级管理型监管模式，包括二级监管和三级监管两种形式。二级监管是中央政府和自律机构相结合的监管，三级监管是中央政府、地方政府和自律机构相结合的监管。实行中间监管模式的国家有德国、法国等，由于中间型监管模式一定程度上综合了集中型和自律型模式的优点，规避了其不足，因此很多以前实行集中型或自律型监管的国家也正逐渐向中间型监管模式过渡。

总体而言，一个科学合理的监管体制应具有前瞻性、有效性、灵活性等方面的特点。前瞻性是指能估计到未来相当一段时间内金融业的变化，并能在不断变化的环境中保持有效监管，不至于经常变换政策或经常更换监管体制的安排。有效性是指监管体制的安排能够使金融监管当局以最低成本实现既定的监管目标。体制安排不仅要考虑技术上的可行性，还要考虑经济上的可行性。灵活性是指监管体制在不断变化的环境中能够自我调整、自我适应，既要防止监管松懈和对问题机构的过度宽容，又要避免不计成本的严厉管制带来的各种副作用，还要充分考虑未来监管的发展趋势。

第五节　中国金融市场监管

我国的金融监管系统主要由五个方面构成：金融监管组织监管系统、金融机构自律监管系统、行业自律监管系统、市场监督系统、行政法制监督系统。这五大系统形成了对我国金融机构外部约束与自我约束、行政手段与法制手段监管相结合的基本格局。

在我国，金融监管组织监管系统由国务院金融稳定发展委员会、中国人民银行、中国银行保险监督管理委员会、中国证券监督管理委员会引导实施，对金融领域的不同活动采用法律形式进行监管，国家以立法的形式授予上述机构法定的监管权限，监管机构对金融机构依法监管。金融监管组织的监管具有法制性、规范性、连续性、强制性等特点[1]，因此是五大监管系统中最主要、最重要的监管系统，其特点是依法监管需要法制建设为保障基础。

一、中国金融市场监管体制

我国现行金融市场监管体制属于集中型监管体制，具有集中型监管体制的基本特点：第一，基本上建立了金融市场监管的法律法规框架体系；第二，金融市场的各个分市场均设有相应的全国性监管机构，负责监督、管理全国金融市场；第三，金融市场的监管权力主要集中于政府机构，证券交易所等自律性监管机构只起辅助性作用。

我国现阶段实行集中性金融监管体制是符合中国国情的。第一，我国在长期计划经济管理实践中，积累了丰富的集中型组织、指导和管理的经验，对于在经济体制转轨过程中建立起来的金融市场，选择以政府监管为主导的集中型监管体制模式，可以发挥已具有的集中型管理经验的优势，提高市场监管的效率；第二，我国金融市场还处于发展初期，法律、法规建设和各项监管尚不完善。证券交易活动中经常出现过度投机、信息披露失真、操纵市场、内幕交易、欺诈等违法违规行为，如果没有集中统一的权威性监管机构对金融市场实施有效的监管，就难以保证金融市场健康运行；第三，我国金融业发展的时间较短，缺乏行业自律管理的经验。

我国金融市场集中型监管体制是伴随着中国金融市场的发展而逐步形成的。以证券市场为例，我国证券市场监管体制经历了一个从地方监管到中央监管，由分散监管到集中监管的过程，这过程大致可分为两个阶段：

第一阶段从20世纪80年代中期到90年代初期，证券市场处于区域性试点阶段。1990年，国务院决定分别成立上海、深圳证券交易所，两地的一些股份公司开始进行股票公开发行和上市交易的试点。1992

---

[1]　刘晓峰主编：《金融市场学》，科学出版社 2007 年版，第 265 页。

年，又开始选择少数上海、深圳以外的股份公司到上海、深圳两家证券交易所上市，这一时期证券市场的监管主要是由地方政府负责。

第二阶段从 1992 年开始，国务院总结了区域性证券市场试点的经验教训，决定成立国务院证券委员会，负责对全国证券市场进行统一监管，同时开始在全国范围内进行股票发行和上市试点。从此，证券市场开始成为全国性市场，证券市场的监管也由地方监管为主改为中央集中监管，中国对证券市场的监管经历了从财政部独立管理、由中国人民银行为主管机关、以国务院证券委为主管机构等几个阶段，在这一过程中不断调整国务院各有关部门的监管职责，完善监管体制。1998 年，国务院决定撤销国务院证券委员会，工作改由中国证券监督管理委员会承担，并决定中国证券监督管理委员会对地方证券管理部门实行垂直领导，从而形成了集中统一的监管体系。新的统一监管体制具有以下一些特点：

（1）证券监管机构的地位得到进一步强化，增强了其权威性，为我国证券市场有效监管提供了更有力的组织保证。

（2）地方证券监管机构改由中国证券会直接垂直领导，提高了证券监管工作的效率。

（3）实行三级监管体制。1999 年 7 月，中国证监会按大区设立了9 个证券监管办公室，分别是天津、沈阳、上海、济南、武汉、广州、深圳、成都、西安证券监管办公室和北京重庆两个直属办事处，并在各大区内有关省市设置了证券监管特派员办事处，作为证券监管办公室的下属机构。经过发展，目前中国证监会在省、自治区、直辖市和计划单列市设立了 36 个证券监管局以及上海、深圳证券监管专员办事处。

（4）加强了交易所一线监管的作用。在新的监管体制下，证监会加强了对交易所的领导，实行交易所总经理由证监会直接任命的领导体制。

二、中国金融市场监管机构

我国的金融监管机构主要包括国务院金融稳定发展委员会、中国人民银行、中国证券监督管理委员会（简称中国证监会）和中国银行保险监督管理委员会。形成"一委一行两会"的金融监管格局。

（一）国务院金融稳定发展委员会

国务院金融稳定发展委员会于 2017 年设立，承担强化人民银行宏观审慎管理和系统性风险防范职责。国务院金融稳定发展委员会明确了五方面主要职责：一是落实党中央、国务院关于金融工作的决策部署；二是审议金融业改革发展重大规划；三是统筹金融改革发展与监管，协调货币政策与金融监管相关事项，统筹协调金融监管重大事项，协调金融政策与相关财政政策、产业政策等；四是分析研判国际国内金融形势，做好国际金融风险应对，研究系统性金融风险防范处置和维护金融稳定重大政策；五是指导地方金融改革发展与监管，对金融管理部门和地方政府进行业务监督和履职问责等。

（二）中国人民银行

中国人民银行是 1948 年 12 月 1 日在华北银行、北海银行、西北农民银行的基础上合并组成的。1983 年 9 月，国务院决定中国人民银行专门行使国家中央银行的职能。1995 年 3 月 18 日，第八届全国人民代表大会第三次会议通过了《中华人民共和国中国人民银行法》，至此，中国人民银行作为中央银行以法律形式被确定下来。根据第十届全国人民代表大会审议通过的国务院机构改革方案规定，将中国人民银行对银行、金融资产管理公司、信托投资公司及其他存款类金融机构的监管职能分离出来，并和中央金融工委的相关职能进行整合成立中国银行业监督管理委员会。

中国人民银行的主要职责包括：起草有关法律和行政法规，完善有关金融机构运行规则，发布与履行有关的命令和规章；依法制定和执行货币政策；监督管理银行间同业拆借市场和银行间债券市场、外汇市场、黄金市场；防范和化解系统性金融风险，维护国家金融稳定；确定人民币汇率政策，维护合理的人民币汇率水平，实施外汇管理，持有、管理和经营国家外汇储备和黄金储备；发行人民币，管理人民币流通；经理国库；会同有关部门制定结算规则，维护支付、清算系统的正常运行。制定和组织实施金融业综合统计制度，负责数据汇总和宏观经济分析和预测；组织协调国家反洗钱工作，指导、部署金融业反洗钱工作，承担反洗钱的资金监测职责；管理信贷征信业，推动建立社会信用体系；作为国家的中央银行，从事有关国际金融活动；按照有关规定从事金融业务活动；承办国务院交办的其他事项。

（三）中国证券监督管理委员会

改革开放以来，随着中国证券市场的发展，建立集中统一的市场监管体制势在必行。1992年10月，国务院证券委员会（简称国务院证券委）和中国证券监督管理委员会（简称中国证监会）宣告成立，标志着中国证券市场统一监管体制开始形成。国务院证券委员会是国家对证券市场进行统一宏观管理的主管机构，中国证监会是国务院证券委的监管执行机构，按照法律法规对证券市场进行监督。

国务院证券委和中国证监会成立以来，其职权范围随着市场的发展逐步扩展。1993年11月，国务院决定将期货市场的试点工作交由国务院证券委负责，中国证监会具体执行。1995年3月，国务院正式批准《中国证券监督管理委员会机构编制方案》，确定中国证监会为国务院直属副部级事业单位，是国务院证券委的监管执行机构，依照法律、法规的规定，对证券期货市场进行监管。1997年8月，国务院决定将上海、深圳证券交易所统一划归中国证监会监管。同时，在上海和深圳两市设立中国证监会证券监管专员办公室。同年11月，中央召开全国金融工作会议，决定对全国证券管理体制进行改革，理顺证券监管体制，对地方证券监管部门进行垂直领导，并将原由中国人民银行监管的证券经营机构划归中国证监会统一监管。1998年4月，根据国务院机构改革方案，决定将国务院证券委与中国证监会合并组成国务院直属正部级事业单位。经过这些改革，中国证监会职能明显加强，集中统一的全国证券监管体制基本形成。

1998年9月，国务院批准了《中国证券监督管理委员会职能配置、内设机构和人员编制规定》，进一步明确了中国证监会为国务院直属事业单位，是全国证券期货市场的主管部门，强化和明确了中国证监会的职能和职责。

具体而言，中国证监会的基本职能有：建立统一的证券期货监管体系，按规定对证券期货监管机构实行垂直管理；加强对证券期货业的监管，强化对证券期货交易所、上市公司、证券期货经营机构、证券投资基金管理公司、证券期货投资咨询机构和从事证券期货中介业务的其他机构的监管，提高信息披露的质量；加强对证券期货市场金融风险的防范和化解工作；负责组织拟订有关证券市场的法律、法规草案，研究制定有关证券市场的方针、政策和规章；制定证券市场发展规划和年度规划；指导、协调、监督和检查各地区、各有关部门与证券市场有关的事项；对期货市场试点工作进行指导、规划和协调；统一监管证券业。

中国证监会的主要职责有：研究和拟订证券期货市场的方针政策、发展规划；起草证券期货市场的有关法律、法规；制定证券期货市场的有关规章；统一管理证券期货市场，按规定对证券期货监督机构实行垂直领导；监督股票、可转换债券、证券投资基金的发行、交易、托管和清算；批准企业债券的上市；监管上市国债和企业债券的交易活动；监管境内期货合约上市、交易和清算；按规定监督境内机构从事境外期货业务；监管上市公司及其有信息披露义务股东的证券市场行为；管理证券期货交易所；按规定管理证券期货管理的高级管理人员；归口管理证券业协会；监管证券期货经营机构、证券投资基金管理公司、证券登记清算公司、期货清算机构、证券期货投资咨询机构；与中国人民银行共同审批基金托管机构的资格并监管基金托管业务；制定上述机构高级管理人员任职资格的管理办法并组织和实施；负责证券期货从业人员的资格管理；监管境内企业直接或间接到境外发行股票、上市；监管境内机构到境外设立证券机构；监督境外机构到境内设立证券机构、从事证券业务，监管证券期货信息传播活动，负责证券期货市场的统计与信息资源管理；会同有关部门审批律师事务所、会计师事务所、资产评估机构及其成员从事证券期货中介业务的资格并监管其相关的业务活动；依法对证券期货违法违规行为进行调解、处罚；归口管理证券期货行业的对外交往和国际合作事务；国务院交办的其他事项。

（四）中国银行保险监督管理委员会

中国银行保险监督管理委员会成立于 2018 年，将中国银行业监督管理委员会（成立于 2003 年）和中国保险监督管理委员会（成立于 1998 年）的职责整合，组建中国银行保险监督管理委员会，作为国务院直属事业单位。中国银行保险监督管理委员会贯彻落实党中央关于银行业和保险业监管工作的方针政策和决策部署，在履行职责过程中坚持和加强党对银行业和保险业监管工作的集中统一领导。主要职责是：（1）依法依规对全国银行业和保险业实行统一监督管理，维护银行业和保险业合法、稳健运行，对派出机构实行垂直领导。（2）对银行业和保险业改革开放和监管有效性开展系统性研究。参与拟订金融业改革发展战略规划，参与起草银行业和保险业重要法律法规草案以及审慎监管和金融消费者保护基本制度。起草银行业和保险业其他法律法规草案，提出制定和修改建议。（3）依据审慎监管和金融消费者保护基本制度，制定银行业和保险业审慎监管与行为监管规则。制定小额贷款公司、融资性担保公司、典当行、融资租赁公司、商业保理公司、地方资产管理公司等其他类型机构的经营规则和监管规则。制定网络借贷信息中介机构业务活动的监管制度。（4）依法依规对银行业和保险业机构及其业务范围实行准入管理，审查高级管理人员任职资格。制定银行业和保险业从业人员行为管理规范。（5）对银行业和保险业机构的公司治理、风险管理、内部控制、资本充足状况、偿付能力、经营行为和信息披露等实施监管。（6）对银行业和保险业机构实行现场检查与非现场监管，开展风险与合规评估，保护金融消费者合法权益，依法查处违法违规行为。（7）负责统一编制全国银行业和保险业监管数据报表，按照国家有关规定予以发布，履行金融业综合统计相关工作职责。（8）建立银行业和保险业风险监控、评价和预警体系，跟踪分析、监测、预测银行业和保险业运行状况。（9）会同有关部门提出存款类金融机构和保险业机构紧急风险处置的意见和建议并组织实施。（10）依法依规打击非法金融活动，负责非法集资的认定、查处和取缔以及相关组织协调工作。（11）根据职责分工，负责指导和监督地方金融监管部门相关业务工作。（12）参加银行业和保险业国际组织与国际监管规则制定，开展银行业和保险业的对外交流与国际合作事务。（13）负责国有重点银行业金融机构监事会的日常管理工作。（14）完成党中央、国务院交办的其他任务。（15）职能转变。围绕国家金融工作的指导方针和任务，进一步明确职能定位，强化监管职责，加强微观审慎监管、行为监管与金融消费者保护，守住不发生系统性金融风险的底线。按照简政放权要求，逐步减少并依法规范事前审批，加强事中事后监管，优化金融服务，向派出机构适当转移监管和服务职能，推动银行业和保险业机构业务和服务下沉，更好地发挥金融服务实体经济功能。

三、中国金融市场监管的主要内容

狭义的金融市场监管主要是对各种类型金融市场进行监管，广义的金融市场监管就是所谓的金融监管。本节主要讨论狭义的金融市场监管，将论述重点聚焦于我国货币市场监管、债券市场监管、证券市场监管、外汇市场监管和黄金市场监管。

（一）我国货币市场监管

1. 我国货币市场监管的主体

《中国人民银行法》第四条明确规定，中国人民银行履行职责包括：监督管理银行间同业拆借市场和银行间债券市场；实施外汇管理，监督管理银行间外汇市场；监督管理黄金市场。第三十一条明确规定，中国人民银行依法监测金融市场的运行情况，对金融市场实施宏观调控，促进其协调发展。由于我国货币市场参与主体主要包括银行、保险公司、基金公司和证券公司等，中国银行保险监督管理委员会、中国证券监督管理委员会实际上从机构监管的角度对货币市场实施间接监管。由此，中国人民银行是我国货币市场的监管主体，中国银行保险监督管理委员会、中国证券监督管理委员会从机构监管的角度配合中国人民银行对货币市场实施协调监管。

2. 我国货币市场监管的内容

商业票据市场包括承兑市场、贴现市场和再贴现市场。中国人民银行于1997年5月发布的《商业汇票承兑、贴现与再贴现管理暂行办法》，是中国人民银行对商业票据市场进行监管的重要依据。同业拆借，是指经中国人民银行批准进入全国银行间同业拆借市场（以下简称同业拆借市场）的金融机构之间，通过全国统一的同业拆借网络进行的无担保资金融通行为。为进一步发展货币市场、规范同业拆借交易、防范同业拆借风险、维护同业拆借各方当事人的合法权益，根据《中华人民共和国中国人民银行法》《中华人民共和国商业银行法》等有关法律、行政法规，中国人民银行于 2007 年 7 月制定《同业拆借管理办法》。《同业拆借管理办法》明确了中国人民银行依法对同业拆借市场的监管职责，是中国人民银行对同业拆借市场进行监督管理的重要管理办法。

（二）我国债券市场监管

1. 我国债券市场监管的主体

债券市场是发行和买卖债券的场所，是金融市场的一个重要组成部分。债券市场监管体系是指各市场监督机构对所有市场参与者的市场行为，通过法律法规等制度为载体进行干预和约束，确保债券市场公平公正、稳健有效地运行。我国债券市场监管涉及多家监管主体，包括中国人民银行、中国证券监督管理委员会、财政部和国家发展和改革委员会等政府机构；上海、深圳证券交易所、中央国债登记结算公司、中国证券业协会、银行间交易商协会、国债协会等自律型监管机构。从立法和监管职能的执行上看，目前国内债券市场监管仍采用政府主导型的行政监管体系。从最初的国债发行、企业债的产生至目前金融债券的推广，我国债券监管部门包括财政部、发改委、证监会、人民银行和交易商协会。根据不同市场、不同债券种类由不同的监管部门负责监管或共同监管。政府债券由中国人民银行、财政部、证监会共同监管。中国人民银行、银保监会、证监会共同监管金融债券。企业债券归属国家发改委、中国人民银行、证监会监管。国际机构债券归属中国人民银行、财政部、国家发改委、证监会监管。上市公司债券由证监会监管。可转换债券由中国人民银行、证监会监管。短期融资券、中期票据等非金融企业债务融资工具由交易商协会（自律管理）监管。资产支持证券由银保监会、中国人民银行监管。中小企业私募债券由证券交易所监管。

2. 我国债券市场监管的内容

与债券市场相关的法律法规较多，除全国人大常委会颁布的市场基础法律，各监管部门和自律机构也相应出台了管理制度与自律规范。据统计，截至 2012 年，我国共颁布 247 个与债券市场相关的法律法规及自律规范，其中包括人大常委颁布的《公司法》《证券法》《合同法》等 9 个市场基础法律，部门规章及自律规范包括人民银行 86 个、财政部与人民银行联合颁布 11 个、证监会 9 个、中央结算公司 64 个、交易商协会 17 个、中证登和上海交易所发布 28 个及其他 23 个。金融债券监管规范与办法包括《全国银行间债券市场金融债券发行管理办法》《全国银行间债券市场金融债券发行管理操作规程》《商业银行次级债券发行管理办法》《商业银行发行混合资本债券有关事宜的公告》等；短期融资债券、中期票据等非金融企业债务融资工具监管包括《银行间债券市场非金融企业债务融资工具管理办法》《银行间债券市场非金融企业短期融资券业务指引》《银行间债券市场非金融企业中期票据业务指引》《银行间债券市场中小非金融企业集合票据业务指引》等；资产支持证券监管可参照《信贷资产证券化试点管理办法》。企业债券监管参照《企业债券管理条例》（1993 年修订）《国家发改委关于进一步改进和加强企业债券管理工作的通知》等；国际机构债券监管有《国际开发机构人民币债券发行管理暂行办法》规范；可转换债券、上市公司债券监管制定了《上市公司债券发行管理办法》；中小企业私募债券有《深圳证券交易所中小企业私募债券业务试点办法》《上海证券交易所中小企业私募债券业务试点办法》等。[1]

（三）我国证券市场监管

1. 我国证券市场监管的主体

我国证券市场的监管机构主要包括：证券监督管理委员会、自律性监管机构、其他政府监管部门。根据《中华人民共和国证券法》明确规定，中国证券监管管理委员会对证券市场起着统筹的监管职能，

---

[1] 王敏、王炜：《对我国债券市场监管体系的探讨》，《福建金融》2013 年第 11 期。

并对证券市场的 IPO 发行、并购重组等实施审批职能，是我国证券市场的主要监管机构。证券监管的自律性组织有上海和深圳证券交易所、证券业协会、基金业协会等。上海证券交易所、深圳证券交易所是主要针对上市公司监管的自律型组织，及时有效地发布上市公司的各类信息，并对上市公司的各类违法性进行自律监管。证券业协会是证券公司的自律型组织，基金业协会是私募基金、公募基金、资产管理公司等主体的自律性组织，其都对其构成主体有着自律监管职能。在目前监管的模式下，中国证监会是我国证券市场的主要监管机构，但是其他政府部门也对我国证券市场监管工作起到了辅助作用，这其中特别是中国人民银行，其政策对证券市场有着重大影响。

2. 我国证券市场监管的内容

法律层面的证券市场监管立法主要包括《证券法》《公司法》以及《刑法》等。国务院行政法规层面的立法主要包括《股票发行与交易管理暂行条例》《企业债券管理条例》《公司登记管理条例》《国库券条例》《国务院关于股份有限公司境内上市外资股的规定》等以国务院名义颁行的证券立法。国务院证券市场监管机关部门规章层面的立法是由证监会或中国人民银行等证券市场监管部门在有关法律已有规定的基础上对一些具体执行问题制定实施办法或工作细则，主要包括《禁止证券欺诈行为暂行办法》《公开发行股票公司信息披露实施细则》《证券投资基金管理暂行办法》《证券公司网上委托业务核准程序》《期货交易所管理办法》《证券公司股票质押贷款管理办法》《亏损上市公司暂停上市和终止上市实施办法》《证券公司管理办法》《外资参股证券公司设立规则》《上市公司新股发行管理办法》和《外资参股基金管理公司设立规则》等。依据《证券法》，中国证券监督管理委员会（简称证监会）在行使行政权力监管证券市场时享有现场检查权，可以依法有权现场检查违法证券交易、服务机构的经营场所；享有资料查阅、复制权，即证监会在行使行政权力监管证券市场时有权查阅、复制与被调查案件有关的资料，但要对相关商业秘密负有保密的义务；享有冻结、查封权，即证监会在行使行政权力监管证券市场时有权有权冻结、查封违法经营机构、人员的相关账户；同时，《证券法》还赋予证监会一定的准司法权以保障证监会在必要时候及时、有效地惩治证券交易、服务违法行为。我国证券市场自律监管机构主要是证券行业协会和证券交易所。中国证券业协会经依法注册成立于1991年8月28日，具有独立法人地位，协会由经营证券业务的机构、组织和人员在自愿的基础上组建而成，属于社会法人团体。证券交易所是我国证券市场的另一个自律性管理组织，证券交易所依法制定了证券行业从业准则和职业道德守则，监督会员合法经营证券业务，还设置了一系列监督、制约、处罚机制，监督其会员遵守当时签约承诺遵守的规则。从实践来看，在成立之初，证券业协会和证券交易所并没有真正实现自律监管的功能，存在着自律监管手段短缺、监管效率低下和监管地位独立性相对缺乏等诸多问题，其功能更多是为国家的集中监管服务，只是强化证券市场监管机关的监管权力的工具之一。但在我国证券市场的不断发展过程中，自律监管的重要作用得到了立法机关、行政机关和社会公众的重新认识和重视，自律监管组织也相继出台比较多的改革、完善措施。尤其是在2002年7月，中国证券业协会在会员大会首次明确了其组织的三大职能，即自律、服务和传导。随后，证券经纪业委员会、分析师委员会、证券投资基金业委员会和投资银行业委员会相继成立，为证券业协会充分发挥其自律监管功能奠定了良好的基础。与此同时，我国证券交易所的自律监管功能也在不断地改革中得到不断的强化，也取得了一定的效果。

（四）我国外汇市场监管

1. 我国外汇市场监管的主体

外汇市场是指各国中央银行、外汇银行、外汇经纪人和客户组成的买卖外汇的交易系统，既包括本币与外币之间的相互买卖，也包括不同币种外汇之间的相互买卖。外汇市场不像商品市场和其他的金融市场那样，一定要有具体的交易场所，它主要是指外汇买卖双方在特定的地区内，通过现代化的通信设备及计算机网络系统来从事外汇买卖的交易活动，以无形市场为主。西方发达国家和地区的货币基本上实现了自由兑换，除了中央银行偶尔入市干预外，其外汇市场是完全自由化的市场。我国的人民币尚未实现完全的自由兑换，因此，对外汇市场的监管依然必要。《中国人民银行法》第四条明确规定，中国人民银行履行职责包括实施外汇管理，监督管理银行间外汇市场。银保监会则通过机构监管方式，通过限制银行可以从事外汇交易的类型、施加内部控制和风险管理要求等来从一定程度上协助中国人民银行加强对外汇市场的监管。

2. 中国外汇市场监管的内容

我国外汇市场包括银行结售汇市场和银行间外汇市场。从 1996 年 12 月 1 日起，我国实现了人民币经常项目下的可自由兑换，但对资本项目下的人民币与外汇之间的兑换仍实行严格管控。这是目前我国对银行结售汇进行监管的基本原则。中国人民银行授权国家外汇管理局对外汇业务和外汇市场实行监管。国家外汇管理局依照《外汇管理条例》《银行办理结售汇业务管理办法》《银行办理结售汇业务管理办法实施细则》对银行结售汇市场准入与退出、即期结售汇业务管理、衍生产品业务管理、银行结售汇综合头寸管理。为规范和发展我国银行间外汇市场，维护交易当事人的合法权益，根据《中华人民共和国外汇管理条例》，人民银行制定了《银行间外汇市场管理暂行规定》，依据该规定，国家外汇管理局对银行间外汇市场组织机构的设立、会员的管理、交易行为等依法进行监管。

（五）我国黄金市场监管

1. 我国黄金市场监管的主体

我国黄金市场主要由人民银行、银保监会、证监会依据国家法律法规进行多头监管。其中，人民银行监督管理黄金进出口业务，对上海黄金交易所进行监管，与银保监会共同监管商业银行黄金市场业务；银保监会对商业银行开展黄金业务进行审批，对其内控管理、系统建设进行监督管理；证监会将黄金期货纳入期货监管范围进行集中监管，对上海期货交易所等进行黄金衍生品交易的场内市场进行监管。

2. 我国黄金市场监管的内容

我国对黄金市场的监督和管理主要是指人民银行、银保监会与证监会根据相关法律法规对黄金市场行使监管管理权。人民银行依据《中国人民银行法》监督管理黄金市场，主要包括三个方面：一是根据

《行政许可法》《金银管理条例》和国务院授权，人民银行管理黄金进出口；二是对上海黄金交易所进行监管；三是与银保监会按职责分工，共同监管商业银行的黄金业务。银保监会依据《银行业监督管理法》等法律法规对商业银行开办黄金业务进行准入性监管及有关内控风险管理，商业银行开办黄金业务均需得到银保监会的审批或备案通过。证监会依据国务院颁布的《期货交易管理条例》对黄金期货市场进行集中统一监管，未经证监会批准，任何单位和个人不得以任何形式组织黄金期货交易及相关活动。[1]

---

[1]　中国人民银行上海总部综合管理部课题组：《我国黄金市场监管法律制度研究》，《上海金融》2009 年第 6 期。

本 章 小 结

金融监管是一个复合概念，内含金融监督与金融管理的双重属性。其中，金融监督主要指一国或地区金融主管当局对金融机构和金融市场进行检查和督促，以保证金融业的稳健经营和安全、健康发展。金融管理则是金融主管当局按照有关法律对金融体系的构成及其行为活动进行管理、协调与控制，以维护金融体系的安全稳定并对客户提供公平、有效的服务。

现代金融监管有狭义和广义之分：狭义的金融监管是指金融监管当局依据国家法律法规的授权对整个金融业实施监管。广义的金融监管还包括金融机构的内部控制和稽核、同业自律性组织的监管、社会中介组织的监管等等。

金融监管的主体是指负责实施监管行为的监管部门。金融市场的监管主体基本可以分为两类：一类是由政府授予权力的公共机构，它们负责制定金融市场监管方面的各种规章制度以及这些规章制度的实施；另一类是非官方性质的民间机构或者私人机构，它们的权利来自成员对机构决策的普遍认可，出现违规现象并不会造成法律后果，但可能会受到机构的纪律处罚。

金融市场监管手段是监管主体得以行使其职责，实现其金融市场监管目标的工具。金融市场的监管手段主要包括法律、经济、行政、自律管理四种。

从金融行业本身的特点来看，金融业具有外部性、金融系统内信息不对称性、金融系统的脆弱性等，这就要求对金融业实施严格的监管。

金融监管的理论主要有社会利益论、社会选择论、特殊利益论、金融风险论、保护债权论、追逐论、管制新论等。

金融监管逐渐实现科技化、数字化，全球经济金融环境剧烈变化迅速改变了金融业的经营环境，金融创新日渐活跃，国际间的监管合作与协调成为趋势。

金融监管的目标是消除或者部分消除金融市场某些领域存在的市场失灵现象，避免由此引发的金融和经济波动，通过信息披露和风险监管达到抑制和消除欺诈、价格操纵及内幕交易等，实现公平、公开、公正的交易。

为实现金融市场监管的目标，应当坚持以下几项原则：依法监管原则、公开、公平、公正原则、系统性风险控制原则、审慎监管原则、监管适度与适度竞争原则、综合性和系统性监管原则及政府监管与自律管理相结合的原则。

一般而言，金融监管的具体内容包括对金融主体、金融客体和金融市场媒体的监管。金融监管的方法有现场检查、报表稽核、加强监管对象的内部控制、内外部审计结合法以及其他手段。

金融监管体制是指金融监管的职责和权力分配的方式和组织制度。金融监管体制经历了从统一监管向分业监管，又从分业监管向集中监管过渡的发展过程。

我国的金融监管系统主要由五个方面构成：金融监管组织监管系统、金融机构自律监管系统、行业自律监管系统、市场监督系统和行政法制监督系统。这五大系统形成了对我国金融机构外部约束与自我约束、行政手段与法制手段监管相结合的基本格局。

重 要 概 念

金融监管　金融市场监管主体　金融市场监管手段　社会利益论　社会选择论　特殊利益论　金融风险论　保护债权论　追逐论　管制新论　金融监管趋势　金融监管目标　金融监管原则　金融监管内容　金融监管体制　我国金融监管体制

复习思考题

1. 金融监管的含义。

2. 金融市场监管的主体有哪些？

3. 金融市场的监管手段以及各种手段的适用情况。

4. 举例简述几种金融监管理论。

5. 当前金融监管的趋势及其特点。

6. 金融监管的目标是什么？

7. 简述金融监管的原则。

8. 简述金融监管的对象和主要内容。

9. 主要的金融监管体制有哪些？各自的特点是什么？

10. 我国金融监管体制的特点是什么？

参 考 文 献

1. ［美］查尔斯·金德尔伯格：《西欧金融史》，中国金融出版社 2010 年版。

2. ［美］戴维·斯托厄尔：《投资银行、对冲基金和私募股权投资》，机械工业出版社 2013 年版。

3. ［加］道格拉斯·卡明等：《私募股权投资——基金类型、风险与收益以及监管》，中国金融出版社 2016 年版。

4. ［美］弗里德里克·米什金、［美］斯坦利·埃金斯：《金融市场与金融机构》，中国人民大学出版社 2017 年版。

5. ［美］斯蒂芬·罗斯：《公司理财》，机械工业出版社 2006 年版。

6. ［美］威廉·罗斯等：《投资学》（第五版），中国人民大学出版社 2013 年版。

7. 巴曙松：《中国金融市场大变局》，北京大学出版社 2006 年版。

8. 卞志村主编：《金融学》（第三版），人民出版社 2018 年版。

9. 曹凤岐等主编：《金融市场与金融机构》（第二版），北京大学出版社 2014 年版。

10. 陈雨露主编：《国际金融学》，中国人民大学出版社 2015 年版。

11. 杜金富主编：《金融市场学》，东北财经大学出版社 2010 年版。

12. 冯晋主编：《金融市场学》，科学出版社 2004 年版。

13. 郭田勇主编：《金融监管学》（第二版），中国金融出版社 2009 年版。

14. 黄达等主编：《金融学》（第四版），中国人民大学出版社 2017

年版。

　　15. 霍文文主编：《金融市场学》（第二版），复旦大学出版社 2010 年版。

　　16. 李健主编：《金融学》（第三版），高等教育出版社 2018 年版。

　　17. 李心丹主编：《金融市场和金融机构》，中国人民大学出版社 2013 年版。

　　18. 刘晓峰主编：《金融市场学》，科学出版社 2007 年版。

　　19. 刘元春等著：《国际金融市场与投融资》，中国人民大学出版社 2012 年版。

　　20. 沈悦主编：《金融市场学》（第三版），科学出版社 2016 年版。

　　21. 彭兴韵：《金融市场学》，上海人民出版社 2018 年版。

　　22. 王广谦主编：《中央银行学》，高等教育出版社 2017 年版。

　　23. 吴晓求主编：《证券投资学》，中国人民大学出版社 2014 年版。

　　24. 许文新主编：《金融市场学》，高等教育出版社 2015 年版。

　　25. 张亦春等主编：《金融市场学》（第四版），高等教育出版社 2013 年版。

　　26. 张元萍主编：《创业投资实验教程》，中国人民大学出版社 2013 年版。

　　27. 朱新蓉主编：《金融市场学》（第二版），高等教育出版社 2013 年版。

　　28. 中国人民银行网站（http://www.pbc.gov.cn）。

　　29. 中国银行保险监督管理委员会网站（http://www.cbirc.gov.cn/）。

　　30. 中国证券监督管理委员会（http://www.csrc.gov.cn/）。

　　31. 中国货币网（http://www.chinamoney.com.cn/）。

　　32. 上海证券交易所（http://www.sse.com.cn）。

　　33. 深圳证券交易所（http://www.szse.cn）。

　　34. 上海黄金交易所（https://www.sge.com.cn）。

　　35. 中国金融期货交易所（http://www.cffex.com.cn）。

后　记

　　如果说金融是现代经济的核心，那么金融市场就是现代市场体系的核心。金融市场通过金融资产交易将资金供给者和资金需求者联系起来，一方面通过竞争性机制将资金引导向高效率部门，实现资源的优化配置，推动经济增长；另一方面通过"显示器"功能，反映经济的繁荣和萧条，引导投资者的预期。

　　金融市场学是研究市场经济条件下金融市场运行机制及市场行为主体行为规律的科学，是全国高等院校经济管理类专业的基础课程。本教材对金融市场的相关知识进行介绍，结构安排上力求简洁。前面九章分析金融市场总体结构、功能以及发展趋势，重点分析各子市场的含义、特点、市场运行情况，后面三章对金融市场理论和金融监管进行探讨。在金融市场的子市场分析中，每章都有一节专门介绍中国情况，针对该子市场的发展历程、现状特点以及未来前景进行详细总结分析，向读者展示中国金融发展的成就，并探讨其不足，为金融市场的进一步改革发展提供相应的思考建议。刘敏楼老师和毛泽盛老师完成了本书初稿，在其后历时 3 年多的修改校对中，尹雷、丁慧、张国喜、张中锦、孙光林、余博及南京财经大学金融市场学课程组全体老师参与了各章的润色、补充和修改完善工作。

　　本教材是"21 世纪高校金融学核心课程系列教材"之一，在人民出版社的大力支持下，《货币银行学》《国际金融学》《中央银行学》《金融学》《保险学》《金融监管学》都已先后出版，其中《金融学》几经再版，渐成经典。唯独《金融市场学》出版拖延日久，原因除了目前国内《金融市场学》教材已有很多优秀版本以外，"文章千古事"

的认知也给编者带来较大的心理压力。感谢卞志村教授的不断催促，使得编者不敢忘记本教材的写作任务。本书出版之前获得了江苏省"十三五"高等学校重点教材立项资助，是对本教材加快出版的鼓舞和促进。目前呈现在读者面前的教材是编者10多年金融市场学教学研究经验的积累和整理，当然也是学习和借鉴现有优秀教材成果基础上的总结。

人民出版社的各位老师对本书做了出色的编辑、校对等工作，在此对人民出版社以及各位编校人员等的辛勤付出表示感谢。

鉴于编者才学有限，书中难免有错漏不足之处，责任由编者承担，恳请各位专家及读者不吝指正。

刘敏楼

2020. 12

责任编辑:陈　登
封面设计:林芝玉
责任校对:白　玥

图书在版编目(CIP)数据

金融市场学/刘敏楼 主编. —北京:人民出版社,2020.12
21世纪高校金融学核心课程系列教材
ISBN 978－7－01－022586－9

Ⅰ.①金…　Ⅱ.①刘…　Ⅲ.①金融市场-经济理论-高等学校-教材
　Ⅳ.①F830.9

中国版本图书馆 CIP 数据核字(2020)第 224452 号

金融市场学

JINRONG SHICHANG XUE

刘敏楼　主　编
毛泽盛　尹　雷　丁　慧　副主编

人民出版社 出版发行
(100706　北京市东城区隆福寺街 99 号)

北京盛通印刷股份有限公司印刷　新华书店经销

2020 年 12 月第 1 版　2020 年 12 月北京第 1 次印刷
开本:710 毫米×1000 毫米 1/16　印张:37
字数:526 千字

ISBN 978－7－01－022586－9　定价:75.00 元

邮购地址 100706　北京市东城区隆福寺街 99 号
人民东方图书销售中心　电话 (010)65250042　65289539